TURING 图灵数学·统计学丛书 26

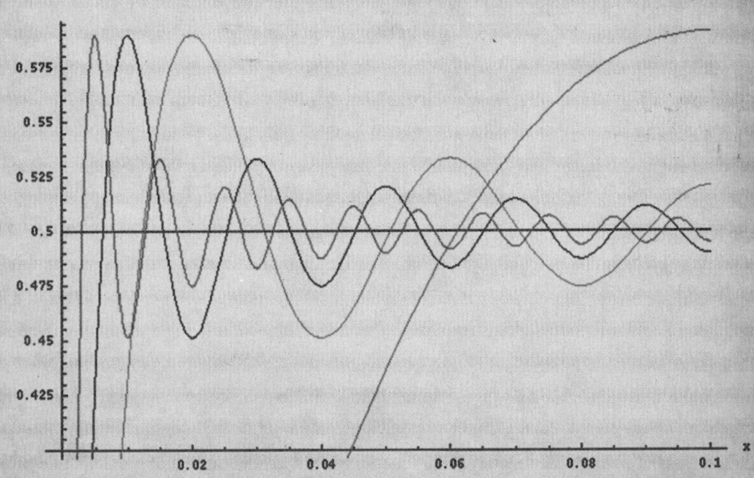

Analysis

陶哲轩实分析

[澳] 陶哲轩 著

王昆扬 译

人民邮电出版社

北 京

图书在版编目（CIP）数据

陶哲轩实分析/（澳）陶哲轩著；王昆扬译．—北京：人民邮电出版社，2008.11（2015.11 重印）

（图灵数学·统计学丛书）

书名原文：Analysis

ISBN 978-7-115-18693-5

Ⅰ.陶…　Ⅱ.①陶…②王…　Ⅲ.实分析—高等学校—教材　Ⅳ.O174.1

中国版本图书馆 CIP 数据核字（2008）第 128078 号

内 容 提 要

本书强调严格性和基础性，书中的材料从源头——数系的结构及集合论开始，然后引向分析的基础(极限、级数、连续、微分、Riemann 积分等)，再进入幂级数、多元微分学以及 Fourier 分析，最后到达 Lebesgue 积分，这些材料几乎完全是以具体的实直线和欧几里得空间为背景的．书中还包括关于数理逻辑和十进制系统的两个附录．课程的材料与习题紧密结合，目的是使学生能动地学习课程的材料，并且进行严格的思考和严密的书面表达的实践．

本书适合已学过微积分的高年级本科生和研究生学习．

图灵数学·统计学丛书

陶哲轩实分析

◆ 著　[澳] 陶哲轩
译　王昆扬
责任编辑　明永玲

◆ 人民邮电出版社出版发行　北京市丰台区成寿寺路 11 号
邮编　100164　电子邮件　315@ptpress.com.cn
网址　http://www.ptpress.com.cn
固安县铭成印刷有限公司印刷

◆ 开本：700×1000　1/16
印张：29.75
字数：580 千字　2008 年 11 月第 1 版
印数：11 301—12 800 册　2015 年 11 月河北第 10 次印刷

著作权合同登记号　图字：01-2007-4744 号

ISBN 978-7-115-18693-5/O1

定价：69.00 元

读者服务热线：(010)88593802　印装质量热线：(010)81055316

反盗版热线：(010)81055315

版 权 声 明

译者简介

王昆扬 1943 年生于广西河池金城江, 北京师范大学教授、博士生导师. 1985 年获理学博士学位, 导师孙永生教授. 1991 年任教授, 1993 年获博士生导师资格.

主要社会兼职有：政协北京市第九届委员、第十届委员 (1998—2002, 2003—2007); 教育部高校数学与统计学教指委数学分委委员 (1996—2000, 2001—2005); 中国数学会教育工作委员会主任 (2000—2003);《数学进展》常务编辑委员 (2000—2004—2009);《数学研究与评论》编辑委员 (2006—); *Analysis in Theory and Applications* 编辑委员 (2006—); 德国 *Zbl Math* 评论员; 美国 *Math Review* 评论员.

至今为止, 发表学术论文 65 篇, 教学改革论文 12 篇; 出版学术专著 2 部, 教科书 4 部, 译著 4 部. 主持并完成教育部师范司教改重点项目 JS032A (1998—2000). 两度主持国家理科基地创建名牌课程项目, 四度主持国家自然科学基金自由申请项目 (1992—2003), 两度主持中俄国际学术合作项目, 并且主持 "数学分析" 国家级精品课程 (2005—).

多次获得各项荣誉和奖励, 如 1989 年国家教委科技进步一等奖和国家自然科学四等奖 (合作), 1990 年全国优秀科技图书二等奖, 1997 年宝钢优秀教师奖, 2001 年度宝钢优秀教师特等奖, 全国模范教师称号 (200111004 号), 2002 年全国普通高等学校优秀教材二等奖, 先进工作者称号 (教育部、国家自然科学基金委 2002 年), 2003 年北京市名师奖.

译 者 的 话

我认为国外的好的数学教材, 最好是原文引进. 翻译过来, 不管译得好坏, 都难免串味儿. 但是出版社的明永玲同志告诉我, 这本书暂时只取得翻译的版权, 只好翻译成中文出版. 我知道自己的能力有限, 很难译出原著的风格. 但打开书一看, 就觉得应该把它介绍到中国来, 所以毅然接受了翻译的任务.

我对此书的赞赏, 首先是它的逻辑的严格. 从实数 (甚至自然数) 讲起, 不留任何漏洞. 国内外的实分析教科书, 认真讲实数的实在不多. 其次是 Terence Tao 的认真的教学态度. 他的讲述, 贯穿严谨、透彻的精神, 而其苦口婆心的态度, 分外令人感动. 第三, 此书是基于讲义写成的, 我赞赏它令人读来感到亲切的风格.

王晟同志用 LaTeX 打出了全部译稿, 我对她表示诚挚的感谢.

下面是关于译法的几点说明.

1. 关于人名的译法. 生于公元前, 中文译名已统一的, 用中文, 例如: 欧几里得 (约公元前 330 年 ~ 约公元前 275 年), 阿基米德 (公元前 287 年 ~ 公元前 212 年), 等等. 不太统一的则用原文中的写法. 生于公元后的, 原则上用原名, 查不到原名的, 用原文中的写法.

2. 关于 rational number 的译法. 英语单词 rational 是 "有理" 的意思, 类似于 reasonable. 但作为 number 的定语, 应该是 ratio 即比例的意思, 所以 rational number 应是 ratio-number 即比例数之意. 故通篇译为比例数, 而不是有理数. 相应地, irrational number 译作非比例数或非比数, 而不是无理数.

3. 原书分为两卷出版, 共 600 多页. 中译本开本较大, 页数较少, 把两卷合并出版, 原来的两卷分别作为第一部分和第二部分.

4. 原书用语相当口语化 (例如常有 We are done 等语), 读来亲切、轻松. 译文尽力保持这种风格, 也许有的句子译得不一定能准确表达原文的风格, 但相信意思不会错.

5. 正文编排的体例与原书基本一致.

请读者把对于译稿的任何意见用 E-mail 发给我, 地址是:

wangky@bnu.edu.cn

王昆扬　于北京师范大学

2007 年 12 月 20 日

献给我的父母，感谢他们所做的一切

前　言

此书的材料来源于 2003 年我在加州大学洛杉矶分校教授高等本科水平实分析系列课程的讲义. 本科生普遍认为实分析是最难学的课程之一, 这不仅是由于许多抽象概念 (例如拓扑、极限、可测性, 等等) 初次遇到, 而且也是由于课程所要求的证明的高度严格性. 由于认识到这个困难, 老师常常面临困难的选择, 要么降低课程的严格性水平而使其容易一些, 要么保持严格的标准而去面对众多学生、甚至很多优秀学生在与课程的材料进行艰难奋斗时的求助与企盼.

面对此种困境, 我尝试用一种稍许不同的方式来处理这门课程. 按照典型的方式, 在实分析中一系列导引内容是预先假定了的, 假定学生已经熟知实数, 熟知数学归纳法, 熟悉初等微积分, 并且熟悉集合论的基础知识, 然后一下子就进入课程的核心内容, 例如极限概念. 通常确实会给进入课程的学生轻描淡写地展示一下这些预备性的知识, 但在绝大多数情况下, 这些材料都不是认真地叙述的. 例如, 极少有学生能够真正地**定义**实数, 甚或真正地**定义**整数, 尽管他们可以直觉地想象这些数字并熟练地对它们进行代数运算. 我觉得这好像是失去了一个良好的机会, 在学生首次遇到的课程当中, 实分析 (与线性代数和抽象代数一样) 是这样的一门课, 人们确实必须全力抓住一个真正严格的数学证明的本质. 正因如此, 这门课程提供了一个极好的机会去回顾数学的基础, 特别是提供了一个做出实数的真正精确的解释的机会.

于是我这样来安排这门课. 在第一周, 我描述分析中的一些众所周知的 "**悖论**", 在这些悖论中, 平常的算律 (例如极限与求和的交换, 或求和与积分的交换) 以不严格的方式加以使用而导出像 $0 = 1$ 那样的荒谬的结果. 这就启发我们提出这样的要求：回到事物的开端, 甚至回到自然数的真正的定义, 并且要求从头检验全部的基础原理. 例如, 第一个习题就是 (只使用 Peano 公理) 验证自然数的加法是结合的 (即 $(a+b)+c = a+(b+c)$ 对于一切自然数 a, b, c 成立, 见习题 2.2.1). 那么, 即使是在第一周, 学生也必须使用数学归纳法来写出严格的证明. 当推导出自然数的全部基本性质之后, 我们就转向整数 (其原始定义是自然数的形式差); 一旦学生验证了整数的一切基本性质, 我们就转向比例数[①] (其原义是整数的形式比); 而后我们就 (经由 Cauchy 序列的形式极限) 转到实数. 与此同时, 还要涉及集合论的基础, 例如演示实数的不可数性. 仅在此后 (大约十讲之后) 我们才开始进入人们通常认为的实分析的核心内容 —— 极限、连续性、可微性, 等等.

对于这种处理方式的回应是相当有趣的. 在最初的几周当中, 学生感觉所讲的材料在概念层面上非常容易, 因为我们只涉及平常的数系的基本知识. 但在理性层

① 原文 rational, 中文通常作 "有理数". —— 译者注

面上, 这些材料却是很具挑战性的, 因为我们是从基础的观点来分析这些数系的, 目的是从这些数系的较原始的属性推导出更进一步的事实. 有个学生告诉我, 向他的非高等水平实分析课程的朋友们解释如下事项是何等的困难: (a) 为何他依然在学习怎样证明为什么一切比例数 (rational numbers) 要么是正的, 要么是负的, 要么是零 (习题 4.2.4), 而此时非高等水平的学生已经在区分级数的绝对收敛和条件收敛; (b) 尽管如此, 为什么他认为自己的家庭作业比他的朋友的作业显然要更困难. 另一位学生相当苦恼地对我说, 尽管她能够明显地**看到**为什么总可以把自然数 n 除以一个正整数 q 而给出商 a 和小于 q 的余数 r(习题 2.3.5), 她还是很难对此写下一个证明. (我告诉她, 在本课程稍后, 她将必能证明那些不能明显地看出其真确性的命题, 她好像并不为此而特别感到欣慰.) 然而, 这些学生非常喜欢家庭作业, 因为当他们坚持下去并获得对于一个直觉的事实的严格证明时, 在他们的思想中, 规范的数学的抽象处理与他们对数学的 (以及对于现实世界的) 不规范的直觉之间建立起了牢固的联系, 这常使他们十分满意. 待到他们被要求给出实分析中令人厌恶的"埃普西龙–怠尔塔" 证明时, 他们已经有了阐释直觉并具有认识数理逻辑的精妙术语 (如区分量词 "对于一切" 和量词 "存在") 的大量经验, 从而使得他们能相当顺利地过渡到这种证明, 而我们就能非常精确地同时快速地叙述课程的内容. 到了第十周, 我们就赶上了非高级班的进度, 学生们就该验证 Riemann-Stieltjes 积分的变量替换公式并证明逐段连续函数是 Riemann 可积的了. 到第二十周系列课程结束时, 我们就已 (通过课堂讲述及家庭作业) 完成了 Taylor 级数和 Fourier 级数的收敛理论, 多元可微函数的反函数定理和隐函数定理, 并建立了 Lebesgue 积分的控制收敛定理.

为了纳入这许多材料, 很多关键性的基本结果都留给学生作为家庭作业来证明, 事实上这正是本课程的一个本质精神, 旨在确保学生真正理解所介绍给他们的那些概念. 这种处理方式一直保持在本书中, 大多数习题是证明课文中的引理、命题和定理. 如果希望使用这本书来学习实分析的话, 那么我确实强烈建议做尽可能多的习题, 也包括那些证明 "明显的" 命题的习题. 这决不是一门只经单纯阅读就可轻易理解其精妙之处的课程. 多数章节都配有一些习题, 列于各节的末尾.

对于专业数学工作者来说, 此书的进度可能像是有些慢, 特别是在最初几章, 其中着重强调严格性 (除了那些明确标明是 "非正式的" 讨论之外), 并强调对于许多平常作为不证自明而迅速通过的步骤给予理性的证明. 最初几章中对于平常的数系 (通过令人生厌的论证) 建立了很多 "明显的" 性质, 例如两个正的实数的和还是正的 (习题 5.4.1), 或者给定两个不同的实数, 必可找到一个介于它们之间的比例数 (习题 5.4.5). 在这几个奠基性的篇章中, 同样也对于**非循环论证**进行了强调 —— 不可使用后面的更进一步的结果去证明早先的更原始的结果. 特别是, 通常的代数算律在推导出来之前不予使用 (而且这些算律必须分别对于自然数、整数、比例数以及实数进行推导). 这样做的理由是, 它能使学生学会在数系的和谐的直觉的背景上, 从有限的假定出发演绎出真确的事实这种抽象说理的艺术; 此种实践的报偿, 其后当必须以同类说理技巧去处理更进一步的概念 (例如 Lebesgue 积分) 时就会兑现.

由于此书是由我关于此课题的讲义引伸出来的, 因而带有强烈的教学色彩; 很多关键性的材料都包含在习题中, 并且在很多情况下我选择给出较长的冗烦的然而是构造性的证明, 而不选取巧妙的抽象的证明. 在更深的课本中, 学生会看到这些材料的更简短的、概念上更为凝练的处理, 那样做比起严格性来要更加强调直觉; 但我觉得, 为了真正懂得研究生层次或更高层次的处理分析学的更现代的、直观的和抽象的手段, 首先了解如何严格地及 "手工地" 做分析是很重要的.

此书中的叙述十分强调严格性及形式化, 但这并不是说基于此书的讲课必须遵循同样的方式. 实际上在我自己的教学中, 我曾用课堂上的时间来揭示隐于概念之后的直观形象 (画很多非规范的图形并举例), 从而给课文中的正式表示提供一个补充的观点. 作为家庭作业而设置的习题在概念和直观形象之间提供了本质的桥梁, 要求学生把直观与形式理解两者结合起来, 以做出对一个问题的正确证明. 我发现对于学生来说, 这是最困难的工作, 因为它要求对所学内容的真确**理解**而不只是记住或含混不清地吸收. 然而我从学生那里得到的反馈是, 由于上述缘故家庭作业是非常必要的, 同时也是非常有益处的, 因为这些作业使他们把相当抽象的数学的形式处理与他们对于譬如数、集合以及函数等基本概念的天然的直觉联系了起来. 当然, 为达成这种联系, 一个好的助教的帮助是非常宝贵的.

至于基于此书的课程的考试, 我建议或者采用可以看书或笔记的开卷方式, 以与课本中的习题类似的题目 (但宜更短, 别设置不常见的圈套) 来考试, 或者采用回家作答方式, 以比课本的习题更难的题目进行考试. 课程的题材实在太宽泛了, 以致没法强迫学生记住那些定义和定理, 所以我不赞成闭卷考试, 也不赞成基于对书本的反刍式的压缩所做的考试. (实际上, 在我自己的考试中我总是附上一纸, 列出与考题相关的关键性的定义和定理.) 使考试类似于课程所设置的家庭作业, 将同时有助于启发学生尽可能认真地复习和理解他们的家庭作业中的问题 (相对于使用卡片或其他此类手段来死记材料而言), 这不仅对于考试, 而且对于一般地做数学都是一个好的准备.

此书中的某些材料对于主题而言不是很本质的, 若时间不够则可删去. 例如, 对于分析学而言, 集合论并不像数系那么基本, 关于集合论的两章 (第 3 章和第 8 章) 可以不太严格地较快地通过, 或者作为阅读材料. 关于逻辑学以及十进制系统的附录原本就是可选的或补充的阅读材料, 大概不必在课堂上讲授; 关于逻辑学的附录特别适合于配合最初几章同时阅读. 还有第 16 章 (关于 Fourier 级数) 在课文的其他地方用不到, 因此可以删去.

由于篇幅的缘故, 此书分成两卷[1]. 第一卷稍长, 但若删去或削减一些非本质的材料, 则可用大约三十讲完成. 第二卷不时地涉及第 1 卷, 但也可以给从别处学完分析学初等课程的学生讲授. 此卷也用大约三十讲完成.

对于我的学生, 其通过了实分析的整个课程, 更正了赖以编成此书的讲稿中的若干错误, 并给予了其他的有价值的反馈者, 谨表深深的感谢. 我也非常感谢很多对本书作出更正并提出很多重要改进意见的匿名的评论者.

陶哲轩

① 中译本将两卷合为一本出版. —— 编者注

目　录

第二部分

第 一 部 分

第1章　引　　论

§1.1　什么是分析学

本书是对于实分析的一个高等本科水平的介绍. **实分析**指的是：实数的分析、实数序列和实数级数的分析以及实值函数的分析. 与实分析相关却又不同的有复分析、调和分析以及泛函分析等. **复分析**指的是：复数的分析及复函数的分析. **调和分析**涉及对于调和 (振动) 如正弦振动的分析, 以及这些振动如何经由 Fourier 变换合成其他函数. **泛函分析**则重点聚焦于函数 (以及它们怎样构成如向量空间之类的东西). **分析学**是对这些对象进行严格研究的学科, 它着重于尽力明白、准确地弄清这些对象的定性的和定量的性状. 实分析是微积分的理论基础, 而**微积分**是人们用以处理函数的那些计算规则的汇集.

本书中我们将研究许多你从初等微积分中熟知的对象：数、序列、级数、极限、函数、定积分、导数等. 你已经具有大量的对于这些对象进行**计算**的经验, 但此处我们将更多地集中于这些对象的基础理论. 我们将涉及如下的一些问题：

1. 什么是实数？有没有最大的实数？在 0 之后, "接下去的" 实数是什么?(也就是说最小的正实数是什么?) 你能不能把一个实数分成无限多份？为什么像 2 这样的数具有平方根, 而像 -2 这样的数就没有？如果存在无限多个实数也存在无限多个比例数, 那么, 实数比比例数 "更多" 这话从何谈起?

2. 怎样取一个实数序列的极限? 哪些序列有极限而哪些没有？如果你可以制止一个序列跑向无穷, 这是否意味着此序列终究会停止变化而收敛？你能把无限多个实数都加起来而仍得到一个有限的实数吗？你能把无限多个比例数加在一起而终止于一个非比例数吗？如果你重新排列一个具有无限和的级数的元素, 所得到的和依然一样吗?

3. 什么是函数？说一个函数连续指的是什么？可微指的是什么？可积指什么？有界指什么？你能把无限多个函数加在一起吗？取函数序列的极限是什么意思？你会微分一个函数的无限级数吗？求积分是什么意思？如果函数 $f(x)$ 当 $x=0$ 时取值 3 而当 $x=1$ 时取值 5(即 $f(0)=3$ 且 $f(1)=5$), 那么当 x 在 0 和 1 之间走动时, 它必须取到介于 3 和 5 之间的每个中间值吗？为什么？

根据你的微积分知识, 你可能已经知道如何回答其中的一些问题, 不过这些东西对于微积分课程来说大体上只是第二位重要的. 那里所强调的是使你实施计算, 例如计算 $x\sin x^2$ 从 $x=0$ 到 $x=1$ 的积分. 但既然你熟悉这些对象并已知道如何进行各种计算, 我们就要回到理论, 并力图**真正**理解所发生的事情.

§1.2　为什么要做分析

谈到分析, 一个合情合理的问题是问 “为什么做分析?”. 了解事情**为何**起作用, 在一定的哲学意义上是件乐事. 但一个务实的人或许会争辩说, 人们只需要知道对于处理现实生活问题, 事情**怎样**起作用就够了. 你在入门课程中接受的微积分训练肯定使你能初步解决许多物理、化学、生物、经济、计算机科学、金融、工程或其他某些你终身要从事的行业中的问题 —— 你肯定会使用链式法则, L'Hôpital 法则或分部积分等诸如此类的法则, 而不知道这些法则为何起作用, 或者不知道对于这些法则是否有什么例外之处. 但是, 如果使用法则时不知道这些法则是从何而来, 对它们的使用有何限制, 那么就可能产生麻烦. 让我举一些熟知的法则的例子来说明, 如果不知其分析基础而滥用就可能导致灾难.

例 1.2.1(用零相除)　此事你很熟悉: 消去律 $ac = bc \Longrightarrow a = b$, 当 $c = 0$ 时不成立. 例如, 等式 $1 \times 0 = 2 \times 0$ 成立, 但若盲目把 0 消去就得到 $1 = 2$, 这不成立. 在这种情况下, 显然是做了用零相除之事, 但在其他情况下, 事情可能更为隐蔽.

例 1.2.2(发散级数)　你大概见过像下面的无穷和

$$S = 1 + \frac{1}{2} + \frac{1}{4} + \frac{1}{8} + \frac{1}{16} + \cdots$$

那样的几何级数. 你也大概见过求此级数的和的下述花招: 如果把级数的和叫作 S, 然后两边通乘以 2, 就得到

$$2S = 2 + 1 + \frac{1}{2} + \frac{1}{4} + \frac{1}{8} + \cdots = 2 + S$$

于是 $S = 2$, 从而级数的和是 2. 但是, 如果你对级数

$$S = 1 + 2 + 4 + 8 + 16 + \cdots$$

使用同样的花招, 就得荒谬的结果

$$2S = 2 + 4 + 8 + 16 + \cdots = S - 1 \Longrightarrow S = -1.$$

于是, 同一个理由证明了 $1 + \frac{1}{2} + \frac{1}{4} + \frac{1}{8} + \cdots = 2$ 并给出了 $1 + 2 + 4 + 8 + \cdots = -1$. 为什么我们相信第一个等式而不相信第二个? 一个类似的例子是级数

$$S = 1 - 1 + 1 - 1 + 1 - 1 + \cdots$$

可以写成

$$S = 1 - (1 - 1 + 1 - 1 + \cdots) = 1 - S,$$

从而 $S=\frac{1}{2}$; 亦或可以写成

$$S=(1-1)+(1-1)+(1-1)+\cdots=0+0+0+\cdots,$$

从而 $S=0$; 甚或可以写成

$$S=1+(-1+1)+(-1+1)+\cdots=1+0+0+\cdots,$$

从而 $S=1$. 哪个是正确的?(答案见习题 7.2.1.)

例 1.2.3(发散序列) 上面的例子有个小小的变形. 设 x 是实数并设 L 是极限

$$L=\lim_{n\to\infty}x^n.$$

改换变元 $n=m+1$, 得

$$L=\lim_{m+1\to\infty}x^{m+1}=\lim_{m+1\to\infty}x\times x^m=x\lim_{m+1\to\infty}x^m.$$

但若 $m+1\to\infty$, 则 $m\to\infty$, 故

$$\lim_{m+1\to\infty}x^m=\lim_{m\to\infty}x^m=\lim_{n\to\infty}x^n=L,$$

从而

$$xL=L.$$

到此, 我们可以消去 L 并断定对于任何一个实数 x 都有 $x=1$, 这是荒谬的. 但是, 由于已经知道用零相除的问题, 我们可以稍微聪明一点而将上面的结论代以断言或者 $x=1$, 或者 $L=0$. 特别地, 我们似乎证明了

$$\lim_{n\to\infty}x^n=0 \quad \text{对于一切 } x\neq 1.$$

但是如果将其用于特定的 x 的值的话, 这个结论也是荒谬的. 例如, 用于特殊情形 $x=2$, 我们就会断言序列 $1,2,4,8,\cdots$ 收敛到零, 而用于特殊情形 $x=-1$, 将断言序列 $1,-1,1,-1,\cdots$ 也收敛到零. 这些结论都是荒谬的; 上述论证有什么问题呢?(答案见习题 6.3.4.)

例 1.2.4(函数的极限值) 从表达式 $\lim\limits_{x\to\infty}\sin x$ 开始, 作变量替换 $x=y+\pi$ 并回顾 $\sin(y+\pi)=-\sin y$ 就得到

$$\lim_{x\to\infty}\sin x=\lim_{y+\pi\to\infty}\sin(y+\pi)=\lim_{y\to\infty}(-\sin y)=-\lim_{y\to\infty}\sin y.$$

由于 $\lim\limits_{x\to\infty}\sin x=\lim\limits_{y\to\infty}\sin y$, 那么我们得到

$$\lim_{x\to\infty}\sin x=-\lim_{x\to\infty}\sin x,$$

从而

$$\lim_{x\to\infty} \sin x = 0.$$

然后, 若作变量替换 $x = \frac{\pi}{2} - z$ 并回到 $\sin(\frac{\pi}{2} - z) = \cos z$, 我们就断言

$$\lim_{x\to\infty} \cos x = 0.$$

把这两个极限都进行平方并相加之, 我们见到

$$\lim_{x\to\infty} (\sin^2 x + \cos^2 x) = 0^2 + 0^2 = 0.$$

另一方面, 我们有 $\sin^2 x + \cos^2 x = 1$ 对于一切 x 成立. 于是就得到 $1 = 0$! 此处困难是什么?

例 1.2.5(交换求和次序)　考虑下述算术事实. 考虑一个任意的数字矩阵, 例如

$$\begin{pmatrix} 1 & 2 & 3 \\ 4 & 5 & 6 \\ 7 & 8 & 9 \end{pmatrix}$$

并计算它的各行的和以及各列的和, 然后把全部行和加起来, 也把全部列和加起来. 我们将得到同一个数 —— 就是矩阵的全体元素的和:

$$\begin{array}{cc} \begin{pmatrix} 1 & 2 & 3 \\ 4 & 5 & 6 \\ 7 & 8 & 9 \end{pmatrix} & \begin{array}{c} 6 \\ 15 \\ 24 \end{array} \\ \begin{array}{ccc} 12 & 15 & 18 \end{array} & 45 \end{array}$$

用另一个方式来说, 如果你要把一个 $m \times n$ 矩阵的全体元素都加起来, 你先把每行加起来或先把每列加起来都没关系, 最后总得到同一答数. (在计算机发明之前, 会计师及记账人员就用这个事实来避免他们账本上的差错.) 用级数的记号, 这个事实表示为

$$\sum_{i=1}^{m}\sum_{j=1}^{n} a_{ij} = \sum_{j=1}^{n}\sum_{i=1}^{m} a_{ij},$$

如果 a_{ij} 代表矩阵中第 i 行第 j 列的元素的话.

现在我们可能认为这个法则应该容易地推广到无限级数:

$$\sum_{i=1}^{\infty}\sum_{j=1}^{\infty} a_{ij} = \sum_{j=1}^{\infty}\sum_{i=1}^{\infty} a_{ij}.$$

实际上, 如果在你的工作中常常用到无限级数, 你就会发现自己常是这样来求和的. 用另一种方式来叙述这一事实就是, 在一个无限矩阵中, 行和之和等于列和之和. 但是, 不管这个命题多么有道理, 它却实际上是错误的! 举一个反例:

$$\begin{pmatrix} 1 & 0 & 0 & 0 & \cdots \\ -1 & 1 & 0 & 0 & \cdots \\ 0 & -1 & 1 & 0 & \cdots \\ 0 & 0 & -1 & 1 & \cdots \\ \vdots & \vdots & \vdots & \vdots & \ddots \end{pmatrix}$$

如果你把每一行加起来, 再把全部行和加起来, 你就得 1; 但如果你把每一列加起来, 再把全部列和加起来, 你就得 0! 那么, 这是不是意味着对无限级数求和时不可换序, 而任何使用此类换序的论述都是不可信的?(答案见定理 8.2.2.)

例 1.2.6(积分换序) 积分换序是数学中常用的技巧, 就像求和换序一样. 假设要计算曲面 $z = f(x, y)$ 之下的体积 (我们暂且略去积分限), 可以平行于 x 轴作切割: 对于每个固定的 y 值, 我们可以计算出一个面积 $\int f(x,y)\mathrm{d}x$, 然后我们把以 y 为变元的面积积分得到体积

$$V = \iint f(x,y)\,\mathrm{d}x\mathrm{d}y.$$

另外, 我们也可以对于每个固定的 x 平行于 y 轴作切割而算出一个面积 $\int f(x,y)\mathrm{d}y$, 然后在 x 轴上积分得

$$V = \iint f(x,y)\,\mathrm{d}y\mathrm{d}x.$$

这好像是说应该总能交换积分号:

$$\iint f(x,y)\,\mathrm{d}x\mathrm{d}y = \iint f(x,y)\,\mathrm{d}y\mathrm{d}x.$$

而实际上, 人们常常要交换积分号, 因为有时对一个变元先积分比对另一个变元先积分更为容易. 但是, 正像无限和有时不可换序一样, 积分换序有时也是危险的. 对于函数 $\mathrm{e}^{-xy} - xy\mathrm{e}^{-xy}$ 的积分就是一个例子. 假如我们相信可对这些积分换序:

$$\int_0^\infty \int_0^1 (\mathrm{e}^{-xy} - xy\mathrm{e}^{-xy})\,\mathrm{d}y\mathrm{d}x = \int_0^1 \int_0^\infty (\mathrm{e}^{-xy} - xy\mathrm{e}^{-xy})\,\mathrm{d}x\mathrm{d}y.$$

由于

$$\int_0^1 (\mathrm{e}^{-xy} - xy\mathrm{e}^{-xy})\,\mathrm{d}y = y\mathrm{e}^{-xy}\Big|_{y=0}^{y=1} = \mathrm{e}^{-x},$$

左端就是 $\int_0^\infty \mathrm{e}^{-x}\mathrm{d}x = -\mathrm{e}^{-x}\big|_0^\infty = 1$. 但是由于

$$\int_0^\infty (\mathrm{e}^{-xy} - xy\mathrm{e}^{-xy})\,\mathrm{d}x = x\mathrm{e}^{-xy}\Big|_{x=0}^{x=\infty} = 0,$$

右端则为 $\int_0^1 0\mathrm{d}x = 0$. 显然 $1 \neq 0$, 所以一定有什么地方出错了, 但是除了我们交换积分次序这一步骤之外, 你哪儿也找不出错来. 那么我们怎样才能知道何时可以相信积分换序?(部分答案见定理 19.5.1.)

例 1.2.7(极限换序) 假设我们处理看上去可信的命题

$$\lim_{x\to 0}\lim_{y\to 0}\frac{x^2}{x^2+y^2} = \lim_{y\to 0}\lim_{x\to 0}\frac{x^2}{x^2+y^2}. \tag{1.1}$$

但是我们有

$$\lim_{y\to 0}\frac{x^2}{x^2+y^2} = \frac{x^2}{x^2+0^2} = 1,$$

从而 (1.1) 的左端为 1, 另一方面我们有

$$\lim_{x\to 0}\frac{x^2}{x^2+y^2} = \frac{0^2}{0^2+y^2} = 0,$$

从而 (1.1) 的右端为 0. 由于 1 显然不等于 0, 这表明交换极限次序是不值得相信的. 然而是否有其他情况使得交换极限次序成为合理的?(部分答案见习题 13.2.9.)

例 1.2.8(再谈极限换序) 考虑看似可信的命题

$$\lim_{x\to 1^-}\lim_{n\to\infty} x^n = \lim_{n\to\infty}\lim_{x\to 1^-} x^n,$$

其中记号 $x \to 1^-$ 指的是 x 从左边趋于 1. 当 x 在 1 的左边时 $\lim\limits_{n\to\infty} x^n = 0$, 从而左端是零. 但对于一切 n 我们有 $\lim\limits_{x\to 1^-} x^n = 1$, 从而右端的极限是 1. 这是否表明这类极限换序总是不可信的?(答案见命题 14.3.3.)

例 1.2.9(极限和积分交换次序) 对于任一实数 y, 我们有

$$\int_{-\infty}^\infty \frac{1}{1+(x-y)^2}\,\mathrm{d}x = \arctan(x-y)\Big|_{x=-\infty}^{\infty} = \frac{\pi}{2} - \left(-\frac{\pi}{2}\right) = \pi.$$

令 $y \to \infty$ 取极限, 我们好像应该得到

$$\int_{-\infty}^\infty \lim_{y\to\infty}\frac{1}{1+(x-y)^2}\,\mathrm{d}x = \lim_{y\to\infty}\int_{-\infty}^\infty \frac{1}{1+(x-y)^2}\,\mathrm{d}x = \pi.$$

但是对于每个 x, 我们有 $\lim\limits_{y\to\infty}\frac{1}{1+(x-y)^2} = 0$. 那么我们好像作出了 $0 = \pi$ 的结论. 以上的论述有什么问题? 是不是应该抛弃 (非常有用的) 交换极限和积分次序的技巧?(部分答案见定理 14.6.1.)

例 1.2.10(极限和求导换序) 考察当 $\varepsilon > 0$ 时

$$\frac{\mathrm{d}}{\mathrm{d}x}\left(\frac{x^3}{\varepsilon^2+x^2}\right) = \frac{3x^2(\varepsilon^2+x^2)-2x^4}{(\varepsilon^2+x^2)^2},$$

特别地

$$\frac{\mathrm{d}}{\mathrm{d}x}\left(\frac{x^3}{\varepsilon^2+x^2}\right)\bigg|_{x=0} = 0.$$

令 $\varepsilon \to 0$ 取极限 (上式右边极限显然为 0), 可能有人会因而期望

$$\frac{\mathrm{d}}{\mathrm{d}x}\left(\frac{x^3}{0+x^2}\right)\bigg|_{x=0} = 0.$$

但左端是 $\frac{\mathrm{d}}{\mathrm{d}x}x = 1$. 这是否意味着交换极限和求导的次序总是错误的?(答案见定理 14.7.1.)

例 1.2.11(交换求导次序) 设 $f(x,y)$ 是函数 $f(x,y) := \frac{xy^3}{x^2+y^2}$.① 分析学中的一个通用的技巧是交换两个偏导数的次序, 于是期望得到

$$\frac{\partial^2 f}{\partial x \partial y}(0,0) = \frac{\partial^2 f}{\partial y \partial x}(0,0).$$

但根据商法则有

$$\frac{\partial f}{\partial y}(x,y) = \frac{3xy^2}{x^2+y^2} - \frac{2xy^4}{(x^2+y^2)^2},$$

特别地

$$\frac{\partial f}{\partial y}(x,0) = \frac{0}{x^2} - \frac{0}{x^4} = 0.$$

于是

$$\frac{\partial^2 f}{\partial x \partial y}(0,0) = 0.$$

另一方面, 仍根据商法则

$$\frac{\partial f}{\partial x}(x,y) = \frac{y^3}{x^2+y^2} - \frac{2x^2y^3}{(x^2+y^2)^2}.$$

从而

$$\frac{\partial f}{\partial x}(0,y) = \frac{y^3}{y^2} - \frac{0}{y^4} = y.$$

于是

$$\frac{\partial^2 f}{\partial y \partial x}(0,0) = 1.$$

① 你可能提出异议说此函数在 $(x,y) = (0,0)$ 无定义, 但若置 $f(0,0) := 0$, 则此函数成为在一切 (x,y) 处都连续且可微的, 并且事实上两个偏导函数 $\frac{\partial f}{\partial x}, \frac{\partial f}{\partial y}$ 也在一切 (x,y) 处连续且可微.

由于 $1 \neq 0$, 所以我们好像证明了求导换序是不可信的. 但是有没有其他情况使得求导换序是合理可行的?(定理 17.5.4 和习题 17.5.1 给出了一些回答.)

例 1.2.12(L'Hôpital 法则)　我们都熟悉简洁优美的 L'Hôpital 法则

$$\lim_{x \to x_0} \frac{f(x)}{g(x)} = \lim_{x \to x_0} \frac{f'(x)}{g'(x)},$$

但若用之不当, 仍可导致不正确的结果. 例如, 使用此法则于 $f(x) := x$, $g(x) := 1+x$ 以及 $x_0 = 0$, 我们将得到

$$\lim_{x \to 0} \frac{x}{1+x} = \lim_{x \to 0} \frac{1}{1} = 1,$$

但这是不正确的答案, 因为 $\lim\limits_{x \to 0} \frac{x}{1+x} = \frac{0}{1+0} = 0$. 当然, 这里所发生的是 L'Hôpital 法则只可用于当 $x \to x_0$ 时 $f(x)$ 和 $g(x)$ 两者都趋于零, 而上例中有一个条件被违背了. 然而即使当 $x \to x_0$ 时 $f(x)$ 和 $g(x)$ 都趋于零, 仍然可能产生错误的结果. 例如, 考虑极限

$$\lim_{x \to 0} \frac{x^2 \sin(x^{-4})}{x}.$$

当 $x \to 0$ 时分子和分母都趋于零, 于是好像十分保险地可以使用 L'Hôpital 法则求得

$$\begin{aligned} \lim_{x \to 0} \frac{x^2 \sin(x^{-4})}{x} &= \lim_{x \to 0} \frac{2x \sin(x^{-4}) - 4x^{-3} \cos(x^{-4})}{1} \\ &= \lim_{x \to 0} 2x \sin(x^{-4}) - \lim_{x \to 0} 4x^{-3} \cos(x^{-4}). \end{aligned}$$

第一个极限根据挤压判别法而收敛到零 (由于函数 $2x \sin(x^{-4})$ 上界于 $2|x|$ 且下界于 $-2|x|$, 两者当 $x \to 0$ 都趋于 0). 但第二个极限发散 (因为当 $x \to 0$ 时 x^{-3} 趋于无限, $\cos(x^{-4})$ 不趋于零). 所以极限

$$\lim_{x \to 0} \frac{2x \sin(x^{-4}) - 4x^{-3} \cos(x^{-4})}{1}$$

发散. 那么人们可能用 L'Hôpital 法则判定 $\lim\limits_{x \to 0} \frac{x^2 \sin(x^{-4})}{x}$ 也发散, 但是我们可以明白地把此极限重写为 $\lim\limits_{x \to 0} x \sin(x^{-4})$, 再次使用挤压判别法便知此极限当 $x \to 0$ 时收敛到零. 这并不表明 L'Hôpital 法则是不可信的 (此法则确实是相当严格的; 见 §10.5), 不过使用时还需小心.

例 1.2.13(作为极限的长度)　当你学习积分, 了解它是如何联系于一条曲线下方的面积时, 大概会给你演示某种图形, 在这些图上, 曲线下的面积是由一束矩形来近似的, 而面积则作为 Riemann 和给出, 然后怎么样一 "取极限" 就把 Riemann 和换成了积分, 然后就假定这个积分相当于是曲线下的真实面积. 或许紧接着你就

学会了如何用类似的方法来计算曲线的长度 —— 用一束线段来近似曲线, 计算出全部线段的总长度, 然后再取极限看你得到什么.

然而现在应该不会奇怪, 如果这种方法使用不当, 也能导致荒谬的结果. 考虑顶点为 $(0,0)$, $(1,0)$ 和 $(0,1)$ 的直角三角形, 并假定我们要计算此三角形斜边的长度. 毕达哥拉斯定理告诉我们此斜边的长度是 $\sqrt{2}$, 但假定由于某种缘故我们不知道毕达哥拉斯定理, 而要用微积分的方法来计算此长度. 好, 一种方法就是用水平的边和竖直的边来近似斜边. 取一个很大的数 N, 并用一个由 N 个等长的水平边的 "梯子" 近似此斜边, 并把梯子的 N 个竖直边也更换得具有相同的长度. 很明显, 这些边的长度都是 $\frac{1}{N}$, 从而梯子的总长度为 $\frac{2N}{N}=2$. 如果让 N 趋于无限而取极限, 梯子明显地接近斜边, 从而作为极限我们应该得到斜边的长. 但是, 当 $N\to\infty$ 时, $\frac{2N}{N}$ 的极限是 2 而不是 $\sqrt{2}$, 这样我们就得到斜边长度的一个不正确的值. 这是怎么发生的?

你在本书中学的分析学将帮助你解决这些问题, 并使你知道什么时候这些法则 (或者另一些法则) 是适用的, 而什么时候它们是不适用的, 从而把这些法则的有益的应用与谬误隔离开. 这就能避免你犯错误, 并帮助你把这些法则应用到更广阔的领域中. 进而, 一旦你学习了分析, 你就会建立起 "分析的思考方式", 它将在你接触到任何新的数学法则时, 或当处理标准的法则不能完全处理的情形时, 为你提供帮助. 例如, 如果你的函数是复值的而不是实值的, 情况当如何? 如果要处理球面上的问题而不是平面上的问题, 情况当如何? 如果你的函数不是连续的, 取而代之为如方形波或 δ 函数之类的东西, 情况当如何? 如果你的函数, 或积分限, 或求和限偶尔成为无限的, 情况当如何? 你将建立起这样的意识, **为什么**数学中的一个法则 (例如链式法则) 有效, 如何将它应用于新的情形, 使它成立的限制条件 (如果有的话) 是什么; 这将使你能够更自信地并正确地使用你已学到的数学知识.

第 2 章　从头开始: 自然数

在本书中, 我们将复习你在高级中学以及在初等微积分课程中学到的材料, 但却是尽可能**严格地**去做. 为此我们将不得不从最基本的地方开始 —— 事实上, 我们要回到**数**的概念以及数有哪些基本性质. 当然, 你已经与数打了十多年交道了, 而且你知道如何按照代数法则来化简任何数的表达式, 但是我们现在要处理一个更基本的事情, 那就是: **为什么**这些代数法则总有效力? 例如, 为什么对于任何三个数 a, b, c, 表达式 $a(b+c)$ 等于 $ab+ac$ 总是真确的? 这不是一个任意选择的法则, 它可以由数系的更为原始的也更为基本的性质来证明. 这将教给你一个新技术 —— 如何用更简单的性质来证明复杂的性质. 你会发现, 即使一个命题可能是 "明显的", 它却可能不是易于证明的, 这里的材料将给你充分的实践去做这样的事, 并且逐步引导你去思考**为什么**一个明显的命题的确是明显的. 这里你要特别地学到的一个技术是使用**数学归纳法**, 这是在数学的许多领域中证明事情的一个基本工具.

所以在最初几章中, 我们将让你再认识一下实分析中用到的各种数系. 按照复杂性递增的次序, 它们是**自然数系** $\mathbb{N}$、**整数系** $\mathbb{Z}$、**比例数系** $\mathbb{Q}$ 以及**实数系** $\mathbb{R}$ (还有其他数系, 如**复数系** $\mathbb{C}$, 但直到 §15.6, 我们都不研究这些数系). 自然数系 $\{0, 1, 2, 3, \cdots\}$ 是最原始的数系, 但自然数被用来构作整数, 整数再被用来构作比例数. 更进一步, 比例数被用来构作实数, 实数再被用来构作复数. 于是, 要想从最原始处开始, 我们必须考察自然数. 我们将考虑下述问题: 人们是怎样实际**定义** 自然数的?(这与怎样**使用** 自然数是非常不同的问题. 使用自然数当然是你十分了解的事情. 这就像知道如何使用一台计算机与知道如何**建造**这台计算机是完全不同的两回事.)

回答这个问题比问题本身看上去要困难得多. 基本的问题是你使用自然数已经太久了, 以致这些数都已深深嵌入你的数学思维之中, 使得你甚至不必思索你在做什么就能作出关于这些数的各种不明显的假设 (例如 $a+b$ 总是等于 $b+a$), 很难让你像第一次见到它那样去考察这个数系. 所以往下我将不得不要你执行一个相当艰巨的任务: 暂且把你知道的关于自然数的一切放到一边: 忘记怎样计数, 忘记加法, 忘记乘法, 忘记代数算律, 等等. 我们将逐个引入这些概念, 在这一过程中, 明白地鉴别出哪些是我们的假定 —— 而且不允许使用更进一步的技巧, 如代数算律, 直到我们实在地证明了这些算律为止. 这好像是一种令人烦恼的限制, 特别是当我们花费大量时间去证明 "显然的" 命题时会感到如此. 但是这种把已知的事实暂时封存起来的做法对于避免**循环论证**(即使用一个进一步的事实去证明一个更初等的事实, 而后又使用这个初等的事实去证明那个进一步的事实) 是必要的. 同时, 这个练习也是树立你的数学知识的牢固根基的一个极好的方式. 更有甚者, 此处你实行的证明和抽象思考, 对于你接受更进一步的概念, 如实数、函数、序列、级数、微分和积分等, 将会有无法估量的好处. 简言之, 此处的结果或许像是平庸的, 然而眼下过程要比目的重要得多, (一旦数系真正建立起来, 我们就可以恢复使用代数算律等等, 而不必次次重新推导它们.)

我们也要忘掉我们知道十进制. 当然十进制是一个操作数学的极其方便的方法, 但对于数是什么而言, 十进制可不是什么基本的东西. (例如, 人们可以不用十进制而使用八进制或二进制, 甚或使用罗马数系, 仍然恰恰得到同一个数集.) 此外, 若想完整地解释十进制数是什么, 那并不像你可能想象的那么自然. 为什么 00 423 与 423 是同一个数而 32 400 与 324 不是同一个数? 为什么 $123.444\,4\cdots$ 是实数, 而 $\cdots 444.321$ 不是实数? 以及为什么当我们作加法或乘法时必须关注小数点的位置? 为什么 $0.999\cdots$ 和 1 是同一个数? 最小的正实数是什么? 是否就是 $0.00\cdots 01$? 所以, 为将这些问题撇开, 我们将尽量不涉及十进制的知识, 尽管我们当然还是使用数的常用的名称, 如 $1, 2, 3$ 等, 而不使用其他的记号如 I, II, III 或 $0++$, $(0++)++$, $((0++)++)++$(参见下文) 等那样的并非不必要的人造的记号. 为了完整起见, 我们在附录 B 中复习十进制.

§2.1 Peano 公理

我们现在用 **Peano 公理**的语言提出一个定义自然数的标准方法, Peano 公理是 Guiseppe Peano(1858—1932) 首先提出的. 这不是定义自然数的唯一方法. 例如, 另一个途径是用有限集的基数, 比方说, 可以取一个 5 个元素的集合并定义 5 是此集合的元素个数. 我们将在 §3.6 中讨论这种方法. 但是我们眼下仅用 Peano 公理的方式.

我们怎样定义自然数是什么呢? 不正式地可以说

定义 2.1.1(不正式的)　**自然数**是指集合

$$\mathbb{N} := \{0, 1, 2, 3, 4, \cdots\}$$

的元素, 此集合是由从 0 开始无休止地往前数所得到的一切数的集. 我们把 $\mathbb{N}$ 叫作**自然数集**.

注 2.1.2　在有些教材中, 自然数是从 1 开始而不是从 0 开始的, 但这只是一个符号的约定而已. 本书中我们把 $\{1, 2, 3, \cdots\}$ 叫作**正整数集**, 用 $\mathbb{Z}^+$ 代表[①], 而不

① 中国出版标准 (国标) 为 $\mathbb{N}_+$. —— 译者注

叫自然数集. 自然数有时也被叫作**完整数**(whole numbers).

这个定义在一定意义上解决了自然数是什么的问题: 一个自然数乃是集合 $\mathbb{N}$ 的一个元素[①]. 但是, 这并不是完全可接受的, 因为它遗留下许多没有回答的问题. 例如: 怎能知道我们可以无休止地数下去而不会循环回到 0? 你怎样实行运算, 如加法、乘法或指数运算?

我们可以首先回答最后一个问题: 可以通过简单的运算来定义复杂的运算. 指数运算只不过是重复的乘法运算: 5^3 是 3 个 5 乘在一起; 乘法只不过是加法的重复: 5×3 是 3 个 5 加在一起; (此处没谈到减法和除法, 因为这两种运算不是完全适用于自然数系的运算.) 而加法呢? 这只不过是**向前数**(shǔ) 或**增长**的重复运作: 如果你把 5 加上 3, 你所做的只不过是让 5 增长 3 次. 另一方面, 增长似乎是一个基本的运算, 它没法再归结为更简单的运算; 的确, 它是人们遇到的关于数的第一个运算, 甚至在学习加法之前.

于是, 为了定义自然数, 我们将使用两个基础性的概念: 数零 0 以及增长运算. 依照现代计算机语言, 我们用 $n++$ 代表 n 的增额 (increment) 或 n 的**后继者**(successor), 于是, 譬如说, $3++=4$, $(3++)++=5$, 等等. 这是计算机语言, 例如 C 语言的一个稍微不同的应用, 在计算机语言中, $n++$ 实际上**重新定义** n 的值为 n 的后继者; 但在数学中, 我们在任何情况下都尽力避免把一个变元定义两次, 因为这常引起混淆. 很多命题对于变元的旧的值是真确的而现在却变成假的, 反之亦然.

于是, 似乎我们要说 $\mathbb{N}$ 是由 0 和每个可由 0 经增长而得者所组成: $\mathbb{N}$ 应是由对象

$$0, 0++, (0++)++, ((0++)++)++, \cdots$$

等所组成. 如果我们着手写出关于自然数这意味着什么, 那么我们看到, 应该有下述的涉及 0 和增长运算 ++ 的公理:

公理 2.1 *0 是一个自然数.*

公理 2.2 *若 n 是自然数, 则 $n++$ 也是自然数.*

于是, 作为例子, 从公理 2.1 和公理 2.2 的两次使用, 我们看到 $(0++)++$ 是一个自然数. 当然, 这个记号开始变得不好使了, 所以我们约定用更熟悉的记号来写这些数:

定义 2.1.3 定义 1 是数 $0++$, 2 是数 $(0++)++$, 3 是数 $((0++)++)++$, 等等. (换言之, $1:=0++$, $2:=1++$, $3:=2++$, 等等. 本书中我们用 "$x:=y$"

① 严格地说, 对于这个非正式的定义还有另一个问题: 我们尚不曾定义 "集合" 是什么, 也不曾定义 "集合的元素" 是什么. 因此, 在本章的其他部分, 我们将尽可能避免提及集合及其元素, 除了是在非正式的讨论中.

表示命题 x **定义**为等于 y.)

于是作为例子, 我们有

命题 2.1.4 3 是自然数.

证明 根据公理 2.1, 0 是自然数. 根据公理 2.2, $0++$ 是自然数. 再用公理 2.2, $1++=2$ 是自然数. 再用公理 2.2, $2++=3$ 是自然数. ■

对于描述自然数, 好像这已经足够了. 但是我们还没有完全说清楚 $\mathbb{N}$ 的性状:

例 2.1.5 考虑由数 $0,1,2,3$ 组成的数系, 在此数系中, 增长运算到 3 转回到 0. 确言之, $0++$ 等于 1, $1++$ 等于 2, $2++$ 等于 3, 但 $3++$ 等于 0 (而根据 4 的定义, 它也等于 4). 这类事情确实发生在现实生活中.

当使用计算机来储存自然数时, 如果从 0 开始反复运行增长运算, 最终计算机将超出其记忆容量而使数字归 0 (尽管这可能可经过相当大量的增长运算, 例如一个整数的二进制表示仅仅经过 65 536 次增长就要回归). 注意, 这类数系满足公理 2.1 和公理 2.2, 尽管它明显地不合乎我们直观相信的自然数系的样子.

为避免这类 "回归事件", 我们要加上另一个公理:

公理 2.3 0 不是任何自然数的后继, 即对于每个自然数 n, 都有 $n++\neq 0$.

现在我们可以证明一些回归现象是不会发生的: 例如我们现在可以用下述命题排除例 2.1.5 中的那种性状.

命题 2.1.6 4 不等于 0.

别笑! 根据我们定义数 4 的方法 —— 它是 0 的增长的增长的增长的增长 —— 此数与零不是同一个数. 这一命题尽管是 "明显的" 却不必是**真确的**(a priori)[①]. 注意, 作为例子, 在例 2.1.5 中, 4 的确等于 0, 并且在标准的 2 字节计算机上, 一个自然数, 例如 65 536 等于 0(用我们对 65 536 的定义, 它等于 0 增长六万五千五百三十六次).

证明 根据定义, $4=3++$. 根据公理 2.1 和公理 2.2, 3 是自然数. 于是根据公理 2.3, $3++\neq 0$, 即 $4\neq 0$. ■

但是, 即使加上了我们的新公理, 我们的数系仍然可能会有其他形式的病态性状:

例 2.1.7 考虑由 $0,1,2,3,4$ 五个数组成的数系, 在这个数系中增长运算在数 4 处碰了 "顶". 确言之, 设 $0++=1$, $1++=2$, $2++=3$, 但 $4++=4$(或另言之, $5=4$, 从而 $6=4$, $7=4$, 等等). 这与公理 2.1、公理 2.2 和公理 2.3 都不矛盾. 有类似问题的另一个数系是那种增长运算发生回归, 但不回归到零的系统, 例如假定 $4++=1$(从而 $5=1$, $6=2$, 等等).

---

① "a priori" 是 "beforhand" 的拉丁词 —— 它指的是人们在开始证明或论述之前就已知道或假定其为真确的事物. 其反义词是 "a posteriori"—— 人们在经证明或论述断定之后才知其为真确的事物.

有很多方法禁止以上性状的发生, 但最简单的方法是假定下述公理:

公理 2.4 不同的自然数必有不同的后继者; 也就是说, 若 n, m 是自然数且 $n \neq m$, 则 $n{+}{+} \neq m{+}{+}$. 等价地说[①], 若 $n{+}{+} = m{+}{+}$, 则必有 $n = m$.

于是, 作为例子, 我们有

命题 2.1.8 6 不等于 2.

证明 反证之, 设 6=2. 那么 $5{+}{+} = 1{+}{+}$. 于是根据公理 2.4, 我们有 $5 = 1$, 从而 $4{+}{+} = 0{+}{+}$. 再根据公理 2.4, 我们得到 $4 = 0$, 这与我们前一个命题相矛盾. ■

就像从这个命题可以见到的, 我们现在好像可以保持全体自然数彼此两两不同. 但是, 仍然还存在一个问题: 就在这些公理 (特别是公理 2.1 和公理 2.2) 使我们能肯定 $0, 1, 2, 3, \cdots$ 是 $\mathbb{N}$ 的互不相同的元素时, 依然存在这样的问题, 可能还有另外的不是上述形式的 "流氓" 元素存在于我们的数系中:

例 2.1.9(非正式的) 设我们的数系由下述整数的全体和半整数的全体组成:

$$\mathbb{N} := \{0, 0.5, 1, 1.5, 2, 2.5, 3, 3.5, \cdots\}.$$

(此例标明是 "非正式的" 由于我们用到了实数, 但我们现在还不能用这些数.) 可以验证公理 2.1~2.4 对于这个集合依然成立.

我们所需要的是这样一个公理, 它使 $\mathbb{N}$ 中只含那种可从 0 以及增长运算得到的数 —— 以便排除像 0.5 那样的元素. 然而, 不使用我们正要定义的自然数就能把我们说的 "可从 …… 得到" 量化地弄得更明确是很难的. 幸运的是, 有一个朴素的解决办法来处理此事:

公理 2.5(数学归纳原理) 设 $P(n)$ 是关于自然数的一个性质. 假设 $P(0)$ 是真的, 并假设只要 $P(n)$ 是真的, 则 $P(n{+}{+})$ 也是真的. 那么对于每个自然数 n, $P(n)$ 都是真的.

注 2.1.10 此处关于 "性质" 指的是什么我们有点不明确, 但有这样的一些 $P(n)$ 的例子: "n 是偶数", "n 等于 3", "n 是方程 $(n+1)^2 = n^2 + 2n + 1$ 的解", 诸如此类. 当然, 我们尚不曾定义其中的许多概念, 但当我们给出了定义, 公理 2.5 就适用于这些性质. [一个逻辑学的注释: 由于这个公理不仅说及**变量**, 同时也说及**性质**, 它与其他四个公理具有不同的本质. 的确, 公理 2.5 技术上与其叫作**公理**, 不如叫作**公理框架**(axiom schema)—— 它是一个产生 (无限) 多个公理的模板, 比说它是单个独立的公理更确切. 要进一步讨论这种属性就远超出了本书的范围, 然而在逻辑学的范畴中要解决这个问题.]

① 这是一个用其**逆否命题**来重述一个蕴含关系的实例, 详见 A.2 段.

隐藏在这个公理后面的不正式的直观是这样的. 设 $P(n)$ 具有这样的性质: $P(0)$ 为真, 并且只要 $P(n)$ 为真, 则 $P(n++)$ 亦真. 那么由于 $P(0)$ 真, $P(0++)=P(1)$ 也真. 由于 $P(1)$ 真, 那么 $P(1++)=P(2)$ 也真. 无休止地重复这个步骤, 我们看到 $P(0), P(1), P(2), P(3)$, 等等都是真的 —— 但是这条推理的路线决不会让我们断定譬如 $P(0.5)$ 是真的. 于是公理 2.5 必定对于包含像 0.5 那样的 "不必要" 的元素的数系不成立. (的确, 可以对这个事实给予一个 "证明". 把公理 2.5 应用于性质 $P(n)$ 为 "n 不是半整数 (即一个整数加 0.5)". 那么 $P(0)$ 是真的, 而且若 $P(n)$ 是真的, 则 $P(n++)$ 是真的, 于是公理 2.5 断定对于一切自然数 n, $P(n)$ 是真的. 也就是说没有一个自然数是半整数. 特别地, 0.5 不能是自然数. 这个 "证明" 并不完全名副其实, 因为我们尚未定义像 "整数"、"半整数" 以及 "0.5" 这些概念, 然而它应该给了你某种关于归纳法原理是如何能防止任何不是 "真" 的自然数的数出现在 $\mathbb{N}$ 中的思想.)

归纳法原理提供了一个证明一个性质 $P(n)$ 对于每个自然数都真确的方法. 于是在本书中往后我们将看到很多具有下述形式的证明:

命题 2.1.11 *某种性质 $P(n)$ 对于每个自然数都成立.*

证明 用归纳法. 首先验证基础情形 $n=0$, 即证明 $P(0)$. (此处插入对于 $P(0)$ 的证明.) 现归纳地假定 n 是一个自然数而 $P(n)$ 也被证实. 我们现在来证明 $P(n++)$. (此处插入对于 $P(n++)$ 的证明, 假定 $P(n)$ 真确.) 这就完成了归纳法, 从而 $P(n)$ 对于一切数 n 成立. ■

当然, 我们不必在叙述的词语上或在次序上原封不动地使用上述证明框架, 而是一般说来使用与上述形式相像的方式来作归纳证明. 我们后面还要述及归纳法的一些花样, 如: 向后归纳 (习题 2.2.6)、强归纳 (命题 2.2.14) 以及超限归纳 (引理 8.5.15).

公理 2.1~2.5 就是关于自然数的所谓的 **Peano 公理**. 这些公理是非常可信的. 因此我们作出

假设 2.6(非正式的) *存在一个数系 $\mathbb{N}$, 称其元素为自然数, 公理 2.1~2.5 对于此数系成立.*

在下一章对于集合与实数规定了我们的记号之后, 我们将使假设稍许更精确一些.

注 2.1.12 我们将把此数系 $\mathbb{N}$ 叫作自然数系. 人们当然可能认为存在不只一个自然数系, 例如, 我们可以有印度 – 阿拉伯数系 $\{0,1,2,3,\cdots\}$, 以及罗马数系 {O, I, II, III, IV, $\cdots$}, 而若我们真的愿意自找麻烦, 我们可以把这些数系看成是不同的东西. 但是这些数系明显地是等价的 (技术术语是**同构** (isomorphic)), 因为我们可以建立一个一一对应: $0 \leftrightarrow$ O, $1 \leftrightarrow$ I, $2 \leftrightarrow$ II, 等等, 此对应把印度 – 阿拉伯系统的零与罗马系统的零对应起来, 并且保持增长运算 (例如, 若 2 对应于 II, 则

$2++$ 对应于 II++). 对于这种等价关系的更精确的叙述, 参见习题 3.5.13. 由于自然数系的一切变种都是等价的, 说存在不同的自然数系就是毫无意义的事, 因此我们仅使用单独一个自然数系来做数学.

我们不证假设 2.6(即使我们最终将把它包罗到我们的集合论公理之中, 见公理 3.7), 这将是我们关于数系所作的唯一的假设. 现代分析的一个非凡的成就是, 只从这五个非常原始的公理和集合论中的某些附加的公理出发, 就能建立起所有的其他的数系, 创造函数, 并做我们通常所做的全部代数和微积分.

注 2.1.13(非正式的)　自然数系的一个有趣的属性是, 每个单个的自然数都是有限的, 而自然数的**集合**是无限的; 也就是说, $\mathbb{N}$ 是无限的然而却是由各个有限的元素组成的 (整体大于其任何部分). 不存在无限的自然数; 只要接受了有限和无限的概念, 就可以使用公理 2.5 来证明此事. (很显然, 0 是有限的, 而若 n 是有限的, 则显然 $n++$ 也是有限的. 于是根据公理 2.5, 一切自然数都是有限的.) 这样看来, 自然数可以**趋于**无限, 但永远不能实际达到无限; 无限不是自然数. (存在其他的数系容纳 "无限的" 数, 例如基数、序数以及 p 进数, 但它们不遵从归纳法, 且完全在本书的范围之外.)

注 2.1.14　注意, 我们的自然数的定义是**公理化的**, 而不是**构造性的**. 我们不曾告诉你自然数**是什么** (所以我们不提这样的问题: 数是由什么制成的, 它们是物理对象吗, 它们度量什么, 等等) —— 我们仅列出一些你可以用这些数做的一些事情 (其实, 此刻我们对它们所定义的唯一的运算就是增长), 以及它们所具有的某些性质. 数学就是这样干活的 —— 它**抽象地**处理它的对象, 只关注这些对象具有哪些性质而不管这些对象是什么东西或者有什么意思. 如果要做数学, 那么一个自然数是指算盘珠子的一定的排法, 还是指一台计算机的存储器中的比特 (二进制数中的 0 或 1) 的一定的的组织方式, 或者指某种没有物质属性的更为抽象的概念, 都没有关系; 当你能使它们增长时, 看看它们中的两个是否相等, 然后再做其他的算术运算, 如加法与乘法, 它们是为了数学的目的作为数的 (只要它们服从必要的公理). 从其他的数学对象出发来构作自然数是可能的 (例如从集合出发), 但是构作自然数的实用模型的方式是多种多样的, 不过这没关系, 至少从数学家的观点来看, 争论哪个模型是 "真实的" 是没什么意义的 —— 只要它们服从所有的公理并正确地运作, 对于数学就足够好了.

注 2.1.15　历史上, 实现数的公理化处理只是最近的事, 比 100 年早不了太多. 在此之前, 数总被理解为不可避免地与某种外在的概念相联系, 例如联系于计数一个集合的基数, 测量一条线段的长度或一个物体的质量, 等等. 这种理解自有其充分的理由, 直到人们被迫从一个数系移至另一个数系时为止. 例如, 用数 (shǔ) 算盘珠子的方式理解数字时, 形成数 3 和数 5 的概念是很容易的, 但对于形成数 -3 或 $\frac{1}{3}$ 或 $\sqrt{2}$ 或 $3+4i$ 的概念可就不起作用了, 于是数的理论每前进一步 ——

负数, 非比例数[①], 复数, 甚至数零 —— 都引起大量理论的烦恼. 19 世纪末的一项伟大发现就是, 数可以经由公理而抽象地理解, 不必要具体的模型. 当然, 数学家可以使用任何这种模型, 只要方便他作直观的理解, 但他们也可以容易地抛开这些模型, 只要他们开始走上公理化的道路.

公理化的一个结果是, 我们现在可以递归地定义序列. 假定我们要建立一个数的序列 $a_0, a_1, a_2, \cdots$, 首先定义 a_0 为某个基础的数, 例如 $a_0 := c$, c 是某数, 然后, 让 a_1 是 a_0 的某个函数, $a_1 := f_0(a_0)$, a_2 是 a_1 的某个函数, $a_2 := f_1(a_1)$, 依此类推. 一般地, 我们令 $a_{n++} := f_n(a_n)$, 其中 f_n 是某个从 $\mathbb{N}$ 到 $\mathbb{N}$ 的函数. 使用所有的公理, 我们现在可以断定这个过程将对于每个自然数 n, 给出序列元素 a_n 一个单一的值. 确言之[②]:

命题 2.1.16(递归定义) 设对于每个自然数 n, 都有某个函数 $f_n : \mathbb{N} \to \mathbb{N}$ 把自然数映成自然数. 设 c 是一个自然数, 那么可以对于每个自然数 n 指定唯一一个自然数 a_n, 使得 $a_0 = c$ 且 $a_{n++} = f_n(a_n)$.

证明(非正式的) 用归纳法. 首先看到, 这个过程给 a_0 一个单一的值, 即 c. (根据公理 2.3 没有其他的定义 $a_{n++} := f_n(a_n)$ 再次定义 a_0 的值.) 现归纳地假设此过程给 a_n 以一个单一的值, 那么它赋予 a_{n++} 一个单一的值 $a_{n++} := f_n(a_n)$. (根据公理 2.4, 没有其他的定义 $a_{m++} := f_m(a_m)$ 能再次定义 a_{n++}.) 这就完成了归纳法, 从而对于每个自然数 n, a_n 被赋予了一个单一的值. ■

注意, 这里所有的公理是怎样必须被用到了. 在一个具有某种回归 (wrap-around) 的系统中, 递归定义无法工作, 因为序列的某些元素常常会被再次定义. 例如, 在例 2.1.5 中, 其中 $3++ = 0$, 那么对于 a_0 就会 (至少) 有两个冲突的定义, 或者 c, 或者 $f_3(a_3)$. 在一个具有多余元素如 0.5 的系统中, 元素 $a_{0.5}$ 永不会被定义.

递归定义的方法是非常有效的. 例如, 可以用这种方法来定义加法和乘法, 我们现在就来做这件事.

§2.2 加　法

自然数系此刻还是非常朴素的: 我们只有一种运算 —— 增长, 以及一撮公理. 然而现在我们可以建立起更复杂的运算, 如加法.

办法如下. 把 5 加上 3, 应该等同于让 5 增长 3 次 —— 这比把 5 加上 2 多一次增长, 而 5 加上 2 又是比 5 加上 1 多一次增长, 5 加上 1 又比 5 加上 0 多一次

---

① 原文 irrational number, 通常译作 "无理数", 我们译为 "非比例数". —— 译者注

② 严格地说, 此命题需要定义函数概念, 我们将在下一章定义函数. 然而, 这不会是循环论证, 因为函数的概念不需要 Peano 公理. 命题 2.1.16 可以用集合论的语言表述得更严密; 见习题 3.5.12.

增长, 而 5 加上 0 应该恰给出 5. 于是我们给加法一个递归的定义如下:

定义 2.2.1(自然数的加法)　设 m 是自然数. 为使 m 加上零, 我们定义 $0+m:=m$. 现归纳的假定已定义好如何使 m 加上 n. 那么把 m 加于 $n++$ 则定义为 $(n++)+m:=(n+m)++$.

于是 $0+m$ 是 m, $1+m=(0++)+m$ 是 $m++$, $2+m=(1++)+m=(m++)++$, 依此类推. 例如我们有 $2+3=(3++)++=4++=5$. 从上一节关于递归的讨论看到, 我们对每个自然数[①] n 都定义了 $n+m$. 这里我们把前面的一般性讨论特殊化为 $a_n=n+m$ 及 $f_n(a_n)=a_n++$ 的情形. 注意这个定义是对称的: $3+5$ 是把 5 增长 3 次, 同时 $5+3$ 是把 3 增长 5 次. 当然, 两者得到同一个值 8. 更一般地, 事实上对于一切自然数 a, b, 成立 $a+b=b+a$(我们将简短地予以证明), 虽然这并不是从定义立即明显看到的.

注意, 我们可以容易地用公理 2.1、公理 2.2 和归纳法 (公理 2.5) 证明两个自然数的和仍然是自然数. (为什么?)

眼下关于加法我们只知道两件事: $0+m=m$ 以及 $(n++)+m=(n+m)++$. 值得注意的是, 这已足够用来演绎出我们关于加法所知道的其他一切事情.

我们从一些基本的引理开始[②].

引理 2.2.2　对于任何自然数 n, $n+0=n$.

注意, 不能从 $0+m=m$ 直接断言此事, 因为我们尚不知道 $a+b=b+a$.

证明　用归纳法. 基础情形 $0+0=0$ 从我们所知的对于每个自然数 m 都成立 $0+m=m$ 以及 0 是自然数这两个事实得出. 现归纳地假定 $n+0=n$. 我们要证的是 $(n++)+0=n++$. 但由加法的定义, $(n++)+0$ 等于 $(n+0)++$, 它等于 $n++$(由于 $n+0=n$). 这就完成了归纳. ■

引理 2.2.3　对于任何自然数 n 和 m, $n+(m++)=(n+m)++$.

再次说明, 我们还不能从 $(n++)+m=(n+m)++$ 导出此事, 因为我们尚不知道 $a+b=b+a$.

证明　对 n 进行归纳 (保持 m 固定). 首先考虑基础情形 $n=0$. 在这种情形, 必须证明

$$0+(m++)=(0+m)++.$$

但根据加法的定义, $0+(m++)=m++$ 且 $0+m=m$, 所以两边都等于 $m++$,

---

① 原文此处作 integer. —— 译者注

② 从逻辑学的观点来说, 在引理、命题、定理或推论之间, 是没有什么不同的 —— 它们都是必须被证明的. 然而我们使用这些术语来标示在重要性上和在困难程度上的不同的水平. 一个引理是一个容易证明的断言, 它被用来帮助证明其他的命题或定理, 但它本身通常不是特别有意义的. 命题是本身有意义的陈述, 而定理是比命题更重要的陈述, 它对于论题给出确定性的断言, 且通常比命题和引理花更大的力气来予以证明. 推论是刚刚证明了的命题或定理的立刻的结果.

从而彼此相等. 现在我们归纳地假定 $n+(m++)=(n+m)++$, 要证明的是

$$(n++)+(m++)=((n++)+m)++.$$

根据加法的定义, 左边是 $(n+(m++))++$, 根据归纳假设它等于 $((n+m)++)++$. 类似地, 根据加法的定义, 有 $(n++)+m=(n+m)++$. 于是右边也等于 $((n+m)++)++$. 于是两边彼此相等, 从而我们结束了归纳. ■

作为引理 2.2.2 和引理 2.2.3 的一个特别的推论, 我们看到 $n++=n+1$. (为什么?)

如早先承诺的, 现在可以证明 $a+b=b+a$ 了.

命题 2.2.4(加法是交换的)　对于任何自然数 n 和 m, $n+m=m+n$.

证明　对 n 进行归纳 (保持 m 固定). 首先考虑基础情形, 即证明 $0+m=m+0$. 根据加法的定义, $0+m=m$, 同时根据引理 2.2.2, $m+0=m$. 于是基础情形做完了. 现归纳地假定 $n+m=m+n$, 我们要证

$$(n++)+m=m+(n++)$$

来完成归纳. 根据加法定义, $(n++)+m=(n+m)++$. 根据引理 2.2.3, $m+(n++)=(m+n)++$, 但根据归纳假定, 这等于 $(n+m)++$. 于是 $(n++)+m=m+(n++)$, 我们完成了归纳. ■

命题 2.2.5(加法是结合的)　对于任何自然数 a,b,c, $(a+b)+c=a+(b+c)$.

证明　见习题 2.2.1. ■

根据这条结合律我们可以把和写成 $a+b+c$ 这样的形式而无需顾虑这些数是依怎样的次序加起来的.

现在我们建立一个消去律.

命题 2.2.6(消去律)　设 a,b,c 是自然数, 满足 $a+b=a+c$, 那么我们有 $b=c$.

注意, 我们尚不可使用减法或负数来证明这个命题, 因为我们还不曾建立这些概念. 事实上, 这个消去律是此书后面定义减法 (以及整数) 的决定性依据, 因为它使我们即使在减法被正式定义之前, 就能进行一种 "虚拟减法".

证明　通过对 a 进行归纳来证明此命题. 先考虑基础情形 $a=0$. 那么, $0+b=0+c$. 根据加法的定义, 此式蕴含 $b=c$, 此为所欲证者. 现归纳地假定消去律对于 a 成立 (从而 $a+b=a+c$ 蕴含 $b=c$); 现在要证消去律对于 $a++$ 也成立. 换句话说, 我们假定 $(a++)+b=(a++)+c$ 而要证明 $b=c$. 根据加法的定义, $(a++)+b=(a+b)++$ 且 $(a++)+c=(a+c)++$, 于是有 $(a+b)++=(a+c)++$. 根据公理 2.4, 有 $a+b=a+c$. 由于对于 a 已有消去律, 所以有 $b=c$, 它就是所需要的. 这就完成了归纳法. ■

我们现在来讨论加法如何与正性交互作用.

定义 2.2.7(正自然数)　一个自然数叫作是**正的**, 当且仅当它不等于 0.

命题 2.2.8　若 a 是正的而 b 是自然数, 则 $a+b$ 是正的 (于是根据命题 2.2.4, $b+a$ 也是正的).

证明　对 b 施用归纳法. 若 $b=0$, 则 $a+b=a+0=a$, 它是正的, 从而证实了基础情形. 现归纳地假定 $a+b$ 是正的, 那么 $a+(b++)=(a+b)++$, 根据公理 2.3 它不能是零, 从而是正的. 这就完成了归纳法. ■

推论 2.2.9　如果 a 和 b 是自然数, 满足 $a+b=0$, 那么 $a=0$ 且 $b=0$.

证明　假设不然, 则 $a\neq 0$ 或 $b\neq 0$. 如果 $a\neq 0$, 那么 a 是正的, 从而根据命题 2.2.8, $a+b=0$ 是正的, 这是一个矛盾. 类似地, 如果 $b\neq 0$, 那么 b 是正的, 从而根据命题 2.2.8, $a+b=0$ 也是正的, 还是矛盾. 于是 a 和 b 必定都是零. ■

引理 2.2.10　设 b 是正数. 那么恰存在一个自然数 b, 使得 $b++=a$.

证明　见习题 2.2.2. ■

一旦有了加法的概念, 我们就可以开始定义**序**的概念.

定义 2.2.11(自然数的排序)　设 n 和 m 是自然数. 我们说 n **大于等于** m, 记作 $n\geqslant m$ 或 $m\leqslant n$, 当且仅当对于某自然数 a, 成立 $n=m+a$. 我们说 n **严格大于** m, 记作 $n>m$ 或 $m<n$, 当且仅当 $n\geqslant m$ 并且 $n\neq m$.

于是, 譬如 $8>5$, 因为 $8=5+3$ 而 $8\neq 5$. 还有, 注意到对于任何 n 都成立 $n++>n$, 于是不存在最大的自然数 n, 因为下一个数 $n++$ 总是更大的.

命题 2.2.12(自然数的序的基本性质)　设 a,b,c 是自然数. 那么

(a) (序是自反的) $a\geqslant a$.

(b) (序是传递的) 若 $a\geqslant b$ 且 $b\geqslant c$, 则 $a\geqslant c$.

(c) (序是反对称的) 若 $a\geqslant b$ 且 $b\geqslant a$, 则 $a=b$.

(d) (加法保序) $a\geqslant b$ 当且仅当 $a+c\geqslant b+c$.

(e) $a<b$ 当且仅当 $a++\leqslant b$.

(f) $a<b$ 当且仅当对于某正数 d, $b=a+d$.

证明　见习题 2.2.3. ■

命题 2.2.13(自然数的序的三歧性)　设 a 和 b 是自然数, 那么下述三命题中恰有一个是真的:

$$a<b,\ a=b,\ a>b.$$

证明　这里只给出一个证明的框架, 其中的缺口将在习题 2.2.4 中加以弥补.

首先证明三命题 $a<b$, $a=b$, $a>b$ 中不会有多于一个的命题同时成立. 若 $a<b$ 则根据定义 $a\neq b$, 而若 $a>b$ 则根据定义 $a\neq b$. 若 $a>b$ 且 $a<b$ 则根据命题 2.2.12 必有 $a=b$, 这是矛盾的. 于是不会有多于一个的命题成立.

现在我们证明至少有一个命题成立. 保持 b 固定而对 a 进行归纳. 若 $a=0$, 则 $0\leqslant b$ 对于一切 b 成立 (为什么?), 于是我们有 $0=b$ 或 $0<b$, 这证明了基础情形. 现设我们已对于 a 证明了命题, 而要证命题对 $a++$ 成立. 从对于 a 的三歧性, 有三种情形: $a<b$, $a=b$, 以及 $a>b$. 若 $a>b$, 则 $a++>b$(为什么?). 若 $a=b$, 则 $a++>b$(为什么?). 现设 $a<b$. 那么根据命题 2.2.12, 有 $a++\leqslant b$. 于是或者 $a++=b$ 或者 $a++<b$, 而在两种情形中的每种情形下我们都完成了论证. 这就完成了归纳法. ■

序的性质使我们可以得到归纳法原理的一个更强的形式:

命题 2.2.14(强归纳法原理) 设 m_0 是一个自然数, 而 $P(m)$ 是一个依赖于任意自然数 m 的性质. 设对于每个 $m\geqslant m_0$ 都有下述蕴含关系: 如果 $P(m')$ 对于一切满足 $m_0\leqslant m'<m$ 的自然数 m' 都成立, 那么 $P(m)$ 也成立 (特别地, 这意味着 $P(m_0)$ 成立, 因为在 $m=m_0$ 的情况下, 假定的条件 $P(m')$ 是空的), 那么, 我们可以断定 $P(m)$ 对于一切自然数 $m\geqslant m_0$ 都成立.

注 2.2.15 在实用中我们常使用这个原理于 $m_0=0$ 或 $m_0=1$.

证明 见习题 2.2.5. ■

习 题 2.2

2.2.1 证明命题 2.2.5. (提示: 固定其中两个变元而对第三个变元进行归纳.)

2.2.2 证明引理 2.2.10. (提示: 使用归纳法.)

2.2.3 证明命题 2.2.12. (提示: 你要用到前面的很多命题、推论和引理.)

2.2.4 验证在命题 2.2.13 的证明中标出 "(为什么?)" 的三个命题.

2.2.5 证明命题 2.2.14. (提示: 定义 $Q(n)$ 为性质 "$P(m)$ 对于一切 $m_0\leqslant m<n$ 成立", 注意 $Q(n)$ 当 $n<m_0$ 时是莫须有地成立的.)

2.2.6 设 n 是自然数且设 $P(m)$ 是一个依赖于自然数的性质, 它满足条件: 只要 $P(m++)$ 成立则 $P(m)$ 也成立. 假设 $P(n)$ 成立, 证明对于一切自然数 $m\leqslant n$, $P(m)$ 成立. 此即所谓**向后归纳原理**. (提示: 对变元 n 用归纳法.)

§2.3 乘 法

上一节证明了我们所知的关于加法与序的一切基本事实. 为了节省篇幅且避免唠叨那些明显的事情, 现在允许使用我们所熟悉的一切涉及加法与序的代数运算而不加进一步的评说. 于是我们可以不加任何进一步说理地写出如 $a+b+c=c+b+a$ 这样的事情. 现在我们来引入乘法. 就像加法是重复的增长运算一样, 乘法是重复的加法.

定义 2.3.1(自然数的乘法) 设 m 是自然数. 为把 0 乘到 m 上, 我们定义 $0\times m:=0$. 设已定义了如何把 n 乘到 m 上, 那么归纳地, 我们定义把 $n++$ 乘到 m 上是 $(n++)\times m:=(n\times m)+m$.

这样有 $0\times m=0$, $1\times m=0+m$, $2\times m=0+m+m$, 等等. 用归纳法可容易地验证两个自然数的乘积是自然数.

引理 2.3.2(乘法是交换的) 设 n,m 是自然数, 那么 $n\times m=m\times n$.

证明 见习题 2.3.1. ■

我们现在将把 $n\times m$ 简写作 nm, 并且使用通常的先乘后加的约定, 于是, 作为例子, $ab+c$ 指的是 $(a\times b)+c$, 而不是 $a\times(b+c)$. (我们同样也将使用对于以后定义的其他算术运算的优先性的通常的符号约定, 以免总是使用括号.)

引理 2.3.3(正自然数没有零因子) 设 n,m 是自然数. 那么 $n\times m=0$ 当且仅当中 n,m 至少有一个等于零. 特别地, 若 n 和 m 都是正的, 则 nm 也是正的.

证明 见习题 2.3.2. ■

命题 2.3.4(分配律) 对于任何自然数 a,b,c, 都有 $a(b+c)=ab+ac$ 以及 $(b+c)a=ba+ca$.

证明 由于乘法是交换的, 我们只需证明第一个等式 $a(b+c)=ab+ac$. 保持 a 和 b 固定而对 c 用归纳法. 我们来证明 $c=0$ 的基础情形, 即 $a(b+0)=ab+a0$. 左端是 ab, 同时右端是 $ab+0=ab$, 所以我们已搞定基础情形. 现在我们归纳地假定 $a(b+c)=ab+ac$, 并且来证明

$$a(b+(c++))=ab+a(c++).$$

左端是 $a((b+c)++)=a(b+c)+a$; 而右端是 $ab+ac+a$, 并根据归纳假定进而等于 $a(b+c)+a$. 这样我们就完成了归纳法. ■

命题 2.3.5(乘法是结合的) 对于任何自然数 a,b,c, 我们有 $(a\times b)\times c=a\times(b\times c)$.

证明 见习题 2.3.3. ■

命题 2.3.6(乘法保序) 若 a,b 是自然数, 满足 $a<b$, 且 c 是正的, 则 $ac<bc$.

证明 由于 $a<b$, 我们知存在某正数 d 使 $b=a+d$. 用 c 来乘并使用分配律, 得 $bc=ac+dc$. 由于 d 是正的而且 c 也是正的, 所以 dc 是正的, 从而 $ac<bc$. 这就是所要证的. ■

推论 2.3.7(消去律) 设 a,b,c 是自然数, 满足 $ac=bc$ 而且 c 不是零, 那么 $a=b$.

注 2.3.8 恰如命题 2.2.6 将能使我们做 “虚拟减法” 并最终导致定义名副其实的减法一样, 此推论也提供了一个 “虚拟除法”, 后面定义名副其实的除法时要用到此 “虚拟除法”.

证明 根据序的三歧性 (命题 2.2.13), 有三种情形: $a < b$, $a = b$, $a > b$. 先设 $a < b$, 那么根据命题 2.3.6 有 $ac < bc$, 而这是不对的. 当 $a > b$ 时我们得到类似的矛盾. 于是唯一的可能是 $a = b$, 这就是要证的. ■

用这些命题可以容易地推导出关于加法和乘法的一切熟知的代数算律, 参见习题 2.3.4.

既然我们已经有了熟知的加法运算和熟知的乘法运算, 更为原始的增长概念就可靠边站了, 此后我们将很少见到它. 在任何情况下我们都可以用加法来描述增长, 因为 $n{+}{+} = n + 1$.

命题 2.3.9(欧几里得算法) *设 n 是自然数且设 q 是正数, 那么存在自然数 m, r, 使得 $0 \leqslant r < q$ 且 $n = mq + r$.*

注 2.3.10 换句话说, 我们可以用一个正数 q 去除一个自然数 n 而得到商 m(它是另一个自然数) 和余数 r(它小于 q). 这个算法标志着数论的开端, 数论是一个优美而重要的课题, 但它超出了本书的范围.

证明 见习题 2.3.5. ■

如同重复地使用增长运算来定义加法和重复地使用加法运算来定义乘法一样, 可以重复地使用乘法运算来定义**指数运算**:

定义 2.3.11(自然数的指数运算) 设 m 是自然数. 为把 m 升到 0 次幂, 我们定义 $m^0 := 1$. 现递归地假定 m^n 已对自然数 n 定义好, 那么我们定义 $m^{n++} := m^n \times m$.

例 2.3.12 那么 $x^1 = x^0 \times x = 1 \times x = x$; $x^2 = x^1 \times x = x \times x$; $x^3 = x^2 \times x = x \times x \times x$; 依次类推. 根据归纳法, 我们看到, 这个递归的定义对于一切自然数 n 都定义了 x^n.

此处我们不更深入地建立指数运算的理论, 而要等到定义了整数和比例数之后再说; 特别参阅命题 4.3.10.

习 题 2.3

2.3.1 证明引理 2.3.2. (提示: 修正引理 2.2.2、引理 2.2.3 及命题 2.2.4 的证明.)

2.3.2 证明引理 2.3.3. (提示: 先证第二个命题.)

2.3.3 证明命题 2.3.5. (提示: 修正命题 2.2.5 的证明并使用分配律.)

2.3.4 证明等式 $(a+b)^2 = a^2 + 2ab + b^2$ 对于一切自然数 a, b 成立.

2.3.5 证明命题 2.3.9. (提示: 固定 q 并对 n 进行归纳.)

第3章　集　合　论

现代分析与绝大多数现代数学分支一样, 都联系于数、集合以及几何. 我们已经引入了一种数系, 即自然数系. 我们还要简洁地引入其他数系, 但此刻我们要停下来介绍集合论的概念和记号, 因为它们在后面的各章中将越来越多地得以应用. (我们在此书中无意追求对欧几里得几何等作严格的叙述, 而代之以使用实数系的语言在笛卡儿①坐标系中对它进行描述.)

即使集合论不是本书的核心内容, 几乎每个其他的数学分支也都有赖集合论为其基础部分, 所以在进入数学的更深入的领域前得到集合论的一些至少是根基性的知识是非常重要的. 在本章中我们叙述公理集合论的较为初等的概念, 而把更进一步的课题, 如关于无限的讨论以及选择公理, 留到第 8 章. 集合论的精妙内容的完整处理, 很遗憾, 大大超出了本书的范围.

§3.1　基本事项

本节给出关于集合的一些公理, 就如同对于自然数所做的那样. 为了教学的方便, 我们将使用有点过多的集合论公理, 导致可以从某些公理推导出其他一些公理的情形, 但这并不会有真正的危害. 我们从非正式地描述什么是集合开始.

定义 3.1.1(非正式的)　我们把**集合**A 定义为任意一堆没有次序的东西, 例如 $\{3,8,5,2\}$ 是一个集合. 设 x 是一个对象, 如果 x 在这一堆东西当中的话, 我们就说 x 是 A 的一个**元素**, 或 $x \in A$, 否则就是 $x \notin A$. 例如 $3 \in \{1,2,3,4,5\}$, 而 $7 \notin \{1,2,3,4,5\}$.

此定义是足够直观的, 但它没有回答许多问题, 例如, 怎样的一堆东西 (对象) 才被看作是集合, 什么样的集合与另外的集合相同, 人们怎样定义关于集合的运算 (例如并和交等). 同时, 我们尚无关于集合干吗, 或集合的元素干吗的公理. 获取这些公理以及定义这些运算正是本节的目的.

我们首先要弄清一点: 我们把集合本身也看成是一类对象.

公理 3.1(集合是对象)　*若 A 是集合, 则 A 也是一个对象. 特别地, 给定两个集合 A 和 B, 问 A 是不是 B 的一个元素是有意义的.*

例 3.1.2(非正式的)　集合 $\{3,\{3,4\},4\}$ 是三个不同的元素的集合, 其中的一个元素碰巧是两个元素的集合. 对于此例的更正式的形式, 见例 3.1.10. 但是并非一

① 原文为 Cartesian. —— 译者注

切对象都是集合; 例如, 我们作为范例不认为一个自然数, 比如 3, 是一个集合 (更准确的说法是, 自然数可以是集合的**基数**, 而不必其自身就是集合, 见 §3.6).

注 3.1.3 集合论有一个特殊情形, 叫作 "纯粹集合论". 在 "纯粹集合论" 中**一切**对象都是集合; 例如数 0 可以等同于空集 $\varnothing$, 数 1 可以等同于 $\{0\} = \{\{\}\}$, 数 2 可以等同于 $\{0,1\} = \{\{\},\{\{\}\}\}$, 依此类推. 从逻辑学的观点来看, 纯粹集合论是一个更简单的理论, 因为人们只须处理集合而不处理对象 (object); 但是从概念的观点来看, 处理非纯粹集合论往往更容易, 在非纯粹集合论中, 一些对象不被看作集合. 两种类型的理论对于做数学多多少少是等价的, 所以我们对于是否一切对象都是集合一事将采取不可知论者的立场.

总起来说, 在数学中所研究的一切对象之中, 有些对象恰是集合, 并且如果 x 是一个对象而 A 是一个集合, 则或者 $x \in A$ 是真的, 或者 $x \in A$ 是假的. (如果 A 不是集合, 我们就把命题 $x \in A$ 作为是无定义的, 例如, 我们认为 $3 \in 4$ 既不是真的也不是假的, 而简单地是无意义的, 因为 4 不是集合.)

往下, 我们定义相等的概念: 什么时候两个集合被认为是相等的呢? 我们不认为在一个集合内的元素的次序是重要的, 于是我们认为 $\{3,8,5,2\}$ 和 $\{2,3,5,8\}$ 是同一个集合. 另一方面, $\{3,8,5,2\}$ 和 $\{3,8,5,2,1\}$ 是不同的集合, 因为后一个集合含有一个不属于前一个集合的元素, 即元素 1. 根据类似的理由, $\{3,8,5,2\}$ 和 $\{3,8,5\}$ 是不同的集合. 我们把此事叙述为如下定义:

定义 3.1.4(集合之相等) 两个集合 A 和 B 是**相等**的, $A = B$, 当且仅当 A 的每个元素都是 B 的元素而且 B 的每个元素也都是 A 的元素. 用另一种方式来说, $A = B$ 当且仅当 A 的每个元素 x 也属于 B, 且 B 的每个元素 y 也属于 A.

例 3.1.5 于是, 例如 $\{1,2,3,4,5\}$ 和 $\{3,4,2,1,5\}$ 是同一个集合, 因为它们恰包含同样的元素. (集合 $\{3,3,1,5,2,4,2\}$ 也等于 $\{1,2,3,4,5\}$; 3 和 2 的重复出现是没有关系的, 因为这毫不改变 2 和 3 作为集合元素的状态.)

容易验证此相等之概念是自反的、对称的和传递的 (习题 3.1.1). 注意到: 根据定义 3.1.4, 若 $x \in A$ 且 $A = B$, 则 $x \in B$. 那么 "属于" 关系 $\in$ 遵从代入公理 (见 A.7 段). 正是因此, 我们关于集合定义的任何新的运算也都遵从代入律, 只要我们能纯粹使用属于关系 $\in$ 的语言来定义此运算. 例如, 对于本节中剩下的那些定义, 情况就是这样. (另一方面, 在一个集合中, 我们不能用一个确定的方式使用 "第一个" 元素或 "最后一个" 元素的概念, 因为这将违背代入公理, 例如, 集合 $\{1,2,3,4,5\}$ 与 $\{3,4,2,1,5\}$ 是同一个集合, 但具有不同的排在首位的元素.)

下面我们转向这样一件事: 哪些对象确切地是集合而哪些不是. 情况与上一章我们如何定义自然数时是类似的, 当时我们从单个的自然数 0 开始, 然后着手借助增长运算建造更多的 0 之外的自然数. 这里我们尝试类似的做法, 从单个的一个集合 —— **空集** 开始, 然后着手借助各种运算建造更多的异于空集的集合. 我们从假定空集的存在开始.

公理 3.2(空集)　*存在一个集合 $\varnothing$, 叫作空集, 它不含任何元素, 也就是说, 对于每个对象 x, 都有 $x \notin \varnothing$.*

空集也记作 $\{\}$. 注意, 只能有一个空集, 如果有两个集合 $\varnothing$ 和 $\varnothing'$ 都是空集, 那么根据定义 3.1.4, 它们必定彼此相等. (为什么?)

如果一个集合不等于空集, 我们就说它是**非空的**. 下述命题非常简单, 但却无论如何也值得一叙:

引理 3.1.6(单个选取)　*设 A 是一个非空的集合, 那么存在一个对象 x 使得 $x \in A$.*

证明　我们用反证法, 假设不存在任何对象 x 使得 $x \in A$. 那么对于一切对象 x 都有 $x \notin A$. 同时, 根据公理 3.2, 有 $x \notin \varnothing$. 于是 $x \in A \iff x \in \varnothing$ (两者皆假), 于是根据定义 3.1.4, $A = \varnothing$, 得一矛盾. ■

注 3.1.7　上述引理断言, 给定任一非空的集合 A, 可以 "选取"A 的一个元素 x 证实此非空性. 后面 (在引理 3.5.12 中) 我们将证明给定任意有限多个非空的集合 $A_1, \cdots, A_n$, 可以从每个集合 $A_1, \cdots, A_n$ 中各选出一个元素 $x_1, \cdots, x_n$ 来; 这就叫作 "有限选取". 但是要想从无限多个集合中选取元素, 需要一个附加的公理 —— 选择公理. 我们将在 §8.4 中讨论选择公理.

注 3.1.8　注意, 空集与自然数 0 **不是**同一事物. 一个是集合, 而另一个是数. 然而, 空集的基数是 0 确是真的, 见 §3.6.

假如公理 3.2 是集合论的唯一公理的话, 则集合论将会是相当无聊的, 因为那就只能仅有唯一的一个集合存在, 即空集. 我们现在进一步介绍一些公理来充实可允许的集合类.

公理 3.3(单元素集与双元素集)　*若 a 是一个对象, 则存在一个集合 $\{a\}$, 它的唯一的元素是 a, 也就是说, 对于每个对象 y, 有 $y \in \{a\}$ 当且仅当 $y = a$. 我们把 $\{a\}$ 叫作**单元素集** (singleton), 其元素是 a. 进而, 若 a 和 b 是对象, 则存在一个集 $\{a, b\}$, 其仅有的元素是 a 和 b, 也就是说, 对于每个对象 y, 有 $y \in \{a, b\}$ 当且仅当 $y = a$ 或 $y = b$; 我们把此集合叫作由 a 和 b 构成的**双元素集** (pair set).*

注 3.1.9　恰如仅有一个空集一样, 对于每个对象 a, 根据定义 3.1.4, 恰有一个由 a 构成的单元素集 (为什么?). 类似地, 给定两个对象 a 和 b, 仅有一个由 a 和 b 构成的双元素集. 定义 3.1.4 也保证 $\{a, b\} = \{b, a\}$(为什么?) 以及 $\{a, a\} = \{a\}$(为什么?). 于是, 单元素集公理事实上是多余的, 因为它是双元素集公理的一个结果. 反之, 双元素集公理可从单元素集公理和下面的双并公理推出 (见引理 3.1.13). 人们可能奇怪为什么我们不再继续往下建三元素集公理、四元素集公理等; 然而这是不必要的, 一旦我们下面引入双并公理后就可明白.

例 3.1.10　由于 $\varnothing$ 是一个集合 (从而也是一个对象), 所以单元素集 $\{\varnothing\}$, 即

仅有 $\varnothing$ 为其元素的集, 是一个集合 (并且它**不是**与 $\varnothing$ 同一的集合 (为什么?)). 类似地, 单元素集 $\{\{\varnothing\}\}$ 及双元素集 $\{\varnothing,\{\varnothing\}\}$ 也都是集合. 这三个集合是彼此不同的 (习题 3.1.2).

如下述诸例所示, 我们现在已经能够构作相当少量的一些集合, 我们所作的这些集合依然都是相当 "小" 的 (我们所能构作的每个集合充其量只含两个元素). 下述公理使我们能构作比前面稍大的集合.

公理 3.4(双并) 给定两个集合 A,B, 存在一个集合 $A\bigcup B$, 叫作 A 和 B 的并, 其元素由属于 A 或属于 B 或同时属于两者的一切元素组成. 换句话说, 对于任何对象 x,

$$x\in A\bigcup B \iff (x\in A\text{或}x\in B).$$

回忆一下, "或" 在数学中默指包括, 或者说: "X 或 Y 成立" 指的是 "或者 X 成立, 或者 Y 成立, 或者两者都成立". 见 §4.1.

例 3.1.11 集合 $\{1,2\}\bigcup\{2,3\}$ 由或属于 $\{1,2\}$ 或属于 $\{2,3\}$ 或属于两者的那些元素组成, 换句话说, 此集合的元素简单地就是 $1,2$ 和 3. 因此, 我们把此集合表示为

$$\{1,2\}\bigcup\{2,3\}=\{1,2,3\}.$$

注 3.1.12 若 A,B,A' 都是集合且 A 等于 A', 那么 $A\bigcup B$ 等于 $A'\bigcup B$(为什么? 需要使用公理 3.4 和定义 3.1.4). 类似地, 若 B' 是一个等于 B 的集合, 则 $A\bigcup B$ 等于 $A\bigcup B'$, 于是, 并运算遵从代入公理, 且对于集合是定义明确的.

我们现在给出并的一些基本性质.

引理 3.1.13 若 a 和 b 是对象, 则 $\{a,b\}=\{a\}\bigcup\{b\}$. 若 A,B,C 是集合, 则并运算是交换的 (即 $A\bigcup B=B\bigcup A$), 也是结合的 (即 $(A\bigcup B)\bigcup C=A\bigcup(B\bigcup C)$), 而且还有 $A\bigcup A=A\bigcup\varnothing=\varnothing\bigcup A=A$.

证明 我们只证结合性等式 $(A\bigcup B)\bigcup C=A\bigcup(B\bigcup C)$, 而把其他结论留作习题 3.1.3. 根据定义 3.1.4, 我们应证明 $(A\bigcup B)\bigcup C$ 的每个元素都是 $A\bigcup(B\bigcup C)$ 的一个元素且反之亦然. 于是, 先假定 x 是 $(A\bigcup B)\bigcup C$ 的元素. 根据公理 3.4, 这意味着关系式 $x\in A\bigcup B$ 和 $x\in C$ 中至少有一个是真的. 分两种情形来说. 若 $x\in C$, 则再次根据公理 3.4, $x\in B\bigcup C$, 于是再由公理 3.4, 有 $x\in A\bigcup(B\bigcup C)$. 现在代替 $x\in C$ 而设 $x\in A\bigcup B$, 则再次根据 3.4, $x\in A$ 或 $x\in B$. 若 $x\in A$, 则根据公理 3.4, $x\in A\bigcup(B\bigcup C)$, 而若 $x\in B$, 由公理 3.4 的顺次使用, 有 $x\in B\bigcup C$, 进而 $x\in A\bigcup(B\bigcup C)$. 于是在一切情形下我们都看到, $(A\bigcup B)\bigcup C$ 的每个元素在 $A\bigcup(B\bigcup C)$ 之中. 类似的论述表明, $A\bigcup(B\bigcup C)$ 的每个元素都在 $(A\bigcup B)\bigcup C$ 之中, 于是如所要证的那样, $(A\bigcup B)\bigcup C=A\bigcup(B\bigcup C)$. ■

根据上述引理, 我们没必要使用括号来表示多次的并运算. 于是, 例如我们可以写 $A\bigcup B\bigcup C$ 以代替 $(A\bigcup B)\bigcup C$ 或 $A\bigcup(B\bigcup C)$. 类似地, 对于四个集合的并, 可以写 $A\bigcup B\bigcup C\bigcup D$, 等等.

注 3.1.14 即使并运算具有某些与加法类似的性质, 此两种运算并不是相同的. 例如, $\{2\}\bigcup\{3\}=\{2,3\}$, $2+3=5$, 而 $\{2\}+\{3\}$ 是毫无意义的 (加法是关于数的, 而不是关于集合的), $2\bigcup 3$ 也是毫无意义的 (并是关于集合的, 而不是关于数的).

这个公理使我们可以定义三元素集 (triplet), 四元素集 (quadruplet), 依此类推: 若 a,b,c 是三个对象, 定义

$$\{a,b,c\}:=\{a\}\bigcup\{b\}\bigcup\{c\};$$

若 a,b,c,d 是四个对象, 定义

$$\{a,b,c,d\}:=\{a\}\bigcup\{b\}\bigcup\{c\}\bigcup\{d\};$$

依此类推. 另一方面, 我们尚不曾对于任意给定的自然数 n 定义由 n 个对象组成的集合. 这将要求重复使用上述的构造方法 "n 次", 然而 n 次重复的概念尚不曾被严格地定义. 根据类似的理由, 我们也还不能定义由无限多个对象组成的集合, 因为那将需要重复使用双并公理无限次, 而在目前的状态, 能否严格地做这件事并不是很明显的. 往后, 我们将引入集合论的其他一些公理以使我们能构作任意大的, 甚至是无限的集合.

很明显, 某些集合似乎比其他的集合大. 正式建立这个概念的一个途径是引入子集的概念.

定义 3.1.15(子集) 设 A,B 是集合. 说 A 是 B 的**子集**, 记作 $A\subseteq B$, 当且仅当 A 的每个元素都是 B 的元素, 即

$$\text{对于任何对象}\,x,\quad x\in A\implies x\in B.$$

说 A 是 B 的**真子集**, 记作 $A\subsetneq B$, 如果 $A\subseteq B$ 但 $A\neq B$.

注 3.1.16 由于这些定义仅用到相等的概念和 "是 …… 的一个元素" 这样的关系, 而这两者已然遵从代入公理, 所以子集的概念也自动地遵从代入公理. 譬如说, 若 $A\subseteq B$ 且 $A=A'$, 则 $A'\subseteq B$.

例 3.1.17 我们有 $\{1,2,3\}\subseteq\{1,2,3,4,5\}$, 因为 $\{1,2,3\}$ 的每个元素也是 $\{1,2,3,4,5\}$ 的元素. 事实上我们还有 $\{1,2,3\}\subsetneq\{1,2,3,4,5\}$, 因为这两个集合不相等. 给定任意一个集合, 总有 $A\subseteq A$ (为什么?) 以及 $\varnothing\subseteq A$. (为什么?)

在集合论中的子集的概念类似于数的的“小于或等于”的概念. 下面的命题演示了此事 (更精确的表述见定义 8.5.1).

命题 3.1.18(集合被包含关系部分地安排了次序) 设 A,B,C 是集合. 如果 $A\subseteq B$ 且 $B\subseteq C$, 则 $A\subseteq C$. 如果 $A\subseteq B$ 且 $B\subseteq A$, 则 $A=B$. 最后, 若 $A\subsetneq B$ 且 $B\subsetneq C$ 则 $A\subsetneq C$.

证明 我们只验证第一个结论. 设 $A\subseteq B$ 且 $B\subseteq C$, 为证 $A\subseteq C$, 只须证明 A 的每个元素都是 C 的元素. 于是, 任取 A 的一个元素 x, 那么从 $A\subseteq B$, 知 x 必是 B 的一个元素. 但从 $B\subseteq C$ 也知 x 是 C 的一个元素. 于是 A 的每个元素确实都是 C 的元素. 这就是要证明的. ■

注 3.1.19 在子集和并集之间有一种联系, 见习题 3.1.7.

注 3.1.20 子集关系 $\subsetneq$ 和小于关系 $<$ 之间有一个重要的区别. 给定任意两个不同的自然数 n,m, 我们知道它们中的一个必定小于另一个 (命题 2.2.13); 但是, 给定两个不同的集合, 一般说来不必其中一个是另一个的子集. 例如, 取 $A:=\{2n:n\in\mathbb{N}\}$ 为偶自然数的集合, 而 $B:=\{2n+1:n\in\mathbb{N}\}$ 为奇自然数的集合, 则其中任何一个都不是另一个的子集. 这就是为什么我们说, 集合只被**部分地安排了次序**, 而自然数是**完全地安排了次序** 的 (见定义 8.5.1 和定义 8.5.3).

注 3.1.21 我们还应该小心, 子集关系 $\subseteq$ 与元素关系 $\in$ 可不是一回事. 数 2 是 $\{1,2,3\}$ 的一个元素, 但却不是一个子集, 于是 $2\in\{1,2,3\}$ 但 $2\not\subseteq\{1,2,3\}$. 的确, 2 根本就不是一个集合. 反过来, $\{2\}$ 是 $\{1,2,3\}$ 的一个子集, 而不是它的元素, 于是 $\{2\}\subseteq\{1,2,3\}$ 但 $\{2\}\notin\{1,2,3\}$. 问题在于数 2 和集合 $\{2\}$ 是不同的对象. 把集合与它们的元素区别开来是重要的, 因为它们有不同的属性. 例如, 可以有一个由有限数组成的无限集合 (自然数的集合就是这样的一个例子), 同时也可以有一个有限集合, 其每个元素都是“由无限个对象所组成的集合” (例如有限集 $\{\mathbb{N},\mathbb{Z},\mathbb{Q},\mathbb{R}\}$, 它有四个元素, 其中每个元素都是无限集合).

我们现在给出一个公理, 它使我们能够容易地构作大集合的子集合.

公理 3.5(分类公理) 设 A 是一个集合, 并对于每个 $x\in A$, 设 $P(x)$ 是一个关于 x 的性质 (即 $P(x)$ 或为一个真命题, 或为一个假命题). 那么存在一个集合叫作 $\{x\in A:P(x)\text{成立}\}$ (或简写为 $\{x\in A:P(x)\}$), 它的元素恰恰是 A 中使 $P(x)$ 成立的 x. 换句话说, 对于任何对象 y,

$$y\in\{x\in A:P(x)\text{ 成立}\}\iff(y\in A\text{ 且 }P(y)\text{ 成立}).$$

这个公理也叫作**分离公理**. 注意, $\{x\in A:P(x)\text{成立}\}$ 永远是 A 的一个子集合 (为什么?), 尽管它可以大得就是 A, 或小得成为空集. 可以验证, 代入公理适用于分类, 于是, 若 $A=A'$ 则 $\{x\in A:P(x)\}=\{x\in A':P(x)\}$(为什么?).

例 3.1.22 设 $S := \{1,2,3,4,5\}$, 则集合 $\{n \in S : n < 4\}$ 是 S 中的使 $n < 4$ 成立的元素 n 的集合, 即 $\{n \in S : n < 4\} = \{1,2,3\}$. 类似地, 集合 $\{n \in S : n < 7\}$ 就是 S 本身, 而 $\{n \in S : n < 1\}$ 是空集.

我们有时写 $\{x \in A \,|\, P(x)\}$ 代替 $\{x \in A : P(x)\}$; 当我们用冒号 ":" 来表示其他事物时, 这个写法就有用了, 例如当我们用冒号表示一个函数 $f : X \to Y$ 的定义域和值域时, 就是这样.

我们可以使用此分类公理来定义集合的其他一些运算, 即集合的交与集合的差.

定义 3.1.23(交) 两个集合 S_1 和 S_2 的**交**$S_1 \bigcap S_2$ 定义为集合

$$S_1 \bigcap S_2 := \{x \in S_1 : x \in S_2\}.$$

换句话说, $S_1 \bigcap S_2$ 由全部同时属于 S_1 和 S_2 两个集合的元素构成, 于是, 对于一切对象 x

$$x \in S_1 \bigcap S_2 \iff x \in S_1 \text{ 且 } x \in S_2.$$

注 3.1.24 注意此定义是明确的 (也就是说, 它遵从代入公理, 见 §4.7), 因为它是借助更初始的运算来定义的, 而这些初始的运算已经知道是遵从代入公理的. 类似的注释适用于本章后面的定义, 并且通常将不再明确提及.

例 3.1.25 我们有 $\{1,2,4\} \bigcap \{2,3,4\} = \{2,4\}$, $\{1,2\} \bigcap \{3,4\} = \varnothing$, $\{2,3\} \bigcup \varnothing = \{2,3\}$ 以及 $\{2,3\} \bigcap \varnothing = \varnothing$.

注 3.1.26 顺便指出, 我们应该小心地使用英语单词 "and"①, 不可使它含混地在上下文中既可指并, 也可指交. 例如, 如果我们谈论 "男孩和 (and) 女孩", 我们指的是男孩的一个集合与女孩的一个集合的**并**, 但是如果我们谈论 "单身的和 (and) 男的" 人的集合, 则指的是单身者的集合与男性人的集合的**交**. (你能搞出一个语法规则来确定何时 "and(和)" 指的是并, 而何时 "and(和)" 指的是交吗?) 另一个问题是 "and(和)" 在英语中②用来表示加法, 例如人们可以说 "2 and 3 is 5"③, 同时也说 "$\{2\}$ 的元素和 $\{3\}$ 的元素构成集合 $\{2,3\}$" 以及 "在 $\{2\}$ 和 $\{3\}$ 中的元素构成集合 $\varnothing$". 这肯定会引起混淆! 我们求助于数学符号来代替诸如 "and" 之类的英语词汇的一个缘由, 就是数学符号永远具有精确的清晰的含意, 使用数学符号就避免了必须总得小心地根据上下文来确定一个单词到底是什么意思.

两个集合 A, B 叫作是**不交**的, 如果 $A \bigcap B = \varnothing$. 注意, 这与**相异** (distinct) 可不是同一个概念. 例如集合 $\{1,2,3\}$ 与 $\{2,3,4\}$ 是相异的 (有一个集合的元素不是

① 即中文的 "和". —— 译者注

② 也在汉语中. —— 译者注

③ 汉语为 "2 与 3 的和是 5". —— 译者注

另一个集合的元素), 但是它们不是不交的 (因为它们的交是不空的集合). 同时, 集合 $\varnothing$ 与集合 $\varnothing$ 是不交的, 但不是相异的. (为什么?)

定义 3.1.27(差集) 给定两个集合 A 和 B, 我们定义集合 $A-B$ 或 $A\setminus B$ 为从集合 A 中把 B 中的任何元素都去掉所得的集合:

$$A\setminus B:=\{x\in A: x\notin B\}.$$

例如, $\{1,2,3,4\}\setminus\{2,4,5\}=\{1,3\}$. 在很多情况下, B 是 A 的子集, 但并非必须如此.

我们现在给出并、交及差集的一些基本性质.

命题 3.1.28(集合构成一个 Boole 代数) *设 A,B,C 是集合, 并设 X 是包含 A,B,C 为其子集的集合.*

(a) (*最小元*) *我们有 $A\bigcup\varnothing=A$ 以及 $A\bigcap\varnothing=\varnothing$.*

(b) (*最大元*) *我们有 $A\bigcup X=X$ 以及 $A\bigcap X=A$.*

(c) (*相等*) *我们有 $A\bigcup A=A$ 以及 $A\bigcap A=A$.*

(d) (*交换性*) *我们有 $A\bigcup B=B\bigcup A$ 以及 $A\bigcap B=B\bigcap A$.*

(e) (*结合性*) *我们有 $(A\bigcup B)\bigcup C=A\bigcup(B\bigcup C)$, $(A\bigcap B)\bigcap C=A\bigcap(B\bigcap C)$.*

(f) (*分配性*) *我们有 $A\bigcap(B\bigcup C)=(A\bigcap B)\bigcup(A\bigcap C)$ 以及 $A\bigcup(B\bigcap C)=(A\bigcup B)\bigcap(A\bigcup C)$.*

(g) (*分拆法*) *我们有 $A\bigcup(X\setminus A)=X$ 以及 $A\bigcap(X\setminus A)=\varnothing$.*

(h)(De Morgan 律) *我们有 $X\setminus(A\bigcup B)=(X\setminus A)\bigcap(X\setminus B)$ 以及 $X\setminus(A\bigcap B)=(X\setminus A)\bigcup(X\setminus B)$.*

注 3.1.29 De Morgan 律以逻辑学家 Augustus De Morgan[①]的名字命名, De Morgan 把这些定律确立为集合律的基本定律.

证明 见习题 3.1.6. ■

注 3.1.30 读者可能已观察到上面在 $\bigcup$ 和 $\bigcap$ 之间的算律以及在 X 和 $\varnothing$ 之间的算律有一定的对称性, 这是**对偶性**的一个例子 —— 两个不同的性质或者两个不同的对象彼此对偶. 在现在的情况下, 对偶性是以补关系 $A\mapsto X\setminus A$ 来实现的; De Morgan 律断定这个关系把并转化成交, 而把交转化成并. (此关系也交换了 X 和空集.) 上述的算律合起来叫作以英国数学家 George Boole(1815—1864) 的名字命名的 Boole 代数的定律, Boole 代数同时也适用于许多集合之外的其他对象, 在逻辑学中起着举足轻重的作用.

我们现在已经积累了关于集合的一些公理和一些结果, 但是依然还有许多事情是我们还不能做的. 对于一个集合我们想做的一件基本的事情是, 从这个集合中取

① Augustus De Morgan, 1806—1871, 英国人. —— 译者注

出每个对象来, 以某种方式把它转化成另一个新的对象; 例如我们可能想从一个数的集合, 例如 $\{3,5,9\}$ 出发, 增长它的每个元素而造出一个新的集合 $\{4,6,10\}$. 这并不是可以直接仅仅使用我们已有的公理所能做到的事, 所以我们需要一个新的公理:

公理 3.6(替换)　设 A 是一个集合. 对于任意的对象 $x\in A$ 和任意的对象 y, 假设有一个命题 $P(x,y)$ 依赖于 x 和 y, 使得对于每个 $x\in A$ 存在至多一个 y, 使 $P(x,y)$ 成立. 那么存在一个集合 $\{y:P(x,y)\text{对于某}x\in A\text{成立}\}$, 使得对于任何对象 z,

$$z\in\{y:P(x,y)\text{对于某}x\in A\text{成立}\}$$

$$\iff(\text{对于某}x\in A,\ P(x,z)\text{成立}).$$

例 3.1.31　设 $A:=\{3,5,9\}$ 并设 $P(x,y)$ 是命题 $y=x++$, 即 y 是 x 的后继者. 注意到对于每个 $x\in A$, 恰有一个 y 使得 $P(x,y)$ 成立 —— 具体就是 x 的后继者. 于是上述公理断定集合 $\{y:\text{对于某 }x\in\{3,5,9\},y=x++\}$ 存在. 在此, 这明显就是集合 $\{4,6,10\}$. (为什么?)

例 3.1.32　设 $A:=\{3,5,9\}$ 并设 $P(x,y)$ 是命题 $y=1$, 那么对于每个 $x\in A$, 还是恰有一个 y, 使 $P(x,y)$ 成立 —— 具体地说, 就是数 1, 此时 $\{y:y=1\text{对于某 }x\in\{3,5,9\}\text{成立}\}$ 恰就是单元素集 $\{1\}$. 我们已把原来的集合的每个元素 $3,5,9$ 都替换成了同一个对象, 即 1. 于是这个相当没劲的例子表明, 由上述公理得到的集合可以比原来的集合 "小".

我们常把形如

$$\{y:y=f(x)\text{ 对于某 }x\in A\text{ 成立}\}$$

的集合简写成 $\{f(x):x\in A\}$ 或 $\{f(x)\,|\,x\in A\}$. 于是, 例如说若 $A=\{3,5,9\}$, 则 $\{x++:x\in A\}$ 就是集合 $\{4,6,10\}$. 当然, 我们可以把替换公理与分类公理联合使用, 于是, 作为例子, 我们可以构作出类似于 $\{f(x):x\in A;\,P(x)\text{成立}\}$ 这样的集合, 从集合 A 出发, 使用分类公理造出集合 $\{x\in A:P(x)\text{成立}\}$, 然后再应用替换公理来造出 $\{f(x):x\in A;\,P(x)\text{成立}\}$. 于是, 作为例子 $\{n++:n\in\{3,5,9\};\,n<6\}=\{4,6\}$.

在我们的很多例子中都不明确地假定了自然数事实上都是对象 (objects). 我们正式把此事陈述如下:

公理 3.7(无限)　存在一个集合 $\mathbb{N}$, 其元素叫作自然数, 0 是 $\mathbb{N}$ 中的一个对象, 而且由每个自然数 $n\in\mathbb{N}$ 所指定的满足 Peano 公理 (公理 2.1~2.5) 的对象 $n++$ 也在 $\mathbb{N}$ 中.

这是假设 2.6 的一个更正式的形式. 称其为无限的道理是因为它引入了无限集合的一个最基本的例子, 即自然数集 $\mathbb{N}$. (我们将在 §3.6 中正式叙述何为有限何为无限.) 从无限的公理中我们看到, 如 3, 5, 9 等之类的数字的确是集合论中的对象, (由双元素集公理及双并公理) 我们确实可以合法地构作如 $\{3,5,9\}$ 这样的集合, 就像在我们的例子中已做过的那样.

人们必须把集合的概念与集合的元素的概念区别开来; 例如集合 $\{n+3:n\in\mathbb{N},0\leqslant n\leqslant 5\}$ 与表达式或函数 $n+3$ 不是同一回事. 我们用一个例子来强调此事:

例 3.1.33(非正式的) 此例需要有减法概念, 我们尚不曾正式引入. 下述两集合是相等的

$$\{n+3:n\in\mathbb{N},0\leqslant n\leqslant 5\}=\{8-n:n\in\mathbb{N},0\leqslant n\leqslant 5\} \tag{3.1}$$

(见下文), 尽管对于一切自然数 n, 表达式 $n+3$ 和 $8-n$ 绝对不是同一表达式. 于是, 一个好主意是, 当你谈论集合时, 记住要使用那些花括号 $\{\}$, 以免你偶然把一个集合混同于它的元素. 这种反直观的情形的一个缘由是, 字母 n 在 (3.1) 式两边是以不同的方式被使用的. 为弄清此种情形, 我们用字母替换字母来重写集合 $\{8-n:n\in\mathbb{N},0\leqslant n\leqslant 5\}$, 那就得到 $\{8-m:m\in\mathbb{N},0\leqslant m\leqslant 5\}$. 这与前一个集合完全是同一个集合 (为什么?), 于是我们可把 (3.1) 重写为

$$\{n+3:n\in\mathbb{N},0\leqslant n\leqslant 5\}=\{8-m:m\in\mathbb{N},0\leqslant m\leqslant 5\}.$$

现在容易看到 (使用 (3.1.4)) 为什么这个等式是真的: 每个形如 $n+3$ 的数, 其中 n 是介于 0 和 5 之间的自然数, 也是形如 $8-m$ 那样的数, 其中 $m:=5-n$(注意 m 因此也是介于 0 和 5 之间的自然数). 看看要是我们不先把一个 n 换成 m, (3.1) 的上述解释将会是多么更让人糊涂!

习 题 3.1

3.1.1 证明 (3.1.4) 中的相等的定义是自反的、对称的和传递的.

3.1.2 仅使用定义 3.1.4、公理 3.1、公理 3.2 和公理 3.3, 证明集合 $\varnothing$, $\{\varnothing\}$, $\{\{\varnothing\}\}$ 以及 $\{\varnothing,\{\varnothing\}\}$ 全是不同的 (即其中没有两个是彼此相等的).

3.1.3 证明引理 3.1.13 中剩下未证的那些结论.

3.1.4 证明命题 3.1.18.

3.1.5 设 A,B 是集合. 证明三个命题 $A\subseteq B$, $A\bigcup B=B$, $A\bigcap B=A$ 在逻辑上是等价的 (其中任何一个都蕴含其他两个).

3.1.6 证明命题 3.1.28. (提示: 可以使用其中的一些断言去证明另一些断言. 有些断言还曾在前面的引理 3.1.13 中出现过.)

3.1.7 设 A, B, C 是集合. 证明 $A\bigcap B \subseteq A$ 且 $A\bigcap B \subseteq B$, 进而证明 $C \subseteq A$ 且 $C \subseteq B$ 当且仅当 $C \subseteq A\bigcap B$. 用类似的精神证明 $A \subseteq A\bigcup B$ 且 $B \subseteq A\bigcup B$, 进而证明 $A \subseteq C$ 且 $B \subseteq C$ 当且仅当 $A\bigcup B \subseteq C$.

3.1.8 设 A, B 是集合. 证明下面两个**吸收律**

$$A\bigcap(A\bigcup B) = A, \quad A\bigcup(A\bigcap B) = A.$$

3.1.9 设 A, B, X 是集合且 $A\bigcup B = X$, $A\bigcap B = \varnothing$. 证明 $A = X \setminus B$ 且 $B = X \setminus A$.

3.1.10 设 A, B 是集合. 证明三个集合 $A\setminus B$, $A\bigcap B$, $B\setminus A$ 是不交的, 且它们的并是 $A\bigcup B$.

3.1.11 证明替换公理蕴含分类公理.

§3.2 Russell 悖论 (选读)

上节引入的很多公理都有一个类似的味道: 它们都使我们能把具有一定性质的全体元素组成一个集合. 它们都像是靠得住的, 而且人们可能设想它们或许可以被统一起来, 例如通过引入下述公理而统一起来:

公理 3.8(万有分类) (危险!) 设对于每个对象 x, 我们都有一个依赖于 x 的性质 $P(x)$ (从而对于每个 x, $P(x)$ 要么是真命题, 要么是假命题), 那么存在一个集合 $\{x : P(x)\text{成立}\}$, 使得对于每个对象 y,

$$y \in \{x : P(x)\text{成立}\} \iff P(y)\text{成立}.$$

此公理也就是周知的**概括公理** (axiom comprehension). 它断定每个性质对应于一个集合, 如果我们承认此公理, 则可以谈论一切蓝色东西的集合, 一切自然数的集合, 一切集合的集合, 等等. 这个公理也蕴含上一节中的大多数公理 (习题 3.2.1). 不幸的是, 这个公理不可以被引入集合论, 因为它引出了一个逻辑上的矛盾, 即周知的 Russell 悖论, 它是由哲学家和逻辑学家 Rertrarel Russel① (美国人, 1872—1970) 于 1901 年发现的②. 此悖论叙述如下: 设 $P(x)$ 是这样的命题

$$P(x) \iff \text{“}x\text{是一个集合, 且}\, x \notin x\text{”};$$

也就是说, $P(x)$ 仅当 x 是一个不含自己为其元素的集合时成立. 例如, $P(\{2,3,4\})$ 成立, 因为集合 $\{2,3,4\}$ 不是 $\{2,3,4\}$ 的三个元素 $2,3,4$ 中的任何一个. 另一方面, 如果我们让 S 是一切集合的集合 (根据万有分类公理就该存在这样的一个集合),

① 通译为罗素. —— 译者注

② 1918 年 Russell 把此悖论通俗化解释为 “理发师悖论”, Cantor 在 1899 年也曾发现过类似的悖论. —— 译者注

那么 S 由于本身是一个集合, 它该是 S 的一个元素, 所以 $P(S)$ 不成立. 现在使用万有分类公理来构作集合

$$\Omega := \{x : P(x)\text{成立}\} = \{x : x\text{是集合且 } x \notin x\},$$

即一切不以自己为元素的集合的集合. 现在问这样的问题: Ω 含有它自己为元素吗? 即是不是 $\Omega \in \Omega$? 如果 Ω 含有 Ω, 则根据定义, 这表明 $P(\Omega)$ 不成立, 那么 Ω 是一个集合但 $\Omega \notin \Omega$. 另一方面, 如果 Ω 不含有自己为元素, 则 $P(\Omega)$ 就得成立, 从而 $\Omega \in \Omega$. 于是不管在哪种情形, 我们都同时得到 $\Omega \in \Omega$ 和 $\Omega \notin \Omega$, 这是荒谬的.

在上述公理中发生的问题在于它产生的集合 "太大" 了 —— 如我们可用此公理谈论**一切**对象的集合 (所谓的 "万有之集"). 由于集合自身是对象 (公理 3.1), 这就意味着集合允许含有自身为元素, 这说法可就有点臭了.

非正式地解决此事的一个方法是, 把对象都认为是由一个神来安排的. 在神安排的最底层上的是**初始 (primitive) 对象** —— 那些不是集合的对象①, 如自然数 37. 然后在神的接下去的高一级的层面上的是集合, 其元素仅由初始对象组成, 例如 $\{3,4,7\}$ 或空集 $\varnothing$, 让我们估且称这些集合为 "初始集合". 然后就是仅由初始对象与初始集合为其元素的集合, 例如 $\{3,4,7,\{3,4,7\}\}$. 然后我们可以从这些对象构作出集合来, 依此类推. 问题在于, 在神安排的每一层面上, 我们看到的只有那些其元素乃是低一级层面上的对象的集合, 于是不存在这样的层面, 使我们能构作出包含自身为元素的集合.

确切而正式地叙述上述关于对象的神的直觉是一件非常复杂的事情, 此处我们不做此事. 我们代之以简单地假定一条公理, 它可以保证, 像 Russell 悖论那样的荒谬之事不会出现.

公理 3.9(正则性) *如果 A 是一个非空的集合, 那么 A 至少含有一个元素 x, 它要么不是集合, 要么是与 A 不相交的集合.*

此公理 (也叫做**基础公理** (foundation axiom)) 之要点在于, 它断定 A 至少有一个元素位于对象之神的如此之低的层面上, 使它不含 A 的任何其他元素. 例如, 若 $A = \{\{3,4\},\{3,4,\{3,4\}\}\}$, 则元素 $\{3,4\} \in A$ 不含 A 的任何其他元素 (3 和 4 都不在 A 中), 尽管元素 $\{3,4,\{3,4\}\}$ 在神的稍高些的层面上且含有 A 的一个元素, 即 $\{3,4\}$. 此公理的一个特别的结果就是集合绝不可含有自身为元素 (习题 3.2.2).

人们可能很有理由地提问, 在我们的集合论中, 是不是真的需要这个公理? 它比我们的其他公理肯定缺乏直观性. 为了实分析的目的, 实际上这个公理是绝对不需要的; 我们在实分析中考虑的集合在对象之神坛上的位置都是典型地非常低的, 但是, 要想进一步搞集合论, 就必须把这个公理也包含进去. 在本书中, 为了完全起见我们也列入了这个公理 (但只作为选读材料).

---

① 在纯粹集合论中, 不存在初始对象, 但却有一个初始的集合 $\varnothing$, 它位于神的接下去高一级层面上.

习 题 3.2

3.2.1 证明, 如果假定万有分类公理即公理 3.8 是真的, 它将蕴含公理 3.2~3.6, (如果假定一切自然数都是对象, 我们还得到公理 3.7.) 于是这个公理, 如果允许的话, 将会惊人地简化集合论的基础 (并且可以被看作周知的 "朴素集合论" 的一个直观模型的基础). 不幸的是, 如我们所见, 公理 3.8 是 "好过头了"!

3.2.2 使用正则性公理 (以及单点集公理) 来证明, 如果 A 是集合, 那么 $A \notin A$. 进而证明, 如 A 和 B 是集合, 那么或者 $A \notin B$, 或者 $B \notin A$(或者两者都成立).

3.2.3 在假定集合论的其他公理的前提下, 证明万有分类公理, 即公理 3.8, 等价于一个假定存在一个由一切对象组成的 "万有集合"Ω (即对于一切对象 x, 都有 $x \in \Omega$) 的公理. 换句话说, 若公理 3.8 是真的, 则万有集合存在; 反之, 若万有集合存在, 则公理 3.8 是真的. (这就可以解释为什么公理 3.8 叫作**万有**分类公理.) 注意, 如果存在万有集 Ω, 根据公理 3.1, 必有 $\Omega \in \Omega$, 这与习题 3.2.2 矛盾. 于是, 基础公理 (公理 3.9) 特意把万有分类公理排除掉.

§3.3 函 数

为了搞实分析, 仅有集合的概念并不特别有用, 我们还需要从一个集合到另一个集合的**函数** (function) 的概念. 非正式地说, 从一个集合 X 到另一个集合 Y 的函数 $f: X \to Y$ 是一个运算, 它对于 X 中的每一个元素 (或 "输入"(input)) 指定 Y 中单一一个元素 (或 "输出"(output)) 与之对应; 上一章中当我们讨论自然数时已经非正式地使用了这个概念. 正式的定义如下.

定义 3.3.1(函数) 设 X, Y 是集合, 并设 $P(x, y)$ 是一个涉及对象 $x \in X$ 及对象 $y \in Y$ 的性质，使得对于每个 $x \in X$，恰有一个 $y \in Y$ 使得 $P(x, y)$ 成立 (此事有时叫作**垂线判别法** (vertical line test)). 那么我们定义**由 P 在定义域 X 和值域 Y 上确定的**[①]函数 $f: X \to Y$ 是这样的对象, 它对于给定的任意的输入 $x \in X$, 指定一个输出 $f(x) \in Y$, 它是唯一的使 $P(x, f(x))$ 成立的对象. 于是对于任何 $x \in X$ 和 $y \in Y$，

$$y = f(x) \iff P(x, y)\text{成立}.$$

根据上下文, 函数也叫作**映射**或**变换**. 有时也称之为**态射** (morphism), 虽然更精确地说, 态射指的是更为一般的一类对象, 它们实际上可能相当于函数也可能并不相当于函数, 具体要依上下文而定.

例 3.3.2 设 $X = \mathbb{N}$, $Y = \mathbb{N}$, 且设 $P(x, y)$ 是性质 $y = x++$, 那么对于每个 $x \in \mathbb{N}$, 存在恰恰一个 y, 使 $P(x, y)$ 成立, 即 $y = x++$. 于是可以定义一个关联于

① 这里说的值域 Y 是一个包含 $f(X) := \{f(x) : x \in X\}$ 的集合, 而不必是 $f(X)$. —— 译者注

此性质的函数 $f:\mathbb{N}\to\mathbb{N}$, 使得对于一切 x, $f(x)=x++$; 这就是 $\mathbb{N}$ 上的**增长**函数, 它取自然数为输入而转化到它的增长为输出. 例如 $f(4)=5, f(2n+3)=2n+4$, 依此类推. 人们也可能希望定义一个**减少**函数 $g:\mathbb{N}\to\mathbb{N}$ 关联于由 $y++=x$ 确定的性质 $P(x,y)$, 即 $g(x)$ 应该是一个增长为 x 的数. 不幸的是, 这定义不了一个函数, 因为当 $x=0$ 时, 不存在增长等于 x 的自然数 y(公理 2.3). 另一方面, 我们可以合理地定义一个减少函数 $h:\mathbb{N}\backslash\{0\}\to\mathbb{N}$ 关联于由 $y++=x$ 确定的性质 $P(x,y)$, 因为当 $x\in\mathbb{N}\backslash\{0\}$ 时, 的确恰有一个自然数 y 使得 $y++=x$, 这要感谢引理 2.2.10. 于是, 例如 $h(4)=3$ 且 $h(2n+3)=2n+2$, 但 $h(0)$ 是无定义的, 因为 0 不在定义域 $\mathbb{N}\backslash\{0\}$ 之中.

例 3.3.3(非正式的)　这个例子用到了我们将在第 5 章定义的实数系 $\mathbb{R}$. 人们可以试图定义平方根函数 $\sqrt{}:\mathbb{R}\to\mathbb{R}$ 关联于由 $y^2=x$ 确定的性质 $P(x,y)$, 即我们要让 $\sqrt{x}$ 是使 $y^2=x$ 的数 y. 不幸的是此处有两个问题不允许这个定义确实建立一个函数. 第一个问题是, 存在实数 x, 使得 $P(x,y)$ 永不成立, 例如如果 $x=-1$, 那么就不存在实数 y 使得 $y^2=x$. 然而这个问题可以经过把定义域从 $\mathbb{R}$ 限制到右半直线 $[0,+\infty)$ 来解决. 第二个问题是, 即使 $x\in[0,+\infty)$, 也可能有多于一个的 y 在值域 $\mathbb{R}$ 中, 使得 $y^2=x$, 例如, 如果 $x=4$ 则 $y=2$ 和 $y=-2$ 两者都符合性质, 即 $+2$ 和 -2 两者都是 4 的平方根. 然而这个问题可以经过把值域 $\mathbb{R}$ 限制到 $[0,+\infty)$ 来解决. 这样做了以后, 就可以正确地使用关系式 $y^2=x$ 定义一个平方根函数 $\sqrt{}:[0,+\infty)\to[0,+\infty)$, 于是 $\sqrt{x}$ 就是使得 $y^2=x$ 的唯一的数 $y\in[0,+\infty)$.

定义一个函数的通用的方式是简单地确定其定义域、值域以及如何从每个输入 x 产生一个输出 $f(x)$; 这叫作函数的**显式**定义. 例如, 在例 3.3.2 中, 函数 f 可以明显地指出其定义域和值域等于 $\mathbb{N}$, 且对于一切 $x\in\mathbb{N}$ 来定义 $f(x):=x++$. 另一种定义一个函数 f 的方式是, 我们只确定何种性质 $P(x,y)$ 把输入 x 和输出 y 联系起来; 这就是函数的**隐式**定义. 例如, 例 3.3.3 中的平方根函数 $\sqrt{x}$ 是以隐含的方式经关系式 $(\sqrt{x})^2=x$ 来定义的. 注意, 一个隐式定义仅当我们知道对于每个输入存在恰恰一个输出符合隐式关系时才成立. 在很多情况下, 我们为了简洁而不指明函数的定义域和值域, 于是我们就可能把例 3.3.2 中的函数说成是 "函数 $f(x):=x++$"、"函数 $x\mapsto x++$"、"函数 $x++$" 或者极端简短地写成 "++". 但是, 太过简缩可能也是危险的; 有时明确得知什么是函数的定义域和值域是重要的.

我们注意到函数遵从代入公理: 如果 $x=x'$, 那么 $f(x)=f(x')$ (为什么?). 换句话说, 相同的输入产生相同的输出. 另一方面, 不同的输入不必一定产生不同的输出, 如下例所示:

例 3.3.4　设 $X=\mathbb{N}$, $Y=\mathbb{N}$, 并设 $P(x,y)$ 是性质 $y=7$. 那么对于每个 $x\in\mathbb{N}$ 肯定恰有一个 y 使 $P(x,y)$ 成立, 此 y 即数字 7. 于是我们可以构作关联于此性质的函数 $f:\mathbb{N}\to\mathbb{N}$; 它简单地是一个**常值函数**, 它对每个输入 $x\in\mathbb{N}$ 都指定输出

$f(x)=7$. 于是, 对于不同的输入肯定可能产生同一个输出.

注 3.3.5 我们现在使用括号 "( )" 来表示数学中的几种不同的事情. 一方面我们用括号来标示运算的次序 (例如, 比较一下 $2+(3\times 4)=14$ 和 $(2+3)\times 4=20$), 但另一方面, 我们也用括号来把函数 $f(x)$ 的变元或性质如 $P(x)$ 的变元包起来.

然而, 括号的这两种用法通常在上下文中是不会混淆的. 例如, 如果 a 是一个数, 则 $a(b+c)$ 表示表达式 $a\times(b+c)$, 而如果 f 是一个函数, 则 $f(b+c)$ 表示当输入是 $b+c$ 时 f 的输出. 有时函数的变元用下标来表示以取代括号. 例如, 自然数的一个序列 $a_0, a_1, a_2, \cdots$ 严格地说是一个从 $\mathbb{N}$ 到 $\mathbb{N}$ 的函数, 只不过表示作 $n\mapsto a_n$ 而不是 $n\mapsto a(n)$.

注 3.3.6 严格地说, 函数不是集合, 而集合也不是函数. 问一个对象 x 是不是一个函数 f 的元素, 是毫无意义的; 同时, 把一个对象 x 作为一个集合的输入而产生输出 $A(x)$ 也是毫无意义的. 另一方面, 可以从一个函数 $f: X\to Y$ 出发而构作它的**图像**$\{(x, f(x)): x\in X\}$, 它完全地描述了此函数: 见 §3.5.

我们现在来定义关于函数的一些基本概念 (concept) 和基本观念 (notion). 第一个概念就是相等.

定义 3.3.7(函数相等) 具有相同的定义域和相同的值域的两个函数 $f: X\to Y$, $g: X\to Y$, 叫作是**相等** 的, 记为 $f=g$, 当且仅当对于一切 $x\in X$, $f(x)=g(x)$. (如果 $f(x)$ 和 $g(x)$ 对于 x 的某些值是一样的, 但对于另外的值是不一样的, 那么我们不认为 f 和 g 是相同的[①].)

例 3.3.8 函数 $x\mapsto x^2+2x+1$ 与函数 $x\mapsto(x+1)^2$ 在定义域 $\mathbb{R}$ 上是相等的. 函数 $x\mapsto x$ 与函数 $x\mapsto|x|$ 在正实数轴上是相等的, 但在 $\mathbb{R}$ 上不相等. 于是, 函数相等的概念可能依赖于定义域的选择.

例 3.3.9 函数的一个相当无聊的例子是从空集到一个任意的集合的**空函数** $f: \varnothing\to X$. 由于空集不含元素, 我们无须给 f 指定任何输出. 但不管怎样说, 既然空集是一个集合, 空函数就是一个函数, 尽管它不是一个有什么意思的函数. 注意, 对于每个集合 X, 仅存在唯一一个从 $\varnothing$ 到 X 的函数, 因为定义 3.3.7 断言, 一切从 $\varnothing$ 到 X 的函数都是相等的. (为什么?)

相等这个概念遵从常用的公理 (习题 3.3.1).

对于函数, 一个基础性的可执行的运算是**复合**.

定义 3.3.10(复合) 设 $f: X\to Y$ 和 $g: Y\to Z$ 是两个函数, 使得 f 的值域与 g 的定义域是同一个集合. 那么可以定义两个函数 g 与 f 的**复合**为由公式

$$(g\circ f)(x) := g(f(x))$$

① 在第 9 章, 我们将引入一个关于相等的弱一点的说法, 即两个函数**几乎处处相等**的说法.

明确定义的函数. 如果 f 的值域与 g 的定义域并不一致, 我们认为复合 $g \circ f$ 是无定义的.

容易验证, 复合遵从代入公理 (习题 3.3.1).

例 3.3.11 设 $f: \mathbb{N} \to \mathbb{N}$ 是函数 $f(n) := 2n$, 并设 $g: \mathbb{N} \to \mathbb{N}$ 是函数 $g(n) := n+3$. 那么 $g \circ f$ 是函数

$$g \circ f(n) = g(f(n)) = g(2n) = 2n+3,$$

于是, 例如 $g \circ f(1) = 5$, $g \circ f(2) = 7$, 依此类推. 与此同时, $f \circ g$ 是函数

$$f \circ g(n) = f(g(n)) = f(n+3) = 2(n+3) = 2n+6,$$

于是, 例如 $f \circ g(1) = 8$, $f \circ g(2) = 10$, 依此类推.

上例表明, 复合不是交换的: $f \circ g$ 与 $g \circ f$ 不必是同一个函数. 然而复合是结合的:

引理 3.3.12(复合是结合的) 设 $f: W \to Y$, $g: Z \to W$, 且 $h: X \to Z$①都是函数. 那么

$$f \circ (g \circ h) = (f \circ g) \circ h.$$

证明 由于 $g \circ h$ 是从 X 到 W 的函数, 从而 $f \circ (g \circ h)$ 是从 X 到 Y 的函数. 类似地, $f \circ g$ 是从 Z 到 Y 的函数, 从而 $(f \circ g) \circ h$ 是从 X 到 Y 的函数. 那么 $f \circ (g \circ h)$ 和 $(f \circ g) \circ h$ 有同样的定义域和值域. 为了证明它们相等, 从定义 3.3.7 看到, 必须验证对于一切 $x \in X$,

$$(f \circ (g \circ h))(x) = ((f \circ g) \circ h)(x).$$

但根据定义 3.3.10,

$$\begin{aligned}(f \circ (g \circ h))(x) &= f((g \circ h)(x)) \\ &= f(g(h(x))) \\ &= (f \circ g)(h(x)) \\ &= ((f \circ g) \circ h)(x)\end{aligned}$$

这就是所要证的. ■

注 3.3.13 注意在表达式 $g \circ f$ 中, 当 g 出现在 f 的左边时, 函数 $g \circ f$ 首先使用最右端的函数 f 而后再使用 g. 此事常引起混淆; 发生混淆的原因是, 我们总是把函数 f 放在它的输入 x 的左边, 而不是右边. (也有另外的不同的数学记号, 其

① 原文误为: $f: X \to Y$, $g: Y \to Z$, $h: Z \to W$, 在证明中也有类似的错误. —— 译者注

中把函数放在它的输入的右边, 于是代替 $f(x)$ 我们得写 xf, 但此记号常被证明不是把事情搞清晰了而是搞得更糊涂了, 因此尚不能得到普遍使用.)

我们来描述一些特殊类型的函数: 1 对 1 函数、满函数以及可逆函数.

定义 3.3.14(1 对 1 函数) 一个函数是 **1 对 1 的** (或**单射**) 如果它把不同的元素映成不同的元素:

$$x \neq x' \Longrightarrow f(x) \neq f(x').$$

等价地说, 一个函数是 1 对 1 的, 如果

$$f(x) = f(x') \Longrightarrow x = x'.$$

例 3.3.15(非正式的) 由 $f(n) := n^2$ 定义的函数 $f : \mathbb{Z} \to \mathbb{Z}$ 不是 1 对 1 的, 因为不同的元素 $-1, 1$ 被映射到同一个元素 1. 另一方面, 如果我们把这个函数限制到自然数集合上, 借助于 $g(n) := n^2$ 定义 $g : \mathbb{N} \to \mathbb{Z}$, 则 g 是 1 对 1 的函数. 于是, 1 对 1 函数的概念不仅依赖于函数是如何作用的, 而且也依赖于它的定义域是什么.

注 3.3.16 如果一个函数 $f : X \to Y$ 不是 1 对 1 的, 则可以在定义域 X 中找到不同的 x 和 x', 使得 $f(x) = f(x')$, 于是可以找到两个输入, 它们被映射到同一个输出. 由于这个缘故, 我们代替 1 对 1 而说是 **2 对 1 的**:

定义 3.3.17(映上的函数) 一个函数是**映上的** (或**满射**), 如果 $f(X) = Y$, 即 Y 中的每个元素都由把 f 作用到 X 中的某个元素上而得来:

$$\text{对于每个 } y \in Y, \text{存在 } x \in X, \text{使得 } f(x) = y.$$

例 3.3.18(非正式的) 由 $f(n) := n^2$ 定义的函数 $f : \mathbb{Z} \to \mathbb{Z}$ 不是映上的, 因为负数不在 f 的象中. 但是如果限制值域 $\mathbb{Z}$ 为平方数的集合 $A := \{n^2 : n \in \mathbb{Z}\}$, 那么由 $g(n) := n^2$ 定义的函数 $g : \mathbb{Z} \to A$ 就是映上的. 于是, 映上的函数的概念不仅依赖于函数是如何作用的, 而且也依赖于它的值域是什么.

注 3.3.19 单射和满射的概念在很多场合都是彼此对偶的; 要找根据可以见习题 3.3.2、习题 3.3.4 和习题 3.3.5.

定义 3.3.20(双射① 函数) 既是 1 对 1 的又是映上的函数又叫作**双射**或**可逆映射**.

例 3.3.21 设 $f : \{0, 1, 2\} \to \{3, 4\}$ 是函数 $f(0) := 3$, $f(1) := 3$, $f(2) := 4$. 此函数不是双射, 因为如果令 $y = 3$, 那么在 $\{0, 1, 2\}$ 中到多于一个的 x, 使得 $f(x) = y$ (这否定了单射性). 现在让 $g : \{0, 1\} \to \{2, 3, 4\}$ 是函数 $g(0) := 2$,

① 原文 "bijective", 亦可译为 "一一映射", 见《数学名词》, 1993 年, 科学出版社 288 页.
—— 译者注

$g(1) := 3$, 那么 g 也不是双射, 因为, 如果令 $y = 4$, 那么不存在 x 使 $g(x) = y$ (这否定了映上性). 现在让 $h : \{0, 1, 2,\} \to \{3, 4, 5\}$ 是函数 $h(0) := 3$, $h(1) := 4$, $h(2) := 5$, 那么 h 是双射, 因为元素 3,4,5 的每一个都恰由元素 0,1,2 中的一个经 h 映射而来.

例 3.3.22 由 $f(n) := n++$ 定义的函数 $f : \mathbb{N} \to \mathbb{N} \setminus \{0\}$ 是双射 (事实上, 此事是公理 2.2~2.4 的简单重述). 另一方面, 由同一定义 $g(n) := n++$ 确定的函数 $g : \mathbb{N} \to \mathbb{N}$ 却不是双射. 于是双射函数的概念不仅依赖于函数是如何作用的, 而且也依赖于值域 (和定义域) 是什么.

注 3.3.23 如果一个函数 $x \mapsto f(x)$ 是双射, 那么有时也称 f 为**完全匹配**或**1 对 1 对应**. (别和 1 对 1 函数相混淆).并把 f 的作用代替 $x \mapsto f(x)$ 而用 $x \leftrightarrow f(x)$ 来表示. 那么像上例中的函数 h 就是 1 对 1 对应 $0 \leftrightarrow 3$, $1 \leftrightarrow 4$, $2 \leftrightarrow 5$.

注 3.3.24 一个常见的错误是, 说一个函数 $f : X \to Y$ 是双射当且仅当 "对于 X 的每个 x, 恰有 Y 中的一个 y 使得 $y = f(x)$". 这可不是双射的意思, 而仅只是说出了 f 是一个函数的意思. 一个函数不可以把一个元素映成两个不同的元素, 例如, 不可以有一个函数 f 使得 $f(0) = 1$ 同时 $f(0) = 2$. 上例中给出的函数 f,g 都不是双射, 但它们依然都是函数, 因为每个输入依然恰给出一个输出.

如果 f 是双射, 那么对于每个 $y \in Y$, 恰有一个 x 使得 $f(x) = y$ (由于映上性, 至少存在一个, 而由于单射性, 至多存在一个). x 的这个值记作 $f^{-1}(y)$; 于是 f^{-1} 是一个从 Y 到 X 的函数. 我们称 f^{-1} 为 f 的**逆**.

习　题　3.3

3.3.1 证明在定义 3.3.7 中相等的定义是自反的、对称的和传递的. 再验证代入性质：如果 $f, \widetilde{f} : X \to Y$, 而且 $g, \widetilde{g} : Y \to Z$ 是这样的函数, $f = \widetilde{f}$ 且 $g = \widetilde{g}$, 那么 $g \circ f = \widetilde{g} \circ \widetilde{f}$.①

3.3.2 设 $f : X \to Y$ 且 $g : Y \to Z$ 是函数. 证明: 如果 f 和 g 都是单射, 则 $g \circ f$ 也是单射. 类似地, 证明: 如果 f 和 g 都是满射, 则 $g \circ f$ 也是满射.

3.3.3 何时空函数是单射? 满射? 双射?

3.3.4 本段给出一些关于复合的**消去律**. 设 $f : X \to Y$, $\widetilde{f} : X \to Y$, $g : Y \to Z$ 且 $\widetilde{g} : Y \to Z$ 都是函数. 证明, 如果 $g \circ f = g \circ \widetilde{f}$ 且 g 是单射, 那么 $f = \widetilde{f}$. 如果 g 不是单射, 同样的结论成立吗? 证明如果 $g \circ f = \widetilde{g} \circ f$ 且 f 是满射, 那么 $g = \widetilde{g}$. 如果 f 不是满射, 同样的结论成立吗?

3.3.5 设 $f : X \to Y$ 且 $g : Y \to Z$ 是函数. 证明如果 $g \circ f$ 是单射, 那么 f 必定是单射.g 是不是也一定是单射? 证明如果 $g \circ f$ 是满射, 那么 g 必定是满射.f 也一定是满射吗?

---

① 原文此式为 $f \circ g = \widetilde{f} \circ \widetilde{g}$. —— 译者注

3.3.6 设 $f: X \to Y$ 是一个双射函数, 并设 $f^{-1}: Y \to X$ 是 f 的逆. 验证对于一切 $x \in X$ 成立消去律 $f^{-1}(f(x)) = x$, 以及对于一切 $y \in Y$ 成立消去律 $f(f^{-1}(y)) = y$. 断定 f^{-1} 也是可逆的, 而且 f 是它的逆 (于是 $(f^{-1})^{-1} = f$).

3.3.7 设 $f: X \to Y$ 且 $g: Y \to Z$ 是函数. 证明如果 f 和 g 都是双射, 那么 $g \circ f$ 也是双射, 并且 $(g \circ f)^{-1} = f^{-1} \circ g^{-1}$.

3.3.8 如果 X 是 Y 的一个子集, 令 $\tau_{X\to Y}: X \to Y$ 是从 X 到 Y 的**包含映射**, 即: 对于一切 $x \in X$, $\tau_{X\to Y}(x) := x$. 映射 $\tau_{X\to X}$ 特称为 X 上的**恒等映射**.

(a) 证明: 如果 $X \subseteq Y \subseteq Z$, 那么 $\tau_{Y\to Z} \circ \tau_{X\to Y} = \tau_{X\to Z}$.

(b) 证明: 如果 $f: A \to B$ 是一个函数, 那么 $f = f \circ \tau_{A\to A} = \tau_{B\to B} \circ f$.

(c) 证明: 如果 $f: A \to B$ 是双射函数, 那么 $f \circ f^{-1} = \tau_{B\to B}$ 而且 $f^{-1} \circ f = \tau_{A\to A}$.

(d) 证明: 如果 X 和 Y 是不交的集合, 而且 $f: X \to Z$, $g: Y \to Z$ 是函数, 那么存在唯一的函数 $h: X \bigcup Y \to Z$, 使得 $h \circ \tau_{X\to X\bigcup Y} = f$ 且 $h \circ \tau_{Y\to X\bigcup Y} = g$.

§3.4 象 和 逆 象

我们知道, 一个从集合 X 到集合 Y 的函数 $f: X \to Y$ 可以把单个的元素 $x \in X$ 映到元素 $f(x) \in Y$. 函数也可以把 X 的子集映到 Y 的子集.

定义 3.4.1(集合的象) 如果 $f: X \to Y$ 是一个从 X 到 Y 的函数, 而 S 是 X 的一个子集, 定义 $f(S)$ 是集合

$$f(S) := \{f(x) : x \in S\};$$

这是 Y 的一个子集, 称为 S 在映射 f 之下的**象**. 有时也称 $f(S)$ 为 S 的**前象** (forward image) 以区别于下面定义的 S 的**逆象**.

注意, 根据替换公理 (公理 3.6), $f(S)$ 是明确定义了的. 也可以不用替换公理而根据分类公理 (公理 3.5) 来定义 $f(S)$, 我们把此事留作向读者的挑战.

例 3.4.2 如果 $f: \mathbb{N} \to \mathbb{N}$ 是映射 $f(x) = 2x$, 那么 $\{1, 2.3\}$ 的前象是 $\{2, 4, 6\}$:

$$f(\{1, 2, 3\}) = \{2, 4, 6\}.$$

更不正式地说, 为了算出 $f(S)$, 我们取 S 的每个元素 x, 并对其使用 f 而得到每个单个的元素, 然后把作为结果得到的一切对象收集在一起构成一个新的集合.

在上例中, 象与原来的集合有同样的大小, 但有时由于 f 不是 1 对 1 的, 象可能更小 (见定义 3.3.14).

例 3.4.3(非正式的) 设 $\mathbb{Z}$ 是整数集 (我们将在下一节严格地定义整数集), 并设 $f: \mathbb{Z} \to \mathbb{Z}$ 是映射 $f(x) = x^2$, 那么

$$f(\{-1, 0, 1, 2\}) = \{0, 1, 4\}.$$

注意 f 不是 1 对 1 的, 因为 $f(-1)=f(1)$.

注意, 我们有

$$x\in S\Longrightarrow f(x)\in f(S),$$

但是一般而言

$$f(x)\in f(S)\not\Longrightarrow x\in S;$$

例如在上例中, $f(-2)$ 属于集合 $f(\{-1,0,1,2\})$, 但 -2 不属于 $\{-1,0,1,2\}$. 正确的命题是

$$y\in f(S)\iff \text{对于某}\, x\in S, y=f(x).$$

(为什么?)

定义 3.4.4(逆象) 如果 U 是 Y 的一个子集, 定义 $f^{-1}(U)$ 为集合

$$f^{-1}(U):=\{x\in X: f(x)\in U\}.$$

换句话说, $f^{-1}(U)$ 由 X 中的一切映入 U 中的元素组成:

$$f(x)\in U \iff x\in f^{-1}(U).$$

我们把 $f^{-1}(U)$ 叫作 U 的**逆象**.

例 3.4.5 如果 $f:\mathbb{N}\to\mathbb{N}$ 是映射 $f(x)=2x$, 那么 $f(\{1, 2, 3\})=\{2, 4, 6\}$, 但是 $f^{-1}(\{1, 2, 3\})=\{1\}$. 于是 $\{1, 2, 3\}$ 的前象与后象 (backward image) 是完全不同的集合. 还有, 注意

$$f\left(f^{-1}(\{1, 2, 3\})\right)\neq\{1, 2, 3\}.$$

(为什么?)

例 3.4.6(非正式的) 如果 $f:\mathbb{Z}\to\mathbb{Z}$ 是映射 $f(x)=x^2$, 那么

$$f^{-1}(\{0, 1, 4\})=\{-2, -1, 0, 1, 2\}.$$

注意, 对于集合 $f^{-1}(U)$ 之存在, f 完全不必是可逆的. 同时要注意象和逆象完全不是彼此相逆的. 例如我们有

$$f^{-1}(f(\{-1, 0, 1, 2\}))\neq\{-1, 0, 1, 2\}.$$

(为什么?)

注 3.4.7 如果 f 是双射函数, 那么我们已然以两种稍许不同的方式定义了 f^{-1}, 但这不是什么事, 因为两种定义是等价的 (习题 3.4.1).

如前面注释过的, 函数不是集合. 但是我们也把函数看成是一种对象, 而且特别地我们可以考虑函数的集合, 尤其是应该可以考虑从一个集合 X 到一个集合 Y 的**一切函数**所成的集合. 为了这个目的, 我们引入集合论中的又一个公理.

公理 3.10(幂集公理) 设 X 和 Y 是集合. 那么存在一个集合, 记作 Y^X, 它由从 X 到 Y 的一切函数组成, 即

$$f \in Y^X \iff (f\text{ 是一个以 }X\text{ 为定义域以 }Y\text{ 为值域的函数}).$$

例 3.4.8 设 $X = \{4, 7\}$ 且 $Y = \{0, 1\}$. 那么集合 Y^X 由 4 个函数组成: 映 $4 \mapsto 0$ 并映 $7 \mapsto 0$ 的函数; 映 $4 \mapsto 0$ 并映 $7 \mapsto 1$ 的函数; 映 $4 \mapsto 1$ 并映 $7 \mapsto 0$ 的函数; 映 $4 \mapsto 1$ 并映 $7 \mapsto 1$ 的函数. 用记号 Y^X 来表示这个集合的缘由是如果 Y 有 n 个元素, 而 X 有 m 个元素, 则可以证明, Y^X 有 n^m 个元素; 见命题 3.6.14(f).

此公理的一个结果是:

引理 3.4.9 设 X 是集合. 那么集合

$$\{Y : Y\text{ 是 }X\text{ 的子集}\}$$

是一个集合.

注 3.4.10 集合 $\{Y : Y\text{ 是 }X\text{ 的子集}\}$ 就是周知的 X 的**幂集**, 记作 2^X. 例如, 如果 a, b, c 是不同的对象, 我们有

$$2^{\{a,b,c\}} = \{\varnothing, \{a\}, \{b\}, \{c\}, \{a,b\}, \{a,c\}, \{b,c\}, \{a,b,c\}\}.$$

注意由于 a, b, c 有 3 个元素, $2^{\{a,b,c\}}$ 有 $2^3 = 8$ 个元素. 这提示我们为何把 X 的幂集记作 2^X; 在第 8 章我们还会回到这件事.

为完整起见, 我们现在再往集合论中添加一条公理, 它扩充了双并公理而允许作出大得多的并集.

公理 3.11(并) 设 A 是集合, 它的每个元素本身是一个集合. 那么存在一个集合 $\bigcup A$, 它的元素确切地是 A 的元素的元素, 于是对于一切对象 x,

$$x \in \bigcup A \iff (\text{对于某个 }S \in A, x \in S).$$

例 3.4.11 如果 $A = \{\{2,3\}, \{3,4\}, \{4,5\}\}$, 那么 $\bigcup A = \{2,3,4,5\}$(为什么?).

并公理联合双元素集公理, 蕴含双并公理 (习题 3.4.8). 此公理的另一个重要结果是, 如果有一个集合 I, 且对应于每个元素 $\alpha \in I$, 有一个集合 A_α, 那么我们可以构作一个并集 $\bigcup_{\alpha \in I} A_\alpha$, 定义为

$$\bigcup_{\alpha \in I} A_\alpha := \bigcup \{A_\alpha : \alpha \in I\},$$

根据替换公理和并公理, 它是一个集合. 于是, 作为例子, 如果 $I=\{1,2,3\}$, $A_1:=\{2,3\}$, $A_2:=\{3,4\}$, $A_3:=\{4,5\}$ 那么 $\bigcup_{\alpha\in I}A_\alpha=\{2,3,4,5\}$. 更一般地, 我们见到, 对于任何一个对象 y,

$$y\in\bigcup_{\alpha\in I}A_\alpha \iff (\text{对于某}\,\alpha\in I, y\in A_\alpha). \tag{3.2}$$

在这种情况下, 我们常把 I 叫作**指标集**, 并视此集之元素 α 为**标签**; 诸集合 A_α 则叫作一个**集合的族**(或简称为集族), 它们是贴有标签 $\alpha\in I$ 的. 注意, 如果 I 是空集, 则 $\bigcup_{\alpha\in I}A_\alpha$ 将自动地也是空集 (为什么?).

我们可以类似地构作集族的交, 只要指标集不空. 更详细地说, 给定集合 I, 并对于每个 $\alpha\in I$ 指定一个集合 A_α, 我们可以这样来定义交集 $\bigcap_{\alpha\in I}A_\alpha$, 首先选某个元素 $\beta\in I$(此事可行, 由于 I 不空), 然后令

$$\bigcap_{\alpha\in I}A_\alpha:=\{x\in A_\beta:\text{对于一切}\,\alpha\in I, x\in A_\alpha\}, \tag{3.3}$$

根据分类公理, 这是一个集合. 这个定义可能看上去依赖于 β 的选择, 其实不然 (习题 3.4.9). 注意, 对于任何对象 y,

$$y\in\bigcap_{\alpha\in I}A_\alpha \iff (\text{对于一切}\,\alpha\in I, y\in A_\alpha). \tag{3.4}$$

(与 (3.2) 比较一下.)

注 3.4.12 集合论的这些我们已引入的公理 (公理 3.1~3.11, 除了危险的公理 3.8 之外) 都叫作**集合论的 Zermelo-Fraenkel 公理**[①] 用 Ernst Zermelo (1871—1953, 德国人) 和 Abraham Fraenkel (1891—1965, 以色列人) 的名字命名. 我们最后还需要一个更进一步的公理, 即著名的**选择公理** (见 §8.4), 称作**集合论的 Zermelo-Fraenkel 选择公理** (ZFC), 但我们有时也不需要这条公理.

习 题 3.4

3.4.1 设 $f:X\to Y$ 是一个双射函数, 并设 $f^{-1}:Y\to X$ 是它的逆. 设 V 是 Y 的任意一个子集合. 证明 V 在 f^{-1} 下的前象与 V 在 f 下的逆象是同一个集合, 从而两者皆用 $f^{-1}(V)$ 代表而不会引起任何不相协调之事.

3.4.2 设 $f:X\to Y$ 是从集合 X 到集合 Y 的函数, 设 S 是 X 的一个子集合, 而 U 是 Y 的一个子集合. 一般说来, 关于 $f^{-1}(f(S))$ 和 S 可以说些什么? 关于 $f(f^{-1}(U))$ 和 U 又可以说些什么?

① 这些公理在其他课本中叙述方式稍许不同, 但所有的叙述都可被证明是彼此等价的.

3.4.3 设 A, B 是集合 X 的两个子集合, 并设 $f: X \to Y$ 是函数. 证明 $f(A \bigcap B) \subseteq f(A) \bigcap f(B)$, $f(A) \setminus f(B) \subseteq f(A \setminus B)$, $f(A \bigcup B) = f(A) \bigcup f(B)$. 对于前两个命题, $\subseteq$ 关系可以加强为 $=$ 吗?

3.4.4 设 $f: X \to Y$ 是从一个集合 X 到另一个集合 Y 的函数, 并设 U, V 是 Y 的子集合. 证明 $f^{-1}(U \bigcup V) = f^{-1}(U) \bigcup f^{-1}(V)$, $f^{-1}(U \bigcap V) = f^{-1}(U) \bigcap f^{-1}(V)$, 以及 $f^{-1}(U \setminus V) = f^{-1}(U) \setminus f^{-1}(V)$.

3.4.5 设 $f: X \to Y$ 是从一个集合 X 到另一个集合 Y 的函数, 证明 $f(f^{-1}(S)) = S$ 对于每个 $S \subseteq Y$ 都成立的充分必要条件是 f 是满射. 证明 $f^{-1}(f(S)) = S$ 对于每个 $S \subseteq X$ 都成立的充分必要条件是 f 是单射.

3.4.6 证明引理 3.4.9. (提示: 从集合 $\{0, 1\}^X$ 开始并使用替换公理把每个函数 f 替换为对象 $f^{-1}(\{1\})$.) 亦见习题 3.5.11.

3.4.7 设 X, Y 是集合. 定义一个从 X 到 Y 的**部分函数** $f: X' \to Y'$, 其定义域 X' 是 X 的一个子集合, 其值域 Y' 是 Y 的一个子集合. 证明从 X 到 Y 的全体部分函数本身成为一个集合. (提示: 使用习题 3.4.6、幂集公理、替换公理以及并公理.)

3.4.8 证明: 公理 3.4 可以从公理 3.3 和公理 3.11 推导出来.

3.4.9 设 I 是指标集, 对于每个 $\alpha \in I$, 我们都指定了一个集合 A_α. 证明: 对于任意 $\beta, \beta' \in I$, 有:

$$\{x \in A_\beta : \text{对于一切} \alpha \in I, x \in A_\alpha\} = \{x \in A_{\beta'} : \text{对于一切} \alpha \in I, x \in A_\alpha\},$$

从而在 (3.3) 中确定的集合 $\bigcap_{\alpha \in I} A_\alpha$ 的定义不依赖于 β. 同时, 解释为什么 (3.4) 成立.

3.4.10 假设 I 和 J 是两个集合, 并且对于每个 $\alpha \in I \bigcup J$, A_α 是一个集合. 证明 $(\bigcup_{\alpha \in I} A_\alpha) \bigcup (\bigcup_{\alpha \in J} A_\alpha) = (\bigcup_{\alpha \in I \bigcup J} A_\alpha)$. 如果 I 和 J 都是不空的, 证明 $(\bigcap_{\alpha \in I} A_\alpha) \bigcap (\bigcap_{\alpha \in J} A_\alpha) = (\bigcap_{\alpha \in I \bigcup J} A_\alpha)$.

3.4.11 设 X 是一个集合, I 是一个不空的集合, 并且对于每个 $\alpha \in I$, A_α 是 X 的一个子集合. 证明

$$X \setminus \bigcup_{\alpha \in I} A_\alpha = \bigcap_{\alpha \in I} (X \setminus A_\alpha),$$

$$X \setminus \bigcap_{\alpha \in I} A_\alpha = \bigcup_{\alpha \in I} (X \setminus A_\alpha),$$

这与命题 3.1.28 中的 De Morgan 律是相对照的 (虽然不能直接从 De Morgan 律导出上面的等式, 因为 I 可以是无限的).

§3.5 笛卡儿乘积

除了集合的并、交、差这些基本运算外之外, 还有一个基础性的运算, 那就是笛卡儿乘积[①].

---

① Descartes Rene, 1596—1650, 法国人. —— 译者注

定义 3.5.1(序偶) 如果 x 和 y 是两个对象 (可以相等), 定义**序偶**(x, y) 为一个新的对象, 称 x 为它的第一个分量而 y 为它的第二个分量. 两个序偶 (x, y) 和 (x', y') 看作是相等的, 当且仅当它们的两个分量分别相等, 即

$$(x, y)=(x', y') \iff (x=x' \text{ 且 } y=y'). \tag{3.5}$$

这一关系遵从通常的相等的公理 (习题 3.5.3). 于是, 作为例子, 序偶 $(3, 5)$ 等于序偶 $(2+1, 3+2)$, 但不等于序偶 $(5, 3)$, $(3, 3)$ 及 $(2, 5)$. (这与集合的相等有所不同, 作为集合 $\{3, 5\}$ 与 $\{5, 3\}$ 是相同的.)

注 3.5.2 严格地说, 这个定义在一定程度上是一个公理, 因为我们简单地假定, 给定两个对象 x 和 y, 就存在一个形如 (x, y) 的对象, 然而仅使用集合论的公理而不用其他任何假定来定义序偶是可以做到的 (见习题 3.5.1).

注 3.5.3 我们现在 “超负荷” 地再次使用了括号这一符号 ( ); 括号现在已不光是用来表示运算的结合, 也不光是用来标示函数的自变量, 而是也用来表示序偶. 在实用中通常毫无问题地可以从上下文来确定括号的用途.

定义 3.5.4(笛卡儿乘积) 如果 X 和 Y 是集合, 那么我们定义**笛卡儿乘积$X\times Y$** 为一切序偶的全体 (collection), 这些序偶的第一个分量是 X 的元素, 第二个分量是 Y 的元素, 于是,

$$X\times Y=\{(x, y): x\in X, y\in Y\},$$

或者等价地

$$a\in(X\times Y) \iff (\text{对于某}\, x\in X \,\text{和某}\, y\in Y,\ a=(x, y)).$$

注 3.5.5 我们将简单地假定, 只要 X 和 Y 是集合, 序偶的概念就使笛卡儿乘积 $X\times Y$ 也是一个集合. 这在实践中当然毫无问题; 见习题 3.5.1.

例 3.5.6 如果 $X:=\{1, 2\}$ 且 $Y:=\{3, 4, 5\}$, 那么

$$X\times Y=\{(1,3), (1,4), (1,5), (2,3), (2,4), (2,5)\},$$

而且

$$Y\times X=\{(3,1), (4,1), (5,1), (3,2), (4,2), (5,2)\}.$$

于是, 严格说来, $X\times Y$ 与 $Y\times X$ 是不同的集合, 虽然它们很相似. 例如, 它们总有同样多的元素 (习题 3.6.5).

设 $f: X\times Y\to Z$ 是一个函数, 其定义域 $X\times Y$ 是两个集合 X 和 Y 的笛卡儿乘积, 那么 f 既可以被看成是一个变元的函数: 它把 $X\times Y$ 中的一个序偶 (x, y) 作为单个的输入而映射成 Z 中的一个元 $f(x,y)$ 作为输出; 也可以被看作是两个变

元的函数：它把一个输入 $x \in X$ 和另一个输入 $y \in Y$ 映射成 Z 中的单个的输出 $f(x,y)$. 虽然这两种观点技术上是不同的，但我们不去区分它们，而同时认为 f 既是以 $X \times Y$ 为定义域的单变元函数，也是以 X 和 Y 同为定义域的两个变元的函数. 于是，作为例子，自然数的加法运算 $+$，现在可以重新解释为函数 $+ : \mathbb{N} \times \mathbb{N} \to \mathbb{N}$，它以 $(x,y) \mapsto x+y$ 为定义.

当然可以推广序偶的概念成为有序三元组和有序四元组等;

定义 3.5.7(有序 n 元组及 n 重笛卡儿乘积)　设 n 是自然数. 一个**有序 n 元组** $(x_i)_{1 \leqslant i \leqslant n}$ (也可记作 $(x_1, \cdots, x_n)$) 是由 n 个对象 $x_1, \cdots, x_n$ 按次序构成的一个组，规定 x_i 是第 i 个分量，$1 \leqslant i \leqslant n$. 两个有序 n 元组 $(x_i)_{1 \leqslant i \leqslant n}$ 和 $(y_i)_{1 \leqslant i \leqslant n}$ 叫作是相等的，当且仅当对于一切 $1 \leqslant i \leqslant n$, $x_i = y_i$. 如果 $(X_i)_{1 \leqslant i \leqslant n}$ 是集合的有序 n 元组，我们定义此组的诸分量的笛卡儿乘积 $\prod_{1 \leqslant i \leqslant n} X_i$(也记作 $\prod_{i=1}^n X_i$ 或 $X_1 \times \cdots \times X_n$) 为

$$\prod_{1 \leqslant i \leqslant n} X_i := \{(x_i)_{1 \leqslant i \leqslant n} : \text{对于一切}\, 1 \leqslant i \leqslant n,\ x_i \in X_i\}.$$

再次说明，此定义简单地假定有序 n 元组及笛卡儿乘积总是存在的，但是只要用得着，使用集合论的公理可以明确地构作出这些对象来 (习题 3.5.2).

注 3.5.8　可以证明 $\prod_{1 \leqslant i \leqslant n} X_i$ 的确是一个集合. 实际上，从幂集公理我们可以考虑从定义域 $\{1 \leqslant i \leqslant n\}$ 到值域 $\bigcup_{1 \leqslant i \leqslant n} X_i$ 的一切函数的集合，于是我们可以使用分类公理限制到那些函数，它们必须满足条件：对于一切 $1 \leqslant i \leqslant n$, $i \mapsto x_i$. 可以把这种构作方式推广到无限的笛卡儿乘积，见定义 8.4.1.

例 3.5.9　设 $a_1, b_1, a_2, b_2, a_3, b_3$ 都是对象，并设 $X_1 := \{a_1, b_1\}$, $X_2 := \{a_2, b_2\}$ 及 $X_3 := \{a_3, b_3\}$. 那么我们有

$$\begin{aligned} X_1 \times X_2 \times X_3 = \{&(a_1,a_2,a_3), (a_1,a_2,b_3), (a_1,b_2,a_3), (a_1,b_2,b_3), \\ &(b_1,a_2,a_3), (b_1,a_2,b_3), (b_1,b_2,a_3), (b_1,b_2,b_3)\}, \\ (X_1 \times X_2) \times X_3 = \{&((a_1,a_2),a_3), ((a_1,a_2),b_3), ((a_1,b_2),a_3), ((a_1,b_2),b_3), \\ &((b_1,a_2),a_3), ((b_1,a_2),b_3), ((b_1,b_2),a_3), ((b_1,b_2),b_3)\}, \\ X_1 \times (X_2 \times X_3) = \{&(a_1,(a_2,a_3)), (a_1,(a_2,b_3)), (a_1,(b_2,a_3)), (a_1,(b_2,b_3)), \\ &(b_1,(a_2,a_3)), (b_1,(a_2,b_3)), (b_1,(b_2,a_3)), (b_1,(b_2,b_3))\}. \end{aligned}$$

于是严格地说，集合 $X_1 \times X_2 \times X_3$, $(X_1 \times X_2) \times X_3$ 及 $X_1 \times (X_2 \times X_3)$ 是互不相同的集合. 然而，它们明显地彼此紧密相关 (例如，在这三个集的任何两个之间都存在明显的双射)，于是，通常在实践中总是忽略它们之间的小小的不同而假装它们实际上是相同的. 于是一个函数 $f : X_1 \times X_2 \times X_3 \to Y$ 可以被看作是一个变元

$(x_1, x_2, x_3) \in X_1 \times X_2 \times X_3$ 的函数, 或三个变元 $x_1 \in X_1, x_2 \in X_2, x_3 \in X_3$ 的函数, 或两个变元 $x_1 \in X_1$, $(x_2, x_3) \in X_2 \times X_3$ 的函数, 诸如此类. 我们将不在乎这些不同的看法.

注 3.5.10 一个有序 n 元对象组 $x_1, \cdots, x_n$ 也叫作 **n 元序列**, 或简称为**有限序列**. 在第 5 章我们将介绍非常有用的**无限序列**的概念.

例 3.5.11 如果 x 是一个对象, 那么 (x) 是一元组, 我们将把它与 x 自身等同看待 (尽管严格说来, 两者不是同一对象). 那么, 如果 X_1 是一个任意的集合, 则笛卡儿乘积 $\prod_{1\leqslant i\leqslant 1} X_i$ 恰就是 X_1(为什么?). 同时, **空的笛卡儿乘积** $\prod_{1\leqslant i\leqslant 0} X_i$ 给出的并不是空集 $\{\}$, 而是单元素集 $\{()\}$, 其唯一的元素是 0 元组 $()$, 也叫作**空组** (empty tuple).

如果 n 是自然数, 我们常写 X^n 以简单地表示 n 重笛卡儿乘积 $X^n := \prod_{1\leqslant i\leqslant n} X$. 那么 X^1 本质上与 X 是同一个集合 (如果我们忽略在一个对象 x 与一个一元组 (x) 之间的区别的话), 同时 X^2 是笛卡儿乘积 $X \times X$. 集合 X^0 是一个单元素集 $\{()\}$. (为什么?)

我们现在可以推广单选引理 (引理 3.1.6) 到多重 (然而有限多) 选择的情形.

引理 3.5.12(有限选择) *设 $n \geqslant 1$ 是自然数, 并且对于每个自然数 $1 \leqslant i \leqslant n$, 令 X_i 为一个非空的集合. 那么存在一个 n 元组 $(x_i)_{1\leqslant i\leqslant n}$ 使得对于一切 $1 \leqslant i \leqslant n$, $x_i \in X_i$. 换句话说, 如果每个 X_i 都非空, 那么集合 $\prod_{1\leqslant i\leqslant n} X_i$ 也非空.*

证明 我们对 n 进行归纳 (从基础情形 $n = 1$ 开始; 结论对于 $n = 0$ 是空洞地成立的, 那并没有什么实在的意思). 当 $n = 1$ 时, 结论由引理 3.1.6 推出 (为什么?). 现归纳地假定结论已对于某 n 证实, 我们要证它对于 $n++$ 也成立. 设 $X_1, \cdots, X_{n++}$ 是一组非空的集合. 根据归纳假设, 我们可以找到一个 n 元组 $(x_i)_{1\leqslant i\leqslant n}$ 使对于一切 $1 \leqslant i \leqslant n$, $x_i \in X_i$. 同时, 由于 X_{n++} 不空, 根据引理 3.1.6, 可以找到一个对象 $a \in X_{n++}$. 于是如果当 $1 \leqslant i \leqslant n$ 时令 $y_i := x_i$, 而当 $i = n++$ 时令 $y_i := a$, 那么就定义了一个 $n++$ 元组 $(y_i)_{1\leqslant i\leqslant n++}$, 并且显然 $y_i \in X_i$ 对于一切 $1 \leqslant i \leqslant n$ 成立, 从而完成了归纳法. ■

注 3.5.13 这个引理应该能推广到无限选择的情形, 这在直观上像是讲得通的, 可是这不能自动地完成, 它需要一个附加的公理 —— **选择公理**. 见 §8.4.

习 题 3.5

3.5.1 假设对任意的对象 x 和 y, 用公式 $(x, y) := \{\{x\}, \{x, y\}\}$ 来**定义**序偶 (x, y)(于是要使用公理 3.3 若干次). 那么, 作为例子, $(1, 2)$ 是集合 $\{\{1\}, \{1, 2\}\}$, $(2, 1)$ 是集合 $\{\{2\}, \{2, 1\}\}$, 且 $(1, 1)$ 是集合 $\{\{1\}\}$. 证明, 这样的定义符合性质 (3.5), 而且只要 X 和 Y 是集合, 笛卡儿乘积 $X \times Y$ 就也是集合. 于是, 这个定义可以成功地用作序偶的

定义. 作为一个附加的挑战, 证明变样的定义 $(x,y) := \{x,\{x,y\}\}$ 也适合 (3.5), 从而也是序偶的可接受的定义. (为完成后一任务, 需要正则性公理以及具体使用习题 3.2.2.)

3.5.2 假设我们把有序 n 元组**定义**为一个**满射函数** $x : \{i \in \mathbb{N} : 1 \leqslant i \leqslant n\} \to X$, 其值域是某个任意的集合 X (于是不同的有序 n 元组允许有不同的值域); 那么我们把 $x(i)$ 写成 x_i, 并把 x 写成 $(x_i)_{1\leqslant i\leqslant n}$. 用这个定义来验证, $(x_i)_{1\leqslant i\leqslant n} = (y_i)_{1\leqslant i\leqslant n}$ 当且仅当对于一切 $1 \leqslant i \leqslant n$ 有 $x_i = y_i$. 同时, 证明: 如果 $(X_i)_{1\leqslant i\leqslant n}$ 是集合的一个有序 n 元组, 那么在定义 3.5.7 中定义的笛卡儿乘积的确是一个集合. (提示: 使用习题 3.4.7 及分类公理.)

3.5.3 证明对于序偶及有序 n 元组相等的定义遵从反身性、对称性和传递性公理.

3.5.4 设 A, B, C 是集合. 证明 $A\times(B\bigcup C) = (A\times B)\bigcup(A\times C)$, $A\times(B\bigcap C) = (A\times B)\bigcap(A\times C)$ 以及 $A\times(B\setminus C) = (A\times B)\setminus(A\times C)$. (当然也可以证明类似的等式, 其中笛卡儿乘积的左右因子互换.)

3.5.5 设 A, B, C, D 是集合. 证明 $(A\times B)\bigcap(C\times D) = (A\bigcap C)\times(B\bigcap D)$. 等式 $(A\times B)\bigcup(C\times D) = (A\bigcup C)\times(B\bigcup D)$ 成立吗? 等式 $(A\times B)\setminus(C\times D) = (A\setminus C)\times(B\setminus D)$ 成立吗?

3.5.6 设 A, B, C, D 都是不空的集合. 证明 $A\times B\subseteq C\times D$ 当且仅当 $A\subseteq C$ 且 $B\subseteq D$, 以及 $A\times B = C\times D$ 当且仅当 $A = C$ 且 $B = D$. 如果把 A, B, C, D 都是不空的集合这一假定去掉, 将会发生什么?

3.5.7 设 X, Y 是集合, 并设 $\pi_{X\times Y\to X} : X\times Y\to X$ 和 $\pi_{X\times Y\to Y} : X\times Y\to Y$ 是映射 $\pi_{X\times Y\to X}(x,y) := x$ 及 $\pi_{X\times Y\to Y}(x,y) := y$; 这些映射是周知的 $X\times Y$ 上的**坐标函数**. 证明, 对于任何函数 $f : Z\to X$ 和 $g : Z\to Y$, 存在唯一的函数 $h : Z\to X\times Y$, 使得 $\pi_{X\times Y\to X}\circ h = f$ 且 $\pi_{X\times Y\to Y}\circ h = g$. (将此与习题 3.3.8 的最后部分相比较, 并与习题 3.1.7 相比较.) 这个函数 h 叫作 f 与 g 的**直和**, 记作 $h = f\oplus g$.

3.5.8 设 $X_1,\cdots,X_n$ 是集合. 证明笛卡儿乘积 $\prod_{i=1}^n X_i$ 是空的当且仅当至少有一个 X_i 是空的.

3.5.9 假设 I 和 J 是两个集合, 并且对于一切 $\alpha\in I$, A_α 是一个集合, 对于一切 $\beta\in J$, B_β 是一个集合. 证明

$$\left(\bigcup_{\alpha\in I} A_\alpha\right)\bigcap\left(\bigcup_{\beta\in J} B_\beta\right) = \bigcup_{(\alpha,\beta)\in I\times J}(A_\alpha\bigcap B_\beta).$$

3.5.10 如果 $f : X\to Y$ 是一个函数, 定义 f 的**图像**是由 $\{(x,f(x)) : x\in X\}$ 确定的 $X\times Y$ 的子集. 证明两个函数 $f : X\to Y$, $\widetilde{f} : X\to Y$ 相等当且仅当它们有相同的图像. 反之, 如果 G 是 $X\times Y$ 的一个子集, 具有这样的性质: 对于每个 $x\in X$, 集合 $\{y\in Y : (x,y)\in G\}$ 恰有一个元素 (换句话说, G 遵从**垂线判别法**), 证明恰存在一个函数 $f : X\to Y$, 它的图像等于 G.

3.5.11 证明, 公理 3.10 事实上可以从引理 3.4.9 和集合论的其他公理推导出来, 于是, 引理 3.4.9 可以用作幂集公理的替换形式. (提示: 对于任意两个集合 X 和 Y, 使用引理和分类公理来构作 $X\times Y$ 的一切子集所成的集合, 它遵从垂线判别法. 然后使用习题 3.5.10 和替换公理.)

3.5.12 此习题将为命题 2.1.16 建立一个严格的形式. 设 $f : \mathbb{N} \times \mathbb{N} \to \mathbb{N}$ 是一个函数, 并设 c 是一个自然数. 证明存在一个函数 $a : \mathbb{N} \to \mathbb{N}$, 使得 $a(0) = c$, 并且对于一切 $n \in \mathbb{N}$,

$$a(n++) = f(n, a(n)),$$

进而证明此函数是唯一的. (提示: 用引理 3.5.12 的证明的一个变更的形式, 首先归纳地证明, 对于每个自然数 $N \in \mathbb{N}$, 存在唯一一个函数

$$a_N : \{n \in \mathbb{N} : n \leqslant N\} \to \mathbb{N},$$

使得 $a_N(0) = c$ 并且 $a_N(n++) = f(n, a(n))$ 对于一切小于 N 的 $n \in \mathbb{N}$ 成立.) 作为一个附加的挑战, 直接使用 Peano 公理而不使用自然数的任何性质来证明这个结果. (特别是不要使用自然数的序, 也别援引命题 2.1.16.) (提示: 首先只用 Peano 公理和集合论的基本知识归纳地证明, 对于每个自然数 $N \in \mathbb{N}$, 存在 $\mathbb{N}$ 的唯一一对子集 A_N, B_N, 具有下述性质:

(a) $A_N \bigcap B_N = \varnothing$,

(b) $A_N \bigcup B_N = \mathbb{N}$,

(c) $0 \in A_N$,

(d) $N^{++} \in B_N$,

(e) 只要 $n \in B_N$, 就有 $n++ \in B_N$,

(f) 只要 $n \in A_N$ 并且 $n \neq N$, 就有 $n++ \in A_N$.

一旦得到了这些集合, 用 A_N 取代在前面的论述中的 $\{n \in \mathbb{N} : n \leqslant N\}$ 就成了.)

3.5.13 此题的目的是证明, 在集合论中, 本质上自然数系只有一个版本 (比照注 2.1.12 中的讨论).

假设我们有一个 "另样的自然数集" $\mathbb{N}'$、一个 "另样的零" $0'$ 以及一个 "另样的增长运算" 它把任何一个另样的自然数 $n' \in \mathbb{N}'$ 转换成 $n'++' \in \mathbb{N}'$, 而当把自然数、零及增长运算用它们的另样物替换时, Peano 公理 (公理 2.1~2.5) 全都成立. 证明存在一个从自然数到另样自然数的双射 $f : \mathbb{N} \to \mathbb{N}'$ 使得 $f(0) = 0'$, 并且对于任何 $n \in \mathbb{N}$ 和 $n' \in \mathbb{N}'$, 等式 $f(n) = n'$ 成立当且仅当 $f(n++) = n'++'$. (提示: 使用习题 3.5.12.)

§3.6 集合的基数

在第 2 章中, 我们公理化地定义了自然数, 假定它们装备有 0 及一增长运算, 还对这些数假定了五条公理. 从哲学的观点来说, 这与我们所形成的关于自然数的一个主要概念 —— 基数 (cardinality) 的概念, 或者度量一个集合中有多少个元素的概念是相当不同的. 实际上, 用 Peano 公理的方式处理自然数, 更像是把它们看成**序数** (ordinal) 而不是看成**基数** (cardinal). (基数是一, 二, 三, ……, 是用来清点在一个集合中有多少个东西的. 而序数是第一, 第二, 第三, ……, 是用来确定一列对象的次序的. 两者之间有微妙的区别, 特别是当比较无限的基数与无限的序数

时是这样, 但这已超出了本书的范围.) 我们已经花费了很大精力来注意在一个给定的数之后**下一个**是什么数 —— 这是一个对于序数相当自然的运算, 但对于基数就不那么自然了 —— 但是并不曾注意是否这些数可以用来**清点**集合. 本节的目的就是这件事, 弄清楚自然数**可以**用来清点集合的元素个数, 只要这个集合是有限的.

第一件事是搞明白什么时候两个集合有同样的大小: 好像挺明显, 集合 $\{1,2,3\}$ 和集合 $\{4,5,6\}$ 有同样的大小, 但两者皆与 $\{8,9\}$ 的大小不同. 确定此事的一种办法是说, 如果两个集合有同样元素数目, 它们就有同样的大小, 但我们还不曾定义一个集合的"元素数目"是怎样一回事. 另外, 当一个集合是无限的时候, 这也很成问题.

定义"两个集合有同样大小"这一概念的正确方式并不是一下子就弄明白了的, 然而可依某种思想而达成. 为什么集合 $\{1,2,3\}$ 与集合 $\{4,5,6\}$ 有同样的大小, 一个直观的理由是, 我们可以把第一个集合中的元素与第二个集合的元素用 1 对 1 对应的方式配起对来:

$$1 \leftrightarrow 4,\ 2 \leftrightarrow 5,\ 3 \leftrightarrow 6.$$

(确实, 这正是我们最初学会的清点一个集合的方式: 把我们要清点的集合与另一个集合, 例如你的手指头对应起来.) 我们将用这种直观的理解作为"具有相同的大小"的严格的基础.

定义 3.6.1(同样的基数)　说两个集合 X 和 Y 具有**同样的基数**, 当且仅当存在一个从 X 到 Y 的双射 $f: X \to Y$.

例 3.6.2　集合 $\{0,1,2\}$ 与 $\{3,4,5\}$ 有同样的基数, 因为我们可以找到此两集合之间的一个双射. 注意, 我们尚且不知道是否 $\{0,1,2\}$ 与 $\{3,4\}$ 有同样的基数; 我们知道有一个从 $\{0,1,2\}$ 到 $\{3,4\}$ 的函数 f 不是双射, 但是我们并没有证明是不是可能有另一个两者之间的双射. (它们确实没有同样的基数, 不过我们稍后证明此事.) 注意, 不管 X 是有限集合还是无限集合, 定义都是有意义的. (事实上, 我们甚至还不曾搞定有限的意思是什么.)

注 3.6.3　两个集合有相同的基数这一事实并不排除其中一个集合包含另一个集合的可能性. 例如, 如果 X 是自然数集而 Y 是偶数集, 那么用 $f(n) := 2n$ 定义的映射 $f: X \to Y$ 是从 X 到 Y 的双射 (为什么?), 于是 X 和 Y 具有同样的基数, 尽管 Y 是 X 的一个子集合, 并直观上看它好像只有 X 的"一半多的元素".

有同样的基数这个概念是一个等价关系.

命题 3.6.4　*设 X, Y, Z 是集合, 那么 X 与 X 有同样的基数. 如果 X 与 Y 有同样的基数, 那么 Y 与 X 有同样的基数. 如果 X 与 Y 有同样的基数, 并且 Y 与 Z 有同样的基数, 那么 X 与 Z 有同样的基数.*

证明　见习题 3.6.1. ■

设 n 是自然数. 现在我们要说一说, 什么时候一个集合有 n 个元素. 肯定我们要让集合 $\{i\in\mathbb{N}:1\leqslant i\leqslant n\}=\{1,2,\cdots,n\}$ 有 n 个元素. (即使 $n=0$ 这也是真的; 集合 $\{i\in\mathbb{N}:1\leqslant i\leqslant 0\}$ 恰是空集.) 使用同样基数的概念, 我们于是定义:

定义 3.6.5 设 n 是自然数. 一个集合 X 叫作具有**基数 $\boldsymbol{n}$**, 当且仅当它与集合 $\{i\in\mathbb{N}:1\leqslant i\leqslant n\}$ 有同样的基数. X 具有**$\boldsymbol{n}$ 个元素**, 当且仅当它有基数 n.

注 3.6.6 可以用集合 $\{i\in\mathbb{N}:i<n\}$ 代替 $\{i\in\mathbb{N}:1\leqslant i\leqslant n\}$, 因为它们显然有同样的基数. (为什么? 双射是什么?)

例 3.6.7 设 a,b,c,d 是不同的对象. 那么 $\{a,b,c,d\}$ 与 $\{i\in\mathbb{N}:i<4\}=\{0,1,2,3\}$ 或 $\{i\in\mathbb{N}:1\leqslant i\leqslant 4\}=\{1,2,3,4\}$ 有同样的基数, 从而有基数 4. 类似地, 集合 $\{a\}$ 有基数 1.

可能对此定义产生这样一个问题: 一个集合或许有两个不同的基数. 但这是不可能的:

命题 3.6.8(基数的唯一性) *设 X 是一个具有某基数 n 的集合. 那么 X 不能有另一个基数, 也就是说, 对于任何 $m\neq n$, X 不能又有基数 m.*

在证明此命题之前, 我们需要一个引理.

引理 3.6.9 *假设 $n\geqslant 1$, 并且 X 有基数 n, 那么 X 不空, 并且如果 x 是 X 的一个元素的话, 那么集合 $X\setminus\{x\}$(即把 x 从 X 中移除所得的集合) 有基数 $n-1$.*

证明 如果 X 是空集, 那么它明显地不能与非空的集合 $\{i\in\mathbb{N}:1\leqslant i\leqslant n\}$ 有同样的基数, 因为不存在从空集到非空的集合的双射. (为什么?)

现设 x 是 X 的一个元素. 由于 X 与集合 $\{i\in\mathbb{N}:1\leqslant i\leqslant n\}$ 有同样的基数, 我们必有一个从 X 到 $\{i\in\mathbb{N}:1\leqslant i\leqslant n\}$ 的双射. 特别地, $f(x)$ 是一个介于 1 和 n 之间的自然数. 现在定义函数

$$g:X\setminus\{x\}\to\{i\in\mathbb{N}:1\leqslant i\leqslant n-1\}$$

如下: 对于任何 $y\in X\setminus\{x\}$, 如果 $f(y)<f(x)$, 令 $g(y):=f(y)$, 如果 $f(y)>f(x)$, 就令 $g(y):=f(y)-1$. (注意, $f(y)$ 不可能等于 $f(x)$, 因为 $y\neq x$ 而 f 是双射.) 容易验证, 这个映射也是双射 (为什么?), 从而 $X\setminus\{x\}$ 与 $\{i\in\mathbb{N}:1\leqslant i\leqslant n-1\}$ 有同样的基数. 特别地, $X\setminus\{x\}$ 有基数 $n-1$, 恰如所欲证者. ■

现在来证明命题.

命题 3.6.8 的证明 对 n 进行归纳. 先假设 $n=0$. 那么 X 必为空集, 于是 X 不能有非零的基数. 现假设命题已对某 n 证实, 我们来证明它对于 $n++$ 成立. 设 X 有基数 $n++$, 并设 X 另有某基数 $m\neq n++$. 根据引理 3.6.9, X 是不空的集合, 并且如果 x 是 X 的一个元素, 那么根据引理 3.6.9, $X\setminus\{x\}$ 具有基数 n, 并且同时具有基数 $m-1$. 根据归纳假设, 这表明 $n=m-1$, 它蕴含 $m=n++$. 得到矛盾. 这就完成了归纳法. ■

于是, 作为例子, 我们现在根据命题 3.6.4 和命题 3.6.8 知道, 集合 $\{0,1,2\}$ 和 $\{3,4\}$ 不具有同样的基数, 因为第一个有基数 3, 而第二个有基数 2.

定义 3.6.10(有限集) 一个集合是**有限的**, 当且仅当它的基数是某个自然数 n; 否则的话, 集合叫作是**无限的**. 如果 X 是有限集, 我们用 $\#(X)$ 代表 X 的基数.

例 3.6.11 集合 $\{0,1,2\}$ 和 $\{3,4\}$ 都是有限的, 空集也是有限的 (0 是自然数), 并且

$$\#(\{0,1,2\})=3,\quad \#(\{3,4\})=2,\quad \#(\varnothing)=0.$$

现在我们给出一个无限集的例子.

定理 3.6.12 自然数集 $\mathbb{N}$ 是无限集.

证明 假设自然数集 $\mathbb{N}$ 是有限的 (我们来推出矛盾), 则它有基数 $\#(\mathbb{N})=n$. 那么存在一个从 $\{i\in\mathbb{N}:1\leqslant i\leqslant n\}$ 到 $\mathbb{N}$ 的双射 f. 可以证明序列 $f(1),f(2),\cdots,f(n)$ 是有界的, 或者更精确地说, 存在一个自然数 M 使提对于一切 $1\leqslant i\leqslant n$ 都成立 $f(i)\leqslant M$(习题 3.6.3). 但自然数 $M+1$ 不等于任何 $f(i)$, 这与 f 是双射矛盾. ■

注 3.6.13 可以使用类似的论述来证明任何无界集都是无限的; 例如比例数的集合 $\mathbb{Q}$ 以及实数的集合 $\mathbb{R}$ (我们在后面两章中构作这些集合) 都是无限的集合. 然而, 一些集合可能比另一些集合 "更为" 无限; 见 §8.3.

现在我们把基数与自然数的算术联系起来.

命题 3.6.14(基数算术) (a) 设 X 是有限集, 并设 x 是一个对象, 它不是 X 的元素. 那么 $X\bigcup\{x\}$ 是有限集, 并且

$$\#(X\bigcup\{x\})=\#(X)+1.$$

(b) 设 X 和 Y 是有限集. 那么 $X\bigcup Y$ 是有限集, 并且

$$\#(X\bigcup Y)\leqslant\#(X)+\#(Y).$$

如果还知 X 和 Y 是不交的 (即 $X\bigcap Y=\varnothing$) 那么

$$\#(X\bigcup Y)=\#(X)+\#(Y).$$

(c) 设 X 是有限集, 并设 Y 是 X 的子集. 那么 Y 是有限集且

$$\#(Y)\leqslant\#(X).$$

如果还知 $Y\neq X$(即 Y 是 X 的一个真子集), 那么我们有

$$\#(Y)<\#(X).$$

(d) 如果 X 是有限集, 并且 $f: X \to Y$ 是一个函数, 那么 $f(X)$ 是有限集, 并且

$$\#(f(X)) \leqslant \#(X).$$

如果还知 f 是 1 对 1 的, 那么

$$\#(f(X)) = \#(X).$$

(e) 设 X 和 Y 是有限集, 那么笛卡儿乘积 $X \times Y$ 是有限的, 并且

$$\#(X \times Y) = \#(X) \times \#(Y).$$

(f) 设 X 和 Y 是有限集, 那么集合 Y^X(它是在公理 3.10 中定义的集合) 是有限的, 并且

$$\#(Y^X) = (\#(Y))^{\#(X)}.$$

证明 见习题 3.6.4. ■

注 3.6.15 命题 3.6.14 启示, 有另一种定义自然数的算术运算的方法, 它不用像在定义 2.2.1、定义 2.3.1 和定义 2.3.11 中那样递归地作定义, 而代之以用集合的并的概念、笛卡儿乘积的概念以及幂集的概念. 这乃是**基数算术**的基础. 它作为算术基础是我们此书中建立的 Peano 算术的替代物; 我们不在此书中建立此种算术, 只是在习题 3.6.5 和习题 3.6.6 中给出一些例子演示如何实施此种算术.

这结束了我们对于有限集合的讨论. 我们将在第 8 章中讨论无限集, 要在我们已然构作了无限集的一些更进一步的例子 (如整数集、比例数集和实数集) 之后.

习 题 3.6

3.6.1 证明命题 3.6.4.

3.6.2 证明集合 X 有基数 0 当且仅当 X 是空集.

3.6.3 设 n 是自然数, 并设 $f: \{i \in \mathbb{N} : 1 \leqslant i \leqslant n\} \to \mathbb{N}$ 是函数. 证明存在一个自然数 M 使得对于一切 $1 \leqslant i \leqslant n$, $f(i) \leqslant M$. (提示: 对 n 进行归纳. 你可能也得看一下引理 5.1.14.) 于是自然数集的有限子集是有界的.

3.6.4 证明命题 3.6.14.

3.6.5 设 A 和 B 是集合. 通过构作一个明确的双射来证明 $A \times B$ 和 $B \times A$ 具有同样的基数, 然后使用命题 3.6.14, 给引理 2.3.2 一个另样的证明.

3.6.6 设 A, B, C 是集合. 通过构作一个明确的双射来证明集合 $(A^B)^C$ 与 $A^{B \times C}$ 有同样的基数. 结果 $(a^b)^c = a^{bc}$ 对于任何自然数 a, b, c 都成立. 使用类似的论述来断定 $a^b \times a^c = a^{b+c}$.

3.6.7 设 A 和 B 是集合. 我们说 A 的基数**小于或等于** B 的基数, 如果存在一个从 A 到 B 的单射 $f: A \to B$. 证明: 如果 A 和 B 是有限集, 那么 A 的基数小于或等于 B 的基数等价于 $\#(A) \leqslant \#(B)$.

3.6.8 设 A 和 B 是集合, 并存在一个从 A 到 B 的单射 $f: A \to B$(A 的基数小于或等于 B 的基数). 证明存在一个从 B 到 A 的满射 $g: B \to A$(此命题的逆命题要用到选择公理; 见习题 8.4.3).

3.6.9 设 A 和 B 是有限集. 证明 $A \bigcup B$ 和 $A \bigcap B$ 都是有限集, 并且

$$\#(A) + \#(B) = \#(A \bigcup B) + \#(A \cap B).$$

3.6.10 设 $A_1, \cdots, A_n$ 是有限集, 使得

$$\#(\bigcup_{i \in \{1, \cdots, n\}} A_i) > n.$$

证明存在 $i \in \{1, \cdots, n\}$ 使得 $\#(A_i) \geqslant 2$. (这就是周知的**抽屉原理**[①].)

① pigeonhole principle—— 在 n 个抽屉中放多于 n 个东西 (例如乒乓球), 至少有一个抽屉中放入的东西不少于 2 个, 中文称为抽屉原理. —— 译者注

第 4 章　整数和比例数

§4.1　整　　数

我们已在第 2 章中建立了自然数的绝大多数基本性质, 但局限于只可以进行加法和乘法运算. 我们现在想要引入一个新的运算, 即减法. 不过为了能确实地进行此种运算, 我们必须先从自然数系走向更大的数系, 即**整数系**.

非正式地说, 整数是你可以从相减两个自然数得到的数; 例如 $3-5$ 应是一个整数, 就像 $6-2$ 应是一个整数一样. 然而这不是整数的完整的定义, 因为:

(a) 它没有说什么时候两个差是相等的 (例如, 我们应该知道为什么 $3-5$ 等于 $2-4$, 但不等于 $1-6$);

(b) 它没有说怎样对这些差做算术 (怎样把 $3-5$ 加到 $6-2$ 上去?);

(c) 这个定义是循环的, 因为它用到减法的概念, 而减法的概念只有当我们构造了整数之后方能适当地定义.

幸运的是, 由于我们关于整数的先验的了解, 我们知道这些问题的答案应该是什么. 为了回答 (a), 我们从先前在代数学中知道的 $a-b=c-d$ 恰当 $a+d=c+b$ 时成立, 了解到可以只用加法概念来刻画差的相等. 类似地, 为回答 (b), 我们将借助于从代数学中知道 $(a-b)+(c-d)=(a+c)-(b+d)$ 以及 $(a-b)(c-d)=(ac+bd)-(ad+bc)$. 于是我们将把我们具备先见的优势用于简洁地构建整数的**定义**.

我们还得解决 (c). 为处理这个问题, 我们使用如下的解决方案: 暂且不把整数写成差 $a-b$, 而是代之以新的记号 $a—b$ 来定义整数, 其中符号 "—" 是一个没有意思的占位符, 就像平面上的点的笛卡儿坐标记号 (x, y) 中的逗号那样. 当我们定义完减法之后, 我们将看到 $a—b$ 事实上等于 $a-b$, 于是我们就可以抛弃这个记号 "—"; 此刻所需的是避免循环论证. (这种设计, 就像用于建造一幢楼房的脚手架, 脚手架对于保证楼房被正确地建造起来暂时是本质上重要的, 但是一旦楼房建好, 脚手架就将拆除而永不再用.) 对于定义某种我们已经非常熟悉的事物好像可能不必如此复杂, 但是除了眼下构造整数系, 我们将来还会再次使用这种办法构造比例数 (rational number), 而且对于这类构造的了解在后面几章中也将非常有益.

定义 4.1.1(整数)　一个**整数**是一个形如 $a—b$ 的表达式, 其中 a 和 b 是自然数. 两个整数看作是相等的 $a—b=c—d$ 当且仅当 $a+d=c+b$. 用 $\mathbb{Z}$ 代表全体整数的集合.

于是, 作为例子, $3—5$ 是整数, 且等于 $2—4$, 因为 $3+4=2+5$. 另一方面, $3—5$

不等于 2—3, 因为 $3+3\neq 2+5$. 这个符号看上去有点怪, 而且也有些许不足之处: 例如, 3 现在还不是整数, 因为它不是 a—b 的形状! 我们稍后将矫正这些问题[①].

我们必须验证如上定义的整数相等是一个合理的概念. 我们需要验证自反性、对称性、传递性以及代入公理 (见 A.7). 我们把自反性和对称性留作习题 4.1.1, 而来验证传递性公理. 设我们知道 a—$b=c$—d 以及 c—$d=e$—f. 那么我们有 $a+d=c+b$ 以及 $c+f=d+e$. 把两式相加, 得

$$a+d+c+f=c+b+d+e.$$

根据命题 2.2.6, 可以消去 c 和 d 而得到

$$a+f=b+e,$$

即 a—$b=e$—f. 于是, 消去律被用来保证我们的相等概念是合理的. 至于代入公理, 我们眼下还不能加以验证, 因为我们还不曾对整数定义任何运算. 然而, 一旦我们对于整数定义了基本的运算, 如加法、乘法和序, 那时我们就必须验证代入公理, 以保证定义之成立. (我们只需对于基本运算做这件事, 对于整数的更进一步的运算, 例如指数, 将借助基本运算予以定义. 所以我们不需要对进一步的运算重新验证代入公理.)

现在我们定义整数的两个基本的算术运算: 加法和乘法.

定义 4.1.2 两个整数的**和**$(a$—$b)+(c$—$d)$ 由下式定义:

$$(a—b)+(c—d):=(a+c)—(b+d).$$

两个整数的**积**$(a$—$b)\times(c$—$d)$ 由下式定义:

$$(a—b)\times(c—d):=(ac+bd)—(ad+bc).$$

于是, 作为例子, (3—5) + (1—4) 等于 4—9. 然而在我们可以接受这些定义之前, 还有一件事必须予以验证 —— 我们必须验证如果用一个相等的整数代替运算中的某个整数时, 加法的和及乘法的积都不改变. 例如, (3—5) 等于 (2—4), 那么 (3—5) + (1—4) 应该与 (2—4) + (1—4) 有相同的值, 否则的话, 这就不能成为加法的一个和谐的定义. 幸运的是, 此事确实成立:

---

① 用集合论的语言来说, 我们正在做的事是从自然数的序偶 (a,b) 的空间 $\mathbb{N}\times\mathbb{N}$ 着手的. 然后我们对于这些序偶建立一个**等价关系**$\sim$, 使得 $(a,b)\sim(c,d)$ 当且仅当 $a+d=c+b$. 符号 a—b 的集合论解释是, 它是一个与 (a,b) 等价的全体序偶所成的空间:

$$a—b:=\{(c,d)\in\mathbb{N}\times\mathbb{N}:(a,b)\sim(c,d)\}.$$

但这种解释对于我们如何处理整数毫无用处, 所以我们将不再提及此事. 对于本章稍后构作的比例数或下章构作的实数, 也可给出类似的集合论解释.

引理 4.1.3(加法与乘法是定义成功的)　设 a, b, a', b', c, d 是自然数. 如果 $(a—b) = (a'—b')$, 那么

$$(a—b) + (c—d) = (a'—b') + (c—d),$$

$$(a—b) \times (c—d) = (a'—b') \times (c—d),$$

并且

$$(c—d) + (a—b) = (c—d) + (a'—b'),$$

$$(c—d) \times (a—b) = (c—d) \times (a'—b').$$

于是加法和乘法都是定义成功的运算 (相等的输入给出相等的输出).

证明　为证 $(a—b) + (c—d) = (a'—b') + (c—d)$, 我们分别算出两边为 $(a+c)—(b+d)$ 和 $(a'+c)—(b'+d)$. 于是我们需要证明 $a+c+b'+d = a'+c+b+d$. 但由 $(a—b) = (a'—b')$ 知 $a+b' = a'+b$, 于是, 把此式两端同加上 $c+d$ 就得到要证的等式.

现在我们来证 $(a—b) \times (c—d) = (a'—b') \times (c—d)$. 两边的值分别是 $(ac+bd)—(ad+bc)$ 和 $(a'c+b'd)—(a'd+b'c)$, 于是我们应该证明

$$ac + bd + a'd + b'c = a'c + b'd + ad + bc.$$

但左边等于 $c(a+b') + d(a'+b)$ 而右边等于 $c(a'+b) + d(a+b')$. 由于 $a+b' = a'+b$, 两边相等.

另两个等式可类似地证明. ■

整数 $n—0$ 与自然数 n 有相同的性状; 的确, 可以验证 $(n—0) + (m—0) = (n+m)—0$ 以及 $(n—0) \times (m—0) = nm—0$. 进而, $(n—0)$ 等于 $(m—0)$ 当且仅当 $n = m$. (此事之数学术语是, 在自然数 n 与形如 $n—0$ 的整数之间存在一个**同构**.) 于是可以令 $n \equiv n—0$ 而把自然数与整数**等同**起来; 这并不影响我们对于加法或乘法或相等的定义, 因为它们彼此一致. 例如, 自然数 3 现在被看作与整数 3—0 为同一物, 于是 $3 = 3—0$. 特别地, 0 等于 0—0 而且 1 等于 1—0. 当然, 如果让 n 等于 $n—0$, 则它也必等于任何其他等于 $n—0$ 的整数, 例如 3 不仅等于 3—0, 同时也等于 4—1, 5—2, 等等.

我们现在可以定义整数的增长为：对于一切整数 x, $x++ := x+1$; 这与我们关于自然数的增长运算的定义是相容的. 然而, 这对我们来说不再是一个重要的运算, 因为它现在已被更一般的加法概念所包含在内了.

现在我们考虑整数的一些其他的基本运算.

定义 4.1.4(整数的负运算)　如果 $(a—b)$ 是一个整数, 我们定义它的**负数**为整数 $(b—a)$, 记作 $-(a—b)$. 特别地, 如果 $n = n—0$ 是正的自然数, 那么它的负数 $-n = 0—n$.

例如 $-(3—5)=(5—3)$. 可以验证此定义是定义成功的 (习题 4.1.2).

我们现在可以证明整数确切地对应着我们所期望的东西.

引理 4.1.5(整数的三歧性 (trichofomy))　设 x 是一个整数. 那么下述三个命题恰有一个成立:

(a) x 是零;

(b) x 等于一个正自然数 n;

(c) x 是一个正自然数的负数 $-n$.

证明　我们先证 (a), (b), (c) 中至少有一个成立.

根据定义, 对于某两个自然数 a 和 b, $x=a—b$. 有三种情形: $a>b$, $a=b$ 或 $a<b$. 如果 $a>b$, 那么对于某正的自然数 c, $a=b+c$, 这意味着 $a—b=c—0=c$, 这就是 (b); 如果 $a=b$, 那么 $a—b=a—a=0—0=0$, 这是 (a); 如果 $a<b$, 那么 $b>a$, 从而根据已证之事 $b—a$ 是某个正自然数 n, 从而 $a—b=-n$, 这是 (c).

现在我们证明 (a), (b), (c) 中不可能有多于一个同时成立. 根据定义, 一个正的自然数不是零, 所以 (a) 和 (b) 不能同时成立. 如果 (a) 和 (c) 同时成立, 那么对于某正自然数 n, $0=-n$; 于是 $0—0=0—n$, 从而 $0+n=0+0$, 即 $n=0$, 这不可能. 如果 (b) 和 (c) 同时成立, 那么对于某两个正自然数 n,m, 成立 $n=-m$, 于是 $(n—0)=(0—m)$, 从而 $m+n=0+0$, 这与命题 2.2.8 矛盾. 于是, 对于任何整数 x 而言, (a), (b), (c) 中恰有一个成立. ■

如果 n 是一个正自然数, 我们就称 $-n$ 为**负整数**. 于是每个整数是正的或是零或是负的, 但不可同时多于一种可能.

人们可能会问, 为什么我们不使用引理 4.1.5 来**定义**整数? 也就是说, 为什么我们不定义说 "整数就是正自然数, 或零, 或自然数之负数"? 理由是, 如果我们这样做, 那么加一个整数及乘一个整数的法则就要分成许多不同的情形 (例如负数乘以负数等于正数; 负数加上正数或为负数, 或为正数, 或为零, 取决于哪一项更大, 等等), 而验证全部这些性质将导致极大的混乱.

我们现在总结一下整数的代数性质.

命题 4.1.6(整数的代数算律)　设 x,y,z 是整数, 那么

$$x+y=y+x,$$

$$(x+y)+z=x+(y+z),$$

$$x+0=0+x=x,$$

$$x+(-x)=(-x)+x=0,$$

$$xy=yx,$$

$$(xy)z=x(yz),$$

$$x1 = 1x = x,$$

$$x(y+z) = xy + xz,$$

$$(y+z)x = yx + zx.$$

注 4.1.7 上述 9 个恒等式总体上有一个名称; 它们判定整数之全体构成一个**交换环**. (如果去掉恒等式 $xy = yx$, 那么它们仅判定整数构成一个**环**.) 注意, 这些恒等式中的一些已经被证明对于自然数成立, 但这并不意味着它们自动地同样对于整数成立, 因为整数集是比自然数集大的集合[①]. 另一方面, 这个命题包含了许多早先对于自然数推导出的命题.

证明 有两种方式可证明这些恒等式. 一种是使用引理 4.1.5 并依赖于是否 x, y, z 为零, 为正数, 或为负数, 分成许多种情况考虑. 这情形非常混乱. 一个较简短的方式是写 $x = (a—b)$, $y = (c—d)$, 及 $z = (e—f)$, 其中 a, b, c, d, e, f 是自然数, 然后借助 a, b, c, d, e, f 展开这些恒等式并使用关于自然数的代数算律. 这使得每个恒等式都可用不多几行就完成证明. 我们只证明最长的一个, 即 $(xy)z = x(yz)$:

$$\begin{aligned}(xy)z &= ((a—b)(c—d))(e—f)\\ &= ((ac+bd)—(ad+bc))(e—f)\\ &= (ace+bde+adf+bcf)—(acf+bdf+ade+bce);\\ x(yz) &= (a—b)((c—d)(e—f))\\ &= (a-b)((ce+df)—(cf+de))\\ &= (ace+adf+bcf+bde)—(acf+ade+bce+bdf),\end{aligned}$$

于是可以看到 $(xy)z$ 和 $x(yz)$ 是相等的. 其他恒等式以类似的方式证明, 见习题 4.1.4. ■

我们现在定义两个整数的**减法**运算, 整数 x 减去 y 的定义为

$$x - y := x + (-y).$$

对于此运算, 不必验证代入公理, 因为我们是借助关于整数的另两个运算, 即加法和负运算来定义减法的, 而我们已经验证了这两个运算是定义成功了的.

现在可以容易地验证, 如果 a 和 b 是自然数, 那么

$$a - b = a + (-b) = a—0 + (0—b) = a—b,$$

于是 $a—b$ 恰与 $a-b$ 是同物. 因此, 我们现在可以抛弃记号 —, 而以熟悉的差运算符号取代之. (如前面已注释过的, 我们当时不即刻使用差运算, 因为那时它是循环论证.)

---

① 这里, 恰当的说法是, 自然数集是整数集的真子集. —— 译者注

我们现在可以把引理 2.3.3 和推论 2.3.7 从自然数的情形推广到整数的情形:

命题 4.1.8(整数不含零除数) 设 a 和 b 是整数, 使得 $ab=0$. 那么或者 $a=0$ 或者 $b=0$ 或者两者都是 0.

证明 见习题 4.1.5. ∎

推论 4.1.9 如果 a,b,c 是整数, 使得 $ac=bc$ 并且 c 不为零, 那么 $a=b$.

证明 见习题 4.1.6. ∎

我们现在把对于自然数定义了的序的概念推广到整数. 我们逐字重复原来的定义.

定义 4.1.10(整数的顺序) 设 n 和 m 是整数. 我们说 n 大于或等于 m, 记作 $n \geqslant m$ 或 $m \leqslant n$, 当且仅当对于某自然数 a, $n=m+a$. 我们说 n 严格大于 m, 记作 $n>m$ 或 $m<n$, 当且仅当 $n \geqslant m$ 且 $n \neq m$.

于是作为例子, $5>-3$, 因为 $5=-3+8$ 且 $5 \neq -3$. 很明白, 这个定义与关于自然数序的概念是相容的, 因为我们使用的是同一个定义.

使用命题 4.1.6 中的代数算律, 不难证明下述关于序的性质:

引理 4.1.11(序的性质) 设 a,b,c 是整数.

(a) $a>b$ 当且仅当 $a-b$ 是正的自然数.

(b) (加法保序) 如果 $a>b$, 那么 $a+c>b+c$.

(c) (正乘法保序) 如果 $a>b$ 且 c 是正的, 那么 $ac>bc$.

(d) (负运算反序) 如果 $a>b$, 那么 $-a<-b$.

(e) (序是传递的) 如果 $a>b$ 且 $b>c$, 那么 $a>c$.

(f) (序是三歧的) 命题 $a>b$, $a<b$, $a=b$ 中恰有一个成立.

证明 见习题 4.1.7. ∎

习 题 4.1

4.1.1 验证关于整数相等的定义同是自反的和对称的.

4.1.2 证明关于整数的负运算的定义是成功的, 即如果 $(a—b)=(a'—b')$, 那么 $-(a—b)=-(a'—b')$, (于是相等的整数有相等的负数.)

4.1.3 证明对于每个整数 a, $(-1)\times a=-a$.

4.1.4 证明命题 4.1.6 中剩下的那些恒等式. (提示: 可以通过使用一些恒等式来证明其他的恒等式以节约工作量. 例如, 一旦你知道了 $xy=yx$, 你就不必再证 $x1=1x$ 了, 并且一旦你还证明了 $x(y+z)=xy+xz$, 你就自动地得到了 $(y+z)x=yx+zx$.)

4.1.5 证明命题 4.1.8. (提示: 尽管这个命题与引理 2.3.3 并不完全是一回事, 但在证明命题 4.1.8 的过程中使用引理 2.3.3 肯定是合理的.)

4.1.6 证明推论 4.1.9. (提示: 有两个方法, 其一是使用命题 4.1.8 推断 $a-b$ 必是零, 另一是联合使用推论 2.3.7 和引理 4.1.5.)

4.1.7 证明引理 4.1.11. (提示：使用此引理的第一部分去证明其他部分.)

4.1.8 证明归纳法原理 (公理 2.5) 不直接适用于整数系. 更准确地说, 给出一个依赖于整数 n 的性质 $P(n)$ 的例子, 使得 $P(0)$ 成立, 而且对于一切整数 n, $P(n)$ 成立蕴含 $P(n++)$ 成立, 但是 $P(n)$ 并不对于一切整数 n 成立. 于是归纳法作为与整数系打交道时的一个工具并不像与自然数系打交道时那么有用. (在与比例数和实数打交道时, 情形甚至更糟. 我们很快就要定义比例数和实数.)

§4.2 比 例 数

我们现在已经构作了整数, 连同加法、减法和乘法运算以及序, 并且验证了全部预期的代数的及序理论的性质. 现在我们将使用类似的结构来建立比例数, 把除法也搀进我们的运算大什锦当中.

恰如整数由两自然数相减而构造出来一样, 比例数可以由两整数相除而构造出来, 当然我们必须遵从通常的禁律, 分母不得为零①. 正如知道两个差 $a-b$ 和 $c-d$ 恰当 $a+d=c+b$ 时是相等的一样, 我们知道 (从更深一步的知识) 两个比例 a/b 和 c/d 当 $ad=bc$ 时是相等的, 于是, 和定义整数时类似, 我们创造一个没有意思的符号 $//$ (此符号最终将被除法符号吞没).

定义 4.2.1 一个**比例数**是一个形如 $a//b$ 的表达式, 其中 a 和 b 是整数, 且 b 不为零. $a//0$ 不被认为是比例数. 两个比例数 $a//b$ 和 $c//d$ 看作是相等的, $a//b=c//d$, 当且仅当 $ad=bc$. 全体比例数的集合记作 $\mathbb{Q}$.

于是, 作为例子, $3//4=6//8=-3//-4$, 但是 $3//4\neq 4//3$. 相等的这个定义是成功的 (习题 4.2.1). 现在我们需要加法、乘法以及负运算的概念. 我们还是要利用我们预先具备的知识, 这些知识告诉我们 $\frac{a}{b}+\frac{c}{d}$ 应该等于 $\frac{ad+bc}{bd}$, 以及 $\frac{a}{b}\times\frac{c}{d}$ 应该等于 $\frac{ac}{bd}$, 同时 $-\frac{a}{b}=\frac{-a}{b}$. 受这些预先具备的知识的启发, 我们作出

定义 4.2.2 如果 $a//b$ 和 $c//d$ 是比例数, 定义它们的和

$$(a//b)+(c//d):=(ad+bc)//(bd),$$

它们的乘积

$$(a//b)\times(c//d):=(ac)//(bd),$$

以及负运算

$$-(a//b):=(-a)//b.$$

① 不存在任何理由用零来除, 因为如果允许 b 为零的话, 我们将不能保持两个恒等式 $\left(\frac{a}{b}\right)\times b=a$ 和 $c\times 0=0$ 同时成立. 然而我们终究可以得到一个用**趋于零**的量来除的合理的概念 —— 考虑 L'Hôpital 法则 (见 §10.5), 此法则对于做定义微分之类的事情是足够的.

注意, 如果 b 和 d 不是零, 那么根据命题 4.1.8, bd 也不是零, 于是两个比例数的和或乘积仍然是比例数.

引理 4.2.3　对于比例数的和、积以及负运算是定义成功的. 也就是说, 在这些运算中的一个输入的比例数 $a//b$(或 $c//d$) 被与它相等的另一个比例数 $a'//b'$(或 $c'//d'$) 替换时, 运算的输出不变.

证明　我们只对加法进行验证而把其他结论留作习题 4.2.2. 假设 $a//b = a'//b'$, 于是 b 和 b' 都不是零, 且 $ab' = a'b$. 我们现在证明

$$a//b + c//d = a'//b' + c//d.$$

根据定义, 左边是 $(ad + bc)//(bd)$, 而右边是 $(a'd + b'c)//(b'd)$, 于是我们必须证明

$$(ad + bc)(b'd) = (a'd + b'c)(bd),$$

此式展开成

$$ab'd^2 + bb'cd = a'bd^2 + bb'cd.$$

但由于 $ab' = a'b$, 所需结论就产生了. 类似地, 如果代替 $c//d$ 以与之相等的 $c'//d'$, 结果一样. ■

我们注意到比例数 $a//1$ 与整数 a 有相同的性状:

$$(a//1) + (b//1) = (a + b)//1;$$

$$(a//1) \times (b//1) = (ab)//1;$$

$$-(a//1) = (-a)//1.$$

还有, $a//1$ 与 $b//1$ 仅当 a 与 b 相当时才相等. 因为如此, 对于一切整数 a, 我们把 a 与 $a//1$ 等同起来: $a \equiv a//1$; 此恒等关系保证了整数的算术与比例数的算术是相容的. 于是, 就像我们把自然数嵌入整数系中一样, 我们把整数嵌入到比例数系当中. 特别地, 一切自然数都是比例数, 例如, 0 等于 $0//1$, 1 等于 $1//1$.

观察到一个比例数 $a//b$ 等于 $0 = 0//1$ 当且仅当 $a \times 1 = b \times 0$, 即当且仅当分子 a 等于 0. 于是, 如果 a 和 b 都不是零, 则 $a//b$ 也不是零.

我们现在对于比例数定义一个新的运算: 倒数运算. 如果 $x = a//b$ 是不为零的比例数 (于是 $a, b \neq 0$), 那么我们定义 x 的**倒数** x^{-1} 是比例数 $x^{-1} := b//a$. 容易验证这个运算与我们的相等概念是相容的: 如果两个比例数 $a//b$, $a'//b'$ 相等, 那么它们的倒数也相等. (与此对比, 一个如 “分子” 的运算就不是定义成功的: 比例数 $3//4$ 和 $6//8$ 是相等的, 但具有不相等的分子. 所以当说到如 “x 的分子” 这样的话时, 我们必须小心.) 当然, 0 的倒数没有定义.

我们现在总结一下比例数的代数性质.

命题 4.2.4(比例数的代数算律) 设 x, y, z 是比例数. 那么下面的代数算律成立:

$$x + y = y + x,$$

$$(x + y) + z = x + (y + z),$$

$$x + 0 = 0 + x = x,$$

$$x + (-x) = (-x) + x = 0,$$

$$xy = yx,$$

$$(xy)z = x(yz),$$

$$x1 = 1x = x,$$

$$x(y + z) = xy + xz,$$

$$(y + z)x = yx + zx.$$

如果 x 不是零, 我们还有

$$xx^{-1} = x^{-1}x = 1.$$

注 4.2.5 上述 10 个恒等式的集合有一个名称; 它们确定比例数集 $\mathbb{Q}$ 构成一个**域**. 这比作为一个交换环更好, 因为还有第 10 个恒等式 $xx^{-1} = x^{-1}x = 1$. 注意这个命题包含了命题 4.1.6.

证明 为证这些恒等式, 令 $x = a//b$, $y = c//d$, $z = e//f$, 其中 a, c, e 是整数, b, d, f 是不为零的整数, 然后使用整数的代数算律来验证每个恒等式. 我们只证明最长的一个, 即 $(x + y) + z = x + (y + z)$:

$$\begin{aligned}(x + y) + z &= ((a//b) + (c//d)) + (e//f)\\ &= ((ad + bc)//bd) + (e//f)\\ &= (adf + bcf + bde)//bdf;\\ x + (y + z) &= (a//b) + ((c//d) + (e//f))\\ &= (a//b) + ((cf + de)//df)\\ &= (adf + bcf + bde)//bdf;\end{aligned}$$

于是可以看到 $(x + y) + z$ 和 $x + (y + z)$ 是相等的.

其他恒等式的验证可用类似的方式, 留作习题 4.2.3. ■

我们现在可以定义两个比例数 x 和 y 的**商**了. 只要 y 不是零, 我们定义 x 和 y 的商为

$$x/y := x \times y^{-1}.$$

于是作为例子, $(3//4)/(5//6) = (3//4) \times (6//5) = 18//20 = 9//10$. 用这个公式, 容易看到对于每个整数 a 和每个非零整数 b,

$$a/b = a//b.$$

于是我们现在可以抛弃符号 $//$, 而用更常用的 a/b[①]取代 $a//b$.

命题 4.2.4 使我们可以使用一切规范的代数法则; 我们以后就照此进行, 而不再作进一步的评注.

上一节我们把整数分为正数、零和负数. 我们现在对于比例数做同样的事情.

定义 4.2.6 一个比例数 x 叫作是**正的**, 当且仅当对于某两个正整数 a 和 b 我们有 $x = \frac{a}{b}$. 它叫作是**负的**当且仅当对于某个正的比例数 y, 我们有 $x = -y$ (即对于某两个正整数 a 和 b, $x = \frac{-a}{b}$).

于是, 作为例子, 每个正整数都是正的比例数, 而每个负整数都是负的比例数, 这样我们的新定义与老定义是相容的.

引理 4.2.7(比例数的三歧性) 设 x 是比例数, 那么下面三个命题中恰有一个成立:

(a) x 等于 0, (b) x 是正的比例数, (c) x 是负的比例数.

证明 见习题 4.2.4. ■

定义 4.2.8(比例数的顺序) 设 x 和 y 是比例数. 我们说 $x > y$ 当且仅当 $x-y$ 是一个正的比例数, 说 $x < y$ 当且仅当 $x - y$ 是负的比例数. 我们写 $x \geqslant y$ 当且仅当或者 $x > y$ 或者 $x = y$, 并类似地定义 $x \leqslant y$.

命题 4.2.9(比例数的序的基本性质) 设 x, y, z 是比例数, 那么下面的性质成立:

(a) (序的三歧性) 三个命题 $x = y, x < y, x > y$ 中恰有一个成立.

(b) (序是反对称的) $x < y$ 等价于 $y > x$.

(c) (序是传递的) 如果 $x < y$, 且 $y < z$, 那么 $x < z$.

(d) (加法保序) 如果 $x < y$, 那么 $x + z < y + z$.

(e) (正乘法保序) 如果 $x < y$ 并且 z 是正的, 那么 $xz < yz$.

证明 见习题 4.2.5. ■

注 4.2.10 命题 4.2.9 中的上述 5 条性质与命题 4.2.4 中的域公理联合起来有一个名称: 它们判定比例数集 $\mathbb{Q}$ 构成一个**有序域**. 记住命题 4.2.9(e) 仅当 z 是正数时成立是重要的. 见习题 4.2.6.

---

① 即 $\frac{a}{b}$. —— 译者注

习 题 4.2

4.2.1 证明对于比例数相等的定义是自反的、对称的以及传递的. (提示: 对于传递性, 使用推论 2.3.7.)

4.2.2 证明引理 4.2.3 的剩下的条款.

4.2.3 证明命题 4.2.4 中剩下的各条. (提示: 像处理命题 4.1.6 一样, 你可以用某些恒等式去证另一些恒等式以节约劳力.)

4.2.4 证明引理 4.2.7. (注意, 像在命题 2.2.13 中那样, 你必须证明两件不同的事情: 首先, (a), (b), (c) 中**至少**有一个成立; 其次 (a), (b), (c) 中**至多**一个成立.)

4.2.5 证明命题 4.2.9.

4.2.6 证明: 如果 x, y, z 是比例数, 满足 $x < y$ 且 z 是**负的**, 那么 $xz > yz$.

§4.3 绝对值与指数运算

我们已经介绍了比例数的四种基本的算术运算, 即加法、减法、乘法和除法. (回忆一下, 减法与除法来源于更初始的负运算概念和倒数运算的概念, 分别经由公式 $x - y := x + (-y)$ 和 $\frac{x}{y} = x \times y^{-1}$ 得到.) 我们也有了序 $<$ 的概念, 并把比例数分成了正的比例数、负的比例数以及零. 简言之, 我们已经证明比例数的集合 $\mathbb{Q}$ 构成一个**有序域**.

现在可以用这些基本的运算构造更多的运算. 可以构造出来很多这样的运算, 但是我们只介绍特别有用的两种: 绝对值与指数运算.

定义 4.3.1(绝对值) 如果 x 是比例数, x 的**绝对值** $|x|$ 如下定义: 如果 x 是正的, 那么 $|x| := x$; 如果 x 是负的, 那么 $|x| := -x$; 如果 x 是零, 那么 $|x| := 0$.

定义 4.3.2(距离) 设 x 和 y 是比例数. 量 $|x - y|$ 叫作 x 和 y 之间的**距离**, 有时记作 $d(x, y)$, 那么 $d(x, y) := |x - y|$. 例如, $d(3, 5) = 2$.

命题 4.3.3(绝对值及距离的基本性质) 设 x, y, z 是比例数.

(a) (绝对值的非退化性) 我们有 $|x| \geqslant 0$. 还有, $|x| = 0$ 当且仅当 x 是 0.

(b) (绝对值的三角形不等式). 我们有

$$|x + y| \leqslant |x| + |y|.$$

(c) 不等式 $-y \leqslant x \leqslant y$ 成立当且仅当 $y \geqslant |x|$. 特别地, 我们有 $-|x| \leqslant x \leqslant |x|$.

(d) (绝对值的可乘性) 我们有 $|xy| = |x||y|$. 特别地, $|-x| = |x|$.

(e) (距离的非退化性) 我们有 $d(x, y) \geqslant 0$, 还有, $d(x, y) = 0$ 当且仅当 $x = y$.

(f) (距离的对称性) $d(x, y) = d(y, x)$.

(g) (距离的三角形不等式) $d(x, z) \leqslant d(x, y) + d(y, z)$.

证明 见习题 4.3.1. ∎

绝对值对于测量两个数是多么“接近”是有用的. 我们来做一个有点人造的定义.

定义 4.3.4(ε- 接近性) 设比例数 $\varepsilon > 0$ 且 x, y 都是比例数. 我们说, y 是**ε-接近** 于 x 的当且仅当 $d(x,y) \leqslant \varepsilon$.

注 4.3.5 这个定义在数学教科书中不是标准的定义; 后面, 我们将使用它作为“脚手架”来建立更重要的极限概念 (以及 Cauchy 序列的概念). 一旦我们有了那些更深层次的概念, 我们将抛开 ε- 接近的概念.

例 4.3.6 数 0.99 和 1.01 是 0.1- 接近的, 但它们不是 0.01- 接近的, 因为 $d(0.99, 1.01) = |0.99 - 1.01| = 0.02$ 比 0.01 大. 对于每个正的 ε, 数 2 和 2 都是 ε-接近的.

当 ε 是零或负数时, 我们不去定义 ε- 接近的概念, 因为如果 ε 是零那么 x 和 y 只能当它们相等时是 ε- 接近的, 而当 ε 是负数时, x 和 y 绝对不能 ε- 接近. (在分析学中的一个历史悠久的传统是, 在任何场合, 希腊字母 ε, δ 只应代表小的正数.)

下面是 ε- 接近性的一些基本性质.

命题 4.3.7 *设 x, y, z, w 是比例数.*

(a) 如果 $x = y$, 那么对于每个 $\varepsilon > 0$, x 都是 ε- 接近于 y 的. 反之, 如果对于每个 $\varepsilon > 0$, x 都是 ε- 接近于 y 的, 那么有 $x = y$.

(b) 设 $\varepsilon > 0$. 如果 x 是 ε- 接近于 y 的, 那么 y 也是 ε- 接近于 x 的.

(c) 设 $\varepsilon, \delta > 0$. 如果 x 是 ε- 接近于 y 的, 而 y 是 δ- 接近于 z 的, 那么 x 和 z 是 $(\varepsilon + \delta)$- 接近的.

(d) 设 $\varepsilon, \delta > 0$. 如果 x 和 y 是 ε- 接近的, 而 z, w 是 δ- 接近的, 那么 $x + z$ 和 $y + w$ 是 $(\varepsilon + \delta)$- 接近的, 而且 $x - z$ 和 $y - w$ 也是 $(\varepsilon + \delta)$- 接近的.

(e) 设 $\varepsilon > 0$. 如果 x 和 y 是 ε- 接近的, 那么对于每个 $\varepsilon' > \varepsilon$, 它们也是 ε'- 接近的.

(f) 设 $\varepsilon > 0$. 如果 y 和 z 两者都 ε- 接近于 x, 并且 w 介于 y 和 z 之间 (即 $y \leqslant w \leqslant z$ 或 $z \leqslant w \leqslant y$), 那么 w 也是 ε- 接近于 x 的.

(g) 设 $\varepsilon > 0$. 如果 x 和 y 是 ε- 接近的, 并且 z 不是零, 那么 xz 和 yz 是 $\varepsilon|z|$-接近的.

(h) 设 $\varepsilon, \delta > 0$. 如果 x 和 y 是 ε- 接近的, 并且 z 和 w 是 δ- 接近的, 那么 xz 和 yw 是 $(\varepsilon|z| + \delta|x| + \varepsilon\delta)$- 接近的.

证明 我们只证明最难的一个: (h), 而把 (a)~(g) 留作习题 4.3.2. 设 $\varepsilon, \delta > 0$, 并假设 x 和 y 是 ε- 接近的. 如果我们写 $a := y - x$, 那么有 $y = x + a$ 并且 $|a| \leqslant \varepsilon$. 类似地, 如果 z 和 w 是 δ- 接近的, 并且令 $b := w - z$, 那么 $w = z + b$ 并且 $|b| \leqslant \delta$.

由于 $y = x + a$ 和 $w = z + b$, 我们有

$$yw = (x+a)(z+b) = xz + az + xb + ab.$$

于是

$$\begin{aligned}|yw - xz| &= |az + xb + ab| \leqslant |az| + |xb| + |ab| \\ &= |a|\,|z| + |b|\,|x| + |a|\,|b|.\end{aligned}$$

由于 $|a| \leqslant \varepsilon$ 以及 $|b| \leqslant \delta$, 于是得到

$$|yw - xz| \leqslant \varepsilon|z| + \delta|x| + \varepsilon\delta.$$

从而 yw 和 xz 是 $(\varepsilon|z| + \delta|x| + \varepsilon\delta)$- 接近的. ■

注 4.3.8 应该对于此命题的 (a)~(c) 的陈述与自反性、对称性和传递性这些相等的公理进行比较. 把 "ε- 接近" 的概念想象成相等的概念的近似的替代物在分析学中常常有用.

现在我们递归地定义自然数次幂的指数运算, 推广前面在定义 2.3.11 中的定义.

定义 4.3.9(自然数次幂的指数运算) 设 x 是比例数. 为把 x 升到 0 次幂, 我们定义 $x^0 := 1$. 现在归纳地假定 x^n 已对于某自然数 n 定义好, 那么我们定义 $x^{n+1} := x^n \times x$.

命题 4.3.10(指数运算的性质 I) 设 x, y 是比例数, 并设 n, m 是自然数.

(a) 我们有 $x^n x^m = x^{n+m}$, $(x^n)^m = x^{nm}$ 以及 $(xy)^n = x^n y^n$.

(b) 我们有 $x^n = 0$ 当且仅当 $x = 0$.

(c) 如果 $x \geqslant y \geqslant 0$, 那么 $x^n \geqslant y^n \geqslant 0$, 如果 $x > y \geqslant 0$ 而且 $n > 0$, 那么 $x^n > y^n \geqslant 0$.

(d) 我们有 $|x^n| = |x|^n$.

证明 见习题 4.3.3. ■

现在定义负整数指数的指数运算.

定义 4.3.11(负整数次幂的指数运算) 设 x 是一个非零的比例数. 那么对于任何负整数 $-n$, 我们定义 $x^{-n} := \frac{1}{x^n}$.

于是作为例子, $x^{-3} = \frac{1}{x^3} = \frac{1}{x \times x \times x}$.

我们现在已经对于任意的整数 n, 不管 n 是正的、负的还是零, 定义了 x^n. 指数为整数的指数运算具有下述性质 (它包含命题 4.3.10):

命题 4.3.12(指数运算的性质 II) 设 x, y 是不为零的比例数, 并设 n, m 是整数.

(a) 我们有 $x^nx^m = x^{n+m}$, $(x^n)^m = x^{nm}$ 以及 $(xy)^n = x^ny^n$.

(b) 如果 $x > y \geqslant 0$, 那么 n 当是正数时 $x^n > y^n \geqslant 0$, 而当 n 是负数时 $0 < x^n < y^n$.

(c) 如果 $x, y > 0, n \neq 0$ 并且 $x^n = y^n$, 那么 $x = y$.

(d) 我们有 $|x^n| = |x|^n$.

证明 见习题 4.3.4. ■

习 题 4.3

4.3.1 证明命题 4.3.3. (提示: 即使所有的结论都可以分 x 是正的、负的或零这些情形来证, 命题的许多部分依然不必如此冗烦地分情形来证. 例如, 可以使用命题的已证明部分来证后面的部分.)

4.3.2 证明命题 4.3.7 中剩下的结论.

4.3.3 证明命题 4.3.10. (提示: 用归纳法.)

4.3.4 证明命题 4.3.12. (提示: 这里归纳法不合适, 代之使用命题 4.3.10.)

4.3.5 证明对于任何正整数 N, 都有 $2^N > N$. (提示: 用归纳法.)

§4.4 比例数中的空隙

想象我们把比例数安排在一条直线上, 当 $x > y$ 时 x 被安排在 y 的右边. (这是一个不严格的安排, 因为我们还不曾定义直线的概念, 但是这个讨论只是为了启发下面的比较严格的命题.) 整数也在比例数中, 于是, 它们也被安排在了直线上. 现在我们考察比例数关于整数是怎样排置的.

命题 4.4.1(整数被比例数间隔开) 设 x 是比例数. 那么存在一个整数 n, 使得 $n \leqslant x < n+1$. 事实上, 这个整数是唯一的 (即, 对于每个 x, 仅存在一个 n 使得 $n \leqslant x < n+1$). 特别地, 存在一个自然数 N, 使得 $N > x$ (即, 一个比例数比一切自然数都大这样的事是不可能发生的).

注 4.4.2 使 $n \leqslant x < n+1$ 的整数 n 有时也叫作 x 的**整部**并记作 $n = [x]$.

证明 见习题 4.4.1. ■

还有, 在每两个比例数之间, 至少存在一个另外的比例数:

命题 4.4.3(比例数被比例数间隔开) 如果 x 和 y 是两个比例数, 满足 $x < y$, 那么存在第三个比例数 z 使得 $x < z < y$.

证明 令 $z := \frac{x+y}{2}$. 由于 $x < y$, 并且 $\frac{1}{2} = 1//2$ 是正的, 从命题 4.2.9 得 $\frac{x}{2} < \frac{y}{2}$. 如果把 $\frac{y}{2}$ 加到两边, 使用命题 4.2.9, 就得到

$$\frac{x}{2} + \frac{y}{2} < \frac{y}{2} + \frac{y}{2},$$

即 $z < y$. 如果取代 $\frac{y}{2}$ 而把 $\frac{x}{2}$ 加到两边, 就得到

$$\frac{x}{2}+\frac{x}{2}<\frac{y}{2}+\frac{x}{2},$$

即 $x < z$. 于是 $x < z < y$, 就是所要证的. ■

尽管比例数具有这种稠密性, 它们依然是不完全的; 在有理数之间依然存在无限多个"空隙"或"洞", 虽然这种稠密性保证在一定意义上这些洞是无限小的. 作为例子, 我们现在来证明比例数中不含有 2 的平方根.

命题 4.4.4 不存在比例数 x 使得 $x^2 = 2$.

证明 我们只给出一个证明的梗概, 细节将在习题 4.4.3 中弥补. 假设有一个比例数 x, 使得 $x^2 = 2$. x 明显地不是零. 可以假定 x 是正的, 因为如果 x 是负的, 那么就可以用 $-x$ 来取代 x (因为 $x^2 = (-x)^2$). 于是对于某两个正整数 p, q, $x = \frac{p}{q}$, 从而 $(\frac{p}{q})^2 = 2$, 我们可把它重写为 $p^2 = 2q^2$.

把一个自然数 p 叫作**偶的**, 如果 $p = 2k$ 对于某自然数 k 成立; 把它叫作**奇的**, 如果 $p = 2k+1$ 对于某自然数 k 成立. 每个自然数或者是偶的, 或者是奇的, 但不可二者兼得 (为什么?). 如果 p 是奇的, 那么 p^2 也是奇的 (为什么?), 这与 $p^2 = 2q^2$ 矛盾. 于是 p 是偶的, 即 $p = 2k$ 对于某自然数 k 成立. 由于 p 是正的, k 必也是正的. 把 $p = 2k$ 代入 $p^2 = 2q^2$ 我们得到 $4k^2 = 2q^2$, 于是 $q^2 = 2k^2$.

总起来说, 我们从一个满足 $p^2 = 2q^2$ 的正整数对 (p, q) 出发, 得到一个正整数对 (q, k), 它满足 $q^2 = 2k^2$. 由于 $p^2 = 2q^2$, 我们有 $q < p$(为什么?). 如果重写 $p' := q$ 和 $q' := k$, 那么我们就从满足方程 $p^2 = 2q^2$ 的一个解 (p, q) 过渡到同一方程的一个新的解 (p', q'). 这个新的解的值更小. 再三地不断重复这个步骤, 并得到同一方程的一系列解 (p'', q''), (p''', q'''), 等等. 这些解的每一个的 p 的值都比前一个小, 并且每个解都由正整数组成. 但这与无限减小原理相矛盾 (见习题 4.4.2). 这个矛盾表明我们不能有一个比例数 x 使得 $x^2 = 2$. ■

另一方面, 我们可以得到任意接近 2 的平方根的比例数.

命题 4.4.5 对于每个比例数 $\varepsilon > 0$, 都存在一个非负的比例数 x, 使得 $x^2 < 2 < (x+\varepsilon)^2$.

证明 设 $\varepsilon > 0$ 是比例数. 假设不存在非负的比例数 x 满足 $x^2 < 2 < (x+\varepsilon)^2$. 这表明, 只要 x 不是负的并且 $x^2 < 2$, 我们必定也有 $(x+\varepsilon)^2 < 2$ (注意根据命题 4.4.4, $(x+\varepsilon)^2$ 不会等于 2). 由于 $0^2 < 2$, 必有 $\varepsilon^2 < 2$, 由它又推出 $(2\varepsilon)^2 < 2$, 并且一个简单的归纳法表明, 对于每个自然数 n, 都成立 $(n\varepsilon)^2 < 2$. (注意, 对于每个自然数 n, $n\varepsilon$ 都不是负的 —— 为什么?) 但是, 根据命题 4.4.1, 我们可以找到一个整数 n 使得 $n > \frac{2}{\varepsilon}$, 它蕴含着 $n\varepsilon > 2$, 进而蕴含 $(n\varepsilon)^2 > 4 > 2$, 这与对于一切自然数 n 都有 $(n\varepsilon)^2 < 2$ 的断言相矛盾. 这个矛盾完成了证明. ■

例 4.4.6 如果[①] $\varepsilon = 0.001$, 我们可以取 $x = 1.414$, 因为 $x^2 = 1.999\,396$ 并且 $(x+\varepsilon)^2 = 2.002\,225$.

命题 4.4.5 表明, 即然比例数集并不确实含有这个数, 我们可以任意地接近. 作为例子, 比例数序列

$$1.4,\ 1.41,\ 1.414,\ 1.414\,2,\ 1.414\,21, \cdots$$

就像是越来越接近的, 因为它们的平方是

$$1.96,\ 1.988\,1,\ 1.993\,96,\ 1.999\,961\,64,\ 1.999\,989\,924\,1, \cdots$$

于是, 好像我们可以用比例数的 "极限" 来造出 2 的一个平方根. 这就是我们将在下一章构造实数的思想. (也有另一种方式, 即使用所谓 "Dedekind 分割" 的方式来构造实数, 我们不做此事. 也可以用无限十进制展开来做, 但是那样做有些腻歪的事情会发生, 例如必须让 $0.999\cdots$ 等于 $1.000\cdots$, 而且这个办法, 尽管是最熟悉的, 实际上比别的途径**更**复杂; 见附录 B.)

习 题 4.4

4.4.1 证明命题 4.4.1. (提示: 用命题 2.3.9.)

4.4.2 定义: 一个序列 $a_0, a_1, a_2, \cdots$ (可以是自然数序列、整数序列、比例数序列或实数序列) 叫作是**无限减小**的, 如果对于每个自然数 n 都有 $a_n > a_{n+1}$(即 $a_0 > a_1 > a_2 > \cdots$).

(a) 证明**无限减小原理**: 不可能有无限减小的自然数序列. (提示: 假设不然, 那么可以找到一个自然数序列 $a_0, a_1, a_2, \cdots$ 是无限减小的. 由于每个 a_n 都是自然数, 就知道对于一切 n, $a_n \geqslant 0$. 那么使用归纳法来证明事实上对于一切 $k \in \mathbb{N}$ 和一切 $n \in \mathbb{N}$ 必有 $a_n \geqslant k$, 从而得到矛盾.)

(b) 如果序列 $a_0, a_1, a_2, \cdots$ 允许取整数值代替自然数值, 无限减小原理还有效吗? 如果允许取正的比例数代替自然数, 情况又会如何? 请解释.

4.4.3 补上命题 4.4.4 的证明的细节.

① 我们使用十进制来定义有限小数, 例如 1.414 定义为等于比例数 $\frac{1\,414}{1\,000}$. 我们把对于十进制系统的正式讨论放在附录 B 中.

第5章　实　　数

复习一下我们至今所得的成果. 我们已严格地构造了三个基本的数系：自然数系 $\mathbb{N}$、整数系 $\mathbb{Z}$ 和比例数系 $\mathbb{Q}$,① 我们用 5 个 Peano 公理来定义自然数, 并假定这样的一个数系存在; 这是合情合理的, 因为自然数对应着非常直观和基本的**顺序清点**的观念. 使用这个数系就能递归地定义加法与乘法, 并验证它们遵从通常的代数算律. 然后我们通过取自然数的形式的②差 $a—b$ 来构造整数. 然后再通过取整数的形式比例 (商)$a//b$ 来构造比例数, 当然我们得排除用零去除, 以保证代数算律的成立. (你当然也可以设计自己的数系, 可能包括一个其中允许以零去除的数系; 但你必须从命题 4.2.4 的域公理中放弃一个或多个, 那么, 你大概将得到一个对于处理现实世界的问题不太有用的数系.)

比例数系已然足够用来做大量数学事项 —— 例如只要你知道比例数的话, 高级中学代数的大部分事情都可以做得很好. 但是, 在一个数学的基本领域**几何学**(长度、面积的研究等) 中, 比例数是不够用的. 例如, 一个两直角边长为 1 的直角三角形给出一个长的斜边, 此长度是**非比数**, 即, 不是比例数; 见命题 4.4.4. 当人们着手处理几何学的一个子领域, 周知的**三角学**(trigonometry) 时, 当人们看到如 π 或 $\cos(1)$ 那样的事时, 事情变得甚至更糟, π 或 $\cos(1)$ 好像比 $\sqrt{2}$ "更" 非比例数. (这些数叫作**超越数**, 但进一步讨论此题目将大大超出本书的范围.) 于是, 为了有一个数系适用于刻画几何学 —— 甚或简单地适用于测量直线上的长度 —— 人们需要用实数系来取代比例数系. 由于微积分学也紧密联系于几何学 —— 考虑切线的斜率或曲线下的面积 —— 微积分学也需要实数系才能真正发挥功能.

但是, 由比例数来严谨地构造实数的方法是有点难的 —— 比起从自然数过渡到整数或从整数过渡到比例数, 需要一点更多的装备. 在那两个构造中, 任务是引入新的代数运算到数系中来 —— 例如, 可以从自然数借助于引入减法来得到整数, 以及从整数借助于引入除法来得到比例数. 但是, 从比例数得到实数, 乃是一个 "离散的" 系统过渡到一个 "连续的" 系统, 它要求引入有些不同的概念 —— 即**极限**的概念. 极限是一个这样的概念, 从某种意义上来说它相当直观, 但是要把事情严格

---

① 符号 $\mathbb{N}$、$\mathbb{Q}$ 和 $\mathbb{R}$ 的含义分别为 "自然的 (natural)"、"比例的 (quotient)" 以及 "实的 (real)", $\mathbb{Z}$ 的含义是 "Zahlen", 德文的数. 还有一个复数的符号 $\mathbb{C}$, 明显意指 "复的 (complex)".

② "**形式的**"(formal) 意指事情是 "具有 …… 形式的"; 在我们的构建之初, 表达式 $a—b$ 并不实际指差 $a-b$, 因为符号 "—" 是没有实际意义的. 它只具有差的**形式**. 之后, 我们定义了减法, 并验证了形式差就等于实际差, 于是最终这不成问题, 而我们的形式差的符号就被抛弃了."形式的" 一词的这种用法, 与正式的论述和非正式的论述的概念中的 "formal" 不同, 勿混淆.

地说清楚却是相当困难的. (甚至像 Euler 和 Newton 这样的大数学家也对这个概念感到困难, 直到 19 世纪, 数学家如 Cauchy 和 Dedekind 才弄清楚如何严格地处理极限概念.)

在 §4.4 中我们曾暴露了比例数中的 "空隙", 现在我们将填补这些空隙, 方法是使用极限创造实数. 实数系最终与比例数系有许多相似之处, 然而将具有某些新的运算 —— 最值得一提的是**上确界**运算, 此运算可用来定义极限, 从而可用来定义微积分中需要的每样其他事物.

这里, 我们给出的获得作为比例序列的极限的实数的过程, 或许是相当复杂的. 但实际上, 它是一个非常一般而有用的完备化一个度量空间的方法的实例; 见习题 12.4.8.

§5.1 Cauchy 序列

我们的实数的构造将依赖于**Cauchy 序列**的概念. 在正式地定义这个概念之前, 让我们先来定义序列的概念.

定义 5.1.1(序列) 设 m 是整数. 一个**比例数的序列** $(a_n)_{n=m}^{\infty}$ 是一个从集合 $\{n \in \mathbb{Z} : n \geqslant m\}$ 到 $\mathbb{Q}$ 的函数, 即一个映射, 它对于每个大于或等于 m 的整数 n 都指定一个比例数 a_n. 更正式地说, 一个比例数的序列 $(a_n)_{n=m}^{\infty}$ 是比例数 $a_m, a_{m+1}, a_{m+2}, \cdots$ 的一个汇集.

例 5.1.2 序列 $(n^2)_{n=0}^{\infty}$ 是自然数 $0, 1, 4, 9, \cdots$ 的汇集; 序列 $(3)_{n=0}^{\infty}$ 是自然数 $3, 3, 3, \cdots$ 的汇集. 这些序列的标号是从 0 开始的, 但我们当然可以让序列标号从 1 或任何其他数字开始; 作为例子, 序列 $(a_n)_{n=3}^{\infty}$ 代表序列 $a_3, a_4, a_5, \cdots$, 于是 $(n^2)_{n=3}^{\infty}$ 是自然数 $9, 16, 25, \cdots$ 的汇集.

我们要把实数定义为比例数序列的极限. 为此, 我们必须区分哪些比例数序列收敛, 而哪些不收敛. 例如, 序列

$$1.4,\ 1.41,\ 1.414,\ 1.414\,2,\ 1.414\,21, \cdots$$

看上去是要收敛到什么东西, 就像

$$0.1,\ 0.01,\ 0.001,\ 0.000\,1, \cdots$$

那样. 而另一些序列, 如

$$1, 2, 4, 8, 16, \cdots$$

或

$$1, 0, 1, 0, 1, \cdots$$

就不像是要收敛到什么的. 为做此事, 我们使用早先定义的 ε- 接近性的定义. 从定义 4.3.4 回忆到, 两个比例数 x, y 是 ε- 接近的, 如果 $d(x,y)=|x-y|\leqslant\varepsilon$.

定义 5.1.3(ε- 稳定性) 设 $\varepsilon>0$. 一个序列 $(a_n)_{n=0}^{\infty}$ 叫作是 **ε- 稳定的**, 当且仅当序列元素的每一对 a_j, a_k 都是 ε- 接近的. 换句话说, 序列 $a_0, a_1, a_2, \cdots$ 是 ε- 稳定的当且仅当对于一切 j, k, $d(a_j, a_k)\leqslant\varepsilon$.

注 5.1.4 这个定义不是文献中的标准定义, 在本节之外我们将不再需要它; 类似地, 对于下面的 "终极 ε- 稳定" 的概念也是如此. 我们对于标号从零开始的序列定义了 ε- 稳定性, 然而很清楚, 我们可以对于标号从任何其他数字开始的序列作出类似的概念: 一个序列 $a_N, a_{N+1}, \cdots$ 是 ε- 稳定的, 如果对于一切 $j, k\geqslant N$, $d(a_j, a_k)\leqslant\varepsilon$.

例 5.1.5 序列

$$1, 0, 1, 0, \cdots$$

是 1- 稳定的, 但不是 $\frac{1}{2}$- 稳定的. 序列

$$0.1, 0.01, 0.001, 0.000\,1, \cdots$$

是 0.1- 稳定的, 但不是 0.01- 稳定的 (为什么?). 序列

$$1, 2, 4, 8, 16, \cdots$$

对于任何 $\varepsilon>0$ 都不是 ε- 稳定的 (为什么?). 序列

$$2, 2, 2, 2, 2, \cdots$$

对于任何 $\varepsilon>0$ 都是 ε- 稳定的.

序列的 ε- 稳定性的概念是简单的, 但并没有真正捕捉到一个序列的**极限**性状, 因为它对序列的开头的那些数字太敏感了. 例如, 序列

$$10, 0, 0, 0, \cdots$$

是 10- 稳定的, 但对于任何更小的 ε 的值都不是 ε- 稳定的, 尽管这个序列几乎是立刻就收敛到了零. 所以我们需要一个更强的稳定性的概念, 它不在乎序列开头的那些数字.

定义 5.1.6(终极 ε- 稳定性) 设 $\varepsilon>0$, 一个序列 $(a_n)_{n=0}^{\infty}$ 叫作是**终极 ε- 稳定的**, 当且仅当对于某 $N>0$, 序列 $a_N, a_{N+1}, \cdots$ 是 ε- 稳定的. 换句话说, 序列 $a_0, a_1, a_2 \cdots$ 是终极 ε- 稳定的, 当且仅当存在 $N\geqslant 0$ 使得对于一切 $j, k\geqslant N$, $d(a_j, a_k)\leqslant\varepsilon$.

例 5.1.7 由 $a_n := \frac{1}{n}$ 定义的序列 $a_1, a_2, a_3, \cdots$(即 $1, \frac{1}{2}, \frac{1}{3}, \cdots$) 不是 0.1- 稳定的, 但却是终极 0.1- 稳定的; 因为序列 $a_{10}, a_{11}, a_{12}, \cdots$(即 $\frac{1}{10}, \frac{1}{11}, \frac{1}{12}, \cdots$) 是 0.1- 稳定的. 对于任何小于 10 的 ε, 序列 $10, 0, 0, 0, \cdots$ 都不是 ε- 稳定的, 但对于每个 $\varepsilon > 0$, 它都是终极 ε- 稳定的 (为什么?).

现在我们终于可以定义一个正确的概念, 它说明了 "要想让" 一个比例数序列收敛究竟指的是什么.

定义 5.1.8(Cauchy 序列) 一个比例数序列 $(a_n)_{n=0}^{\infty}$ 叫作是 Cauchy 序列, 当且仅当对于每个比例数 $\varepsilon > 0$, 它都是终极 ε- 稳定的. 换句话说, 序列 $a_0, a_1, a_2, \cdots$ 是 Cauchy 序列, 当且仅当对于每个 $\varepsilon > 0$, 存在 $N \geqslant 0$ 使得对于一切 $j, k \geqslant N$, $d(a_j, a_k) \leqslant \varepsilon$.

注 5.1.9 眼下, 参数 ε 限于取正的比例数; 我们不能取为任意的正实数, 因为实数尚且没有构作出来. 然而, 一旦构造了实数, 我们将看到, 上面的定义中, 当让 ε 是实数而代替比例数时, 不会发生改变 (命题 6.4.1). 换句话说, 我们最终将证明, 一个序列对于每个比例数 $\varepsilon > 0$ 是终极 ε- 稳定的, 当且仅当它对于每个实数 $\varepsilon > 0$ 是终极 ε- 稳定的; 见命题 6.1.4. 这个在比例数 ε 与实数 ε 之间的微妙区别, 在整个过程中并不是很重要的, 建议读者别太在意数 ε 是什么类型的.

例 5.1.10(非正式的) 考虑早前提到过的序列

$$1.4,\ 1.41,\ 1.414,\ 1.414\,2,\ 1.414\,21, \cdots$$

这个序列已是 1- 稳定的. 如果去掉第一项 1.4, 那么剩下的序列

$$1.41,\ 1.414,\ 1.414\,2,\ 1.414\,21, \cdots$$

则是 0.1- 稳定的, 这表明初始的序列是终极 0.1- 稳定的. 去掉下一项 1.41 就给出 0.01- 稳定的序列

$$1.414,\ 1.414\,2,\ 1.414\,21, \cdots$$

于是, 初始的序列是 0.01- 稳定的.

依此类推, 好像有理由认定此序列对于每个 $\varepsilon > 0$ 都是终极 ε- 稳定的, 这就表明这个序列是 Cauchy 列. 但这个讨论是不严格的. 有几条缘由. 例如, 其中之一就是, 我们并没有精确地定义序列 1.4, 1.41, 1.414, 1.414 2, $\cdots$ 真正是什么. 下面是一个严格处理的例子.

命题 5.1.11 *由 $a_n := \frac{1}{n}$ 定义的序列 $a_1, a_2, a_3, \cdots$(即 $1, \frac{1}{2}, \frac{1}{3}, \cdots$) 是 Cauchy 序列.*

证明 我们必须验证对于每个 $\varepsilon > 0$, 序列 $a_1, a_2, a_3, \cdots$ 是终极 ε- 稳定的. 设 $\varepsilon > 0$ 是任意的正数. 我们现在要找一个数 $N \geqslant 1$, 使得序列 $a_N, a_{N+1}, \cdots$ 是 ε-

稳定的. 让我们看看这是什么意思. 这意味着, 对于每个 $j,k \geqslant N$, $d(a_j,a_k) \leqslant \varepsilon$, 即

$$\text{对每个}\, j,k \geqslant N,\quad \left|\frac{1}{j}-\frac{1}{k}\right| \leqslant \varepsilon.$$

现由于 $j,k \geqslant N$, 我们知道 $0 < \frac{1}{j}$, $\frac{1}{k} \leqslant \frac{1}{N}$, 于是

$$\left|\frac{1}{j}-\frac{1}{k}\right| \leqslant \frac{1}{N}.$$

所以, 要使 $|\frac{1}{j}-\frac{1}{k}|$ 小于或等于 ε, 只要让 $\frac{1}{N}$ 小于 ε 就足够了. 于是, 我们要做的只是选一个 N 使得 $\frac{1}{N}$ 小于 ε, 或换句话说, 使 N 大于 $\frac{1}{\varepsilon}$. 但根据命题 4.4.1 这是可以实现的. ■

如我们所见, 由最初等的一些原理 (就是说不使用任何关于极限的技巧之类) 来验证一个序列是 Cauchy 序列, 是要花些力气的, 即使对于 $\frac{1}{n}$ 这样的简单的序列也是如此. 选择 N 那一部分对于初学者可能尤其困难 —— 必须反着想, 找出 N 满足何种条件才足以迫使序列 $a_N, a_{N+1}, a_{N+2}, \cdots$ 是 ε- 稳定的, 然后找出一个满足这些条件的 N. 往后我们将建立一些极限法则, 使我们能更容易地确定一个序列何时是 Cauchy 序列.

我们现在建立 Cauchy 序列这一概念与另一个基本概念, 即有界序列概念之间的联系.

定义 5.1.12(有界序列) 设 $M \geqslant 0$ 是比例数. 一个有限的序列 $a_1,\cdots,a_n$ 是**以 M 为界**的当且仅当对于一切 $1 \leqslant i \leqslant n$, $|a_i| \leqslant M$. 一个无限序列 $(a_n)_{n=1}^{\infty}$ 是**以 M 为界的**, 当且仅当对于一切 $i \geqslant 1$, $|a_i| \leqslant M$. 一个序列叫作是**有界的**, 当且仅当对于某个比例数 $M \geqslant 0$ 它是以 M 为界的.

例 5.1.13 有限序列 1, −2, 3, −4 是有界的 (它以 4 为界). 但是无限序列 1, −2, 3, −4, 5, −6, $\cdots$ 不是有界的. (你能证明吗? 使用命题 4.4.1.) 序列 1, −1, 1, −1, 1, −1, $\cdots$ 是有界的 (例如, 以 1 为界), 但不是 Cauchy 序列.

引理 5.1.14(有限序列是有界的) *每个有限序列 $a_1, a_2, \cdots, a_n$ 都是有界的.*

证明 通过对 n 进行归纳来证明此事. 当 $n=1$ 时, 序列 a_1 显然有界, 因为取 $M := |a_1|$, 则显然有 $|a_i| \leqslant M$ 对于一切 $1 \leqslant i \leqslant n$ 成立. 现假定已对某 $n \geqslant 1$ 证实了引理的结论, 我们现在对 $n+1$ 来进行证明, 即证明每个序列 $a_1, a_2, \cdots, a_n, a_{n+1}$ 都是有界的. 根据归纳假定, 我们知道 $a_1, a_2, \cdots, a_n$ 以某 $M \geqslant 0$ 为界, 从而它必以 $M+|a_{n+1}|$ 为界. 另一方面, a_{n+1} 也以 $M+|a_{n+1}|$ 为界. 于是 $a_1, a_2, \cdots, a_n, a_{n+1}$ 以 $M+|a_{n+1}|$ 为界, 从而有界. 这就完成了归纳法. ■

注意, 虽然这个论证表明, 每个有限序列都是有界的, 不管这个序列有多长. 但它对无限序列是有界的还是无界 (无界指 "不是有界") 的, 可什么也没说; 无限 (infinity) 不是自然数. 但我们有

引理 5.1.15(Cauchy 序列是有界的)　每个 Cauchy 序列 $(a_n)_{n=1}^{\infty}$ 都是有界的.

证明　见习题 5.1.1. ■

习　题　5.1

5.1.1　证明引理 5.1.15. (提示: 使用 $\{a_n\}$ 是终极 1- 稳定的这一事实, 从而可分成一个有限序列和一个 1- 稳定序列两部分. 然后使用引理 5.1.14 于有限的部分. 注意, 此处用到的数字 1 没有任何特别的意思, 每个其他的正数也足够用.)

§5.2　等价的 Cauchy 序列

考虑比例数的两个序列:

$$1.4,\ 1.41,\ 1.414,\ 1.414\,2,\ 1.414\,21, \cdots$$

以及

$$1.5,\ 1.42,\ 1.415,\ 1.414\,3,\ 1.414\,22, \cdots$$

不正式地说, 这两个序列好像收敛到同一个数, 平方根 $\sqrt{2} = 1.414\,21\cdots$(虽然这个说法还不是严格的, 因为我们还不曾定义实数). 如果要从比例数来把实数定义为 Cauchy 序列的极限, 我们就必须知道何时比例数的两个 Cauchy 序列给出同一个极限, 而并不先定义实数 (因为那将导致循环论证). 为了这个目的, 我们使用类似于开始时用来定义 Cauchy 序列所使用的那一堆定义.

定义 5.2.1(ε- 接近序列)　设 $(a_n)_{n=1}^{\infty}$ 和 $(b_n)_{n=1}^{\infty}$ 是两个序列, 并设 $\varepsilon > 0$. 我们说序列 $(a_n)_{n=1}^{\infty}$ 是**ε- 接近**于 $(b_n)_{n=1}^{\infty}$ 的当且仅当对于每个 $n \in \mathbb{N}$, a_n 是 ε- 接近于 b_n 的. 换句话说, 序列 $a_0, a_1, a_2, \cdots$ 是 ε- 接近于序列 $b_0, b_1, b_2, \cdots$ 当且仅当

$$\text{对于一切}\, n = 0, 1, 2, \cdots,\quad |a_n - b_n| \leqslant \varepsilon.$$

例 5.2.2　两序列

$$1,\ -1,\ 1,\ -1,\ 1, \cdots$$

和

$$1.1,\ -1.1,\ 1.1,\ -1.1,\ 1.1, \cdots$$

是彼此 0.1- 接近的. (注意它们两者都不是 0.1- 稳定的.)

定义 5.2.3(终极 ε- 接近序列)　设 $(a_n)_{n=1}^{\infty}$ 和 $(b_n)_{n=1}^{\infty}$ 是两个序列, 并设 $\varepsilon > 0$. 我们说序列 $(a_n)_{n=1}^{\infty}$ 是**终极 ε- 接近**于 $(b_n)_{n=1}^{\infty}$ 的, 当且仅当存在 $N > 0$ 使得序

列 $(a_n)_{n=N}^{\infty}$ 和 $(b_n)_{n=N}^{\infty}$ 是 ε- 接近的. 换句话说, $a_0, a_1, a_2, \cdots$ 是终极 ε- 接近于 $b_0, b_1, b_2, \cdots$ 的当且仅当存在 $N > 0$ 使得对于一切 $n \geqslant N$, $|a_n - b_n| \leqslant \varepsilon$.

注 5.2.4 再次说明, ε- 接近序列及终极 ε- 接近序列的概念不是文献中的标准概念, 而且在本节之外我们不再使用它们.

例 5.2.5 序列

$$1.1,\ 1.01,\ 1.001,\ 1.000\,1, \cdots$$

和

$$0.9,\ 0.99,\ 0.999,\ 0.999\,9, \cdots$$

不是 0.1- 接近的 (因为两序列的第一项不是相互 0.1- 接近的). 但是它们是终极 0.1- 接近的, 因为我们只要从它们的第二项开始继续往下, 它们就是 0.1- 接近的. 类似的论述表明, 这两个序列是终极 0.01- 接近的 (从第三项开始继续往下), 依此类推.

定义 5.2.6(等价的序列) 两个序列 $(a_n)_{n=1}^{\infty}$ 和 $(b_n)_{n=1}^{\infty}$ 是**等价的**当且仅当对于每个比例数 $\varepsilon > 0$, 它们都是终极 ε- 接近的. 换句话说, $a_0, a_1, a_2, \cdots$ 和 $b_0, b_1, b_2, \cdots$ 是等价的当且仅当对于每个比例数 $\varepsilon > 0$, 存在一个 $N \geqslant 0$ 使得 $|a_n - b_n| \leqslant \varepsilon$ 对于一切 $n \geqslant N$ 成立.

注 5.2.7 如同定义 5.1.8 一样, 量 $\varepsilon > 0$ 暂且限于取正的比例数, 而不是正的实数. 但是, 我们最终会看到, $\varepsilon > 0$ 在正比例数范围取值和在正实数范围取值, 毫无差别; 见习题 6.1.10.

从定义 5.2.6 来看, 在例 5.2.5 中的两个序列好像是等价的. 我们现在来严格地证明此事.

命题 5.2.8 *设 $(a_n)_{n=1}^{\infty}$ 和 $(b_n)_{n=1}^{\infty}$ 是由 $a_n = 1 + 10^{-n}$ 和 $b_n = 1 - 10^{-n}$ 定义的序列. 那么它们是等价的.*

注 5.2.9 此命题在十进制之下, 断定 $1.000\cdots = 0.999\cdots$; 见命题 B.2.3.

证明 我们必须证明对于每个 $\varepsilon > 0$, 两序列 $(a_n)_{n=1}^{\infty}$ 和 $(b_n)_{n=1}^{\infty}$ 都是彼此终极 ε- 接近的. 于是, 我们固定一个 $\varepsilon > 0$. 我们需要找一个 $N > 0$, 使得 $(a_n)_{n=1}^{\infty}$ 和 $(b_n)_{n=1}^{\infty}$ 是 ε- 接近的; 换句话说, 我们需要找一个 $N > 0$, 使得

$$\text{对于一切 } n \geqslant N,\quad |a_n - b_n| \leqslant \varepsilon.$$

然而, 我们有

$$|a_n - b_n| = |(1 + 10^{-n}) - (1 - 10^{-n})| = 2 \times 10^{-n}.$$

由于 10^{-n} 是 n 的严格递减函数 (即, 只要 $m > n$, 就有 $10^{-m} < 10^{-n}$, 此事易用归纳法证明), 而且 $n \geqslant N$, 我们有 $2 \times 10^{-n} \leqslant 2 \times 10^{-N}$. 于是有

$$\text{对于一切 } n \geqslant N,\quad |a_n - b_n| \leqslant 2 \times 10^{-N}.$$

那么, 要想得到对于一切 $n \geqslant N$, $|a_n - b_n| \leqslant \varepsilon$, 选择 N 使得 $2 \times 10^{-N} \leqslant \varepsilon$ 就够了. 此事容易用对数来实现, 但是我们还不曾定义对数, 所以我们将使用一个原始的方法. 首先, 注意到当 $N \geqslant 1$ 时, 10^N 总大于 N(见习题 4.3.5). 于是 $10^{-N} < \frac{1}{N}$, 从而 $2 \times 10^{-N} \leqslant \frac{2}{N}$. 那么要得到 $2 \times 10^{-N} \leqslant \varepsilon$, 只要选取 N 使得 $\frac{2}{N} \leqslant \varepsilon$ 或等价地 $N \geqslant \frac{2}{\varepsilon}$ 就够了. 但根据命题 4.4.1, 总能找得到这样的 N, 从而得到所要的结论. ■

习 题 5.2

5.2.1 证明, 如果 $(a_n)_{n=1}^{\infty}$ 和 $(b_n)_{n=1}^{\infty}$ 是等价的比例数序列, 那么 $(a_n)_{n=1}^{\infty}$ 是 Cauchy 序列当且仅当 $(b_n)_{n=1}^{\infty}$ 是 Cauchy 序列.

5.2.2 设 $\varepsilon > 0$. 证明: 如果 $(a_n)_{n=1}^{\infty}$ 和 $(b_n)_{n=1}^{\infty}$ 是终极 ε- 接近的, 那么 $(a_n)_{n=1}^{\infty}$ 是有界的当且仅当 $(b_n)_{n=1}^{\infty}$ 是有界的.

§5.3 实数的构造

我们现已作好了构造实数的准备. 我们将引入一个新的形式记号 LIM, 类似于早先定义的形式记号 — 和 //; 正如记号本身启示的, 它将最终与熟悉的运算 lim 相匹配, 那时形式的极限记号就可以抛弃了.

定义 5.3.1(实数) 形如 $\mathrm{LIM}_{n\to\infty} a_n$ 的对象叫作**实数**, 其中 $(a_n)_{n=1}^{\infty}$ 是比例数的一个 Cauchy 序列. 两个实数 $\mathrm{LIM}_{n\to\infty} a_n$ 和 $\mathrm{LIM}_{n\to\infty} b_n$ 叫作是相等的当且仅当 $(a_n)_{n=1}^{\infty}$ 和 $(b_n)_{n=1}^{\infty}$ 是等价的 Cauchy 序列. 全体实数的集合记作 $\mathbb{R}$.

例 5.3.2(非正式的) 设 $a_1, a_2, a_3, \cdots$ 代表序列

$$1.4,\ 1.41,\ 1.414,\ 1.414\,2,\ 1.414\,21, \cdots$$

并且设 $b_1, b_2, b_3, \cdots$ 代表序列

$$1.5,\ 1.42,\ 1.415,\ 1.414\,3,\ 1.414\,22, \cdots$$

那么 $\mathrm{LIM}_{n\to\infty} a_n$ 和 $\mathrm{LIM}_{n\to\infty} b_n$ 是相同的实数, 因为 $(a_n)_{n=1}^{\infty}$ 和 $(b_n)_{n=1}^{\infty}$ 是等价的 Cauchy 序列: $\mathrm{LIM}_{n\to\infty} a_n = \mathrm{LIM}_{n\to\infty} b_n$.

我们将把 $\mathrm{LIM}_{n\to\infty} a_n$ 叫作 $(a_n)_{n=1}^{\infty}$ 的**形式极限**. 后面我们将定义名符其实的极限概念, 并且证明一个 Cauchy 序列的形式极限与此序列的极限是同一物; 在这之后我们就不再需要形式极限了. (情况极像我们对于形式减法 "—" 以及形式除法 "//" 所做之事.)

为了保证这个定义成立, 我们需要验证, 在定义中实数相等的概念遵从相等的三条定律:

命题 5.3.3(形式极限是定义成功的) 设 $x=\mathrm{LIM}_{n\to\infty}a_n$, $y=\mathrm{LIM}_{n\to\infty}b_n$, $z=\mathrm{LIM}_{n\to\infty}c_n$, 是实数. 那么, 依上述关于实数相等的定义有 $x=x$. 还有, 如果 $x=y$, 那么 $y=x$. 最后, 如果 $x=y$ 并且 $y=z$, 那么 $x=z$.

证明 见习题 5.3.1. ■

根据这个命题, 我们知道我们对于两个实数相等的定义是合理的. 当然, 当定义实数的其他运算时, 必须验证这些算律遵从代入公理: 两个相等的实数输入经过对于实数的同一运算, 必须给出相等的输出.

现在我们要对于实数定义全部常用的算术运算, 比如加法和乘法等. 我们从加法开始.

定义 5.3.4(实数的加法) 设 $x=\mathrm{LIM}_{n\to\infty}a_n$ 以及 $y=\mathrm{LIM}_{n\to\infty}b_n$ 是实数. 那么定义它们的和 $x+y$ 为

$$x+y:=\mathrm{LIM}_{n\to\infty}(a_n+b_n).$$

例 5.3.5 $y=\mathrm{LIM}_{n\to\infty}(1+\frac{1}{n})$ 与 $y=\mathrm{LIM}_{n\to\infty}(2+\frac{3}{n})$ 的和是

$$y=\mathrm{LIM}_{n\to\infty}(3+\frac{4}{n}).$$

我们来验证这个定义是成功的. 我们要做的第一件事是, 肯定两个实数的和仍是实数:

引理 5.3.6(Cauchy 序列的和是 Cauchy 序列) 设 $x=\mathrm{LIM}_{n\to\infty}a_n$ 以及 $y=\mathrm{LIM}_{n\to\infty}b_n$ 是实数. 那么 $x+y$ 也是实数 (即 $(a_n+b_n)_{n=1}^{\infty}$ 是比例数的 Cauchy 序列).

证明 我们要证明, 对于每个 $\varepsilon>0$, 序列 $(a_n+b_n)_{n=1}^{\infty}$ 是终极 ε- 稳定的. 根据假设, 知 $(a_n)_{n=1}^{\infty}$ 是终极 ε- 稳定的, 而且 $(b_n)_{n=1}^{\infty}$ 也是终极 ε- 稳定的, 但这还不完全够用 (这可用于推出 $(a_n+b_n)_{n=1}^{\infty}$ 是终极 2ε- 稳定的, 而这不是我们想要的). 于是需要对 ε 的值搞点小花样.

我们知道对于每个正的 δ 的值, $(a_n)_{n=1}^{\infty}$ 都是终极 δ- 稳定的. 这表明 $(a_n)_{n=1}^{\infty}$ 不仅是终极 ε- 稳定的, 同时也是终极 $\frac{\varepsilon}{2}$- 稳定的. 这就足够产生结论, 说 $(a_n+b_n)_{n=1}^{\infty}$ 是终极 ε- 稳定的.

由于 $(a_n)_{n=1}^{\infty}$ 是终极 $\frac{\varepsilon}{2}$- 稳定的, 我们就知道存在一个数 $N\geqslant 1$ 使得 $(a_n)_{n=N}^{\infty}$ 是 $\frac{\varepsilon}{2}$- 稳定的, 即对于每两个 $n,m\geqslant N$, a_n 和 a_m 是 $\frac{\varepsilon}{2}$- 接近的. 类似地, 存在一个 $M\geqslant 1$, 使得 $(b_n)_{n=M}^{\infty}$ 是 $\frac{\varepsilon}{2}$- 稳定的, 即对于每两个 $n,m\geqslant M$, b_n 和 b_m 是 $\frac{\varepsilon}{2}$- 接近的.

令 $\max(N,M)$ 是 N 和 M 中的大者 (从命题 2.2.13 知道两者之一必大于或等于另一个). 如果 $n,m\geqslant\max(N,M)$, 那么我们知道 a_n 和 a_m 是 $\frac{\varepsilon}{2}$- 接近的, 且 b_n 和

b_m 也是 $\frac{\varepsilon}{2}$- 接近的, 于是根据命题 4.3.7 我们看到对于每两个 $n, m \geqslant \max(N, M)$, $a_n + b_n$ 与 $a_m + b_m$ 是 ε- 接近的. 这蕴含着序列 $(a_n + b_n)_{n=1}^{\infty}$ 是终极 ε- 稳定的. 这就是要证的. ■

另一件需要验证的事是代入公理 (见 A.7): 如果用与 x 相等的另一实数代替 x, 不应改变和 $x + y$(且类似地用与 y 相等的另一实数代替 y 时, 也不改变 $x + y$).

引理 5.3.7(等价的 Cauchy 序列的和是等价的) *设 $x = \mathrm{LIM}_{n\to\infty} a_n$, $y = \mathrm{LIM}_{n\to\infty} b_n$ 以及 $x' = \mathrm{LIM}_{n\to\infty} a_n'$ 都是实数. 若 $x = x'$, 那么有 $x + y = x' + y$.*

证明 由于 x 和 x' 是相等的, 我们知道 $(a_n)_{n=1}^{\infty}$ 和 $(a_n')_{n=1}^{\infty}$ 是等价的, 于是换句话说, 对于每个 $\varepsilon > 0$, 它们都是终极 ε- 接近的. 我们要证序列 $(a_n + b_n)_{n=1}^{\infty}$ 与 $(a_n' + b_n)_{n=1}^{\infty}$ 对于每个 $\varepsilon > 0$ 都是终极 ε- 接近的. 但我们已经知道, 存在一个 $N \geqslant 1$ 使得 $(a_n)_{n=N}^{\infty}$ 和 $(a_n')_{n=N}^{\infty}$ 是 ε- 接近的, 即对于每个 $n \geqslant N$, a_n 和 a_n' 都是 ε- 接近的. 由于 b_n 当然是 0- 接近于 b_n 的, 于是从命题 4.3.7 看到, 对于每个 $n \geqslant N$, $a_n + b_n$ 与 $a_n' + b_n$ 是 ε- 接近的. 这蕴含对于每个 $\varepsilon > 0$, $(a_n + b_n)_{n=1}^{\infty}$ 与 $(a_n' + b_n)_{n=1}^{\infty}$ 都是终极 ε- 接近的, 我们搞定. ■

注 5.3.8 上述引理验证了在 $x+y$ 中对变元 x 的代入公理, 而对变元 y 的代入公理可类似地证明. (一个快捷的方式是从 $x+y$ 的定义看到肯定有 $x+y = y+x$, 因为 $a_n + b_n = b_n + a_n$.)

我们可以用类似于定义实数的加法那样的方式来定义实数的乘法:

定义 5.3.9(实数的乘法) 设 $x = \mathrm{LIM}_{n\to\infty} a_n$ 和 $y = \mathrm{LIM}_{n\to\infty} b_n$ 是实数. 那么我们定义乘积 xy 为

$$xy := \mathrm{LIM}_{n\to\infty} a_n b_n.$$

下述命题保证此定义成立并且两个实数的乘积仍是实数:

命题 5.3.10(乘法是定义成功的) *设 $x = \mathrm{LIM}_{n\to\infty} a_n$, $y = \mathrm{LIM}_{n\to\infty} b_n$ 以及 $x' = \mathrm{LIM}_{n\to\infty} a_n'$ 都是实数. 那么 xy 也是实数. 进而, 如果 $x = x'$ 那么 $xy = x'y$.*

证明 见习题 5.3.2. ■

当然, 我们可以证明当 y 用与它相等的实数 y' 代替时的类似的代入律.

现在我们把比例数嵌入到实数集合中, 方法是把每个比例数 q 等同于实数 $\mathrm{LIM}_{n\to\infty} q$. 例如, 如果 $a_1, a_2, a_3, \cdots$ 是序列

$$0.5,\ 0.5,\ 0.5, \cdots,$$

那么我们让 $\mathrm{LIM}_{n\to\infty} a_n$ 等于 0.5. 这个嵌入与我们关于加法和乘法的定义是相容的, 因为对任何比例数 a 和 b 有

$$(\mathrm{LIM}_{n\to\infty} a) + (\mathrm{LIM}_{n\to\infty} b) = \mathrm{LIM}_{n\to\infty}(a + b),$$

$$(\mathrm{LIM}_{n\to\infty}a)\times(\mathrm{LIM}_{n\to\infty}b)=\mathrm{LIM}_{n\to\infty}(ab),$$

这表明, 当人们要把两个比例数 a 和 b 加起来或乘起来时, 把这些数看成比例数还是看成实数 $\mathrm{LIM}_{n\to\infty}a$, $\mathrm{LIM}_{n\to\infty}b$ 都没关系. 还有, 这个比例数与实数的等同关系与我们的相等的定义是一致的 (习题 5.3.3).

现在我们可以容易地对实数 x 定义负运算 $-x$, 公式是

$$-x:=(-1)\times x,$$

因为 -1 是比例数, 从而是实数. 注意这显然与我们关于比例数的负运算是相容的, 因为对于一切比例数 q, 我们有 $-q=(-1)\times q$. 同时, 从我们的定义明显地有

$$-\mathrm{LIM}_{n\to\infty}a_n=\mathrm{LIM}_{n\to\infty}(-a_n)$$

(为什么?). 一旦我们有了加运算与负运算, 我们就可以像以往一样定义减法为

$$x-y:=x+(-y),$$

并注意此式蕴含

$$\mathrm{LIM}_{n\to\infty}a_n-\mathrm{LIM}_{n\to\infty}b_n=\mathrm{LIM}_{n\to\infty}(a_n-b_n).$$

我们现在可以容易地证明, 实数遵从所有通常的代数算律 (或许除去包含除法的算律, 我们将很快谈及除法):

命题 5.3.11 命题 4.1.6 中的全部代数算律不仅对于整数成立, 而且对于实数也同样成立.

证明 我们证明其中一条算律 $x(y+z)=xy+xz$. 设 $x=\mathrm{LIM}_{n\to\infty}a_n$, $y=\mathrm{LIM}_{n\to\infty}b_n$ 以及 $z=\mathrm{LIM}_{n\to\infty}c_n$ 是实数. 那么根据定义

$$xy=\mathrm{LIM}_{n\to\infty}(a_nb_n),\quad xz=\mathrm{LIM}_{n\to\infty}(a_nc_n).$$

于是

$$xy+xz=\mathrm{LIM}_{n\to\infty}(a_nb_n+a_nc_n).$$

类似的理由表明

$$x(y+z)=\mathrm{LIM}_{n\to\infty}a_n(b_n+c_n).$$

但我们已知, 对于比例数 a_n, b_n, c_n 而言, $a_nb_n+a_nc_n$ 等于 $a_n(b_n+c_n)$. 从而就得到所要的结论.

其他代数算律可类似地证明. ■

我们要定义的最后一个基本算术运算是**倒数**(reciprocation) 运算: $x \to x^{-1}$. 此运算是稍有奥妙的. 对于如何定义此运算首先一个显然的猜想是定义

$$(\mathrm{LIM}_{n\to\infty}a_n)^{-1} := \mathrm{LIM}_{n\to\infty}a_n^{-1},$$

但这样做会有点问题. 例如, 令 $a_1, a_2, a_3, \cdots$ 是 Cauchy 序列

$$0.1, 0.01, 0.001, 0.000\,1, \cdots$$

以及 $x := \mathrm{LIM}_{n\to\infty}a_n$. 那么, 按这个定义, x^{-1} 应是 $x := \mathrm{LIM}_{n\to\infty}b_n$, 其中 $b_1, b_2, b_3, \cdots$ 是序列

$$10, 100, 1\,000, 10\,000, \cdots$$

但这不是 Cauchy 序列 (它甚至不是有界的). 当然, 这里问题是我们原来的 Cauchy 序列 $(a_n)_{n=1}^{\infty}$ 是等价于零序列 $(0)_{n=1}^{\infty}$ 的 (为什么?), 从而我们的实数 x 事实上等于 0. 所以我们应该只允许倒数运算当 x 不是零时方能施行.

然而, 即使限制于非零实数, 还是有点问题, 因为一个非零实数可能是一个含有零元素 (项) 的 Cauchy 序列的形式极限. 作为例子, 数 1 是比例数从而是实数, 它是 Cauchy 序列

$$0, 0.9, 0.99, 0.999, 0.999\,9, \cdots$$

的形式极限 $1 = \mathrm{LIM}_{n\to\infty}a_n$, 但使用我们关于倒数的朴素的定义, 我们就没法把 1 倒过来, 因为我们没法把此 Cauchy 序列的第一个元素 0 倒过来!

为了避免这些问题, 必须保持我们的 Cauchy 序列离开零. 为此我们首先需要一个定义.

定义 5.3.12(限制离开零的序列)　一个比例数的序列 $(a_n)_{n=1}^{\infty}$ 叫作是**限制离开零的**, 当且仅当存在一个正的比例数 $c > 0$, 使得对于一切 $n \geqslant 1$, $|a_n| \geqslant c$.

例 5.3.13　序列 $1, -1, 1, -1, 1, -1, \cdots$ 是限制离开零的 (所有的项的绝对值都至少是 1). 但序列 $0.1, 0.01, 0.001, \cdots$ 不是限制离开零的, 而 $0, 0.9, 0.99, 0.999, \cdots$ 也不是限制离开零的. 序列 $10, 100, 1\,000, \cdots$ 是限制离开零的, 但不是有界的.

我们现在证明每个非零实数都是一个限制离开零的 Cauchy 序列的形式极限:

引理 5.3.14　*设 x 是不为零的实数. 那么存在一个限制离开零的 Cauchy 序列 $(a_n)_{n=1}^{\infty}$, 使得 $x = \mathrm{LIM}_{n\to\infty}a_n$.*

证明　由于 x 是实数, 我们知道, 对于某 Cauchy 序列 $(b_n)_{n=1}^{\infty}$, $x = \mathrm{LIM}_{n\to\infty}b_n$. 但我们尚未搞定, 因为不知道 $(b_n)_{n=1}^{\infty}$ 是否限制离开零. 另一方面, 我们知道 $x \neq 0 = \mathrm{LIM}_{n\to\infty}0$, 这意味着序列 $(b_n)_{n=1}^{\infty}$ **不**等价于 $(0)_{n=1}^{\infty}$. 于是序列 $(b_n)_{n=1}^{\infty}$ 不能对于**每个** $\varepsilon > 0$ 都终极 ε- 接近于 $(0)_{n=1}^{\infty}$. 因此我们可以找到 $\varepsilon > 0$ 使得 $(b_n)_{n=1}^{\infty}$ **不是**终极 ε- 接近 $(0)_{n=1}^{\infty}$ 的.

让我们固定此 ε. 我们知道 $(b_n)_{n=1}^{\infty}$ 是 Cauchy 序列, 所以它是终极 ε- 稳定的. 还有, 它是终极 $\frac{\varepsilon}{2}$- 稳定的, 因为 $\frac{\varepsilon}{2}>0$. 于是, 存在一个 $N\geqslant 1$, 使得对于一切 $n,m\geqslant N$, $|b_n-b_m|\leqslant\frac{\varepsilon}{2}$.

另一方面, 我们不能有 $|b_n|\leqslant\varepsilon$ 对于一切 $n\geqslant N$ 成立, 否则的话, 这就推出 $(b_n)_{n=1}^{\infty}$ 是终极 $\varepsilon-$ 接近于 $(0)_{n=1}^{\infty}$ 的. 于是必有某 $n_0\geqslant N$ 使得 $|b_{n_0}|\geqslant\varepsilon$. 由于我们已经知道对于一切 $n\geqslant N$, $|b_{n_0}-b_n|\leqslant\frac{\varepsilon}{2}$, 于是从三角形不等式断定 (如何断定?)

$$\text{对于一切}\, n\geqslant N,\ \ |b_n|\geqslant\frac{\varepsilon}{2}.$$

这几乎证明了 $(b_n)_{n=1}^{\infty}$ 是限制离开零的. 实际上, 它所证明的是, $(b_n)_{n=1}^{\infty}$ 是**终极**限制离开零的. 这就好办了, 只要定义一个新的序列 $(a_n)_{n=1}^{\infty}$, 令当 $n<N$ 时 $a_n:=\frac{\varepsilon}{2}$, 而 $n\geqslant N$ 时 $a_n=b_n$, 就很容易验证 $(a_n)_{n=1}^{\infty}$ 也是 Cauchy 序列, 并且等价于 $(b_n)_{n=1}^{\infty}$(因为两序列终究是一样的), 于是 $x=\mathrm{LIM}_{n\to\infty}a_n$. 而由于对于一切 $n\geqslant 1$, $|a_n|\geqslant\frac{\varepsilon}{2}$ (分成 $n\geqslant N$ 和 $n<N$ 两种情况分别考虑). 于是我们有了一个 Cauchy 序列, 它是限制离开零的 (用 $\frac{\varepsilon}{2}$ 取代 ε, 但这依然 OK, 因为 $\frac{\varepsilon}{2}>0$), 并且它的形式极限是 x, 我们终于搞定. ■

一旦一个序列是限制离开零的, 我们就可轻而易举地取它的倒数序列:

引理 5.3.15 *设 $(a_n)_{n=1}^{\infty}$ 是一个限制离开零的 Cauchy 序列, 那么序列 $(a_n^{-1})_{n=1}^{\infty}$ 也是 Cauchy 序列.*

证明 由于 $(a_n)_{n=1}^{\infty}$ 是限制离开零的, 我们知道存在一个数 $c>0$, 使得对于一切 $n\geqslant 1$, $|a_n|\geqslant c$. 现在我们要证明 $(a_n^{-1})_{n=1}^{\infty}$ 对于每个 $\varepsilon>0$ 都是终极 ε- 稳定的. 于是, 我们固定一个 $\varepsilon>0$, 现在的任务是找一个 $N\geqslant 1$, 使得当 $m,n\geqslant N$ 时 $|a_n^{-1}-a_m^{-1}|\leqslant\varepsilon$. 然而

$$|a_n^{-1}-a_m^{-1}|=\left|\frac{a_m-a_n}{a_ma_n}\right|\leqslant\frac{1}{c^2}|a_m-a_n|$$

(由于 $|a_m|,|a_n|\geqslant c$), 于是要使 $|a_n^{-1}-a_m^{-1}|$ 小于或等于 ε, 只要使 $|a_m-a_n|$ 小于或等于 $c^2\varepsilon$ 就够了. 但由于 $(a_n)_{n=1}^{\infty}$ 是 Cauchy 序列而 $c^2\varepsilon>0$, 我们肯定能找到一个 N 使得序列 $(a_n)_{n=N}^{\infty}$ 是 $(c^2\varepsilon)$- 稳定的, 即对于一切 $n\geqslant N$, $|a_m-a_n|\leqslant c^2\varepsilon$. 由上所述, 这表明对于一切 $m,n\geqslant N$, $|a_n^{-1}-a_m^{-1}|\leqslant\varepsilon$, 于是序列 $(a_n^{-1})_{n=1}^{\infty}$ 是终极 ε-稳定的. 由于已经对于每个 ε 证明了这件事, 我们得知 $(a_n^{-1})_{n=1}^{\infty}$ 是一个 Cauchy 序列. 这就是所要证的. ■

现在我们可以定义倒数了:

定义 5.3.16(实数的倒数) 设 x 是不为零的实数. 设 $(a_n)_{n=1}^{\infty}$ 是一个限制离开零的 Cauchy 序列使得 $x=\mathrm{LIM}_{n\to\infty}a_n$ (根据引理 5.3.14, 这样的序列是存在的). 那么我们定义**倒数** x^{-1} 为

$$x^{-1}:=\mathrm{LIM}_{n\to\infty}a_n^{-1}.$$

(从引理 5.3.15 知 x^{-1} 是一个实数.)

我们必须验证一件事以确保此定义有意义：如果有两个不同的 Cauchy 序列 $(a_n)_{n=1}^{\infty}$ 和 $(b_n)_{n=1}^{\infty}$，它们有同一个形式极限 $x = \mathrm{LIM}_{n\to\infty}a_n = \mathrm{LIM}_{n\to\infty}b_n$，那么会发生什么情形; 上面的定义会不会给出**两个**不同的倒数 x^{-1}，即 $\mathrm{LIM}_{n\to\infty}a_n^{-1} \neq \mathrm{LIM}_{n\to\infty}b_n^{-1}$. 幸运的是, 这是决不会发生的:

引理 5.3.17(倒数运算是定义成功的)　*设 $(a_n)_{n=1}^{\infty}$ 和 $(b_n)_{n=1}^{\infty}$ 是两个限制离开零的 Cauchy 序列, 使得*

$$\mathrm{LIM}_{n\to\infty}a_n = \mathrm{LIM}_{n\to\infty}b_n$$

(即两序列是等价的). 那么

$$\mathrm{LIM}_{n\to\infty}a_n^{-1} = \mathrm{LIM}_{n\to\infty}b_n^{-1}.$$

证明　考虑下列三个实数的乘积 P:

$$P := (\mathrm{LIM}_{n\to\infty}a_n^{-1}) \times (\mathrm{LIM}_{n\to\infty}a_n) \times (\mathrm{LIM}_{n\to\infty}b_n^{-1}).$$

如果把此乘积乘出来, 就得到

$$P = \mathrm{LIM}_{n\to\infty}(a_n^{-1}a_nb_n^{-1}) = \mathrm{LIM}_{n\to\infty}b_n^{-1}.$$

另一方面, 由于 $\mathrm{LIM}_{n\to\infty}a_n = \mathrm{LIM}_{n\to\infty}b_n$, 我们可以把 P 写成另一种形式

$$P := (\mathrm{LIM}_{n\to\infty}a_n^{-1}) \times (\mathrm{LIM}_{n\to\infty}b_n) \times (\mathrm{LIM}_{n\to\infty}b_n^{-1})$$

(参见命题 5.3.10). 乘出来就得到

$$P = \mathrm{LIM}_{n\to\infty}(a_n^{-1}b_nb_n^{-1}) = \mathrm{LIM}_{n\to\infty}a_n^{-1}.$$

把关于 P 的不同的公式联合起来, 我们看到

$$\mathrm{LIM}_{n\to\infty}a_n^{-1} = \mathrm{LIM}_{n\to\infty}b_n^{-1},$$

这就是要证的. ■

于是, 倒数运算是定义成功的 (对于每个非零实数 x, 我们恰有一个确定的倒数 x^{-1}). 注意, 从定义显然得到 $xx^{-1} = x^{-1}x = 1$(为什么?), 于是全部域公理 (命题 4.2.4) 适用于实数, 就像适用于比例数一样. 我们当然不能赋予 0 一个倒数, 因为 0 被任何数乘都给出 0 而不是 1. 还要注意, 如果 q 是不为零的比例数, 从而等于实数 $\mathrm{LIM}_{n\to\infty}q$, 那么 $\mathrm{LIM}_{n\to\infty}q$ 的倒数是 $\mathrm{LIM}_{n\to\infty}q^{-1} = q^{-1}$, 于是对于实数的倒数运算与对于比例数的倒数运算是相容的.

一旦定义了倒数就可以定义两个实数 x 和 y 的**除法** $\frac{x}{y}$, 只要 y 不是零, 定义由公式

$$\frac{x}{y} := xy^{-1}$$

给出; 这就如同我们对于比例数所做过的一样. 特别地, 我们有**消去律**: 如果 x, y, z 是实数, 使得 $xz = yz$, 并且 z 不是零, 那么以 z 相除, 就得到 $x = y$. 注意此消去律对于 $z = 0$ 无效.

我们现在关于实数有了全部四种基本算术运算: 加法、减法、乘法和除法, 它们满足全部常见的代数算律. 下面我们转向实数的序的概念.

习 题 5.3

5.3.1 证明命题 5.3.3. (提示: 你可能发现命题 4.3.7 有用.)

5.3.2 证明命题 5.3.10. (提示: 如上, 命题 4.3.7 可能有用.)

5.3.3 设 a, b 是比例数. 证明 $a = b$ 当且仅当

$$\mathrm{LIM}_{n\to\infty} a = \mathrm{LIM}_{n\to\infty} b$$

(即 Cauchy 序列 $a, a, a, \cdots$ 与 Cauchy 序列 $b, b, b, \cdots$ 等价当且仅当 $a = b$). 这使我们可以成功地把比例数嵌入到实数集之中.

5.3.4 设 $(a_n)_{n=0}^\infty$ 是有界的比例数序列. 设 $(b_n)_{n=0}^\infty$ 是另一个比例数序列, 其等价于 $(a_n)_{n=0}^\infty$. 证明 $(b_n)_{n=0}^\infty$ 也是有界的.

5.3.5 证明 $\mathrm{LIM}_{n\to\infty} \frac{1}{n} = 0$.

§5.4 给实数编序

我们知道, 每个比例数或是正的, 或是负的, 或是零. 我们现在要对实数说同样的话: 每个实数必定或是正的, 或是负的, 或是零. 由于一个实数 x 恰是一个比例数序列 $(a_n)_{n=1}^\infty$ 的形式极限, 如下方式的定义很具诱惑力: 如果全体 a_n 都是正的, 则实数 $x = \mathrm{LIM}_{n\to\infty} a_n$ 是正的; 如果全部 a_n 都是负的, 则 x 是负的 (如果全部 a_n 都是零, 则 x 是零). 但是, 此定义很快就要发生问题. 例如, 由 $a_n := 10^{-n}$ 定义的序列 $(a_n)_{n=1}^\infty$, 即

$$0.1, 0.01, 0.001, 0.000\,1, \cdots$$

全部由正数组成, 但此序列等价于零序列 $0, 0, 0, \cdots$, 从而

$$\mathrm{LIM}_{n\to\infty} a_n = 0.$$

于是, 即使全部比例数都是正的, 它们的形式极限是零而不是正的. 另一个例子是

$$0.1,\ -0.01,\ 0.001,\ -0.000\,1,\cdots,$$

这个序列是正数负数相间取值的, 但其形式极限还是零.

诀窍在于, 就像上一节处理倒数一样, 我们对序列的注意力放在限制离开零.

定义 5.4.1 设 $(a_n)_{n=1}^{\infty}$ 是一个比例数序列. 我们说此序列是**正限制离开零的**, 当且仅当有一个正的比例数 $c>0$, 使得对于一切 $n\geqslant 1$, $a_n\geqslant c$ (特别地, 序列整个是正的); 说此序列是**负限制离开零的**, 当且仅当有一个正的比例数 $c>0$, 使得对于一切 $n\geqslant 1$, $a_n\leqslant -c$ (特别地, 序列整个是负的).

例 5.4.2 序列

$$1.1,\ 1.01,\ 1.001,\ 1.000\,1,\cdots$$

是正限制离开零的 (所有的项都大于 1). 序列

$$-1.1,\ -1.01,\ -1.001,\ -1.000\,1,\cdots$$

是负限制离开零的. 序列

$$1,\ -1,\ 1,\ -1,\ 1,\ -1,\cdots$$

是限制离开零的, 但既不是正限制离开零的, 又不是负限制离开零的.

很明显, 任何正限制离开零或负限制离开零的序列都是限制离开零的. 而且, 一个序列不可能同时既是正限制离开零的, 又是负限制离开零的.

定义 5.4.3 一个实数 x 叫作是**正的**, 当且仅当它可以写成某个正限制离开零的 Cauchy 序列 $(a_n)_{n=1}^{\infty}$ 的形式极限 $x=\mathrm{LIM}_{n\to\infty}a_n$. x 叫做是**负的**, 当且仅当它可以写成某个负限制离开零的 Cauchy 序列 $(a_n)_{n=1}^{\infty}$ 的形式极限 $x=\mathrm{LIM}_{n\to\infty}a_n$.

命题 5.4.4(正实数的基本性质) 对于每个实数 x, 恰有下述命题之一成立: (a) x 是零; (b) x 是正的; (c) x 是负的. 一个实数 x 是负的当且仅当 $-x$ 是正的. 如果 x 和 y 是正的, 那么 $x+y$ 和 xy 也都是正的.

证明 见习题 5.4.1. ∎

注意, 如果 q 是一个正的比例数, 那么 Cauchy 序列 $q,q,q,\cdots$ 是正限制离开零的, 于是 $\mathrm{LIM}_{n\to\infty}q=q$ 是正实数. 于是对于比例数的正性的概念与对于实数的正性的概念是一致的. 类似地, 对于比例数的负性的概念与对于实数的负性的概念也是一致的.

一旦我们定义了正数和负数, 我们就可以定义绝对值及序.

定义 5.4.5(绝对值) 设 x 是实数. 我们定义 x 的**绝对值** $|x|$ 当 x 是正数时等于 x, 当 x 是负数时等于 $-x$, 当 x 是 0 时等于 0.

定义 5.4.6(实数的编序) 设 x 和 y 是实数. 我们说 x 比 y 大, 记作 $x > y$, 如果 $x - y$ 是正实数; 我们说 x 比 y 小, 记作 $x < y$, 如果 $x - y$ 是负实数. 我们定义 $x \geqslant y$ 当且仅当 $x > y$ 或 $x = y$, $x \leqslant y$ 当且仅当 $x < y$ 或 $x = y$.

将此与定义 4.2.8 中的比例数的序的定义相比较, 我们看到实数的序与有理数的序是相容的, 也就是说, 如果两个比例数 q, q' 在比例数系中是 q 小于 q' 的, 那么在实数系中 q 依然小于 q'; 对于 "大于" 关系, 情况一样. 同样, 我们看到这里给出的绝对值的定义与定义 4.3.1 是相容的.

命题 5.4.7 命题 4.2.9 中的一切关于比例数成立的结论对实数也成立.

证明 我们只证明一条结论, 而把其余的留作习题 5.4.2. 设 $x < y$ 且 z 是正实数, 我们要证 $xz < yz$. 由于 $x < y$, 所以 $y - x$ 是正的, 于是根据命题 5.4.4 有

$$(y - x)z = yz - xz$$

是正的, 从而 $xz < yz$. ■

作为这些命题的一个应用, 我们来证明

命题 5.4.8 设 x 是正实数, 那么 x^{-1} 也是正的. 还有, 如果 y 是另一个正实数并且 $x > y$, 那么 $x^{-1} < y^{-1}$.

证明 设 x 是正的. 由于 $xx^{-1} = 1$, 所以实数 x^{-1} 不能是零 (因为 $x0 = 0 \neq 1$). 还有, 从命题 5.4.4 容易看到正实数乘以负实数是负实数, 这表明 x^{-1} 不能是负的, 否则导致 $xx^{-1} = 1$ 是负的, 这不可能. 于是, 根据命题 5.4.4, 剩下的仅有的可能性是 x^{-1} 是正的.

现令 y 也是正的, 那么 x^{-1} 和 y^{-1} 都是正的. 如果 $x^{-1} \geqslant y^{-1}$, 那么根据命题 5.4.7 有

$$xx^{-1} > yx^{-1} \geqslant yy^{-1}.$$

于是 $1 > 1$, 这是一个矛盾. 于是我们必定有 $x^{-1} < y^{-1}$. ■

另一个应用是, 前面对于比例数证明了的指数运算的定律 (命题 4.3.12) 对于实数也成立; 见 §5.6.

我们已经看到, 正比例数的形式极限不必是正的, 它可以是零, 如例子 0.1, 0.01, 0.001, $\cdots$ 所示. 但是**非负比例数**(即或为正, 或为零的比例数) 的形式极限仍为非负的.

命题 5.4.9(非负实数集是闭的) 设 $a_1, a_2, a_3, \cdots$ 是一个非负比例数的 Cauchy 序列. 那么, $\mathrm{LIM}_{n\to\infty} a_n$ 为非负实数.

最终我们将看到此事实的一个更好的解释: 鉴于正实数集是**开的**, 非负实数集是**闭的**. 见 §12.2.

证明 我们用反证法. 假设实数 $x := \mathrm{LIM}_{n\to\infty}a_n$ 是负数. 那么根据负实数的定义, 对于某个负限制离开零的 Cauchy 序列 $(b_n)_{n=1}^{\infty}$ 有

$$x = \mathrm{LIM}_{n\to\infty}b_n,$$

即, 存在一个负的比例数 $-c<0$, 使得对于一切 $n\geqslant 1$, $b_n\leqslant -c$.

另一方面, 根据假设, 对于一切 $n\geqslant 1$ 有 $a_n\geqslant 0$. 于是数 a_n 和 b_n 决不能 $\frac{c}{2}$- 接近, 因为 $\frac{c}{2}<c$. 于是序列 $(a_n)_{n=1}^{\infty}$ 和 $(b_n)_{n=1}^{\infty}$ 不是终极 $\frac{c}{2}$- 接近的. 由于 $\frac{c}{2}>0$, 这就推出, $(a_n)_{n=1}^{\infty}$ 和 $(b_n)_{n=1}^{\infty}$ 不是等价的. 但这与它们的形式极限都是 x 相矛盾. ■

推论 5.4.10 *设 $(a_n)_{n=1}^{\infty}$ 和 $(b_n)_{n=1}^{\infty}$ 是比例数的 Cauchy 序列, 对于一切 $n\geqslant 1$ 满足 $a_n\geqslant b_n$. 那么 $\mathrm{LIM}_{n\to\infty}a_n\geqslant \mathrm{LIM}_{n\to\infty}b_n$.*

证明 应用命题 5.4.9 于序列 $(a_n-b_n)_{n=1}^{\infty}$. ■

注 5.4.11 注意, 上述推理当 $\geqslant$ 号被换为 $>$ 号时不再成立: 例如, 如果 $a_n := 1+\frac{1}{n}$, $b_n := 1-\frac{1}{n}$, 那么 a_n 总是严格大于 b_n 的, 但是 $(a_n)_{n=1}^{\infty}$ 的形式极限并不大于 $(b_n)_{n=1}^{\infty}$ 的形式极限, 其实两者相等.

我们现在定义**距离** $d(x,y) := |x-y|$, 恰如我们对于比例数所做的那样. 事实上, 命题 4.3.3 和命题 4.3.7 不仅对于比例数成立, 对于实数也成立; 证明是一样的, 因为实数遵从一切被比例数所遵从的代数运算律和序的法则.

我们现在来考虑, 尽管正实数可以是任意大的也可以是任意小的, 但它们不可能比一切正整数都大, 也不可能比一切正的比例数都小.

命题 5.4.12(用比例数来界定实数) *设 x 是一个正的实数, 那么存在一个正的比例数 q 使得 $q\leqslant x$, 同时存在一个正整数 N 使得 $x\leqslant N$.*

证明 由于 x 是正实数, 所以它是某个正限制离开零的 Cauchy 序列 $(a_n)_{n=1}^{\infty}$ 的形式极限. 而根据引理 5.1.15, 此序列是有界的. 于是有比例数 $q>0$ 以及比例数 r, 使得

$$q\leqslant a_n<r \text{ 对于一切 } n\geqslant 1 \text{ 成立}.$$

但根据命题 4.4.1 知, 存在某整数 N, 使得 $r\leqslant N$; 由于 q 是正的并且 $q\leqslant r\leqslant N$, 我们看到, N 是正的. 于是对于一切 $n\geqslant 1$,

$$q\leqslant a_n\leqslant N.$$

使用推论 5.4.10 就得到 $q\leqslant x\leqslant N$, 这就是所要证的. ■

推论 5.4.13(阿基米德性质) *设 x 和 ε 是任意的正的实数, 那么存在正整数 M, 使得 $M\varepsilon>x$.*

证明 数 $\frac{x}{\varepsilon}$ 是正的, 根据命题 5.4.12, 存在正整数 N 使得 $\frac{x}{\varepsilon}\leqslant N$. 令 $M := N+1$, 则 $\frac{x}{\varepsilon}<M$, 用 ε 相乘就得 $M\varepsilon>x$. ■

这条性质是相当重要的; 它说的是, 不管 x 多么大, 也不管正数 ε 多么小 (必须是正的), 只要把 ε 自身不断地累加, 所得之和终究会超过 x.

命题 5.4.14 给定任何两个实数 $x<y$, 可以找到一个比例数 q, 使得 $x<q<y$.

证明 见习题 5.4.5. ■

现在我们已经完成了实数的构造. 这个数系包含比例数, 并且具有比例数系具有的几乎每样性质: 算术运算、代数算律和序的法则. 但是我们还不曾显示实数系的超过比例数的任何**优点**. 迄今为止, 在付出了巨大努力之后, 我们所做的一切只是表明实数系与比例数系**至少是一样好的**, 但在下面几节中, 我们要证明, 实数可以比比例数做更多的事情: 作为例子, 在实数系中我们可以取平方根.

注 5.4.15 我们还没有涉及实数可用十进制系统表示的事实. 例如

$$1.4, 1.41, 1.414, 1.414\,2, 1.414\,21, \cdots$$

的形式极限写成十进制数 $1.414\,21\cdots$ 更为方便. 我们将在附录 B 中谈论此事, 而此刻我们只注明, 在十进制中有某种微妙的事情, 例如, $0.999\cdots$ 和 $1.000\cdots$ 事实上是同一个数.

习 题 5.4

5.4.1 证明命题 5.4.4. (提示: 如果 x 不是零, 并且 x 是某序列 $(a_n)_{n=1}^{\infty}$ 的形式极限, 那么此序列不能对于每个 $\varepsilon>0$ 都 ε- 接近序列 $(0)_{n=1}^{\infty}$. 用此事证明序列 $(a_n)_{n=1}^{\infty}$ 或是终极正限制离开零的, 或是终极负限制离开零的.)

5.4.2 证明命题 5.4.7 中剩下的结论.

5.4.3 证明对于每个实数 x, 恰有一个整数 N, 使得 $N\leqslant x<N+1$. (此整数 N 叫作 x 的**整部**, 有时记作 $N=[x]$.)

5.4.4 证明对于任何正实数 $x>0$ 都存在正整数 N, 使得

$$x>\frac{1}{N}>0.$$

5.4.5 证明命题 5.4.14. (提示: 用习题 5.4.4. 可能也需用反证法.)

5.4.6 设 x, y 是实数并设 $\varepsilon>0$ 是正实数. 证明

$$|x-y|<\varepsilon \text{ 当且仅当 } y-\varepsilon<x<y+\varepsilon,$$

并且

$$|x-y|\leqslant\varepsilon \text{ 当且仅当 } y-\varepsilon\leqslant x\leqslant y+\varepsilon.$$

5.4.7 设 x 和 y 是实数. 证明, $x\leqslant y+\varepsilon$ 对于一切实数 $\varepsilon>0$ 成立, 当且仅当 $x\leqslant y$. 证明, $|x-y|\leqslant\varepsilon$ 对于一切实数 $\varepsilon>0$ 成立, 当且仅当 $x=y$.

5.4.8　设 $(a_n)_{n=1}^{\infty}$ 是比例数的 Cauchy 序列, 并设 x 是实数. 证明如果对于一切 $n \geqslant 1$, $a_n \leqslant x$, 那么

$$\mathrm{LIM}_{n\to\infty} a_n \leqslant x.$$

类似地, 证明如果对于一切 $n \geqslant 1$, $a_n \geqslant x$, 那么

$$\mathrm{LIM}_{n\to\infty} a_n \geqslant x.$$

(提示: 用反证法. 使用命题 5.4.14 找一个在 $\mathrm{LIM}_{n\to\infty} a_n$ 和 x 之间的比例数, 然后再用命题 5.4.9.)

§5.5　最小上界性质

现在给出实数系超过比例数系的一个最基本的优点: 可对实数集 $\mathbb{R}$ 的任何子集 E 取**最小上界**　$\sup(E)$.

定义 5.5.1(上界)　设 E 是 $\mathbb{R}$ 的子集, 并且 M 是实数. 我们说 M 是 E 的一个**上界**, 当且仅当对于 E 的每个元素 x 都有 $x \leqslant M$.

例 5.5.2　设 E 是区间 $E := \{x \in \mathbb{R} : 0 \leqslant x \leqslant 1\}$. 那么 1 是 E 的一个上界, 因为 E 的每个元素都小于或等于 1. 当然 2 也是 E 的一个上界, 并且实际上每个大于或等于 1 的数都是 E 的一个上界. 另一方面, 任何其他的数, 如 0.5, 就不是上界, 因为 0.5 不比 E 的**每个**元素都不小. (仅只比 E 的某些元素大还不足以使 0.5 是上界.)

例 5.5.3　设 $\mathbb{R}^+$ 是正实数的集合: $\mathbb{R}^+ := \{x \in \mathbb{R} : x > 0\}$, 那么 $\mathbb{R}^+$ 根本没有上界①. (为什么?)

例 5.5.4　设 $\varnothing$ 是空集. 那么每个数 M 都是 $\varnothing$ 的上界, 因为 M 大于空集的每个元素. (这是一个空洞的真命题, 但依然是真的.)

很清楚, 如果 M 是 E 的上界, 则任何更大的数 $M' > M$ 也是 E 的上界. 另一方面, 是不是还能找到比 M 小的数仍然是 E 的上界, 就不那么清楚了. 这启示了下述定义:

定义 5.5.5(最小上界)　设 E 是 $\mathbb{R}$ 的子集合, 并且 M 是实数. 我们说 M 是 E 的**最小上界**, 当且仅当

(a) M 是 E 的上界,

(b) E 的任何上界 M' 必定大于或等于 M.

例 5.5.6　设 E 是区间 $E := \{x \in \mathbb{R} : 0 \leqslant x \leqslant 1\}$. 那么如前所述, E 有很多上界, 实际上每个大于或等于 1 的数都是上界. 但只有 1 是**最小**的上界, 其他的上界都比 1 大.

---

① 更准确地说, 任何实数都不是 $\mathbb{R}^+$ 的上界. 在 §6.2 我们将引入**广义实数系**$\mathbb{R}^*$, 它允许 $+\infty$ 作为像 $\mathbb{R}^+$ 这样的集合的上界.

例 5.5.7 空集没有最小上界. (为什么?)

命题 5.5.8(最小上界的唯一性) 设 E 是 $\mathbb{R}$ 的子集, 那么 E 最多只可能有一个最小上界.

证明 设 M_1 和 M_2 是两个最小上界. 由于 M_1 是最小上界而 M_2 是上界, 那么根据最小上界的定义有 $M_2 \geqslant M_1$. 由于 M_2 是最小上界而 M_1 是上界, 同样得到 $M_1 \geqslant M_2$. 于是 $M_2 = M_1$. 那么最多只有一个最小上界. ■

现在我们来考察实数集的一个重要性质:

定理 5.5.9(最小上界的存在性) 设 E 是 $\mathbb{R}$ 的一个非空子集合, 如果 E 有上界 (即 E 有某个上界 M), 那么它恰有一个最小上界.

证明 证明此定理要稍花些力气, 而且很多步骤将留作习题.

设 E 是 $\mathbb{R}$ 的不空子集合, 有一个上界 M. 根据命题 5.5.8 知, E 最多有一个最小上界. 我们必须证明 E 至少有一个最小上界. 由于 E 不是空的, 我们可从 E 中选某元素 x_0.

设 $n \geqslant 1$ 是正整数. 我们知道 E 有上界 M. 根据阿基米德性质 (推论 5.4.13), 可以找到整数 K, 使得 $\frac{K}{n} \geqslant M$, 并且 $\frac{K}{n}$ 仍是 E 的上界. 再次根据阿基米德性质, 存在另一整数 L, 使 $\frac{L}{n} < x_0$. 由于 x_0 在 E 中, 我们看到 $\frac{L}{n}$ **不是** E 的上界. 由于 $\frac{K}{n}$ 是上界, 而 $\frac{L}{n}$ 不是, 我们看到 $K > L$.

由于 $\frac{K}{n}$ 是 E 的上界, 而 $\frac{L}{n}$ 不是, 我们可以找到一个整数 m_n, 使得 $L < m_n \leqslant K$, 而且 $\frac{m_n}{n}$ 是 E 的上界, 但 $\frac{m_n-1}{n}$ 不是 (习题 5.5.2). 事实上, 此整数是唯一的 (习题 5.5.3). 我们把 m_n 附以下标 n 意在强调此数 m 依赖于 n 的选择. 这给出了一个定义成功的 (并且是唯一的) 整数序列 $m_1, m_2, m_3, \cdots$, 每个 $\frac{m_n}{n}$ 是上界而 $\frac{m_n-1}{n}$ 不是上界.

现设 $N \geqslant 1$ 是正整数, 并设 $n, n' \geqslant N$ 是大于或等于 N 的整数. 由于 $\frac{m_n}{n}$ 是 E 的上界, 而 $\frac{m_{n'}-1}{n'}$ 不是, 必有

$$\frac{m_n}{n} > \frac{m_{n'}-1}{n'}$$

(为什么?). 稍经代数运算就推出

$$\frac{m_n}{n} - \frac{m_{n'}}{n'} > -\frac{1}{n'} \geqslant -\frac{1}{N}.$$

类似地, 由于 $\frac{m_{n'}}{n'}$ 是上界, 而 $\frac{m_n-1}{n}$ 不是, 我们有

$$\frac{m_{n'}}{n'} > \frac{m_n-1}{n},$$

于是

$$\frac{m_n}{n} - \frac{m_{n'}}{n'} \leqslant \frac{1}{n} \leqslant \frac{1}{N}.$$

把这两个估计式合起来, 我们看到

$$\text{对于一切 } n, n' \geqslant N \geqslant 1, \left|\frac{m_n}{n} - \frac{m_{n'}}{n'}\right| \leqslant \frac{1}{N}.$$

这表明 $(\frac{m_n}{n})_{n=1}^{\infty}$ 是一个 Cauchy 序列 (习题 5.5.4). 由于 $\frac{m_n}{n}$ 是比例数, 我们现在可以定义实数 S 为

$$S := \mathrm{LIM}_{n\to\infty}\frac{m_n}{n}.$$

由习题 5.3.5 我们断定

$$S = \mathrm{LIM}_{n\to\infty}\frac{m_n - 1}{n}.$$

为了结束定理的证明, 我们需要验证 S 是 E 的最小上界. 首先我们证明它是上界. 设 x 是 E 的一个元素. 那么, 由于 $\frac{m_n}{n}$ 是 E 的上界, 对于一切 $n \geqslant 1$ 我们有 $x \leqslant \frac{m_n}{n}$. 使用习题 5.4.8, 我们断定 $x \leqslant \mathrm{LIM}_{n\to\infty}\frac{m_n}{n} = S$. 于是 S 确实是 E 的上界.

现在我们证明它是最小上界. 设 y 是 E 的上界, 由于 $\frac{m_n-1}{n}$ 不是上界, 我们断定对于一切 $n \geqslant 1$, $y \geqslant \frac{m_n-1}{n}$. 使用习题 5.4.8, 我们断定

$$y \geqslant \mathrm{LIM}_{n\to\infty}\frac{m_n - 1}{n} = S.$$

可见上界 S 是小于或等于 E 的每个上界的, 从而是 E 的最小上界. ■

定义 5.5.10(supremum)　设 E 是实数系的一个子集合. 如果 E 不空并且有上界, 我们定义 $\sup(E)$ 为 E 的最小上界 (根据定理 5.5.9, 此定义是成功的). 我们引入两个附加的符号, $+\infty$ 和 $-\infty$. 如果 E 不是空集并且没有上界, 我们令 $\sup(E) := +\infty$; 如果 E 是空集, 我们令 $\sup(E) := -\infty$. 我们把 $\sup(E)$ 叫作的 supremum[①], 也记作 $\sup E$.

注 5.5.11　目前, $+\infty$ 和 $-\infty$ 是没有意义的符号, 眼下还没有对于它们的运算, 并且我们关于实数的任何结果都不适用于 $+\infty$ 和 $-\infty$, 因为它们不是实数. 在 §6.2 我们把 $+\infty$ 和 $-\infty$ 加进实数系中而构成**广义实数系**, 但这个系统工作起来并不像实数系那样方便, 因为很多代数算律失败. 例如, 要想定义 $(+\infty)+(-\infty)$ 就不是好事, 把它定义成 0 引起一些麻烦.

现在举一例说明最小上界的性质是多么有用.

命题 5.5.12　*存在正实数 x 使得 $x^2 = 2$.*

注 5.5.13　把这个结果与命题 4.4.4 相比较, 我们就看到肯定有实数不是比例数. 此命题的证明还表明比例数集 $\mathbb{Q}$ 不具有最小上界性质, 否则的话, 就可以用此性质在 $\mathbb{Q}$ 中构作 2 的一个平方根, 但根据命题 4.4.4, 这是不可能的.

---

① supremum 通常译作上确界也译作最小上界 (见《数学名词》), 这只在 $\sup E \in \mathbb{R}$ 的情况下运用.
—— 译者注

证明 设 E 是集合 $\{y\in\mathbb{R}: y\geqslant 0\text{并且}y^2<2\}$, 那么 E 是全体平方小于 2 的非负实数的集合. 注意到 E 有一个上界为 2 (因为如果 $y>2$ 那么 $y^2>4>2$, 从而 $y\notin E$). 另外, E 不空 (例如, 1 是 E 的一个元素). 于是根据最小上界的性质, 有一个实数 $x:=\sup(E)$, 它是 E 的最小上界. 那么 x 是大于或等于 1 的 (因为 $1\in E$), 并且是小于或等于 2 的 (因为 2 是 E 的一个上界). 现在我们来证明 $x^2=2$.

用反证法. 我们来证明 $x^2<2$ 和 $x^2>2$ 两种情形都导致矛盾. 首先假设 $x^2<2$. 设 $0<\varepsilon<1$ 是一个很小的数, 那么

$$(x+\varepsilon)^2=x^2+2\varepsilon x+\varepsilon^2\leqslant x^2+4\varepsilon+\varepsilon=x^2+5\varepsilon,$$

这是因为 $x\leqslant 2$ 并且 $\varepsilon^2\leqslant\varepsilon$. 由于 $x^2<2$, 可以取 $0<\varepsilon<1$ 使得 $x^2+5\varepsilon<2$, 于是 $(x+\varepsilon)^2<2$. 根据 E 的构造, 这表明 $x+\varepsilon\in E$. 但这与 x 是 E 的上界一事矛盾.

现在假设 $x^2>2$. 设 $0<\varepsilon<1$ 是一个小的数, 那么有

$$(x-\varepsilon)^2=x^2-2\varepsilon x+\varepsilon^2\geqslant x^2-2\varepsilon x\geqslant x^2-4\varepsilon,$$

这是因为 $x\leqslant 2$ 并且 $\varepsilon^2\geqslant 0$. 由于 $x^2>2$, 我们可以取一个 ε, $0<\varepsilon<1$ 使得 $x^2-4\varepsilon>2$. 于是 $(x-\varepsilon)^2>2$, 而这蕴含着, 对于一切 $y\in E$, $x-\varepsilon\geqslant y$. (为什么? 如果 $x-\varepsilon<y$, 那么 $(x-\varepsilon)^2<y\leqslant 2$, 是矛盾的.) 于是 $x-\varepsilon$ 是 E 的一个上界, 这与 x 是 E 的**最小**上界矛盾.

从这两个矛盾我们看到 $x^2=2$, 这就是所要证的. ■

注 5.5.14 在第 6 章我们将用最小上界性质来建立极限理论. 极限理论使我们能做很多事情而不只是求平方根.

注 5.5.15 我们当然可以谈论集合 E 的下界以及最大下界. 一个集合 E 的最大下界也叫作 E 的 infimum[①], 即下确界, 记作 $\inf(E)$ 或 $\inf E$. 我们对于上确界所说的每个命题, 对于下确界都对应一个相反的命题, 把这样的命题留给读者. 两个概念之间的精确的联系在习题 5.5.1 中给出, 也见于 §6.2.

习 题 5.5

5.5.1 设 E 是实数集 $\mathbb{R}$ 的一个子集. 假设 E 有最小上界 M, 它是个实数, 即 $M=\sup(E)$. 令 $-E$ 为集合

$$-E:=\{-x:x\in E\},$$

① supremum 的意思是 “最高者”, 而 infimum 的意思是 “最低者”. 口语形式为 suprema 和 infima. supremum 指的是上方的, infimum 指的是下方的, 这就像 maximum 指大的, minimum 指小的. 词根分别是 “super” 和 “infer”, “super” 意指 “上方 (above)” 而 “infer” 意指 “下方 (below)” (这个用法只在极少的英语单词中出现, 例如 “infernal”. 在英语中, 拉丁语前缀 “sub” 在绝大多数情况下取代了 “infer”).

证明 $-M$ 是 $-E$ 的最大下界, 即 $-M=\inf(E)$.

5.5.2 设 E 是 $\mathbb{R}$ 的一个不空的子集, $n\geqslant 1$ 是整数, 并且设 $L<K$ 是两个整数. 假设 $\frac{K}{n}$ 是 E 的一个上界, 但 $\frac{L}{n}$ 不是 E 的上界. 不要使用定理 5.5.9, 证明存在整数 m, $L<m\leqslant K$ 使得 $\frac{m}{n}$ 是 E 的上界, 但 $\frac{m-1}{n}$ 不是 E 的上界. (提示: 用反证法, 并使用归纳法. 画个图可能有助于思考.)

5.5.3 设 E 是 $\mathbb{R}$ 的不空子集, $n\geqslant 1$ 是整数, 并设 m,m' 是具有下述性质的整数: $\frac{m}{n}$ 和 $\frac{m'}{n}$ 是 E 的上界, 但 $\frac{m-1}{n}$ 和 $\frac{m'-1}{n}$ 不是 E 的上界. 证明 $m=m'$. 这表明在习题 5.5.2 中构作的整数 m 是唯一的. (提示: 还是画个图有所助益.)

5.5.4 设 $q_1, q_2, q_3, \cdots$ 是比例数的序列, 具有这样的性质: 只要 $M\geqslant 1$ 是整数并且 $n,n'\geqslant M$, 就有 $|q_n-q_{n'}|\leqslant\frac{1}{M}$. 证明 $q_1, q_2, q_3, \cdots$ 是一个 Cauchy 序列. 进而证明, 如果

$$S:=\mathrm{LIM}_{n\to\infty}q_n,$$

那么对于每个 $M\geqslant 1$,

$$|q_M-S|\leqslant\frac{1}{M}.$$

(提示: 用习题 5.4.8.)

§5.6 实数的指数运算, 第 I 部分

在 §4.3 中我们对于比例数 x 定义了指数运算 x^n, 其中 n 是自然数, 或者当 x 不等于零时 n 是整数. 既然我们有了对于实数的一切算术运算 (而且命题 5.4.7 保证了比例数的算术性质对于实数继续成立), 我们就可以类似地定义实数的指数运算.

定义 5.6.1(实数的自然数次幂) 设 x 是实数. 为使 x 升到 0 次幂, 我们定义 $x^0:=1$. 现递归地假设若 x^n 对于某自然数 n 已定义, 则我们定义 $x^{n+1}:=x^n\times x$.

定义 5.6.2(实数的整数次幂) 设 x 是不为零的实数. 那么对于任何负整数 $-n$, 我们定义 $x^{-n}:=\frac{1}{x^n}$.

显然, 这些定义与早先定义的比例数的指数运算是相容的. 我们现在可以断定

命题 5.6.3 命题 4.3.10 和命题 4.3.12 中的全部性质当 x 和 y 以实数取代比例数时依然成立.

代替实际的证明, 我们给此命题一个超证明 (一个诉之于证明的特征的而非注意于实数和比例数的特征的论述).

超证明 如果审视命题 4.3.10 和命题 4.3.12 的证明, 我们就看到它们依赖于比例数的代数算律和序的规则 (命题 4.2.4 和命题 4.2.9). 但根据命题 5.3.11、命题 5.4.7 以及恒等式 $xx^{-1}=x^{-1}x=1\,(x\neq 0)$, 我们知道所有这些代数算律和序的规则继续对于实数成立, 就如同对比例数成立一样. 于是我们可以把命题 4.3.10 和命题 4.3.12 的证明更改成在 x 和 y 是实数的情形下成立. ■

现在我们来考虑非整数次幂运算. 我们从 n 次根的概念开始, 可以用上确界的概念来定义 n 次根.

定义 5.6.4 设 $x>0$ 是正的实数, 并设 $n\geqslant 1$ 是正的整数. 我们定义 $x^{\frac{1}{n}}$, 叫做**x 的 n 次根**为

$$x^{\frac{1}{n}}:=\sup\{y\in\mathbb{R}:y\geqslant 0 \text{ 且 } y^n\leqslant x\}.$$

我们常把 $x^{\frac{1}{2}}$ 记作 $\sqrt{x}$.

注意, 此刻我们没有定义零的 n 次根, 也没有定义负数的 n 次根. 前者我们很快就会谈到. 而对于后者, 我们将不在本书中定义负数的 n 次根. (一旦定义了复数, 就可以定义这些根了, 但我们就此止步.)

引理 5.6.5(n 次根的存在性) 设 $x>0$ 是正的实数, 并设 $n\geqslant 1$ 是正的整数. 那么集合

$$E:=\{y\in\mathbb{R}:y\geqslant 0 \text{ 且 } y^n\leqslant x\}$$

是不空的. 特别地, $x^{\frac{1}{n}}$ 是一个实数.

证明 集合 E 含有 0(为什么?), 所以它肯定不空. 现在我们证明它有上界. 我们分 $x\leqslant 1$ 和 $x>1$ 两种情况来考虑. 首先假设 $x\leqslant 1$, 那么我们说, E 有上界 1. 为了证实此事, 假设不然, 设有某 $y\in E$, $y>1$. 但那时 $y^n>1$ (为什么?), 从而 $y^n>x$, 出现矛盾. 于是 E 有上界 1. 现在假定第二种情形, $x>1$. 那么我们说 E 有上界 x. 为了证实此事, 假设不然, 设有某 $y\in E$, $y>x$. 由于 $x>1$, 于是我们有 $y>1$. 由于 $y>x$ 且 $y>1$, 我们有 $y^n>x$(为什么?), 出现矛盾.

于是在两种情况下 E 都有上界, 从而 $x^{\frac{1}{n}}$ 是实数. ■

下面我们列出 n 次根的一些基本性质.

引理 5.6.6 设 $x,y>0$ 是正的实数, 并设 $n,m\geqslant 1$ 是正的整数.

(a) 如果 $y=x^{\frac{1}{n}}$, 那么 $y^n=x$.

(b) 反之, 如果 $y^n=x$, 那么 $y=x^{\frac{1}{n}}$.

(c) $x^{\frac{1}{n}}$ 是正的实数.

(d) 我们有 $x>y$ 当且仅当 $x^{\frac{1}{n}}>y^{\frac{1}{n}}$.

(e) 如果 $x>1$, 那么 $x^{\frac{1}{k}}$ 是 k 的减函数. 如果 $x<1$ 那么 $x^{\frac{1}{k}}$ 是 k 的增函数. 如果 $x=1$ 那么对于一切 k, $x^{\frac{1}{k}}=1$.

(f) 我们有 $(xy)^{\frac{1}{n}}=x^{\frac{1}{n}}y^{\frac{1}{n}}$.

(g) 我们有 $(x^{\frac{1}{n}})^{\frac{1}{m}}=x^{\frac{1}{mn}}$.

证明 见习题 5.6.1. ■

细心的读者可能会注意到, 当 $x=1$ 时, 这个关于 $x^{\frac{1}{n}}$ 的定义会不会与前面定义的 x^n 发生不相容的现象? 然而容易验证 $x^{\frac{1}{1}}=x=x^1$(为什么?), 所以不会有不相容的情形.

引理 5.6.6(b) 的一个结果是下述消去律成立：如果 $y^n = z^n$ 那么 $y = z$. (为什么此事从引理 5.6.6(b) 推出?) 注意, 此事仅当 y 和 z 是正数时成立. 作为例子, $(-3)^2 = 3^2$ 但我们不能由此推断 $-3 = 3$.

现在我们来定义如何把一个正数升到比例数 q 次幂.

定义 5.6.7 设 $x > 0$ 是正的实数, 并设 q 是比例数. 为定义 x^q, 我们把 q 写成某整数 a 与某正整数 b 的比, $q = \frac{a}{b}$, 并定义

$$x^q := (x^{\frac{1}{b}})^a.$$

注意, 每个比例数 q 不管是正的, 负的, 还是零, 都可以写成 $\frac{a}{b}$ 的形状, 其中 a 是整数, b 是正整数 (为什么?). 但是, 比例数 q 的这种表示肯定不是唯一的, 例如 $\frac{1}{2}$ 可以表示成 $\frac{2}{4}$ 或 $\frac{3}{6}$. 所以, 为保证此定义是成功的, 我们必须验证不同的表达式 $\frac{a}{b}$ 对于 x^q 给出同一个公式：

引理 5.6.8 设 a, a' 是整数, b, b' 是正整数, 使得 $\frac{a}{b} = \frac{a'}{b'}$, 并且 x 是正实数. 那么我们有

$$(x^{\frac{1}{b'}})^{a'} = (x^{\frac{1}{b}})^a.$$

证明 有三种情形：$a = 0$, $a > 0$, $a < 0$.

如果 $a = 0$, 那么必有 $a' = 0$ (为什么?), 于是 $(x^{\frac{1}{b'}})^{a'}$ 和 $(x^{\frac{1}{b}})^a$ 都等于 1, 从而我们证得等式.

现设 $a > 0$. 那么 $a' > 0$ (为什么?), 并且 $ab' = ba'$. 记 $y := x^{\frac{1}{ab'}} = x^{\frac{1}{ba'}}$. 根据引理 5.6.6(g) 有

$$y = \left(x^{\frac{1}{b'}}\right)^{\frac{1}{a}} \text{ 以及 } y = \left(x^{\frac{1}{b}}\right)^{\frac{1}{a'}},$$

于是根据引理 5.6.6(a) 有

$$y^a = x^{\frac{1}{b'}} \text{ 和 } y^{a'} = x^{\frac{1}{b}}.$$

那么我们有

$$\left(x^{\frac{1}{b'}}\right)^{a'} = (y^a)^{a'} = \left(y^{a'}\right)^a = \left(x^{\frac{1}{b}}\right)^a.$$

如所要证的.

最后假设 $a < 0$. 那么我们有 $\frac{-a}{b} = \frac{-a'}{b}$. 但是 $-a$ 是正的, 所以前面的情况发生, 于是我们有

$$\left(x^{\frac{1}{b'}}\right)^{-a'} = \left(x^{\frac{1}{b}}\right)^{-a}.$$

两边取倒数, 我们就得到所要的结果. ■

于是 x^q 是对于每个比例数都定义成功了. 注意这个新的定义与我们对于 $x^{\frac{1}{n}}$ 的老的定义是相容的 (为什么?), 并且也与我们对于 x^n 的老的定义是相容的 (为什么?).

关于比例数次幂的一些基本事实是:

引理 5.6.9 设 $x, y > 0$ 是正的实数, 并设 q, r 是比例数.

(a) x^q 是正的实数.

(b) $x^{q+r} = x^q x^r$ 并且 $(x^q)^r = x^{qr}$.

(c) $x^{-q} = \frac{1}{x^q}$.

(d) 如果 $q > 0$, 那么 $x > y$ 当且仅当 $x^q > y^q$.

(e) 如果 $x > 1$, 那么 $x^q > y^r$ 当且仅当 $q > r$. 如果 $x < 1$, 那么 $x^q > y^r$ 当且仅当 $q < r$.

证明 见习题 5.6.2. ■

我们还必须作实数的实的指数运算, 换句话说, 还必须在 $x > 0$ 并且 y 是实数时定义 x^y. 但是我们将把此事推迟到 §6.7, 在我们正式地定义了极限概念之后.

在教材的其他部分，我们现在恰恰要假定实数遵从通常的代数算律、顺序关系以及指数运算算律.

习 题 5.6

5.6.1 证明引理 5.6.6. (提示: 复习命题 5.5.12 的证明. 而且, 你会发现反证法是有用的工具, 特别是在把命题 5.4.7 中序的三歧性与命题 5.4.12 结合起来的时候. 引理的前面的部分可用来证明引理的后面的部分, 对于 (e) 款, 先证当 $x > 1$ 时 $x^{\frac{1}{n}} > 1$, 以及当 $x < 1$ 时 $x^{\frac{1}{n}} < 1$.)

5.6.2 证明引理 5.6.9. (提示: 主要仰仗引理 5.6.6 以及代数算律.)

5.6.3 如果 x 是实数, 证明 $|x| = (x^2)^{\frac{1}{2}}$.

第 6 章　序列的极限

§6.1　收敛及极限的算律

上一章中, 我们把实数定义为比例数的 (Cauchy) 序列的形式极限, 然后定义了实数的各种运算. 但是不像我们在构造整数时所做的 (那时我们最终用真实的差取代了形式的差), 也不像我们在构造比例数时所做的 (那时我们最终用真实的商取代了形式的商), 我们并不曾真正结束构造实数的工作, 因为我们并不曾达到用真实的极限来代替形式的极限这一步. 事实上, 我们根本不曾定义极限. 现在我们就来整这件事.

我们从再次重述 ε- 接近序列的主要结构开始. 但此刻我们是对实数序列说话, 而不是只对比例数序列来讨论, 于是这样的讨论将涵盖上一章中所做的讨论. 首先我们对于实数定义距离.

定义 6.1.1(两个实数间的距离)　给定两个实数 x 和 y, 我们定义它们的**距离** $d(x,y)$ 为 $d(x,y):=|x-y|$.

很清楚, 这个定义与定义 4.3.2 是相容的. 进一步说, 命题 4.3.3 对于实数也完全成立, 就像它对比例数成立一样, 因为实数遵从比例数所遵从的一切代数算律.

定义 6.1.2(ε- 接近的实数)　设 $\varepsilon>0$ 是实数. 我们说两个实数是**ε- 接近** 的当且仅当我们有 $d(x,y)\leqslant\varepsilon$.

再次说明, 很清楚, ε- 接近的这个定义与定义 4.3.4 是相容的.

现在设 $(a_n)_{n=m}^{\infty}$ 是一个实数的序列[①], 也就是说, 对于每个整数 $n\geqslant m$ 我们指定了一个实数 a_n. 起始的号码 m 是某整数, 通常取它为 1, 但有时我们将从不是 1 的号码开始. (用来成为序列的号码的标示物是什么是无关紧要的, 例如我们可使用 $(a_k)_{k=m}^{\infty}$, 也可用 $(a_n)_{n=m}^{\infty}$, 它们确切地表示同一个序列.) 我们可以像以前完全一样地定义 Cauchy 序列的概念.

定义 6.1.3(实数的 Cauchy 序列)　设 $\varepsilon>0$ 是一个实数. 一个实数列 $(a_n)_{n=N}^{\infty}$ 叫做是**ε- 稳定**的, 当且仅当对于一切 $j,k\geqslant N$, a_j,a_k 都是 ε- 接近的. 一个从某号码 m 开始的序列 $(a_n)_{n=m}^{\infty}$ 叫作是**终极 ε- 稳定**的, 当且仅当存在某个 $N\geqslant m$, 使得 $(a_n)_{n=N}^{\infty}$ 是 ε- 稳定的. 我们说 $(a_n)_{n=m}^{\infty}$ 是**Cauchy 序列**, 当且仅当对于每个 $\varepsilon>0$ 它都是终极 ε- 稳定的.

---

① 以后简称为实数列. —— 译者注

用另一种方式来说, 一个实数列 $(a_n)_{n=m}^{\infty}$ 是 Cauchy 序列, 如果对于每个实数 $\varepsilon > 0$, 都存在 $N \geqslant m$, 使得对于一切 $n, n' \geqslant N$, $|a_n - a_{n'}| \leqslant \varepsilon$. 这些定义与关于比例数的对应的定义 (定义 5.1.3、定义 5.1.6 和定义 5.1.8) 都是相容的, 尽管对于 Cauchy 序列验证相容性要稍微仔细一点.

命题 6.1.4 设 $(a_n)_{n=m}^{\infty}$ 是从号码 m 开始的比例数的序列, 那么 $(a_n)_{n=m}^{\infty}$ 是按定义 5.1.8 的意义的 Cauchy 序列, 当且仅当它是按定义 6.1.3 的意义的 Cauchy 序列.

证明 先设 $(a_n)_{n=m}^{\infty}$ 依定义 6.1.3 是 Cauchy 序列. 那么对于每个实数 $\varepsilon > 0$, 它都是终极 ε- 稳定的. 特别地, 对于每个**比例数** $\varepsilon > 0$, 它都是终极 ε- 稳定的, 这使它按定义 5.1.8 的意义是 Cauchy 序列.

现在假设 $(a_n)_{n=m}^{\infty}$ 按定义 5.1.8 是 Cauchy 序列. 那么对于每个**比例数**$\varepsilon > 0$, 它都是终极 ε- 稳定的. 如果 $\varepsilon > 0$ 是实数, 那么根据命题 5.4.12, 存在一个**比例数** $\varepsilon' > 0$, 它比 ε 小. 由于 ε' 是比例数, 我们知道 $(a_n)_{n=m}^{\infty}$ 是终极 ε'- 稳定的. 由于 $\varepsilon' < \varepsilon$, 这表明 $(a_n)_{n=m}^{\infty}$ 是终极 ε- 稳定的. 由于 ε 是任意的正的实数, 于是我们看到 $(a_n)_{n=m}^{\infty}$ 按定义 6.1.3 的意义是 Cauchy 序列. ■

根据这个命题, 我们不再介意定义 5.1.8 和定义 6.1.3 之间的区别, 而把 Cauchy 序列的概念看作是一个单一的统一的概念.

现在我们来谈谈, 一个实数列收敛到某极限 L 是什么意思.

定义 6.1.5(序列的收敛) 设 $\varepsilon > 0$ 是实数, 并且 L 是实数. 一个实数列 $(a_n)_{n=N}^{\infty}$ 叫作是 **ε- 接近** L的当且仅当对于每个 $n \geqslant N$, a_n 都是 ε- 接近于 L 的, 也就是说, 对于每个 $n \geqslant N$, $|a_n - L| \leqslant \varepsilon$. 我们说序列 $(a_n)_{n=m}^{\infty}$ 是**终极 ε- 接近于** L的, 当且仅当存在 $N \geqslant m$, 使得 $(a_n)_{n=N}^{\infty}$ 是 ε- 接近于 L 的. 我们说序列 $(a_n)_{n=m}^{\infty}$**收敛到** L, 当且仅当对于每个实数 $\varepsilon > 0$, 它是终极 ε- 接近于 L 的.

可以展开这里的全部定义, 也可以更直接地写出收敛的概念; 见习题 6.1.2.

例 6.1.6 序列

$$0.9, 0.99, 0.999, 0.999\,9, \cdots$$

是 0.1- 接近于 1 的, 但不是 0.01 接近于 1 的, 这决定于序列的第一项. 但是它是终极 0.01- 接近于 1 的. 事实上, 对于每个 $\varepsilon > 0$, 这个序列都是终级 ε- 接近于 1 的, 所以, 它收敛到 1.

命题 6.1.7(极限的唯一性) 设 $(a_n)_{n=m}^{\infty}$ 是从整数号码 m 起始的实数列, 并设 $L \neq L'$ 是两个不同的实数. 那么, $(a_n)_{n=m}^{\infty}$ 不可能同时收敛到 L 和 L'.

证明 用反证法. 设 $(a_n)_{n=m}^{\infty}$ 同时收敛到 L 和 L'. 令 $\varepsilon = \frac{1}{3}|L - L'|$. 由于 $L \neq L'$, 所以 ε 是正数. 由于 $(a_n)_{n=m}^{\infty}$ 收敛到 L, 我们知道 $(a_n)_{n=m}^{\infty}$ 是终极 ε- 接近于 L 的; 于是存在 $N \geqslant m$ 使得对于一切 $n \geqslant N$ 有 $d(a_n, L) \leqslant \varepsilon$. 类似地, 存在

$M \geqslant m$ 使得对于一切 $n \geqslant M$ 有 $d(a_n, L') \leqslant \varepsilon$. 特别地, 如果令 $n := \max(N, M)$, 那么有 $d(a_n, L) \leqslant \varepsilon$ 和 $d(a_n, L') \leqslant \varepsilon$. 于是根据三角形不等式 $d(L, L') \leqslant 2\varepsilon = \frac{2}{3}|L-L'|$. 但那样的话, 就有

$$|L - L'| \leqslant \frac{2}{3}|L - L'|.$$

这与 $|L - L'| > 0$ 矛盾. 于是, 同时收敛到 L 和 L' 是不可能的. ■

既然我们知道极限是唯一的, 我们就可以设置一个记号来确定它们.

定义 6.1.8(序列的极限)　如果序列 $(a_n)_{n=m}^{\infty}$ 收敛到某实数 L, 我们就说这个序列是**收敛的**, 并且它的**极限**是 L, 记作

$$L = \lim_{n \to \infty} a_n.$$

如果序列 $(a_n)_{n=m}^{\infty}$ 不收敛到任何实数 L, 我们就说序列 $(a_n)_{n=m}^{\infty}$ 是**发散的**, 并且认为 $\lim_{n \to \infty} a_n$ 无定义.[①]

注意, 命题 6.1.7 保证一个序列最多可以有一个极限. 于是, 如果极限存在, 它就是唯一的实数, 否则它就没有定义.

注 6.1.9　记号 $\lim_{n \to \infty} a_n$ 对于序列的起始号码 m 没有给予任何标示, 但起始号码是毫无关系的 (习题 6.1.3). 所以在我们往后的讨论中, 我们将不太关心序列从何处起始, 而主要集中注意它们的极限.

我们有时用短语 "当 $n \to \infty$ 时 $a_n \to x$" 作为语句 "$(a_n)_{n=m}^{\infty}$ 收敛到 x" 的替代写法. 应记住, 虽然单独的语句 $a_n \to x$ 和 $n \to \infty$ 没有任何严格的意义; 这个短语只是一个记号, 然而是一个很有启发性的记号.

注 6.1.10　用以代表号码的字母 (在我们的情况下, 是 n) 的具体选取是无关紧要的; 例如, 短语 $\lim_{k \to \infty} a_k$ 与 $\lim_{n \to \infty} a_n$ 确切地具有同样的意思. 有时为了避免符号的冲突而改变号码的符号是很方便的. 例如我们可能要把 n 换成 k, 如果 n 同时用于某种其他目的, 而我们要减少混淆的可能的话. 见习题 6.1.4.

命题 6.1.11　我们有 $\lim_{n \to \infty} \frac{1}{n} = 0$.

证明　我们必须证明序列 $(a_n)_{n=1}^{\infty}$ 收敛到 0, 其中 $a_n := \frac{1}{n}$. 换句话说, 对于每个 $\varepsilon > 0$, 需要证明序列 $(a_n)_{n=1}^{\infty}$ 是终极 ε- 接近于 0 的. 于是, 设 $\varepsilon > 0$ 是任意的一个实数. 我们必须找一个 N 使得对于每个 $n \geqslant N$, $|a_n - 0| \leqslant \varepsilon$. 但是如果 $n \geqslant N$, 那么

$$|\, a_n - 0 \,| = \left| \frac{1}{n} - 0 \right| = \frac{1}{n} \leqslant \frac{1}{N}.$$

---

① 通常 $(a_n)_{n=m}^{\infty}$ 发散到 ∞ 或 $-\infty$ 分别记作

$$\lim_{n \to \infty} a_n = \infty \text{ 或 } \lim_{n \to \infty} a_n = -\infty.$$

—— 译者注

于是, 如果我们取 $N > \frac{1}{\varepsilon}$(此事可根据阿基米德原理而实现), 那么 $\frac{1}{N} < \varepsilon$, 从而 $(a_n)_{n=N}^{\infty}$ 是 ε- 接近于 0 的. 于是 $(a_n)_{n=1}^{\infty}$ 是终极 ε- 接近于 0 的. 由于 ε 是任意的, $(a_n)_{n=1}^{\infty}$ 收敛到 0. ■

命题 6.1.12(收敛的序列是 Cauchy 序列) 设 $(a_n)_{n=m}^{\infty}$ 是一个收敛的实数列, 那么 $(a_n)_{n=m}^{\infty}$ 是 Cauchy 序列.

证明 见习题 6.1.5. ■

例 6.1.13 序列 $1, -1, 1, -1, 1, -1, \cdots$ 不是 Cauchy 序列 (因为它不是终极 1- 稳定的), 所以根据命题 6.1.12 它不是收敛的序列.

注 6.1.14 对于命题 6.1.12 的逆命题, 见下面的定理 6.4.18.

现在我们来证明, 形式极限可以被实际极限所包含, 就像构造整数时, 形式减法被实际减法所包含, 以及构造比例数时, 形式除法被实际除法所包含那样.

命题 6.1.15(形式极限是真实的极限) 设 $(a_n)_{n=1}^{\infty}$ 是比例数的 Cauchy 序列, 那么 $(a_n)_{n=1}^{\infty}$ 收敛到 $\mathrm{LIM}_{n\to\infty}a_n$, 即

$$\mathrm{LIM}_{n\to\infty}a_n = \lim_{n\to\infty} a_n.$$

证明 见习题 6.1.6. ■

定义 6.1.16(有界序列) 一个实数列 $(a_n)_{n=m}^{\infty}$ 是界于实数 M 的当且仅当对于一切 $n \geqslant m$, 有 $|a_n| \leqslant M$. 我们说 $(a_n)_{n=m}^{\infty}$ 是**有界的**, 当且仅当它是界于某实数 $M > 0$ 的.

这个定义与定义 5.1.12 是相容的; 见习题 6.1.7.

从引理 5.1.15 回想起, 每个比例数的 Cauchy 序列是有界的. 对该引理的证明进行仔细考察就可发现, 同样的论证对于实数的 Cauchy 序列也适用: 每个实数的 Cauchy 序列是有界的. 特别地, 从命题 6.1.12 我们得到

推论 6.1.17 实数的收敛序列是有界的.

例 6.1.18 序列 $1, 2, 3, 4, 5, \cdots$ 不是有界的, 从而不是收敛的.

我们现在可以证明通常的极限算律.

定理 6.1.19(极限算律) 设 $(a_n)_{n=m}^{\infty}$ 和 $(b_n)_{n=m}^{\infty}$ 是收敛的实数序列, 并设 x, y 是实数

$$x := \lim_{n\to\infty} a_n, \quad y := \lim_{n\to\infty} b_n.$$

(a) 序列 $(a_n + b_n)_{n=m}^{\infty}$ 收敛到 $x + y$, 即

$$\lim_{n\to\infty}(a_n + b_n) = \lim_{n\to\infty} a_n + \lim_{n\to\infty} b_n.$$

(b) 序列 $(a_n b_n)_{n=m}^{\infty}$ 收敛到 xy, 即

$$\lim_{n\to\infty}(a_n b_n) = (\lim_{n\to\infty} a_n)(\lim_{n\to\infty} b_n).$$

(c) 对于任意实数 c, 序列 $(ca_n)_{n=m}^{\infty}$ 收敛到 cx, 即

$$\lim_{n\to\infty}(ca_n) = c\lim_{n\to\infty} a_n.$$

(d) 序列 $(a_n - b_n)_{n=m}^{\infty}$ 收敛到 $x - y$, 即

$$\lim_{n\to\infty}(a_n - b_n) = \lim_{n\to\infty} a_n - \lim_{n\to\infty} b_n.$$

(e) 设 $y \neq 0$ 并且对于一切 $n \geqslant m$, $b_n \neq 0$. 那么序列 $(b_n^{-1})_{n=m}^{\infty}$ 收敛到 y^{-1}, 即

$$\lim_{n\to\infty} b_n^{-1} = (\lim_{n\to\infty} b_n)^{-1}.$$

(f) 设 $y \neq 0$ 并且对于一切 $n \geqslant m$, $b_n \neq 0$. 那么序列 $(\frac{a_n}{b_n})_{n=m}^{\infty}$ 收敛到 $\frac{x}{y}$, 即

$$\lim_{n\to\infty}\frac{a_n}{b_n} = \frac{\lim\limits_{n\to\infty} a_n}{\lim\limits_{n\to\infty} b_n}.$$

(g) 序列 $(\max(a_n, b_n))_{n=m}^{\infty}$ 收敛到 $\max(x, y)$, 即

$$\lim_{n\to\infty}\max(a_n, b_n) = \max(\lim_{n\to\infty} a_n, \lim_{n\to\infty} b_n).$$

(h) 序列 $(\min(a_n, b_n))_{n=m}^{\infty}$ 收敛到 $\min(x, y)$, 即

$$\lim_{n\to\infty}\min(a_n, b_n) = \min(\lim_{n\to\infty} a_n, \lim_{n\to\infty} b_n).$$

证明　见习题 6.1.8. ■

习　题　6.1

6.1.1　设 $(a_n)_{n=0}^{\infty}$ 是一个实数列, 对每个自然数 n 满足 $a_{n+1} > a_n$. 证明只要 n 和 m 是自然数, 使得 $m > n$, 我们就有 $a_m > a_n$. (我们把这样的序列叫作**增序列**.)

6.1.2　设 $(a_n)_{n=m}^{\infty}$ 是一个实数列, 并且 L 是一个实数. 证明: $(a_n)_{n=m}^{\infty}$ 收敛到 L, 当且仅当对于任何给定的 $\varepsilon > 0$ 都能找到 $N \geqslant m$, 使得对于一切 $n \geqslant N$, $|a_n - L| \leqslant \varepsilon$.

6.1.3　设 $(a_n)_{n=m}^{\infty}$ 是一个实数列, c 是实数, 并且设 $m' \geqslant m$ 是整数. 证明: $(a_n)_{n=m}^{\infty}$ 收敛到 c 当且仅当 $(a_n)_{n=m'}^{\infty}$ 收敛到 c.

6.1.4　设 $(a_n)_{n=m}^{\infty}$ 是一个实数列, 设 c 是实数, 并且设 $k \geqslant 0$ 是不小于 0 的整数. 证明 $(a_n)_{n=m}^{\infty}$ 收敛到 c 当且仅当 $(a_{n+k})_{n=m}^{\infty}$ 收敛到 c.

6.1.5　证明命题 6.1.12. (提示: 使用三角形不等式或命题 4.3.7.)

6.1.6　按下面的步骤证明命题 6.1.15. 设 $(a_n)_{n=m}^{\infty}$ 是比例数的 Cauchy 序列, 并记 $L := \mathrm{LIM}_{n\to\infty} a_n$. 我们必须证明 $(a_n)_{n=m}^{\infty}$ 收敛到 L. 设 $\varepsilon > 0$. 用反证法, 假定 $(a_n)_{n=m}^{\infty}$ 不是终极 ε- 接近于 L 的. 据此, 以及 $(a_n)_{n=m}^{\infty}$ 是 Cauchy 序列的事实, 证明存在 $N \geqslant m$, 使得对于一切 $n > N$, $a_n > L + \frac{1}{2}\varepsilon$, 或者对于一切 $n \geqslant N$, $a_n < L - \frac{1}{2}\varepsilon$. 然后使用习题 5.4.8.

6.1.7 证明定义 6.1.16 与定义 5.1.12 是相容的 (即, 证明当以有界序列代替 Cauchy 序列时, 与命题 6.1.4 的类似的命题).

6.1.8 证明定理 6.1.9. (提示: 你可以使用定理的某些部分去证明另一些部分, 例如 (b) 可用来证明 (c); (a) 和 (c) 可用来证明 (d); 而 (b) 和 (e) 可用来证明 (f). 与引理 5.3.6、命题 5.3.10 以及引理 5.3.15 的证明类似. 对于 (e), 你可能需要先证一个辅助的结果: 任何其项非零而收敛到非零极限的序列是限制离开零的.)

6.1.9 解释为什么定理 6.1.19(f) 当分母的极限为 0 时不成立. (要修正此问题, 需要 L'Hôpital 法则, 见 §10.5.)

6.1.10 证明定义 5.2.6 中, 等价的 Cauchy 序列这一概念当 ε 被要求取正的实数以代替取正的比例数时, 毫不改变. 更准确地说, 如果 $(a_n)_{n=0}^{\infty}$ 和 $(b_n)_{n=0}^{\infty}$ 是实数列, 证明它们对于每个比例数 $\varepsilon>0$ 是终极 ε- 接近的当且仅当对于每个实数 $\varepsilon>0$ 它们是终极 ε- 接近的. (提示: 修改命题 6.1.4 的证明.)

§6.2 广义实数系

有些序列不收敛到任何实数, 但似乎要趋于 $+\infty$ 或 $-\infty$. 例如, 直观上看, 序列

$$1, 2, 3, 4, 5, \cdots$$

应该趋于 $+\infty$, 而

$$-1, -2, -3, -4, -5, \cdots$$

应该趋于 $-\infty$. 同时, 序列

$$1, -1, 1, -1, 1, -1 \cdots$$

好像不趋于任何东西 (虽然稍后我们将看到它有 "极限点"$+1$ 和 -1). 类似地, 序列

$$1, -2, 3, -4, 5, -6, \cdots$$

不收敛到任何实数, 也不像是趋于 $+\infty$ 或趋于 $-\infty$. 要把事情弄准确, 我们需要谈一下叫作**广义实数系**的东西.

定义 6.2.1(广义实数系) **广义实数系** $\mathbb{R}^*$ 是实直线 $\mathbb{R}$ 附上两个叫做 $+\infty$ 和 $-\infty$ 的元素. 这两个元素彼此不同也与每个实数不同. 一个广义实数 x 叫作**有限的**当且仅当它是实数, 而叫做**无限的**当且仅当它等于 $+\infty$ 或 $-\infty$. (这个定义与 §3.6 中定义的集合的有限和无限并不直接相关, 虽然它在精神上是类似的.)

这些新的符号, $+\infty$ 和 $-\infty$, 眼下还没有多大意思, 因为我们还没有操作它们的运算 (除了等于 "=" 和不等于 "$\neq$" 之外). 现在我们在广义实数系中添置一些运算.

定义 6.2.2(广义实数的负运算)　我们把 $\mathbb{R}$ 上的负运算 $x \mapsto -x$ 推广到 $\mathbb{R}^*$, 定义 $-(+\infty) := -\infty$ 以及 $-(-\infty) := +\infty$.

于是每个广义实数 x 都有一个负数, 而且 $-(-x)$ 永远等于 x.

定义 6.2.3(广义实数的编序)　设 x 和 y 是广义实数. 我们说 $x \leqslant y$, 即 x 小于或等于 y, 当且仅当以下三命题之一成立:

(a) x, y 是实数, 且作为实数 $x \leqslant y$.

(b) $y = +\infty$.

(c) $x = -\infty$.

我们说 $x < y$ 如果我们有 $x \leqslant y$ 以及 $x \neq y$. 有时我们把 $x < y$ 写成 $y > x$, 把 $x \leqslant y$ 写成 $y \geqslant x$.

例 6.2.4　$3 \leqslant 5, 3 < +\infty$, 并且 $-\infty < +\infty$, 但 $3 \not\leqslant -\infty$.

关于广义实数系的序和负运算的一些基本性质:

命题 6.2.5　*设 x, y, z 是广义实数. 那么下述命题成立:*

(a) *(自反性) 我们有 $x \leqslant x$.*

(b) *(三歧性) 命题 $x < y$, $x = y$, $x > y$ 中恰有一个成立.*

(c) *(传递性) 如果 $x \leqslant y$, 且 $y \leqslant z$, 那么 $x \leqslant z$.*

(d) *(负运算颠倒次序) 如果 $x \leqslant y$, 那么 $-y \leqslant -x$.*

证明　见习题 6.2.1. ■

也可以在广义实数系中引入其他运算, 如加法和乘法等. 但是, 这是有点危险的, 因为这些运算几乎肯定不遵从熟悉的代数法则. 例如, 为定义加法, 好像有理由(根据对应于无限的直观感觉) 令 $+\infty + 5 = +\infty$ 以及 $+\infty + 3 = +\infty$, 但这就推出 $+\infty + 5 = +\infty + 3$, 而 $5 \neq 3$. 于是, 像消去律之类的东西一旦要施行到含有无限的运算就要失效. 为了避免此类事项, 我们就简单地对广义实数系不定义任何算术运算, 除了负运算和序以外.

记得我们定义了实数集 E 的 supremum 即最小上界的概念; 它给出一个广义实数 $\sup(E)$, 或为有限的或为无限的. 我们现在对此概念稍作推广.

定义 6.2.6(广义实数集的上确界)　设 E 是 $\mathbb{R}^*$ 的子集合, 我们用下面的法则来定义 E 的**上确界**或**最小上界**$\sup(E)$. ①

(a) 如果 E 包含于 $\mathbb{R}$ (即 $+\infty$ 和 $-\infty$ 不是 E 的元素), 那么我们令 $\sup(E)$ 由定义 5.5.10 确定.

(b) 如果 E 含有 $+\infty$, 那么我们令 $\sup(E) := +\infty$.

---

① 定义 6.2.6 和定义 5.5.10 的一个重要区别是, $\mathbb{R}^*$ 本身就是有界集.$\mathbb{R}^*$ 的任何子集都有最小上界, 即上确界. 而按定义 5.5.10, 不能说无上界的集合有上确界. 所以在 $\mathbb{R}$ 中, $\sup(E) = +\infty$ 不叫作上确界 (见定义 5.5.10 的脚注). —— 译者注

(c) 如果 E 不含 $+\infty$ 但含有 $-\infty$, 那么我们令 $\sup(E) := \sup(E \setminus \{-\infty\})$(而 $E \setminus \{-\infty\}$ 是 $\mathbb{R}$ 的一个子集, 从而落入情形 (a)).

我们也定义 E 的**下确界**(即**最大下界**) 为

$$\inf(E) := -\sup(-E).$$

其中 $-E$ 是集合 $-E := \{-x : x \in E\}$.

例 6.2.7 设 E 是负整数及 $-\infty$ 的全体:

$$E = \{-1, -2, -3, \cdots\} \bigcup \{-\infty\}.$$

那么 $\sup(E) = \sup(E \setminus \{-\infty\}) = -1$, 而

$$\inf(E) := -\sup(-E) = -\infty.$$

例 6.2.8 集合 $\{0.9, 0.99, 0.999, 0.999\,9, \cdots\}$ 的上确界是 1, 下确界是 0.9. 注意这里上确界并不实际属于此集合, 但它在一定意义下从右方 "触及" 此集合.

例 6.2.9 集合 $\{1, 2, 3, 4, 5 \cdots\}$ 有下确界 1 和上确界 (在 $\mathbb{R}^*$ 中) $+\infty$.

例 6.2.10 设 E 是空集. 那么, $\sup(E) := -\infty$ 并且 $\inf(E) = +\infty$ (为什么?). 这是 supremum 小于 infmum 的唯一情形. (为什么?)

可以像下面那样直观地想象 E 的上确界.

想象实直线以某种方式在最右端安置了 $+\infty$ 而在最左端安置了 $-\infty$. 想象一个活塞从 $+\infty$ 处向左移动直到遇到 E 为止; 它停下来的位置就是 E 的上确界. 类似地, 如果想象一个活塞从 $-\infty$ 处向右移动直到遇到 E 而停, 它停下来的位置就是 E 的下确界. 当 E 是空集时, 两个活塞彼此穿过, 上确界落在 $-\infty$, 而下确界落在 $+\infty$.

下面的定理为术语 "最小上界" 和 "最大下界" 提供了合理的解释.

定理 6.2.11 设 E 是 $\mathbb{R}^*$ 的子集合. 那么下述各命题成立:

(a) 对于每个 $x \in E$, 我们有 $x \leqslant \sup(E)$ 以及 $x \geqslant \inf(E)$.

(b) 设 M 是 E 的上界, 即对于一切 $x \in E, x \leqslant M (M \in \mathbb{R}^*)$. 那么我们有 $\sup(E) \leqslant M$.

(c) 设 M 是 E 的下界, 即对于一切 $x \in E, x \geqslant M (M \in \mathbb{R}^*)$, 那么我们有 $\inf(E) \geqslant M$.

证明 见习题 6.2.2. ■

习 题 6.2

6.2.1 证明命题 6.2.5. (提示: 你可能用得着命题 5.4.7.)

6.2.2 证明定理 6.2.11. (提示: 可能要分 $+\infty$ 或 $-\infty$ 是否属于 E 的情形来考虑. 你当然可以使用命题 5.5.10, 只要 E 仅由实数组成.)

§6.3 序列的上确界和下确界

定义了实数系的上确界和下确界之后, 我们现在也可以谈论序列的上确界和下确界.

定义 6.3.1(序列的 sup 和 inf) 设 $(a_n)_{n=m}^{\infty}$ 是一个实数列, 那么我们定义 $\sup(a_n)_{n=m}^{\infty}$ 为集合 $\{a_n : n \geqslant m\}$ 的上确界, $\inf(a_n)_{n=m}^{\infty}$ 为同一集合 $\{a_n : n \geqslant m\}$ 的下确界.

注 6.3.2 量 $\sup(a_n)_{n=m}^{\infty}$ 和 $\inf(a_n)_{n=m}^{\infty}$ 有时分别写作

$$\sup_{n \geqslant m} a_n \text{ 和 } \inf_{n \geqslant m} a_n.$$

例 6.3.3 设 $a_n := (-1)^n$, 于是 $(a_n)_{n=1}^{\infty}$ 是序列 $-1, 1, -1, 1, \cdots$. 那么集合 $\{a_n : n \geqslant 1\}$ 恰是两元素集 $\{-1, 1\}$, 从而 $\sup(a_n)_{n=1}^{\infty}$ 等于 1. 类似地, $\inf(a_n)_{n=1}^{\infty}$ 等于 -1.

例 6.3.4 设 $a_n := \frac{1}{n}$, 于是 $(a_n)_{n=1}^{\infty}$ 是序列 $1, \frac{1}{2}, \frac{1}{3}, \frac{1}{4}, \cdots$. 那么集合 $\{a_n : n \geqslant 1\}$ 是可数集 $\{1, \frac{1}{2}, \frac{1}{3}, \frac{1}{4}, \cdots\}$. 于是 $\sup(a_n)_{n=1}^{\infty} = 1$ 并且 $\inf(a_n)_{n=1}^{\infty} = 0$ (习题 6.3.1). 注意, 这里序列的下确界事实上并不是序列的一个元素, 尽管它最终与序列非常接近. (所以, 把上确界和下确界分别认为是 "序列最大元素" 和 "序列最小元素" 是有点不准确的.)

例 6.3.5 设 $a_n := n$, 于是 $(a_n)_{n=1}^{\infty}$ 是序列 $1, 2, 3, 4, \cdots$. 那么集合 $\{a_n : n \geqslant 1\}$ 恰是正整数的集合 $\{1, 2, 3, 4, \cdots\}$. 那么 $\sup(a_n)_{n=1}^{\infty} = +\infty$ 而 $\inf(a_n)_{n=1}^{\infty} = 1$.

如上例所示, 一个序列的上确界或下确界可能是 $+\infty$ 或 $-\infty$. 但是, 如果一个序列 $(a_n)_{n=m}^{\infty}$ 是有界的, 比如说界于 M, 那么序列的全部元素都介于 $-M$ 和 M 之间, 从而集合 $\{a_n : n \geqslant m\}$ 有上界 M 及下界 $-M$. 由于这个集合明显不空, 所以我们可以断定有界序列的上确界和下确界都是实数 (即, 不是 $+\infty$ 和 $-\infty$).

命题 6.3.6(最小上界性质) *设 $(a_n)_{n=m}^{\infty}$ 是实数列, 并设 x 是广义实数 $x := \sup(a_n)_{n=m}^{\infty}$. 那么对于一切 $n \geqslant m$ 有 $a_n \leqslant x$. 另外, 只要 $M \in \mathbb{R}^*$ 是 $(a_n)_{n=m}^{\infty}$ 的一个上界 (即对于一切 $n \geqslant m$, $a_n \leqslant M$), 就有 $x \leqslant M$. 最后, 对于每个满足 $y < x$ 的广义实数 y, 至少存在一个 $n \geqslant m$, 使得 $y < a_n \leqslant x$.*

证明 见习题 6.3.2. ■

注 6.3.7 对于下确界, 有相应的命题, 只需把一切序关系颠倒过来, 例如, 上界要换成下界, 等等. 证明完全相同.

现在我们给出一个上确界和下确界概念的应用. 在前面我们看到, 一切收敛序列都是有界的. 自然会问, 逆命题是否成立: 是不是一切有界序列都是收敛的? 回答是否定的. 作为例子, 序列 $1, -1, 1, -1, \cdots$ 是有界的, 但它不是 Cauchy 序列, 因此不是收敛的. 但是, 如果我们让序列同时是有界的和单调的 (即, 增的或减的), 那么, 它肯定收敛:

命题 6.3.8(单调有界序列收敛) 设 $(a_n)_{n=m}^{\infty}$ 是具有有限的上界 $M \in \mathbb{R}$ 的实数列, 而且它也是单调增的 (即对于一切 $n \geqslant m$, $a_{n+1} \geqslant a_n$). 那么 $(a_n)_{n=m}^{\infty}$ 收敛, 并且事实上

$$\lim_{n\to\infty} a_n = \sup(a_n)_{n=m}^{\infty} \leqslant M.$$

证明 见习题 6.3.3. ■

可以类似地证明, 如果一个序列 $(a_n)_{n=m}^{\infty}$ 是有下界的并且是减的 (即, $a_{n+1} \leqslant a_n$), 那么, 它是收敛的, 并且极限等于下确界.

一个序列叫作是**单调的**, 如果它是增的, 或者它是减的. 从命题 6.3.8 和推论 6.1.17 我们看到, 一个单调序列收敛当且仅当它是有界的.

例 6.3.9 序列 3, 3.1, 3.14, 3.141, 3.141 5, $\cdots$ 是增的并且有上界 4. 于是根据命题 6.3.8, 它必定有极限, 此极限是小于或等于 4 的实数.

命题 6.3.8 断言, 单调序列有极限, 但并没有直接说出这个极限是什么. 但是, 一旦断定极限存在, 常常做一个额外的工作就能找出这个极限. 例如:

命题 6.3.10 设 $0 < x < 1$. 那么我们有 $\lim\limits_{n\to\infty} x^n = 0$.

证明 由于 $0 < x < 1$, 可以证明序列 $(x^n)_{n=1}^{\infty}$ 是减的 (为什么?). 另一方面, $(x^n)_{n=1}^{\infty}$ 以 0 为下界. 于是, 根据命题 6.3.8 (用下确界代替上确界), 序列 $(x^n)_{n=1}^{\infty}$ 收敛到某极限 L. 由于 $x^{n+1} = x \times x^n$, 从极限的算律 (定理 6.1.19) 看到 $(x^{n+1})_{n=1}^{\infty}$ 收敛到 xL. 但是序列 $(x^{n+1})_{n=1}^{\infty}$ 恰是序列 $(x^n)_{n=2}^{\infty}$ 平移一项, 从而它们必定有同样的极限 (为什么?). 所以 $xL = L$. 由于 $x \neq 1$, 我们可解出 $L = 0$. 于是 $(x^n)_{n=1}^{\infty}$ 收敛到 0. ■

注意, 这个证明当 $x > 1$ 时无效 (习题 6.3.4).

习 题 6.3

6.3.1 验证例 6.3.4 的结论.

6.3.2 证明命题 6.3.6. (提示: 使用定理 6.2.11.)

6.3.3 证明命题 6.3.8. (提示: 使用命题 6.3.6 以及 $(a_n)_{n=m}^{\infty}$ 是增序列的假定, 证明 $(a_n)_{n=m}^{\infty}$ 收敛到 $\sup(a_n)_{n=m}^{\infty}$.)

6.3.4 解释为什么命题 6.3.10当 $x>1$ 时不成立. 事实上, 证明序列 $(x^n)_{n=1}^{\infty}$ 当 $x>1$ 时发散. (提示: 用反证法以及恒等式 $(\frac{1}{x})^n x^n=1$, 并且使用定理 6.1.19 中的极限算律.) 将此与例 1.2.3 中的论述相比较, 你现在能解释那个例子中所出毛病的原因吗?

§6.4 上极限、下极限和极限点

考虑序列

$$1.1, -1.01, 1.001, -1.000\,1, 1.000\,01, \cdots.$$

如果画出这个序列的图像, 那么就能看到 (非正式地) 这个序列不收敛; 这个序列中有一半接近 1 而另一半接近 -1, 但它既不收敛到 1 也不收敛到 -1; 例如, 它不会终极 $\frac{1}{2}$- 接近 1, 也不会终极 $\frac{1}{2}$- 接近 -1. 但是, 即使 -1 和 1 完全不是此序列的极限, 好像它们还是以某种模糊的方式 "要" 成为极限. 为把这个观念弄清楚, 我们引入极限点的概念.

定义 6.4.1(极限点) 设 $(a_n)_{n=m}^{\infty}$ 是实数列, x 是实数, 并且设实数 $\varepsilon>0$. 我们说 x 是**ε- 附着于**$(a_n)_{n=m}^{\infty}$ 的, 当且仅当存在 $n\geqslant m$, 使得 a_n 是 ε- 接近于 x 的. 我们说 x 是**持续 ε- 附着于** $(a_n)_{n=m}^{\infty}$ 的, 当且仅当对于每个 $N\geqslant m$, 它都是 ε- 附着于 $(a_n)_{n=N}^{\infty}$ 的. 我们说 x 是 $(a_n)_{n=m}^{\infty}$ 的**极限点或附着点**, 当且仅当对于每个 $\varepsilon>0$, 它都是持续 ε- 附着于 $(a_n)_{n=m}^{\infty}$ 的.

注 6.4.2 动词 "附着 (to adhere)" 与 "粘贴 (to stick to)" 大体上同义; 同样还有形容词 "附着的 (adhesive)".

把所有的定义展开, 我们看到, x 是 $(a_n)_{n=m}^{\infty}$ 的极限点, 如果对于每个 $\varepsilon>0$ 和每个 $N\geqslant m$, 都存在一个 $n\geqslant N$ 使得 $|a_n-x|\leqslant\varepsilon$. (为什么这是同一个定义?) 注意序列是 ε- 接近于 L 的 (它指的是序列的**一切**元素都在与 L 的距离为 ε 的范围之内) 与 L 是 ε - 附着于序列 (它只需序列的一个**单个**的元素在 L 的距离为 ε 的范围之内) 这两句话之间的区别. 还有, 为使 L 是持续 ε- 附着于 $(a_n)_{n=m}^{\infty}$ 的, 它必须对于一切 $N\geqslant m$ 都是 ε- 附着于 $(a_n)_{n=N}^{\infty}$ 的, 而为使 $(a_n)_{n=m}^{\infty}$ 是终极 ε- 接近于 L 的, 我们只需要对于某个 $N\geqslant m$, $(a_n)_{n=N}^{\infty}$ 是 ε- 接近 L 的. 于是, 在极限与极限点之间存在某些微妙的量化的差别.

注意, 极限点只定义为有限的实数. 严格地定义 $+\infty$ 或 $-\infty$ 为极限点的概念也是可能的; 见习题 6.4.8.

例 6.4.3 设 $(a_n)_{n=1}^{\infty}$ 代表序列

$$0.9, 0.99, 0.999, 0.999\,9, 0.999\,99, \cdots.$$

数 0.8 是 0.1- 附着于此序列的, 因为 0.8 是 0.1- 接近于 0.9 的, 0.9 是此序列的一项. 但是, 0.8 不是持续 0.1- 附着于这个序列的, 因为一旦把序列的第一项删掉, 就没有序列的元素是 0.1- 接近 0.8 的. 所以 0.8 不是这个序列的极限点. 另一方面, 数 1 是 0.1- 附着于这个序列的, 而且事实上是持续 0.1- 附着于这个序列的, 因为不管删去这个序列多少个开头的项, 依然有与 1 是 0.1- 接近的项. 事实上, 对于每个 $\varepsilon > 0$, 数 1 都是持续 ε- 附着于这个序列的, 从而是这个序列的一个极限点.

例 6.4.4 现在考虑序列

$$1.1, -1.01, 1.001, -1.000\,1, 1.000\,01, \cdots.$$

数 1 是 0.1- 附着于这个序列的; 事实上它是持续 0.1- 附着于这个序列的, 因为不管删去序列的多少 (有限) 项, 仍有某些项是 0.1- 接近于 1 的. (如早先讨论过的, 不需要全部元素都 0.1- 接近于 1, 而只需要一些; 于是 0.1- 附着弱于 0.1- 接近, 而持续 0.1- 附着是与终极 0.1- 接近不同的概念.) 事实上, 对于每个 $\varepsilon > 0$, 数 1 都是持续 ε- 附着于这个序列的, 于是它是这个序列的极限点. 类似地, -1 也是这个序列的极限点; 但是 0 作为例子不是这个序列的极限点, 因为它不是持续 0.1- 附着于这个序列的.

极限当然是极限点的特殊情形.

命题 6.4.5(极限是极限点) 设 $(a_n)_{n=m}^{\infty}$ 是收敛到实数 c 的序列. 那么 c 是 $(a_n)_{n=m}^{\infty}$ 的极限点, 并且事实上它是 $(a_n)_{n=m}^{\infty}$ 的仅有的极限点.

证明 见习题 6.4.1. ■

现在我们来考察两种特殊的极限点: 上极限 (lim sup) 和下极限 (lim inf).

定义 6.4.6(上极限和下极限) 设 $(a_n)_{n=m}^{\infty}$ 是一个序列. 我们定义一个新的序列 $(a_N^+)_{N=m}^{\infty}$, 其中

$$a_N^+ := \sup(a_n)_{n=N}^{\infty}.$$

更不正式地说, a_N^+ 是序列中从 a_N 往后的全体元素的上确界. 然后我们定义序列 $(a_n)_{n=m}^{\infty}$ 的**上极限**为

$$\limsup_{n\to\infty} a_n := \inf(a_N^+)_{N=m}^{\infty}.$$

类似地, 我们可以定义

$$a_N^- := \inf(a_n)_{n=N}^{\infty}, \quad (N \geqslant m),$$

并定义序列 $(a_n)_{n=m}^{\infty}$ 的**下极限**为

$$\liminf_{n\to\infty} a_n := \sup(a_N^-)_{N=m}^{\infty}.$$

例 6.4.7 设 $a_1, a_2, a_3, \cdots$ 代表序列

$$1.1, -1.01, 1.001, -1.000\,1, 1.000\,01, \cdots.$$

那么 $a_1^+, a_2^+, a_3^+, \cdots$ 是序列

$$1.1, 1.001, 1.001, 1.000\,01, 1.000\,01, \cdots$$

(为什么?), 它的下确界是 1. 因此, 这个序列的上极限是 1.

类似地, $a_1^-, a_2^-, a_3^-, \cdots$ 是序列

$$-1.01, -1.01, -1.000\,1, -1.000\,1, -1.000\,001, \cdots$$

(为什么?), 它的上确界是 -1. 因此. 这个序列的下极限是 -1. 应该将此与序列的上确界和下确界进行比较, 序列的上确界和下确界分别是 1.1 和 -1.01.

例 6.4.8 设 $a_1, a_2, a_3, \cdots$ 代表序列

$$1, -2, 3, -4, 5, -6, 7, -8, \cdots$$

那么 $a_1^+, a_2^+, a_3^+, \cdots$ 是序列

$$+\infty, +\infty, +\infty, +\infty, \cdots$$

(为什么?), 从而上极限是 $+\infty$.

类似地, $a_1^-, a_2^-, a_3^-, \cdots$ 是序列

$$-\infty, -\infty, -\infty, -\infty, \cdots,$$

从而下极限是 $-\infty$.

例 6.4.9 设 $a_1, a_2, a_3, \cdots$ 代表序列

$$1, -\frac{1}{2}, \frac{1}{3}, -\frac{1}{4}, \frac{1}{5}, -\frac{1}{6}, \cdots$$

那么 $a_1^+, a_2^+, a_3^+, \cdots$ 是序列

$$1, \frac{1}{3}, \frac{1}{3}, \frac{1}{5}, \frac{1}{5}, \frac{1}{7}, \cdots,$$

它的下确界是 0(为什么?), 所以上极限是 0. 类似地, $a_1^-, a_2^-, a_3^-, \cdots$ 是序列

$$-\frac{1}{2}, -\frac{1}{2}, -\frac{1}{4}, -\frac{1}{4}, -\frac{1}{6}, -\frac{1}{6}, \cdots,$$

它的上确界是 0, 所以下极限也是 0.

例 6.4.10 设 $a_1, a_2, a_3, \cdots$ 代表序列

$$1, 2, 3, 4, 5, 6, \cdots$$

那么 $a_1^+, a_2^+, a_3^+, \cdots$ 是序列

$$+\infty, +\infty, +\infty, +\infty, \cdots$$

从而上极限是 $+\infty$. 类似地, $a_1^-, a_2^-, a_3^-, \cdots$ 是序列

$$1, 2, 3, 4, 5, 6, \cdots$$

它的上确界是 $+\infty$, 所以下极限也是 $+\infty$.

注 6.4.11 有些作者使用记号 $\overline{\lim_{n\to\infty}} a_n$ 代替 $\limsup_{n\to\infty} a_n$, 使用记号 $\underline{\lim_{n\to\infty}} a_n$ 代替 $\liminf_{n\to\infty} a_n$. 注意, 序列的起始号码 m 是无关紧要的 (见习题 6.4.2).

回到活塞比喻. 想象一个活塞从 ∞ 处开始, 沿着实数轴向左方向移动, 直到它遇到序列 $a_1, a_2, a_3, \cdots$ 的元素而停止. 它停下的位置就是 $a_1, a_2, a_3, \cdots$ 的上确界, 即我们新记号下的 a_1^+. 现在我们把第一项 a_1 从序列中移掉; 这可能引起我们活塞左滑并停在一个新位置 a_2^+(显然在很多情况下, 活塞保持原位, 而 a_2^+ 恰与 a_1^+ 相同). 然后移掉第二项 a_2, 引起活塞又左滑一点. 如果我们继续这样做下去, 活塞就保持左滑. 但是有某个位置使活塞停止而不再左移. 这个位置就是序列的上极限. 类似的比喻可描述序列的下极限.

我们现在来描述上极限和下极限的某些基本性质.

命题 6.4.12 设 $(a_n)_{n=m}^\infty$ 是实数列, 设 L^+ 是此序列的上极限, 并设 L^- 是此序列的下极限 (于是 L^+ 和 L^- 都是广义实数).

(a) 对于每个 $x > L^+$, 存在一个 $N \geqslant m$ 使得 $a_n < x$ 对于一切 $n \geqslant N$ 成立. (换句话说, 对于每个 $x > L^+$, 序列 $(a_n)_{n=m}^\infty$ 的元素终究小于 x.) 类似地, 对于每个 $y < L^-$, 存在一个 $N \geqslant m$, 使得 $a_n > y$ 对于一切 $n \geqslant N$ 成立.

(b) 对于每个 $x < L^+$, 以及每个 $N \geqslant m$, 存在一个 $n \geqslant N$ 使得 $a_n > x$. (换句话说, 对于每个 $x < L^+$, 序列 $(a_n)_{n=m}^\infty$ 的元素无限多次超过 x.) 类似地, 对于每个 $y > L^-$ 和每个 $N \geqslant m$, 存在一个 $n \geqslant N$ 使得 $a_n < y$.

(c) 我们有 $\inf(a_n)_{n=m}^\infty \leqslant L^- \leqslant L^+ \leqslant \sup(a_n)_{n=m}^\infty$.

(d) 如果 c 是 $(a_n)_{n=m}^\infty$ 的极限点, 那么 $L^- \leqslant c \leqslant L^+$.

(e) 如果 L^+ 是有限的, 那么它是 $(a_n)_{n=m}^\infty$ 的极限点. 类似地, 如果 L^- 是有限的, 那么它是 $(a_n)_{n=m}^\infty$ 的极限点.

(f) 设 c 是实数. 如果 $(a_n)_{n=m}^\infty$ 收敛到 c, 那么必有 $L^+ = L^- = c$. 反之, 如果 $L^+ = L^- = c$, 那么 $(a_n)_{n=m}^\infty$ 收敛到 c.

证明 我们将证明 (a) 和 (b) 而把其他几条留作习题.

先设 $x > L^+$, 那么根据 L^+ 的定义, 有 $x > \inf(a_N^+)_{N=m}^\infty$. 根据命题 6.3.6, 必存在一个整数 $N \geqslant m$ 使得 $x > a_N^+$. 根据 a_N^+ 的定义, 这意味着 $x > \sup(a_n)_{n=N}^\infty$. 于是再次根据命题 6.3.6, 有 $x > a_n$ 对于一切 $n \geqslant N$ 成立. 这就是所要证的.

现在我们证明 (b). 设 $x < L^+$, 那么有 $x < \inf(a_N^+)_{N=m}^{\infty}$. 如果固定任意的 $N \geqslant m$, 那么根据命题 6.3.6, 有 $x < a_N^+$. 根据 a_N^+ 的定义, 这意味着 $x < \sup(a_n)_{n=N}^{\infty}$. 再次根据命题 6.3.6, 必存在 $n \geqslant N$ 使得 $a_n > x$. 这证明了 (b) 的第一部分. (b) 的第二部分可类似地证明.

(c), (d), (e), (f) 的证明留作习题 6.4.3. ■

命题 6.4.12 的 (d) 款和 (e) 款特别表明 L^+ 是 $(a_n)_{n=m}^{\infty}$ 的最大的极限点, 而 L^- 是最小的极限点, 只要 L^+ 和 L^- 是有限的. 命题 6.4.12(f) 则说, 如果 L^+ 和 L^- 重合 (从而只有一个极限点), 那么序列事实上是收敛的. 这给出了一个判别序列是否收敛的方法: 算出它的上极限和下极限, 看它们是否相等.

我们现在给出一个上极限和下极限的基本比较性质.

引理 6.4.13(比较原理)　设 $(a_n)_{n=m}^{\infty}$ 和 $(b_n)_{n=m}^{\infty}$ 是两个实数列, 使得对于一切 $n \geqslant m$, $a_n \leqslant b_n$. 那么我们有不等式

$$\sup(a_n)_{n=m}^{\infty} \leqslant \sup(b_n)_{n=m}^{\infty},$$

$$\inf(a_n)_{n=m}^{\infty} \leqslant \inf(b_n)_{n=m}^{\infty},$$

$$\limsup_{n\to\infty}(a_n) \leqslant \limsup_{n\to\infty}(b_n),$$

$$\liminf_{n\to\infty}(a_n) \leqslant \liminf_{n\to\infty}(b_n).$$

证明　见习题 6.4.4. ■

推论 6.4.14(挤压判别法[①])　设 $(a_n)_{n=m}^{\infty}$, $(b_n)_{n=m}^{\infty}$, $(c_n)_{n=m}^{\infty}$ 是实数列, 满足

$$a_n \leqslant b_n \leqslant c_n, \quad \text{对一切}\, n \geqslant m.$$

若 $(a_n)_{n=m}^{\infty}$ 和 $(c_n)_{n=m}^{\infty}$ 都收敛到同一极限 L. 那么 $(b_n)_{n=m}^{\infty}$ 也收敛到 L.

证明　见习题 6.4.5. ■

例 6.4.15　我们已经知道 (见命题 6.1.11) $\lim_{n\to\infty} \frac{1}{n} = 0$. 根据极限算律 (定理 6.1.19), 这也蕴含 $\lim_{n\to\infty} \frac{2}{n} = 0$ 和 $\lim_{n\to\infty} \frac{-2}{n} = 0$. 那么挤压判别法判定任何满足

$$\frac{-2}{n} \leqslant b_n \leqslant \frac{2}{n}, \quad n \geqslant 1$$

的序列 $(b_n)_{n=m}^{\infty}$ 都收敛到 0. 例如, 我们可以用此事证明序列 $\left((-1)^n \frac{1}{n} + \frac{1}{n^2}\right)_{n=1}^{\infty}$ 收敛到零, 序列 $(2^{-n})_{n=1}^{\infty}$ 也收敛到零. 注意, 可用归纳法证明 $0 \leqslant 2^{-n} \leqslant \frac{2}{n}$ 对于一切 $n \geqslant 1$ 成立.

注 6.4.16　挤压判别法与极限算律, 以及单调有界序列总存在极限的原理联合使用, 使我们能计算大量的极限. 我们在下一章给出一些例子.

---

① squeeze test, 有的中文书上叫作夹逼定理. —— 译者注

挤压判别法的一个常用的结果是

推论 6.4.17(序列的零判别法) *设 $(a_n)_{n=m}^{\infty}$ 是实数列. 那么极限 $\lim_{n\to\infty} a_n$ 存在并等于零当且仅当极限 $\lim_{n\to\infty} |a_n|$ 存在并等于零.*

证明 见习题 6.4.7. ■

我们以命题 6.1.12 的下述加强来结束这一节.

定理 6.4.18(实数集的完全性) *一个实数列 $(a_n)_{n=1}^{\infty}$ 是 Cauchy 序列当且仅当它是收敛的.*

注 6.4.19 注意, 此定理实质上非常类似于命题 6.1.15, 但它稍许一般一些, 因为命题 6.1.15 只谈比例数的 Cauchy 序列而不是实数的 Cauchy 序列.

证明 命题 6.1.12 已经告诉我们, 每个收敛的序列是 Cauchy 序列, 所以只要证明每个 Cauchy 序列是收敛的就可以了.

设 $(a_n)_{n=1}^{\infty}$ 是一个 Cauchy 序列. 我们从引理 5.1.15 知道, 序列 $(a_n)_{n=1}^{\infty}$ 是有界的. 根据引理 6.4.13 (或命题 6.4.12(c)), 这蕴含 $L^+ := \limsup_{n\to\infty} a_n$ 和 $L^- := \liminf_{n\to\infty} a_n$ 都是有限的. 要证序列收敛, 根据命题 6.4.12(f), 只需证 $L^- = L^+$.

现设 $\varepsilon > 0$ 是任意的一个实数. 由于 $(a_n)_{n=1}^{\infty}$ 是 Cauchy 序列, 它必定是终极 ε- 稳定的, 所以存在一个 $N \geqslant 1$ 使得 $(a_n)_{n=N}^{\infty}$ 是 ε- 稳定的. 特别地, 对于一切 $n \geqslant N$ 我们有 $a_N - \varepsilon \leqslant a_n \leqslant a_N + \varepsilon$. 根据命题 6.3.6 (或引理 6.4.13) 这蕴含

$$a_N - \varepsilon \leqslant \inf(a_n)_{n=N}^{\infty} \leqslant \sup(a_n)_{n=N}^{\infty} \leqslant a_N + \varepsilon,$$

从而根据 L^- 和 L^+ 的定义 (及再次使用命题 6.3.6) 有

$$a_N - \varepsilon \leqslant L^- \leqslant L^+ \leqslant a_N + \varepsilon,$$

于是得到

$$0 \leqslant L^+ - L^- \leqslant 2\varepsilon.$$

但这对于所有的 $\varepsilon > 0$ 都成立, 而 L^+ 和 L^- 不依赖于 ε, 所以必有 $L^+ = L^-$. (如果 $L^+ > L^-$ 那么我们可以令 $\varepsilon := \frac{1}{3}(L^+ - L^-)$ 而得到矛盾). 根据命题 6.4.12(f) 我们就知道序列收敛. ■

注 6.4.20 用度量空间的语言来说 (见第 12 章), 定理 6.4.18 断言实数集是一个**完全的**度量空间, 它不像比例数集那样含有 "洞". (毫无疑问, 比例数集中有大量的 Cauchy 序列不收敛到任何比例数. 作为例子的是序列 1, 1.4, 1.41, 1.414, 1.4142, $\cdots$ 它收敛到非比例数 $\sqrt{2}$.) 这个性质紧密联系于最小上界性质 (定理 5.5.9). 在从事分析学 (如取极限、取导数和积分、求函数的零点及诸如此类的工作) 时, 完全性是实数优于比例数的主要特征之一, 我们将在后面各章中看清此事.

习 题 6.4

6.4.1 证明命题 6.4.5.

6.4.2 对于极限点、上极限和下极限, 叙述并证明与习题 6.1.3 及习题 6.1.4 相似的命题.

6.4.3 证明命题 6.4.12 的 (c), (d), (e), (f). (提示: 可利用命题的先证了的部分来证明后面的部分.)

6.4.4 证明引理 6.4.13.

6.4.5 用引理 6.4.13 来证明推论 6.4.14.

6.4.6 给出一个这样的例子: 两个有界序列 $(a_n)_{n=1}^{\infty}$ 和 $(b_n)_{n=1}^{\infty}$ 对于一切 $n \geqslant 1$ 满足 $a_n < b_n$, 但是

$$\sup(a_n)_{n=1}^{\infty} \not< \sup(b_n)_{n=1}^{\infty}.$$

解释为什么这并不与引理 6.4.13 相矛盾.

6.4.7 证明推论 6.4.17. 如果我们把这个推论中的零换成某个其他的数字, 此推论还照样成立吗?

6.4.8 我们说, 一个实数列 $(a_n)_{n=m}^{\infty}$ 以 $+\infty$ 为极限点当且仅当它没有有限的上界; 说它以 $-\infty$ 为极限点当且仅当它没有有限的下界. 用这个定义证明 $\limsup_{n\to\infty} a_n$ 是 $(a_n)_{n=m}^{\infty}$ 的一个极限点, 并进一步证明它比 $(a_n)_{n=m}^{\infty}$ 的一切其他的极限点都大; 换句话说, 上极限是序列的最大的极限点. 类似地, 证明下极限是序列的最小的极限点. (证明过程中可以使用命题 6.4.12.)

6.4.9 使用习题 6.4.8 中的定义, 构作一个序列 $(a_n)_{n=1}^{\infty}$, 使它恰有三个极限点 $-\infty$, 0 和 $+\infty$.

6.4.10 设 $(a_n)_{n=N}^{\infty}$ 是一个实数列, 并设 $(b_m)_{m=M}^{\infty}$ 是另一个实数列, 其中每个 b_m 都是 $(a_n)_{n=N}^{\infty}$ 的极限点. 设 c 是 $(b_m)_{m=M}^{\infty}$ 的极限点. 证明 c 也是 $(a_n)_{n=N}^{\infty}$ 的极限点. (换句话说, 极限点的极限点还是原序列的极限点.)

§6.5 某些基本的极限

以极限算律和挤压判别法为工具, 我们现在可以计算大量的极限.

一个特别简单的极限是常序列 $c, c, c, c, \cdots$ 的极限; 显然有

$$\lim_{n\to\infty} c = c$$

对于任何常数 c 成立 (为什么?).

还有, 在命题 6.1.11 中我们证明了 $\lim_{n\to\infty} \frac{1}{n} = 0$. 此事蕴含

推论 6.5.1 对于每个整数 $k \geqslant 1$, 我们有 $\lim_{n\to\infty} \frac{1}{n^{\frac{1}{k}}} = 0$.

证明 从引理 5.6.6我们知道 $\frac{1}{n^{\frac{1}{k}}}$ 是 n 的减函数, 而且有下界 0. 根据命题

6.3.8(以减序列代替增序列) 知, 这个序列收敛到某极限 $L \geqslant 0$:

$$L = \lim_{n\to\infty} \frac{1}{n^{\frac{1}{k}}}.$$

将此升至 k 次幂并使用极限算律 (更确切些说, 使用定理 6.1.19(b) 和归纳法), 得

$$L^k = \lim_{n\to\infty} \frac{1}{n}.$$

于是根据命题 6.1.11 有 $L^k = 0$, 但这表明 L 不能是正的 (否则 L^k 将是正的), 所以 $L = 0$. 我们搞定. ■

其他的一些基本极限:

引理 6.5.2 设 x 是实数. 那么极限 $\lim\limits_{n\to\infty} x^n$ 当 $|x| < 1$ 时存在并等于零, 当 $x = 1$ 时存在并等于 1, 当 $x = -1$ 或 $|x| > 1$ 时发散.

证明 见习题 6.5.2. ■

引理 6.5.3 对于任意的 $x > 0$, 有 $\lim\limits_{n\to\infty} x^{\frac{1}{n}} = 1$.

证明 见习题 6.5.3. ■

稍后当我们建立了对于级数和对于序列的根式判别法和比式判别法之后, 我们将导出稍多一些基本极限.

习 题 6.5

6.5.1 证明对于任何比例数 $q > 0$,

$$\lim_{n\to\infty} \frac{1}{n^q} = 0.$$

(提示: 用推论 6.5.1 及极限算律定理 6.1.19.) 断定极限 $\lim\limits_{n\to\infty} n^q$ 不存在. (提示: 用反证法, 使用定理 6.1.19(e).)

6.5.2 证明引理 6.5.2. (提示: 用命题 6.3.10、习题 6.3.4 和挤压判别法.)

6.5.3 证明引理 6.5.3. (提示: 可能要分别处理 $x \geqslant 1$ 和 $x < 1$ 的情形. 你可能愿意先用引理 6.5.2 证明预备性的结果: 对于每个 $\varepsilon > 0$ 和每个实数 $M > 0$, 存在一个 n 使得 $M^{\frac{1}{n}} \leqslant 1 + \varepsilon$.)

§6.6 子 序 列

这一章的目的是研究实数的序列 $(a_n)_{n=1}^{\infty}$ 及其极限. 某些序列是收敛到单个的极限的, 而另一些则有多个极限点. 例如, 序列

$$1.1, 0.1, 1.01, 0.01, 1.001, 0.001, 1.000\,1, \cdots$$

有两个极限点, 0 和 1(它们恰巧也分别是下极限和上极限), 但并不真正收敛 (因为上极限和下极限不相等). 但是, 即使这个序列不收敛, 它却包含两个分支; 它像是两个收敛的序列, 即

$$1.1, 1.01, 1.001, 1.000\,1, \cdots$$

和

$$0.1, 0.01, 0.001, 0.000\,1, \cdots$$

的混合物. 为把这个意思说准确, 我们需要子序列的概念.

定义 6.6.1(子序列)　设 $(a_n)_{n=0}^\infty$ 和 $(b_n)_{n=0}^\infty$ 是实数列. 我们说 $(b_n)_{n=0}^\infty$ 是 $(a_n)_{n=0}^\infty$ 的一个子序列, 当且仅当存在一个函数 $f : \mathbb{N} \to \mathbb{N}$, 它严格增 (即对于一切 $n \in \mathbb{N}$, $f(n+1) > f(n)$) 使得对于一切 $n \in \mathbb{N}$

$$b_n = a_{f(n)}.$$

例 6.6.2　如果 $(a_n)_{n=0}^\infty$ 是一个序列, 那么 $(a_{2n})_{n=0}^\infty$ 是 $(a_n)_{n=0}^\infty$ 的一个子序列, 因为由 $f(n) := 2n$ 定义的函数 $f : \mathbb{N} \to \mathbb{N}$ 是从 $\mathbb{N}$ 到 $\mathbb{N}$ 的严格增函数. 注意, 我们不假定 f 是双射, 虽然它必须是单射 (为什么?). 更非正式地说, 序列

$$a_0, a_2, a_4, a_6, \cdots$$

是

$$a_0, a_1, a_2, a_3, a_4, \cdots$$

的一个子序列.

例 6.6.3　早先提到的两个序列

$$1.1, 1.01, 1.001, \cdots$$

和

$$0.1, 0.01, 0.001, 0.000\,1, \cdots$$

都是

$$1.1, 0.1, 1.01, 0.01, 1.001, 0.001, 1.000\,1, \cdots$$

的子序列.

成为子序列这一性质是自反的和传递的, 虽然不是对称的.

引理 6.6.4　设 $(a_n)_{n=0}^\infty$, $(b_n)_{n=0}^\infty$, $(c_n)_{n=0}^\infty$ 是实数序列. 那么, $(a_n)_{n=0}^\infty$ 是 $(a_n)_{n=0}^\infty$ 的子序列. 进而, 如果 $(b_n)_{n=0}^\infty$ 是 $(a_n)_{n=0}^\infty$ 的子序列, 而 $(c_n)_{n=0}^\infty$ 是 $(b_n)_{n=0}^\infty$ 的子序列, 那么 $(c_n)_{n=0}^\infty$ 是 $(a_n)_{n=0}^\infty$ 的子序列.

证明 见习题 6.6.1. ■

我们现在把子序列的概念和极限及极限点的概念联系起来.

命题 6.6.5(与极限相联系的子序列) 设 $(a_n)_{n=0}^{\infty}$ 是实数的序列, 并设 L 是实数. 那么下述两命题在逻辑上是等价的 (每个蕴含另一个):

(a) 序列 $(a_n)_{n=0}^{\infty}$ 收敛到 L.

(b) $(a_n)_{n=0}^{\infty}$ 的每个子序列都收敛到 L.

证明 见习题 6.6.4. ■

命题 6.6.6(与极限点相联系的子序列) 设 $(a_n)_{n=0}^{\infty}$ 是实数的序列, 并设 L 是实数. 那么下述两命题在逻辑上是等价的:

(a) L 是序列 $(a_n)_{n=0}^{\infty}$ 的极限点.

(b) 存在 $(a_n)_{n=0}^{\infty}$ 的子序列收敛到 L.

证明 见习题 6.6.5. ■

注 6.6.7 上述两个命题给出了极限与极限点两个概念之间的尖锐的对比. 当一个序列有极限 L 时, 一切子序列都收敛到 L. 但当序列有极限点 L 时, 仅某些子序列收敛到 L.

现在我们可以证明实分析中的一个重要定理: 每个有界序列都含有收敛的子序列, 它是由 Bernarad Bolzano(1781—1848, 捷克人) 和 Karl Weierstrass(1815—1897, 德国人) 建立的.

定理 6.6.8(Bolzano-Weierstrass 定理) 设 $(a_n)_{n=0}^{\infty}$ 是有界序列 (即, 存在实数 $M>0$ 使得对于一切 $n\in\mathbb{N}$, $|a_n|\leqslant M$). 那么 $(a_n)_{n=0}^{\infty}$ 至少有一个子序列收敛.

证明 设 L 是序列 $(a_n)_{n=0}^{\infty}$ 的上极限. 由于对于一切 $n\in\mathbb{N}$ 有 $-M\leqslant a_n\leqslant M$, 从比较原理 (引理 6.4.13) 推出 $-M\leqslant L\leqslant M$. 特别地, L 是一个实数 (不是 $+\infty$, 也不是 $-\infty$). 于是, 根据命题 6.4.12(e), L 是 $(a_n)_{n=0}^{\infty}$ 的极限点. 那么根据命题 6.6.6, $(a_n)_{n=0}^{\infty}$ 有一个子序列收敛 (事实上, 它收敛到 L). ■

注意, 我们在上面的论述中完全可以用下极限代替上极限.

注 6.6.9 Bolzano-Weierstrass 定理说的是, 如果一个序列是有界的, 那么终究它非得收敛到一些地方不可; "没有地方" 让它散布开, 使它停留而不被捕捉到极限点去. 对于无界序列就不是这样了; 作为例子, 序列 $1, 2, 3, \cdots$ 根本没有收敛的子序列 (为什么?). 用拓扑学的语言来说, 这就是说区间 $\{x\in\mathbb{R}: -M\leqslant x\leqslant M\}$ 是**紧致的**, 而无界集, 如实直线 $\mathbb{R}$, 不是紧致的. 紧致集合与非紧致集合之间的区别在以后各章中将是很重要的, 就如同有限集合与无限集合之间的区别的重要性那样.

习 题 6.6

6.6.1 证明引理 6.6.4.

6.6.2　你能找到两个不同的序列 $(a_n)_{n=0}^\infty$ 和 $(b_n)_{n=0}^\infty$ 使它们的每一个是另一个的子序列吗?

6.6.3　设 $(a_n)_{n=0}^\infty$ 是一个序列, 它不是有界的. 证明它有一个子序列 $(b_n)_{n=0}^\infty$ 使得 $\lim\limits_{n\to\infty}\frac{1}{b_n}$ 存在并等于零. (提示：对于每个自然数 j, 定义号码 $n_j := \min\{n\in\mathbb{N} : |a_n|\geqslant j\}$, 首先解释为什么集合 $\{n\in\mathbb{N} : |a_n|\geqslant j\}$ 不是空集, 然后令 $b_j := a_{n_j}$.)

6.6.4　证明命题 6.6.5. (注意两个蕴含关系中有一个的证明是非常简短的.)

6.6.5　证明命题 6.6.6. (提示：为了证明 (a) 蕴含 (b), 对于每个正的自然数 j 用公式 $n_j := \min\{n\in\mathbb{N} : |a_n-L|\leqslant\frac{1}{j}\}$ 定义一个号码. 解释为什么集合 $\{n\in\mathbb{N} : |a_n-L|\leqslant\frac{1}{j}\}$ 是非空集合, 然后考虑序列 $(a_{n_j})_{j=1}^\infty$.)

§6.7　实数的指数运算, 第 II 部分

最终我们转向实数的指数运算这个题目. 此题目是在 §5.6 中开始讨论的. 在那一节我们对于一切比例数 q 和正的实数 x, 定义了 x^q, 但是还没有对于 α 是实数的情形定义 x^α. 现在我们使用极限来整这个事 (用类似的方式, 就像我们对于实数定义一切其他的基本的运算一样). 首先我们需要一个引理.

引理 6.7.1(指数运算的连续性)　设 $x>0$, 并设 α 是实数. 设 $(q_n)_{n=1}^\infty$ 是收敛到 α 的比例数序列. 那么 $(x^{q_n})_{n=1}^\infty$ 也是收敛序列. 进而, 如果 $(q_n')_{n=1}^\infty$ 也是收敛到 α 的比例数序列, 那么 $(x^{q_n'})_{n=1}^\infty$ 与 $(x^{q_n})_{n=1}^\infty$ 有相同的极限:

$$\lim_{n\to\infty} x^{q_n} = \lim_{n\to\infty} x^{q_n'}.$$

证明　有三种情形：$x<1$, $x=1$, $x>1$. 情形 $x=1$ 时最简单 (因为那时对于一切比例数 q, $x^q=1$). 我们只考虑 $x>1$ 的情形, 而把 $x<1$ 的情形 (与 $x>1$ 的情形非常类似) 留给读者.

首先证明 $(x^{q_n})_{n=1}^\infty$ 收敛. 根据命题 6.4.18, 只要证明 $(x^{q_n})_{n=1}^\infty$ 是 Cauchy 序列就可以了.

为此, 我们需要估计 x^{q_n} 和 x^{q_m} 之间的距离; 我们姑且认为 $q_n\geqslant q_m$, 于是 $x^{q_n}\geqslant x^{q_m}$(因为 $x>1$). 我们有

$$d(x^{q_n},x^{q_m}) = x^{q_n}-x^{q_m} = x^{q_m}(x^{q_n-q_m}-1).$$

由于 $(q_n)_{n=1}^\infty$ 是收敛的序列, 所以它有某个上界 M. 由于 $x>1$, 我们有 $x^{q_m}\leqslant x^M$. 于是

$$d(x^{q_n},x^{q_m}) = |x^{qn}-x^{qm}| \leqslant x^M(x^{q_n-q_m}-1).$$

现在设 $\varepsilon>0$. 根据引理 6.5.3 知, 序列 $(x^{\frac{1}{k}})_{k=1}^\infty$ 是终极 εx^{-M}- 接近于 1 的. 于是存在某 $K\geqslant 1$ 使得

$$\left|x^{\frac{1}{K}}-1\right| \leqslant \varepsilon x^{-M}.$$

由于 $(q_n)_{n=1}^{\infty}$ 是收敛的, 所以它是 Cauchy 序列, 于是存在 $N \geqslant 1$ 使得对于一切 $m,n \geqslant N$, q_m 和 q_n 都是 $\frac{1}{K}$- 接近的. 于是, 对于一切使 $q_n \geqslant q_m$ 的 $m,n \geqslant N$, 有

$$d(x^{q_n},x^{q_m}) \leqslant x^M(x^{\frac{1}{K}}-1) \leqslant x^M\varepsilon x^{-M}=\varepsilon.$$

由对称性知, 当 $m,n \geqslant N$ 且 $q_n \leqslant q_m$ 时, 此估计依然成立. 于是序列 $(x^{q_n})_{n=N}^{\infty}$ 是 ε- 稳定的. 那么, 对于每个 $\varepsilon>0$, 序列 $(x^{q_n})_{n=1}^{\infty}$ 都是终极 ε- 稳定的, 从而它是 Cauchy 序列. 这证明了 $(x^{q_n})_{n=1}^{\infty}$ 的收敛性.

现在我们证明第二个结论. 只要证明

$$\lim_{n\to\infty} x^{q_n-q_n'}=1$$

就够了, 因为由此使用极限算律 (由于 $x^{q_n}=x^{q_n-q_n'}x^{q_n'}$) 就可推出所要的结果.

记 $r_n := q_n-q_n'$. 由极限算律, 我们知道 $(r_n)_{n=1}^{\infty}$ 收敛到 0. 我们必须证明对于每个 $\varepsilon>0$, 序列 $(x^{r_n})_{n=1}^{\infty}$ 都是终极 ε- 接近于 1 的. 但从引理 6.5.3 知序列 $(x^{\frac{1}{k}})_{n=1}^{\infty}$ 是终极 ε- 接近于 1 的. 由于根据引理 6.5.3, $\lim\limits_{k\to\infty} x^{-\frac{1}{k}}$ 也等于 1, 我们知道 $(x^{-\frac{1}{k}})_{n=1}^{\infty}$ 也是终极 ε- 接近于 1 的. 于是可以找到 K, 使得 $x^{\frac{1}{K}}$ 和 $x^{-\frac{1}{K}}$ 都 ε- 接近于 1. 但由于 $(r_n)_{n=1}^{\infty}$ 是收敛到 0 的, 它是终极 $\frac{1}{K}$- 接近于 0 的, 所以终极地 $-\frac{1}{K} \leqslant r_n \leqslant \frac{1}{K}$, 从而 $x^{-\frac{1}{K}} \leqslant x^{r_n} \leqslant x^{\frac{1}{K}}$. 特别地, $(x^{r_n})_{n=1}^{\infty}$ 也是终极 ε- 接近于 1 的 (见命题 4.3.7(f)), 这就是要证的. ■

我们现在可以作出下述定义.

定义 6.7.2(实指数的指数运算) 设 $x>0$ 是实数, 并设 α 是实数. 我们定义 x^{α} 为 $(x^{q_n})_{n=1}^{\infty}$ 的极限, 其中 $(q_n)_{n=1}^{\infty}$ 是任何收敛到 α 的比例数的序列, 即 $x^{\alpha}:=\lim\limits_{n\to\infty} x^{q_n}$.

我们来验证这个定义是成功的. 首先, 给定任何实数 α, 我们总能找到至少一个收敛到 α 的比例数序列 $(q_n)_{n=1}^{\infty}$, 这是根据实数的定义 (及命题 6.1.15). 其次, 给定任何这样的序列 $(q_n)_{n=1}^{\infty}$, 根据引理 6.7.1, 极限 $\lim\limits_{n\to\infty} x^{q_n}$ 存在 (有限). 最后, 即使对于序列 $(q_n)_{n=1}^{\infty}$ 有多种选择, 但根据引理 6.7.1, 它们都有同一个极限. 于是这个定义是成功的.

如果 α 不仅是实数还是比例数, 即 $\alpha=q$ 对于某比例数 q 成立, 那么这个定义原则上说来, 可以与早在 §5.6 中对指数运算的定义不一致. 但是这时 α 显然是序列 $(q)_{n=1}^{\infty}$ 的极限, 于是根据定义, $x^{\alpha}=\lim\limits_{n\to\infty} x^q=x^q$. 那么指数运算的新定义与旧定义是相容的.

命题 6.7.3 引理 5.6.9 的对于比例数 q 和 r 成立的全部结果, 保持对于实数 q 和 r 成立.

证明 我们对于恒等式 $x^{q+r}=x^qx^r$ 进行证明 (即引理 5.6.9(b) 的第一部分); 其他部分都是类似的, 并留作习题 6.7.1.

证明的思想是从对于比例数的引理 5.6.9 出发, 然后取极限来得到对于实数的相应的结果.

设 q 和 r 是实数. 那么根据实数的定义 (和命题 6.1.15) 我们可以写

$$q=\lim_{n\to\infty} q_n,\quad r=\lim_{n\to\infty} r_n,$$

其中 $(q_n)_{n=1}^{\infty}$ 和 $(r_n)_{n=1}^{\infty}$ 是比例数的序列.

那么, 根据极限算律, $q+r$ 是 $(q_n+r_n)_{n=1}^{\infty}$ 的极限. 根据实指数的指数运算的定义, 我们有

$$x^{q+r}=\lim_{n\to\infty} x^{q_n+r_n};\quad x^q=\lim_{n\to\infty} x^{q_n};\quad x^r=\lim_{n\to\infty} x^{r_n};$$

但根据引理 5.6.9(b)(适用于比例数指数), 我们有

$$x^{q_n+r_n}=x^{q_n}x^{r_n}.$$

于是根据极限算律我们有 $x^{q+r}=x^q x^r$, 为所欲证者. ■

习　题　6.7

6.7.1　证明命题 6.7.3 的剩下的结论.

第 7 章　级　　数

既然已经建立了关于序列的极限的合理的理论, 我们就可以使用这个理论来建立如下无限级数的理论:

$$\sum_{n=m}^{\infty} a_n = a_m + a_{m+1} + a_{m+2} + \cdots .$$

但在我们建立无限级数之前, 必须先建立有限级数的理论.

§7.1　有 限 级 数

定义 7.1.1(有限级数)　设 m, n 是整数, 并设 $(a_i)_{i=m}^n$ 是实数的有限序列, 它把每个介于 m 和 n 之间的整数 i 对应于一个实数 $a_i\,(m \leqslant i \leqslant n)$. 那么我们用下面的递归公式来定义**有限和**(或**有限级数**) $\sum\limits_{i=m}^{n} a_i$:

$$\sum_{i=m}^{n} a_i := 0, \quad \text{如果 } n < m;$$

$$\sum_{i=m}^{n+1} a_i := \left(\sum_{i=m}^{n} a_i\right) + a_{n+1}, \quad \text{如果 } n \geqslant m-1.$$

于是作为例子我们有恒等式

$$\sum_{i=m}^{m-2} a_i = 0, \quad \sum_{i=m}^{m-1} a_i = 0, \quad \sum_{i=m}^{m} a_i = a_m,$$

$$\sum_{i=m}^{m+1} a_i = a_m + a_{m+1}, \quad \sum_{i=m}^{m+2} a_i = a_m + a_{m+1} + a_{m+2}$$

(为什么?). 因此, 有时我们把 $\sum\limits_{i=m}^{n} a_i$ 不太正式地写成

$$\sum_{i=m}^{n} a_i = a_m + a_{m+1} + \cdots + a_n.$$

注 7.1.2　“和” 与 “级数” 之间的差别是语言学上的微妙之物. 严格地说, 一个

级数是一个形如 $\sum\limits_{i=m}^{n}$ 的表达式, 这个级数在数学上 (但不是从语义上) 等于一个实数, 此实数就叫做这个级数的**和**. 例如, $1+2+3+4+5$ 是一个级数, 它的和是 15. 要是在语义上过于挑剔的话, 就不会把 15 看作是一个级数, 也不会认为 $1+2+3+4+5$ 是一个和, 尽管两个表达式具有同一个值. 但是我们将不太在乎这种差别, 因为它纯粹是语言学的, 而与数学无关. 表达式 $1+2+3+4+5$ 与 15 是同一个数, 因此, **数学上**在代入公理 (见 §A.7) 的意义下是可以相互替代的, 即使它们在语义上是不可相互替代的.

注 7.1.3 注意变元 i (有时叫作**求和指标**) 是一个**粘附变元** (bound variable) (有时叫作**傀儡变元**(dummy variable)), 表达式 $\sum\limits_{i=m}^{n} a_i$ 并不实际依赖于任何叫做 i 的量. 特别地, 可以用任何其他符号替换求和指标 i 而得到同一个和:

$$\sum_{i=m}^{n} a_i = \sum_{j=m}^{n} a_j.$$

下面我们列出求和的一些基本性质.

引理 7.1.4

(a) 设 $m \leqslant n < p$ 是整数, 并设 a_i 是实数, 对应于每个整数 $m \leqslant i \leqslant p$. 那么我们有

$$\sum_{i=m}^{n} a_i + \sum_{i=n+1}^{p} a_i = \sum_{i=m}^{p} a_i.$$

(b) 设 $m \leqslant n$ 是整数, k 是另一个整数, 并设 a_i 是对应于每个整数 $m \leqslant i \leqslant n$ 的实数. 那么我们有

$$\sum_{i=m}^{n} a_i = \sum_{j=m+k}^{n+k} a_{j-k}.$$

(c) 设 $m \leqslant n$ 是整数, 并设 a_i, b_i 是对应于每个整数 $m \leqslant i \leqslant n$ 的实数. 那么我们有

$$\sum_{i=m}^{n} (a_i + b_i) = \left(\sum_{i=m}^{n} a_i\right) + \left(\sum_{i=m}^{n} b_i\right).$$

(d) 设 $m \leqslant n$ 是整数, 并设 a_i 是对应于每个整数 $m \leqslant i \leqslant n$ 的实数, 设 c 是实数. 那么我们有

$$\sum_{i=m}^{n} (ca_i) = c\left(\sum_{i=m}^{n} a_i\right).$$

(e) (关于有限级数的三角形不等式) 设 $m \leqslant n$ 是整数, 并设 a_i 是对应于每个整数 $m \leqslant i \leqslant n$ 的实数. 那么我们有

$$\left|\sum_{i=m}^{n} a_i\right| \leqslant \sum_{i=m}^{n} |a_i|.$$

(f) (有限级数的比较法则) 设 $m \leqslant n$ 是整数, a_i 是对应于每个整数 $m \leqslant i \leqslant n$ 的实数. 并设对于一切 $m \leqslant i \leqslant n$, $a_i \leqslant b_i$. 那么我们有

$$\sum_{i=m}^{n} a_i \leqslant \sum_{i=m}^{n} b_i.$$

证明 见习题 7.1.1. ■

注 7.1.5 将来我们可以略去级数表达式中的某些括号. 例如, 我们可以把和式 $\sum\limits_{i=m}^{n}(a_i+b_i)$简写成 $\sum\limits_{i=m}^{n} a_i+b_i$. 这不会引起误解, 因为变样的解释 $\left(\sum\limits_{i=m}^{n} a_i\right)+b_i$ 没有任何意义 (b_i 的号码 i 在求和运算之外没有意义, 因为它只是一个傀儡变元).

也可以把有限级数用于定义有限集合上的求和.

定义 7.1.6(有限集合上的求和) 设 X 是具有 n 个元素的有限集合 ($n \in \mathbb{N}$), 并设 $f: X \to \mathbb{R}$ 是从 X 到实数集合的函数(即对于 X 的每个元素 x, f 指定一个实数 $f(x)$). 那么我们可以定义**有限和** $\sum\limits_{x \in X} f(x)$如下. 首先任选一个从 $\{i \in \mathbb{N}: 1 \leqslant i \leqslant n\}$ 到 X 的双射 g; 这样的双射是存在的, 因为 X 被假定含有 n 个元素. 然后我们定义

$$\sum_{x \in X} f(x) := \sum_{i=1}^{n} f(g(i)).$$

例 7.1.7 设 X 是三个元素的集合: $X := \{a, b, c\}$, 其中 a, b, c 是互不相同的对象. 令 $f: X \to \mathbb{R}$ 是函数 $f(a) := 2,\ f(b) := 5,\ f(c) := -1$. 为了计算和 $\sum\limits_{x \in X} f(x)$, 我们选一个双射 $g: \{1,2,3\} \to X$, 例如 $g(1) := a,\ g(2) := b,\ g(3) := c$. 那么我们有

$$\sum_{x \in X} f(x) := \sum_{i=1}^{3} f(g(i)) = f(a)+f(b)+f(c) = 6.$$

也可以取另一个从 $\{1,2,3\}$ 到 X 的双射 h, 例如 $h(1) := c,\ h(2) := b,\ h(3) := a$. 但最终的结果依然不变:

$$\sum_{x \in X} f(x) := \sum_{i=1}^{3} f(h(i)) = f(c)+f(b)+f(a) = 6.$$

为验证此定义确实对于 $\sum\limits_{x\in X} f(x)$ 给出一个单一的确定的值, 必须验证从 $\{i \in \mathbb{N}: 1 \leqslant i \leqslant n\}$ 到 X 的不同的双射 g 给出相同的和. 换句话说, 我们必须证明

命题 7.1.8(有限求和是定义成功的) *设 X 是具有 n 个元素的的有限集合 $(n \in \mathbb{N})$, 设 $f: X \to \mathbb{R}$ 是函数, 并设 $g: \{i \in \mathbb{N}: 1 \leqslant i \leqslant n\} \to X$ 和 $h: \{i \in \mathbb{N}: 1 \leqslant i \leqslant n\} \to X$ 都是双射. 那么我们有*

$$\sum_{i=1}^{n} f(g(i)) = \sum_{i=1}^{n} f(h(i)).$$

注 7.1.9 当在无限集上求和时, 情形有点复杂; 见 §8.2.

证明 我们对 n 用归纳法, 更准确地说, 我们让 $P(n)$ 是如下断言:

"对于任何 n 个元素的集合 X, 任何函数 $f: X \to \mathbb{R}$ 以及任意两个从 $\{i \in \mathbb{N}: 1 \leqslant i \leqslant n\}$ 到 X 的双射 g, h, 有 $\sum\limits_{i=1}^{n} f(g(i)) = \sum\limits_{i=1}^{n} f(h(i))$."

(更不正式地说, $P(n)$ 是说命题 7.1.8 对于所有自然数 n 成立.) 我们要证 $P(n)$ 对于所有自然数 n 成立.

首先检验基础情形 $P(0)$. 此时, 根据有限级数的定义, $\sum\limits_{i=1}^{0} f(g(i))$ 和 $\sum\limits_{i=1}^{0} f(h(i))$ 都等于 0, 所以我们完成了检验.

现归纳地假设 $P(n)$ 成立; 我们要证明 $P(n+1)$ 成立.

于是设 X 是 $n+1$ 个元素的集合, $f: X \to \mathbb{R}$ 是函数, 并设 g 和 h 是从 $\{i \in \mathbb{N}: 1 \leqslant i \leqslant n+1\}$ 到 X 的双射. 我们必须证明

$$\sum_{i=1}^{n+1} f(g(i)) = \sum_{i=1}^{n+1} f(h(i)). \tag{7.1}$$

设 $x := g(n+1)$, 于是 x 是 X 的一个元素. 根据有限级数的定义, 我们可以把 (7.1) 的右端展开成

$$\sum_{i=1}^{n+1} f(g(i)) = \left(\sum_{i=1}^{n} f(g(i))\right) + f(x).$$

现在我们来看 (7.1) 的右端. 在理想的情况下我们希望有 $h(n+1)$ 也等于 x—— 这使我们更容易地使用归纳假设 —— 但我们不能假设如此. 然而, 由于 h 是双射, 我们知道有某个 j, $1 \leqslant j \leqslant n+1$, 使得 $h(j) = x$. 我们现在使用引理 7.1.4 以及有限级数的定义写出

$$\sum_{i=1}^{n+1} f(h(i)) = \left(\sum_{i=1}^{j} f(h(i))\right) + \left(\sum_{i=j+1}^{n+1} f(h(i))\right)$$

$$= \left(\sum_{i=1}^{j-1} f(h(i))\right) + f(h(j)) + \left(\sum_{i=j+1}^{n+1} f(h(i))\right)$$

$$= \left(\sum_{i=1}^{j-1} f(h(i))\right) + f(x) + \left(\sum_{i=j}^{n} f(h(i+1))\right)$$

现在我们定义函数 $\widetilde{h}:\{i\in\mathbb{N}:1\leqslant i\leqslant n\}\to X\setminus\{x\}$ 如下:

$$\text{当 } i<j \text{ 时}, \widetilde{h}(i):=h(i), \quad \text{当 } i\geqslant j \text{ 时 } \widetilde{h}(i):=h(i+1).$$

于是我们把 (7.1) 右端写成

$$\left(\sum_{i=1}^{j-1} f(\widetilde{h}(i))\right) + f(x) + \left(\sum_{i=j}^{n} f(\widetilde{h}(i))\right) = \left(\sum_{i=1}^{n} f(\widetilde{h}(i))\right) + f(x),$$

其中我们再次使用了引理 7.1.4. 于是, 为了结束 (7.1) 的证明, 我们必须证明

$$\sum_{i=1}^{n} f(g(i)) = \sum_{i=1}^{n} f(\widetilde{h}(i)). \tag{7.2}$$

但是函数 g(当限制在 $\{i\in\mathbb{N}:1\leqslant i\leqslant n\}$ 上时) 是一个从 $\{i\in\mathbb{N}:1\leqslant i\leqslant n\}$ 到 $X\setminus\{x\}$ 的双射 (为什么?). 函数 $\widetilde{h}$ 也是从 $\{i\in\mathbb{N}:1\leqslant i\leqslant n\}$ 到 $X\setminus\{x\}$ 的双射 (为什么? 参阅引理 3.6.9). 由于 $X\setminus\{x\}$ 有 n 个元素 (根据引理 3.6.9), 那么结论 (7.2) 直接从归纳假定 $P(n)$ 得出. ■

注 7.1.10 设 X 是集合, $P(x)$ 是一个关联于 X 的元素 x 的性质, 并且 $f:\{y\in X:P(y)\text{成立}\}\to\mathbb{R}$ 是函数. 那么我们将常常把

$$\sum_{x\in\{y\in X:P(y)\text{成立}\}} f(x)$$

简写成$\sum_{x\in X:P(x)\text{成立}} f(x)$, 甚至当不致引起混淆时简写成 $\sum_{P(x)\text{成立}} f(x)$. 例如 $\sum\limits_{n\in\mathbb{N}:2\leqslant n\leqslant 4} f(n)$ 或 $\sum\limits_{2\leqslant n\leqslant 4} f(n)$ 是 $\sum\limits_{n\in\{2,3,4\}} f(n)=f(2)+f(3)+f(4)$ 的简写.

在有限集合上求和的下述性质是相当明显的, 但还是需要一个严格的证明.

命题 7.1.11(在有限集合上求和的基本性质)

(a) 如果 X 是空集, 并且 $f:X\to\mathbb{R}$ 是函数 (即 f 是空函数), 那么, 我们有

$$\sum_{x\in X} f(x)=0.$$

(b) 如果 X 是由一个单个的元素组成: $X=\{x_0\}$, 并且 $f:X\to\mathbb{R}$ 是函数, 那么我们有

$$\sum_{x\in X} f(x)=f(x_0).$$

(c) (代入法 I) 如果 X 是有限集合, $f:X\to\mathbb{R}$ 是函数, 并且 $g:Y\to X$ 是双射, 那么

$$\sum_{x\in X} f(x)=\sum_{y\in Y} f(g(y)).$$

(d) (代入法 II) 设 $n\leqslant m$ 是整数, 并设 X 是集合

$$X:=\{i\in\mathbb{Z}:n\leqslant i\leqslant m\}.$$

如果 a_i 是实数, 对应于每个整数 $i\in X$, 那么

$$\sum_{i=n}^{m} a_i=\sum_{i\in X} a_i.$$

(e) 设 X,Y 是不相交的有限集合 (于是 $X\bigcap Y=\varnothing$), 并且 $f:X\bigcup Y\to\mathbb{R}$ 是函数, 那么

$$\sum_{z\in X\bigcup Y} f(z)=\left(\sum_{x\in X} f(x)\right)+\left(\sum_{y\in Y} f(y)\right).$$

(f) (线性性质 I) 设 X 是有限集合, 设 $f:X\to\mathbb{R}$ 和 $g:X\to\mathbb{R}$ 都是函数. 那么

$$\sum_{x\in X}(f(x)+g(x))=\left(\sum_{x\in X} f(x)\right)+\left(\sum_{x\in X} g(x)\right).$$

(g) (线性性质 II) 设 X 是有限集合, 设 $f:X\to\mathbb{R}$ 是函数, 并设 c 是实数. 那么

$$\sum_{x\in X} cf(x)=c\sum_{x\in X} f(x).$$

(h) (单调性) 设 X 是有限集合, 并设 $f:X\to\mathbb{R}$ 和 $g:X\to\mathbb{R}$ 都是函数, 它们对于一切 $x\in X$ 满足 $f(x)\leqslant g(x)$. 那么

$$\sum_{x\in X} f(x)\leqslant\sum_{x\in X} g(x).$$

(i) (三角形不等式) 设 X 是有限集合, 并设 $f:X\to\mathbb{R}$ 是函数, 那么

$$\left|\sum_{x\in X} f(x)\right|\leqslant\sum_{x\in X}|f(x)|$$

证明 见题 7.1.2. ■

注 7.1.12 命题 7.1.11(c) 中的代入法可以被看作是代入 $x := g(y)$ (以此得名). 注意对于 g 是双射的假定是本质的; 你能看出当 g 不是 1 对 1 的或者不是满射时为什么法则失效吗? 从命题 7.1. 11(c) 和 (d) 我们看到

$$\sum_{i=n}^{m} a_i = \sum_{i=n}^{m} a_{f(i)}$$

对于从集合 $\{i \in \mathbb{Z} : n \leqslant i \leqslant m\}$ 到自身的任何双射 f 都成立. 不正式地说, 这指的是我们可以随意重排一个有限级数的元素而依然得到同一个和.

现在我们看看二重有限级数 —— 有限级数的有限级数 —— 以及它们如何与笛卡儿乘积相联系.

引理 7.1.13 *设 X, Y 是有限集, 并设 $f : X \times Y \to \mathbb{R}$ 是函数. 那么*

$$\sum_{x \in X}\left(\sum_{y \in Y} f(x, y)\right) = \sum_{(x,y) \in X \times Y} f(x, y).$$

证明 设 n 是 X 的元素数目. 我们对 n 施用归纳法 (参阅命题 7.1.8); 即设 $P(n)$ 是下述命题:

"引理 7.1.13 的结论对于任何 n 个元素的集合 X, 任何有限集 Y, 以及任何函数 $f : X \times Y \to \mathbb{R}$ 成立."

我们要证 $P(n)$ 对于一切自然数 n 成立.

基础情形 $P(0)$ 是容易的, 从命题 7.1.11(a) 推出 (为什么?). 现在假设 $P(n)$ 成立, 我们来证明 $P(n+1)$ 成立.

设 X 是 $n+1$ 个元素的集合. 特别地, 根据引理 3.6.9, 我们可以写 $X = X' \bigcup \{x_0\}$, 其中 x_0 是 X 的元素, 而 $X' := X \setminus \{x_0\}$ 含有 n 个元素. 那么根据命题 7.1.11(e), 有

$$\sum_{x \in X}\left(\sum_{y \in Y} f(x, y)\right) = \sum_{x \in X'}\left(\sum_{y \in Y} f(x, y)\right) + \left(\sum_{y \in Y} f(x_0, y)\right).$$

根据归纳假设, 此式等于

$$\sum_{(x,y) \in X' \times Y} f(x, y) + \sum_{y \in Y} f(x_0, y).$$

根据命题 7.1.11(c), 这等于

$$\sum_{(x,y) \in X' \times Y} f(x, y) + \sum_{(x,y) \in \{x_0\} \times Y} f(x, y).$$

根据命题 7.1.11(e), 这等于

$$\sum_{(x,y)\in X\times Y} f(x,y).$$

(为什么?). 这就是所要的. ■

推论 7.1.14(关于有限级数的 Fubini 定理) 设 X, Y 是有限集合, 并设 $f: X\times Y\to\mathbb{R}$ 是函数. 那么

$$\begin{aligned}\sum_{x\in X}\Big(\sum_{y\in Y} f(x,y)\Big) &= \sum_{(x,y)\in X\times Y} f(x,y)\\ &= \sum_{(y,x)\in Y\times X} f(x,y)\\ &= \sum_{y\in Y}\left(\sum_{x\in X} f(x,y)\right).\end{aligned}$$

证明 由引理 7.1.13 知, 只需证明

$$\sum_{(x,y)\in X\times Y} f(x,y) = \sum_{(y,x)\in Y\times X} f(x,y).$$

但这从命题 7.1.11(c) 经使用双射 $h: X\times Y\to Y\times X$ 而得, 其中 $h(x,y):=(y,x)$. (为什么这是双射? 为什么命题 7.1.11(c) 给出我们所要的结果?) ■

注 7.1.15 应将此结果与例 1.2.5 相比照; 那么我们预料, 当从有限和转向无限和时会有有趣的事情发生. 不管怎样, 可参见定理 8.2.2.

习 题 7.1

7.1.1 证明引理 7.1.4. (提示: 要用归纳法, 但基础情形未必在 0 处.)

7.1.2 证明引理 7.1.11. (提示: 这并不像乍一看上去那么长, 重要之处是选择恰当的双射把这些有限集上的和转化成为有限级数, 然后使用引理 7.1.4.)

7.1.3 构作有限乘积 $\prod_{i=1}^{n} a_i$ 及 $\prod_{x\in X} f(x)$ 的定义.

上述关于有限级数的结果中, 哪些对于有限乘积有类比的结论? (注意, 使用对数是危险的, 因为某些 a_i 或 $f(x)$ 可能是零或负数. 此外, 我们还不曾定义对数.)

7.1.4 对于自然数 n, 用递归的定义来定义**阶乘函数 $n!$**: $0!:=1$, $(n+1)!:=n!\times(n+1)$. 如果 x 和 y 是实数, 证明**二项公式**

$$(x+y)^n=\sum_{j=0}^{n}\frac{n!}{j!\,(n-j)!}x^j y^{n-j}$$

对于一切自然数 n 成立. (提示: 对 n 进行归纳.)

7.1.5 设 X 是有限集合, 设 m 是整数, 并且对于每个 $x\in X$, 令 $(a_n(x))_{n=m}^{\infty}$ 是一个收敛的实数序列. 证明序列 $\left(\sum_{x\in X} a_n(x)\right)_{n=m}^{\infty}$ 是收敛的, 并且

$$\lim_{n\to\infty}\sum_{x\in X} a_n(x)=\sum_{x\in X}\lim_{n\to\infty} a_n(x).$$

(提示: 对 X 的基数进行归纳, 并使用定理 6.1.19(a).) 于是我们总可以交换有限和与收敛极限的次序. 但对于无限和, 事情就复杂多了; 见习题 19.2.11.

§7.2 无 限 级 数

我们现在转向无限级数.

定义 7.2.1(形式无限级数) (形式的)**无限级数**是如下形状的表达式:

$$\sum_{n=m}^{\infty} a_n,$$

其中 m 是整数, 对于任何 $n\geqslant m$, a_n 是实数. 我们有时把此级数写成

$$a_m+a_{m+1}+a_{m+2}+\cdots.$$

目前, 这个级数只是被**形式地**定义的, 我们还没有让这个和等于任何实数. 记号

$$a_m+a_{m+1}+a_{m+2}+\cdots$$

当然看上去非常像是要作一个和, 但它并不真是一个有限的和, 因为有符号 "…". 为了严格地定义级数实际求和到什么东西, 我们需要

定义 7.2.2(级数的收敛) 设 $\sum\limits_{n=m}^{\infty} a_n$是一个形式的无限级数. 对于任意的整数 $N\geqslant m$, 我们定义此级数的第 $\boldsymbol{N}$ **部分和** $\boldsymbol{S_N}$ 为

$$S_N:=\sum_{n=m}^{N} a_n.$$

当然 S_N 是实数.如果序列 $(S_N)_{N=m}^{\infty}$ 当 $N\to\infty$ 时收敛到某极限 L, 那么我们说无限级数 $\sum\limits_{n=m}^{\infty} a_n$ 是**收敛**的, 并且收敛到 L; 而且我们记

$$L=\sum_{n=m}^{\infty} a_n,$$

并说 L 是无限级数 $\sum\limits_{n=m}^{\infty} a_n$ 的**和**. 如果部分和序列 $(S_N)_{N=m}^{\infty}$ 是**发散**的, 那么我们说无限级数 $\sum\limits_{n=m}^{\infty} a_n$ 是发散的; 并且不赋予此级数任何实数值.

注 7.2.3 注意到命题 6.1.7 表明, 如果一个级数是收敛的, 那么它有唯一的和, 所以谈论收敛级数的和 $L = \sum\limits_{n=m}^{\infty} a_n$ 是不会出毛病的.

例 7.2.4 考虑形式无限级数

$$\sum_{n=1}^{\infty} 2^{-n} = 2^{-1} + 2^{-2} + 2^{-3} + \cdots$$

可以容易地归纳验证 (或用下面的引理 7.3.3), 部分和为

$$S_N = \sum_{n=1}^{N} 2^{-n} = 1 - 2^{-N}.$$

当 $N \to \infty$ 时序列 $1 - 2^{-N}$ 收敛到 1, 所以我们有

$$\sum_{n=1}^{\infty} 2^{-n} = 1.$$

当然, 这个级数是收敛的. 另一方面, 如果我们考虑级数

$$\sum_{n=1}^{\infty} 2^{n} = 2^1 + 2^2 + 2^3 + \cdots,$$

那么部分和是

$$S_N = \sum_{n=1}^{N} 2^{n} = 2^{N+1} - 2,$$

容易证明 $(S_N)_{N=1}^{\infty}$ 是无界序列, 因此发散. 于是级数 $\sum\limits_{n=1}^{\infty} 2^n$ 是发散的.

现在我们提出何时级数收敛的问题. 下述命题表明, 级数收敛当且仅当它的 "尾巴" 对于每个 $\varepsilon > 0$ 都终极地小于 ε.

命题 7.2.5 设 $\sum\limits_{n=m}^{\infty} a_n$ 是实数的形式级数. 那么 $\sum\limits_{n=m}^{\infty} a_n$ 收敛当且仅当对于每个实数 $\varepsilon > 0$, 都存在整数 $N \geqslant m$ 使得

$$\left| \sum_{n=p}^{q} a_n \right| \leqslant \varepsilon, \quad 对于一切\, p, q \geqslant N.$$

证明 见习题 7.2.2. ■

这个命题本身不是很好用，因为实际计算部分和 $\sum\limits_{n=p}^{q} a_n$ 并不容易，但是它却有一堆有用的推论. 例如：

推论 7.2.6(零判别法) 设 $\sum\limits_{n=m}^{\infty} a_n$ 是收敛的实数级数. 那么必有

$$\lim_{n\to\infty} a_n = 0.$$

换一种方式来说，如果 $\lim\limits_{n\to\infty} a_n$ 不是零，或者 $(a_n)_{n=1}^{\infty}$ 发散，那么级数 $\sum\limits_{n=m}^{\infty} a_n$ 发散.

证明 见习题 7.2.3. ■

例 7.2.7 序列 $a_n := 1$ 当 $n \to \infty$ 时不收敛到 0，所以 $\sum\limits_{n=1}^{\infty} 1$ 是发散的级数. (注意，尽管 $1, 1, 1, \cdots$ 是收敛的序列；级数的收敛与序列的收敛是不同的概念.) 类似地，序列 $a_n := (-1)^n$ 发散，当然不收敛到零；所以级数 $\sum\limits_{n=1}^{\infty}(-1)^n$ 也发散.

如果序列 $(a_n)_{n=m}^{\infty}$ 确实收敛到 0，那么级数 $\sum\limits_{n=m}^{\infty} a_n$可以是收敛的，也可以不是收敛的，这取决于级数. 例如，我们将很快见到级数 $\sum\limits_{n=m}^{\infty} \frac{1}{n}$是发散的，尽管 $\frac{1}{n}$ 当 $n \to \infty$ 时收敛到 0.

定义 7.2.8(绝对收敛) 设 $\sum\limits_{n=m}^{\infty} a_n$ 是实数的形式级数，我们说这个级数是**绝对收敛**的，当且仅当 $\sum\limits_{n=m}^{\infty} |a_n|$ 是收敛的.

为了区分收敛和绝对收敛的情形，我们有时把前者叫作是**条件收敛**.

命题 7.2.9(绝对收敛判别法) 设 $\sum\limits_{n=m}^{\infty} a_n$是实数的形式级数. 如果这个级数是绝对收敛的，那么它也是条件收敛的，在这种情形下还有三角形不等式

$$\left|\sum_{n=m}^{\infty} a_n\right| \leqslant \sum_{n=m}^{\infty} |a_n|.$$

证明 见习题 7.2.4. ■

注 7.2.10 此命题之逆不真. 存在条件收敛但不绝对收敛的级数. 见例 7.2.13.

注 7.2.11 我们把条件收敛的级数收集为一个类 (class)，把绝对收敛的级数的全体看作是它的一个子类 (subclass). 于是，当我们说 "$\sum\limits_{n=m}^{\infty} a_n$ 是条件收敛的" 时，决不自动地认为 $\sum\limits_{n=m}^{\infty} a_n$不是绝对收敛的. 如果我们要说一个级数是条件收敛的而不是绝对收敛的，我们将代而言之为 "$\sum\limits_{n=m}^{\infty} a_n$ **仅** 是条件收敛的"，或 "$\sum\limits_{n=m}^{\infty} a_n$ 条件地但不绝对地收敛".

命题 7.2.12(交错级数判别法) 设$(a_n)_{n=m}^{\infty}$ 是实数序列, 对于一切 $n \geqslant m$, $a_n \geqslant 0$ 并且 $a_n \geqslant a_{n+1}$. 那么级数 $\sum_{n=m}^{\infty}(-1)^n a_n$ 是收敛的当且仅当 $n \to \infty$ 时序列 a_n 收敛到零.

证明 从零判别法知, 如果 $\sum_{n=m}^{\infty}(-1)^n a_n$ 是收敛的级数, 那么 $(-1)^n a_n$ 收敛到 0, 它蕴含 a_n 也收敛到 0, 因为 $(-1)^n a_n$ 和 a_n 与 0 有相同的距离.

现在假设反过来, a_n 收敛到 0. 对于每个 N, 让 S_N 是部分和

$$S_N := \sum_{n=m}^{N}(-1)^n a_n,$$

我们的事是证明 S_N 收敛. 注意

$$\begin{aligned} S_{N+2} &= S_N + (-1)^{N+1}a_{N+1} + (-1)^{N+2}a_{N+2} \\ &= S_N + (-1)^{N+1}(a_{N+1} - a_{N+2}). \end{aligned}$$

而根据假设, $(a_{N+1} - a_{N+2})$ 不是负的. 于是我们有

$$\text{当 } N \text{ 是奇数时 } S_{N+2} \geqslant S_N; \quad \text{当 } N \text{ 是偶数时 } S_{N+2} \leqslant S_N.$$

现假定 N 是偶数, 从上述讨论及归纳法我们看到

$$\text{对于一切自然数 } k, \ S_{N+2k} \leqslant S_N$$

(为什么?). 还有 $S_{N+2k+1} \geqslant S_{N+1} = S_N - a_{N+1}$ (为什么?). 最后, 我们有 $S_{N+2k+1} = S_{N+2k} - a_{N+2k+1} \leqslant S_{N+2k}$ (为什么?). 于是对于一切 k 有

$$S_N - a_{N+1} \leqslant S_{N+2k+1} \leqslant S_{N+2k} \leqslant S_N,$$

当然有

$$S_N - a_{N+1} \leqslant S_n \leqslant S_N, \quad \text{当} n \geqslant N.$$

(为什么?). 于是 S_n 是终极 a_{N+1}- 稳定的. 但当 $N \to \infty$ 时序列 a_N 收敛到 0, 所以这表明对于每个 $\varepsilon > 0$, S_n 是终极 ε- 稳定的 (为什么?). 于是 S_n 收敛, 从而级数 $\sum_{n=m}^{\infty}(-1)^n a_n$ 是收敛的. ■

例 7.2.13 序列 $(\frac{1}{n})_{n=1}^{\infty}$ 是正的、减的, 并且收敛到零. 所以 $\sum_{n=m}^{\infty}(-1)^n \frac{1}{n}$ 是收敛的 (但它不是绝对收敛的, 因为 $\sum_{n=m}^{\infty}\frac{1}{n}$ 发散, 见推论 7.3.7). 于是, 绝对发散并不蕴含条件发散, 尽管绝对收敛蕴含着条件收敛.

下面收集了一些涉及收敛级数的恒等式.

命题 7.2.14 (级数算律)

(a) 如果 $\sum_{n=m}^{\infty} a_n$ 是实数级数, 收敛到 x, 并且 $\sum_{n=m}^{\infty} b_n$ 是实数级数, 收敛到 y, 那么 $\sum_{n=m}^{\infty}(a_n+b_n)$ 也是收敛级数, 并且收敛到 $x+y$. 即

$$\sum_{n=m}^{\infty}(a_n+b_n)=\sum_{n=m}^{\infty} a_n+\sum_{n=m}^{\infty} b_n.$$

(b) 如果 $\sum_{n=m}^{\infty} a_n$ 是实数级数, 收敛到 x, 并且 c 是实数, 那么 $\sum_{n=m}^{\infty}(ca_n)$ 也是收敛级数, 并且收敛到 cx. 即 $\sum_{n=m}^{\infty}(ca_n)=c\sum_{n=m}^{\infty} a_n$.

(c) 设 $\sum_{n=m}^{\infty} a_n$ 是实数级数, 并设 $k\geqslant 0$ 是整数. 如果两级数 $\sum_{n=m}^{\infty} a_n$ 和 $\sum_{n=m+k}^{\infty} a_n$ 中的一个是收敛的, 则另一个也是收敛的, 并且我们有

$$\sum_{n=m}^{\infty} a_n=\sum_{n=m}^{m+k-1} a_n+\sum_{n=m+k}^{\infty} a_n.$$

(d) 设 $\sum_{n=m}^{\infty} a_n$ 是实数级数, 收敛到 x, 并设 k 是整数. 那么 $\sum_{n=m+k}^{\infty} a_{n-k}$ 也收敛到 x.

证明 见习题 7.2.5. ■

从命题 7.2.14(c) 我们看到, 级数的收敛性与此级数的前面有限项无关 (当然那些项要影响级数收敛到的值). 由于这个缘故, 我们将经常不大注意级数的起始指标 m 是多少.

有一种级数, 叫作嵌套级数 (telescoping series), 容易求和.

引理 7.2.15(嵌套级数) 设 $(a_n)_{n=0}^{\infty}$ 是实数序列, 收敛到 0, 即 $\lim_{n\to\infty} a_n=0$. 那么级数 $\sum_{n=0}^{\infty}(a_n-a_{n+1})$ 收敛到 a_0.

证明 见习题 7.2.6. ■

习 题 7.2

7.2.1 级数 $\sum_{n=1}^{\infty}(-1)^n$ 是收敛的还是发散的? 证明你的结论. 现在你能解决例 1.2.2 中的困难吗?

7.2.2 证明命题 7.2.5. (提示: 使用命题 6.1.12 和定理 6.4.18.)

7.2.3 用命题 7.2.5 证明推论 7.2.6.

7.2.4　证明命题 7.2.9. (提示：用命题 7.2.5 及命题 7.1.4(e).)

7.2.5　证明命题 7.2.14. (提示：用定理 6.1.19.)

7.2.6　证明引理 7.2.15. (提示：先找出部分和 $\sum\limits_{n=0}^{N}(a_n - a_{n+1})$ 应该是什么, 然后用归纳法证明你的判断.)

§7.3　非负实数的和

现在我们把上面的讨论专门用来考虑所有的项 a_n 都不是负数的级数 $\sum\limits_{n=m}^{\infty} a_n$. 作为例子, 从绝对收敛判别法就导致这种情形, 因为实数 a_n 的绝对值 $|a_n|$ 总不是负的. 注意, 当级数的每项都不是负数时, 条件收敛与绝对收敛就没有区别了.

设 $\sum\limits_{n=m}^{\infty} a_n$ 是一个非负实数的级数. 那么部分和

$$S_N := \sum_{n=m}^{N} a_n$$

是增的, 即对一切 $N \geqslant m$, $S_{N+1} \geqslant S_N$ (为什么?). 于是, 从命题 6.3.8 和推论 6.1.7 知, $(S_N)_{N=m}^{\infty}$ 是收敛的当且仅当它有上界 M. 换句话说, 我们恰恰证明了

命题 7.3.1　*设 $\sum\limits_{n=m}^{\infty} a_n$ 是一个非负实数的形式级数. 那么这个级数是收敛的, 当且仅当存在实数 M, 使得*

$$\sum_{n=m}^{N} a_n \leqslant M, \quad \text{对于一切 } N \geqslant m.$$

此命题的一个简单的推论是

推论 7.3.2(比较判别法)　*设 $\sum\limits_{n=m}^{\infty} a_n$ 和 $\sum\limits_{n=m}^{\infty} b_n$ 是两个实数的形式级数, 并设对于一切 $n \geqslant m$, $|a_n| \leqslant b_n$. 如果 $\sum\limits_{n=m}^{\infty} b_n$ 是收敛的, 那么 $\sum\limits_{n=m}^{\infty} a_n$ 绝对收敛, 并且*

$$\left|\sum_{n=m}^{\infty} a_n\right| \leqslant \sum_{n=m}^{\infty} |a_n| \leqslant \sum_{n=m}^{\infty} b_n.$$

证明　见习题 7.3.1. ■

我们还可以从相反的方向来施行比较判别法：如果对于一切 $n \geqslant m$ 有 $|a_n| \leqslant b_n$, 以及 $\sum\limits_{n=m}^{\infty} a_n$不是绝对收敛的, 那么 $\sum\limits_{n=m}^{\infty} b_n$ 是发散的. (为什么这可直接从推论 7.3.2 推出?)

对于使用比较判别法非常有用的一个级数是**几何级数** $\sum\limits_{n=0}^{\infty} x^n$, 其中 x 是实数.

引理 7.3.3(几何级数) 设 x 是实数, 如果 $|x| \geqslant 1$, 那么级数 $\sum\limits_{n=0}^{\infty} x^n$ 是发散的. 但是如果 $|x| < 1$, 那么此级数是绝对收敛的, 并且

$$\sum_{n=0}^{\infty} x^n = \frac{1}{1-x}.$$

证明 见习题 7.3.2. ■

现在我们给出一个有用的准则, 叫做 Cauchy 准则, 它用来判断由非负递减的项构成的级数是否收敛.

命题 7.3.4(Cauchy 准则) 设$(a_n)_{n=1}^{\infty}$ 是一个非负实数的减序列 (于是对于一切 $n \geqslant 1$, $a_n \geqslant 0$ 并且 $a_{n+1} \leqslant a_n$). 那么级数 $\sum\limits_{n=1}^{\infty} a_n$ 收敛当且仅当级数

$$\sum_{k=0}^{\infty} 2^k a_{2^k} = a_1 + 2a_2 + 4a_4 + 8a_8 + \cdots$$

是收敛的.

注 7.3.5 此判别法的一个有趣的性质是, 它只用到序列 $(a_n)_{n=1}^{\infty}$ 的少量元素 (即号码 n 为 2 的幂 $n = 2^k$ 的元素) 来确定整个级数是否收敛.

证明 设$S_N := \sum\limits_{n=1}^{N} a_n$ 是 $\sum\limits_{n=1}^{\infty} a_n$ 的部分和, 并设 $T_k := \sum\limits_{k=0}^{K} 2^k a_{2^k}$ 是 $\sum\limits_{k=0}^{\infty} 2^k a_{2^k}$ 的部分和. 根据命题 7.3.1, 我们的任务是证明序列 $(S_N)_{N=1}^{\infty}$ 是有界的当且仅当 $(T_K)_{K=1}^{\infty}$ 是有界的. 为做这件事我们需要下述结论.

引理 7.3.6 对于任何自然数 K, 有

$$S_{2^{K+1}-1} \leqslant T_K \leqslant 2S_{2^K}.$$

证明 对 K 进行归纳. 首先证明 $K = 0$ 时结论成立, 即

$$S_1 \leqslant T_0 \leqslant 2S_1,$$

这乃是

$$a_1 \leqslant a_1 \leqslant 2a_1,$$

它明显成立, 因为 a_1 不是负数.

现在假定结论已对 K 证实, 我们现在要证明它对 $K+1$ 成立:

$$S_{2^{K+2}-1} \leqslant T_{K+1} \leqslant 2S_{2^{K+1}}.$$

很清楚, 我们有

$$T_{K+1} = T_K + 2^{K+1} a_{2^{K+1}}.$$

同时, 有 (使用引理 7.1.4(a) 和 (f), 并用 a_n 减的假定)

$$\begin{aligned} S_{2^{K+1}} &= S_{2^K} + \sum_{n=2^K+1}^{2^{K+1}} a_n \\ &\geqslant S_{2^K} + \sum_{n=2^K+1}^{2^{K+1}} a_{2^{K+1}} = S_{2^K} + 2^K a_{2^{K+1}}. \end{aligned}$$

于是

$$2S_{2^{K+1}} \geqslant 2S_{2^K} + 2^{K+1} a_{2^{K+1}}.$$

类似地, 我们有

$$\begin{aligned} S_{2^{K+2}-1} &= S_{2^{K+1}-1} + \sum_{n=2^{K+1}}^{2^{K+2}-1} a_n \\ &\leqslant S_{2^{K+1}-1} + \sum_{n=2^{K+1}}^{2^{K+2}-1} a_{2^{K+1}} \\ &= S_{2^{K+1}-1} + 2^{K+1} a_{2^{K+1}}. \end{aligned}$$

联合这些不等式, 以及归纳假定

$$S_{2^{K+1}-1} \leqslant T_K \leqslant 2S_{2^K}$$

就得到所要的结果

$$S_{2^{K+2}-1} \leqslant T_{K+1} \leqslant 2S_{2^{K+1}}.$$

这就完成了证明. ■

命题 7.3.4 的证明 从引理 7.3.6 我们看到, 如果 $(S_N)_{N=1}^\infty$ 是有界的, 那么 $(S_{2^K})_{K=0}^\infty$ 是有界的, 从而 $(T_K)_{K=0}^\infty$ 是有界的. 反过来, 如果 $(T_K)_{K=0}^\infty$ 是有界的, 那么引理 7.3.6 的结论蕴含 $S_{2^{K+1}-1}$ 是有界的, 即存在 M 使对一切自然数 K 有 $S_{2^{K+1}-1} \leqslant M$. 但是容易证明 $2^{K+1}-1 \geqslant K+1$, 于是 $S_{K+1} \leqslant M$ 对于一切自然数 K 成立, 那么 $(S_N)_{N=1}^\infty$ 是有界的. ■

推论 7.3.7 *设 $q>0$ 是比例数. 那么级数 $\sum_{n=1}^\infty \frac{1}{n^q}$ 当 $q>1$ 时收敛而当 $q \leqslant 1$ 时发散.*

证明 序列 $(\frac{1}{n^q})_{n=1}^\infty$ 是正的减的 (根据引理 5.6.9(d)), 于是 Cauchy 准则适用. 那么这个级数是收敛的当且仅当

$$\sum_{k=0}^\infty 2^k \frac{1}{(2^k)^q}$$

是收敛的. 但由指数运算的法则 (引理 5.6.9) 知, 我们可把这个级数重新写作几何级数

$$\sum_{k=0}^{\infty}(2^{1-q})^k.$$

如早先提到的, 几何级数 $\sum\limits_{k=0}^{\infty} x^k$ 收敛当且仅当 $|x|<1$. 于是, 级数 $\sum\limits_{n=1}^{\infty}\frac{1}{n^q}$ 收敛当且仅当 $|2^{1-q}|<1$, 此事成立当且仅当 $q>1$ (为什么? 试证此事, 只用引理 5.6.9 而不要用对数). ■

特别地, 级数 $\sum\limits_{n=1}^{\infty}\frac{1}{n}$ (也叫作**调和级数**) 是发散的, 此事早先已说过. 但是级数 $\sum\limits_{n=1}^{\infty}\frac{1}{n^2}$ 是收敛的.

注 7.3.8 当 $\sum\limits_{n=1}^{\infty}\frac{1}{n^q}$ 收敛时, 其和记作 $\zeta(q)$, 叫作 q 的 **Riemann-Zeta 函数**. 这个函数在数论中是特别重要的, 特别是对于研究素数的分布, 非常重要. 关于这个函数, 有一个非常著名的未解决的问题, 叫作 **Riemann 猜测**, 但继续讨论此事将远超出本书的范围. 但我愿意提一提, 解决 Riemann 猜测将获得一百万美元的奖励并立即在当代数学家中赢得巨大声誉.

习 题 7.3

7.3.1 用命题 7.3.1 证明推论 7.3.2.

7.3.2 证明引理 7.3.3. (提示: 对于第一部分使用零判别法, 对于第二部分先用归纳法建立**几何级数**公式

$$\sum_{n=0}^{N} x^n=\frac{1-x^{N+1}}{1-x}$$

而后使用引理 6.5.2.)

7.3.3 设 $\sum\limits_{n=0}^{\infty} a_n$ 是绝对收敛的实数级数, 使得 $\sum\limits_{n=0}^{\infty}|a_n|=0$. 证明对于每个自然数 n, $a_n=0$.

§7.4 级数的重排

有限级数的一个特征是, 不管怎样排列它的各项, 总和永远不变. 例如,

$$a_1+a_2+a_3+a_4+a_5=a_4+a_3+a_5+a_1+a_2.$$

此事的较为严格的叙述, 用到双射, 早已出现过, 见注 7.1.12.

读者也许会问, 对于无限级数, 同样的事情是否成立? 如果所有的项都不是负的, 那么答案是肯定的.

命题 7.4.1 设 $\sum\limits_{n=0}^{\infty} a_n$ 是收敛的非负实数级数, 并设 $f: \mathbb{N} \to \mathbb{N}$ 是双射. 那么 $\sum\limits_{m=0}^{\infty} a_{f(m)}$ 也收敛, 并有同样的和:

$$\sum_{n=0}^{\infty} a_n = \sum_{m=0}^{\infty} a_{f(m)}.$$

证明 引入部分和

$$S_N := \sum_{n=0}^{N} a_n, \quad T_M := \sum_{m=0}^{M} a_{f(m)}.$$

我们知道序列 $(S_N)_{N=0}^{\infty}$ 和 $(T_M)_{M=0}^{\infty}$ 都是增的. 写

$$L := \sup(S_N)_{N=0}^{\infty}, \quad L' := \sup(T_M)_{M=0}^{\infty}.$$

根据命题 6.3.8, 我们知道 L 是有限的, 而且事实上 $L = \sum\limits_{n=0}^{\infty} a_n$; 还是根据命题 6.3.8, 我们看到, 一旦能够证明 $L = L'$, 我们就将搞定.

固定 M, 让 Y 是集合

$$Y := \{m \in \mathbb{N} : m \leqslant M\}.$$

注意, f 是 Y 和 $f(Y)$ 之间的双射. 根据命题 7.1.11, 我们有

$$T_M = \sum_{m=0}^{M} a_{f(m)} = \sum_{m \in Y} a_{f(m)} = \sum_{n \in f(Y)} a_n.$$

序列 $(f(m))_{m=0}^{M}$ 是有限的, 从而是有界的, 即, 存在 N 使得对于一切 $m \leqslant M$ 有 $f(m) \leqslant N$. 于是 $f(Y)$ 是 $\{n \in \mathbb{N} : n \leqslant N\}$ 的一个子集合. 再次根据命题 7.1.11 (以及一切 a_n 都不是负数的假定)

$$T_M = \sum_{n \in f(Y)} a_n \leqslant \sum_{n \in \{n \in \mathbb{N} : n \leqslant N\}} a_n = \sum_{n=0}^{N} a_n = S_N.$$

但由于 $(S_N)_{N=0}^{\infty}$ 有上确界 L, 于是我们看到 $S_N \leqslant L$, 从而对于一切 M, $T_M \leqslant L$. 由于 L' 是 $(T_M)_{M=0}^{\infty}$ 的最小上界, 这就推出 $L' \leqslant L$.

类似的论证 (用逆映射 f^{-1} 取代 f) 表明每个 S_N 都以 L' 为上界, 从而得到 $L \leqslant L'$. 将两个不等式联合起来就得到所要证明的 $L = L'$. ■

例 7.4.2 从推论 7.3.7 知, 级数

$$\sum_{n=1}^{\infty}\frac{1}{n^2}=1+\frac{1}{4}+\frac{1}{9}+\frac{1}{16}+\frac{1}{25}+\frac{1}{36}+\cdots$$

是收敛的. 于是, 如果逐步换序, 就得到

$$\frac{1}{4}+1+\frac{1}{16}+\frac{1}{9}+\frac{1}{36}+\frac{1}{25}+\cdots,$$

我们知道, 这个级数也是收敛的, 并且有同样的和. (其实此和的值为 $\zeta(2)=\frac{\pi}{6}$, 我们将在习题 16.5.2 中证明这个事实.)

现在我们问, 当级数不是每项都非负时, 会发生什么情形. 如果级数是绝对收敛的, 我们仍可重排.

命题 7.4.3(级数的重排) 设 $\sum\limits_{n=0}^{\infty}a_n$ 是绝对收敛的实数级数, 并设 $f:\mathbb{N}\to\mathbb{N}$ 是双射. 那么 $\sum\limits_{m=0}^{\infty}a_{f(m)}$ 还是绝对收敛的, 并具有同样的和:

$$\sum_{n=0}^{\infty}a_n=\sum_{m=0}^{\infty}a_{f(m)}.$$

证明(选读) 我们对无限级数 $\sum\limits_{n=0}^{\infty}|a_n|$ 应用命题 7.4.1, 根据假设, 此级数收敛. 如果写

$$L:=\sum_{n=0}^{\infty}|a_n|$$

那么根据命题 7.4.1, $\sum\limits_{m=0}^{\infty}|a_{f(m)}|$ 也收敛到 L.

现在写

$$L':=\sum_{n=0}^{\infty}a_n.$$

我们必须证明 $\sum\limits_{m=0}^{\infty}a_{f(m)}$ 也收敛到 L'. 换句话说, 给定任意的 $\varepsilon>0$, 必须找到 M, 使当 $M'\geqslant M$ 时 $\sum\limits_{m=0}^{M'}a_{f(m)}$ 是 ε- 接近于 L' 的.

由于 $\sum\limits_{n=0}^{\infty}|a_n|$ 是收敛的, 由命题 7.2.5, 我们可以找到 N_1, 使得对于一切 $p,q\geqslant N_1$,

$$\sum_{n=p}^{q}|a_n|\leqslant\frac{\varepsilon}{2}.$$

由于 $\sum\limits_{n=0}^{\infty} a_n$ 收敛到 L', 那么部分和 $\sum\limits_{n=0}^{N} a_n$ 也收敛到 L'. 所以存在 $N \geqslant N_1$, 使得 $\sum\limits_{n=0}^{N} a_n$ 是 $\frac{\varepsilon}{2}$- 接近于 L' 的.

现在, 序列 $(f^{-1}(n))_{n=0}^{N}$ 是有限的, 从而是有界的, 于是存在 M, 使得对于一切 $0 \leqslant n \leqslant N$ 有 $f^{-1}(n) \leqslant M$. 那么当 $M' \geqslant M$ 时, 集合 $\{f(m) : m \in \mathbb{N}; m \leqslant M'\}$ 包含 $\{n \in \mathbb{N} : n \leqslant N\}$(为什么?). 于是根据命题 7.1.11, 对于任何 $M' \geqslant M$ 都有

$$\sum_{m=0}^{M'} a_{f(m)} = \sum_{n \in \{f(m):m\in\mathbb{N}; m\leqslant M'\}} a_n = \sum_{n=0}^{N} a_n + \sum_{n\in X} a_n,$$

其中 X 是集合

$$X := \{f(m) : m \in \mathbb{N}; m \leqslant M'\} \setminus \{n \in \mathbb{N} : n \leqslant N\}.$$

集合 X 是有限的, 因而界于某自然数 q. 于是必有

$$X \subseteq \{n \in \mathbb{N} : N+1 \leqslant n \leqslant q\}$$

(为什么?). 那么根据 N 的选取, 有

$$\left|\sum_{n\in X} a_n\right| \leqslant \sum_{n\in X} |a_n| \leqslant \sum_{n=N+1}^{q} |a_n| \leqslant \frac{1}{2}\varepsilon.$$

于是 $\sum\limits_{m=0}^{M'} a_{f(m)}$ 是 $\frac{\varepsilon}{2}$- 接近于 $\sum\limits_{n=0}^{N} a_n$ 的, 而后者如前所述是 $\frac{\varepsilon}{2}$- 接近于 L' 的. 因此, 只要 $M' \geqslant M$, $\sum\limits_{m=0}^{M'} a_{f(m)}$ 就是 ε- 接近于 L 的. 这就是要证的. ■

令人惊奇的是, 当级数不是绝对收敛的时候, 级数重排的性质是非常恶劣的.

例 7.4.4 考虑级数

$$\frac{1}{3} - \frac{1}{4} + \frac{1}{5} - \frac{1}{6} + \frac{1}{7} - \frac{1}{8} + \cdots.$$

这个级数不是绝对收敛的 (为什么?), 但根据交错级数判别法它是条件收敛的. 事实上, 可以看出级数收敛到一个正数 (事实上, 它收敛到 $\ln(2) - \frac{1}{2} = 0.193\,147\cdots$, 见例 15.5.7). 为何级数的和是正的, 基本上是因为量 $(\frac{1}{3} - \frac{1}{4}), (\frac{1}{5} - \frac{1}{6}), (\frac{1}{7} - \frac{1}{8})$ 等都是正的, 可以用此事证明每个部分和都是正的. (为什么? 你需要分部分和是由偶数项组成的及由奇数项组成的两种情况来考虑.)

但是, 如果我们重排这个级数让一个正项接着两个负项, 那么得到

$$\frac{1}{3} - \frac{1}{4} - \frac{1}{6} + \frac{1}{5} - \frac{1}{8} - \frac{1}{10} + \frac{1}{7} - \frac{1}{12} - \frac{1}{14} + \cdots,$$

于是部分和立即变成负的 (这是因为 $(\frac{1}{3}-\frac{1}{4}-\frac{1}{6}),(\frac{1}{5}-\frac{1}{8}-\frac{1}{9})$, 及一般地 $\frac{1}{2n+1}-\frac{1}{4n}-\frac{1}{4n+2}$ 都是负的), 从而此级数收敛到一个负数; 事实上它收敛到

$$\frac{1}{2}(\ln(2)-1)=-0.153\,426\cdots.$$

令人惊讶的是 Riemann 的结果, 此结果表明, 一个条件收敛而不绝对收敛的级数, 事实上, 可以经过适当重排而收敛到任何指定的值 (或经重排后而发散 —— 见习题 8.2.6), 详见定理 8.2.8.

总而言之, 当级数绝对收敛时, 可随意重排而不改变其和, 但当级数不绝对收敛时, 重排是相当危险的. [这并不是说, 重排一个绝对发散的级数必定给出错误的结果 —— 例如, 在理论物理中常常实施类似的花招, (通常) 最后却仍得到正确的结果 —— 但这样做是冒险的, 除非以一个像命题 7.4.3 那样严格的结果作为依据.]

习 题 7.4

7.4.1 设 $\sum_{n=0}^{\infty} a_n$ 是绝对收敛的实数级数, 并设 $f:\mathbb{N}\to\mathbb{N}$ 是严格增函数 (即对于一切 $n\in\mathbb{N}$, $f(n+1)>f(n)$). 证明 $\sum_{m=0}^{\infty} a_{f(m)}$ 也是绝对收敛的级数. (提示: 试把 $\sum_{m=0}^{\infty} a_{f(m)}$ 的每个部分和与 $\sum_{n=0}^{\infty} a_n$ 的 (稍微不同的) 部分和进行比较.)

§7.5 方根判别法与比例判别法

现在我们可以叙述并证明级数收敛的方根判别法和比例判别法.

定理 7.5.1(方根判别法) 设 $\sum_{n=m}^{\infty} a_n$ 是实数的级数, 并设

$$\alpha:=\limsup_{n\to\infty}|a_n|^{\frac{1}{n}}.$$

(a) 如果 $\alpha<1$, 那么级数 $\sum_{n=m}^{\infty} a_n$ 是绝对收敛的 (从而是条件收敛的).

(b) 如果 $\alpha>1$, 那么级数 $\sum_{n=m}^{\infty} a_n$ 是条件发散的 (从而不是绝对收敛的).

(c) 如果 $\alpha=1$, 那么我们不能给出任何断言.

证明 先设 $\alpha<1$. 注意, 必有 $\alpha\geqslant 0$, 因为对于一切 n, $|a_n|^{\frac{1}{n}}\geqslant 0$. 那么, 可以找到 $\varepsilon>0$ 使得 $0<\alpha+\varepsilon<1$ (例如可令 $\varepsilon=\frac{1}{2}(1-\alpha)$). 根据命题 6.4.12(a), 存在 $N\geqslant m$ 使得对于一切 $n\geqslant N$

$$|a_n|^{\frac{1}{n}}\leqslant\alpha+\varepsilon.$$

换句话说, 对于一切 $n \geqslant N$, 有

$$|a_n| \leqslant (\alpha+\varepsilon)^n.$$

但从关于几何级数的讨论知, 由于 $0<\alpha+\varepsilon<1$, 级数

$$\sum_{n=N}^{\infty}(\alpha+\varepsilon)^n$$

是绝对收敛的[注意, 根据命题 7.2.14(c), 我们从号码 N 开始是没关系的]. 于是根据比较判别法, 我们看到 $\sum\limits_{n=N}^{\infty} a_n$ 是绝对收敛的, 再次根据命题 7.2.14(c), $\sum\limits_{n=m}^{\infty} a_n$ 是绝对收敛的.

现在假设 $\alpha>1$. 那么根据命题 6.4.12(b), 对于每个 $N \geqslant m$, 存在一个 $n \geqslant N$ 使得 $|a_n|^{\frac{1}{n}} \geqslant 1$, 从而 $|a_n| \geqslant 1$. 那么 $(a_n)_{n=N}^{\infty}$ 对于每个 N 都不是 1- 接近于 0 的, 于是$(a_n)_{n=m}^{\infty}$ 不是终极 1- 接近于 0 的. 那么 $(a_n)_{n=m}^{\infty}$ 不收敛到零. 从而根据零判别法, $\sum\limits_{n=m}^{\infty} a_n$ 是条件发散的.

对于 $\alpha=1$, 见习题 7.5.3. ■

方根判别法是用上极限的语言给出的. 当然如果 $\lim\limits_{n\to\infty}|a_n|^{\frac{1}{n}}$ 收敛, 那么极限与上极限是一样的. 所以也可以用极限的语言代替上极限来给出方根判别法, 不过**仅当极限存在时**方可.

方根判别法有时难于使用, 但我们使用下述引理就可以用比例来代替方根.

引理 7.5.2　*设 $(c_n)_{n=m}^{\infty}$ 是正数序列. 那么我们有*

$$\liminf_{n\to\infty}\frac{c_{n+1}}{c_n} \leqslant \liminf_{n\to\infty} c_n^{\frac{1}{n}} \leqslant \limsup_{n\to\infty} c_n^{\frac{1}{n}} \leqslant \limsup_{n\to\infty}\frac{c_{n+1}}{c_n}.$$

证明　这里有三个不等式待证. 中间的不等式从命题 6.4.12(c) 推出. 我们只证明最后一个不等式, 而把第一个留作习题 7.5.1.

令 $L:=\limsup\limits_{n\to\infty}\frac{c_{n+1}}{c_n}$. 如果 $L=+\infty$, 那么没有什么可证的 (因为对于每个广义实数 x 都成立 $x \leqslant +\infty$). 所以我们可以假设 L 是有限的实数 (注意 L 不可能是 $-\infty$; 为什么?). 由于 $\frac{c_{n+1}}{c_n}$ 总是正的, 从而 $L \geqslant 0$.

设 $\varepsilon>0$. 根据命题 6.4.12(a) 知, 存在 $N \geqslant m$ 使得对于一切 $n \geqslant N$,

$$\frac{c_{n+1}}{c_n} \leqslant L+\varepsilon.$$

这蕴含着对于一切 $n \geqslant N$,

$$c_{n+1} \leqslant (L+\varepsilon)c_n.$$

用归纳法知, 此式蕴含, 对于一切 $n \geqslant N$,

$$c_n \leqslant c_N(L+\varepsilon)^{n-N}$$

(为什么?). 如果令 $A := c_N(L+\varepsilon)^{-N}$, 那么

$$c_n \leqslant A(L+\varepsilon)^n,$$

从而

$$c_n^{\frac{1}{n}} \leqslant A^{\frac{1}{n}}(L+\varepsilon)$$

对于一切 $n \geqslant N$ 成立. 但根据极限算律 (定理 6.1.19) 及引理 6.5.3, 有

$$\lim_{n\to\infty} A^{\frac{1}{n}}(L+\varepsilon) = L+\varepsilon.$$

于是根据比较原理 (引理 6.4.13), 有

$$\limsup_{n\to\infty} c_n^{\frac{1}{n}} \leqslant L+\varepsilon.$$

但此式对于一切 $\varepsilon > 0$ 成立, 所以它必蕴含所要的不等式

$$\limsup_{n\to\infty} c_n^{\frac{1}{n}} \leqslant L$$

(为什么? 用反证法证明之). ■

从定理 7.5.1 和引理 7.5.2(以及习题 7.5.3), 我们得到

推论 7.5.3(比例判别法) 设 $\sum\limits_{n=m}^{\infty} a_n$ 是元素不为零的级数 (非零的假定用以保证下面出现的比例 $\frac{|a_{n+1}|}{|a_n|}$ 有意义.)

(a) 如果 $\limsup\limits_{n\to\infty} \frac{|a_{n+1}|}{|a_n|} < 1$, 那么级数 $\sum\limits_{n=m}^{\infty} a_n$ 是绝对收敛的 (从而是条件收敛的).

(b) 如果 $\limsup\limits_{n\to\infty} \frac{|a_{n+1}|}{|a_n|} > 1$, 那么级数 $\sum\limits_{n=m}^{\infty} a_n$ 是条件发散的 (从而不是绝对收敛的).

(c) 在其他情形下, 我们不能断定什么.

引理 7.5.2 的另一个结果是下述极限.

命题 7.5.4 我们有 $\lim\limits_{n\to\infty} n^{\frac{1}{n}} = 1$.

证明 根据引理 7.5.2, 使用命题 6.1.11 及极限算律 (定理 6.1.19), 有

$$\limsup_{n\to\infty} n^{\frac{1}{n}} \leqslant \limsup_{n\to\infty} \frac{n+1}{n} = \limsup_{n\to\infty}\left(1+\frac{1}{n}\right) = 1.$$

类似地有

$$\liminf_{n\to\infty} n^{\frac{1}{n}} \geqslant \liminf_{n\to\infty} \frac{n+1}{n} = \liminf_{n\to\infty} \left(1+\frac{1}{n}\right) = 1.$$

那么, 所需结论从命题 6.4.12(c) 和 (f) 推出. ■

注 7.5.5 除了比例判别法及方根判别法外, 另一个很有用的收敛判别法是**积分判别法**, 我们将在命题 11.6.4 中予以介绍.

习 题 7.5

7.5.1 证明引理 7.5.2 中的第一个不等式.

7.5.2 设 x 是实数, $|x| < 1$, 并设 q 是实数. 证明级数 $\sum_{n=1}^{\infty} n^q x^n$ 是绝对收敛的, 并且 $\lim_{n\to\infty} n^q x^n = 0$.

7.5.3 举一个正数 a_n 的发散级数 $\sum_{n=1}^{\infty} a_n$ 的例子, 使

$$\lim_{n\to\infty} \frac{a_{n+1}}{a_n} = \lim_{n\to\infty} a_n^{\frac{1}{n}} = 1.$$

并举一个正数 b_n 的收敛级数 $\sum_{n=1}^{\infty} b_n$ 的例子, 使

$$\lim_{n\to\infty} \frac{b_{n+1}}{b_n} = \lim_{n\to\infty} b_n^{\frac{1}{n}} = 1.$$

(提示: 用推论 7.3.7.) 这表明, 即使求和项是正的并且上式两个极限都存在 (等于 1), 比例判别法及方根判别法也可能不解决问题.

第 8 章 无限集合

我们现在转向集合论的研究, 特别是无限集合 (即不以任意自然数为基数的集合) 的基数的研究. 这个题目起源于 §3.6.

§8.1 可数性

从命题 3.6.14(c) 我们知道, 如果 X 是有限集合, 而 Y 是 X 的真子集, 那么 Y 不能和 X 有同样的基数. 但是, 对无限集合, 情况就不是这样. 例如, 从定理 3.6.12 知, 自然数的集合 $\mathbb{N}$ 是无限的. 根据命题 3.6.14(a), 集合 $\mathbb{N}\setminus\{0\}$ 也是无限的 (为什么?), 它是 $\mathbb{N}$ 的真子集, 尽管比 $\mathbb{N}$"更小", 还是与 $\mathbb{N}$ 有同样的基数, 因为由 $f(n):=n+1$ 确定的映射 $f:\mathbb{N}\to\mathbb{N}\setminus\{0\}$ 是双射 (为什么?). 这是无限集合的一个特征; 见习题 8.1.1.

我们现在来区分两种无限集合: 可数集与不可数集.

定义 8.1.1(可数集) 集合 X 叫作**可数无限的**(或简称为**可数的**), 当且仅当它与自然数集有相同的基数. 集合 X 叫作**最多可数的**当且仅当它或者是可数的, 或者是有限的. 我们说一个集合是**不可数的**, 如果它是无限的但不是可数的.

注 8.1.2 可数无限 (countably infinite) 的集合也叫作 denumerable 集合.

例 8.1.3 从前面的讨论我们看到 $\mathbb{N}$ 是可数的, $\mathbb{N}\setminus\{0\}$ 也是可数的. 另一个例子是偶自然数集 $\{2n:n\in\mathbb{N}\}$, 因为函数 $f(n):=2n$ 是 $\mathbb{N}$ 到偶自然数集的双射 (为什么?).

设 X 是可数集. 那么从定义知, 存在一个双射 $f:\mathbb{N}\to X$. 于是 X 的每个元素恰由一个自然数 n 决定而写成形状 $f(n)$. 于是我们不正式地得到

$$X=\{f(0),\ f(1),\ f(2),\ f(3),\ \cdots\}.$$

于是, 可数集可被排成一个序列, 使得我们有第零个元素 $f(0)$, 接着第一个元素 $f(1)$, 然后第二个元素 $f(2)$, 依此类推. 这样, 全体这些元素 $f(0), f(1), f(2),\cdots$ 是彼此不同的, 并且取遍了 X 的一切元素. (这就是为什么这些集合叫作可数的; 因为可以逐个地一个接一个地数它们, 从 $f(0)$ 开始, 然后 $f(1),\cdots$, 依此类推.)

依此看来, 很清楚为何自然数集

$$\mathbb{N}=\{0,\ 1,\ 2,\ 3,\ \cdots\},$$

正整数集

$$\mathbb{N}\setminus\{0\}=\{1, 2, 3, \cdots\}$$

以及偶自然数集

$$\{0,2,4,6,8,\cdots\}$$

都是可数的. 但是整数集

$$\mathbb{Z}=\{\cdots, -3, -2, -1, 0, 1, 2, 3, \cdots\}$$

或比例数集

$$\mathbb{Q}=\left\{0, \frac{1}{4}, -\frac{2}{3}, \cdots\right\}$$

或实数集

$$\mathbb{R}=\{0, \sqrt{2}, -\pi, 2.5, \cdots\}$$

是可数的还是不可数的, 就不那样明显了. 例如, 现在还不清楚, 是否能把实数排成一个序列 $f(0), f(1), f(2), \cdots$. 我们很快就要回答这些问题.

从命题 3.6.4 和定理 3.6.12 知, 可数集是无限集. 但是, 无限集是否都是可数集, 并不那么清楚. 再说一遍, 我们很快就要回答这些问题. 我们首先需要下述重要原理.

命题 8.1.4(良序原理) 设 X 是自然数集合 $\mathbb{N}$ 的一个不空的子集合. 那么恰存在一个元素 $n\in X$, 使得对于一切 $m\in X$ 成立 $n\leqslant m$. 换句话说, 每个不空的自然数的集合都有**最小元**.

证明 见习题 8.1.2. ■

我们把由良序原理给出的元素 n 叫作 ***X* 的最小元**, 并记之为 $\min(X)$. 于是, 作为例子, 集合 $\{2, 4, 6, 8, \cdots\}$ 的最小元是 2. 这个最小元显然与依定义 5.5.10 定义的 X 的下确界是同一个元素 (为什么?).

命题 8.1.5 设 X 是自然数集合 $\mathbb{N}$ 的一个无限子集合. 那么存在唯一一个双射 $f:\mathbb{N}\to X$, 它依下述意义是增的:

$$\text{对于一切}\, n\in\mathbb{N},\quad f(n+1)>f(n).$$

当然, X 与 $\mathbb{N}$ 具有同样的基数, 从而是可数集.

证明 我们给出证明的一个不完全的框架, 其中留下一些待补充的细节用问号 (?) 标出; 这些细节需在习题 8.1.3 中予以填补.

现在用下述公式递归地定义自然数的一个序列 $a_0, a_1, a_2, \cdots$.

$$a_n:=\min\{x\in X: \text{对于一切}\, m<n,\ x\neq a_m\}.$$

直观地说, a_0 是 X 的最小元; a_1 是 X 的第二最小元, 即把 a_0 从 X 中移除后的最小元; a_2 则是第三最小元; 依此类推. 注意到, 为了确定 a_n, 只需对于一切 $m < n$ 知道 a_m 的值, 于是, 这个定义是递归的. 还有, 由于 X 是无限集, 集合 $\{x \in X:$ 对于一切 $m < n,\ x \neq a_m\}$ 也是无限集 (?), 从而不空. 于是, 根据良序原理, 最小元 $\min\{x \in X:$ 对于一切 $m < n,\ x \neq a_m\}$ 是定义成功的.

可以证明 (?) $(a_n)_{n=0}^{\infty}$ 是一个增序列, 即

$$a_0 < a_1 < a_2 < \cdots,$$

从而对于一切 $n \neq m$, $a_n \neq a_m$(?). 另外, 对于每个自然数 n, 都有 (?)$a_n \in X$.

现在定义函数 $f : \mathbb{N} \to X$ 使 $f(n) := a_n$. 从上一段所说的事实知, f 是 1 对 1 的. 现在来证明 f 是映上的. 换句话说, 我们要证明对于每个 $x \in X$, 存在一个 n 使得 $a_n = x$.

设 $x \in X$. 假设不是这样, 那么对于每个 n 都有 $a_n \neq x$. 这蕴含 (?) 对于一切 n, x 都是集合 $\{x \in X:$ 对于一切 $m < n, x \neq a_m\}$ 的一个元素. 根据 a_n 的定义, 这表明对于自然数 n 都成立 $x \geqslant a_n$. 但是, 由于 $(a_n)_{n=0}^{\infty}$ 是一个增序列, 我们有 $a_n \geqslant n$(?), 从而 $x \geqslant n$ 对于每个自然数 n 成立. 那么我们有 $x \geqslant x+1$, 这是一个矛盾. 于是必定对于某些自然数 n 有 $a_n = x$, 从而 f 是映上的.

由于 $f : \mathbb{N} \to X$ 既是 1 对 1 的也是映上的, 所以它是双射. 于是找到了从 $\mathbb{N}$ 到 X 的至少一个增的双射. 现在假定存在从 $\mathbb{N}$ 到 X 的另一个增的双射 g, 它不同于 f. 那么集合 $\{n \in \mathbb{N} : g(n) \neq f(n)\}$ 不空. 定义

$$m := \min\{n \in \mathbb{N} : g(n) \neq f(n)\},$$

那么 $g(m) \neq f(m) = a_m$, 并且对于一切 $n < m$, $g(n) = f(n) = a_n$. 那样的话, 必定有 (?)

$$g(m) = \min\{x \in X : \text{对于一切 } t < m,\ x \neq a_t\} = a_m,$$

这是一个矛盾. 从而不存在与 f 不同的从 $\mathbb{N}$ 到 X 的增的双射. ■

根据定义, 有限的集合是至多可数的, 于是得到

推论 8.1.6 自然数集合的一切子集合都是至多可数的.

推论 8.1.7 如果 X 是至多可数的集合, 而 Y 是 X 的子集合, 则 Y 也是至多可数的.

证明 如果 X 是有限的, 那么结论从命题 3.6.14(c) 推出. 假定 X 是可数的, 那么存在 X 与 $\mathbb{N}$ 之间的一个双射 $f : X \to \mathbb{N}$. 由于 Y 是 X 的子集合, 并且 f 是从 X 到 $\mathbb{N}$ 的双射, 那么当把 f 限制于 Y 上时, 我们得到 Y 和 $f(Y)$ 之间的一个双射 (为什么这是双射?). 于是 $f(Y)$ 与 Y 具有相同的基数. 但是 $f(Y)$ 是 $\mathbb{N}$ 的一个子集合, 从而根据推论 8.1.6, 它是至多可数的. 所以 Y 也是至多可数的. ■

命题 8.1.8 设 Y 是集合, 并设 $f:\mathbb{N}\to Y$ 是函数. 那么 $f(\mathbb{N})$ 是至多可数的.

证明 见习题 8.1.4. ■

推论 8.1.9 设 X 是可数集, 并设 $f:X\to Y$ 是函数. 那么 $f(X)$ 是至多可数的.

证明 见习题 8.1.5. ■

命题 8.1.10 设 X 是可数集, 并设 Y 是可数集. 那么 $X\bigcup Y$ 是可数集.

证明 见习题 8.1.7. ■

总结一下, 一个可数集的任何子集或者象集合, 都是至多可数的, 并且可数集的有限并依然是可数集.

我们现在可以建立整数集的可数性.

推论 8.1.11 整数集 $\mathbb{Z}$ 是可数集.

证明 我们已经知道自然数集合 $\mathbb{N}=\{0,1,2,3,\cdots\}$ 是可数集. 那么集合

$$-\mathbb{N}:=\{-n:n\in\mathbb{N}\}=\{0,-1,-2,-3,\cdots\}$$

也是可数集, 这是因为映射 $f(n):=-n$ 是 $\mathbb{N}$ 与 $-\mathbb{N}$ 之间的双射. 由于整数集是 $\mathbb{N}$ 与 $-\mathbb{N}$ 的并集, 所以根据命题 8.1.10, 它是可数集. ■

为了建立比例数集的可数性, 需要把可数性与笛卡儿乘积 (Cartesian product) 联系起来. 我们需要证明 $\mathbb{N}\times\mathbb{N}$ 是可数集.

首先需要一个预备引理.

引理 8.1.12 集合

$$A:=\{(m,n)\in\mathbb{N}\times\mathbb{N}:0\leqslant n\leqslant m\}$$

是可数集.

证明 递归地定义一个序列 $a_0,a_1,a_2,\cdots$, 令 $a_0:=0$, 并对一切自然数 n, 令 $a_{n+1}:=a_n+n+1$. 于是

$$a_0=0,\quad a_1=0+1,\quad a_2=0+1+2,\quad a_3=0+1+2+3,\cdots$$

可用归纳法证明 $(a_n)_{n=0}^{\infty}$ 是增的, 即当 $n>m$ 时 $a_n>a_m$(为什么?).

现在定义一个函数 $f:A\to\mathbb{N}$, 令

$$f(n,m):=a_n+m.$$

我们来证明 f 是 1 对 1 的. 换句话说, 如果 (n,m) 和 (n',m') 是 A 的两个不同的元素, 那么我们要证明 $f(n,m)\neq f(n',m')$.

为此, 设 (n,m) 和 (n',m') 是 A 的两个不同的元素. 有三种可能的情形: $n'=n$, $n'>n$, $n'<n$. 首先假定 $n'=n$. 那么必有 $m\neq m'$, 否则 (n,m) 与 (n',m') 将是相同的. 于是 $a_n+m\neq a_n+m'$, 从而 $f(n,m)\neq f(n',m')$, 这就是所需的.

现在假定 $n'>n$. 那么 $n'\geqslant n+1$, 从而

$$f(n',m')=a_{n'}+m'\geqslant a_{n'}\geqslant a_{n+1}=a_n+n+1.$$

但由于 $(n,m)\in A$, 我们有 $m\leqslant n<n+1$, 从而

$$f(n',m')\geqslant a_n+n+1>a_n+m=f(n,m),$$

那么 $f(n',m')\neq f(n,m)$.

$n'<n$ 的情形的证明是类似的, 只需更换上述论证中 n 与 n' 的角色. 于是我们就证明了 f 是 1 对 1 的. 从而 f 是从 A 到 $f(A)$ 的双射, 那么 A 与 $f(A)$ 有相同的基数. 但是 $f(A)$ 是 $\mathbb{N}$ 的子集合, 所以根据推论 8.1.6, 它是至多可数的. 因此 A 是至多可数的. 但是 A 明显地不是有限集合. (为什么? 提示: 如果 A 是有限集合, 那么 A 的每个子集合也都是有限的, 当然 $\{(n,0):n\in\mathbb{N}\}$ 也必定是有限的, 但它明显是可数无限的, 这是一个矛盾.) 于是 A 必定是可数集. ■

推论 8.1.13 集合 $\mathbb{N}\times\mathbb{N}$ 是可数的.

证明 我们已经知道集合

$$A:=\{(n,m)\in\mathbb{N}\times\mathbb{N}:0\leqslant m\leqslant n\}$$

是可数的. 这蕴含着集合

$$B:=\{(n,m)\in\mathbb{N}\times\mathbb{N}:0\leqslant n\leqslant m\}$$

也是可数的, 这是因为映射

$$f:A\to B,\ f(n,m):=(m,n)$$

是从 A 到 B 的双射 (为什么?). 但由于 $\mathbb{N}\times\mathbb{N}$ 是 A 与 B 的并集 (为什么?), 那么从命题 8.1.10 就推出所要的结论. ■

推论 8.1.14 如果 X 和 Y 都是可数的, 那么 $X\times Y$ 是可数的.

证明 见习题 8.1.8. ■

推论 8.1.15 比例数集 $\mathbb{Q}$ 是可数的.

证明 我们已经知道整数集 $\mathbb{Z}$ 是可数的. 这蕴含非零整数集 $\mathbb{Z}\setminus\{0\}$ 是可数的 (为什么?). 根据推论 8.1.14, 集合

$$\mathbb{Z}\times(\mathbb{Z}\setminus\{0\})=\{(a,b):a,b\in\mathbb{Z},b\neq 0\}$$

是可数的. 如果令 $f:\mathbb{Z}\times(\mathbb{Z}\setminus\{0\})\to\mathbb{Q}$ 是函数

$$f(a,b):=\frac{a}{b}$$

(注意 f 是定义成功的, 因为我们已禁止 $b=0$), 就从推论 8.1.9 看到 $f(\mathbb{Z}\times(\mathbb{Z}\setminus\{0\}))$ 是至多可数的. 但是 $f(\mathbb{Z}\times(\mathbb{Z}\setminus\{0\}))=\mathbb{Q}$ (为什么? 这基本上就是比例数集 $\mathbb{Q}$ 的定义), 于是 $\mathbb{Q}$ 是至多可数的. 但 $\mathbb{Q}$ 不是有限集, 因为它包含无限集 $\mathbb{N}$. 所以 $\mathbb{Q}$ 是可数的. ■

注 8.1.16 由于比例数集合是可数的, 我们知道, 原则上可以把比例数集排成一个序列:

$$\mathbb{Q}=\{a_0,a_1,a_2,a_3,\cdots\},$$

使得这个序列的元素彼此不同, 并且取遍 $\mathbb{Q}$ 的元素 (即, 每个比例数必为这个序列的一个元素 a_n). 但是, 实际明确地排出这样一个序列是相当困难的 (虽然不是不可能的), 见习题 8.1.10.

习 题 8.1

8.1.1 设 X 是集合. 证明 X 是无限集当且仅当存在 X 的一个真子集 $Y\subsetneq X$, 它与 X 有同样的基数.

8.1.2 证明命题 8.1.4. (提示: 可使用归纳法, 或使用无限下降原理 (习题 4.4.2); 或使用最小上界 (或最大下界) 原理 (定理 5.5.9).) 如果用整数集取代自然数集, 良序原理还成立吗? 如果用正比例数集取代自然数集, 情况又将如何? 请解释.

8.1.3 补上命题 8.1.5 证明中标出 (?) 的细节.

8.1.4 证明命题 8.1.8. (提示: 这里基本的问题是并未假定 f 是 1 对 1 的. 定义 A 为集合

$$A:=\{n\in\mathbb{N}: \text{对于一切}\, 0\leqslant m<n,\ f(m)\neq f(n)\},$$

不正式地说, A 是使 $f(n)$ 不出现在序列 $f(0),f(1),\cdots,f(n-1)$ 中的自然数 n 的集合. 证明当 f 限制在 A 上时, 它成为从 A 到 $f(A)$ 的双射. 然后使用命题 8.1.5.)

8.1.5 用命题 8.1.8 证明推论 8.1.9.

8.1.6 设 A 是集合. 证明 A 是至多可数的当且仅当存在从 A 到 $\mathbb{N}$ 的单射 $f:A\to\mathbb{N}$.

8.1.7 证明命题 8.1.10. (提示: 根据假定, 有双射 $f:\mathbb{N}\to X$ 和双射 $g:\mathbb{N}\to Y$. 现在定义 $f:\mathbb{N}\to X\bigcup Y$ 为: 对于每个自然数 n, $h(2n):=f(n), h(2n+1):=g(n)$, 证明 $h(\mathbb{N})=X\bigcup Y$. 然后使用推论 8.1.9 并证明 $X\bigcup Y$ 不可能是有限集.)

8.1.8 使用推论 8.1.13 证明推论 8.1.14.

8.1.9 设 I 是至多可数的集合, 并且对于每个 $\alpha\in I$, 设 A_α 是一个至多可数的集合. 证明集合 $\bigcup_{\alpha\in I}A_\alpha$ 也是至多可数的. 那么可数集的可数并是可数的.

8.1.10 找出一个从自然数系 $\mathbb{N}$ 到比例数集 $\mathbb{Q}$ 的双射 $f:\mathbb{N}\to\mathbb{Q}$. (警告: 明显地做出 f 实际上是非常需要技巧的, 很难让 f 同时是单射和满射.)

§8.2 在无限集合上求和

我们现在引入在**可数集**上求和的概念, 只要和是绝对收敛的, 它就是定义成功的.

定义 8.2.1(可数集上的级数) 设 X 是可数集并设 $f: X \to \mathbb{R}$ 是函数. 我们说级数 $\sum_{x\in X} f(x)$ 是**绝对收敛**的当且仅当对于某双射 $g: \mathbb{N} \to X$, 级数

$$\sum_{n=0}^{\infty} f(g(n))$$

是绝对收敛的. 那时我们定义

$$\sum_{x\in X} f(x) = \sum_{n=0}^{\infty} f(g(n)).$$

从命题 7.4.3(和命题 3.6.4), 可以证明这些定义不依赖于 g 的选取, 从而是定义成功的.

我们现在可以给出一个关于二重求和的重要定理.

定理 8.2.2(关于无限和的 Fubini 定理) *设 $f: \mathbb{N}\times\mathbb{N} \to \mathbb{R}$ 是函数, 使得*

$$\sum_{(n,m)\in\mathbb{N}\times\mathbb{N}} f(n,m)$$

是绝对收敛的. 那么

$$\sum_{n=0}^{\infty}\left(\sum_{m=0}^{\infty} f(n,m)\right) = \sum_{(n,m)\in\mathbb{N}\times\mathbb{N}} f(n,m)$$
$$= \sum_{(m,n)\in\mathbb{N}\times\mathbb{N}} f(n,m) = \sum_{m=0}^{\infty}\left(\sum_{n=0}^{\infty} f(n,m)\right).$$

换句话说, **只要整个和是绝对收敛的**, 我们就可以交换无限和的次序. 你应该将此与例 1.2.5 进行比较.

证明 (仅给出证明的框架. 这个证明比起其他的证明来可认为更为复杂, 因此作为选读材料.) 第二个等式容易从命题 7.4.3(及命题 3.6.4) 推出. 由于第三个等式与第一个非常类似 (基本上只是交换 n 和 m 的角色), 所以我们只证明第一个等式.

我们先考虑 $f(n,m)$ 总不取负值的情形 (稍后将处理一般情形). 记

$$L := \sum_{(n,m)\in\mathbb{N}\times\mathbb{N}} f(n,m).$$

我们的任务是证明级数

$$\sum_{n=0}^{\infty}\left(\sum_{m=0}^{\infty} f(n,m)\right)$$

收敛到 L.

可以容易地证明对于一切有限集合 $X \subset \mathbb{N}\times\mathbb{N}$

$$\sum_{(n,m)\in X} f(n,m) \leqslant L.$$

(为什么? 使用 $\mathbb{N}\times\mathbb{N}$ 与 $\mathbb{N}$ 之间的一个双射 g, 然后使用 $g(X)$ 是有限集, 从而是有界集的事实.) 当然, 对于每个 $n \in \mathbb{N}$ 和每个 $M \in \mathbb{N}$, 有

$$\sum_{m=0}^{M} f(n,m) \leqslant L,$$

根据命题 6.3.8, 此式蕴含对于每个 n, $\sum\limits_{m=0}^{\infty} f(n,m)$ 都收敛. 类似地, 对于任意的 $N \in \mathbb{N}$ 和任意的 $M \in \mathbb{N}$, 有 (由推论 7.1.14)

$$\sum_{n=0}^{N}\sum_{m=0}^{M} f(n,m) \leqslant \sum_{(n,m)\in X} f(n,m) \leqslant L,$$

其中 X 是集合 $\{(n,m)\in\mathbb{N}\times\mathbb{N} : n \leqslant N, m \leqslant M\}$, 根据命题 3.6.14, 这个集合是有限的. 对此式当 $M\to\infty$ 时取上确界 (根据极限算律及对 N 的归纳), 有

$$\sum_{n=0}^{N}\sum_{m=0}^{\infty} f(n,m) \leqslant L.$$

根据命题 6.3.8, 这蕴含 $\sum\limits_{n=0}^{\infty}\sum\limits_{m=0}^{\infty} f(n,m)$ 收敛, 以及

$$\sum_{n=0}^{\infty}\sum_{m=0}^{\infty} f(n,m) \leqslant L.$$

为结束证明, 只需对于每个 $\varepsilon > 0$ 证明

$$\sum_{n=0}^{\infty}\sum_{m=0}^{\infty} f(n,m) \geqslant L-\varepsilon.$$

(为什么这就够了? 用反证法证明一下.) 那么设 $\varepsilon > 0$. 根据 L 的定义, 可以找到一个有限集合 $X \subseteq \mathbb{N}\times\mathbb{N}$ 使得

$$\sum_{(n,m)\in X} f(n,m) \geqslant L-\varepsilon$$

(为什么?), 这个集合 X, 作为一个有限集合, 必定包含在某个形如

$$Y := \{(n,m) \in \mathbb{N} \times \mathbb{N} : n \leqslant N, m \leqslant M\}$$

的集合之中 (为什么? 用归纳法证一下). 于是根据推论 7.1.14,

$$\sum_{n=0}^{N} \sum_{m=0}^{M} f(n,m) = \sum_{(n,m)\in Y} f(n,m) \geqslant \sum_{(n,m)\in X} f(n,m) \geqslant L - \varepsilon,$$

从而

$$\sum_{n=0}^{\infty} \sum_{m=0}^{\infty} f(n,m) \geqslant \sum_{n=0}^{N} \sum_{m=0}^{\infty} f(n,m) \geqslant \sum_{n=0}^{N} \sum_{m=0}^{M} f(n,m) \geqslant L - \varepsilon,$$

这就是所需要的.

这就证明了当 $f(n,m)$ 都不是负数时, 结论成立. 类似的论证当 $f(n,m)$ 都不是正数时也成立 (事实上, 可以简单地使用刚刚得到的结果于函数 $-f$, 再使用极限算律消去负号).

对于一般情形, 注意到函数 f 可以被写成 $f_+ + f_-$, 其中 f_+ 是 f 的正部 (即当 $f(n,m)$ 是正数时, $f_+(n,m) = f(n,m)$, 否则 $f_+ = 0$), f_- 是 f 的负部 (当 $f(n,m)$ 是负数时 $f_-(n,m) = f(n,m)$, 否则 $f_-(n,m) = 0$). 容易证明, 如果 $\sum_{(n,m)\in\mathbb{N}\times\mathbb{N}} f(n,m)$ 是绝对收敛的, 那么 $\sum_{(n,m)\in\mathbb{N}\times\mathbb{N}} f_+(n,m)$ 和 $\sum_{(n,m)\in\mathbb{N}\times\mathbb{N}} f_-(n,m)$ 也是绝对收敛的. 于是, 把刚才得到的结果应用于 f_+ 和 f_-, 然后使用极限算律把它们加起来, 就得到对于一般的 f 的结果. ■

对于绝对收敛级数有另外一种刻画.

引理 8.2.3 设 X 是至多可数的集合, 并设 $f : X \to \mathbb{R}$ 是函数. 那么级数 $\sum_{x\in X} f(x)$ 是绝对收敛的当且仅当

$$\sup\left\{\sum_{x\in A} |f(x)| : A \subseteq X, A \text{ 是有限集合}\right\} < \infty.$$

证明 见习题 8.2.1. ■

受这个引理的启发, 我们现在可以定义绝对收敛级数的概念, 甚至在集合 X 是不可数的情形下也适用. (在下一节中我们给出不可数集的一些例子.)

定义 8.2.4 设 X 是集合 (它可以是不可数的), 并设 $f : X \to \mathbb{R}$ 是函数. 我们说级数 $\sum_{x\in X} f(x)$ 是**绝对收敛**的, 当且仅当

$$\sup\left\{\sum_{x\in A} |f(x)| : A \subseteq X, A \text{是有限的}\right\} < \infty.$$

注意, 我们还没有说级数 $\sum_{x\in X} f(x)$ 等于什么. 这将由下述引理来完成.

引理 8.2.5 设 X 是集合 (它可以是不可数的), 并设 $f: X \to \mathbb{R}$ 是函数, 使得级数 $\sum_{x\in X} f(x)$ 是绝对收敛的. 那么, 集合 $\{x \in X : f(x) \neq 0\}$ 是至多可数的.

证明 见习题 8.2.2. ■

根据这个引理, 我们可以把任何一个在不可数集 X 上绝对收敛的级数 $\sum_{x\in X} f(x)$ 的值定义为

$$\sum_{x\in X} f(x) := \sum_{x\in X: f(x)\neq 0} f(x),$$

其中我们已把在不可数集 X 上的和替代为在可数集 $\{x \in X : f(x) \neq 0\}$ 上的和. (注意, 如果前一个和是绝对收敛的, 那么后一个和也是绝对收敛的.) 还应注意, 这个定义与我们已有的在可数集上的级数的定义是相容的.

我们给出关于在任意集合上绝对收敛的级数的一些算律.

命题 8.2.6(绝对收敛级数的算律) 设 X 是任意的集合 (可以是不可数的), 并设 $f: X \to \mathbb{R}$ 和 $g: X \to \mathbb{R}$ 是函数, 使得 $\sum_{x\in X} f(x)$ 与 $\sum_{x\in X} g(x)$都绝对收敛.

(a) 级数 $\sum_{x\in X}(f(x)+g(x))$ 是绝对收敛的, 并且

$$\sum_{x\in X}(f(x)+g(x)) = \sum_{x\in X} f(x) + \sum_{x\in X} g(x).$$

(b) 如果 c 是实数, 那么 $\sum_{x\in X} cf(x)$ 是绝对收敛的, 并且

$$\sum_{x\in X} cf(x) = c\sum_{x\in X} f(x).$$

(c) 如果 $X = X_1 \bigcup X_2$, 其中 X_1 与 X_2 不相交, 那么 $\sum_{x\in X_1} f(x)$ 与 $\sum_{x\in X_2} f(x)$ 都是绝对收敛的, 并且

$$\sum_{x\in X_1\bigcup X_2} f(x) = \sum_{x\in X_1} f(x) + \sum_{x\in X_2} f(x).$$

反过来, 如果 $h: X \to \mathbb{R}$ 使得 $\sum_{x\in X_1} h(x)$ 和 $\sum_{x\in X_2} h(x)$ 都是绝对收敛的, 那么 $\sum_{x\in X_1\bigcup X_2} h(x)$ 也是绝对收敛的, 并且

$$\sum_{x\in X_1\bigcup X_2} h(x) = \sum_{x\in X_1} h(x) + \sum_{x\in X_2} h(x).$$

(d) 如果 Y 是另一个集合, $\varphi: Y \to X$ 是双射, 那么 $\sum_{y \in Y} f(\varphi(y))$ 是绝对收敛的, 并且

$$\sum_{y \in Y} f(\varphi(y)) = \sum_{x \in X} f(x).$$

证明 见习题 8.2.3. ■

回忆例 7.4.4, 如果一个级数是条件收敛的但不是绝对收敛的, 那么它关于重排的性状是很糟糕的. 我们现在进一步分析这种现象.

引理 8.2.7 设 $\sum_{n=0}^{\infty} a_n$ 是实数级数, 它是条件收敛的但不是绝对收敛的. 定义

$$A_+ := \{n \in \mathbb{N} : a_n \geqslant 0\}, \quad A_- := \{n \in \mathbb{N} : a_n < 0\},$$

那么 $A_+ \bigcup A_- = \mathbb{N}$ 并且 $A_+ \bigcap A_- = \varnothing$. 那么两级数 $\sum_{n \in A_+} a_n$ 与 $\sum_{n \in A_-} a_n$ 都不是条件收敛的 (从而都不是绝对收敛的).

证明 见习题 8.2.4. ■

我们现在已准备好建立 Georg Riemann(1826—1866) 的著名的定理, 它断言一个条件收敛而不绝对收敛的级数, 可经重排而收敛到任意预先指定的值!

定理 8.2.8 设级数 $\sum_{n=0}^{\infty} a_n$ 是条件收敛但不绝对收敛的级数, 并设 L 是任意的一个实数. 那么存在双射 $f: \mathbb{N} \to \mathbb{N}$, 使得 $\sum_{m=0}^{\infty} a_{f(m)}$ 条件收敛到 L.

证明(可选读) 我们给出证明的一个框架, 把细节留作习题 8.2.5. 设 A_+ 和 A_- 是引理 8.2.7 中的集合. 从引理 8.2.7 我们知道级数 $\sum_{n \in A_+} a_n$ 与 $\sum_{n \in A_-} a_n$都是绝对发散的. 当然 A_+ 和 A_- 都是无限集合 (为什么?). 那么, 根据命题 8.1.5, 可以找到增的双射$f_+: \mathbb{N} \to A_+$ 及 $f_-: \mathbb{N} \to A_-$. 于是和式 $\sum_{m=0}^{\infty} a_{f_+(m)}$ 及 $\sum_{m=0}^{\infty} a_{f_-(m)}$ 都是绝对发散的 (为什么?). 我们的计划是, 以成功选取的顺序从发散级数$\sum_{m=0}^{\infty} a_{f_+(m)}$ 与 $\sum_{m=0}^{\infty} a_{f_-(m)}$ 中选择各项, 保持它们的和收敛到 L.

我们递归地定义自然数的序列 $n_0, n_1, n_2, \cdots$ 如下.

假定 j 是自然数, 并且 n_i 对于一切 $i < j$ 已定义好 (如果 $j = 0$, 这是一个空洞的真事). 然后我们按下述法则来定义 n_j.

(I) 如果 $\sum_{0 \leqslant i < j} a_{n_i} < L$, 那么令

$$n_j := \min\{n \in A_+ : \text{对于一切}\, i < j, n \neq n_i\}.$$

(II) 如果 $\sum_{0 \leqslant i < j} a_{n_i} \geqslant L$, 那么令

$$n_j := \min\{n \in A_- : 对于一切 i < j, n \neq n_i\}.$$

注意, 这个递归的定义是成功的, 因为 A_+ 和 A_- 都是无限的, 从而集合 $\{n \in A_+ : 对于一切 i < j,\ n \neq n_i\}$ 以及 $\{n \in A_- : 对于一切 i < j, n \neq n_i\}$ 都决不是空集. (直观地说, 当部分和太小时, 我们把非负的数加进级数中, 而当部分和太大时我们则把负数加入其中.) 那么可以验证下述结论:

- 映射 $j \mapsto n_j$ 是单射. (为什么?)
- 情形 I 出现无限多次, 情形 II 也出现无限多次. (为什么? 用反证法证一下.)
- 映射 $j \mapsto n_j$ 是满射. (为什么?)
- 我们有 $\lim\limits_{j\to\infty} a_{n_j} = 0$. (为什么? 注意, 根据推论 7.2.6, $\lim\limits_{n\to\infty} a_n = 0$.)
- 我们有 $\lim\limits_{j\to\infty} \sum\limits_{0\leqslant i<j} a_{n_i} = L$. (为什么?)

然后对于一切 i 令 $f(i) := n_i$, 就得到所要的结果.

习　题　8.2

8.2.1　证明引理 8.2.3. (提示: 习题 3.6.3 可能有用.)

8.2.2　证明引理 8.2.5. (提示: 先证明如果 M 是量

$$M := \sup\left\{\sum_{x\in A} |f(x)| : A \subseteq X,\ A 是有限的\right\}$$

那么对于每个正整数 n, 集合 $\{x \in X : |f(x)| > \frac{1}{n}\}$ 都是有限的, 并且基数最多是 Mn. 然后使用习题 8.1.9.)

8.2.3　证明命题 8.2.6. (提示: 你当然可以使用第 7 章的一切结果.)

8.2.4　证明引理 8.2.7. (提示: 用反证法, 并使用极限算律.)

8.2.5　解释定理 8.2.8 的证明中标记有 (为什么?) 的地方.

8.2.6　设 $\sum\limits_{n=0}^{\infty} a_n$ 是一个条件收敛但不绝对收敛的级数. 证明存在一个双射 $f : \mathbb{N} \to \mathbb{N}$ 使得 $\sum\limits_{m=0}^{\infty} a_{f(m)}$ 发散到 $+\infty$, 或更精确地

$$\liminf_{N\to\infty} \sum_{m=0}^{N} a_{f(m)} = \limsup_{N\to\infty} \sum_{m=0}^{N} a_{f(m)} = +\infty.$$

(当然, 把 $+\infty$ 换为 $-\infty$ 时类似的命题也成立.)

§8.3　不可数的集合

我们已经看到大量的无限集合都是可数的, 即使是比例数集这样的不能明显看出怎样排成一个序列的集合, 也是可数的. 举出这些例子之后, 人们可能开始期望

其他的无限集合, 例如实数集, 也都是可数的 —— 毕竟, 实数只是比例数的 (形式) 极限而已, 而我们已经证明了比例数集是可数的, 似乎可以相信实数集也是可数的.

于是, 当 Georg Cantor (1845—1918) 于 1837 年证明某些集合 (包括实数集 $\mathbb{R}$) 事实上不可数的时候, 的确引起了巨大的震惊. 不管你如何努力, 你都没法把实数集排成一个序列 $a_0, a_1, a_2, \cdots$ (当然, 实数集 $\mathbb{R}$ 可以包含许多无限序列, 例如序列 $0, 1, 2, 3, 4, \cdots$. 但是 Cantor 证明了, 没有任何这样的序列可以用尽实数; 不管你选择怎样的实数序列, 总有某些实数不被这序列所包含.)

从注 3.4.10 想起, 如果 X 是一个集合, 那么 X 的幂集记作 $2^X := \{A : A \subseteq X\}$, 它是 X 的一切子集合所成的集合. 作为例子, $2^{\{1,2\}} = \{\varnothing, \{1\}, \{2\}, \{1,2\}\}$. 使用记号 2^X 的理由在习题 8.3.1 中给出.

定理 8.3.1(Cantor 定理) 设 X 是一个任意的集合 (有限的或无限的). 那么集合 X 与 2^X 不能有同样的基数.

证明 用反证法. 设集合 X 与 2^X 有同样的基数. 那么存在 X 与 X 的幂集之间的双射 $f : X \to 2^X$. 现在考虑集合

$$A := \{x \in X : x \notin f(x)\}.$$

注意, 这个集合是定义成功的, 因为 $f(x)$ 是 2^X 的一个元素, 从而是 X 的一个子集合. 显然, A 是 X 的一个子集合, 那么它是 2^X 的一个元素. 由于 f 是双射, 必定存在 $x \in X$ 使得 $f(x) = A$. 于是出现两种情形, $x \in A$ 或者 $x \notin A$. 如果 $x \in A$, 那么根据 A 的定义 $x \notin f(x)$, 从而 $x \notin A$, 发生矛盾. 但是如果 $x \notin A$, 那么 $x \notin f(x)$, 于是根据 A 的定义, 有 $x \in A$, 也是矛盾. 不管在哪种情形, 我们都得到矛盾. ■

注 8.3.2 读者应把 Cantor 定理的证明与 Russell 悖论的叙述 (§3.2) 相比较. 关键在于, 在 X 与 2^X 之间的双射或许已经危险地接近于 "包含自己" 的集合 X 的概念.

推论 8.3.3 $2^{\mathbb{N}}$ 是不可数的.

证明 根据定理 8.3.1, $2^{\mathbb{N}}$ 不能与 $\mathbb{N}$ 有相同的基数, 那么它或者是不可数的, 或者是有限的. 但是, $2^{\mathbb{N}}$ 包含单元素集的集合 $\{\{n\} : n \in \mathbb{N}\}$, 它明显地双射到 $\mathbb{N}$, 从而是可数无限的. 于是 $2^{\mathbb{N}}$ 不能是有限的 (根据命题 3.6.14), 所以是不可数的. ■

Cantor 定理有下述重要的 (但不直观的) 推论.

推论 8.3.4 $\mathbb{R}$ 是不可数的.

证明 我们用公式

$$f(A) := \sum_{n \in A} 10^{-n}$$

来定义映射 $f : 2^{\mathbb{N}} \to \mathbb{R}$. 注意到 $\sum\limits_{n=0}^{\infty} 10^{-n}$ 是绝对收敛级数 (根据引理 7.3.3), 那么级

数 $\sum\limits_{n\in A} 10^{-n}$ 也是绝对收敛的 (根据命题 8.2.6(c)). 于是, 映射 f 是定义成功的.

我们现在要证明 f 是单射. 用反证法. 假设有两个不同的集合 $A, B \in 2^{\mathbb{N}}$, 使得 $f(A) = f(B)$. 由于 $A \neq B$, 集合

$$(A \setminus B) \bigcup (B \setminus A)$$

是 $\mathbb{N}$ 的一个不空的子集合. 根据良序原理 (命题 8.1.4), 可以确定这个集合的最小值, 即 $n_0 := \min(A \setminus B) \bigcup (B \setminus A)$. 那么 n_0 或属于 $A \setminus B$ 或属于 $B \setminus A$. 根据对称性, 不妨认为 n_0 属于 $A \setminus B$. 那么 $n_0 \in A$, $n_0 \notin B$, 并且对于一切 $n < n_0$, 或有 $n \in A, B$ 或有 $n \notin A, B$. 于是

$$\begin{aligned}
0 = f(A) - f(B) &= \sum_{n\in A} 10^{-n} - \sum_{n\in B} 10^{-n} \\
&= \left(\sum_{n<n_0: n\in A} 10^{-n} + 10^{-n_0} + \sum_{n>n_0: n\in A} 10^{-n} \right) \\
&\quad - \left(\sum_{n<n_0: n\in B} 10^{-n} + \sum_{n>n_0: n\in B} 10^{-n} \right) \\
&= 10^{-n_0} + \sum_{n>n_0: n\in A} 10^{-n} - \sum_{n>n_0: n\in B} 10^{-n} \\
&\geqslant 10^{-n_0} + 0 - \sum_{n>n_0} 10^{-n} \geqslant 10^{-n_0} - \frac{1}{9} 10^{-n_0} > 0,
\end{aligned}$$

得到矛盾, 其中我们使用了几何级数引理 (引理 7.3.3) 来求和

$$\sum_{n>n_0} 10^{-n} = \sum_{m=0}^{\infty} 10^{-(n_0+1+m)} = 10^{-n_0-1} \sum_{m=0}^{\infty} 10^{-m} = \frac{1}{9} 10^{-n_0}.$$

于是 f 是单射, 这意味着 $f(2^{\mathbb{N}})$ 与 $2^{\mathbb{N}}$ 具有同样的基数, 从而是不可数的. 由于 $f(2^{\mathbb{N}})$ 是 $\mathbb{R}$ 的一个子集合, 这就使 $\mathbb{R}$ 也必定是不可数的 (否则将与推论 8.1.7 相矛盾). 我们完成了证明. ■

注 8.3.5　在习题 18.2.6 中, 我们将使用测度理论给这个结果以另一个证明.

注 8.3.6　推论 8.3.4 表明, 实数集 $\mathbb{R}$ 具有比自然数集 $\mathbb{N}$ 严格大的基数 (依习题 3.6.7 的意义). 人们或许会问, 是否存在这样的集合, 它具有比自然数集严格大, 但比实数集严格小的基数. **连续统假设** (Continuum Hypothesis) 断言, 不存在这样的集合. 有趣的是, 分别在 Kurt Gödel(1906—1978) 和 Paul Cohen(1934—) 的著作中证明了, 这条假设是与集合论的其他公理相独立的; 它既不能被其他那些公理所证明, 也不能被那些公理所否定 (除非那些公理是不相容的, 而事情不大可能如此).

习 题 8.3

8.3.1 设 X 是基数为 n 的有限集合. 证明 2^X 是基数为 2^n 的有限集合. (提示: 对 n 用归纳法.)

8.3.2 设 A, B, C 是集合, $A \subseteq B \subseteq C$, 并设存在双射 $f : C \to A$. 递归地定义集合 $D_0, D_1, D_2, \cdots$, 令 $D_0 := B \setminus A$, $D_{n+1} := f(D_n)$. 证明诸集合 $D_0, D_1, D_2, \cdots$ 是互不相交的 (即当 $n \neq m$ 时 $D_n \bigcap D_m = \varnothing$). 再证明如果当 $x \in \bigcup_{n=0}^{\infty} D_n$ 时 $g(x) := f(x)$, 而当 $x \notin \bigcup_{n=0}^{\infty} D_n$ 时 $g(x) := x$, 那么 $g : A \to B$ 是从 A 到 B 的双射. 从而 A 和 B 具有同样的基数.

8.3.3 回顾习题 3.6.7, 一个集合 A 叫作具有小于或等于集合 B 的基数, 当且仅当存在一个从 A 到 B 的单射. 使用习题 8.3.2 证明, 如果集合 A 具有小于或等于集合 B 的基数, 而集合 B 具有小于或等于 A 的基数, 那么 A 和 B 具有相同的基数. (这就是周知的 **Schröder-Bernstein 定理**, 以 Ernst Schröder 和 Felix Bernstein(1878—1956) 的名字命名.)

8.3.4 如果集合 A 具有小于或等于集合 B 的基数 (依习题 3.6.7 的意义), 但 A 没有与 B 相同的基数, 那么我们说, A 具有比 B 严格小的基数. 证明对于任何集合 X, X 具有比 2^X 严格小的基数. 再证明, 如果 A 具有比 B 严格小的基数, B 具有比 C 严格小的基数, 那么 A 具有比 C 严格小的基数.

8.3.5 证明不存在幂集 (即对于某集合 X 的形如 2^X 的集合) 可以是可数无限的.

§8.4 选 择 公 理

现在我们来讨论集合论的标准的 Zermelo-Fraenkel 选择系统的最后一个公理, 即**选择公理**. 我们迟迟不引入这个公理, 为的是证明分析学基础的大部分可以不用援引这个公理而构建起来. 但是在分析学理论的许多进一步发展的场合, 使用这个非常有效的公理是特别方便的 (在某些场合甚至是本质的). 另一方面, 选择公理可以导出大量非直观的结果 (例如 Banach-Tarski 悖论, 我们将在 §18.3 中讨论它的一个简化形式), 也可以导出在哲学上有点不满足需要的证明. 尽管如此, 这条公理几乎毫无例外地被数学家所接受. 信赖这条公理的一个理由是伟大逻辑学家 Kurt Gödel 的一个定理. Gödel 证明了, 一个使用选择公理证明的结果, 绝对不会与不使用选择公理证明的结果相矛盾 (除非集合论的其他公理本身是不相容的, 而这是不大可能的). 更确切地说, Gödel 证明了选择公理是**不可解决的**(undecidable); 它既不能被集合论的其他公理所证实, 也不能被它们所否定, 只要那些公理本身是相容的. (从一族不相容的公理出发可以证明每个命题都既是真的又是假的.) 在实践中, 这意味着, 分析学的任何 "实际" 应用 (更准确地说, 是任何只处理 "可解决

(decidable)” 问题的应用), 只要是严格地依赖于使用选择公理的, 都同样可以严格地依赖于不使用选择公理, 虽然在很多情况下, 要是不允许使用选择公理的话, 就要花费复杂得多并且长得多的论述. 于是, 可以把选择公理看成是分析学中的一个方便的、安全的、节省劳力的工具. 在数学的其他领域, 特别是在集合论中, 许多问题都不是可解决的, 是否接受选择公理一事倍受争议, 并且受到哲学上的关注, 就像在数学上和逻辑学上受到关注一样. 但在本书中我们不讨论这些事情.

我们从把定义 3.5.7 中的有限笛卡儿积推广到无限笛卡儿积开始.

定义 8.4.1(无限笛卡儿积) 设 I 是集合 (可以是无限的), 并且对于每个 $\alpha \in I$, 设 X_α 是一个集合. 我们定义**笛卡儿积** $\prod_{\alpha\in I} X_\alpha$ 为集合

$$\prod_{\alpha\in I} X_\alpha := \left\{ (x_\alpha)_{\alpha\in I} \in \left(\bigcup_{\beta\in I} X_\beta \right)^I : \text{对于一切}\, \alpha\in I, x_\alpha \in X_\alpha \right\},$$

其中我们 (从公理 3.10) 回想起 $\left(\bigcup_{\alpha\in I} X_\alpha\right)^I$ 是全体把每个 $\alpha \in I$ 对应给一个元素 $x_\alpha \in \bigcup_{\beta\in I} X_\beta$ 的函数 $(x_\alpha)_{\alpha\in I}$ 的集合. 于是 $\prod\limits_{\alpha\in I} X_\alpha$ 是这个函数集合的一个子集合, 它由那些把每个 $\alpha \in I$ 对应给一个元素 $x_\alpha \in X_\alpha$ 的函数 $(x_\alpha)_{\alpha\in I}$ 组成.

例 8.4.2 对于任意的集合 I 和 X, 有 $\prod\limits_{\alpha\in I} X = X^I$(为什么?). 如果 I 是一个形如 $I := \{i \in \mathbb{N} : 1 \leqslant i \leqslant n\}$ 的集合, 那么 $\prod\limits_{\alpha\in I} X_\alpha$ 与定义 3.5.7 中定义的 $\prod\limits_{1\leqslant i\leqslant n} X_i$ 是同一个集合. (为什么?)

从引理 3.5.12 记起, 如果 $X_1, \cdots, X_n$ 是任意的非空集合的有限族, 那么笛卡儿积 $\prod\limits_{1\leqslant i\leqslant n} X_i$ 也不空. 选择公理断定, 这个命题对无限笛卡儿积也成立:

公理 8.1(选择公理) *设 I 是集合, 并且对于每个 $\alpha \in I$, 设 X_α 是一个不空的集合. 那么 $\prod\limits_{\alpha\in I} X_\alpha$ 也是不空的. 换句话说, 存在一个函数 $(x_\alpha)_{\alpha\in I}$, 它把每个 $\alpha \in I$ 对应给一个元素 $x_\alpha \in X_\alpha$.*

注 8.4.3 这个公理背后的直观是, 给定一个非空的集合 X_α 的族 (可以是无限的族) $\{X_\alpha : \alpha \in I\}$, 一定可以从每个集合 X_α 中选取单个元素 x_α, 然后把所作的一切选择构成可能无限的组 $(x_\alpha)_{\alpha\in I}$. 一方面, 这是一个非常直观可用的公理; 在某种意义上说, 只不过是一次一次地使用引理 3.1.6 而已. 另一方面, 人们在做无限多次的任意选择, 完全没有明确的法则来规范**如何** 进行这些选择, 这个事实可是有点让人为难. 的确, 有很多使用选择公理证明的定理, 断定某个具有一定性质的对象的抽象的存在, 完全不说这个对象是**什么**, 或者如何来构造它. 于是, 选择公理可以导致**非构造性的证明**—— 只是演示一个对象的存在而并不实际明白地构造这个对象. 这个问题并不是只对于选择公理才发生的 —— 作为例子, 在引理 3.1.6 中早

就出现过了 —— 不过使用选择公理来表明其存在的那些对象, 在它们的非构造性的水平上要表现得更为极端一些. 但不管怎么说, 只要认识到了非构造性的存在性命题与构造性的存在性命题之间的区别 (后者是更受欢迎, 但在很多情况下并不是严格必须的), 就不会有什么困难了 (或许在哲学水平上会有例外).

注 8.4.4 选择公理有许多等价的表述; 我们在下面的习题中给出一些.

在分析学中, 人们常常不需要选择公理的全部功能, 取而代之的常常只是**可数选择公理**, 它和选择公理一样, 只不过指标集 I 限于是至多可数的. 下面我们给出这样的一个典型的例子.

引理 8.4.5 *设 E 是实直线的一个不空的子集合, 满足 $\sup(E) < \infty$ (即 E 有上界). 那么存在一个序列 $(a_n)_{n=1}^{\infty}$, 它的元素都在 E 中, 并且*

$$\lim_{n\to\infty} a_n = \sup(E).$$

证明 对于每个正的自然数 n, 让 X_n 代表集合

$$X_n := \left\{x \in E : \sup(E) - \frac{1}{n} \leqslant x \leqslant \sup(E)\right\}.$$

由于 $\sup(E)$ 是 E 的最小上界, 所以, $\sup(E) - \frac{1}{n}$ 不能是 E 的上界, 从而对于每个 n, X_n 都不空. 使用选择公理 (或可数选择公理), 我们就可以找到一个序列 $(a_n)_{n=1}^{\infty}$, 使得对于一切 $n \geqslant 1$, $a_n \in X_n$. 当然, 对于一切 n, $a_n \in E$, 并且

$$\sup(E) - \frac{1}{n} \leqslant a_n \leqslant \sup(E).$$

那么, 根据挤压判别法 (推论 6.4.14), 就有

$$\lim_{n\to\infty} a_n = \sup(E).$$ ■

注 8.4.6 在很多特殊情形下, 可以不用选择公理而获得此引理的结论. 例如, 如果 E 是闭集 (定义 12.2.12), 那么可以不用选择公理而以公式 $a_n := \inf(X_n)$ 确定 a_n. E 是闭集这一额外的假定将保证 a_n 属于 E.

选择公理的另一种表述方式如下.

命题 8.4.7 *设 X 和 Y 是集合, 并设 $P(x,y)$ 是一个关于对象 $x \in X$ 和对象 $y \in Y$ 的性质, 使得对于每个 $x \in X$ 至少有一个 $y \in Y$ 使 $P(x,y)$ 成立. 那么存在一个函数 $f : X \to Y$, 使得对于一切 $x \in X$, $P(x, f(x))$ 成立.*

证明 见习题 8.4.1. ■

习 题 8.4

8.4.1 证明选择公理蕴含命题 8.4.7. (提示: 对每个 $x \in X$ 考虑集合 $Y_x := \{y \in Y : P(x,y) \text{成立}\}$.) 反之, 证明如果命题 8.4.7 成立, 那么选择公理也成立.

8.4.2 设 I 是集合并且对于每个 $\alpha \in I$ 设 X_α 是不空的集合. 假设所有的集合 X_α 彼此不相交, 即对于一切不同的 $\alpha, \beta \in I$, $X_\alpha \bigcap X_\beta = \varnothing$. 使用选择公理证明, 存在一个集合 Y, 使得对于一切 $\alpha \in I$, $\#(Y \bigcap X_\alpha) = 1$(即 Y 与每个 X_α 恰有一个公共元素).

反过来, 证明如果上述命题对于任意选取的集合 I 以及不空的不相交的集合 X_α, $\alpha \in I$ 都成立, 那么选择公理也成立. (提示: 问题在于, 在公理 8.1 中诸集合 X_α 并不假定是互不相交的. 但此事可以用下述花招来克服, 即代替 X_α 而考虑集合 $\{\alpha\} \times X_\alpha = \{(\alpha, x) : x \in X_\alpha\}$.)

8.4.3 设 A 和 B 是集合, 并且存在一个满射 $g : B \to A$, 使用选择公理证明, 存在一个单射 $f : A \to B$. 换句话说, 依习题 3.6.7 的意义, A 具有小于或等于 B 的基数. (提示: 对于每个 $\alpha \in A$, 考虑逆象 $g^{-1}(\{a\})$.) 将此与习题 3.6.8 进行对比.

反过来, 证明如果上述命题对于任意的集合 A, B 以及满射 $g : B \to A$ 都成立, 那么选择公理成立. (提示: 用习题 8.4.2.)

§8.5 序 集

选择公理紧密联系于**序集**理论. 实际上有很多类型的序集, 我们将只涉及三种类型的序集: 偏序集、全序集以及良序集.

定义 8.5.1(偏序集) 偏序集 (partially ordered set 或 poset) 是一个集合 X, 连同 X 上的一个关系[①] $\leqslant_X$. (于是对于任何两个对象 $x, y \in X$, 命题 $x \leqslant_X y$ 或为真命题, 或为假命题). 这个关系遵从下面三条性质:

- (自反性) 对于任何 $x \in X$ 都有 $x \leqslant_X x$;
- (反对称性) 如果 $x, y \in X$ 并且 $x \leqslant_X y$ 及 $y \leqslant_X x$, 那么 $x = y$;
- (传递性) 如果 $x, y, z \in X$ 使得 $x \leqslant_X y$, $y \leqslant_X z$, 那么 $x \leqslant_X z$.

我们把 $\leqslant_X$ 叫作序关系. 在绝大多数情况下, 从上下文可明白 X 是哪个集合, 在那种情况下, 我们简单地写 $\leqslant$ 以代替 $\leqslant_X$. 我们写 $x <_X y$(或简单地写 $x < y$), 如果 $x \leqslant_X y$ 并且 $x \neq y$.

例 8.5.2 自然数集 $\mathbb{R}$ 连同寻常的 (在定义 2.2.11 中定义的) 小于等于关系 $\leqslant$ 根据命题 2.2.12 构成一个偏序集. 类似的论述 (使用适当的定义和命题) 表明, 整数集 $\mathbb{Z}$、比例数集 $\mathbb{Q}$、实数集 $\mathbb{R}$ 以及广义实数集 $\mathbb{R}^*$ 都是偏序集. 同时, 如果 X 是一个集合的族, 使用 (定义 3.1.15 中确定的)“是一个子集” 的关系 $\subseteq$ 作为序关系 $\leqslant_X$, 那么 X 也是偏序集 (命题 3.1.18). 注意, 肯定可以给予这些集合以与标准情形不同的偏序, 作为例子见习题 8.5.3.

---

① 严格说来, 一个偏序集不是一个集合 X, 而是一个偶 $(X, \leqslant_X)$. 但在许多情况下, 序 $\leqslant_X$ 都是从上下文可清楚知道的, 于是我们把 X 自身叫做偏序集, 虽然这在严格意义上是不正确的.

定义 8.5.3(全序集) 设 X 是偏序集, 具有序关系 $\leqslant_X$. X 的子集合 Y 叫作是**全序的**, 如果任给两个元素 $y, y' \in Y$, 我们或有 $y \leqslant_X y'$, 或有 $y' \leqslant_X y$(或两者都成立). 如果 X 自身是全序的, 我们就说 X 是带有序关系 $\leqslant_X$ 的**全序集**(或者**链**).

例 8.5.4 自然数集 $\mathbb{N}$、整数集 $\mathbb{Z}$、比例数集 $\mathbb{Q}$、实数集 $\mathbb{R}$ 以及广义实数集 $\mathbb{R}^*$, 带着通常的序关系 $\leqslant$, 都是全序的 (分别根据命题 2.2.13、引理 4.1.11、命题 4.2.9、命题 5.4.7 以及命题 6.2.5). 还有, 全序集的任何子集都是全序的 (为什么?). 另一方面, 一个集合族连同 $\subseteq$ 关系通常不是全序的. 例如, 如果 X 是集合 $\{\{1,2\},\{2\},\{2,3\},\{2,3,4\},\{5\}\}$, 以集合包含关系 $\subseteq$ 为序, 那么 X 的元素 $\{1,2\}$ 和 $\{2,3\}$ 是彼此不能比较的 (即 $\{1,2\} \not\subseteq \{2,3\}$ 并且 $\{2,3\} \not\subseteq \{1,2\}$).

定义 8.5.5(最大元和最小元) 设 X 是偏序集, Y 是 X 的子集合. 我们说 y 是 Y 的**最小元**, 如果 $y \in Y$ 并且不存在元素 $y' \in Y$ 使得 $y' < y$. 我们说 y 是 Y 的**最大元**, 如果 $y \in Y$ 并且不存在 $y' \in Y$ 使得 $y < y'$.

例 8.5.6 使用上例中的集合 X, $\{2\}$ 是最小元, $\{1,2\}$ 和 $\{2,3,4\}$ 是最大元, $\{5\}$ 既是最小元也是最大元, 而 $\{2,3\}$ 既不是最小元, 也不是最大元. 这个例子表明, 一个偏序集可以有多个最大元和多个最小元; 但全序集就不行 (习题 8.5.7).

例 8.5.7 自然数集 $\mathbb{N}$(以 $\leqslant$ 为序) 有一个最小元, 即 0, 但没有最大元. 整数集 $\mathbb{Z}$ 既没有最大元也没有最小元.

定义 8.5.8(良序集) 设 X 是偏序集, Y 是 X 的全序子集. 我们说 Y 是**良序的**, 如果 Y 的每个不空子集 A 都含有最小元 $\min(A)$.

例 8.5.9 根据命题 8.1.4, 自然数集 $\mathbb{N}$ 是良序的. 但是整数集 $\mathbb{Z}$、比例数集 $\mathbb{Q}$ 及实数集 $\mathbb{R}$ 都不是 (见习题 8.1.2). 每个有限的全序集都是良序的 (习题 8.5.8). 良序集的每个子集还是良序的 (为什么?).

良序集的一个优点是它们自动服从强归纳原理 (参见命题 2.2.14).

命题 8.5.10(强归纳原理) *设 X 是带有序关系 $\leqslant$ 的良序集, 并设 $P(n)$ 是关联于每个元素 $n \in X$ 的性质 (即对于每个 $n \in X$, $P(n)$ 或是真命题, 或是假命题). 假设对于每个 $n \in X$ 都有下述蕴含关系: 如果对于一切 $m \in X$ 且 $m <_X n$, $P(m)$ 是真的, 那么 $P(n)$ 也是真的. 于是, 对于一切 $n \in X$, $P(n)$ 是真的.*

注 8.5.11 好像很奇怪, 在强归纳法中没有对应于公理 2.5 中的假设 $P(0)$ 的 "基础" 情形. 但是, 这样的基础情形已自动地包含在强归纳假设之中了. 实际上, 如果 0 是 X 的最小元, 那么把假设 "如果 $P(m)$ 对于一切 m 满足 $m <_X n$ 者都是真的, 那么 $P(n)$ 也是真的" 使用于 $n = 0$ 的情形, 我们自动地得到 $P(0)$ 是真的 (为什么?).

证明 见习题 8.5.10. ■

至此我们尚未见到选择公理起什么作用. 一旦我们引入上界和严格上界的概念, 选择公理就要起作用了.

定义 8.5.12(上界及严格上界) 设 X 是具有序关系 $\leqslant$ 的偏序集, 并设 Y 是 X 是子集合. 设 $x \in X$, 我们说 x 是 Y 的**上界**, 如果对于每个 $y \in Y$ 都有 $y \leqslant x$. 如果 x 是 Y 的上界并且 $x \notin Y$, 我们就说 x 是 Y 的**严格上界**. 等价地说, x 是 Y 的严格上界, 当且仅当对于一切 $y \in Y$ 都有 $y < x$. (为什么这是等价的?)

例 8.5.13 考虑具有通常的序 $\leqslant$ 的实数系 $\mathbb{R}$. 那么 2 是集合 $\{x \in \mathbb{R} : 1 \leqslant x \leqslant 2\}$ 的上界, 但不是严格上界. 另一方面, 数 3 是这个集合的严格上界.

引理 8.5.14 *设 X 是具有序关系 $\leqslant$ 的偏序集, 并设 x_0 是 X 的元素. 那么 X 有一个良序子集 Y, 它以 x_0 为最小元, 并且它没有严格上界.*

证明 引理背后的直观是尽力施实下述步骤: 从 $Y := \{x_0\}$ 开始. 如果 Y 没有严格上界, 则搞定; 否则的话, 我们选取一个严格上界并添加之于 Y. 然后再看 Y 是否有严格上界. 如果没有, 我们就搞定, 否则再选另一严格上界并添加之于 Y. "无休止地" 继续这个步骤直到我们用尽一切严格上界. 选择公理要用到, 因为发生了无限多次选择. 但这决不是严格的证明, 因为很难准确地说清什么是 "无休止地" 实施一个步骤. 代替这个做法, 我们将要做的是隔离出一族 "部分完全的" 集合 Y, 我们称它们为**好的集合**, 然后取一切好的集合的并而得到一个 "完全的" 对象 Y_∞, 它将确实没有严格上界.

现在我们开始严格地证明. 用反证法. 假定 X 的每个以 x_0 为最小元的良序子集 Y 都至少有一个严格上界. 使用选择公理 (以命题 8.4.7 的形式), 对于 X 的每个以 x_0 为最小元的良序子集 Y 指定一个严格上界 $s(Y) \in X$.

我们来定义 X 的一个特殊的子集族. 我们说 X 的子集 Y 是**好的**当且仅当它是良序的, 以 x_0 为其最小元, 并具有下述性质:

$$x = s(\{y \in Y : y < x\}), \quad \text{对于一切 } x \in Y \setminus \{x_0\}.$$

注意, 如果 $x \in Y \setminus \{x_0\}$, 那么集合 $\{y \in Y : y < x\}$ 是 X 的一个子集合, 它是良序的, 并且含有 x_0 为其最小元. 设

$$\Omega := \{Y \subseteq X : Y \text{ 是好的}\}$$

是 X 的一切好子集的类. 这个类不空, 因为 X 的子集 $\{x_0\}$ 明显是好的 (为什么?).

我们进行下述重要的考察: 如果 Y 和 Y' 是 X 的两个好子集, 那么 $Y' \setminus Y$ 的每个元素都是 Y 的严格上界, 而 $Y \setminus Y'$ 的每个元素都是 Y' 的严格上界 (习题 8.5.13). 当然, 给定任何两个好集合 Y 和 Y', $Y' \setminus Y$ 和 $Y \setminus Y'$ 中至少有一个是空集 (因为它们彼此互为严格上界). 换句话说, Ω 以包含关系成为全序集: 给定两个好集合 Y 和 Y', 要么 $Y \subseteq Y'$, 要么 $Y' \subseteq Y$.

令 $Y_\infty := \bigcup \Omega$, 即 Y_∞ 是 X 的一切至少属于 X 的一个好子集的元素所成的集合. 显然, $x_0 \in Y_\infty$. 同时, 由于 X 的每个好子集都以 x_0 为其最小元, 集合 Y_∞ 也

以 x_0 为其最小元 (为什么?).

接下来我们证明 Y_∞ 是全序集. 设 x, x' 是 Y_∞ 的两个元素. 根据 Y_∞ 的定义, 我们知道, x 属于某好集合 Y, 而 x' 属于某好集合 Y'. 但由于 Ω 是全序的, 这两个集合中的一个包含另一个. 于是 x, x' 包含在同一个好集 (或者 Y 或者 Y') 之中. 由于好集合是全序的, 于是我们知道, 要么 $x \leqslant x'$, 要么 $x' \leqslant x$. 这就是要证的.

下面我们证明 Y_∞ 是良序集. 设 A 是 Y_∞ 的任意一个不空子集. 那么可以取一个元素 $a \in A$, 它当然也在 Y_∞ 中. 因此有一个好集合 Y 使得 $a \in Y$. 那么 $A \bigcap Y$ 是 Y 的一个不空子集. 由于 Y 是良序的, 那么集合 $A \bigcap Y$ 有一个最小元, 记作 b. 现在回顾一下, 对于任何其他好集合 Y', $Y' \setminus Y$ 的每个元素都是 Y 的严格上界, 当然比 b 大. 由于 b 是 $A \bigcap Y$ 的最小元, 这蕴含 b 也是 $A \bigcap Y'$ 的最小元. 此事对于每个好集合 Y' 都成立 (为什么?). 由于 A 的每个元素都属于 Y_∞, 于是属于至少一个好集合 Y', 那么我们看到 b 是 A 的最小元. 因此 Y_∞ 是良序的. 这就是要证的.

由于 Y_∞ 是良序的, 以 x_0 为最小元, 所以它有严格上界 $s(Y_\infty)$. 那么, 并集合 $Y_\infty \bigcup \{s(Y_\infty)\}$ 是良序的 (为什么? 见习题 8.5.11), 而且 x_0 为其最小元 (为什么?). 于是这个集合是好的, 从而, 必含在 Y_∞ 中. 但由于 $s(Y_\infty)$ 是 Y_∞ 的严格上界, 这就导致一个矛盾. 那么我们就构造了一个没有严格上界的集合满足引理的要求. ■

上述引理有下面的重要推论.

引理 8.5.15(Zorn 引理) *设 X 是一个不空的偏序集. 如果 X 的每个全序子集 Y 都有上界, 那么 X 至少含有一个最大元.*

证明 见习题 8.5.14. ■

我们在下面的习题中给出了 Zorn 引理 (也叫作**超限归纳原理**) 的一些应用.

习 题 8.5

8.5.1 考虑具有空序关系 $\leqslant_\varnothing$ 的空集 (这个关系 $\leqslant_\varnothing$ 是空的, 因为空集没有元素). 这个集合是否偏序的? 全序的? 良序的? 给予解释.

8.5.2 给出集合 X 及满足下述条件的关系 $\leqslant$ 的例子:

(a) 关系 $\leqslant$ 是自反的和反对称的, 但不是传递的;

(b) 关系 $\leqslant$ 是自反的和传递的, 但不是反对称的;

(c) 关系 $\leqslant$ 是反对称的和传递的, 但不是自反的.

8.5.3 给定两个正整数 $n, m \in \mathbb{N} \setminus \{0\}$, 我们说 n **整除** m, 记作 $n|m$, 如果存在一个正整数 a 使得 $m = na$. 证明集合 $\mathbb{N} \setminus \{0\}$ 连同序关系 $|$ 是偏序集但不是全序集. 注意这是 $\mathbb{N} \setminus \{0\}$ 的一个与通常的 $\leqslant$ 序不同的序关系.

8.5.4 证明正实数集 $\mathbb{R}^+ := \{x \in \mathbb{R} : x > 0\}$ 没有最小元.

8.5.5 设 $f: X \to Y$ 是从集合 X 到集合 Y 的函数. 假设 Y 是具有某个序关系 $\leqslant_Y$ 的偏序集. 在 X 上定义一个关系 $\leqslant_X$ 使得 $x \leqslant_X x'$ 当且仅当 $f(x) \leqslant_Y f(x')$. 证明这个关系使 X 成为一个偏序集. 如果我们还知道关系 $\leqslant_Y$ 使 Y 成为全序集, 那么这是否意味着 $\leqslant_X$ 也使 X 成为全序集? 如果不是, 需要对 f 加上怎样的附加假设才能保证 $\leqslant_X$ 使 X 成为全序集?

8.5.6 设 X 是偏序集. 对于任何 $x \in X$, 定义**序理想** (x) 为集合

$$(x) := \{y \in X : y \leqslant x\}.$$

设 $(X) := \{(x) : x \in X\}$ 是全体序理想的集合, 并设 $f: X \to (X)$ 是映射 $f(x) := (x)$, 它把每个元素 x 映成它的序理想. 证明 f 是双射, 并且对于任给的 $x, y \in X$, $x \leqslant_X y$ 当且仅当 $f(x) \subseteq f(y)$. 这个习题表明, 任何偏序集都可以被一个集合族**表示**, 这个集合族的序关系是由集合的包含关系给出的.

8.5.7 设 X 是偏序集, 并设 Y 是 X 的全序子集. 证明 Y 最多只能有一个最大元, 并且最多只能有一个最小元.

8.5.8 证明全序集的每个不空的有限子集合都有最小元和最大元 (提示：用归纳法). 由此断定每个有限的全序集是良序的.

8.5.9 设 X 是全序集. 如果 X 的每个不空的子集都既有最小元也有最大元, 那么 X 是有限的. (提示: 用反证法. 从 X 的最小元 x_0 出发, 构造 X 中的一个增序列 $x_0 < x_1 < \cdots$).

8.5.10 不使用选择公理证明命题 8.5.10. (提示：考虑集合

$$Y := \{n \in X : \text{存在}\, m \in X,\ m \leqslant_X n,\ \text{使}\, P(m)\, \text{是假的}\},$$

并证明若 Y 不空就会导致矛盾.)

8.5.11 设 X 是偏序集, 并设 Y 和 Y' 是 X 的良序子集. 证明 $Y \bigcup Y'$ 是良序的当且仅当它是全序的.

8.5.12 设 X 和 Y 是偏序集, 分别具有序关系 $\leqslant_X$ 和 $\leqslant_Y$. 在笛卡儿积 $X \times Y$ 上定义关系 $\leqslant_{X\times Y}$ 如下：

$$(x, y) \leqslant_{X\times Y} (x', y'),\ \text{如果}\, x \leqslant_X x'\ \text{或者}\ x = x'\ \text{且}\, y \leqslant_Y y'.$$

(这叫作 $X \times Y$ 上的字典顺序, 它类似于单词的字母顺序, 在字典中一个单词 w 比另一个单词 w' 出现得早, 如果 w 的第一个字母比 w' 的第一个字母按字母顺序出现得早, 或者它们一样而 w 的第二个字母比 w' 的第二个字母按字母顺序出现得早, 依此类推.) 证明 $\leqslant_{X\times Y}$ 在 $X \times Y$ 上定义一个偏序. 进一步证明, 如果 X 和 Y 都是全序的, 那么 $X \times Y$ 也是全序的; 如果 X 和 Y 都是良序的, 那么 $X \times Y$ 也是良序的.

8.5.13 证明在引理 8.5.14 的证明中的结论, 即 $Y' \setminus Y$ 的每个元素都是 Y 的上界, $Y \setminus Y'$ 的每个元素都是 Y' 的上界. (提示：使用命题 8.5.10 证明

$$\{y \in Y : y \leqslant a\} = \{y \in Y' : y \leqslant a\} = \{y \in Y \bigcap Y' : y \leqslant a\}$$

对于一切 $a \in Y \bigcap Y'$ 成立. 断定 $Y \bigcap Y'$ 是好的, 从而 $s(Y \bigcap Y')$ 存在. 证明如果 $Y' \setminus Y$ 不空的话 $s(Y \bigcap Y') = \min(Y' \setminus Y)$; 当 Y 与 Y' 交换时有类似的结果. 由于 $Y' \setminus Y$ 与 $Y \setminus Y'$ 不相交, 就可以断定这两个集合有一个是空的. 至此, 结论就成为容易建立的了.)

8.5.14 用引理 8.5.14 证明引理 8.5.15. (提示: 先证如果 X 没有最大元, 那么 X 的任何有上界的子集合必有严格上界.)

8.5.15 设 A 和 B 是两个不空的集合, A 的基数不是小于或等于 B 的基数. 使用超限归纳法证明 B 的基数小于或等于 A 的基数. (提示: 对于每个子集 $X \subseteq B$, 令 $P(X)$ 代表 "存在从 X 到 A 的单射" 这一性质.) 这个习题 (与习题 8.3.3 联合) 表明任何两个集合的基数都是可以比较的, 只要假定选择公理成立.

8.5.16 设 X 是集合, 并设 P 是 X 的一切偏序所构成的集合. (例如, 如果 $X := \mathbb{N} \setminus \{0\}$, 那么通常的偏序 $\leqslant$ 以及习题 8.5.3 中的偏序都是 P 的元素.) 我们说一个偏序 $\leqslant \in P$ 比另一个偏序 $\leqslant' \in P$ **粗糙**, 如果对于任何 $x, y \in X$, 都有蕴含关系

$$(x \leqslant y) \Rightarrow (x \leqslant' y).$$

作为例子, 习题 8.5.3 中的偏序比通常的序 $\leqslant$ 粗糙. 如果 $\leqslant$ 比 $\leqslant'$ 粗糙的话, 我们就写 $\leqslant \preceq \leqslant'$. 证明 $\preceq$ 把 P 作成偏序集. 于是, X 上的偏序的集合 P 本身是偏序的. P 恰有一个最小元; 它是什么? 证明 P 的最大元正是 X 的全序. 使用 Zorn 引理证明, 给定 X 的任何偏序 $\leqslant$ 都存在全序 $\leqslant'$, 使得 $\leqslant$ 比 $\leqslant'$ 粗糙.

8.5.17 用 Zorn 引理给习题 8.4.2 的结论以另一个证明. (提示: 令 Ω 是全体使得对于一切 $\alpha \in I$ 有 $\#(Y \bigcap X_\alpha) \leqslant 1$, 即与每个 X_α 最多有一个公共元素的 $Y \subseteq \bigcup_{\alpha \in I} X_\alpha$ 的集合. 用 Zorn 引理找出 Ω 的一个最大元.) 推导出 Zorn 引理与选择公理事实上是逻辑等价的 (即从一个可以推导出另一个.)

8.5.18 用 Zorn 引理证明 **Hausdorff 最大性原理**: 如果 X 是一个偏序集, 那么存在 X 的一个全序子集 Y, 它依集合的包含关系是最大的 (即, 不存在 X 的其他全序子集 Y' 使 $Y' \supsetneq Y$). 反过来, 证明如果 Hausdorff 最大性原理成立, 那么 Zorn 原理也成立. 于是根据习题 8.5.17, 这两个命题都是逻辑上与选择公理等价的.

8.5.19 设 X 是集合, 并设 Ω 是一切偶 $(Y, \leqslant)$ 的空间, 其中 Y 是 X 的子集合, 而 $\leqslant$ 是 Y 的一个良序. 如果 $(Y, \leqslant)$ 和 $(Y', \leqslant')$ 是 Ω 的元素而且存在 $x \in Y'$ 使得 $Y := \{y \in Y' : y <' x\}$(从而 $Y \subsetneq Y'$), 并且对于任何 $y, y' \in Y$, $y \leqslant y'$ 当且仅当 $y \leqslant' y'$, 那么, 我们称 $(Y, \leqslant)$ 为 $(Y', \leqslant')$ 的一个**前段**. 在 Ω 上定义一个关系 $\preceq$, 当 $(Y, \leqslant) = (Y', \leqslant')$ 或 $(Y, \leqslant)$ 是 $(Y', \leqslant')$ 的前段时, 令 $(Y, \leqslant) \preceq (Y', \leqslant')$. 证明 $\preceq$ 是 Ω 的偏序.Ω 恰有一个最小元, 它是什么? 证明 Ω 的最大元都正好是 X 的良序 $(X, \leqslant)$. 使用 Zorn 引理来推断**良序原理**: 每个集合 X 都至少有一个良序. 反过来, 使用良序原理证明选择公理, 公理 8.1. (提示: 在 $\bigcup_{\alpha \in I} X_\alpha$ 上设置一个良序, 然后考虑每个 X_α 的最小元.) 于是我们看到, 选择公理、Zorn 引理以及良序原理都是彼此等价的.

8.5.20 设 X 是集合, 并设 $\Omega \subset 2^X$ 是 X 的一个子集族. 用 Zorn 引理证明存在一个子族 $\Omega' \subset \Omega$, 使得 Ω' 的一切元素都是彼此不相交的 (即只要 A, B 是 Ω' 的不同的元素

就有 $A\bigcap B=\varnothing$), 而且 Ω 的每个元素都至少与 Ω' 的一个元素相交 (即对于一切 $C\in\Omega$, 都存在 $A\in\Omega'$, 使 $C\bigcap A\neq\varnothing$). (提示: 如果 Ω 的一个子集的元素彼此不相交, 我们就把它收集起来, 这样构成一个族. 取它的一个最大元.) 反过来, 如果上面的结论是真的, 证明它蕴含习题 8.4.2 的结论, 于是这又是一个逻辑上与选择公理等价的结论. (提示: 令 Ω 是全体形如 $\{(0,\alpha),(1,x_\alpha)\}$ 的偶集的集合, 其中 $\alpha\in I$ 而 $x_\alpha\in X_\alpha$.)

第 9 章　$\mathbb{R}$ 上的连续函数

在前面几章中, 我们首先集中研究了序列. 一个序列 $(a_n)_{n=0}^{\infty}$ 可以看作是一个从 $\mathbb{N}$ 到 $\mathbb{R}$ 的函数, 即一个映射, 它把每个自然数 n 对应到一个实数 a_n. 我们对于这些从 $\mathbb{N}$ 到 $\mathbb{R}$ 的函数做了许多事情, 如取它们在无限处的极限 (当函数收敛时), 或构作上确界和下确界等, 或计算序列中全体元素的和 (假定级数是收敛的).

现在我们要研究的不是定义在自然数集 $\mathbb{N}$ 上的函数, $\mathbb{N}$ 是一个离散的集合, 我们要研究定义在**连续统**[①] 上的函数, 例如定义在实直线 $\mathbb{R}$ 上的函数, 或定义在一个像 $\{x \in \mathbb{R} : a \leqslant x \leqslant b\}$ 那样的区间上的函数. 我们将对这些函数施行一些运算, 包括取极限、求导数及计算积分值. 本章中我们将先集中注意于函数的极限以及密切相关的**连续函数**的概念.

但在讨论函数之前, 我们必须先规定一些关于实直线的子集合的记号.

§9.1　实直线的子集合

在分析学中, 我们经常不是在整个实直线 $\mathbb{R}$ 上工作, 而是在实直线的特定的子集合 (例如正实轴 $\{x \in \mathbb{R} : x > 0\}$) 上工作. 另外, 我们偶尔也同 §6.2 中定义的广义实直线 $\mathbb{R}^*$ 打交道, 或者在广义实直线的子集合中工作.

当然实直线上有无限多的子集合. 实际上, Cantor 定理 (定理 8.3.1; 也见习题 8.3.4) 表明子集合的数目甚至比实数还多. 但是实直线 (及广义实直线) 上最常碰到的是一些特定的子集合. 其中一类这样的集合就是**区间**.

定义 9.1.1　(区间)　设 $a, b \in \mathbb{R}^*$ 是广义实数. 我们定义**闭区间**

$$[a, b] := \{x \in \mathbb{R}^* : a \leqslant x \leqslant b\},$$

半开区间

$$[a, b) := \{x \in \mathbb{R}^* : a \leqslant x < b\},\ \ (a, b] := \{x \in \mathbb{R}^* : a < x \leqslant b\},$$

以及**开区间**

$$(a, b) := \{x \in \mathbb{R}^* : a < x < b\},$$

我们称 a 为这些区间的**左端点**, b 为这些区间的**右端点**.

---

① 在本书中, 我们不去严格定义离散集或连续统的概念. 粗略地说, 一个集合是离散的, 如果它的每个元素都以一个非零的距离与其他元素分开. 一个集合是连续统, 如果它是连通的并且不含有 “洞”.

注 9.1.2　再次提及, 我们超载地使用了圆括号这个记号. 例如现在我们用 $(2,3)$ 表示一个从 2 到 3 的开区间, 同时也表示笛卡儿平面 $\mathbb{R}^2 := \mathbb{R} \times \mathbb{R}$ 上的一个序偶. 这可能引起某种歧义, 但读者仍然应该能够从上下文中确定圆括号所代表的意思. 在有些教科书中, 用反向的方括号代替圆括号以避免混淆, 那么 $[a,b)$ 应写成 $[a,b[$, $(a,b]$ 应写成 $]a,b]$, 而 (a,b) 应写成 $]a,b[$.

例 9.1.3　如果 a 和 b 是实数 (即不等于 $+\infty$ 或 $-\infty$), 那么上面的区间都是实直线的子集合, 例如 $[2,3) = \{x \in \mathbb{R} : 2 \leqslant x < 3\}$.

正实轴 $\{x \in \mathbb{R} : x > 0\}$ 是开区间 $(0,+\infty)$, 同时非负实轴 $\{x \in \mathbb{R} : x \geqslant 0\}$ 是半开区间 $[0,+\infty)$ 类似地, 负实轴 $\{x \in \mathbb{R} : x < 0\}$ 是开区间 $(-\infty,0)$, 非正实轴 $\{x \in \mathbb{R} : x \leqslant 0\}$ 是 $(-\infty,0]$. 最后, 实直线 $\mathbb{R}$ 本身是开区间 $(-\infty,+\infty)$, 而广义实直线 $\mathbb{R}^*$ 是闭区间 $[-\infty,+\infty]$.

我们有时把一个端点是无限 (或为 $+\infty$ 或为 $-\infty$) 的区间叫作**半无限区间**, 而把两端点都是无限的区间叫作**双无限区间**, 其他的区间都叫作**有界区间**. 那么 $[2, 3)$ 是有界区间, 正实轴和负实轴是半无限区间, 而 $\mathbb{R}$ 和 $\mathbb{R}^*$ 是双无限区间.

例 9.1.4　如果 $a > b$, 那么 4 个区间 $[a,b], [a,b), (a,b], (a,b)$ 都是空集 (为什么?). 如果 $a = b$, 那么 3 个区间 $[a,b), (a,b], (a,b)$ 是空集, 而 $[a,b]$ 是单点集 $\{a\}$(为什么?). 由于这个缘故, 我们把这些区间叫作是 **退化的**; 我们的分析课程的绝大部分 (但不是全部) 将限制于非退化区间.

当然, 区间并不是实直线的仅有的有意义的子集合. 其他的重要的例子包括自然数集 $\mathbb{N}$、整数集 $\mathbb{Z}$ 以及比例数集 $\mathbb{Q}$. 可以使用并和交等运算构作另外的集合 (见 §8.3). 作为例子, 可以构作两个区间的不连通的并, 如 $(1,2) \bigcup [3,4]$, 或考虑包含 $-1,1$ 在内的 -1 与 1 之间的比例数的集合 $[-1,1] \bigcap \mathbb{Q}$. 显然可以用这类运算构作出无限多的集合来.

就像实数列具有极限点一样, 实数集具有**附着点**. 我们来定义

定义 9.1.5(ε- 附着点)　设 X 是 $\mathbb{R}$ 的子集合, 设 $\varepsilon > 0$ 并设 $x \in \mathbb{R}$. 我们说 x 是 ε- 附着于 X 的当且仅当存在 $y \in X$, 它 ε- 接近于 x(即 $|x-y| \leqslant \varepsilon$).

注 9.1.6　术语 "ε- 附着" 不是文献中的标准术语. 但是我们暂且使用它来定义附着点的概念, 附着点是标准术语.

例 9.1.7　点 1.1 是 0.5- 附着于开区间 $(0,1)$ 的, 但不是 0.1- 附着于这个开区间的 (为什么?), 点 1.1 是 0.5- 附着于有限集合 $\{1,2,3\}$ 的. 点 1 是 0.5- 附着于 $\{1,2,3\}$ 的 (为什么?).

定义 9.1.8(附着点)　设 X 是 $\mathbb{R}$ 的子集合, 并设 $x \in \mathbb{R}$. 我们说 x 是 X 的附着点, 当且仅当对于每个 $\varepsilon > 0$, 它都 ε- 附着于 X.

例 9.1.9　对于每个 $\varepsilon > 0$, 数 1 都是 ε- 附着于开区间 $(0,1)$ 的 (为什么?), 从而它是 $(0,1)$ 的附着点. 点 0.5 类似地也是 $(0, 1)$ 的附着点. 但是作为例子, 数 2 不

是 0.5- 附着于 (0,1) 的, 从而不是 (0,1) 的附着点.

定义 9.1.10(闭包) 设 X 是 $\mathbb{R}$ 的子集合. X 的**闭包** (有时记作 $\overline{X}$) 是 X 的全体附着点所成的集合.

引理 9.1.11(闭包的初等性质) 设 X 和 Y 是 $\mathbb{R}$ 的子集合. 那么

$$X \subseteq \overline{X}, \quad \overline{X \bigcup Y} = \overline{X} \bigcup \overline{Y}, \quad \overline{X \bigcap Y} \subseteq \overline{X} \bigcap \overline{Y}.$$

如果 $X \subseteq Y$, 那么 $\overline{X} \subseteq \overline{Y}$.

证明 见习题 9.1.2. ■

我们现在来计算一些闭包.

引理 9.1.12(区间的闭包) 设 $a < b$ 是实数, 并设 I 是 (a,b),$(a,b]$,$[a,b)$,$[a,b]$ 四者之一. 那么 I 的闭包是 $[a,b]$. 类似地,(a,∞) 或 $[a,\infty)$ 的闭包是 $[a,\infty)$, 而 $(-\infty,a)$ 或 $(-\infty,a]$ 的闭包是 $(-\infty,a]$. 最后,$(-\infty,\infty)$ 的闭包是 $(-\infty,\infty)$.

证明 我们只证一个事实, 即 (a,b) 的闭包是 $[a,b]$, 其他结果可类似地证明 (或者使用习题 9.1.1).

首先证明 $[a,b]$ 的每个元素都附着于 (a,b). 设 $x \in [a,b]$. 如果 $x \in (a,b)$, 那么它肯定附着于 (a,b). 如果 $x = b$, 那么 x 也附着于 (a,b)(为什么?). $x = a$ 的情形类似. 于是 $[a,b]$ 中的每个点都附着于 (a,b).

现在我们证明附着于 (a,b) 的每个点 x 都在 $[a,b]$ 中. 从反面论证. 设 x 不在 $[a,b]$ 中, 那么不是 $x > b$ 就是 $x < a$. 如果 $x > b$, 那么 x 不 $(x-b)$- 附着于 (a,b)(为什么?), 从而不是 (a,b) 的附着点. 类似地, 如果 $x < a$, 那么 x 不是 $(a-x)$- 附着于 (a,b) 的, 从而不是 (a,b) 的附着点. 这就证明 x 事实上必在 $[a,b]$ 中. ■

引理 9.1.13 $\mathbb{N}$ 的闭包是 $\mathbb{N}$, $\mathbb{Z}$ 的闭包是 $\mathbb{Z}$, $\mathbb{Q}$ 的闭包是 $\mathbb{R}$, $\mathbb{R}$ 的闭包是 $\mathbb{R}$, 空集 $\varnothing$ 的闭包是 $\varnothing$.

证明 见习题 9.1.3. ■

下述引理表明, 集合 X 的附着点可以作为 X 的元素的极限而得到.

引理 9.1.14 设 X 是 $\mathbb{R}$ 的子集合, 并设 $x \in \mathbb{R}$, 那么 x 是 X 的附着点当且仅当存在一个全由 X 的元素组成的序列 $(a_n)_{n=0}^{\infty}$, 它收敛到 x.

证明 见习题 9.1.5. ■

定义 9.1.15 一个子集 $E \subset \mathbb{R}$ 叫作是**闭的**, 如果 $\overline{E} = E$, 或者换句话说, E 包含它的一切附着点.

例 9.1.16 我们从引理 9.1.12 看到, 如果 $a < b$ 是实数, 那么 $[a,b]$, $[a,+\infty)$, $(-\infty,a]$, $(-\infty,+\infty)$ 都是闭的, 同时 (a,b), $(a,b]$, $[a,b)$, $(a,+\infty)$, $(-\infty,a)$ 不是闭的. 从引理 9.1.13 看到 $\mathbb{N},\mathbb{Z},\mathbb{R},\varnothing$ 都是闭的, 而 $\mathbb{Q}$ 不是.

根据引理 9.1.14, 我们可以用序列的语言来定义闭包.

推论 9.1.17　设 X 是 $\mathbb{R}$ 的子集. 如果 X 是闭的, 而 $(a_n)_{n=0}^{\infty}$ 是由 X 的元素组成的收敛序列, 那么 $\lim_{n\to\infty} a_n$ 属于 X. 反过来, 如果每个由 X 的元素组成的收敛序列的极限都在 X 中, 那么 X 必定是闭的.

在下一章当我们研究微分时, 我们需要用紧密相关的**极限点**的概念来取代附着点的概念.

定义 9.1.18(极限点)　设 X 是实直线的子集合. 说 x 是 X 的**极限点**(或**聚点**)当且仅当 x 是 $X\setminus\{x\}$ 的附着点. 说 x 是 X 的**孤立点**, 如果 $x\in X$ 并且存在某 $\varepsilon>0$, 使得对于一切 $y\in X\setminus\{x\}$, $|x-y|>\varepsilon$.

例 9.1.19　设 X 是集合 $X=(1,2)\bigcup\{3\}$. 那么 3 是 X 的附着点, 但它不是 X 的极限点, 因为 3 不附着于 $X\setminus\{3\}=(1,2)$; 3 是 X 的孤立点. 另一方面,2 还是 X 的极限点, 因为 2 附着于 $X\setminus\{2\}=X$; 但它不是孤立点 (为什么?).

注 9.1.20　我们从引理 9.1.14 看到, x 是 X 的极限点当且仅当存在一个全由 X 中的异于 x 的元素组成的序列 $(a_n)_{n=0}^{\infty}$, 它收敛到 x. 那么, 附着点的集合分成极限点的集合与孤立点的集合两部分 (习题 9.1.9).

引理 9.1.21　设 I 是区间 (可以是无限的), 也就是说 I 是一个形如 (a,b), $(a,b]$, $[a,b)$, $[a,b]$, $(a,+\infty)$, $[a,+\infty)$, $(-\infty,a)$, 或 $(-\infty,a]$ 的集合. 那么 I 的每个元素都是 I 的极限点.

证明　我们对 $I=[a,b]$ 的情形进行证明, 其他情形是类似的, 留给读者. 设 $x\in I$, 我们要证明的是, x 是 I 的极限点. 有三种情形: $x=a$, $a<x<b$, $x=b$. 如果 $x=a$, 那么考虑序列 $(x+\frac{1}{n})_{n=N}^{\infty}$. 这个序列收敛到 x, 并落于 $I\setminus\{a\}=(a,b]$ 之内, 只要 N 选得足够大 (为什么?). 于是根据注 9.1.20 知, $x=a$ 是 $[a,b]$ 的极限点. 当 $a<x<b$ 时, 类似的论述有效. 当 $x=b$ 时, 可用序列 $(x-\frac{1}{n})_{n=N}^{\infty}$ 取代之, 其他论述完全一样. ■

下面我们定义有界集合的概念.

定义 9.1.22(有界集合)　实直线的子集合 X 叫作是**有界的**, 如果对于某个实数 $M>0$, $X\subset[-M,M]$. 不是有界的集合叫作是**无界的**.

例 9.1.23　对于任何实数 a,b, 区间 $[a,b]$ 是有界的, 因为它包含在 $[-M,M]$ 中, 其中 $M:=\max(|a|,|b|)$. 但是半无限区间 $[0,\infty)$ 是无界的 (为什么?). 事实上, 任何半无限区间或双无限区间都是无界的. 集合 $\mathbb{N},\mathbb{Z},\mathbb{Q},\mathbb{R}$ 都是无界的 (为什么?).

闭的有界集的一个基本性质如下.

定理 9.1.24(直线上的 Heine-Borel 定理)　设 X 是 $\mathbb{R}$ 的子集. 那么下述两命题等价:

(a) X 是闭的并且是有界的.

(b) 任给取值于 X 中的实数序列 $(a_n)_{n=0}^{\infty}$(即对于一切 n, $a_n\in X$), 存在它的一个子序列 $(a_{n_j})_{j=0}^{\infty}$, 它收敛到 X 中的某数 L.

证明 见习题 9.1.13. ■

注 9.1.25 这个定理在本章的各节中将起关键作用. 用距离空间拓扑的语言来说, 它断言实直线的每个有界闭的子集是**紧致的**; 见 §12.5. 这个定理的更一般的形式, 属于 Eduard Heine(1821—1881) 和 Emile Borel(1871—1956), 可在定理 12.5.7 中找到.

习 题 9.1

9.1.1 设 X 是实直线的子集合, 并设 Y 是集合, 使得 $X \subseteq Y \subseteq \overline{X}$. 证明 $\overline{Y} = \overline{X}$.

9.1.2 证明引理 9.1.11.

9.1.3 证明引理 9.1.13. (提示: 为计算 $\mathbb{Q}$ 的闭包, 要用命题 5.4.14.)

9.1.4 给出实直线的两个子集 X, Y 的例子, 使 $\overline{X \bigcap Y} \neq \overline{X} \bigcap \overline{Y}$.

9.1.5 证明引理 9.1.14. (提示: 为证两蕴含关系中的一个, 要用选择公理, 像在引理 8.4.5 中那样.)

9.1.6 设 X 是 $\mathbb{R}$ 的子集合. 证明 $\overline{X}$ 是闭的 (即 $\overline{\overline{X}} = \overline{X}$). 进而证明, 如果 Y 是包含 X 的闭集, 那么 Y 也包含 $\overline{X}$. 于是 X 的闭包 $\overline{X}$ 是包含 X 的最小闭集.

9.1.7 设 $n \geqslant 1$ 是正整数, 并设 $X_1, \cdots, X_n$ 是 $\mathbb{R}$ 的闭子集合. 证明

$$X_1 \bigcup X_2 \bigcup \cdots \bigcup X_n$$

也是闭的.

9.1.8 设 I 是集合 (可以是无限的), 并且对于每个 $\alpha \in I$, 设 X_α 是 $\mathbb{R}$ 的闭集. 证明 (在 (3.3)(见 §3.4) 中定义的) 交集 $\bigcap_{\alpha \in I} X_\alpha$ 也是闭的.

9.1.9 设 X 是实直线的子集合, 证明 X 的每个附着点要么是 X 的极限点, 要么是 X 的孤立点, 但不可得兼. 反之, 证明 X 的每个极限点和每个孤立点都是 X 的附着点.

9.1.10 设 X 是 $\mathbb{R}$ 的不空子集合. 证明 X 是有界的当且仅当 $\inf(X)$ 和 $\sup(X)$ 都是有限的.

9.1.11 证明, 如果 X 是 $\mathbb{R}$ 的有界子集合, 那么闭包 $\overline{X}$ 也是有界的.

9.1.12 证明, $\mathbb{R}$ 的有界子集合的有限族的并集仍是有界集. 如果把有限族换为无限族, 结论还成立吗?

9.1.13 证明定理 9.1.24. (提示: 为证 (a) 蕴含 (b), 使用 Bolzano-Weierstrass 定理 (定理 6.6.8) 和推论 9.1.17. 为证 (b) 蕴含 (a), 从反面论证, 使用推论 9.1.17 证明 X 是闭的. 要用选择公理证明 X 是有界的, 像在引理 8.4.5 中那样.)

9.1.14 证明 $\mathbb{R}$ 的任何有限子集都是闭的并且有界的.

9.1.15 设 E 是 $\mathbb{R}$ 的有界子集合, 并设 $S := \sup(E)$ 是 E 的最小上界. (注意, 根据最小上界原理, 即定理 5.5.9, S 是实数.) 证明 S 是 E 的附着点, 并且也是 $\mathbb{R} \setminus E$ 的附着点.

§9.2　实值函数的代数

你熟悉很多从实直线到实直线的函数 $f:\mathbb{R}\to\mathbb{R}$. 例如 $f(x):=x^2+3x+5$; $f(x):=\frac{2^x}{x^2+1}$; $f(x):=\sin(x)\exp(x)$(我们将在第 15 章正式定义 sin 和 exp). 这些都是从 $\mathbb{R}$ 到 $\mathbb{R}$ 的函数, 因为对于每个实数 x, 它们都指定一个实数 $f(x)$. 我们还可以考虑更为异常的函数, 例如

$$f(x):=\begin{cases}1, & \text{当 } x\in\mathbb{Q},\\ 0, & \text{当 } x\notin\mathbb{Q}\end{cases}$$

这个函数不是**代数的** (即, 它不能表达成 x 纯由加、减、乘、除和开方等基本代数运算而得到的形式; 在本书中我们用不着这个概念), 但它依然是从 $\mathbb{R}$ 到 $\mathbb{R}$ 的函数, 因为它仍然对于每个 $x\in\mathbb{R}$ 指定了一个实数 $f(x)$.

我们可以取上述定义在整个 $\mathbb{R}$ 上的函数 $f:\mathbb{R}\to\mathbb{R}$ 中的任何一个, 把它限制在一个小一些的集合 $X\subseteq\mathbb{R}$ 上而创造出一个从 X 到 $\mathbb{R}$ 的新的函数来, 有时记之为 $f|_X$, 称作 f 在 X 上的**限制**. 这同原始的函数 f 是同一个函数, 但只是定义在一个更小的区域上. (于是, 当 $x\in X$ 时 $f|_X(x):=f(x)$, 而当 $x\notin X$ 时,$f|_X(x)$ 是没有定义的.) 例如, 我们可以把原本定义在整个 $\mathbb{R}$ 上的函数 $f(x):=x^2$ 限制到区间 $[1,2]$ 上, 于是创造出一个新的函数 $f|_{[1,2]}:[1,2]\to\mathbb{R}$, 它的定义是, 当 $x\in[1,2]$ 时 $f|_{[1,2]}(x)=x^2$, 但它在其他地方没有定义.

也可以把值域从 $\mathbb{R}$ 限制到 $\mathbb{R}$ 的更小的子集 Y 上, 当然前提是 $f(x)$ 的一切值都在 Y 内. 例如, 由 $f(x):=x^2$ 定义的函数 $f:\mathbb{R}\to\mathbb{R}$ 也可以看作是从 $\mathbb{R}$ 到 $[0,\infty)$ 的函数以代替从 $\mathbb{R}$ 到 $\mathbb{R}$ 的函数. 正式说来, 这两个函数是不同的函数, 但它们之间的区分是如此微小, 以致于我们常常不大注意在我们的讨论中的函数的值域.

严格说来, **函数** f 与它在点 x 处的**值** $f(x)$ 之间是有区别的.f 是函数, 而 $f(x)$ 是一个数 (它依赖于某个自由变量 x). 这个区别是相当微妙的, 我们不予过分强调. 但有时, 我们必须将两者加以区分. 例如, 如果 $f:\mathbb{R}\to\mathbb{R}$ 是函数 $f(x):=x^2$, 而 $g:=f|_{[1,2]}$ 是 f 在区间 $[1,2]$ 上的限制, 那么 f 和 g 两者都实施平方运算, 即 $f(x)=x^2$ 并且 $g(x)=x^2$, 但此两函数不被看作同一个函数,$f\neq g$, 因为它们有不同的定义域. 我们常常忽略这种区别而失于认真地说 "考虑函数 x^2+2x+3" 这样的话, 其实我们应该说 "考虑由 $f(x):=x^2+2x+3$ 定义的函数 $f:\mathbb{R}\to\mathbb{R}$". (当我们着手处理微分之类的事情时, 这种区别应该更为明显. 例如, 如果 $f:\mathbb{R}\to\mathbb{R}$ 是函数 $f(x)=x^2$, 那么当然 $f(3)=9$. 然而 f 在 3 处的导数是 6, 但 9 的导数当然是 0, 所以我们不能简单地 "微分 $f(3)=9$ 的两边" 而断言 $6=0$.)

如果 X 是 $\mathbb{R}$ 的子集, 而 $f:X\to\mathbb{R}$ 是函数, 那么我们可以构作函数 f 的图像 (graph)$\{(x,f(x)):x\in X\}$, 这是 $X\times\mathbb{R}$ 的子集合, 因而是欧几里得平面 $\mathbb{R}^2=\mathbb{R}\times\mathbb{R}$

的子集合. 人们当然可以用平面 $\mathbb{R}^2$ 的几何通过函数的图像 (例如, 使用切线、面积等诸如此类的概念) 来研究函数. 但是我们将更多地采用 "分析的" 途径, 其中我们依靠实数的性质去分析这些函数. 两种途径是互相补充的, 几何途径提供更多的视觉直观, 而分析途径提供严格和准确. 当把单变量函数的分析推广到多变量 (甚至可能无限多变量) 的函数时, 几何直观与分析推导两者都是有用的.

如同数可进行算术演算一样, 函数也可以进行这些演算: 两个函数的和是一个函数, 两个函数的乘积是一个函数, 诸如此类.

定义 9.2.1(函数的算术运算) 给定两个函数 $f: X \to \mathbb{R}$ 与 $g: X \to \mathbb{R}$, 定义它们的和 $f+g: X \to \mathbb{R}$ 为

$$(f+g)(x) := f(x) + g(x),$$

它们的差 $f-g: X \to \mathbb{R}$ 为

$$(f-g)(x) := f(x) - g(x),$$

它们的最大 $\max(f,g): X \to \mathbb{R}$ 为

$$\max(f,g)(x) := \max(f(x), g(x)),$$

它们的最小 $\min(f,g): X \to \mathbb{R}$ 为

$$\min(f,g)(x) := \min(f(x), g(x)),$$

它们的乘积 $fg: X \to \mathbb{R}$(或 $f \cdot g: X \to \mathbb{R}$) 为

$$(fg)(x) := f(x)g(x),$$

以及 (当对于一切 $x \in X$, $g(x) \neq 0$ 时) 商 $\frac{f}{g}: X \to \mathbb{R}$ 为

$$\left(\frac{f}{g}\right)(x) := \frac{f(x)}{g(x)}.$$

最后, 如果 c 是实数, 我们可以定义函数 $cf: X \to \mathbb{R}$ 为

$$(cf)(x) := cf(x).$$

例 9.2.2 如果 $f: \mathbb{R} \to \mathbb{R}$ 是函数 $f(x) := x^2$, 并且 $g: \mathbb{R} \to \mathbb{R}$ 是函数 $g(x) := 2x$, 那么

$$(f+g)(x) := x^2 + 2x,$$

$$(fg)(x) := 2x^3,$$

$$(f-g)(x) := x^2 - 2x,$$

$$(6f) := 6x^2.$$

注意 fg 与 $f \circ g$ 不是同一函数, 也与 $g \circ f$ 不是同一函数. $f \circ g$ 把 x 映到 $4x^2$, $g \circ f$ 把 x 映到 $2x^2$(为什么?). 函数的乘法与函数的复合是两个不同的运算.

习 题 9.2

9.2.1 设 $f : \mathbb{R} \to \mathbb{R}$, $g : \mathbb{R} \to \mathbb{R}$, $h : \mathbb{R} \to \mathbb{R}$. 下列恒等式中哪些是真的, 哪些是假的? 对于前者给出证明, 对于后者给出反例.

$$(f+g) \circ h = (f \circ h) + (g \circ h),$$

$$f \circ (g+h) = (f \circ g) + (f \circ h),$$

$$(f+g)h = (fh) + (gh),$$

$$f(g+h) = (fg) + (fh).$$

§9.3 函数的极限值

在第 6 章中我们定义了一个序列 $(a_n)_{n=0}^{\infty}$ 收敛到极限 L 是什么意思. 现在我们对于定义在实直线或实直线的某子集上的函数 f, 来定义 f 在一点处收敛到某个值是什么意思. 就像我们使用 ε- 接近与终极 ε- 接近的概念来处理序列的极限一样, 我们需要 ε- 接近以及局部 ε- 接近的概念来处理函数的极限.

定义 9.3.1(ε- 接近) 设 X 是 $\mathbb{R}$ 的子集合, $f : X \to \mathbb{R}$ 是函数. 设 L 是实数, 并设 $\varepsilon > 0$ 是实数. 我们说 f 是 ε- 接近于 L 的, 当且仅当对于每个 $x \in X$, $f(x)$ **是ε- 接近于 L 的**.

例 9.3.2 当函数 $f(x) := x^2$ 限制在区间 $[1,3]$ 上时, 它是 5- 接近于 4 的, 因为当 $x \in [1,3]$ 时, $1 \leqslant f(x) \leqslant 9$, 从而

$$|f(x) - 4| \leqslant 5.$$

当它限制在 $[1.9, 2.1]$ 上时, 它是 0.41- 接近于 4 的, 因为, 如果 $x \in [1.9, 2.1]$, 那么 $3.61 \leqslant f(x) \leqslant 4.41$, 于是

$$|f(x) - 4| \leqslant 0.41.$$

定义 9.3.3(局部 ε- 接近) 设 X 是 $\mathbb{R}$ 的子集, $f : X \to \mathbb{R}$ 是函数. 设 L 是实数, x_0 是 X 的附着点, 并且 $\varepsilon > 0$ 是实数. 我们说 f 是**在 x_0 附近 ε- 接近于 L 的**

当且仅当存在 $\delta > 0$, 使得当 f 限制在集合 $\{x \in X : |x - x_0| < \delta\}$ 上时是 ε- 接近于 L 的.

例 9.3.4 设 $f : [1,3] \to \mathbb{R}$ 是函数 $f(x) := x^2$ 限制于区间 [1, 3] 上. 这个函数不是 0.1- 接近于 4 的, 因为, 作为例子,$f(1)$ 不是 0.1 接近于 4 的. 但 f 是在 2 附近 0.1- 接近于 4 的, 因为当限制于集合 $\{x \in [1,3] : |x - 2| < 0.01\}$ 时, 函数 f 的确是 0.1- 接近于 4 的. 这是由于当 $|x - 2| < 0.01$ 时, 有 $1.99 < x < 2.01$, 从而

$$3.960\,1 < f(x) < 4.040\,1,$$

当然 $f(x)$ 是 0.1- 接近于 4 的.

例 9.3.5 继续考察上例中使用的函数 f, 看到 f 不是 0.1- 接近于 9 的, 因为 $f(1)$ 不是 0.1- 接近于 9 的. 但 f 是在 3 附近 0.1- 接近于 9 的, 因为当限制在集合 $\{x \in [1,3] : |x - 3| < 0.01\}$—— 即半开区间 (2.99, 3] (为什么?) 时, 函数 f 变成是 0.1- 接近于 9 的. 因为若是 $2.99 < x \leqslant 3$, 那么

$$8.940\,1 < f(x) \leqslant 9$$

从而 $f(x)$ 是 0.1- 接近于 9 的.

定义 9.3.6(函数在一点处的收敛) 设 X 是 $\mathbb{R}$ 的子集合, $f : X \to \mathbb{R}$ 是函数. 并设 E 是 X 的子集合, x_0 是 E 的附着点, 而 L 是实数. 我们说 f 在 x_0 处沿着 E **收敛** 到 L, 写作

$$\lim_{x \to x_0; x \in E} f(x) = L,$$

当且仅当对于每个 $\varepsilon > 0$, $f|_E$ 都是在 x_0 附近 ε- 接近于 L 的. 如果 f 在 x_0 处沿着 E 不收敛到任何数 L, 就说 f 在 x_0 处沿着 E **发散**, 并让 $\lim\limits_{x \to x_0; x \in E} f(x)$ 无定义.

换句话说, 我们有 $\lim\limits_{x \to x_0; x \in E} f(x) = L$, 当且仅当对于每个 $\varepsilon > 0$ 都存在 $\delta > 0$, 使得对于一切 $x \in E$, 当 $|x - x_0| < \delta$ 时

$$|f(x) - L| \leqslant \varepsilon.$$

(为什么此定义与上面给出的定义等价?)

注 9.3.7 在很多情况下我们从上面的记号中略去集合 E(也就是说, 我们只说 f 在 x_0 处收敛到 L, 或者 $\lim\limits_{x \to x_0} f(x) = L$), 虽然这是有点危险的. 例如, 有时 E 是否实际含有 x_0 就有差别. 我们给出一个例子, 设 $f : \mathbb{R} \to \mathbb{R}$ 定义为当 $x = 0$ 时 $f(x) = 1$ 而当 $x \neq 0$ 时 $f(x) = 0$. 那么就有

$$\lim_{x \to x_0; x \in \mathbb{R} \setminus \{0\}} f(x) = 0,$$

而 $\lim_{x\to x_0;x\in\mathbb{R}} f(x)$ 无定义. 有些作者仅对于 E 不含 x_0(那么 x_0 必是 E 的极限点而不仅是附着点) 定义极限 $\lim_{x\to x_0;x\in E} f(x)$, 也就是说, 使用 $\lim_{x\to x_0;x\in E} f(x)$ 来表示我们所说的 $\lim_{x\to x_0;x\in E\setminus\{x_0\}} f(x)$, 但是我们选择稍许更一般的记号, 允许 E 包含 x_0.

例 9.3.8 设 $f:[1,3]\to\mathbb{R}$ 是函数 $f(x):=x^2$. 我们前面已见到 f 是在 2 附近 0.1- 接近于 4 的. 一个类似的论述表明 f 是在 2 附近 0.01- 接近于 4 的 (只需取更小的 δ 值).

定义 9.3.6 是相当不灵便的. 不过, 我们可以用更为熟悉的包含序列极限的语言来重述这个定义.

命题 9.3.9 *设 X 是 $\mathbb{R}$ 的子集合, $f:X\to\mathbb{R}$ 是函数, 并设 E 是 X 的子集合, x_0 是 E 的附着点, 而 L 是实数. 那么下述两命题是逻辑上等价的:*

(a) f 在 x_0 处沿着 E 收敛到 L.

(b) 对于每个完全由 E 的元素组成, 并且收敛到 x_0 的序列 $(a_n)_{n=0}^{\infty}$ 序列 $(f(a_n))_{n=0}^{\infty}$ 都收敛到 L.

证明 见习题 9.3.1. ■

根据上面的命题, 我们有时写 "$f(x)\to L$ 当 $x\to x_0$ 在 E 中" 或 "f 在 x_0 处沿着 E 有极限 L" 而取代 "f 在 x_0 处收敛到 L", 或 "$\lim_{x\to x_0} f(x)=L$".

注 9.3.10 用命题 9.3.9 的记号, 有下述推论: 如果

$$\lim_{x\to x_0;x\in E} f(x)=L \text{ 并且 } \lim_{n\to\infty} a_n=x_0\ (a_n\in E,\ n\in\mathbb{N}),$$

那么

$$\lim_{n\to\infty} f(a_n)=L.$$

注 9.3.11 我们只考虑当 x_0 是 E 的附着点时, 函数 f 在 x_0 处的极限. 当 x_0 不是附着点时, 不值得定义极限概念. (你能看到为什么会出现问题吗?)

注 9.3.12 用来表示极限的变量 x 是傀儡变量, 可以用任何变量来替换它而准确地得到同样的极限. 例如, 如果

$$\lim_{x\to x_0;x\in E} f(x)=L,$$

那么

$$\lim_{y\to x_0;y\in E} f(y)=L.$$

反之亦然 (为什么?).

命题 9.3.9 有一些直接的推论. 例如, 我们现在知道一个函数在一点处最多只能有一个极限.

推论 9.3.13 设 X 是 $\mathbb{R}$ 的子集合, E 是 X 的子集合, 而 x_0 是 E 的附着点, 并设 $f: X \to \mathbb{R}$ 是函数. 那么 f 在 x_0 处沿着 E 可以有最多一个极限.

证明 反证. 假设有两个不同的数 L 和 L' 使 f 在 x_0 处沿着 E 同时有极限 L 和极限 L'. 由于 x_0 是 E 的附着点, 根据引理 9.1.14 知, 存在一个全由 E 的元素组成的收敛到 x_0 的序列 $(a_n)_{n=0}^{\infty}$. 由于 f 在 x_0 处沿着 E 有极限 L, 所以根据命题 9.3.9 知 $(f(a_n))_{n=0}^{\infty}$ 收敛到 L. 但由于 f 在 x_0 处沿着 E 也有极限 L', 所以 $(f(a_n))_{n=0}^{\infty}$ 也收敛到 L'. 但这与序列的极限的唯一性 (命题 6.1.7) 相矛盾. 于是结论成立. ■

使用序列的极限算律, 现在可以导出函数的极限算律.

命题 9.3.14(函数的极限算律) 设 X 是 $\mathbb{R}$ 的子集, E 是 X 的子集, x_0 是 E 的附着点, 并设 $f: X \to \mathbb{R}$ 以及 $g: X \to \mathbb{R}$ 都是函数. 假设 f 在 x_0 处沿着 E 有极限 L, 而 g 在 x_0 处沿着 E 有极限 M. 那么

$$\lim_{x \to x_0; x \in E} (f+g)(x) = L + M,$$

$$\lim_{x \to x_0; x \in E} (f-g)(x) = L - M,$$

$$\lim_{x \to x_0; x \in E} \max(f,g)(x) = \max(L, M),$$

$$\lim_{x \to x_0; x \in E} \min(f,g)(x) = \min(L, M),$$

$$\lim_{x \to x_0; x \in E} (fg)(x) = LM,$$

$$\lim_{x \to x_0; x \in E} (cf)(x) = cL, \ (c \in \mathbb{R}).$$

最后, 如果 g 在 E 上不取零值 (即对于一切 $x \in E$, $g(x) \neq 0$) 并且 $M \neq 0$, 那么

$$\lim_{x \to x_0; x \in E} \left(\frac{f}{g}\right)(x) = \frac{L}{M},$$

证明 我们只证第一个结论 ($f+g$ 有极限 $L+M$); 其他的都很相似, 一并留作习题 9.3.2.

由于 x_0 是 E 的附着点, 根据引理 9.1.14 我们知道有一个由 E 的元素组成的序列 $(a_n)_{n=0}^{\infty}$ 收敛到 x_0. 由于 f 在 x_0 处沿着 E 收敛到 L, 所以根据命题 9.3.9, $(f(a_n))_{n=0}^{\infty}$ 收敛到 L. 类似地, $(g(a_n))_{n=0}^{\infty}$ 收敛到 M. 根据序列的极限算律 (定理 6.1.19), 我们断定 $((f+g)(a_n))_{n=0}^{\infty}$ 收敛到 $L+M$. 再根据命题 9.3.9, 这蕴含 $f+g$ 在 x_0 处沿着 E 有极限 $L+M$(由于 $(a_n)_{n=0}^{\infty}$ 是 E 中任意的收敛到 x_0 的序列). ■

注 9.3.15 可以更不正式地把命题 9.3.14 简写成

$$\lim_{x \to x_0} (f \pm g)(x) = \lim_{x \to x_0} f(x) \pm \lim_{x \to x_0} g(x),$$

$$\lim_{x\to x_0}\max(f,g)(x)=\max\left(\lim_{x\to x_0}f(x),\lim_{x\to x_0}g(x)\right),$$

$$\lim_{x\to x_0}\min(f,g)(x)=\min\left(\lim_{x\to x_0}f(x),\lim_{x\to x_0}g(x)\right),$$

$$\lim_{x\to x_0}(fg)(x)=\left(\lim_{x\to x_0}f(x)\right)\left(\lim_{x\to x_0}g(x)\right),$$

$$\lim_{x\to x_0}\left(\frac{f}{g}\right)(x)=\frac{\lim_{x\to x_0}f(x)}{\lim_{x\to x_0}g(x)},$$

(其中我们为简单起见略去了 $x\in E$.) 但须心中记住, 这些恒等式仅当右端有意义时才成立, 而对于最后的恒等式我们需要 g 不取零值, 而且 $\lim_{x\to x_0}g(x)$ 不是零. (参看例 1.2.4, 看看当粗心地处理极限时会出现怎样的错误.)

使用命题 9.3.14 中的极限算律我们已经可以推导出一些极限. 首先, 容易验证基本的极限

$$\lim_{x\to x_0;x\in\mathbb{R}}c=c$$

以及

$$\lim_{x\to x_0;x\in\mathbb{R}}x=x_0$$

其中 x_0 和 c 是任意的实数 (为什么? 使用命题 9.3.9). 于是根据极限算律我们可以断定

$$\lim_{x\to x_0;x\in\mathbb{R}}x^2=x_0^2,$$

$$\lim_{x\to x_0;x\in\mathbb{R}}cx=cx_0,$$

$$\lim_{x\to x_0;x\in\mathbb{R}}(x^2+cx+d)=x_0^2+cx_0+d,$$

等等, 其中 c,d 是任意的实数.

如果 f 在 x_0 处沿着 X 收敛到 L, 而 Y 是 X 的子集合使得 x_0 仍然是 Y 的附着点, 那么 f 在 x_0 处沿着 Y 也收敛到 L(为什么?). 于是在大的集合上收敛蕴含在小的集合上收敛. 但反过来不对.

例 9.3.16 考虑符号函数 $\mathrm{sgn}:\mathbb{R}\to\mathbb{R}$,

$$\mathrm{sgn}(x):=\begin{cases}1, & \text{如果 } x>0,\\ 0, & \text{如果 } x=0,\\ -1, & \text{如果 } x<0.\end{cases}$$

那么 $\lim_{x\to 0;x\in(0,\infty)}\mathrm{sgn}(x)=1$(为什么?), 同时 $\lim_{x\to 0;x\in(-\infty,0)}\mathrm{sgn}(x)=-1$(为什么?), 但 $\lim_{x\to 0;x\in\mathbb{R}}\mathrm{sgn}(x)$ 无定义 (为什么?). 所以从极限符号中去掉集合 X 有时是危险的.

但在很多情况下这样做却是安全的. 例如, 由于我们知道

$$\lim_{x\to x_0;x\in\mathbb{R}} x^2 = x_0^2,$$

那么事实上对于任何以 x_0 为附着点的集合 X 都成立

$$\lim_{x\to x_0;x\in X} x^2 = x_0^2$$

(为什么?). 所以写

$$\lim_{x\to x_0} x^2 = x_0^2$$

是安全的.

例 9.3.17 设 f 是函数

$$f(x) := \begin{cases} 1, & \text{如果 } x = 0 \\ 0, & \text{如果 } x \neq 0. \end{cases}$$

那么

$$\lim_{x\to 0;x\in\mathbb{R}\setminus\{0\}} f(x) = 0 \text{ (为什么?)},$$

但是

$$\lim_{x\to 0;x\in\mathbb{R}} f(x) \text{ 无定义 (为什么?)}.$$

(当此事发生时, 我们说 f 在 0 处有 "可去除奇异点" 或 "可去除间断点". 由于这种奇异性, 有时约定当写 $\lim_{x\to x_0} f(x)$ 时, 自动把 x_0 从集合中排除; 例如, 在教材中, $\lim_{x\to x_0} f(x)$ 通常用作 $\lim_{x\to x_0;x\in X\setminus\{x_0\}} f(x)$ 的简写形式.)

另一方面, 在 x_0 处的极限应该只依赖于函数在 x_0 附近的值; 远离 x_0 处的值是无关紧要的. 下述命题反映了这种直觉.

命题 9.3.18(极限是局部的) 设 X 是 $\mathbb{R}$ 的子集合, E 是 X 的子集合, 而 x_0 是 E 的附着点. 并设 $f: X \to \mathbb{R}$ 是函数, L 是实数. 设 $\delta > 0$. 那么

$$\lim_{x\to x_0;x\in E} f(x) = L,$$

当且仅当

$$\lim_{x\to x_0;x\in E\bigcap(x_0-\delta,x_0+\delta)} f(x) = L,$$

证明 见习题 9.3.3. ■

不正式地, 上述命题断言

$$\lim_{x\to x_0;x\in E} f(x) = \lim_{x\to x_0;x\in E\bigcap(x_0-\delta,x_0+\delta)} f(x).$$

于是, 函数在 x_0 处的极限, 如果存在的话, 只取决于 f 在 x_0 附近的值; 远处的值实际上不影响极限.

我们现在再给出几个极限的例子.

例 9.3.19　考虑由 $f(x) := x+2$ 和 $g(x) := x+1$ 定义的函数 $f:\mathbb{R}\to\mathbb{R}$ 和 $g:\mathbb{R}\to\mathbb{R}$. 那么

$$\lim_{x\to 2; x\in\mathbb{R}} f(x) = 4, \quad \lim_{x\to 2; x\in\mathbb{R}} g(x) = 3.$$

我们愿意使用极限算律断定

$$\lim_{x\to 2; x\in\mathbb{R}} \frac{f(x)}{g(x)} = \frac{4}{3},$$

或者换句话说,

$$\lim_{x\to 2; x\in\mathbb{R}} \frac{x+2}{x+1} = \frac{4}{3}.$$

严格地说, 我们不能使用命题 9.3.14 来保证此事, 因为 $x+1$ 在 $x=-1$ 处等于零, 从而 $\frac{f(x)}{g(x)}$ 没有定义. 但是此事是容易解决的, 只要把 f 和 g 的定义域从 $\mathbb{R}$ 限制到更小的区域, 例如 $\mathbb{R}\setminus\{-1\}$ 就可以了. 那时命题 9.3.14 适用, 我们就得到

$$\lim_{x\to 2; x\in\mathbb{R}\setminus\{-1\}} \frac{x+2}{x+1} = \frac{4}{3}.$$

例 9.3.20　考虑由 $f(x) := \frac{x^2-1}{x-1}$ 定义的函数 $f:\mathbb{R}\setminus\{1\}\to\mathbb{R}$. 这个函数对于除了 1 以外的每个实数都是定义成功的, 而 $f(1)$ 没有定义. 但是 1 仍然是 $\mathbb{R}\setminus\{1\}$ 的附着点 (为什么?), 并且极限

$$\lim_{x\to 1; x\in\mathbb{R}\setminus\{1\}} f(x)$$

仍然有定义. 这是因为在区域 $\mathbb{R}\setminus\{1\}$ 上有恒等式

$$\frac{x^2-1}{x-1} = \frac{(x+1)(x-1)}{x-1} = x+1,$$

而且

$$\lim_{x\to 1; x\in\mathbb{R}\setminus\{1\}} x+1 = 2.$$

例 9.3.21　设 $f:\mathbb{R}\to\mathbb{R}$ 是函数

$$f(x) := \begin{cases} 1, & \text{如果}\, x\in\mathbb{Q} \\ 0, & \text{如果}\, x\notin\mathbb{Q}. \end{cases}$$

我们要证明, f 在 $x=0$ 处沿着 $\mathbb{R}$ 没有极限. 假设不是这样, 那么 f 在 $x=0$ 沿着 $\mathbb{R}$ 有某个极限 L. 那么, 只要 $(a_n)_{n=1}^{\infty}$ 是一个收敛到 0 的非零数的序列, 就有

$$\lim_{x\to\infty} f(a_n) = L.$$

由于 $\{\frac{1}{n}\}_{n=1}^{\infty}$ 是这样的一个序列, 就有

$$L = \lim_{n\to\infty} f\left(\frac{1}{n}\right) = \lim_{n\to\infty} 1 = 1.$$

另一方面 $\{\frac{\sqrt{2}}{n}\}_{n=1}^{\infty}$ 是另一个收敛到 0 的非零数的序列, 但现在这些数不是比例数, 有

$$L = \lim_{n\to\infty} f\left(\frac{\sqrt{2}}{n}\right) = \lim_{n\to\infty} 0 = 0$$

由于 $1\neq 0$, 我们得到矛盾. 于是这个函数在 0 处没有极限.

习 题 9.3

9.3.1 证明命题 9.3.9.

9.3.2 证明命题 9.3.14 中的剩下的结论.

9.3.3 证明引理 9.3.18.

§9.4 连 续 函 数

我们现在介绍函数论中的一个最基本的概念 —— 连续的概念.

定义 9.4.1(连续) 设 X 是 $\mathbb{R}$ 的子集合, 并设 $f: X\to\mathbb{R}$ 是函数. 设 x_0 是 X 的一个元素, 我们说 f 是**在 x_0 处连续**的, 当且仅当我们有

$$\lim_{x\to x_0; x\in X} f(x) = f(x_0);$$

换句话说, 当 x 在 X 中收敛到 x_0 时 $f(x)$ 的极限存在并且等于 $f(x_0)$. 我们说 f 是**在 X 上连续** 的 (或简单地说是连续的) 当且仅当对于每个 $x_0\in X$, f 都在 x_0 处连续. 我们说 f 是**在 x_0 处间断** 的, 当且仅当它不是在 x_0 处连续的.

例 9.4.2 设 c 是实数, 并设 $f:\mathbb{R}\to\mathbb{R}$ 是常值函数 $f(x):=c$. 那么对于每个实数 $x_0\in\mathbb{R}$, 有

$$\lim_{x\to x_0; x\in\mathbb{R}} f(x) = \lim_{x\to x_0; x\in\mathbb{R}} c = c = f(x_0),$$

所以 f 是在每点 $x_0\in\mathbb{R}$ 处都连续的, 或换句话说, f 是在 $\mathbb{R}$ 上连续的.

例 9.4.3　设 $f:\mathbb{R}\to\mathbb{R}$ 是恒等函数 $f(x):=x$. 那么对于每个实数 $x_0\in\mathbb{R}$ 有

$$\lim_{x\to x_0;x\in\mathbb{R}} f(x)=\lim_{x\to x_0;x\in\mathbb{R}} x=x_0=f(x_0),$$

所以 f 是在每点 $x_0\in\mathbb{R}$ 处都连续的, 或换句话说, f 是在 $\mathbb{R}$ 上连续的.

例 9.4.4　设 $\operatorname{sgn}:\mathbb{R}\to\mathbb{R}$ 是在例 9.3.16 中定义的符号函数. 那么 sgn 是在每个非零点处连续的, 例如在 $x=1$ 处有 (用命题 9.3.18)

$$\begin{aligned}\lim_{x\to 1;x\in\mathbb{R}}\operatorname{sgn}(x)&=\lim_{x\to 1;x\in(0.9,1.1)}\operatorname{sgn}(x)\\&=\lim_{x\to 1;x\in(0.9,1.1)} 1\\&=1=\operatorname{sgn}(1).\end{aligned}$$

另一方面 sgn 在 $x=0$ 处不是连续的, 因为极限 $\lim\limits_{x\to 0;x\in\mathbb{R}}\operatorname{sgn}(x)$ 不存在.

例 9.4.5　设 $f:\mathbb{R}\to\mathbb{R}$ 是函数

$$f(x):=\begin{cases}1, & \text{如果 } x\in\mathbb{Q}\\ 0, & \text{如果 } x\notin\mathbb{Q}.\end{cases}$$

那么根据上一节的讨论, f 在 0 处不是连续的. 事实上, f 在每个实数 x_0 处都不是连续的 (你能看出为什么吗?).

例 9.4.6　设 $f:\mathbb{R}\to\mathbb{R}$ 是函数

$$f(x):=\begin{cases}1, & \text{如果 } x\geqslant 0\\ 0, & \text{如果 } x<0.\end{cases}$$

那么 f 在每个非零实数处都是连续的 (为什么?), 但它在 0 处不是连续的. 然而, 如果我们把 f 限制在右半直线 $[0,\infty)$ 上, 那么所得的函数 $f|_{[0,\infty)}$ 在它的定义域上, 包括 0, 是处处连续的. 于是限制函数的定义域可以使一个间断函数重新成为连续的.

有若干方式来表述 "f 是在 x_0 处连续的".

命题 9.4.7(连续性的等价表述)　设 X 是 $\mathbb{R}$ 的子集合, $f:X\to\mathbb{R}$ 是函数, 并设 x_0 是 X 的元素. 那么下述三命题逻辑上等价:

(a) f 在 x_0 处连续.

(b) 对于由 X 的元素组成的任何收敛到 x_0 的序列 $(a_n)_{n=0}^{\infty}$, 都有

$$\lim_{n\to\infty} f(a_n)=f(x_0).$$

(c) 对于每个 $\varepsilon>0$ 都存在 $\delta>0$, 使得当 $x\in X$ 且 $|x-x_0|<\delta$ 时

$$|f(x)-f(x_0)|<\varepsilon.$$

证明 见习题 9.4.1. ■

注 9.4.8 命题 9.4.7 的一个特别有用的结果是: 如果 f 在 x_0 处连续, 并且当 $n \to \infty$ 时 $a_n \to x_0$, 那么当 $n \to \infty$ 时 $f(a_n) \to f(x_0)$ (当然, $(a_n)_{n=0}^{\infty}$ 的所有的元素都应在 f 的定义域中). 于是, 连续函数对于计算极限是很有用的.

命题 9.3.14 中的极限算律联合定义 9.4.1 中的连续性的定义, 立即推出

命题 9.4.9(算术运算保持连续性) 设 X 是 $\mathbb{R}$ 的子集, 并设 $f: X \to \mathbb{R}$ 以及 $g: X \to \mathbb{R}$ 都是函数. 设 $x_0 \in X$. 那么, 如果 f 和 g 都在 x_0 处连续则 $f+g$, $f-g$, $\max(f,g)$, $\min(f,g)$, fg 都在 x_0 处连续. 如果 g 在 X 上不取零值, 则 $\frac{f}{g}$ 也在 x_0 处连续.

于是, 两个连续函数的和、差、最大、最小、乘积以及分母不取零值情形下的商, 都是连续函数.

可使用命题 9.4.9 证明大量的函数是连续的. 作为例子, 例如, 只从常值函数是连续的以及恒等函数 $f(x) = x$ 是连续的 (习题 9.4.2) 这个事实出发, 就可以证明, $\frac{1}{x^2-4} \cdot \max(x^3+4x^2+x+5, x^4-x^3)$ 在 $\mathbb{R}$ 的除了 $x=2$ 和 $x=-2$ 这两个使分母为零的点以外的每点处有定义并且连续.

下面给出连续函数的其他例子.

命题 9.4.10(指数函数是连续的) 设 $a > 0$ 是正的实数. 那么由 $f(x) := a^x$ 定义的函数 $f: \mathbb{R} \to \mathbb{R}$ 是连续的.

证明 见习题 9.4.3. ■

命题 9.4.11(幂函数是连续的) 设 p 是实数, 那么由 $f(x) = x^p$ 定义的函数 $f: (0,\infty) \to \mathbb{R}$ 是连续的.

证明 见习题 9.4.4. ■

一个比命题 9.4.10 和 9.4.11 更强的命题是: 幂运算关于指数和底数是**同时连续的**, 但这比较难证; 见习题 15.5.10.

命题 9.4.12(绝对值是连续的) 由 $f(x) := |x|$ 定义的函数 $f: \mathbb{R} \to \mathbb{R}$ 是连续的.

证明 这从 $|x| = \max(x, -x)$ 推出, 因为已经知道函数 $x, -x$ 是连续的. ■

连续函数的族不仅对于加、减、乘、除运算封闭, 也对于复合运算封闭.

命题 9.4.13(复合保持连续性) 设 X 和 Y 是 $\mathbb{R}$ 的子集合, 并设 $f: X \to Y$, $g: Y \to \mathbb{R}$ 是函数. 设 x_0 是 X 的点. 如果 f 在 x_0 处连续, g 在 $f(x_0)$ 处连续, 那么复合函数 $g \circ f: X \to \mathbb{R}$ 在 x_0 处连续.

证明 见习题 9.4.5. ■

例 9.4.14 由于 $f(x) := 3x+1$ 在整个 $\mathbb{R}$ 上连续, 而且函数 $g(x) := 5^x$ 在整个 $\mathbb{R}$ 上连续, 所以复合函数 $(g \circ f)(x) = 5^{3x+1}$ 也在整个 $\mathbb{R}$ 上连续. 使用上面的那

些命题, 可以证明复杂得多的函数, 例如

$$h(x) := \frac{|x^2 - 8x + 7|^{\sqrt{2}}}{x^2 + 1}$$

也是连续的. (为什么这个函数是连续的?)

还是有少数函数尚不容易判断其连续性, 例如 $h(x) := x^x$. 当我们有了对数这个工具之后, 这个函数就比较容易处理了. 我们将在 §15.5 中讲对数.

习　题　9.4

9.4.1　证明命题 9.4.7. (提示: 这多半可经使用前面的命题和引理来完成. 注意, 要证 (a)(b)(c) 彼此等价, 不必证明 6 个等价关系, 但至少必须证 3 个. 例如, 证明 (a) 蕴含 (b), (b) 蕴含 (c), (c) 蕴含 (a) 就够了. 虽然这不必是解决此问题的最短的或最简洁的路途.)

9.4.2　设 X 是 $\mathbb{R}$ 的子集合, 并设 $c \in \mathbb{R}$. 证明由 $f(x) := c$ 定义的常值函数 $f: X \to \mathbb{R}$ 是连续的, 并证明由 $g(x) := x$ 定义的恒等函数 $g: X \to \mathbb{R}$ 也是连续的.

9.4.3　证明命题 9.4.10. (提示: 可使用引理 6.5.3、联合挤压判别法 (命题 6.4.14) 以及命题 6.7.3.)

9.4.4　证明命题 9.4.11. (提示: 从极限算律 (命题 9.3.14) 可以证明对于一切整数 n, $\lim_{x\to 1} x^n = 1$. 由此及挤压判别法 (推论 6.4.14) 推出对于一切实数 p, $\lim_{x\to 1} x^p = 1$. 最后, 使用命题 6.7.3.)

9.4.5　证明命题 9.4.13.

9.4.6　设 X 是 $\mathbb{R}$ 的子集合, 并设 $f: X \to \mathbb{R}$ 是连续函数. 设 Y 是 X 的子集合. 证明 f 在 Y 上的限制 $f|_Y: Y \to \mathbb{R}$ 也是连续函数. (提示: 这是一个简单结果, 但要求你仔细地遵循定义.)

9.4.7　设 $n \geqslant 0$ 是整数, 并且对于每个 $0 \leqslant i \leqslant n$ 设 c_i 是实数. 设 $P: \mathbb{R} \to \mathbb{R}$ 是函数

$$P(x) := \sum_{i=0}^{n} c_i x^i,$$

这样的函数周知为**单变量多项式**. 一个典型的例子是

$$P(x) = 6x^4 - 3x^2 + 4.$$

证明 P 是连续的.

§9.5　左极限和右极限

我们现在介绍左极限和右极限的概念, 可把它们看作为全面的极限

$$\lim_{x \to x_0; x \in X} f(x)$$

的两个分离的"一半".

定义 9.5.1(左极限和右极限) 设 X 是 $\mathbb{R}$ 的子集合, $f: X \to \mathbb{R}$ 是函数, 设 x_0 是实数. 如果 x_0 是 $X \bigcap (x_0, \infty)$ 的附着点, 那么我们定义 f 在 x_0 处的**右极限** $f(x_0+)$ 为

$$f(x_0+) := \lim_{x \to x_0; x \in X \bigcap (x_0, \infty)} f(x),$$

当然前提是这个极限存在. 类似地, 如果 x_0 是 $X \bigcap (-\infty, x_0)$ 的附着点, 那么我们定义 f 在 x_0 处的**左极限** $f(x_0-)$ 为

$$f(x_0-) := \lim_{x \to x_0; x \in X \bigcap (-\infty, x_0)} f(x),$$

当然也是在这个极限存在的前提下. (于是, 在很多情况下, $f(x_0+)$ 和 $f(x_0-)$ 是无定义的.)

有时我们使用简化的记号

$$\lim_{x \to x_0^+} f(x) := \lim_{x \to x_0; x \in X \bigcap (x_0, \infty)} f(x);$$

$$\lim_{x \to x_0^-} f(x) := \lim_{x \to x_0; x \in X \bigcap (-\infty, x_0)} f(x),$$

只要 f 的定义域 X 在上下文中是清楚的.

例 9.5.2 考虑例 9.3.16 中定义的符号函数 $\mathrm{sgn}: \mathbb{R} \to \mathbb{R}$. 我们有

$$\mathrm{sgn}(0+) = \lim_{x \to 0; x \in \mathbb{R} \bigcap (0, \infty)} \mathrm{sgn}(x) = \lim_{x \to 0; x \in \mathbb{R} \bigcap (0, \infty)} 1 = 1,$$

以及

$$\mathrm{sgn}(0-) = \lim_{x \to 0; x \in \mathbb{R} \bigcap (-\infty, 0)} \mathrm{sgn}(x) = \lim_{x \to 0; x \in \mathbb{R} \bigcap (-\infty, 0)} -1 = -1,$$

同时根据定义 $\mathrm{sgn}(0) = 0$.

注意, 为了 $f(x_0+)$ 或 $f(x_0-)$ 有定义, f 不必在 x_0 处有定义. 例如, 如果 $f: \mathbb{R} \setminus \{0\} \to \mathbb{R}$ 是函数 $f(x) := \frac{x}{|x|}$, 那么 $f(0+) = 1$ 且 $f(0-) = -1$(为什么?), 尽管 $f(0)$ 无定义.

从命题 9.4.7 我们看到, 如果右极限 $f(x_0+)$ 存在, 并且 $(a_n)_{n=0}^{\infty}$ 是 X 中的从右边收敛到 x_0 的序列 (对于一切 $n \in \mathbb{N}$, $a_n > x_0$), 那么

$$\lim_{n \to \infty} f(a_n) = f(x_0+).$$

类似地, 如果 $(b_n)_{n=0}^{\infty}$ 是 X 中的从左边收敛到 x_0 的序列 (对于一切 $n \in \mathbb{N}$, $b_n < x_0$), 那么

$$\lim_{n \to \infty} f(b_n) = f(x_0-).$$

设 x_0 同是 $X\bigcap(x_0,\infty)$ 和 $X\bigcap(-\infty,x_0)$ 两者的附着点. 如果 f 在点 x_0 处连续, 那么从命题 9.4.7 显然可见 $f(x_0+)$ 和 $f(x_0-)$ 都存在并且都等于 $f(x_0)$. (你能看出为什么吗?) 反过来也成立 (将此与命题 6.4.12(f) 相对比):

命题 9.5.3　设 X 是 $\mathbb{R}$ 的子集合, 含有实数 x_0, 并设 x_0 同是 $X\bigcap(x_0,\infty)$ 和 $X\bigcap(-\infty,x_0)$ 的附着点. 设 $f: X\to\mathbb{R}$ 是函数. 如果 $f(x_0+)$ 和 $f(x_0-)$ 都存在并且都等于 $f(x_0)$, 那么 f 在 x_0 处连续.

证明　记 $L:=f(x_0)$. 根据假设有

$$\lim_{x\to x_0;x\in X\bigcap(x_0,\infty)} f(x)=L, \tag{9.1}$$

以及

$$\lim_{x\to x_0;x\in X\bigcap(-\infty,x_0)} f(x)=L, \tag{9.2}$$

设 $\varepsilon>0$ 给定. 从 (9.1) 和命题 9.4.7 知, 存在 $\delta_+>0$ 使得当 $x\in X\bigcap(x_0,\infty)$ 且 $|x-x_0|<\delta_+$ 时

$$|f(x)-L|<\varepsilon,$$

从 (9.2) 同样得知, 存在 $\delta_->0$, 使得当 $x\in X\bigcap(-\infty,x_0)$ 且 $|x-x_0|<\delta_-$ 时

$$|f(x)-L|<\varepsilon.$$

现在让 $\delta:=\min(\delta_-,\delta_+)$, 那么 $\delta>0$(为什么?). 设 $x\in X$ 且 $|x-x_0|<\delta$. 那么有三种情形:$x>x_0$, $x=x_0$, $x<x_0$, 但在这三种情形下都有 $|f(x)-L|<\varepsilon$(为什么? 理由与在三种情形中的一种情形时不同). 于是根据命题 9.4.7 知, f 在 x_0 处连续. ■

正像我们在例 9.3.16 对于符号函数所见到的那样, 对于一个函数 f, 在 x_0 处可能发生 $f(x_0-)$ 和 $f(x_0+)$ 都存在但彼此不等的情形. 当这种情形发生时, 我们说 f 在 x_0 处有一个**跳跃间断**. 于是, 作为例子, 符号函数在零处发生跳跃间断. 还有, 可能发生左极限 $f(x_0-)$ 和右极限 $f(x_0)+$ 都存在并且相等, 但却不等于 $f(x_0)$ 的情形. 这时我们说 f 在 x_0 处有**可去除间断** (或**可去除奇异性**). 例如, 如果令 $f:\mathbb{R}\to\mathbb{R}$ 是函数

$$f(x):=\begin{cases}1, & \text{如果 } x=0\\ 0, & \text{如果 } x\neq 0.\end{cases}$$

那么 $f(0+)$ 和 $f(0-)$ 都存在并且等于 0(为什么?), 但是 $f(0)=1$. 于是 f 在 0 处有可去除间断.

注 9.5.4　跳跃间断与可去除间断并不是函数间断的仅有的方式. 另一个方式是函数在间断点处趋于无限: 以 $f(x):=\frac{1}{x}$ 定义的函数 $f:\mathbb{R}\setminus\{0\}\to\mathbb{R}$ 在 0 处间断, 既不是跳跃间断, 也不是可去除间断. 非正式地说, 当 x 从右边趋于 0 时 $f(x)$

趋于 $+\infty$, 而当 x 从左边趋于 0 时, $f(x)$ 趋于 $-\infty$. 这种形式的奇异性有时叫作**渐近间断** (asymptotic discontinuity). 此外还有**振荡间断** (oscillatory discontinuity), 其中函数在 x_0 附近保持有界但在 x_0 处却没有极限. 例如, 用

$$f(x) := \begin{cases} 1, & \text{如果}\, x \in \mathbb{Q} \\ 0, & \text{如果}\, x \notin \mathbb{Q} \end{cases}$$

定义的函数 $f: \mathbb{R} \to \mathbb{R}$ 在 0 处有振荡间断 (事实上在每个其他实数处也是如此). 这是因为尽管函数是有界的, 但它在 0 处既没有左极限也没有右极限.

间断性 (也叫作奇异性) 的研究不断发展, 但已超出本书的范围. 例如, 在复分析中, 奇异性起着关键的作用.

习 题 9.5

9.5.1 设 E 是 $\mathbb{R}$ 的子集合, $f: E \to \mathbb{R}$ 是函数, 并设 x_0 是 E 的附着点. 请为极限

$$\lim_{x \to x_0; x \in E} f(x) = \infty (\text{或} -\infty)$$

写一个定义. 如果 $f: \mathbb{R} \setminus \{0\} \to \mathbb{R}$ 是函数 $f(x) := \frac{1}{x}$, 用你的定义断定 $f(0+) = \infty$ 且 $f(0-) = -\infty$. 另外对于命题 9.3.9 当 $L = \infty$ 或 $L = -\infty$ 时的某些类似之事予以叙述和证明.

§9.6 最大值原理

在前两节中我们看到了大量的连续函数, 虽然肯定并非所有的函数都是连续的. 我们现在证明连续函数具有许多其他的有用的性质, 特别是当它们的定义域是闭区间的时候是这样. 正是在这里, 我们将开始把 Heine-Borel 定理 (定理 9.1.24) 的全部功效予以展示.

定义 9.6.1 设 X 是 $\mathbb{R}$ 的子集合, 并设 $f: X \to \mathbb{R}$ 是函数. 如果存在实数 M, 使得对于一切 $x \in X$ 都有 $f(x) \leqslant M$, 我们就说 f 是**有上界**的; 如果存在实数 M, 使得对于一切 $x \in X$ 都有 $f(x) \geqslant -M$, 我们就说 f 是**有下界**的; 如果存在实数 M, 使得对于一切 $x \in X$ 都有 $|f(x)| \leqslant M$, 我们就说 f 是**有界**的,

注 9.6.2 一个函数是有界的, 当且仅当它既是有上界的也是有下界的 (为什么? 注意 "当且仅当" 的一部分比另一部分稍许微妙). 同时, 函数 $f: X \to \mathbb{R}$ 是有界的, 当且仅当它的象 $f(X)$ 是依定义 9.1.22 的意义有界的 (为什么?).

并非一切连续函数都是有界的. 例如函数 $f(x) := x$ 在定义域 $\mathbb{R}$ 上是连续的然而是无界的 (为什么?), 尽管它在某些更小的区域上是有界的, 例如在 [1, 2] 上它

是有界的. 函数 $f(x) := \frac{1}{x}$ 在 $(0,1)$ 上是连续的但却是无界的 (为什么?). 然而, 如果连续函数的定义域是闭的有界的区域, 那么一定有有界性:

引理 9.6.3 设 $a < b$ 是实数, 并设 $f : [a,b] \to \mathbb{R}$ 是 $[a,b]$ 上的连续函数, 那么 f 是有界函数.

证明 假设 f 不是有界的. 那么对于每个实数 M, 都存在一个元素 $x \in [a,b]$ 使得 $|f(x)| \geqslant M$.

当然, 对于每个自然数 n, 集合 $\{x \in [a,b] : |f(x)| \geqslant n\}$ 不是空集. 于是我们可以从 $[a,b]$ 中选取[①] 一个序列 $(x_n)_{n=1}^{\infty}$ 使对于一切 n, $|f(x_n)| \geqslant n$. 这个序列位于 $[a,b]$ 中, 根据定理 9.1.24, 存在一个子列 $(x_{n_j})_{j=0}^{\infty}$ 收敛到某极限 $L \in [a,b]$, 其中 $n_0 < n_1 < n_2 < \cdots$ 是自然数的增序列. 当然, 我们看到 $n_j \geqslant j$ 对于一切 $j \in \mathbb{N}$ 成立 (为什么? 用归纳法).

由于 f 在 $[a,b]$ 上连续, 所以它在 L 处连续, 因此我们看到

$$\lim_{j\to\infty} f(x_{n_j}) = f(L).$$

于是序列 $(f(x_{n_j}))_{j=0}^{\infty}$ 是收敛的, 从而是有界的. 另一方面, 我们由此序列的构造知 $|f(x_{n_j})| \geqslant n_j \geqslant j$ 对于一切 j 成立, 从而 $(f(x_{n_j}))_{j=0}^{\infty}$ 不是有界的. 这是一个矛盾. ■

注 9.6.4 关于这个证明, 有两件事值得注意. 首先, 它表明 Heine-Borel 定理 (定理 9.1.24) 是多么有用. 其次, 它不是一个直接的证明; 它没有说**怎样**找到 f 的界, 而是表明若是 f 无界的话, 必定导致矛盾.

我们现在加强引理 9.6.3 而说得更多点.

定义 9.6.5(最大值和最小值) 设 $f : X \to \mathbb{R}$ 是函数, 并设 $x_0 \in X$. 如果对于一切 $x \in X$ 都有 $f(x_0) \geqslant f(x)$ (即 f 在点 x_0 处的值大于或等于 f 在 X 的任何其他点处的值), 那么我们说 f 在 x_0 处达到它的**最大值**. 我们说 f 在 x_0 处达到它的**最小值**, 如果对于一切 $x \in X$ 有 $f(x_0) \leqslant f(x)$.

注 9.6.6 如果函数在某个地方达到它的最大值, 那么它必定是有上界的 (为什么?). 类似地, 如果它在某个地方达到它的最小值, 那么它必定是有下界的. 这些最大值和最小值的概念是整体性的; 局部性的形式将在定义 10.2.1 中给出.

命题 9.6.7(最大值原理) 设 $a < b$ 是实数, 并设 $f : [a,b] \to \mathbb{R}$ 是在 $[a,b]$ 上连续的函数. 那么 f 在某点 $x_{\max} \in [a,b]$ 处达到它的最大值, 并且在某点 $x_{\min} \in [a,b]$ 处达到它的最小值.

① 严格地说, 用到选择公理, 如在引理 8.4.5 那样. 但也可以定义

$$x_n := \sup\{x \in [a,b] : |f(x)| \geqslant n\},$$

并使用 f 的连续性证明 $|f(x_n)| \geqslant n$, 而避免使用选择公理. 我们把细节留给读者.

注 9.6.8 严格说来, "最大值原理" 是一个用词不当的说法, 因为这个原理也涉及最小值. 或许更准确的名称该是 "极值原理"(extremum principle), "极值" 一词用来同时代表最大值和最小值.

证明 我们只证明 f 在某处达到它的最大值. 对于达到它的最小值的证明是类似的, 留给读者.

从引理 9.6.3 知 f 是有界的. 于是存在 M 使得对于一切 $x \in [a,b]$, $-M \leqslant f(x) \leqslant M$. 现在让 E 代表集合

$$E := \{f(x) : x \in [a,b]\}.$$

(换句话说 $E := f([a,b])$.) 按刚才所说的, 这个集合是 $[-M,M]$ 的子集合. 它是不空的, 因为, 作为例子, 它含有点 $f(a)$. 于是根据最小上界原理, 它有上确界 $\sup(E)$, 是个实数.

记 $m := \sup(E)$. 根据上确界的定义知, 对于一切 $y \in E, y \leqslant m$. 根据 E 的定义, 这表明对于一切 $x \in [a,b]$, $f(x) \leqslant m$. 于是, 为证 f 在某处达到它的最大值, 只要找一点 $x_{\max} \in [a,b]$ 使得 $f(x_{\max}) = m$ 就够了. (为什么这就够了?)

设 $n \geqslant 1$ 是正整数. 那么 $m - \frac{1}{n} < m = \sup(E)$. 由于 $\sup(E)$ 是 E 的最小上界, 所以 $m - \frac{1}{n}$ 不能是 E 的上界, 于是存在 $y \in E$, 使得 $m - \frac{1}{n} < y$. 根据 E 的定义, 这蕴含着存在 $x \in [a,b]$, 使得 $m - \frac{1}{n} < f(x)$.

现在对于每个 n, 选一点 $x_n \in [a,b]$ 使得 $m - \frac{1}{n} < f(x_n)$, 从而构成一个序列 $(x_n)_{n=1}^{\infty}$. (这又要用选择公理, 但不用选择公理而证明这个原理也是可能的. 例如, 在命题 13.3.2 中你会看到这个命题的更好的证明, 它用到**紧致性**的概念.) 这是 $[a,b]$ 中的一个序列. 于是根据 Heine-Borel 定理 (定理 9.1.24), 可以选择一个子序列 $(x_{n_j})_{j=1}^{\infty}$, $n_1 < n_2 < \cdots$, 它收敛到某极限 $x_{\max} \in [a,b]$. 由于 $(x_{n_j})_{j=1}^{\infty}$ 收敛到 $x_{\max}$, 并且 f 在 $x_{\max}$ 处连续, 我们和前面一样得到

$$\lim_{j\to\infty} f(x_{n_j}) = f(x_{\max}).$$

另一方面, 由序列的构造知,

$$f(x_{n_j}) > m - \frac{1}{n_j} \geqslant m - \frac{1}{j},$$

从而两边取极限就得到

$$f(x_{\max}) = \lim_{j\to\infty} f(x_{n_j}) \geqslant \lim_{j\to\infty} m - \frac{1}{j} = m.$$

另一方面, 我们知道对于一切 $x \in [a,b]$, $f(x) \leqslant m$, 所以, 当然有 $f(x_{\max}) \leqslant m$. 把这两个不等式合起来, 我们见到 $f(x_{\max}) = m$. 这就是所要的. ■

注意, 最大值原理并不避免一个函数在多于一点处达到它的最大值或者最小值. 例如, 区间 $[-2,2]$ 上的函数 $f(x):=x^2$ 在两个不同的点 -2 和 2 处达到它的最大值.

我们把 $\sup\{f(x):x\in[a,b]\}$ 简写为 $\sup_{x\in[a,b]}f(x)$, 并类似地定义 $\inf_{x\in[a,b]}f(x)$. 那么最大值原理断定 $m:=\sup_{x\in[a,b]}f(x)$ 是实数并且是 f 在 $[a,b]$ 上的最大值. 也就是说, 在 $[a,b]$ 中至少有一个点 $x_{\max}$, 使得 $f(x_{\max})=m$ 并且对于每个其他的 $x\in[a,b]$, $f(x)$ 小于或等于 m. 类似地, $\inf_{x\in[a,b]}f(x)$ 是 f 在 $[a,b]$ 上的最小值.

现在我们知道, 在闭区间上每个连续函数都是有界的并且至少有一次达到它的最大值, 也至少有一次达到它的最小值. 同样的事情对于开区间或无限区间不成立; 见习题 9.6.1.

注 9.6.9 在复分析或偏微分方程论中, 你会遇到一个相当不一样的"最大值原理". 在复分析中, 代替连续函数而处理解析函数, 在偏微分方程论中则要处理调和函数. 那里的最大值原理与此处的并不直接关联 (虽然它们也涉及最大值是否存在, 最大值位置在哪里).

习 题 9.6

9.6.1 给出如下的例子:

(a) 函数 $f:(1,2)\to\mathbb{R}$, 它连续并且有界, 在某处达到它的最小值, 但在任何点处也不达到它的最大值 (即没有最大值).

(b) 函数 $f:[0,\infty)\to\mathbb{R}$, 它连续并且有界, 在某处达到它的最大值, 但在任何点处也不达到它的最小值 (即没有最小值).

(c) 函数 $f:[-1,1]\to\mathbb{R}$, 它是有界的, 但在任何点处也不达到它的最小值, 且在任何点处也不达到它的最大值 (即没有最大值).

(d) 函数 $f:[-1,1]\to\mathbb{R}$, 它有上界但无下界.

解释一下为什么你构作的例子都不违背最大值原理. (注意: **仔细**阅读假设条件!)

§9.7 中值定理

我们刚才证明连续函数 f 达到它的最大值和最小值. 现在我们来证明 f 也能达到中间的每个值. 为此我们先证明一个非常直观的定理.

定理 9.7.1(中值定理) *设 $a<b$, 并设 $f:[a,b]\to\mathbb{R}$ 是 $[a,b]$ 上的连续函数. 设 y 是介于 $f(a)$ 和 $f(b)$ 之间的实数, 也就是说, 要么 $f(a)\leqslant y\leqslant f(b)$, 要么 $f(a)\geqslant y\geqslant f(b)$. 那么存在 $c\in[a,b]$ 使得 $f(c)=y$.*

证明 有两种情形: $f(a)\leqslant y\leqslant f(b)$ 或 $f(a)\geqslant y\geqslant f(b)$. 我们假定前者, 即 $f(a)\leqslant y\leqslant f(b)$. 后者可类似地证明, 留给读者.

如果 $y = f(a)$ 或 $y = f(b)$, 那么结论是容易的, 可简单地令 $c = a$ 或者 $c = b$. 于是可假定 $f(a) < y < f(b)$. 用 E 代表集合

$$E := \{x \in [a,b] : f(x) < y\}.$$

E 明显是 $[a,b]$ 的子集合, 因而有界. 还有, 因为 $f(a) < y$, 我们看到 a 是 E 的元素, 所以 E 不空. 根据最小上界原理, 上确界

$$c := \sup(E)$$

是有限的. 由于 b 是 E 的上界, 我们得知 $c \leqslant b$. 由于 E 含有 a, 我们得知 $a \leqslant c$. 于是有 $c \in [a,b]$. 为完成证明, 我们现在来证 $f(c) = y$. 想法是从 c 的左边进行, 以证明 $f(c) \leqslant y$, 然后从 c 的右边进行来证明 $f(c) \geqslant y$.

设 $n \geqslant 1$ 是整数. 数 $c - \frac{1}{n}$ 是小于或等于 $c = \sup(E)$ 的, 因此不能是 E 的上界. 于是存在一点, 记作 x_n, 它属于 E 并且大于 $c - \frac{1}{n}$. 因为 c 是 E 的上界, 还有 $x_n \leqslant c$. 于是

$$c - \frac{1}{n} \leqslant x_n \leqslant c.$$

根据挤压判别法 (推论 6.4.14), 就得到

$$\lim_{n\to\infty} x_n = c.$$

由于 f 在 c 处连续, 这意味着

$$\lim_{n\to\infty} f(x_n) = f(c).$$

但因为对于每个 n, x_n 都在 E 内, 所以对于每个 n 都有 $f(x_n) < y$. 根据比较原理 (引理 6.4.13) 就得到 $f(c) \leqslant y$. 由于 $f(b) > f(c)$, 我们断定 $c \neq b$.

由于 $c \neq b$ 并且 $c \in [a,b]$, 必有 $c < b$. 那么存在 $N > 0$, 使得对于一切 $n > N$, $c + \frac{1}{n} < b$ (由于当 $n \to \infty$ 时 $c + \frac{1}{n}$ 收敛到 c). 由于 c 是 E 的上确界并且 $c + \frac{1}{n} > c$, 必有 $c + \frac{1}{n} \notin E$ 对于一切 $n > N$ 成立. 由于 $c + \frac{1}{n} \in [a,b]$, 那么对于一切 $n > N$, 有 $f(c + \frac{1}{n}) \geqslant y$. 但 $c + \frac{1}{n}$ 收敛到 c, 而 f 在 c 处连续, 所以 $f(c) \geqslant y$. 然而我们已经知道 $f(c) \leqslant y$, 所以 $f(c) = y$. 这就是所要的. ■

中值定理说的是, 如果 f 取值 $f(a)$ 和 $f(b)$, 那么它必定也达到一切介于两者之间的值. 注意, 如果不假定 f 是连续的, 那么中值定理就不再适用. 例如, 如果 $f : [-1,1] \to \mathbb{R}$ 是函数

$$f(x) := \begin{cases} -1, & \text{如果}\, x \leqslant 0 \\ 1, & \text{如果}\, x > 0. \end{cases}$$

那么 $f(-1)=-1$ 而 $f(1)=1$, 但不存在 $c\in[-1,1]$ 使 $f(c)=0$. 可见, 如果函数是间断的, 它就可能 "跳" 过中间的值. 但连续函数决不会如此.

注 9.7.2 一个连续函数可以多次取同一个中间值. 例如, 如果函数 $f:[-2,2]\to\mathbb{R}$ 是函数 $f(x):=x^3-x$, 那么

$$f(-2)=-6,\ f(2)=6.$$

所以存在 $c\in[-2,2]$ 使 $f(c)=0$. 事实上, 这里有三个这样的 c 值: 有

$$f(-1)=f(0)=f(1)=0.$$

注 9.7.3 中值定理给出了证明可取一个数的 n 次方根的另一种方法. 例如, 为了构作 2 的平方根, 考虑由 $f(x):=x^2$ 定义的函数 $f:[0,2]\to\mathbb{R}$. 这个函数是连续的, 并且 $f(0)=0$, $f(2)=4$. 于是存在 $c\in[0,2]$ 使得 $f(c)=2$, 即 $c^2=2$. (这个论述没有证明 2 恰有一个平方根, 但它证明了, 2 至少有一个平方根.)

推论 9.7.4(连续函数的象) *设 $a<b$, 并设 $f:[a,b]\to\mathbb{R}$ 是 $[a,b]$ 上的连续函数. 设 $M:=\sup_{x\in[a,b]}f(x)$ 是 f 的最大值, 并设 $m:=\inf_{x\in[a,b]}f(x)$ 是最小值. 如果 y 是介于 m 和 M 之间的实数 (即 $m\leqslant y\leqslant M$), 那么存在 $c\in[a,b]$ 使得 $f(c)=y$. 进而有 $f([a,b])=[m,M]$.*

证明 见习题 9.7.1. ■

习 题 9.7

9.7.1 证明推论 9.7.4. (提示: 除了中值定理, 还可能要用到习题 9.4.6.)

9.7.2 设 $f:[0,1]\to[0,1]$ 是连续函数. 证明存在实数 $x\in[0,1]$, 使 $f(x)=x$. (对于函数 $f(x)-x$ 使用中值定理.) 此点 x 叫作 f 的**不动点**. 这个结果是**不动点定理**的一个基本例子, 它在一定类型的分析学问题中起着重要的作用.)

§9.8 单 调 函 数

我们现在来讨论一个与连续函数类不同却又有某些相似性质的函数类: 单调函数类.

定义 9.8.1(单调函数) 设 X 是 $\mathbb{R}$ 的子集, 并设 $f:X\to\mathbb{R}$ 是函数. 我们说 f 是**单调增**的, 当且仅当只要 $x,y\in X$ 且 $y>x$, 就有 $f(y)\geqslant f(x)$. 我们说 f 是**严格单调增的**, 当且仅当只要 $x,y\in X$ 且 $y>x$ 就有 $f(y)>f(x)$. 类似地, 我们说 f 是**单调减** 的当且仅当只要 $x,y\in X$ 且 $y>x$ 就有 $f(y)\leqslant f(x)$. 我们说 f 是**严格单调减的**, 当且仅当只要 $x,y\in X$ 且 $y>x$ 就有 $f(y)<f(x)$. 我们说 f 是**单调的**,

如果它是单调增的或者是单调减的. 我们说 f 是**严格单调的**, 如果它是严格单调增的或者是严格单调减的.

例 9.8.2 函数 $f(x) := x^2$ 当限制在区域 $[0,\infty)$ 上时, 是严格单调增的 (为什么?), 而当限制在区域 $(-\infty,0]$ 上时, 是严格单调减的 (为什么?). 于是此函数在 $(-\infty,0]$ 上和在 $[0,\infty)$ 上都是严格单调的, 但它在整个实直线 $(-\infty,\infty)$ 上却不是严格单调的 (或单调的). 注意, 如果一个函数在一个区域 X 上是严格单调的, 那么它在同一区域 X 上自动地是单调的. 常值函数 $f(x) := 6$ 当限制在一个任意的区域 $X \subseteq \mathbb{R}$ 上时, 既是单调增的也是单调减的, 但不是严格单调的 (除非 X 由至多一个点组成 —— 为什么?).

连续函数不必是单调的 (作为例子考虑 $\mathbb{R}$ 上的函数 $f(x) = x^2$), 而单调函数也不必是连续的; 作为例子, 考虑早先由

$$f(x) := \begin{cases} -1, & \text{如果 } x \leqslant 0 \\ 1, & \text{如果 } x > 0. \end{cases}$$

定义的函数 $f : [-1,1] \to \mathbb{R}$.

单调函数遵从最大值原理 (习题 9.8.1), 但不遵从中值定理 (习题 9.8.2). 另一方面, 一个单调函数可能有很多的间断点 (习题 9.8.5).

如果一个函数既是严格单调的又是连续的, 那么它有很多好的性质. 特别地, 它是可逆的.

命题 9.8.3 设 $a < b$ 是实数, 并设 $f : [a,b] \to \mathbb{R}$ 是函数. 如果 f 既是连续的又是严格单调增的, 那么 f 是从 $[a,b]$ 到 $[f(a), f(b)]$ 的双射, 并且逆映射 $f^{-1} : [f(a), f(b)] \to [a,b]$ 也是连续的并且严格单调增的.

证明 见习题 9.8.4. ■

对于严格单调减函数有类似的命题; 见习题 9.8.4.

例 9.8.4 设 n 是正整数, 并且 $R > 0$. 由于函数 $f(x) := x^n$ 是在区间 $[0,R]$ 上严格增的, 我们从命题 9.8.3 看到这个函数是从 $[0,R]$ 到 $[0,R^n]$ 的双射, 从而有从 $[0,R^n]$ 到 $[0,R]$ 的逆. 这可以用来给出一个构造一个数 $x \in [0,R^n]$ 的 n 次方根的另一种办法, 它与在引理 5.6.5 中所做的是不同的.

习 题 9.8

9.8.1 解释为什么把 f 连续的假定换为 f 单调或严格单调时, 最大值原理仍然成立. (对于单调和严格单调两种情形可用同一解释.)

9.8.2 举例说明当连续的假定换为单调或严格单调时中值定理不成立. (对于单调和严格单调两种情形可以使用同一反例.)

9.8.3 设 $a < b$ 是实数, 并设 $f : [a, b] \to \mathbb{R}$ 是函数. 如果 f 既是连续的又是 1 对 1 的, 那么 f 是严格单调的. (提示: 考虑 $f(a) < f(b)$, $f(a) = f(b)$, $f(a) > f(b)$ 三种情形. 第二种情形直接导致矛盾. 在第一种情形用反证法及中值定理证明 f 是严格增的, 在第三种情形类似的论述表明 f 是严格减的.)

9.8.4 证明命题 9.8.3. (提示: 为证 f^{-1} 是连续的, 最简单的办法是使用连续的 "$\varepsilon - \delta$" 定义, 命题 9.4.7(c).) 去掉连续的假定, 命题还成立吗? 把严格单调换成单调, 命题还成立吗? 代替处理严格增而处理严格减函数时, 应如何修改命题?

9.8.5 本习题中, 我们举一个在每个比例数处间断而在每个非比例数处连续的函数的例子. 由于比例数集合是可数的, 我们把它写成

$$\mathbb{Q} = \{q(0), q(1), q(2), \cdots\}$$

其中 $q : \mathbb{N} \to \mathbb{Q}$ 是从 $\mathbb{N}$ 到 $\mathbb{Q}$ 的双射. 现在定义函数 $g : \mathbb{Q} \to \mathbb{R}$, 令

$$g(q(n)) := 2^{-n},\ n \in \mathbb{N},$$

那么 g 映 $q(0)$ 为 1, $q(1)$ 为 2^{-1}, 等等. 由于级数 $\sum\limits_{n=0}^{\infty} 2^{-n}$ 是绝对收敛的, 所以 $\sum\limits_{r \in \mathbb{Q}} g(r)$ 也是绝对收敛的. 现在定义函数 $f : \mathbb{R} \to \mathbb{R}$, 令

$$f(x) := \sum_{r \in \mathbb{Q} : r < x} g(r).$$

由于 $\sum\limits_{r \in \mathbb{Q}} g(r)$ 是绝对收敛的, 所以 $f(x)$ 对于每个实数 x 都是定义成功的.

(a) 证明 f 是严格单调增加的. (提示: 可能要使用命题 5.4.14.)

(b) 证明对于每个比例数 r, f 在 r 处间断. (提示: 由于 r 是比例数, 对于某自然数 n, $r = q(n)$. 证明对于一切 $x > r$, $f(x) \geqslant f(r) + 2^{-n}$.)

(c) 证明对于每个非比例数 x, f 在 x 处连续. (提示: 先证明函数

$$f_n(x) := \sum_{r \in \mathbb{Q} : r < x, g(r) \geqslant 2^{-n}} g(r)$$

在 x 处连续, 并且 $|f(x) - f_n(x)| \leqslant 2^{-n}$.)

§9.9 一致连续性

我们知道, 在闭区间 $[a, b]$ 上连续的函数是有界的 (根据最大值原理, 事实上达到它的最大值和最小值). 但是, 如果我们把闭区间改成开区间, 那么连续函数就不必再是有界的. 一个例子是由 $f(x) := \frac{1}{x}$ 定义的 $f : (0, 2) \to \mathbb{R}$. 这个函数在 (0, 2) 的每点处连续, 从而在 (0, 2) 上连续, 但不是有界的. 非正式地说, 这里问题是, 当函数的确在开区间 (0, 2) 的每点都连续时, 它在自变量趋于端点 0 时连续得 "越来越差".

我们来进一步分析这种现象, 使用连续的 "ε-δ" 定义 —— 命题 9.4.7(c). 我们知道, 如果 $f: X \to \mathbb{R}$ 在点 x_0 处连续, 那么对于每个 $\varepsilon > 0$ 都存在 $\delta > 0$, 使得只要 x 是 δ- 接近于 x_0 的, $f(x)$ 就是 ε- 接近 $f(x_0)$ 的. 换句话说, 只要保证 x 充分接近 x_0, 就能迫使 $f(x)$ 是 ε- 接近 $f(x_0)$ 的. 想象此事的一个方式是, 在每个点 x_0 附近都存在一个 "稳定岛"$(x_0 - \delta, x_0 + \delta)$, 在那里函数 $f(x)$ 不会散离 $f(x_0)$ 超过 ε.

例 9.9.1 取上面提到的函数 $f(x) := \frac{1}{x}$, 让 $x_0 = 1$. 为了保证 $f(x)$ 是 0.1- 接近于 $f(x_0) = 1$ 的, 只需取 x 是 $\frac{1}{11}$- 接近于 x_0 的, 那时

$$\frac{10}{11} < x < \frac{12}{11},$$

从而

$$\frac{11}{12} < f(x) < \frac{11}{10},$$

于是 $f(x)$ 是 0.1- 接近于 $f(x_0)$ 的.

现在来看看在点 $x_0 = 0.1$ 处的情形. 函数 f 仍然在此处连续, 但我们将看到连续性大大变坏. 为了保证 $f(x)$ 是 0.1- 接近于 $f(x_0) = 10$ 的, 我们必须让 x 是 $\frac{1}{1010}$- 接近于 x_0 的. 的确, 如果 x 是 $\frac{1}{1010}$- 接近于 x_0 的, 那么

$$\frac{10}{101} < x < \frac{102}{1010}, \ \ 9.901 < f(x) < 10.1,$$

从而 $f(x)$ 是 0.1- 接近于 $f(x_0)$ 的. 而对于 $\frac{1}{1000}$- 接近于 x_0 的点 $\frac{99}{1000}$, 有 $f(\frac{99}{1000}) = \frac{1000}{99} = f(x_0) + \frac{10}{99}$, 它不是 0.1- 接近于 $f(x_0)$ 的. 于是, 对于同一个 ε 值, 需要小得多的 "δ"—— 函数 f 在 0.1 附近比在 1 附近要 "不稳定" 得多: 在 0.1 处的 "稳定岛" 比在 1 处的 "稳定岛" 要小得多 (如果要保持 $f(x)$ 是 0.1 稳定的话).

另一方面, 也有其他的不显示此种性状的连续函数. 考虑由 $g(x) := 2x$ 定义的函数 $g: (0, 2) \to \mathbb{R}$. 固定 $\varepsilon = 0.1$, 与上面一样, 我们来研究 $x_0 = 1$ 处的稳定岛. 显然, 如果 x 是 0.05- 接近于 x_0 的, 那么 $g(x)$ 就是 0.1- 接近于 $g(x_0)$ 的. 此种情形下, 在 $x_0 = 1$ 处可以取 $\delta = 0.05$. 而当我们移动 x_0 时, 比如说, 代替 $x_0 = 1$ 而让 $x_0 = 0.1$, 那么 δ 不用改变 —— 我们看到, 即使 x_0 由 1 改为 0.1, 只要 x 是 0.05 接近于 x_0 的, $g(x)$ 仍然保持 0.1- 接近于 $g(x_0)$. 事实上, 同一个 δ 对于每一个 x_0 都有效. 当这种情形发生时, 我们说函数 g 是**一致连续**的. 更准确地说, 有:

定义 9.9.2(一致连续) 设 X 是 $\mathbb{R}$ 的子集合, 并设 $f: X \to \mathbb{R}$ 是函数. 如果对于每个 $\varepsilon > 0$, 都存在 $\delta > 0$, 使得只要 $x, x_0 \in X$ 并且 x 与 x_0 是 δ- 接近的, $f(x)$ 与 $f(x_0)$ 就是 ε- 接近的, 那么就说 f 是**一致连续的**.

注 9.9.3 应把这个定义与连续的概念相比较. 从命题 9.4.7(c) 知, 一个函数 f 是连续的, 指的是对于每个 $\varepsilon > 0$ 和每个 $x_0 \in X$, 都存在 $\delta > 0$ 使得只要 $x \in X$ 是 δ- 接近于 x_0 的, $f(x)$ 与 $f(x_0)$ 就是 ε- 接近的. 在一致连续与连续之间的差别

是, 对于一致连续性, 只取一个 δ 就对一切 $x_0 \in X$ 有效; 而在对于通常的连续性, 不同的点 $x_0 \in X$, 可能要使用不同的 δ. 那么每个一致连续的函数都是连续的, 但反过来不对.

例 9.9.4(非正式的) 由 $f(x) := \frac{1}{x}$ 定义的函数 $f:(0,2) \to \mathbb{R}$ 在 (0, 2) 上是连续的, 但不是一致连续的, 因为连续性 (更准确地说是 δ 对 ε 的依赖性) 当 $x \to 0$ 时越来越坏 (在例 9.9.10 我们将把此事说得更为准确).

回顾一下, 附着点的概念以及连续函数的概念, 都有若干等价的表述. 它们都有 "$\varepsilon - \delta$" 型表述 (包括 ε- 接近的概念) 和 "序列方式" 表述 (包括序列收敛的概念); 见引理 9.1.14 和命题 9.3.9. 一致连续的概念可以类似地用序列表述的语言给出, 这次我们使用**等价序列**的概念 (参见定义 5.2.6, 但现在我们代替比例数序列而推广到实数序列, 并且不再要求序列是 Cauchy 序列):

定义 9.9.5(等价序列) 设 m 是整数, $(a_n)_{n=m}^{\infty}$ 和 $(b_n)_{n=m}^{\infty}$ 是两个实数序列, 并给定 $\varepsilon > 0$. 我们说 $(a_n)_{n=m}^{\infty}$ 是 **ε- 接近**于 $(b_n)_{n=m}^{\infty}$ 的, 当且仅当对于一切 $n \geqslant m$, a_n 是 ε- 接近于 b_n 的. 我们说 $(a_n)_{n=m}^{\infty}$ 是 **终极 ε- 接近** 于 $(b_n)_{n=m}^{\infty}$ 的, 当且仅当存在 $N \geqslant m$ 使得序列 $(a_n)_{n=N}^{\infty}$ 和序列 $(b_n)_{n=N}^{\infty}$ 是 ε- 接近的. 两个序列 $(a_n)_{n=m}^{\infty}$ 和 $(b_n)_{n=m}^{\infty}$ 是**等价的**, 当且仅当对于每个 $\varepsilon > 0$, 序列 $(a_n)_{n=m}^{\infty}$ 和 $(b_n)_{n=m}^{\infty}$ 都是终极 ε- 接近的.

注 9.9.6 你可能会问: ε 是否应被假定为比例数或实数, 但命题 6.1.4 稍经修正就表明这对于上述定义没什么区别.

等价性的概念可以更简明地用极限语言来表述:

引理 9.9.7 设 $(a_n)_{n=1}^{\infty}$ 和 $(b_n)_{n=1}^{\infty}$ 是实数序列 (不必是有界的或收敛的). 那么 $(a_n)_{n=1}^{\infty}$ 和 $(b_n)_{n=1}^{\infty}$ 是等价的, 当且仅当 $\lim\limits_{n\to\infty}(a_n - b_n) = 0$.

证明 见习题 9.9.1. ■

同时, 一致连续的概念可借助等价序列来表述.

命题 9.9.8 设 X 是 $\mathbb{R}$ 的子集合, 并设 $f: X \to \mathbb{R}$ 是函数. 那么下述两命题逻辑上等价:

(a) f 在 X 上一致连续.

(b) 只要序列 $(x_n)_{n=0}^{\infty}$ 和序列 $(y_n)_{n=0}^{\infty}$ 是由 X 的元素组成的等价序列, 那么序列 $(f(x_n))_{n=0}^{\infty}$ 和 $(f(y_n))_{n=0}^{\infty}$ 也是等价的.

证明 见习题 9.9.2. ■

注 9.9.9 读者应将此命题与命题 9.3.9 相比较. 命题 9.3.9 断言, 如果 f 是连续的, 那么 f 把收敛序列映成收敛序列. 与此相对照, 如果 f 是一致连续的, 那么 f 把一对等价序列映成一对等价序列. 为了看清两个命题的联系, 注意从引理 9.9.7 知, $(x_n)_{n=0}^{\infty}$ 收敛到 x_* 当且仅当序列 $(x_n)_{n=0}^{\infty}$ 和 $(x_*)_{n=0}^{\infty}$ 是等价的.

例 9.9.10 考虑由 $f(x) := \frac{1}{x}$ 定义的函数 $f:(0,2) \to \mathbb{R}$. 从引理 9.9.7 我们

看到序列 $(\frac{1}{n})_{n=1}^{\infty}$ 和 $(\frac{1}{2n})_{n=1}^{\infty}$ 是 (0, 2) 中的等价的序列. 但是序列 $\left(f(\frac{1}{n})\right)_{n=1}^{\infty}$ 和 $\left(f(\frac{1}{2n})\right)_{n=1}^{\infty}$ 不是等价的 (为什么? 再用引理 9.9.7). 于是, 根据命题 9.9.8, f 不是一致连续的. (这些序列从 1 开始而不是从 0 开始, 但读者容易看到这与上面的讨论没有任何差别.)

例 9.9.11 考虑由 $f(x) := x^2$ 定义的函数 $f : \mathbb{R} \to \mathbb{R}$. 这是 $\mathbb{R}$ 上的连续函数, 但它不是一致连续的; 在某种意义下, 连续性当趋于无限时变得"越来越坏". 定量描述此事的一个途径是使用命题 9.9.8. 考虑序列 $(n)_{n=1}^{\infty}$ 和 $(n+\frac{1}{n})_{n=1}^{\infty}$. 根据引理 9.9.7, 这两个序列是等价的. 但序列 $(f(n))_{n=1}^{\infty}$ 和 $\left(f(n+\frac{1}{n})\right)_{n=1}^{\infty}$ 不是等价的, 因为

$$f\left(n+\frac{1}{n}\right) = n^2 + 2 + \frac{1}{n^2} = f(n) + 2 + \frac{1}{n^2}$$

不是终极 2- 接近于 $f(n)$ 的. 于是根据命题 9.9.8, 可以断定 f 不是一致连续的.

一致连续函数的另一个性质是它把 Cauchy 序列映成 Cauchy 序列.

命题 9.9.12 *设 X 是 $\mathbb{R}$ 的子集合, 并设 $f : X \to \mathbb{R}$ 是一致连续函数. 如果 $(x_n)_{n=0}^{\infty}$ 是由 X 中的元素组成的 Cauchy 序列, 那么 $(f(a_n))_{n=0}^{\infty}$ 也是 Cauchy 序列.*

证明 见习题 9.9.3. ■

例 9.9.13 我们再次演示由 $f(x) := \frac{1}{x}$ 定义的函数 $f : (0,2) \to \mathbb{R}$ 不是一致连续的. 序列 $(\frac{1}{n})_{n=1}^{\infty}$ 是 (0, 2) 中的 Cauchy 序列, 但序列 $\left(f(\frac{1}{n})\right)_{n=1}^{\infty}$ 不是 Cauchy 序列 (为什么?). 于是根据命题 9.9.12, f 不是一致连续的.

推论 9.9.14 *设 X 是 $\mathbb{R}$ 的子集合, $f : X \to \mathbb{R}$ 是一致连续函数, 并设 x_0 是 X 的附着点. 那么极限*

$$\lim_{x \to x_0; x \in X} f(x)$$

存在 (当然它是实数).

证明 见习题 9.9.4. ■

我们现在证明, 一致连续函数把有界集映成有界集.

命题 9.9.15 *设 X 是 $\mathbb{R}$ 的子集合, 并设 $f : X \to \mathbb{R}$ 是一致连续函数. 如果 E 是 X 的有界子集合, 那么 $f(E)$ 也是有界的.*

证明 见习题 9.9.5. ■

正如我们刚才多次看到的, 并非一切连续函数都是一致连续的. 但是, 如果函数的定义域是闭区间, 那么连续函数事实上是一致连续的.

定理 9.9.16 *设 $a < b$ 是实数, 并设 $f : [a,b] \to \mathbb{R}$ 是连续函数. 那么 f 也是一致连续的.*

证明 用反证法. 设 f 不是一致连续的. 根据命题 9.9.8, 在 $[a,b]$ 中必定存在两个等价序列 $(x_n)_{n=0}^{\infty}$ 和 $(y_n)_{n=0}^{\infty}$, 使得 $(f(x_n))_{n=0}^{\infty}$ 和 $(f(y_n))_{n=0}^{\infty}$ 不是等价的. 那

么可以找到 $\varepsilon>0$ 使得 $(f(x_n))_{n=0}^{\infty}$ 和 $(f(y_n))_{n=0}^{\infty}$ 不是终极 ε- 接近的.

固定这个 ε, 令 E 是集合

$$E:=\{n\in\mathbb{N}: f(x_n) \text{ 与 } f(y_n) \text{ 不是 } \varepsilon\text{- 接近的}\}.$$

集合 E 必定是无限的, 因为倘若 E 是有限的, 那么 $(f(x_n))_{n=0}^{\infty}$ 和 $(f(y_n))_{n=0}^{\infty}$ 就必定是终极 ε- 接近的 (为什么?). 根据命题 8.1.5, E 是可数集. 事实上从命题 8.1.5 的证明可以看到, 能够找到全部由 E 的元素组成的一个无限序列

$$n_0<n_1<n_2<\cdots$$

当然有

$$|f(x_{n_j})-f(y_{n_j})|>\varepsilon, \text{ 对于一切 } j\in\mathbb{N}. \tag{9.3}$$

另一方面, 序列 $(x_{n_j})_{j=0}^{\infty}$ 在 $[a,b]$ 之中, 所以根据 Heine-Borel 定理 (定理 9.1.24) 它必含一个收敛到某 $L\in[a,b]$ 的子序列 $(x_{n_{j_k}})_{k=0}^{\infty}$. 当然, f 是在 L 处连续的, 根据命题 9.4.7,

$$\lim_{k\to\infty} f(x_{n_{j_k}})=f(L). \tag{9.4}$$

注意 $(x_{n_{j_k}})_{k=0}^{\infty}$ 是 $(x_n)_{n=0}^{\infty}$ 的子序列, $(y_{n_{j_k}})_{k=0}^{\infty}$ 是 $(y_n)_{n=0}^{\infty}$ 的子序列. 另一方面, 从引理 9.9.7 得

$$\lim_{n\to\infty}(x_n-y_n)=0.$$

于是根据命题 6.6.5, 有

$$\lim_{k\to\infty}(x_{n_{j_k}}-y_{n_{j_k}})=0.$$

由于当 $k\to\infty$ 时 $x_{n_{j_k}}$ 收敛到 L, 于是根据极限算律, 有

$$\lim_{k\to\infty} y_{n_{j_k}}=L,$$

于是根据 f 在 L 处的连续性,

$$\lim_{k\to\infty} f(y_{n_{j_k}})=f(L).$$

使用极限算律从 (9.4) 中减去此式, 得到

$$\lim_{k\to\infty}\Big(f(x_{n_{j_k}})-f(y_{n_{j_k}})\Big)=0.$$

但这与 (9.3) 矛盾 (为什么?). 由这个矛盾我们断定 f 事实上是一致连续的. ■

注 9.9.17 应把引理 9.6.3、命题 9.9.15 和定理 9.9.16 相互比较. 其中任何两个结果都不蕴含第三个, 但是它们彼此都是相容的.

习 题 9.9

9.9.1 证明引理 9.9.7.

9.9.2 证明命题 9.9.8. (提示：你应该避免使用引理 9.9.7, 应回到定义 9.9.5 中的等价序列的定义.)

9.9.3 证明命题 9.9.12. (提示：直接使用定义 9.9.2.)

9.9.4 用命题 9.9.12 证明推论 9.9.14. 用这个推论对例 9.9.10 中的结果给出另一个证明.

9.9.5 证明命题 9.9.15. (提示：模仿引理 9.6.3 的证明. 可能用到命题 9.9.12 或推论 9.9.14.)

9.9.6 设 X, Y, Z 是 $\mathbb{R}$ 的子集合. 设 $f: X \to Y$ 是 X 上的一致连续函数, 并设 $g: Y \to Z$ 是 Y 上的一致连续函数. 证明 $g \circ f: X \to Z$ 是 X 上的一致连续函数.

§9.10 在无限处的极限

设 $f: X \to \mathbb{R}$ 是函数. 到现在为止, 我们讨论了在 x_0 是实数情形下, 当 $x \to x_0$ 时 f 有极限是什么意思. 我们现在要简单地讨论当 x_0 等于 $+\infty$ 或 $-\infty$ 时, 取极限是什么意思. (这是拓扑空间上的连续函数的更一般的理论的一部分; 见 §13.5.)

首先我们需要关于 $+\infty$ 或 $-\infty$ 是一个集合的附着点是什么意思的概念.

定义 9.10.1(无限附着点) 设 X 是 $\mathbb{R}$ 的子集合. 我们说 $+\infty$ 是附着于 X 的, 当且仅当对于每个 $M \in \mathbb{R}$, 都存在一个 $x \in X$, 使得 $x > M$; 我们说 $-\infty$ 是附着于 X 的, 当且仅当对于每个 $M \in \mathbb{R}$, 都存在一个 $x \in X$ 使得 $x < M$.

换句话说, $+\infty$ 是附着于 X 的当且仅当 X 无上界, 或等价地, 当且仅当 $\sup(X) = +\infty$. 类似地 $-\infty$ 是附着于 X 的当且仅当 X 无下界, 或当且仅当 $\inf(X) = -\infty$. 于是, 一个集合有界当且仅当 $+\infty$ 和 $-\infty$ 都不是它的附着点.

注 9.10.2 这个定义好像与定义 9.1.8 相当不同, 但可以用广义实直线 $\mathbb{R}^*$ 的拓扑结构统一起来, 我们不在这里讨论这件事.

定义 9.10.3(在无限处的极限) 设 X 是 $\mathbb{R}$ 的子集合, 以 $+\infty$ 为附着点, 并设 $f: X \to \mathbb{R}$ 是函数. 我们说**当 $x \to +\infty$ 时 $f(x)$ 收敛到 L**, 并记

$$\lim_{x \to +\infty; x \in X} f(x) = L.$$

当且仅当对于每个 $\varepsilon > 0$, 都存在 M 使得 f 在 $X \bigcap (M, +\infty)$ 上是 ε- 接近于 L 的 (即对于一切 $x \in X$, 当 $x > M$ 时 $|f(x) - L| \leqslant \varepsilon$).

类似地, 我们说**当 $x \to -\infty$ 时 $f(x)$ 收敛到 L**, 当且仅当对于每个 $\varepsilon > 0$, 都存在 M 使得 f 在 $X \bigcap (-\infty, M)$ 上是 ε- 接近于 L 的.

例 9.10.4 设 $f:(0,\infty)\to\mathbb{R}$ 是函数 $f(x):=\frac{1}{x}$. 那么

$$\lim_{x\to+\infty;x\in(0,\infty)}\frac{1}{x}=0.$$

(你能根据定义说出理由吗?)

关于这些在无限处的极限, 可以做很多与我们关于在其他点 x_0 处的极限所做的一样的事情, 例如, 一切极限算律保持成立. 然而由于在本书中不常使用这些极限, 我们将不太注意这些事情. 但要注意, 这个定义与序列的极限 $\lim\limits_{n\to\infty}a_n$ 的定义是相容的 (习题 9.10.1).

习 题 9.10

9.10.1 设 $(a_n)_{n=0}^{\infty}$ 是实数序列, 那么 a_n 也可以看作是从 $\mathbb{N}$ 到 $\mathbb{R}$ 的函数, 它把每个自然数 n 映射到一个实数 a_n. 证明

$$\lim_{n\to\infty;n\in\mathbb{N}}a_n=\lim_{n\to\infty}a_n,$$

其中左边的极限是用定义 9.10.3 确定的, 而右边的极限是用定义 6.1.8 确定的. 更准确地说, 证明: 如果上述两极限中有一个存在, 那么另一个也存在并且它们有相同的值. 于是这里的两个极限是一致的.

第 10 章　函数的微分

§10.1　基 本 定 义

现在我们可以开始认真地对于微积分作严格的处理, 我们从 **导数** (derivative) 的概念开始. 现在可以 **分析地** 定义导数, 这里使用极限; 与导数的几何定义相比较, 那里使用的是切线.

分析地处理问题的优点在于 (a) 我们不需要知道几何的公理, (b) 这些定义可以经修改而用于处理多变量函数, 或者用于处理向量值函数以取代标量值函数. 还有, 一旦处理高于三维的情形时, 几何直观就变得难于依赖, (反过来, 人们可以使用自己的分析的严格性的经验, 把自己的几何直观推广到这样的抽象背景中去; 如早先提到的, 两种观点互补而不是互相排斥.)

定义 10.1.1(在一点处的可微性)　设 X 是 $\mathbb{R}$ 的子集合, 并设 $x_0 \in X$ 是 X 的一个元素并且也是 X 的极限点. 设 $f: X \to \mathbb{R}$ 是函数. 如果极限

$$\lim_{x\to x_0; x\in X\setminus\{x_0\}} \frac{f(x)-f(x_0)}{x-x_0}$$

收敛到某实数 L, 那么我们说 **f 在 x_0 处在 X 上可微**, 具有**导数 L**, 并记 $f'(x_0) := L$. 如果极限不存在, 或者 x_0 不是 X 的元素, 或者 x_0 不是 X 的极限点, 那么 $f'(x_0)$ 无定义, 并且我们说 **f 在 x_0 处在 X 上不可微**.

注 10.1.2　注意, 我们需要 x_0 是极限点, 以使 x_0 是 $X \setminus \{x_0\}$ 的附着点, 否则极限

$$\lim_{x\to x_0; x\in X\setminus\{x_0\}} \frac{f(x)-f(x_0)}{x-x_0}$$

将自动地无定义. 当然, 我们不定义函数在孤立点处的导数. 作为例子, 如果把 $f(x) := x^2$ 定义的函数 $f: \mathbb{R} \to \mathbb{R}$ 限制在定义域 $X := [1,2] \bigcup \{3\}$ 上, 那么函数的这个限制在 3 处不再是可微的. (参看习题 10.1.1.) 但在实践中, 定义域 X 几乎总是区间, 那么根据引理 9.1.21, X 的一切元素都自动地是它的极限点, 所以我们不必太注意这类事项.

例 10.1.3　设 $f: \mathbb{R} \to \mathbb{R}$ 是函数 $f(x) := x^2$, 并设 x_0 是任意的实数. 为了看看 f 是否在 x_0 处在 $\mathbb{R}$ 上可微, 我们来计算极限

$$\lim_{x\to x_0; x\in \mathbb{R}\setminus\{x_0\}} \frac{f(x)-f(x_0)}{x-x_0} = \lim_{x\to x_0; x\in \mathbb{R}\setminus\{x_0\}} \frac{x^2-x_0^2}{x-x_0}.$$

可以把分子分解因式为 $x^2 - x_0^2 = (x - x_0)(x + x_0)$. 由于 $x \in \mathbb{R} \setminus \{x_0\}$, 我们可以合理地消去因子 $x - x_0$ 并把上述极限写成

$$\lim_{x \to x_0; x \in \mathbb{R} \setminus \{x_0\}} (x + x_0).$$

根据极限算律, 此极限等于 $2x_0$. 于是函数 f 在 x_0 处可微并且它的导数是 $2x_0$.

注 10.1.4 下面的事是平庸的, 但值得一提: 如果 $f: X \to \mathbb{R}$ 在 x_0 处可微而 $g: X \to \mathbb{R}$ 等于 f (即对于一切 $x \in X, g(x) = f(x)$), 那么 g 也在 x_0 处可微并且 $g'(x_0) = f'(x_0)$(为什么?). 但是, 如果两个函数 f 和 g 只是在 x_0 处有同一个**值**, 即 $g(x_0) = f(x_0)$, 那么这并不蕴含 $g'(x_0) = f'(x_0)$. (你能举个反例吗?) 于是, 两个函数在它的整个定义域上相等, 与它们只在一点处相等, 这两者之间有巨大的差别.

注 10.1.5 人们有时写 $\frac{\mathrm{d}f}{\mathrm{d}x}$ 来代替 f'. 这个记号当然是很熟悉也很方便的. 但是应该加点儿小心, 因为这个记号只在 x 是仅有的用来表示 f 的输入时才是安全的, 否则会引起各种麻烦. 例如, 由 $f(x) := x^2$ 定义的函数 $f: \mathbb{R} \to \mathbb{R}$ 有导数 $\frac{\mathrm{d}f}{\mathrm{d}x} = 2x$, 但是, 由 $g(y) := y^2$ 定义的函数 $g: \mathbb{R} \to \mathbb{R}$ 好像有导数 $\frac{\mathrm{d}g}{\mathrm{d}x} = 0$, 如果 y 和 x 是独立的变量的话, 尽管事实上 g 和 f 完全就是同一个函数. 由于这种混淆的可能性, 我们在可能引起混淆时将避免使用这个记号. (在多变量的微积分中, 这种混淆变得更糟, 标准的记号 $\frac{\partial f}{\partial x}$ 可能导致某些严重的歧义. 有多种办法克服这些歧义, 最值得注意的办法是引入沿向量域的微分的概念, 但这超出了本书的范围.)

例 10.1.6 设 $f: \mathbb{R} \to \mathbb{R}$ 是函数 $f(x) := |x|$, 并设 $x_0 = 0$. 为看 f 是否在 0 处在 $\mathbb{R}$ 上可微, 我们来计算极限

$$\lim_{x \to 0; x \in \mathbb{R} \setminus \{0\}} \frac{f(x) - f(0)}{x - 0} = \lim_{x \to 0; x \in \mathbb{R} \setminus \{0\}} \frac{|x|}{x}.$$

现在来取左极限和右极限. 右极限是

$$\lim_{x \to 0; x \in (0, \infty)} \frac{|x|}{x} = \lim_{x \to 0; x \in (0, \infty)} \frac{x}{x} = \lim_{x \to 0; x \in (0, \infty)} 1 = 1,$$

同时左极限是

$$\lim_{x \to 0; x \in (-\infty, 0)} \frac{|x|}{x} = \lim_{x \to 0; x \in (-\infty, 0)} \frac{-x}{x} = \lim_{x \to 0; x \in (-\infty, 0)} -1 = -1,$$

这两个极限不相等. 于是 $\lim_{x \to 0; x \in \mathbb{R} \setminus \{0\}} \frac{|x|}{x}$ 不存在, 从而 f 在 0 处在 $\mathbb{R}$ 上不可微. 但是如果把 f 限制在 $[0, \infty)$ 上, 那么被限制的函数 $f|_{[0, \infty)}$ 是在 0 处在 $[0, \infty)$ 上可微的, 导数为 1:

$$\lim_{x \to 0; x \in [0, \infty) \setminus \{0\}} \frac{f(x) - f(0)}{x - 0} = \lim_{x \to 0; x \in (0, \infty)} \frac{|x|}{x} = 1,$$

类似地, 当把 f 限制在 $(-\infty,0]$ 上时, 被限制的函数 $f|_{(-\infty,0]}$ 在 0 处在 $(-\infty,0]$ 上可微, 导数为 -1. 于是, 即使函数不是可微的, 有时也可以通过限制函数的定义域而重新取得可微性.

如果函数在 x_0 处可微, 那么它在 x_0 附近近似是线性的:

命题 10.1.7(Newton 逼近) 设 X 是 $\mathbb{R}$ 的子集合, x_0 是 X 的极限点. 设 $f:X\to\mathbb{R}$ 是函数, 并设 L 是实数. 那么下述命题在逻辑上等价:

(a) f 在 x_0 处在 X 上可微, 导数为 L.

(b) 对于每个 $\varepsilon>0$, 都存在 $\delta>0$, 使得只要 $x\in X$ 是 δ- 接近于 x_0 的, $f(x)$ 就是 $\varepsilon|x-x_0|$- 接近于 $f(x_0)+L(x-x_0)$ 的. 也就是说, 只要 $x\in X$ 并且 $|x-x_0|\leqslant\delta$, 就有

$$|f(x)-(f(x_0)+L(x-x_0))|\leqslant\varepsilon|x-x_0|.$$

注 10.1.8 Newton 逼近当然是以伟大的科学家和数学家 Isaac Newton(1642—1727) 的名字命名的, Newton 是微积分学的奠基者之一.

证明 见习题 10.1.2. ■

注 10.1.9 我们可以把命题 10.1.7 表述成更不正式的形式: 如果 f 在 x_0 处可微, 那么就有近似式:

$$f(x)\approx f(x_0)+f'(x_0)(x-x_0),$$

反之亦真.

正如由 $f(x):=|x|$ 定义的函数 $f:\mathbb{R}\to\mathbb{R}$ 的例子所表明的, 一个函数可以在一点处连续而在该点处不是可微的. 但反过来总是对的:

命题 10.1.10(可微性蕴含连续性) 设 X 是 $\mathbb{R}$ 的子集合, x_0 是 X 的极限点, 并设 $f:X\to\mathbb{R}$ 是函数. 如果 f 在 x_0 处可微, 那么 f 在 x_0 处也连续.

证明 见习题 10.1.3. ■

定义 10.1.11(在一个区域上的可微性) 设 X 是 $\mathbb{R}$ 的子集合, 并设 $f:X\to\mathbb{R}$ 是函数. 我们说 f 在 X 上可微, 如果对于每个 $x_0\in X$, f 都在 x_0 处在 X 上可微.

从命题 10.1.10 和上述定义我们有一个直接的推论:

推论 10.1.12 设 X 是 $\mathbb{R}$ 的子集合, 并设 $f:X\to\mathbb{R}$ 是在 X 上可微的函数. 那么 f 也是在 X 上连续的.

现在我们来叙述你很熟悉的导数的基本性质.

定理 10.1.13(微分算法) 设 X 是 $\mathbb{R}$ 的子集合, x_0 是 X 的极限点, 并设 $f:X\to\mathbb{R}$, $g:X\to\mathbb{R}$ 是函数.

(a) 如果 f 是常值函数, 也就是说, 存在实数 c, 使得对于一切 $x\in X$, $f(x)=c$, 那么 f 在 x_0 处可微且 $f'(x_0)=0$.

(b) 如果 f 是恒等函数, 也就是说, 对于一切 $x \in X$, $f(x)=x$, 那么 f 在 x_0 处可微且 $f'(x_0)=1$.

(c) (和法则) 如果 f 和 g 都在 x_0 处可微, 那么 $f+g$ 也在 x_0 处可微, 并且

$$(f+g)'(x_0)=f'(x_0)+g'(x_0).$$

(d) (积法则) 如果 f 和 g 都在 x_0 处可微, 那么 fg 也在 x_0 处可微, 并且

$$(fg)'(x_0)=f'(x_0)g(x_0)+f(x_0)g'(x_0).$$

(e) 如果 f 在 x_0 处可微, 并且 c 是实数, 那么 cf 也在 x_0 处可微, 并且

$$(cf)'(x_0)=cf'(x_0).$$

(f) (差法则) 如果 f 和 g 都在 x_0 处可微, 那么 $f-g$ 也在 x_0 处可微, 并且

$$(f-g)'(x_0)=f'(x_0)-g'(x_0).$$

(g) 如果 g 在 x_0 处可微, 并且 g 在 X 上不取零值 (即对于一切 $x \in X, g(x) \neq 0$), 那么 $\frac{1}{g}$ 也在 x_0 处可微, 并且

$$\left(\frac{1}{g}\right)'(x_0)=-\frac{g'(x_0)}{g^2(x_0)}, (g^2(x_0)=(g(x_0))^2).$$

(h) (商法则) 如果 f 和 g 都在 x_0 处可微并且 g 在 X 上不取零值, 那么 $\frac{f}{g}$ 也在 x_0 处可微, 并且

$$\left(\frac{f}{g}\right)'(x_0)=\frac{f'(x_0)g(x_0)-f(x_0)g'(x_0)}{g^2(x_0)}.$$

注 10.1.14 积法则也叫作 Leibnitz 法则, 以 Gottfried Leibnitz(1646—1716) 的名字命名. Leibnitz 是 Newton 之外的微积分学的另一个奠基者.

证明 见习题 10.1.4. ■

众所周知, 上述法则使人们可以容易地算出很多导数.

例如, 如果 $f:\mathbb{R}\setminus\{1\}\to\mathbb{R}$ 是函数 $f(x):=\frac{x-2}{x-1}$, 那么容易用上述法则证明, 对于一切 $x_0\in\mathbb{R}\setminus\{1\}$

$$f'(x_0)=\frac{1}{(x_0-1)^2}.$$

(为什么? 注意每点 $x_0\in\mathbb{R}\setminus\{1\}$ 都是 $\mathbb{R}\setminus\{1\}$ 的极限点.)

可微函数的另一个基本性质是下述

定理 10.1.15(链法则) 设 X, Y 是 $\mathbb{R}$ 的子集合, $x_0 \in X$ 是 X 的极限点, 并设 $y_0 \in Y$ 是 Y 的极限点. 设 $f: X \to Y$ 是函数, 使得 $f(x_0) = y_0$ 并且 f 在 x_0 处可微. 假设 $g: Y \to \mathbb{R}$ 是在 y_0 处可微的函数. 那么函数 $g \circ f: X \to \mathbb{R}$ 在 x_0 处可微, 并且

$$(g \circ f)'(x_0) = g'(y_0) f'(x_0).$$

证明 见习题 10.1.7. ■

例 10.1.16 如果 $f: \mathbb{R} \setminus \{1\} \to \mathbb{R}$ 是函数 $f(x) := \frac{x-2}{x-1}$ 并且 $g: \mathbb{R} \to \mathbb{R}$ 是函数 $g(y) := y^2$, 那么 $g \circ f(x) = \left(\frac{x-2}{x-1}\right)^2$, 而且链法则给出

$$(g \circ f)'(x_0) = 2\left(\frac{x_0 - 2}{x_0 - 1}\right) \frac{1}{(x_0 - 1)^2}.$$

注 10.1.17 如果把 $f(x)$ 写成 y, 把 $g(y)$ 写成 z, 那么链法则可写成更具有视觉吸引力的形状: $\frac{\mathrm{d}z}{\mathrm{d}x} = \frac{\mathrm{d}z}{\mathrm{d}y}\frac{\mathrm{d}y}{\mathrm{d}x}$. 但是这个记号可能使人误入歧途 (例如把非独立变量与独立变量的区别搞模糊了, 特别是对于 y), 并引导人们相信 $\mathrm{d}z, \mathrm{d}y, \mathrm{d}x$ 可以像实数那样进行演算 (事实上, 我们根本不曾给它们指定任何含义), 而且这样处理它们可能导致进一步的问题. 例如, 如果 f 依赖于 x_1 和 x_2, 它们都依赖于 t, 那么多变量的链法则断言 $\frac{\mathrm{d}f}{\mathrm{d}t} = \frac{\partial f}{\partial x_1}\frac{\mathrm{d}x_1}{\mathrm{d}t} + \frac{\partial f}{\partial x_2}\frac{\mathrm{d}x_2}{\mathrm{d}t}$, 但如果把 $\mathrm{d}f$ 和 $\mathrm{d}t$ 等当实数来处理, 这个法则就会让人起疑. 可以把 $\mathrm{d}y$ 和 $\mathrm{d}x$ 等想象成 "无限小实数", 如果你知道你在做什么的话. 但对于那些刚在分析学中起步的人来说, 我不愿推荐这种途径, 特别是如果希望严格地工作的话.(有一种方法可把这一切做得严格, 甚至对于多变量微积分也是如此, 但它需要切向量及导出映射的概念, 这两者都超出了本书的范围.)

习 题 10.1

10.1.1 设 X 是 $\mathbb{R}$ 的子集合, x_0 是 X 的极限点, 而 $f: X \to \mathbb{R}$ 是在 x_0 处可微的函数. 设 $Y \subset X$ 并且 x_0 仍是 Y 的极限点. 证明被限制的函数 $f|_Y: Y \to \mathbb{R}$ 也在 x_0 处可微而且在 x_0 具有与 f 一样的导数. 解释为何此事与在注 10.1.2 中的讨论并不矛盾.

10.1.2 证明命题 10.1.7. (提示: $x = x_0$ 的情形及 $x \neq x_0$ 的情形必须分开来处理.)

10.1.3 证明命题 10.1.10. (提示: 或者使用极限算律 (命题 9.3.14), 或者使用命题 10.1.7.)

10.1.4 证明定理 10.1.13. (提示: 使用命题 9.3.14 中的极限算律. 用此定理前面的部分去证后面的部分. 对于积法则, 使用恒等式

$$\begin{aligned} f(x)g(x) - f(x_0)g(x_0) &= f(x)g(x) - f(x)g(x_0) + f(x)g(x_0) - f(x_0)g(x_0) \\ &= f(x)(g(x) - g(x_0)) + (f(x) - f(x_0))g(x_0); \end{aligned}$$

这个减去再加上一个中间项的把戏有时叫作 "中间人把戏 (middle-man)", 在分析学中是特别有用的.)

10.1.5 设 n 是自然数, 并设 $f:\mathbb{R}\to\mathbb{R}$ 是函数 $f(x):=x^n$. 证明 f 在 $\mathbb{R}$ 上可微并且对于一切 $x\in\mathbb{R}$, $f'(x)=nx^{n-1}$. (提示: 用定理 10.1.13 及归纳法.)

10.1.6 设 n 是负整数, 并设 $f:\mathbb{R}\setminus\{0\}\to\mathbb{R}$ 是函数 $f(x):=x^n$. 证明 f 在 $\mathbb{R}\setminus\{0\}$ 上可微并且对于一切 $x\in\mathbb{R}\setminus\{0\}$, $f'(x)=nx^{n-1}$. (提示: 用定理 10.1.13 及习题 10.1.5.)

10.1.7 证明定理 10.1.15. (提示: 一个方法是用 Newton 逼近和命题 10.1.7. 另一个方法是使用命题 9.3.9 和命题 10.1.10 把这个问题转化成关于序列的极限的问题. 但使用后一方法时, 应单独处理 $f'(x_0)=0$ 的情形, 因为某些"以零相除"的微妙之物可能在这种情形出现.)

§10.2 局部最大、局部最小以及导数

你已在基础微积分的课程中学到, 导数的一个很常见的应用是确定最大值和最小值的位置. 我们现再次讨论这个问题, 然而这次是以严格的方式进行讨论.

一个函数 $f:X\to\mathbb{R}$ 在一点 $x_0\in X$ 处达到最大值或最小值的概念已在定义 9.6.5 中给出. 我们现在把这个概念局部化:

定义 10.2.1(局部最大值和局部最小值) 设 $f:X\to\mathbb{R}$ 是函数, 并设 $x\in X$. 说 f 在 x_0 处达到**局部最大值**, 当且仅当存在 $\delta>0$ 使得 f 在 $X\bigcap(x_0-\delta,x_0+\delta)$ 上的限制 $f|_{X\bigcap(x_0-\delta,x_0+\delta)}$ 在 x_0 处达到最大值. 说 f 在 x_0 处达到**局部最小值**, 当且仅当存在 $\delta>0$ 使得 f 在 $X\bigcap(x_0-\delta,x_0+\delta)$ 上的限制 $f|_{X\bigcap(x_0-\delta,x_0+\delta)}$ 在 x_0 处达到最小值.

注 10.2.2 如果 f 在 x_0 处达到最大值, 我们有时就说 f 在 x_0 处达到整体 (global) 最大值, 以区别于这里定义的局部 (local) 最大值. 注意, 如果 f 在 x_0 处达到整体最大值, 那么它肯定也在 x_0 达到局部最大值. 对于最小值情况完全类似.

例 10.2.3 设 $f:\mathbb{R}\to\mathbb{R}$ 代表函数 $f(x):=x^2-x^4$. 这个函数在 0 处不达到整体最小值, 因为, 作为例子, $f(2)=-12<0=f(0)$; 但是它达到局部最小值, 因为只要取 $\delta:=1$ 并把 f 限制在区间 $(-1,1)$ 上, 那么对于一切 $x\in(-1,1)$, 有 $x^4\leqslant x^2$, 从而 $f(x)=x^2-x^4\geqslant 0=f(0)$. 于是 f 在 0 处有局部最小值.

例 10.2.4 设 $f:\mathbb{Z}\to\mathbb{R}$ 是函数 $f(x):=x$, 它仅在整数集上定义. 那么 f 既没有整体最大值也没有整体最小值 (为什么?), 但是在每个整数 n 处都达到局部最大值和局部最小值 (为什么?).

注 10.2.5 如果 $f:X\to\mathbb{R}$ 在点 $x_0\in X$ 达到局部最大值, 而 $Y\subset X$ 并且 $x_0\in Y$, 那么 f 在 Y 上的限制 $f|_Y:Y\to\mathbb{R}$ 也在 x_0 处达到局部最大值 (为什么?). 对于最小值情形也一样.

局部最大值、局部最小值与导数之间的联系如下.

命题 10.2.6(局部极值是稳定的) 设 $a<b$ 是实数, 并设 $f:(a,b)\to\mathbb{R}$ 是函

数. 如果 $x_0 \in (a,b)$, f 在 x_0 处可微, 并且 f 在 x_0 处达到局部最大值或局部最小值, 那么 $f'(x_0)=0$.

证明 见习题 10.2.1. ■

注意, 为使这个命题成立, f 必须是可微的; 见习题 10.2.2. 同时, 如果用闭区间 $[a,b]$ 来代替开区间 (a,b), 这个命题也不成立. 例如由 $f(x):=x$ 定义的函数 $f:[1,2]\to\mathbb{R}$ 在 $x_0=2$ 有局部最大值而在 $x_0=1$ 有局部最小值 (事实上, 这些局部极值都是整体极值), 但在这两点导数都是 $f'(x_0)=1$ 而不是 $f'(x_0)=0$. 于是在区间的端点处, 即使导数不是零, 也可以取到局部最大值或局部最小值. 最后, 这个命题的逆命题不成立 (习题 10.2.3).

把命题 10.2.6 与最大值原理结合起来, 可以得到

定理 10.2.7(Rolle 定理) 设 $a<b$ 是实数, 并设 $g:[a,b]\to\mathbb{R}$ 是连续函数, 它还在 (a,b) 上可微. 如果 $g(a)=g(b)$, 那么存在 $x\in(a,b)$ 使 $f'(x)=0$.

证明 见习题 10.2.4. ■

注 10.2.8 注意我们只假定 f 在开区间 (a,b) 上可微. 如果假定 f 在闭区间 $[a,b]$ 上可微的话, 定理当然也成立, 因为 $[a,b]$ 比 (a,b) 大.

Rolle 定理有一个重要推论.

推论 10.2.9(平均值定理) 设 $a<b$ 是实数, 并设 $f:[a,b]\to\mathbb{R}$ 是在 $[a,b]$ 上连续且在 (a,b) 上可微的函数. 那么存在 $x\in(a,b)$ 使得

$$f'(x)=\frac{f(b)-f(a)}{b-a}.$$

证明 见习题 10.2.5. ■

习 题 10.2

10.2.1 证明命题 10.2.6.

10.2.2 举例说明存在函数 $f:(-1,1)\to\mathbb{R}$, 它是连续的, 并且在 0 处达到整体最大值, 但它在 0 处不可微. 解释为何此事并不与命题 10.2.6 相矛盾.

10.2.3 构造一个可微函数 $f:(-1,1)\to\mathbb{R}$, 它在 0 处的导数等于 0, 但它在 0 处既不达到局部最小值, 也不达到局部最大值. 解释为何此事并不与命题 10.2.6 相矛盾.

10.2.4 证明定理 10.2.7. (提示: 用推论 10.1.12 及最大值原理, 命题 9.6.7, 接着用命题 10.2.6. 注意最大值原理并不告诉你最大值或最小值是在开区间 (a,b) 内达到还是在边界点 a,b 处达到, 所以你必须分情形讨论, 并想法使用 $g(a)=g(b)$ 的假定.)

10.2.5 用定理 10.2.7 证明推论 10.2.9. (提示: 对于某个认真选定的实数 c, 考虑形如 $f(x)-cx$ 的函数.)

10.2.6　设 $M>0$, 并设 $f:[a,b]\to\mathbb{R}$ 是在 $[a,b]$ 上连续在 (a,b) 上可微的函数, 并设对于一切 $x\in(a,b)$, $|f'(x)|\leqslant M$(即 f 的导函数在 (a,b) 上有界). 证明对于任意的 $x,y\in[a,b]$, 有

$$|f(x)-f(y)|\leqslant M|x-y|.$$

(提示: 应用平均值定理 (推论 10.2.9) 于 f 的适当的限制.) 满足条件

$$|f(x)-f(y)|\leqslant M|x-y|$$

的函数叫作**Lipschitz 连续函数**, 其中 M 叫作 Lipschitz 常数. 此习题表明, 具有有界导数的函数是 Lipschitz 连续的.

10.2.7　设 $f:\mathbb{R}\to\mathbb{R}$ 是可微函数, 并且 f' 是有界的. 证明 f 是一致连续的. (提示: 使用习题 10.2.6.)

§10.3　单调函数及其导数

在你的初等微积分课程中, 你可能已经接受了这样的判断: 正导数意味着增函数而负导数意味着减函数. 这个命题并不完全准确, 但相当接近. 我们现在给出此命题的准确表述如下.

命题 10.3.1　*设 X 是 $\mathbb{R}$ 的子集合, x_0 是 X 的极限点, 并设 $f:X\to\mathbb{R}$ 是函数. 如果 f 是单调增的并且 f 在 x_0 处可微, 那么 $f'(x_0)\geqslant 0$. 如果 f 是单调减的并且 f 在 x_0 处可微, 那么 $f'(x_0)\leqslant 0$.*

证明　见习题 10.3.1. ■

注 10.3.2　我们必须假定 f 在 x_0 处可微. 存在并不总是可微的单调函数 (见习题 10.3.2). 当然, 如果 f 在 x_0 处不可微, 那我们就没法说 $f'(x_0)\geqslant 0$ 或 $f'(x_0)\leqslant 0$ 了.

或许有人会天真地猜想, 如果 f 是严格单调增的, 并且 f 在 x_0 处可微, 那么导数 $f'(x_0)$ 就该是严格正的而不只是非负的. 可惜事情并不总是这样 (习题 10.3.3).

另一方面, 我们的确有一个反方向的结果: 如果函数 f 具有严格正的导函数, 那么它必定是严格单调增的:

命题 10.3.3　*设 $a<b$, 并设 $f:[a,b]\to\mathbb{R}$ 是可微函数. 如果对于一切 $x\in[a,b]$, $f'(x)>0$, 那么 f 是严格单调增的; 如果对于一切 $x\in[a,b]$, $f'(x)<0$, 那么 f 是严格单调减的; 如果对于一切 $x\in[a,b]$, $f'(x)=0$, 那么 f 是常值函数.*

证明　见习题 10.3.4. ■

习　题　10.3

10.3.1　证明命题 10.3.1.

10.3.2 构作一个函数 $f:(-1,1)\to\mathbb{R}$, 使它是连续的并且是单调增的, 但是它在 0 处不可微. 解释为何这与命题 10.3.1 不矛盾.

10.3.3 构作一个函数 $f:\mathbb{R}\to\mathbb{R}$, 使它严格单调增并且可微, 但它在 0 处的导数是零. 解释为何这与命题 10.3.1 或命题 10.3.3 并不矛盾. (提示: 参看习题 10.2.3.)

10.3.4 证明命题 10.3.3. (提示: 你还没有积分及微积分基本定理, 所以不能使用这些工具. 但可以用平均值定理, 即推论 10.2.9.)

10.3.5 构作一个子集 $X\subset\mathbb{R}$ 和一个函数 $f:X\to\mathbb{R}$, 使 f 在 X 上可微, 并且对于一切 $x\in X, f'(x)>0$, 但是 f 不是严格单调增的. (提示: 这里的条件与命题 10.3.3 的条件有微妙的区别. 这区别是什么? 你怎样利用这种区别来获得这个例子?)

§10.4 反函数及其导数

现在我们问下面的问题: 如果知道函数 $f:X\to Y$ 是可微的, 并且它有反函数 $f^{-1}:Y\to X$, 那么我们对于 f^{-1} 的可微性能说些什么? 这在很多应用场合都是有用的, 例如在我们想求 $f(x):=x^{\frac{1}{n}}$ 的导数时就是这样.

我们从一个预备性的结果开始.

引理 10.4.1 设 $f:X\to Y$ 是可逆函数, 反函数为 $f^{-1}:Y\to X$. 设 $x_0\in X, y_0\in Y$, 并且 $y_0=f(x_0)$(它蕴含 $x_0=f^{-1}(y_0)$). 如果 f 在 x_0 处可微并且 f^{-1} 在 y_0 处可微, 那么

$$(f^{-1})'(y_0)=\frac{1}{f'(x_0)}.$$

证明 从链法则 (定理 10.1.5) 得

$$(f^{-1}\circ f)'(x_0)=(f^{-1})'(y_0)f'(x_0).$$

但 $f^{-1}\circ f$ 是 X 上的恒等函数, 从而根据定理 10.1.13(b)

$$(f^{-1}\circ f)'(x_0)=1.$$

由此得所要的结论. ■

作为引理 10.4.1 的一个特别的推论, 我们看到, 如果 f 在 x_0 处可微并且 $f'(x_0)=0$, 那么 f^{-1} 不可能在 $y_0=f(x_0)$ 处可微, 因为在那种情形下 $\frac{1}{f'(x_0)}$ 无定义. 于是, 作为例子, 由 $g(y):=y^{\frac{1}{3}}$ 定义的函数 $g:[0,\infty)\to[0,\infty)$ 不能在 0 处可微, 因为 g 是由 $f(x):=x^3$ 定义的 $f:[0,\infty)\to[0,\infty)$ 的反函数, 而 f 在 0 处有导数 $f'(0)=0$.

如果写 $y=f(x)$ 使得 $x=f^{-1}(y)$, 那么可以把引理 10.4.1 的结论写成更诱人的形式

$$\frac{\mathrm{d}x}{\mathrm{d}y}=\frac{1}{\frac{\mathrm{d}y}{\mathrm{d}x}}.$$

但是, 正如前面提到的, 这种书写方式, 除了很方便且容易记忆, 也可能把人诱入歧途, 引起错误, 如果使用不当的话 (特别是当人们开始学习多变量微积分时).

引理 10.4.1 好像回答了如何微分一个函数的反函数的问题, 但是它回避了一个重要的事情: 引理只当事先假定 f^{-1} 可微时才有效力. 如果并不已经知道 f^{-1} 是可微的, 就不可使用引理 10.4.1 来计算 f^{-1} 的导数.

然而, 引理 10.4.1 的下述改进形式将对此事作出补偿, 它把对 f^{-1} 的要求从可微减弱到连续.

定理 10.4.2(反函数定理)　设函数 $f: X \to Y$ 有反函数 $f^{-1}: Y \to X$. 设 $x_0 \in X$, $y_0 \in Y$ 使 $f(x_0) = y_0$. 如果 f 在 x_0 处可微, $f'(x_0) \neq 0$, 并且 f^{-1} 在 y_0 处连续, 那么 f^{-1} 在 y_0 处可微并且

$$(f^{-1})'(y_0) = \frac{1}{f'(x_0)}.$$

证明　我们必须证明

$$\lim_{y \to y_0; y \in Y \setminus \{y_0\}} \frac{f^{-1}(y) - f^{-1}(y_0)}{y - y_0} = \frac{1}{f'(x_0)}.$$

根据命题 9.3.9, 只要证明对于一切 $Y \setminus \{y_0\}$ 中的收敛到 y_0 的序列 $(y_n)_{n=1}^{\infty}$ 都成立

$$\lim_{n \to \infty} \frac{f^{-1}(y_n) - f^{-1}(y_0)}{y_n - y_0} = \frac{1}{f'(x_0)}$$

就够了.

为证此事, 令 $x_n := f^{-1}(y_n)$. 那么 $(x_n)_{n=1}^{\infty}$ 是 $X \setminus \{x_0\}$ 中收敛到 x_0 的序列. (为什么? 注意 f^{-1} 是双射). 根据假设, f^{-1} 是连续的, 我们知道当 $n \to \infty$ 时 $x_n = f^{-1}(y_n)$ 收敛到 $f^{-1}(y_0) = x_0$. 那么, 由于 f 在 x_0 处可微, (再次根据命题 9.3.9) 有

$$\lim_{n \to \infty} \frac{f(x_n) - f(x_0)}{x_n - x_0} = f'(x_0).$$

但由于 $x_n \neq x_0$ 而 f 是双射, 分式 $\frac{f(x_n) - f(x_0)}{x_n - x_0}$ 不等于零. 而且根据假设 $f'(x_0)$ 不是零. 那么根据极限算律

$$\lim_{n \to \infty} \frac{x_n - x_0}{f(x_n) - f(x_0)} = \frac{1}{f'(x_0)},$$

但由于 $x_n = f^{-1}(y_n)$ 以及 $x_0 = f^{-1}(y_0)$, 就得到

$$\lim_{n \to \infty} \frac{f^{-1}(y_n) - f^{-1}(y_0)}{y_n - y_0} = \frac{1}{f'(x_0)},$$

这就是所要的. ■

在下面的习题中, 我们给出反函数定理的一些应用.

习 题 10.4

10.4.1 设 $n \geqslant 1$ 是自然数, 并设 $g:(0,\infty)\to(0,\infty)$ 是函数 $g(x):=x^{\frac{1}{n}}$.

(a) 证明 g 在 $(0,\infty)$ 上连续. (提示: 用命题 9.8.3.)

(b) 证明 g 在 $(0,\infty)$ 上可微, 并且对于一切 $x\in(0,\infty)$, $g'(x)=\frac{1}{n}x^{\frac{1}{n}-1}$. (提示: 用反函数定理以及 (a).)

10.4.2 设 q 是比例数, 并设 $f:(0,\infty)\to\mathbb{R}$ 是函数 $f(x):=x^q$.

(a) 证明 f 在 $(0,\infty)$ 上可微, 并且 $f'(x)=qx^{q-1}$. (提示: 用习题 10.4.1 以及定理 10.1.13 和定理 10.1.15 中的微分算法.)

(b) 证明对于每个比例数 q

$$\lim_{x\to 1;x\in(0,\infty)}\frac{x^q-1}{x-1}=q.$$

(提示: 用 (a) 以及定义 10.1.1. 另一个途径是使用下一节中的 L'Hôpital 法则.)

10.4.3 设 α 是实数, 并设 $f:(0,\infty)\to\mathbb{R}$ 是函数 $f(x):=x^\alpha$.

(a) 证明

$$\lim_{x\to 1;x\in(0,\infty)}\frac{f(x)-f(1)}{x-1}=\alpha.$$

(提示: 用习题 10.4.2 及比较原理. 可能要分别考虑左极限和右极限. 命题 5.4.14 也许有用.)

(b) 证明 f 在 $(0,\infty)$ 上可微并且 $f'(x)=\alpha x^{\alpha-1}$. (提示: 用 (a)、用指数算律 (命题 6.7.3) 以及定义 10.1.1.)

§10.5 L'Hôpital 法则

最后, 我们叙述一个你已经熟悉的法则.

命题 10.5.1(L'Hôpital 法则 I) *设 X 是 $\mathbb{R}$ 的子集合, $f:X\to\mathbb{R}$ 以及 $g:X\to\mathbb{R}$ 是函数, 并且设 x_0 是 X 的极限点. 设 $f(x_0)=g(x_0)=0$, 并设 f 和 g 都在 x_0 处可微, 且 $g'(x_0)\neq 0$. 那么存在 $\delta>0$ 使得对于一切 $x\in\big(X\bigcap(x_0-\delta,x_0+\delta)\big)\setminus\{x_0\}$, $g(x)\neq 0$, 而且*

$$\lim_{x\to x_0;x\in\left(X\bigcap(x_0-\delta,x_0+\delta)\right)\setminus\{x_0\}}\frac{f(x)}{g(x)}=\frac{f'(x_0)}{g'(x_0)}.$$

证明 见习题 10.5.1. ■

这里 δ 的出现好像有点怪, 但这是必须的, 因为 $g(x)$ 可能在某些异于 x_0 的点处消失, 这将导致在 $X\setminus\{x_0\}$ 的这样的点处商 $\frac{f(x)}{g(x)}$ 无定义.

L'Hôpital 法则的一个更为高级的版本是下述

命题 10.5.2(L'Hôpital 法则 II)　设 $a<b$ 是实数, $f:[a,b]\to\mathbb{R}$ 和 $g:[a,b]\to\mathbb{R}$ 都是 $[a,b]$ 上的可微函数. 假设 $f(a)=g(a)=0$, g' 在 $[a,b]$ 不取零值 (即对于一切 $x\in[a,b]$, $g'(x)\neq 0$), 并且

$$\lim_{x\to a;x\in(a,b]}\frac{f'(x)}{g'(x)}=L,$$

那么对于一切 $x\in(a,b], g(x)\neq 0$, 并且

$$\lim_{x\to a;x\in(a,b]}\frac{f(x)}{g(x)}=L.$$

注 10.5.3　这个命题只考虑趋于 a 的右方的极限, 但可以容易地叙述并证明关于趋于 a 的左方的极限或者关于从双方趋于 a 的极限的类似的命题. 非常不正式地说, 命题说的是

$$\lim_{x\to a}\frac{f(x)}{g(x)}=\lim_{x\to a}\frac{f'(x)}{g'(x)},$$

当然必须保证命题的全部条件成立 (特别是 $f(a)=g(a)=0$ 以及右边的极限存在) 才能使用 L'Hôpital 法则.

证明(可选读)　首先证对于一切 $x\in(a,b]$, $g(x)\neq 0$. 设不然, 那么对于某 $x\in(a,b]$, $g(x)=0$. 但由于 $g(a)$ 也是零, 我们可以使用 Rolle 定理得到对于某 $a<y<x$, $g'(y)=0$, 这与 g 在 $(a,b]$ 上不取零值相矛盾.

现在来证

$$\lim_{x\to a;x\in(a,b]}\frac{f(x)}{g(x)}=L.$$

根据命题 9.3.9, 只需证明对于任何取值于 $(a,b]$ 收敛于 x 的序列 $(x_n)_{n=1}^{\infty}$ 有

$$\lim_{n\to\infty}\frac{f(x_n)}{g(x_n)}=L.$$

考虑单个的 x_n, 并考虑由

$$h_n(x):=f(x)g(x_n)-g(x)f(x_n)$$

定义的函数 $h_n:[a,x_n]\to\mathbb{R}$. 注意 h_n 在 $[a,x_n]$ 上连续并且在 a 和 x_n 两点处都等于零, 而且 h_n 是在 (a,x_n) 上可微的, 导数为

$$h_n'(x)=f'(x)g(x_n)-g'(x)f(x_n).$$

(注意, $f(x_n)$ 和 $g(x_n)$ 关于 x 是常数.) 根据 Rolle 定理我们就可找到 $y_n\in(a,x_n)$ 使 $h_n'(y_n)=0$, 这蕴含

$$\frac{f(x_n)}{g(x_n)}=\frac{f'(y_n)}{g'(y_n)}.$$

由于 $y_n \in (a, x_n)$ 对于一切 n 成立, 并且当 $n \to \infty$ 时 x_n 收敛到 a, 从挤压判别法 (推论 6.4.14) 看到, 当 $n \to \infty$ 时 y_n 也收敛到 a, 于是 $\frac{f'(y_n)}{g'(y_n)}$ 收敛到 L, 从而 $\frac{f(x_n)}{g(x_n)}$ 也收敛到 L. ■

习 题 10.5

10.5.1 证明命题 10.5.1. (提示: 为证在 x_0 附近 $g(x) \neq 0$, 你可能愿意使用 Newton 逼近 (命题 10.1.7). 对于命题的其他部分, 使用极限算律, 即命题 9.3.14).

10.5.2 解释为什么习题 1.2.12 与本节的每个命题都不矛盾.

第 11 章　Riemann 积分

在上一章中我们复习了微分学 —— 单变量微积分学的两个支柱之一. 另一个支柱当然就是积分学, 它是本章的核心. 更准确地说, 我们将转向 **定积分**. 与不定积分相对立, 定积分是函数在一个固定的区间上的积分. **不定积分** 也叫作反导数或原函数. 定积分与不定积分当然是由微积分基本定理联系起来的, 关于微积分基本定理, 后面还要做更多的讨论.

对于我们来说, 定积分的学习将从一个区间 I 以及一个函数 $f: I \to \mathbb{R}$ 开始, 区间 I 可以是开的、闭的、半开的, 而结果将是一个数 $\int_I f$. 我们也可以把这个数 (积分) 写成 $\int_I f(x)\mathrm{d}x$(当然我们可以用任何傀儡变量来代替 x), 或是当 I 有端点 a 和 b 时把这个积分写成 $\int_a^b f$ 或 $\int_a^b f(x)\mathrm{d}x$.

实际地 **定义** 这个积分 $\int_I f(x)\mathrm{d}x$ 是有点棘手的 (特别是如果不想假定涉及面积之类的几何概念的任何公理的话), 而且也不是一切函数都是可积的. 定义这个积分至少有两种方式; Riemann 积分 (以 Georg Riemann(1826—1866) 的名字命名) 和 Lebesgue 积分 (以 Henri Lebesgue(1875—1941) 的名字命名). 我们这里要学习的是 Riemann 积分, 它对于大多数应用已经足够了. Lebesgue 积分将在第 19 章建立. 还有 Riemann-Stieltjes 积分 $\int_I f(x)\mathrm{d}\alpha(x)$, 它是 Thomas Stieltjes(1856—1894) 对于 Riemann 积分的推广, 将在 §11.8 中进行讨论.

我们定义 Riemann 积分的策略如下：首先对于一类非常简单的函数 —— 逐段常值函数定义积分的概念. 这些函数是相当原始的, 然而它们的优点是, 对它们进行积分并验证通常的性质都非常容易. 然后我们处理更一般的函数, 用逐段常值函数来近似它们.

§11.1　分　　法

在介绍积分概念之前, 我们必须描述如何把一个大的区间划分成更小的区间. 本章中, 一切区间都是有界区间 (与定义 9.1.1 中定义的更一般的区间相对立).

定义 11.1.1　设 X 是 $\mathbb{R}$ 的子集. 我们说 X 是**连通的**, 当且仅当下述性质成立：只要 x, y 是 X 的元素, 使 $x < y$, 有界区间 $[x, y]$ 就是 X 的子集合 (即介于 x 和 y 之间的每个元素都属于 X).

注 11.1.2　在 §13.4 中我们将定义更一般的连通性的概念, 它适用于任何度量空间.

例 11.1.3 集合 $[1,2]$ 是连通的, 因为当 $x<y$ 都是 $[1,2]$ 中的元素时, 必有 $1\leqslant x<y\leqslant 2$, 于是 x,y 之间的每个元素都在 $[1,2]$ 之中. 类似的论述表明集合 $(1,2)$ 是连通的. 但是集合 $[1,2]\bigcup[3,4]$ 不是连通的 (为什么?). 空集与单点集, 例如 $\{3\}$, 都是连通的, 然而是根据相当平庸的理由 (这些集合不含有两个使 $x<y$ 的元素 x,y).

引理 11.1.4 设 X 是实直线的子集合. 那么下述两命题是逻辑等价的:

(a) X 是有界的并且是连通的.

(b) X 是有界区间.

证明 见习题 11.1.1. ■

注 11.1.5 我们记得, 区间可以是单点集 (例如退化的区间 $[2,2]=\{2\}$), 甚至可以是空集.

推论 11.1.6 如果 I 和 J 是有界区间, 那么交集 $I\bigcap J$ 也是有界区间.

证明 见习题 11.1.2. ■

例 11.1.7 有界区间 $[2,4]$ 和 $[4,6]$ 的交是 $\{4\}$, 它也是有界区间.$(2,4)$ 和 $(4,6)$ 的交集是 $\varnothing$.

我们现在给每个区间一个长度.

定义 11.1.8(区间的长度) 设 I 是有界区间, 我们如下定义 I 的**长度**, 记作 $|I|$. 如果对于某两个实数 $a<b$, I 是区间 $[a,b]$, (a,b), $[a,b)$ 或 $(a,b]$ 之一, 那么我们定义 $|I|:=b-a$. 否则, 如果 I 是单点集或空集, 那么我们定义 $|I|=0$.

例 11.1.9 作为例子, $[3,5]$ 的长度是 2, 与 $(3,5)$ 的长度一样; 同时单点集 $\{5\}$ 或空集的长度是 0.

定义 11.1.10(分法) 设 I 是有界区间.I 的一个**分法**(partition) 是包含在 I 中的有限个区间的集合 $\mathbb{P}$, 使得 I 的每个元 x 都恰属于 $\mathbb{P}$ 中的一个有界区间 J.

注 11.1.11 注意, 一个分法是有限个区间的集合, 同时每个区间本身是实数的一个集合 (或空集). 那么一个分法是一个由其他的集合组成的集合.

例 11.1.12 有界区间的集合 $\mathbb{P}=\{\{1\},(1,3),[3,5),\{5\},(5,8],\varnothing\}$ 是 $[1,8]$ 的一个分法, 因为 $\mathbb{P}$ 中的一切区间都含在 $[1,8]$ 中, 并且 $[1,8]$ 的每个元素都恰属于 $\mathbb{P}$ 中的一个区间. 注意, 可以把空集从 $\mathbb{P}$ 中去掉而仍得到一个分法. 然而 $\{[1,4],[3,5]\}$ 不是 $[1,5]$ 的分法, 因为 $[1,5]$ 中的某些元素被含在此集合的多于一个的区间中. 集合 $\{(1,3),(3,5)\}$ 不是 $(1,5)$ 的分法, 因为 $(1,5)$ 的某些点不含在这个集合的任何区间中. 集合 $\{(0,3),[3,5)\}$ 不是 $(1,5)$ 的分法, 因为这个集合中的某个区间不含在 $(1,5)$ 中.

现在我们来谈谈长度的基本性质.

定理 11.1.13(长度是有限可加的) 设 I 是有界区间, n 是自然数, 并设 $\mathbb{P}$ 是

I 的分法, $\mathbb{P}$ 的基数为 n. 那么

$$|I| = \sum_{J \in \mathbb{P}} |J|.$$

证明 我们通过对 n 进行归纳来证明此事, 更准确地说, 设 $P(n)$ 是性质: 只要 I 是有界区间, $\mathbb{P}$ 是 I 的分法, $\mathbb{P}$ 的基数为 n, 就有 $|I| = \sum_{J \in \mathbb{P}} |J|$.

基础情形 $P(0)$ 是平凡的; I 可以被一个空的分法来划分的唯一可能是 I 自己是空的 (为什么?), 在这种情形下结论显然成立.

$P(1)$ 的情形也是非常容易的; 此时分法 $\mathbb{P} = \{I\}$(为什么?), 那么结论显然成立.

归纳地假定 $P(n)$ 对于某 $n \geqslant 1$ 成立. 我们要证明 $P(n+1)$ 成立. 设 I 是有界区间, 并设 $\mathbb{P}$ 是 I 的分法, $\mathbb{P}$ 的基数是 $n+1$.

如果 I 是空集或单点集, 那么 $\mathbb{P}$ 中的一切区间都必定或为空集或为单点集 (为什么?), 从而每个区间的长度都是零, 那么结论是平凡的. 于是我们将假设 I 是一个形如 (a,b), $[a,b)$, $(a,b]$, $[a,b]$ 的区间 $(a < b)$.

我们先假设 $b \in I$, 也就是说 I 或为 $(a,b]$ 或为 $[a,b]$. 由于 $b \in I$, 我们知道 $\mathbb{P}$ 中的一个区间 K 含有 b. 由于 K 含在 I 中, 它必定形如 $(c,b]$, $[c,b]$ 或 $\{b\}$, 其中 $a \leqslant c \leqslant b$(在最后的一种 $K = \{b\}$ 的情形, 我们令 $c := b$). 于是, 集合 $I \setminus K$ 当 $c > a$ 时仍然是形如 $[a,c]$, (a,c), $[a,c)$, $(a,c]$ 的区间, 而当 $c = a$ 时是单点集或空集. 不管怎样, 我们容易看到

$$|I| = |K| + |I \setminus K|.$$

另一方面, 由于 $\mathbb{P}$ 构成 I 的分法, 我们看到 $\mathbb{P} \setminus \{K\}$ 构成 $I \setminus K$ 的分法 (为什么?). 根据归纳假设有

$$|I \setminus K| = \sum_{J \in \mathbb{P} \setminus \{K\}} |J|.$$

把这两个等式合起来 (并使用对于有限集的加法算律, 见命题 7.1.11), 就得到所要的

$$|I| = \sum_{J \in \mathbb{P}} |J|.$$

现假定 $b \notin I$, 即 I 或为 (a,b) 或为 $[a,b)$. 那么 $\mathbb{P}$ 中仍有一个区间形如 (c,b) 或 $[c,b)$ (见习题 11.1.3). 当然这表示当 $c > a$ 时集合 $I \setminus K$ 还是一个形如 $[a,c]$, (a,c), $[a,c)$, $(a,c]$ 的区间. 而当 $a = c$ 时 $I \setminus K$ 是单点集或空集. 剩下的论述则同上面的一样. ■

关于分法还有两件事要做. 一是说一说什么时候一个分法比另一个分法更细, 另一件事是谈一谈两个分法的公共加细.

定义 11.1.14(较细的和较粗的分法) 设 I 是有界区间, 并设 $\mathbb{P}$ 和 $\mathbb{P}'$ 是 I 的两个分法. 如果对于 $\mathbb{P}'$ 中的每个 J, 都存在 $\mathbb{P}$ 中的一个 K 使得 $J \subseteq K$, 那么我们就说 $\mathbb{P}'$ 比 $\mathbb{P}$ **更细** (或等价地说, $\mathbb{P}$ 比 $\mathbb{P}'$ **更粗**).

例 11.1.15 分法 $\{[1,2),\{2\},(2,3),[3,4]\}$ 比分法 $\{[1,2],(2,4]\}$ 更细 (为什么?). 两个分法都比 $\{[1,4]\}$ 更细, $\{[1,4]\}$ 是 $[1,4]$ 的最粗的分法. 注意, 不存在 $[1,4]$ 的 "最细的" 分法 (为什么? 回想一下, 一切分法都是有限的). 我们不对不同的区间的分法进行比较, 例如, 如果 $\mathbb{P}$ 是 $[1,4]$ 的分法而 $\mathbb{P}'$ 是 $[2,5]$ 的分法, 我们不说 $\mathbb{P}$ 比 $\mathbb{P}'$ 更粗, 或 $\mathbb{P}$ 比 $\mathbb{P}'$ 更细.

定义 11.1.16(公共加细) 设 I 是有界区间, 设 $\mathbb{P}$ 和 $\mathbb{P}'$ 是 I 的两个分法. 我们定义

$$\mathbb{P}\#\mathbb{P}' := \{K \bigcap J : K \in \mathbb{P}, J \in \mathbb{P}'\}.$$

为 $\mathbb{P}$ 和 $\mathbb{P}'$ 的**公共加细**.

例 11.1.17 设 $\mathbb{P} := \{[1,3),(3,4]\}$, $\mathbb{P}' := \{[1,2],(2,4]\}$ 是 $[1,4]$ 的两个分法. 那么 $\mathbb{P}\#\mathbb{P}' = \{[1,2],(2,3),[3,4],\varnothing\}$(为什么?).

引理 11.1.18 *设 I 是有界区间, 并设 $\mathbb{P}$ 和 $\mathbb{P}'$ 是 I 的两个分法, 那么 $\mathbb{P}\#\mathbb{P}'$ 也是 I 的分法, 并且既比 $\mathbb{P}$ 更细, 也比 $\mathbb{P}'$ 更细.*

证明 见习题 11.1.4. ■

习 题 11.1

11.1.1 证明引理 11.1.4. (提示: 当 X 不空时, 为证 (a) 蕴含 (b), 考虑 X 的上确界和下确界.)

11.1.2 证明推论 11.1.6. (提示: 使用引理 11.1.4, 解释为什么两个有界集合的交自动地是有界的, 并且为什么两个连通集合的交自动地是连通的.)

11.1.3 设 I 是形如 $I = (a,b)$ 或 $I = [a,b)$ 的有界区间, 其中 $a < b$. 设 $\{I_1,\cdots,I_n\}$ 是 I 的分法. 证明这个分法中的一个区间是形如 $I_j = (c,b)$ 或 $I_j = [c,b)$ 的区间, 其中 $a \leqslant c < b$. (提示: 用反证法. 先证明如果 I_j**不是**形如 (c,b) 或 $[c,b)$ 的区间, 其中 $a \leqslant c < b$, 那么 $\sup I_j$ 是**严格**小于 b 的.)

11.1.4 证明引理 11.1.18.

§11.2 逐段常值函数

我们现在可以描述一类 "简单" 函数, 对于它们可以容易地进行积分.

定义 11.2.1(常值函数) 设 X 是 $\mathbb{R}$ 的子集合, 并设 $f: X \to \mathbb{R}$ 是函数. 如果存在实数 c, 使得对于一切 $x \in X$ 都有 $f(x) = c$, 那么就说 f 是**常值函数**. 设 E 是

X 的子集, 如果 f 在 E 上的限制 $f|_E$ 是常值函数, 也就是说, 存在实数 c, 使得对于一切 $x \in E$ 都有 $f(x) = c$, 那么我们就说 f 在 E 上是**常值的**, 说 c 是 f 在 E 上的**常数值**.

注 11.2.2　设 E 是不空的集合. 如果函数 f 在 E 上是常值的, 那么它只能取一个常数值. 它不可总等于 3 同时又总等于 4. 但是, 如果 E 是空集, 那么每个实数 c 都是 f 在 E 上的常数值 (为什么?).

定义 11.2.3(逐段常值函数 I)　设 I 是有界区间, $f: I \to \mathbb{R}$ 是函数, 并设 $\mathbb{P}$ 是 I 的分法. 如果对于每个 $J \in \mathbb{P}$, f 在 J 上都是常值的, 我们就说 f 是**关于分法 $\mathbb{P}$ 逐段常值的**.

例 11.2.4　由

$$f(x) := \begin{cases} 7, & 当\ 1 \leqslant x < 3, \\ 4, & 当\ x = 3, \\ 5, & 当\ 3 < x < 6, \\ 2, & 当\ x = 6. \end{cases}$$

定义的函数 $f: [1,6] \to \mathbb{R}$ 关于 $[1,6]$ 的分法 $\{[1,3), \{3\}, (3,6), \{6\}\}$ 是逐段常值的. 注意, 它关于某些其他的分法也同样是逐段常值的. 例如它关于分法 $\{[1,2), \{2\}, (2,3), \{3\}, (3,5), [5,6), \{6\}, \varnothing\}$ 也是逐段常值的.

定义 11.2.5(逐段常值函数 II)　设 I 是有界区间, 并设 $f: I \to \mathbb{R}$ 是函数. 如果存在 I 的一个分法 $\mathbb{P}$ 使得 f 关于 $\mathbb{P}$ 是逐段常值的, 那么我们就说**f 在 I 上是逐段常值的**.

例 11.2.6　前一个例中的函数在 $[1,6]$ 上是逐段常值的. 同时, 每个在有界区间 I 上的常值函数自动地是逐段常值的 (为什么?).

引理 11.2.7　*设 I 是有界区间, $\mathbb{P}$ 是 I 的分法, 并设 $f: I \to \mathbb{R}$ 是关于 $\mathbb{P}$ 逐段常值的函数. 设 $\mathbb{P}'$ 也是 I 的分法并且 $\mathbb{P}'$ 比 $\mathbb{P}$ 更细. 那么 f 关于 $\mathbb{P}'$ 也是逐段常值的.*

证明　见习题 11.2.1. ■

逐段常值函数的空间在代数运算之下是封闭的.

引理 11.2.8　*设 I 是有界区间, 并设 $f: I \to \mathbb{R}$ 及 $g: I \to \mathbb{R}$ 都是 I 上的逐段常值函数. 那么 $f+g, f-g, \max(f,g)$ 以及 fg 都是 I 上的逐段常值函数. 这里, $\max(f,g): I \to \mathbb{R}$ 当然是函数*

$$\max(f,g)(x) := \max(f(x), g(x)), x \in I$$

如果 g 在 I 上不取零值 (即对于一切 $x \in I$, $g(x) \neq 0$), 那么 $\frac{f}{g}$ 也是 I 上的逐段常值函数.

证明　见习题 11.2.2. ■

我们现在已做了对逐段常值函数进行积分的准备. 我们从关于一个分法的积分的临时定义开始.

定义 11.2.9(逐段常值积分 I) 设 I 是有界区间, $\mathbb{P}$ 是 I 的分法. 并设 $f: I \to \mathbb{R}$ 是关于分法 $\mathbb{P}$ 的逐段常值函数. 我们定义关于分法 $\mathbb{P}$ 的**逐段常值积分**为

$$p.c. \int_{[\mathbb{P}]} f := \sum_{J \in \mathbb{P}} c_J |J|,$$

其中对于每个 $J \in \mathbb{P}$, 我们令 c_J 为 f 在 J 上的常数值.

注 11.2.10 这个定义看上去好像有点毛病, 因为如果 J 是空集, 那么每个数 c_J 都可以是 f 在 J 上的常数值. 幸运的是, 在这种情况下 $|J|$ 是零, 所以 c_J 的选择是无关紧要的. 记号 $p.c. \int_{[\mathbb{P}]} f$ 是相当人造的, 但我们只是暂时使用它, 作为通向更有用的定义的一个途径. 注意, 由于 $\mathbb{P}$ 是有限的, 所以, 和 $\sum\limits_{J \in \mathbb{P}} c_J |J|$ 总是定义成功的 (它绝不会发散, 也绝不会是无限).

注 11.2.11 逐段常值积分直观地对应于面积的概念, 一个矩形的面积由它的边长的乘积给出.(当然, 如果 f 在某处取负值, 那么面积 $c_J|J|$ 也是负的.)

例 11.2.12 设 $f: [1,4] \to \mathbb{R}$ 是函数

$$f(x) := \begin{cases} 2, & \text{当 } 1 \leqslant x < 3 \\ 4, & \text{当 } x = 3 \\ 6, & \text{当 } 3 < x \leqslant 4. \end{cases}$$

并设 $\mathbb{P} := \{[1,3), \{3\}, (3,4]\}$. 那么

$$\begin{aligned} p.c. \int_{[\mathbb{P}]} f &= c_{[1,3)}|[1,3)| + c_{\{3\}}|\{3\}| + c_{(3,4]}|(3,4]| \\ &= 2 \times 2 + 4 \times 0 + 6 \times 1 \\ &= 10. \end{aligned}$$

另外, 如果设 $\mathbb{P}' := \{[1,2), [2,3), \{3\}, (3,4], \varnothing\}$, 那么

$$\begin{aligned} p.c. \int_{[\mathbb{P}']} f &= c_{[1,2)}|[1,2)| + c_{[2,3)}|[2,3)| + c_{\{3\}}|\{3\}| \\ &\quad + c_{(3,4]}|(3,4]| + c_{\varnothing}|\varnothing| \\ &= 2 \times 1 + 2 \times 1 + 4 \times 0 + 6 \times 1 + c_{\varnothing} \times 0 \\ &= 10. \end{aligned}$$

这个例子启示, 这个积分并不真正依赖于你所选取的分法, 只要你的函数关于这个分法是逐段常值的就可以了. 情况的确是这样:

命题 11.2.13(逐段常值积分是独立于分法的) 设 I 是有界区间, 并设 $f: I \to \mathbb{R}$ 是函数. 假设 $\mathbb{P}$ 和 $\mathbb{P}'$ 是 I 的分法, 使得 f 关于 $\mathbb{P}$ 以及 f 关于 $\mathbb{P}'$ 都是逐段常值的. 那么

$$p.c. \int_{[\mathbb{P}]} f = p.c. \int_{[\mathbb{P}']} f.$$

证明 见习题 11.2.3. ■

定义 11.2.14(逐段常值积分 II) 设 I 是有界区间, 并设 $f: I \to \mathbb{R}$ 是 I 上的逐段常值函数. 我们用公式

$$p.c. \int_I f := p.c. \int_{[\mathbb{P}]} f$$

来定义 f 在 I 上的**逐段常值积分**, 其中 $\mathbb{P}$ 是 I 的任意的分法, 而 f 在 I 上关于 $\mathbb{P}$ 是逐段常值的.(注意, 命题 11.2.13 告诉我们分法的选择是无关紧要的.)

例 11.2.15 如果 f 是例 11.2.12 中的函数, 那么

$$p.c. \int_{[1,4]} f = 10.$$

我们现在给出逐段常值积分的一些基本性质. 这些算律终将被包含在 Riemann 积分的相应的算律之中 (定理 11.4.1).

定理 11.2.16(积分算律) 设 I 是有界区间, 并设 $f: I \to \mathbb{R}$ 以及 $g: I \to \mathbb{R}$ 都是 I 上的逐段常值函数.

(a) 我们有

$$p.c. \int_I (f+g) = p.c. \int_I f + p.c. \int_I g.$$

(b) 对于任何实数 c, 有

$$p.c. \int_I (cf) = c\left(p.c. \int_I f\right).$$

(c) 我们有

$$p.c. \int_I (f-g) = p.c. \int_I f - p.c. \int_I g.$$

(d) 如果对于一切 $x \in I$, $f(x) \geqslant 0$, 那么

$$p.c. \int_I f \geqslant 0.$$

(e) 如果对于一切 $x \in I$, $f(x) \geqslant g(x)$, 那么

$$p.c. \int_I f \geqslant p.c. \int_I g.$$

(f) 如果对于一切 $x \in I$, $f(x) = c$ (c 是常数), 那么

$$p.c. \int_I f = c|I|.$$

(g) 设 J 是包含 I 的有界区间 (即 $I \subseteq J$), 并设 $F : J \to \mathbb{R}$ 是函数

$$F(x) := \begin{cases} f(x), & 如果\ x \in I \\ 0, & 如果\ x \notin I. \end{cases}$$

那么 F 在 J 上是逐段常值的, 并且

$$p.c. \int_J F = p.c. \int_I f.$$

(h) 设 $\{J, K\}$ 是 I 的分法, 它把 I 分成两个区间 J 和 K, 那么函数 $f|_J : J \to \mathbb{R}$ 以及 $f|_K : K \to \mathbb{R}$ 分别是 J 上和 K 上的逐段常值函数, 并且

$$p.c. \int_I f = p.c. \int_J f|_J + p.c. \int_K f|_K.$$

证明　见习题 11.2.4. ■

我们对于逐段常值函数的积分就讨论到这里. 现在的问题是, 怎样求有界函数的积分.

习　题　11.2

11.2.1　证明引理 11.2.7.

11.2.2　证明引理 11.2.8. (提示: 用引理 11.1.8 和引理 11.2.7 来使 f 和 g 关于 I 的同一个分法是逐段常值的.)

11.2.3　证明命题 11.2.13. (提示: 首先使用定理 11.1.13 证明两个积分都等于逐段常值积分 $p.c. \int_{[\mathbb{P}\#\mathbb{P}']} f$.)

11.2.4　证明定理 11.2.16. (提示: 可以用定理前面的部分去证定理后面的部分. 也参见习题 11.2.2 的提示.)

§11.3　上 Riemann 积分与下 Riemann 积分

设 $f : I \to \mathbb{R}$ 是定义在有界区间 I 上的有界函数. 我们要定义 Riemann 积分 $\int_I f$. 为此我们首先要定义上 Riemann 积分 $\overline{\int}_I f$ 与下 Riemann 积分 $\underline{\int}_I f$ 的概念. 这些概念与 Riemann 积分之间的联系非常像序列的上极限和下极限与极限之间的联系.

定义 11.3.1(函数的控制) 设 $f: I \to \mathbb{R}$ 和 $g: I \to \mathbb{R}$. 如果对于一切 $x \in I$ 都有 $g(x) \geqslant f(x)$, 我们就说在 I 上 g 是 f 的**上方控制**; 如果对于一切 $x \in I$ 都有 $g(x) \leqslant f(x)$, 我们就说在 I 上 g 是 f 的**下方控制**;

Riemann 积分的思想是先用逐段常值函数作成函数的上方控制及下方控制 (对于逐段常值函数我们已经知道怎样计算它们的积分), 并对它们进行积分.

定义 11.3.2(上 Riemann 积分与下 Riemann 积分) 设 $f: I \to \mathbb{R}$ 是定义在有界区间 I 上的有界函数. 定义

$$\overline{\int}_I f := \inf\{p.c.\int_I g : g \text{ 是 } f \text{ 的上方控制并且是逐段常值函数}\}$$

为 f 在 I 上的**上 Riemann 积分**. 并定义

$$\underline{\int}_I f := \sup\{p.c.\int_I g : g \text{ 是 } f \text{ 的下方控制并且是逐段常值函数}\}$$

为 f 在 I 上的**下 Riemann 积分**.

我们对于下积分及上积分给出一个粗糙的然而有用的估计:

引理 11.3.3 设 $f: I \to \mathbb{R}$ 是有界区间 I 上的有界函数, M 是它的界, 即对于一切 $x \in I$, $-M \leqslant f(x) \leqslant M$. 那么

$$-M|I| \leqslant \underline{\int}_I f \leqslant \overline{\int}_I f \leqslant M|I|.$$

当然, 上 Riemann 积分与下 Riemann 积分都是实数 (即它们都不是无限的).

证明 由 $g(x) = M$ 定义的 $g: I \to \mathbb{R}$ 是常值函数, 因而是逐段常值的, 并且是 f 的上方控制. 那么根据上 Riemann 积分的定义

$$\overline{\int}_I f \leqslant p.c.\int_I g = M|I|,$$

类似的论述表明

$$-M|I| \leqslant \underline{\int}_I f,$$

最后, 我们必须证明

$$\underline{\int}_I f \leqslant \overline{\int}_I f.$$

设 g 是上方控制 f 的逐段常值函数, 而 h 是下方控制 f 的逐段常值函数. 那么 g 上方控制 h, 从而

$$p.c.\int_I h \leqslant p.c.\int_I g,$$

对 h 取上确界得

$$\underline{\int}_I f \leqslant p.c.\int_I g,$$

再对 g 取下确界, 就得到所要的

$$\underline{\int}_I f \leqslant \overline{\int}_I f.$$ ■

我们现在知道上 Riemann 积分总不比下 Riemann 积分小. 如果两者相同, 我们就可以定义 Riemann 积分:

定义 11.3.4(Riemann 积分) 设 $f: I \to \mathbb{R}$ 是有界区间 I 上的有界函数, 如果 $\underline{\int}_I f = \overline{\int}_I f$, 我们就说$f$ **在 I 上 Riemann 可积**并且定义

$$\int_I f := \underline{\int}_I f = \overline{\int}_I f.$$

如果上 Riemann 积分与下 Riemann 积分不相等, 我们就说 f 不是 Riemann 可积的.

注 11.3.5 把这个定义与在命题 6.4.12(f) 中建立的序列的上极限和下极限与极限的关系进行比较; 上极限总是大于或等于下极限的, 但它们仅当序列收敛时才相等, 此时它们都等于序列的极限. 上面给出的定义可能与你在微积分课程中遇到的基于 Riemann 和的定义不一样. 但是两个定义终归是等价的, 这是我们在下一节中要证明的.

注 11.3.6 注意, 我们不认为无界函数是 Riemann 可积的; 这种函数的积分叫作**反常积分**(improper integral). 用更高级的积分法 (例如 Lebesgue 积分) 计算这样的积分还是可能的; 我们要在第 19 章中做这件事.

Riemann 积分是与逐段常值积分相容的 (并且包含逐段常值积分).

引理 11.3.7 设 $f: I \to \mathbb{R}$ 是有界区间 I 上的逐段常值函数. 那么 f 是 Riemann 可积的, 并且

$$\int_I f = p.c.\int_I f.$$

证明 见习题 11.3.3. ■

注 11.3.8 根据这个引理, 我们将不再谈逐段常值积分 $p.c.\int_I f$, 而只使用 Riemann 积分 (直到在第 19 章, Riemann 积分本身包含在 Lebesgue 积分之中). 我们注意到引理 11.3.7 的一个特殊情形: 如果 I 是单点集或是空集, 那么对于一切函数 $f: I \to \mathbb{R}$, $\int_I f = 0$. (注意一切这种函数都自动是常值的.)

我们刚刚证明了每个逐段常值函数是 Riemann 可积的. 然而 Riemann 积分是更一般的, 宽泛得多的一类函数都是 Riemann 可积的, 我们很快就会看到这一点. 现在我们把刚刚定义的 Riemann 积分的概念与 Riemann 和的概念联系起来. 你可能在其他讨论 Riemann 积分的书籍早已见到过 Riemann 和了.

定义 11.3.9(Riemann 和)　设 $f: I \to \mathbb{R}$ 是有界区间 I 上的有界函数, 并设 $\mathbb{P}$ 是 I 的一个分法. 我们把**上 Riemann 和**$U(f, \mathbb{P})$ 与**下 Riemann 和**$L(f, \mathbb{P})$ 分别定义为

$$U(f, \mathbb{P}) := \sum_{J \in \mathbb{P}; J \neq \varnothing} \big(\sup_{x \in J} f(x)\big)|J|$$

与

$$L(f, \mathbb{P}) := \sum_{J \in \mathbb{P}; J \neq \varnothing} \big(\inf_{x \in J} f(x)\big)|J|.$$

注 11.3.10　$J \neq \varnothing$ 的限制是必要的, 因为当 $J = \varnothing$ 时, 量 $\inf_{x \in J} f(x)$ 与 $\sup_{x \in J} f(x)$ 分别是 ∞ 和 $-\infty$.

我们现在把这些 Riemann 和与上 Riemann 积分与下 Riemann 积分联系起来.

引理 11.3.11　*设 $f: I \to \mathbb{R}$ 是有界区间 I 上的有界函数, 并设 g 是 I 上关于某分法 $\mathbb{P}$ 逐段常值的上方控制 f 的函数. 那么*

$$p.c. \int_I g \geqslant U(f, \mathbb{P}).$$

类似地, 如果 h 是 I 上关于 $\mathbb{P}$ 逐段常值的下方控制 f 的函数, 那么

$$p.c. \int_I h \leqslant L(f, \mathbb{P}).$$

证明　见习题 11.3.4. ■

命题 11.3.12　*设 $f: I \to \mathbb{R}$ 是有界区间 I 上的有界函数, 那么*

$$\overline{\int}_I f = \inf\{U(f, \mathbb{P}) : \mathbb{P} \text{ 是 } I \text{ 的分法}\},$$

并且

$$\underline{\int}_I f = \sup\{L(f, \mathbb{P}) : \mathbb{P} \text{ 是 } I \text{ 的分法}\}.$$

证明　见习题 11.3.5. ■

习　题　11.3

11.3.1　设 $f: I \to \mathbb{R}$, $g: I \to \mathbb{R}$, $h: I \to \mathbb{R}$ 是函数. 证明, 如果 f 上方控制 g, g 上方控制 h, 那么 f 上方控制 h. 证明如果 f 和 g 彼此互相上方控制, 那么它们必定相同.

11.3.2 设 $f: I \to \mathbb{R}$, $g: I \to \mathbb{R}$, $h: I \to \mathbb{R}$ 是函数. 如果 f 上方控制 g, 那么是不是 $f+h$ 上方控制 $g+h$? 是否 fh 上方控制 gh? 如果 c 是实数, 是否 cf 上方控制 cg?

11.3.3 证明引理 11.3.7.

11.3.4 证明引理 11.3.11.

11.3.5 证明命题 11.3.12. (提示: 你要用引理 11.3.11, 即使这个引理只能完成一半工作.)

§11.4 Riemann 积分的基本性质

就像我们处理极限、级数以及导数时所做的一样, 我们现在给出演算 Riemann 积分的基本算律. 这些算律最终将被包含到 Lebesgue 积分的相应的算律中 (命题 19.3.3).

定理 11.4.1(Riemann 积分法算律) 设 I 是有界区间, 并设 $f: I \to \mathbb{R}$, $g: I \to \mathbb{R}$ 都是 I 上的 Riemann 可积函数.

(a) 函数 $(f+g)$ 是 Riemann 可积的, 并且

$$\int_I (f+g) = \int_I f + \int_I g.$$

(b) 对于任意的实数 c, 函数 cf 是 Riemann 可积的, 并且

$$\int_I (cf) = c\left(\int_I f\right).$$

(c) 函数 $(f-g)$ 是 Riemann 可积的, 并且

$$\int_I (f-g) = \int_I f - \int_I g.$$

(d) 如果对于一切 $x \in I$, $f(x) \geqslant 0$, 那么

$$\int_I f \geqslant 0.$$

(e) 如果对于一切 $x \in I$, $f(x) \geqslant g(x)$, 那么

$$\int_I f \geqslant \int_I g.$$

(f) 如果对于一切 $x \in I$, $f(x) = c$, 那么

$$\int_I f = c|I|.$$

(g) 设 J 是包含 I 的有界区间 (即 $I \subseteq J$), 并且设 $F: J \to \mathbb{R}$ 是函数

$$F(x) := \begin{cases} f(x), & 当 x \in I \\ 0, & 当 x \notin I. \end{cases}$$

那么 F 在 J 上是 Riemann 可积的, 并且

$$\int_J F = \int_I f.$$

(h) 设 $\{J, K\}$ 是 I 的分法, 它把 I 分成两个区间 J 和 K, 那么函数 $f|_J : J \to \mathbb{R}$ 与 $f|_K : K \to \mathbb{R}$ 是分别在 J 与在 K 上 Riemann 可积的, 并且

$$\int_I f = \int_J f|_J + \int_K f|_K.$$

证明 见习题 11.4.1. ■

注 11.4.2 我们常把 $\int_J f|_J$ 略写为 $\int_J f$, 即使 f 确实是定义在比 J 大的区域上.

定理 11.4.1 断言, 两个 Riemann 可积的函数的和与差都是 Riemann 可积的, 同样, Riemann 可积函数 f 的常数倍 cf 也是 Riemann 可积的. 现在我们给出构造 Riemann 可积函数的一些进一步的方法.

定理 11.4.3(max 与 min 保持可积性) 设 I 是有界区间, 并设 $f : I \to \mathbb{R}$ 与 $g : I \to \mathbb{R}$ 都是 Riemann 可积函数, 那么由

$$\max(f,g)(x) := \max(f(x), g(x))$$

定义的函数 $\max(f,g)$ 及由

$$\min(f,g)(x) := \min(f(x), g(x))$$

定义的函数 $\min(f,g)$ 都是 Riemann 可积的.

证明 我们只对 $\max(f,g)$ 进行证明. $\min(f,g)$ 的情形是类似的.

首先注意, 由于 f, g 都是有界的, $\max(f,g)$ 就也是有界的.

设 $\varepsilon > 0$. 由于 $\int_I f = \underline{\int}_I f$, 所以存在逐段常值函数 $\underline{f} : I \to \mathbb{R}$, $\underline{f}$ 下方控制 f, 并满足

$$\int_I \underline{f} \geqslant \int_I f - \varepsilon.$$

类似地, 可以找到逐段常值函数 $\underline{g} : I \to \mathbb{R}$, 它下方控制 g 并且

$$\int_I \underline{g} \geqslant \int_I g - \varepsilon.$$

同样, 我们可以找到在 I 上分别上方控制 f 与 g 的逐段常值函数 $\overline{f}$ 和 $\overline{g}$, 使

$$\int_I \overline{f} \leqslant \int_I f + \varepsilon$$

以及

$$\int_I \overline{g} \leqslant \int_I g + \varepsilon.$$

那么, 让 $h: I \to \mathbb{R}$ 代表函数

$$h := (\overline{f} - \underline{f}) + (\overline{g} - \underline{g})$$

就有

$$\int_I h \leqslant 4\varepsilon.$$

另一方面, $\max(\underline{f}, \underline{g})$ 是 I 上的逐段常值函数 (为什么?), 它下方控制 $\max(f, g)$(为什么?), 同时 $\max(\overline{f}, \overline{g})$ 也是 I 上的逐段常值函数, 它上方控制 $\max(f, g)$. 于是

$$\int_I \max(\underline{f}, \underline{g}) \leqslant \underline{\int}_I \max(f, g) \leqslant \overline{\int}_I \max(f, g) \leqslant \int_I \max(\overline{f}, \overline{g}),$$

从而

$$0 \leqslant \overline{\int}_I \max(f, g) - \underline{\int}_I \max(f, g) \leqslant \int_I \max(\overline{f}, \overline{g}) - \int_I \max(\underline{f}, \underline{g}).$$

但是

$$\overline{f} = \underline{f} + \overline{f} - \underline{f} \leqslant \underline{f} + h,$$

类似地

$$\overline{g} = \underline{g} + \overline{g} - \underline{g} \leqslant \underline{g} + h,$$

所以

$$\max(\overline{f}, \overline{g}) \leqslant \max(\underline{f}, \underline{g}) + h.$$

将此代入前面的不等式, 我们得到

$$0 \leqslant \overline{\int}_I \max(f, g) - \underline{\int}_I \max(f, g) \leqslant \int_I h \leqslant 4\varepsilon.$$

总之, 我们证明了对于每个 $\varepsilon > 0$

$$0 \leqslant \overline{\int}_I \max(f, g) - \underline{\int}_I \max(f, g) \leqslant 4\varepsilon.$$

由于 $\overline{\int}_I \max(f, g) - \underline{\int}_I \max(f, g)$ 与 ε 无关, 所以我们看到

$$\overline{\int}_I \max(f, g) - \underline{\int}_I \max(f, g) = 0,$$

从而 $\max(f, g)$ 是 Riemann 可积的. ■

推论 11.4.4(绝对值保持 Riemann 可积性) 设 I 是有界区间. 如果 $f: I \to \mathbb{R}$ 是 Riemann 可积函数, 那么正部 $f_+ := \max(f, 0)$ 与负部 $f_- := \min(f, 0)$ 也是在 I 上 Riemann 可积的. 同样, 绝对值 $|f| = f_+ - f_-$ 也是在 I 上 Riemann 可积的.

定理 11.4.5(乘积保持 Riemann 可积性) 设 I 是有界区间. 如果 $f: I \to \mathbb{R}$ 与 $g: I \to \mathbb{R}$ 是 Riemann 可积的, 那么 $fg: I \to \mathbb{R}$ 也是 Riemann 可积的.

证明 这个定理稍需要技巧. 我们分解 $f = f_+ + f_-$ 以及 $g = g_+ + g_-$ 为正部与负部的和. 根据推论 11.4.4, 函数 f_+, f_-, g_+, g_- 都是 Riemann 可积的. 由于

$$fg = f_+g_+ + f_+g_- + f_-g_+ + f_-g_-,$$

所以只要证明 f_+g_+, f_+g_-, f_-g_+, f_-g_- 单独都是 Riemann 可积的就够了. 我们只对 f_+g_+ 证明此事, 其余三者是类似的.

由于 f_+ 与 g_+ 都是有界的、非负的, 所以存在 $M_1, M_2 > 0$ 使得

$$0 \leqslant f_+(x) \leqslant M_1, 0 \leqslant g_+(x) \leqslant M_2$$

对于一切 $x \in I$ 成立. 设 $\varepsilon > 0$ 是任意的, 那么和在定理 11.4.3 的证明中一样, 我们可以找到 I 上的逐段常值函数 $\underline{f}_+$ 下方控制 f_+, 以及逐段常值函数 $\overline{f}_+$ 上方控制 f_+, 使得

$$\int_I \underline{f}_+ \geqslant \int_I f_+ - \varepsilon, \ \int_I \overline{f}_+ \leqslant \int_I f_+ + \varepsilon.$$

注意, $\underline{f}_+$ 有可能在某些地方取负值, 但我们可以代替 $\underline{f}_+$ 以 $\max(\underline{f}_+, 0)$ 来克服此种现象, 因为 $\max(\underline{f}_+, 0)$ 仍是 f_+ 的下方控制 (为什么?), 并且有大于或等于 $\int_I f_+ - \varepsilon$ 的积分 (为什么?). 所以, 不失一般性, 我们可以假定 $\underline{f}_+(x) \geqslant 0$ 对于一切 $x \in I$ 成立. 类似地, 可以假定对于一切 $x \in I$, $\overline{f}_+(x) \leqslant M_1$. 于是, 对于一切 $x \in I$

$$0 \leqslant \underline{f}_+(x) \leqslant f_+(x) \leqslant \overline{f}_+(x) \leqslant M_1.$$

根据同样的理由, 我们可以找到逐段常值函数 $\underline{g}_+$ 下方控制 g_+, 以及逐段常值函数 $\overline{g}_+$ 上方控制 g_+, 它们满足

$$\int_I \underline{g}_+ \geqslant \int_I g_+ - \varepsilon, \quad \int_I \overline{g}_+ \leqslant \int_I g_+ + \varepsilon,$$

以及对于一切 $x \in I$

$$0 \leqslant \underline{g}_+(x) \leqslant g_+(x) \leqslant \overline{g}_+(x) \leqslant M_2.$$

注意 $\underline{f}_+\underline{g}_+$ 是逐段常值的, 并且下方控制 f_+g_+, 同时 $\overline{f}_+\overline{g}_+$ 是逐段常值的并上方控制 f_+g_+. 于是

$$0 \leqslant \overline{\int}_I f_+g_+ - \underline{\int}_I f_+g_+ \leqslant \int_I \overline{f}_+\overline{g}_+ - \underline{f}_+\underline{g}_+.$$

但是我们有

$$\begin{aligned}\overline{f}_+\overline{g}_+ - \underline{f}_+\underline{g}_+ &= \overline{f}_+(\overline{g}_+ - \underline{g}_+) + \underline{g}_+(\overline{f}_+ - \underline{f}_+)\\ &\leqslant M_1(\overline{g}_+ - \underline{g}_+) + M_2(\overline{f}_+ - \underline{f}_+),\end{aligned}$$

从而

$$\begin{aligned}0 \leqslant \overline{\int}_I f_+g_+ - \underline{\int}_I f_+g_+ &\leqslant M_1\int_I(\overline{g}_+ - \underline{g}_+) + M_2\int_I(\overline{f}_+ - \underline{f}_+)\\ &\leqslant 2M_1\varepsilon + 2M_2\varepsilon.\end{aligned}$$

又因为 ε 是任意的, 我们像前面一样断定 f_+g_+ 是 Riemann 可积的.

类似的论证表示 f_+g_-, f_-g_+, f_-g_- 都是 Riemann 可积的. 把这些结合起来就得到 fg 是 Riemann 可积的. ■

习 题 11.4

11.4.1 证明定理 11.4.1. (提示: 定理 11.2.16 可能有用. 对于 (b) 部分, 先考虑 $c>0$ 的情形, 然后分别考虑 $c=-1$ 和 $c=0$ 的情形. 用这些结果导出 $c<0$ 的情形. 可以使用定理前面的部分去证后面的部分.)

11.4.2 设 $a<b$ 是实数, 并设 $f:[a,b]\to\mathbb{R}$ 是连续的、非负的函数 (于是对于一切 $x\in[a,b], f(x)\geqslant 0$). 假设 $\int_{[a,b]} f = 0$. 证明对于一切 $x\in[a,b], f(x)=0$. (提示: 用反证法.)

11.4.3 设 I 是有界区间, $f:I\to\mathbb{R}$ 是 Riemann 可积函数, 并设 $\mathbb{P}$ 是 I 的分法. 证明

$$\int_I f = \sum_{J\in\mathbb{P}}\int_J f.$$

11.4.4 不用重复前面证明中的全部计算, 给出一个简洁的解释, 说明为什么定理 11.4.3 和定理 11.4.5 中剩下的情形自动地从书中给出的情形推出. (提示: 从定理 11.4.1 我们知道如果 f 是 Riemann 可积的, 那么 $-f$ 也是 Riemann 可积的.)

§11.5 连续函数的 Riemann 可积性

到现在为止我们对于 Riemann 可积函数已经谈论了很多, 但实际上我们还不曾造出任何一个除了逐段常值函数外的可积函数. 现在我们来证明, 一大类有用的函数是 Riemann 可积的. 我们从一致连续函数开始.

定理 11.5.1 *设 I 是有界区间, 并设 f 是在 I 上一致连续的函数. 那么 f 是 Riemann 可积的.*

证明　从命题 9.9.15 我们看到 f 是有界的. 现在我们必须证明

$$\underline{\int}_I f = \overline{\int}_I f.$$

如果 I 是单点集或空间, 那么定理是平庸的, 所以我们设 I 是四区间 $[a,b]$, (a,b), $(a,b]$, $[a,b)$ 之一, 其中实数 $a<b$.

设 $\varepsilon>0$ 是任意的. 根据一致连续性, 存在 $\delta>0$ 使得只要 $x,y\in I$ 并且 $|x-y|<\delta$, 就有 $|f(x)-f(y)|<\varepsilon$. 根据阿基米德原理, 存在整数 $N>0$, 使得 $\frac{b-a}{N}<\delta$.

注意, 我们可以把 I 分成每个长度都是 $\frac{b-a}{N}$ 的区间 $J_1,\cdots,J_N$(具体怎样分, 必须稍微不同地处理 $[a,b]$, (a,b), $(a,b]$, $[a,b)$ 四种情形). 于是根据命题 11.3.12, 有

$$\overline{\int}_I f \leqslant \sum_{k=1}^{N}\big(\sup_{x\in J_k} f(x)\big)|J_k|$$

以及

$$\underline{\int}_I f \geqslant \sum_{k=1}^{N}\big(\inf_{x\in J_k} f(x)\big)|J_k|,$$

那么

$$\overline{\int}_I f - \underline{\int}_I f \leqslant \sum_{k=1}^{N}\left(\sup_{x\in J_k} f(x) - \inf_{x\in J_k} f(x)\right)|J_k|.$$

但是, 由于 $|J_k|=\frac{b-a}{N}<\delta$, 对于一切 $x,y\in J_k$ 有 $|f(x)-f(y)|<\varepsilon$, 那么

$$f(x)<f(y)+\varepsilon, \text{对于一切} x,y\in J_k.$$

对于 x 取上确界, 得

$$\sup_{x\in J_k} f(x) \leqslant f(y)+\varepsilon, \text{ 对于一切 } y\in J_k,$$

再对 y 取下确界, 得到

$$\sup_{x\in J_k} f(x) \leqslant \inf_{y\in J_k} f(y)+\varepsilon.$$

将此估计代入前面的不等式, 我们得到

$$\overline{\int}_I f - \underline{\int}_I f \leqslant \sum_{k=1}^{N}\varepsilon|J_k|$$

而根据定理 11.1.13 我们就得

$$\overline{\int}_I f - \underline{\int}_I f \leqslant \varepsilon(b-a).$$

然而 $\varepsilon>0$ 是任意的, 而 $(b-a)$ 是固定的. 于是 $\overline{\int}_I f-\underline{\int}_I f$ 不能是正的. 根据引理 11.3.3 以及 Riemann 可积的定义, 我们就得知 f 是 Riemann 可积的. ■

把定理 11.5.1 和定理 9.9.16 合起来, 我们就得到

推论 11.5.2 设 $[a,b]$ 是闭区间, 并设 $f:[a,b]\to\mathbb{R}$ 是连续的, 那么 f 是 Riemann 可积的.

注意, 如果代替 $[a,b]$ 以其他类型的区间, 此推论不成立. 因为那时不能保证连续函数是有界的. 例如由 $f(x):=\frac{1}{x}$ 定义的函数 $f:(0,1)\to\mathbb{R}$ 是连续的, 但不是 Riemann 可积的. 但是, 如果假定函数既是连续的也是有界的, 那么我们就可以再次得到可积性:

命题 11.5.3 设 I 是有界区间, 并设 $f:I\to\mathbb{R}$ 是连续的并且是有界的. 那么 f 在 I 上 Riemann 可积.

证明 如果 I 是单点集或空集, 那么结论是平庸的. 如果 I 是闭区间, 那么结论从推论 11.5.2 提出. 于是, 我们假定 I 是形如 $(a,b]$, $[a,b)$, (a,b) 的区间, 其中 $a<b$.

设 M 是 f 的界, 即对于一切 $x\in I$, $-M\leqslant f(x)\leqslant M$. 设 ε 是满足 $0<\varepsilon<\frac{b-a}{2}$ 的很小的数. 当 f 限制在 $[a+\varepsilon,b-\varepsilon]$ 上时, 是连续的, 那么根据推论 11.5.2, 是 Riemann 可积的. 于是我们可以找到逐段常值函数 $h:[a+\varepsilon,b-\varepsilon]\to\mathbb{R}$, 它在 $[a+\varepsilon,b-\varepsilon]$ 上上方控制 f 并使得

$$\int_{[a+\varepsilon,b-\varepsilon]}h\leqslant\int_{[a+\varepsilon,b-\varepsilon]}f+\varepsilon.$$

定义 $\widetilde{h}:I\to\mathbb{R}$ 如下

$$\widetilde{h}(x):=\begin{cases}h(x), & \text{当 } x\in[a+\varepsilon,b-\varepsilon]\\ M, & \text{当 } x\in I\setminus[a+\varepsilon,b-\varepsilon].\end{cases}$$

显然 $\widetilde{h}$ 是 I 上的逐段常值函数, 并且上方控制 f. 根据定理 11.2.16, 有

$$\int_I\widetilde{h}=\varepsilon M+\int_{[a+\varepsilon,b-\varepsilon]}h+\varepsilon M\leqslant\int_{[a+\varepsilon,b-\varepsilon]}f+(2M+1)\varepsilon.$$

当然, 我们有

$$\overline{\int}_I f\leqslant\int_{[a+\varepsilon,b-\varepsilon]}f+(2M+1)\varepsilon.$$

类似的论证给出

$$\underline{\int}_I f\geqslant\int_{[a+\varepsilon,b-\varepsilon]}f-(2M+1)\varepsilon,$$

从而

$$\overline{\int}_I f-\underline{\int}_I f\leqslant(4M+2)\varepsilon.$$

但 ε 是任意的, 所以我们可以像在定理 11.5.1 的证明中那样来断定 f 是 Riemann 可积的. ■

这已经给出了一大类 Riemann 可积函数, 即有界连续函数. 然而我们还可以稍许把这个类扩大一些, 使它包括有界的逐段连续函数.

定义 11.5.4 设 I 是有界区间, 并设 $f: I \to \mathbb{R}$. 说 f 是**逐段连续**的, 当且仅当存在 I 的分法 $\mathbb{P}$, 使得对于一切 $J \in \mathbb{R}$, $f|_J$ 在 J 上连续.

例 11.5.5 由

$$F(x) := \begin{cases} x^2, & \text{当 } 1 \leqslant x < 2 \\ 7, & \text{当 } x = 2, \\ x^3, & \text{当 } 2 < x \leqslant 3 \end{cases}$$

定义的函数 $F: [1,3] \to \mathbb{R}$ 在 $[1,3]$ 上不是连续的, 但却是逐段连续的. 因为它限制到 $[1,3]$ 的分法的三个区间 $[1,2), \{2\}, (2,3]$ 上时都是连续的.

命题 11.5.6 *设 I 是有界区间, 并设 $f: I \to \mathbb{R}$ 是有界的并且是逐段连续的. 那么 f 是 Riemann 可积的.*

证明 见习题 11.5.1. ■

习 题 11.5

11.5.1 证明命题 11.5.6. (提示: 用定理 11.4.1 的 (a) 和 (h).)

§11.6 单调函数的 Riemann 可积性

除了逐段连续函数外, 另外广泛的一类函数, 即单调函数也是 Riemann 可积的. 对此我们给出两个命题.

命题 11.6.1 *设 $[a,b]$ 是闭的有界区间, 并设 $f: [a,b] \to \mathbb{R}$ 是单调函数. 那么 f 在 $[a,b]$ 上 Riemann 可积.*

注 11.6.2 我们从习题 9.8.5 知道, 存在不逐段连续的单调函数. 所以这个命题并不是命题 11.5.6 的结果.

证明 不失一般性, 可以认为 f 是单调增的. 从习题 9.8.1 知道, f 是有界的. 设 N 是整数, 把 $[a,b]$ 等分成 N 个长度为 $\frac{b-a}{N}$ 的半开区间 $\{[a+\frac{b-a}{N}j, a+\frac{b-a}{N}(j+1)) : 0 \leqslant j \leqslant N-1\}$ 以及一个单点集 $\{b\}$. 根据命题 11.3.12, 有

$$\overline{\int}_I f \leqslant \sum_{j=0}^{N-1} \left(\sup_{x \in [a+\frac{b-a}{N}j, a+\frac{b-a}{N}(j+1))} f(x) \right) \frac{b-a}{N}$$

(单点集 $\{b\}$ 显然只给出一个等于零的项). 由于 f 是单调增的, 所以

$$\overline{\int}_I f \leqslant \sum_{j=0}^{N-1} f\left(a+\frac{b-a}{N}(j+1)\right)\frac{b-a}{N}.$$

类似地,

$$\underline{\int}_I f \geqslant \sum_{j=0}^{N-1} f\left(a+\frac{b-a}{N}j\right)\frac{b-a}{N}.$$

于是

$$\overline{\int}_I f - \underline{\int}_I f \leqslant \sum_{j=0}^{N-1}\left(f\left(a+\frac{b-a}{N}(j+1)\right)-f\left(a+\frac{b-a}{N}j\right)\right)\frac{b-a}{N}.$$

使用嵌套级数 (引理 7.2.15), 我们就得到

$$\begin{aligned}\overline{\int}_I f - \underline{\int}_I f &\leqslant \left(f\left(a+\frac{b-a}{N}N\right)-f\left(a+\frac{b-a}{N}0\right)\right)\frac{b-a}{N}\\ &=\big(f(b)-f(a)\big)\frac{b-a}{N}.\end{aligned}$$

然而 N 是任意的, 所以我们可以像在定理 11.5.1 的证明中所做的那样, 断定 f 是 Riemann 可积的. ■

推论 11.6.3 设 I 是有界区间, 并设 $f: I \to \mathbb{R}$ 是单调的并且是有界的. 那么 f 在 I 上 Riemann 可积.

证明 见习题 11.6.1. ■

我们现在给出确定单调减级数收敛性的著名的积分判别法.

命题 11.6.4(积分判别法) 设 $f: [0,\infty) \to \mathbb{R}$ 是单调减的非负函数 (即对于一切 $x \geqslant 0$ 有 $f(x) \geqslant 0$). 那么级数 $\sum\limits_{n=0}^{\infty} f(n)$ 收敛的充分必要条件是

$$\left(\sup_{N>0}\int_{[0,N]} f\right) \text{是有限的.}$$

证明 见习题 11.6.3. ■

推论 11.6.5 设 p 是实数. 那么级数 $\sum\limits_{n=1}^{\infty}\frac{1}{n^p}$ 当 $p>1$ 时绝对收敛, 而当 $p \leqslant 1$ 时发散.

证明 见习题 11.6.5. ■

习 题 11.6

11.6.1 用命题 11.6.1 证明推论 11.6.3. (提示: 改编命题 11.5.3 的证明.)

11.6.2 叙述一个恰当的逐段单调函数的概念, 然后证明一切有界的逐段单调的函数是 Riemann 可积的.

11.6.3 证明命题 11.6.4. (提示: 两级数 $\sum\limits_{n=1}^{N} f(n)$, $\sum\limits_{n=0}^{N-1} f(n)$ 以及积分 $\int_{[0,N]} f$ 之间的联系是什么?)

11.6.4 用例子表明, 如果不假定 f 是单调减的, 那么积分判别法的充分性和必要性两方面都不成立.

11.6.5 用命题 11.6.4 证推论 11.6.5.

§11.7 一个非 Riemann 可积的函数

我们已经证明, 一大类有界函数是 Riemann 可积的. 不幸的是, 存在有界函数, 它们不是 Riemann 可积的.

命题 11.7.1 *设 $f:[0,1]\to\mathbb{R}$ 是例 9.3.21 中考虑过的不连续函数*

$$f(x) := \begin{cases} 1, & \text{当 } x\in\mathbb{Q} \\ 0, & \text{当 } x\notin\mathbb{Q}. \end{cases}$$

那么 f 是有界的, 但不是 Riemann 可积的.

证明 很明显, f 是有界的. 我们来证明它不是 Riemann 可积的.

设 $\mathbb{P}$ 是 $[0,1]$ 的分法. 对于任何 $J\in\mathbb{P}$, 注意到只要 J 不是单点集或空集, 就有

$$\sup_{x\in J} f(x) = 1$$

(根据命题 5.4.14). 那么

$$\big(\sup_{x\in J} f(x)\big)|J| = |J|.$$

(注意当 J 是单点集时, 此式也成立, 那时两端都是零.) 于是, 根据定理 11.1.13 我们看到

$$U(f,\mathbb{P}) = \sum_{J\in\mathbb{P}:J\neq\varnothing} |J| = |[0,1]| = 1,$$

注意, 空集对于整个长度无任何影响. 从而, 根据命题 11.3.12, 有

$$\overline{\int}_{[0,1]} f = 1.$$

类似的论证给出, 对于一切 (不是单点集或空集的) J

$$\inf_{x\in J} f(x) = 0,$$

从而

$$L(f,\mathbb{P}) = \sum_{J\in\mathbb{P}:J\neq\varnothing} 0 = 0.$$

那么根据命题 11.3.12, 有

$$\underline{\int}_{[0,1]} f = 0.$$

于是, 上 Riemann 积分与下 Riemann 积分不相等, 从而函数不是 Riemann 可积的. ■

注 11.7.2 你可以看出, 不 Riemann 可积的有界函数只是一些相当 "人造" 的函数. 因此, Riemann 积分在绝大多数情况下都是足够好的. 当然, 有不同的方式来推广和改进这种积分. 一种方式是 **Lebesgue 积分**, 我们将在第 19 章予以讨论. 另一种是 Riemann-Stieltjes 积分 $\int_I f\mathrm{d}\alpha$, 其中 $\alpha: I\to\mathbb{R}$ 是单调增函数, 我们在下一节定义这种积分.

§11.8 Riemann-Stieltjes 积分

设 I 是有界区间, $\alpha: I\to\mathbb{R}$ 是单调增函数, 并设 $f: I\to\mathbb{R}$ 是函数. 那么 Riemann 积分有一种推广, 叫作 **Riemann-Stieltjes 积分**. 这种积分像 Riemann 积分那样定义, 但作一点改变: 代替取区间 I 的长度我们取它的 α 长度 $\alpha[I]$, 其定义如下: 如果 I 是单点集或空集, 那么 $\alpha[I] := 0$; 如果 I 是形如 $[a,b]$, (a,b), $(a,b]$, $[a,b)$ 的区间, 其中 $a<b$, 那么 $\alpha[I] := \alpha(b)-\alpha(a)$. 注意, 在 α 是恒等函数 $\alpha(x) := x$ 这种特殊情形下, $\alpha[I]$ 恰就是 $|I|$. 但对于更一般的单调函数 α 来说, α 长度 $\alpha[I]$ 是与 $|I|$ 不同的量. 不管怎样, 只要把 $|I|$ 换成 $\alpha[I]$, 人们依然可以完成前面的理论.

定义 11.8.1(α 长度) 设 I 是有界区间, 并设 $\alpha: X\to\mathbb{R}$ 是定义在某个包含 I 的区域 X 上的函数. 我们定义 I 的α **长度**如下. 如果 I 是单点集或空集, 那么令 $\alpha[I]=0$. 如果 I 是形如 $[a,b]$, (a,b), $(a,b]$, $[a,b)$ 的区间, 其中 $a<b$, 那么我们令 $\alpha[I] := \alpha(b)-\alpha(a)$.

例 11.8.2 设 $\alpha:\mathbb{R}\to\mathbb{R}$ 是函数 $\alpha(x) := x^2$. 那么

$$\alpha[[2,3]] = \alpha(3)-\alpha(2) = 9-4 = 5, \alpha[(-3,-2)] = -5.$$

同时 $\alpha[\{2\}] = 0, \alpha[\varnothing] = 0$.

例 11.8.3 设 $\alpha:\mathbb{R}\to\mathbb{R}$ 是恒等函数 $\alpha(x):=x$. 那么对于一切有界区间 I, $\alpha[I]=|I|$(为什么?). 于是长度概念是 α 长度概念的特殊情形.

我们有时把 $\alpha[[a,b]]$ 写作 $\alpha\big|_a^b$ 或 $\alpha(x)\big|_{x=a}^{x=b}$.

Riemann 积分理论的一条关键的定理是定理 11.1.13, 它涉及长度及分法, 并表明当 $\mathbb{P}$ 是 I 的分法时

$$|I|=\sum_{J\in\mathbb{P}}|J|.$$

我们现在对此稍作推广.

引理 11.8.4 *设 I 是有界区间, $\alpha:X\to\mathbb{R}$ 定义在某包含 I 的区域 X 上的函数, 并设 $\mathbb{P}$ 是 I 的分法. 那么我们有*

$$\alpha[I]=\sum_{J\in\mathbb{P}}\alpha[J].$$

证明 见习题 11.8.1. ■

我们现在可以给出定义 11.2.9 的一个推广的形式.

定义 11.8.5(p.c. Riemann-Stieltjes 积分) 设 I 是有界区间, 并设 $\mathbb{P}$ 是 I 的分法. 设 $\alpha:X\to\mathbb{R}$ 是定义在某个包含 I 的区域 X 上的函数, 并设 $f:I\to\mathbb{R}$ 是关于分法 $\mathbb{P}$ 逐段常值的函数. 那么我们定义

$$p.c.\int_{[\mathbb{P}]}f\mathrm{d}\alpha:=\sum_{J\in\mathbb{P}}c_J\alpha[J],$$

其中 c_J 是 f 在 J 上的常值.

例 11.8.6 设 $f:[1,3]\to\mathbb{R}$ 是函数

$$f(x):=\begin{cases}4, & \text{当 } x\in[1,2)\\ 2, & \text{当 } x\in[2,3],\end{cases}$$

设 $\alpha:\mathbb{R}\to\mathbb{R}$ 是函数 $\alpha(x):=x^2$, 并设 $\mathbb{P}$ 是分法 $\mathbb{P}:=\{[1,2),[2,3]\}$. 那么,

$$\begin{aligned}p.c.\int_{[\mathbb{P}]}f\mathrm{d}\alpha&=c_{[1,2)}\alpha[[1,2)]+c_{[2,3]}\alpha[[2,3]]\\&=4(\alpha(2)-\alpha(1))+2(\alpha(3)-\alpha(2))\\&=4\times3+2\times5=22.\end{aligned}$$

例 11.8.7 设 $\alpha:\mathbb{R}\to\mathbb{R}$ 是恒等函数 $\alpha(x):=x$. 那么对于任何关于 $\mathbb{P}$ 逐段常值的函数 f, 我们有

$$p.c.\int_{[\mathbb{P}]}f\mathrm{d}\alpha=p.c.\int_{[\mathbb{P}]}f,$$

(为什么?)

把命题 11.2.13 中的 $p.c. \int_{[\mathbb{P}]} f$ 换为 $p.c. \int_{[\mathbb{P}]} f\mathrm{d}\alpha$, 可以得到与该命题完全类似的命题 (习题 11.8.2). 于是我们可以对于一切逐段常值函数 $f: I \to \mathbb{R}$ 以及一切定义在某包含 I 的区域 X 上的 $\alpha: X \to \mathbb{R}$, 与以前类似地用公式

$$p.c. \int_I f\mathrm{d}\alpha := p.c. \int_{[\mathbb{P}]} f\mathrm{d}\alpha.$$

来定义 $p.c. \int_I f\mathrm{d}\alpha$, 其中 $\mathbb{P}$ 是任意一个使 f 关于它逐段常值的分法.

到现在为止, 我们不曾对 α 作任何假定. 现在我们假定 α 是单调增的, 即当 $x, y \in X$ 且 $y > x$ 时必有 $\alpha(y) \geqslant \alpha(x)$. 这蕴含着对于 X 中的一切区间 I 都有 $\alpha(I) \geqslant 0$(为什么?). 由此我们可以容易地验证, 当把积分 $p.c. \int_I f$ 换为 $p.c. \int_I f\mathrm{d}\alpha$, 且把长度 $|I|$ 换为 α 长度 $\alpha(I)$ 时, 定理 11.2.16 的全部结果继续保持成立. 见习题 11.8.3.

然后, 只要 $f: I \to \mathbb{R}$ 是有界的而 α 是定义在一个包含 I 的区域上的, 我们就可以用通常的公式

$$\overline{\int}_I f\mathrm{d}\alpha := \inf\{p.c. \int_I g\mathrm{d}\alpha : g在I上是逐段常值函数且上方控制f\}$$

以及

$$\underline{\int}_I f\mathrm{d}\alpha := \sup\{p.c. \int_I g\mathrm{d}\alpha : g在I上是逐段常值函数且下方控制f\}$$

来定义上 Riemann-Stieltjes 积分 $\overline{\int}_I f\mathrm{d}\alpha$ 和下 Riemann-Stieltjes 积分 $\underline{\int}_I f\mathrm{d}\alpha$. 然后我们说 f 在 I 上关于 α 是 Riemann-Stieltjes 可积的, 如果上 Riemann-Stieltjes 积分和下 Riemann-Stieltjes 积分相等的话, 且此时我们记

$$\int_I f\mathrm{d}\alpha := \overline{\int}_I f\mathrm{d}\alpha = \underline{\int}_I f\mathrm{d}\alpha.$$

如前所述, 当 α 是恒等函数 $\alpha(x) := x$ 时, Riemann-Stieltjes 积分与 Riemann 积分重合; 可见 Riemann-Stieltjes 积分是 Riemann 积分的推广.(稍后, 在推论 11.10.3 中我们将对两种积分进行另外的比较.) 因为这个缘故, 我们有时把 $\int_I f$ 写作 $\int_I f\mathrm{d}x$ 或 $\int_I f(x)\mathrm{d}x$.

那么, Riemann 积分理论中的绝大部分 (但不是全部) 都可以毫无困难地推广到 Riemann-Stieltjes 积分, 只需把长度换为 α 长度. 有些结果失效; 定理 11.4.1(g)、命题 11.5.3 以及命题 11.5.6 当 α 在关键之处间断时不必成立 (例如, 当 f 和 α 都在同一点处间断时, $\int_I f\mathrm{d}\alpha$ 可能没有定义). 但是, 定理 11.5.1 依然成立 (习题 11.8.4).

习 题 11.8

11.8.1 证明引理 11.8.1. (提示: 修改定理 11.1.13 的证明.)

11.8.2 叙述并证明命题 11.2.13 关于 Riemann-Stieltjes 积分的类比.

11.8.3 叙述并证明定理 11.2.16 关于 Riemann-Stieltjes 积分的类比.

11.8.4 叙述并证明定理 11.5.1 关于 Riemann-Stieltjes 积分的类比. (提示: 证明时要小心. 这里问题是, 某些长度 $|J_k|$ 不应改变, 而另一些长度 $|J_k|$ 应改为 α 长度 $\alpha[J_k]$—— 基本上, 在求和号内出现的 $|J_k|$ 应换为 $\alpha[J_k]$, 而其他的不变.)

11.8.5 设 $\mathrm{sgn}:\mathbb{R}\to\mathbb{R}$ 是符号函数

$$\mathrm{sgn}(x):=\begin{cases}1, & 当\ x>0,\\ 0, & 当\ x=0,\\ -1, & 当\ x<0.\end{cases}$$

设 $f:[-1,1]\to\mathbb{R}$ 是连续函数. 证明 f 关于 sgn 是 Riemann-Stieltjes 可积的, 并且

$$\int_{[-1,1]} f\mathrm{dsgn}=f(0).$$

(提示: 对于每个 $\varepsilon>0$, 找上方控制 f 及下方控制 f 的逐段常值函数, 使它们的 Riemann-Stieltjes 积分是 ε- 接近于 $f(0)$ 的.)

§11.9 微积分的两个基本定理

我们现在已有足够的工具来把积分学和微分学用微积分基本定理联系起来. 实际上有两个这样的定理, 一个处理积分的导数, 另一个处理导数的积分.

定理 11.9.1(微积分第一基本定理) 设 $a<b$ 是实数, 并设 $f:[a,b]\to\mathbb{R}$ 是 Riemann 可积函数. 设 $F:[a,b]\to\mathbb{R}$ 是函数

$$F(x):=\int_{[a,x]} f.$$

那么 F 是连续的. 进而, 如果 $x_0\in[a,b]$ 且 f 在 x_0 处连续, 那么 F 在 x_0 处可微并且 $F'(x_0)=f(x_0)$.

证明 由于 f 是 Riemann 可积的, 所以它是有界的 (根据定义 11.3.4). 于是存在实数 M 使得对于一切 $x\in[a,b]$,

$$-M\leqslant f(x)\leqslant M.$$

现设 $x<y$ 是 $[a,b]$ 的两个元素. 注意, 根据定理 11.4.1(h),

$$F(y)-F(x)=\int_{[a,y]} f-\int_{[a,x]} f=\int_{[x,y]} f.$$

根据定理 11.4.1(e) 得,

$$\int_{[x,y]} f \leqslant \int_{[x,y]} M = p.c. \int_{[x,y]} M = M(y-x),$$

以及

$$\int_{[x,y]} f \geqslant \int_{[x,y]} -M = p.c. \int_{[x,y]} -M = -M(y-x),$$

从而

$$|F(y) - F(x)| \leqslant M(y-x).$$

这是 $y > x$ 的情形. 交换 x 和 y, 就得到当 $x > y$ 时

$$|F(y) - F(x)| \leqslant M(x-y).$$

还有, 当 $x = y$ 时 $F(y) - F(x) = 0$. 于是在全部三种情形下有

$$|F(y) - F(x)| \leqslant M|y-x|.$$

现设 $x \in [a,b]$, 并让 $(x_n)_{n=0}^{\infty}$ 是一个 $[a,b]$ 中的收敛到 x 的序列. 那么对于一切 n, 有

$$-M|x_n - x| \leqslant F(x_n) - F(x) \leqslant M|x_n - x|.$$

然而当 $n \to \infty$ 时, $-M|x_n - x|$ 与 $M|x_n - x|$ 都收敛到 0, 所以根据挤压判别法, $F(x_n) - F(x)$ 当 $n \to \infty$ 时收敛到 0, 于是

$$\lim_{n \to \infty} F(x_n) = F(x).$$

由于这对于 $[a,b]$ 中的一切收敛到 x 的序列 $(x_n)_{n=0}^{\infty}$ 成立, 所以 f 在 x 处连续. 由于 x 是 $[a,b]$ 的任意元素, 所以 F 是连续的.

现在假定 $x_0 \in [a,b]$, 并且 f 在 x_0 处连续. 任取 $\varepsilon > 0$. 根据连续性, 我们能找到 $\delta > 0$, 使得对于区间 $I : [x_0 - \delta, x_0 + \delta] \bigcap [a,b]$ 中的一切 x, 成立 $|f(x) - f(x_0)| \leqslant \varepsilon$, 换言之

$$f(x_0) - \varepsilon \leqslant f(x) \leqslant f(x_0) + \varepsilon, \text{对于一切} x \in I.$$

我们现在证明

$$|F(y) - F(x_0) - f(x_0)(y - x_0)| \leqslant \varepsilon |y - x_0|$$

对于一切 $y \in I$ 成立, 然后, 命题 10.1.7 将推出 F 在 x_0 处可微且导数 $F'(x_0) = f(x_0)$, 即所欲证的结论.

固定 $y \in I$. 有三种情况. 如果 $y = x_0$, 那么

$$F(y) - F(x_0) - f(x_0)(y - x_0) = 0,$$

从而结论明显成立. 如果 $y > x_0$, 那么

$$F(y) - F(x_0) = \int_{[x_0,y]} f.$$

由于 $x_0, y \in I$ 而 I 是连通集合, 那么 $[x_0, y]$ 是 I 的子区间, 从而

$$f(x_0) - \varepsilon \leqslant f(x) \leqslant f(x_0) + \varepsilon, \text{ 对于一切 } x \in [x_0, y] \text{ 成立},$$

那么

$$(f(x_0) - \varepsilon)(y - x_0) \leqslant \int_{[x_0,y]} f \leqslant (f(x_0) + \varepsilon)(y - x_0).$$

因此

$$|F(y) - F(x_0) - f(x_0)(y - x_0)| \leqslant \varepsilon |y - x_0|.$$

$y < x_0$ 的情形是类似的, 留给读者考虑. ■

例 11.9.2　回想在习题 9.8.5 中构作的单调函数 $f : \mathbb{R} \to \mathbb{R}$, 它在每个比例数处间断, 而在其他点处连续. 根据命题 11.6.1, 这个单调函数在 [0, 1] 上是 Riemann 可积的. 如果我们定义 $F : [0,1] \to \mathbb{R}$ 是函数

$$F(x) := \int_{[0,x]} f,$$

那么 F 是连续函数, F 在每个非比例数处可微. 另一方面, F 在每个比例数处不可微, 见习题 11.9.1.

非正式地, 微积分第一基本定理断言, 在关于 f 的一些假定条件之下,

$$\left(\int_{[0,x]} f\right)'(x) = f(x).$$

粗略地说, 这意味着, 积分的导数恢复到原始函数. 现在我们证明反过来的命题, 导数的积分恢复到原始函数.

定义 11.9.3(原函数 (antidervatives))　设 I 是有界区间, 并设 $f : I \to \mathbb{R}$ 是函数. 我们说函数 $F : I \to \mathbb{R}$ 是 f 的一个**原函数**, 如果 F 在 I 上可微并且对于一切 $x \in I$, $F'(x) = f(x)$.

定理 11.9.4(微积分第二基本定理)　*设 $a < b$ 是实数, 并设 $f : [a, b] \to \mathbb{R}$ 是 Riemann 可积函数. 如果 $F : [a, b] \to \mathbb{R}$ 是 f 的一个原函数, 那么*

$$\int_{[a,b]} f = F(b) - F(a).$$

证明 我们将使用 Riemann 和. 想法是证明对于 $[a,b]$ 的每个分法 $\mathbb{P}$ 都成立

$$U(f,\mathbb{P}) \geqslant F(b) - F(a) \geqslant L(f,\mathbb{P}).$$

左边的不等式断定 $F(b)-F(a)$ 是集合

$$\{U(f,\mathbb{P}) : \mathbb{P} \text{ 是 } [a,b] \text{ 的分法}\}$$

的下界, 而右边的不等式断定 $F(b)-F(a)$ 是集合

$$\{L(f,\mathbb{P}) : \mathbb{P} \text{ 是 } [a,b] \text{ 的分法}\}$$

的上界. 然而根据命题 11.3.12, 这表明

$$\overline{\int}_{[a,b]} f \geqslant F(b) - F(a) \geqslant \underline{\int}_{[a,b]} f,$$

但根据假设 f 是 Riemann 可积的, 所以上 Riemann 积分与下 Riemann 积分都等于 $\int_{[a,b]} f$. 那么, 所要的结论就推出来了.

我们必须证明 $U(f,\mathbb{P}) \geqslant F(b) - F(a) \geqslant L(f,\mathbb{P})$. 我们只证第一个不等式 $U(f,\mathbb{P}) \geqslant F(b)-F(a)$, 另一个不等式的证明是类似的.

设 $\mathbb{P}$ 是 $[a,b]$ 的分法. 从引理 11.8.4 得知

$$F(b) - F(a) = \sum_{J\in\mathbb{P}} F[J] = \sum_{J\in\mathbb{P}: J\neq\varnothing} F[J],$$

同时从定义知

$$U(f,\mathbb{P}) = \sum_{J\in\mathbb{P}: J\neq\varnothing} \sup_{x\in J} f(x)|J|.$$

于是, 只要证明, 对于一切非空的 $J\in\mathbb{P}$,

$$F[J] \leqslant \sup_{x\in J} f(x)|J|$$

就够了.

当 J 是单点集时, 结论是明显的, 因为两边都是零. 现设 $J=[c,d]$, $(c,d]$, $[c,d)$, 或 (c,d), 其中 $c<d$. 那么左边是 $F(J)=F(d)-F(c)$. 根据中值定理, 这等于 $(d-c)F'(e)$, 其中 e 是 J 的某个元素. 但由于 $F'(e)=f(e)$, 我们得到

$$F[J] = (d-c)f(e) = f(e)|J| \leqslant \sup_{x\in J} f(x)|J|,$$

这就是所要的不等式. ■

当然, 正如你所知道的, 只要能找到被积函数 f 的一个原函数, 就能使用微积分第二基本定理相对容易地计算积分. 注意, 微积分第一基本定理保证每个连续的 Riemann 可积函数都有原函数. 对于不连续的函数, 情况比较复杂, 那是研究生水平的实分析课题, 此处不予讨论. 还有, 并不是每个有原函数的函数都是 Riemann 可积的. 作为例子, 考虑由

$$F(x) := x^2 \sin \frac{1}{x^3}, \text{ 当 } x \neq 0; \text{ 而 } F(0) = 0$$

定义的函数 $F : [-1,1] \to \mathbb{R}$. 那么 F 是处处可微的 (为什么?), 所以 F' 有原函数. 但 F' 是无界的 (为什么?), 从而不是 Riemann 可积的.

我们现在停下来提一下关于原函数的令人厌恶的、含糊其词的 "+C" 陈述:

引理 11.9.5 *设 I 是有界区间, 并设 $f : I \to \mathbb{R}$ 是函数. 设 $F : I \to \mathbb{R}$ 和 $G : I \to \mathbb{R}$ 是 f 的两个原函数. 那么存在一个实数 C, 使得对于一切 $x \in I$, $F(x) = G(x) + C$.*

证明 见习题 11.9.2. ■

习 题 11.9

11.9.1 设 $f : [0,1] \to \mathbb{R}$ 是习题 9.8.5 中的函数. 证明对于每个比例数 $q \in \mathbb{Q} \bigcap [0,1]$, 函数 f 在 q 处不可微. (提示: 使用中值定理, 推论 10.2.9.)

11.9.2 证明引理 11.9.5. (提示: 对于函数 $F - G$, 使用中值定理, 即推论 10.2.9. 也可以用微积分第二基本定理证明这个引理 (如何证?), 但必须小心, 因为我们不假设 f 是 Riemann 可积的.)

11.9.3 设 $a < b$ 是实数, 并设 $f : [a,b] \to \mathbb{R}$ 是单调增函数. 设 $F : [a,b] \to \mathbb{R}$ 是函数 $F(x) := \int_{[a,x]} f$. 设 x_0 是 (a,b) 的元素. 证明 F 在 x_0 处可微的充分必要条件是 f 在 x_0 处连续. (提示: 充分性部分用一条微积分基本定理. 对于另一部分, 用反证法, 考虑 f 的左极限与右极限.)

§11.10 基本定理的推论

我们现在可以给出微积分基本定理的几个有用的推论 (除了当知道原函数时可以计算积分这一明显的应用之外). 第一个应用是熟知的分部积分公式.

命题 11.10.1(分部积分公式) *设 $I = [a,b]$, 并设 $F : [a,b] \to \mathbb{R}$ 以及 $G : [a,b] \to \mathbb{R}$ 都在 $[a,b]$ 上可微并且 F' 和 G' 都在 I 上 Riemann 可积. 那么我们有*

$$\int_{[a,b]} FG' = F(b)G(b) - F(a)G(a) - \int_{[a,b]} F'G.$$

证明 见习题 11.10.1. ■

下面我们证明, 在一定的条件下, 可以把 Riemann-Stieltjes 积分写成 Riemann 积分. 我们从逐段常值函数开始.

定理 11.10.2 设 $\alpha:[a,b]\to\mathbb{R}$ 是单调增函数, 并设 α 在 $[a,b]$ 上还是可微的而且 α' 是 Riemann 可积的. 设 $f:[a,b]\to\mathbb{R}$ 是 $[a,b]$ 上的逐段常值函数, 那么 $f\alpha'$ 在 $[a,b]$ 上 Riemann 可积, 而且

$$\int_{[a,b]} f\mathrm{d}\alpha=\int_{[a,b]} f\alpha'.$$

证明 由于 f 是逐段常值的, 它必是 Riemann 可积的, 而由于 α' 是 Riemann 可积的, 所以根据定理 11.4.5, $f\alpha'$ 是 Riemann 可积的.

设 f 关于 $[a,b]$ 的某个分法 $\mathbb{P}$ 是逐段常值的. 不失一般性, 我们可以认为 $\mathbb{P}$ 不含空集. 那么我们有

$$\int_{[a,b]} f\mathrm{d}\alpha=p.c.\int_{[\mathbb{P}]} f\mathrm{d}\alpha=\sum_{J\in\mathbb{P}} c_J\alpha[J],$$

其中 c_J 是 f 在 J 上的常数值. 另一方面, 从定理 11.2.16(h) (将其推广到任意长度的分法 —— 为什么这个推广成立?) 得

$$\int_{[a,b]} f\alpha'=\sum_{J\in\mathbb{P}}\int_J f\alpha'=\sum_{J\in\mathbb{P}}\int_J c_J\alpha'=\sum_{J\in\mathbb{P}} c_J\int_J\alpha'.$$

但由微积分第二基本定理 (定理 11.9.4), $\int_J\alpha'=\alpha[J]$, 从而得到所要的结论. ■

推论 11.10.3 设 $\alpha:[a,b]\to\mathbb{R}$ 是单调增函数, 并假设 α 还在 $[a,b]$ 上可微, 而且 α' 在 $[a,b]$ 上 Riemann 可积. 如果 $f:[a,b]\to\mathbb{R}$ 关于 α 在 $[a,b]$ 上 Riemann-Stieltjes 可积, 那么 $f\alpha'$ 在 $[a,b]$ 上 Riemann 可积, 并且

$$\int_{[a,b]} f\mathrm{d}\alpha=\int_{[a,b]} f\alpha'.$$

证明 注意 f 和 α' 是有界的, $f\alpha'$ 必也是有界的. 还有, 由于 α 是单调增的并且可微, 所以 α' 是不取负值的.

设 $\varepsilon>0$. 那么可以找到一个 $[a,b]$ 上的逐段常值函数 $\overline{f}$, 它上方控制 f, 并找到一个 $[a,b]$ 上的逐段常值函数 $\underline{f}$, 它下方控制 f, 使得

$$\int_{[a,b]} f\mathrm{d}\alpha-\varepsilon\leqslant\int_{[a,b]}\underline{f}\mathrm{d}\alpha\leqslant\int_{[a,b]}\overline{f}\mathrm{d}\alpha\leqslant\int_{[a,b]} f\mathrm{d}\alpha+\varepsilon,$$

用定理 11.10.2 得,

$$\int_{[a,b]} f\mathrm{d}\alpha-\varepsilon\leqslant\int_{[a,b]}\underline{f}\alpha'\leqslant\int_{[a,b]}\overline{f}\alpha'\leqslant\int_{[a,b]} f\mathrm{d}\alpha+\varepsilon.$$

由于 α' 不取负值, 而 $\underline{f}$ 下方控制 f, 所以 $\underline{f}\alpha'$ 下方控制 $f\alpha'$. 于是 $\underline{\int}_{[a,b]}\underline{f}\alpha' \leqslant \underline{\int}_{[a,b]} f\alpha'$(为什么?), 那么

$$\int_{[a,b]} f\mathrm{d}\alpha - \varepsilon \leqslant \underline{\int}_{[a,b]} f\alpha'.$$

类似地, 有

$$\overline{\int}_{[a,b]} f\alpha' \leqslant \int_{[a,b]} f\mathrm{d}\alpha + \varepsilon.$$

由于这些不等式对于任何 $\varepsilon > 0$ 都成立, 所以必有

$$\int_{[a,b]} f\mathrm{d}\alpha \leqslant \underline{\int}_{[a,b]} f\alpha' \leqslant \overline{\int}_{[a,b]} f\alpha' \leqslant \int_{[a,b]} f\mathrm{d}\alpha,$$

从而得到所要的结论. ■

注 11.10.4 非正式地说, 推论 11.10.3 断言, 当 α 可微时, $f\mathrm{d}\alpha$ 实质上等价于 $f\frac{\mathrm{d}\alpha}{\mathrm{d}x}\mathrm{d}x$, 然而, Riemann-Stieltjes 积分的优点在于, 即使 α 不是可微的, 积分依然是有意义的.

我们现在建立熟知的变量替换公式. 我们首先需要一个预备引理.

引理 11.10.5(变量替换公式 I) 设 $[a,b]$ 是闭区间, 并设 $\varphi : [a,b] \to [\varphi(a), \varphi(b)]$ 是连续的单调增函数. 设 $f : [\varphi(a), \varphi(b)] \to \mathbb{R}$ 是 $[\varphi(a), \varphi(b)]$ 上的逐段常值函数. 那么 $f \circ \varphi : [a,b] \to \mathbb{R}$ 在 $[a,b]$ 上也是逐段常值函数, 并且

$$\int_{[a,b]} f \circ \varphi \mathrm{d}\varphi = \int_{[\varphi(a), \varphi(b)]} f.$$

证明 我们给出一个证明的框架, 把细节留到习题 11.10.2 中.

设 $\mathbb{P}$ 是 $[\varphi(a), \varphi(b)]$ 的分法, 使得 f 关于 $\mathbb{P}$ 是逐段常值的, 我们可以假定 $\mathbb{P}$ 不含空集. 对于每个 $J \in \mathbb{P}$, 设 c_J 是 f 在 J 上的常数值. 那么

$$\int_{[\varphi(a), \varphi(b)]} f = \sum_{J \in \mathbb{P}} c_J |J|.$$

对于每个区间 J, 设 $\varphi^{-1}(J)$ 是集合 $\varphi^{-1}(J) := \{x \in [a,b] : \varphi(x) \in J\}$, 那么 $\varphi^{-1}(J)$ 是连通的 (为什么?), 所以是区间. 进而, c_J 是 $f \circ \varphi$ 在 $\varphi^{-1}(J)$ 上的常数值 (为什么?), 于是, 如果定义 $\mathbf{Q} := \{\varphi^{-1}(J) : J \in \mathbb{P}\}$, 那么 $\mathbf{Q}$ 是 $[a,b]$ 的分法 (为什么?), 并且 $f \circ \varphi$ 关于 $\mathbf{Q}$ 是逐段常值的 (为什么?). 于是

$$\int_{[a,b]} f \circ \varphi \mathrm{d}\varphi = \int_{[\mathbf{Q}]} f \circ \varphi \mathrm{d}\varphi = \sum_{J \in \mathbb{P}} c_J \varphi[\varphi^{-1}(J)].$$

然而 $\varphi[\varphi^{-1}(J)] = |J|$(为什么?). 这就推出了所要的结论. ■

命题 11.10.6(变量替换公式 II) 设 $[a,b]$ 是闭区间, 并设 $\varphi:[a,b]\to[\varphi(a),\varphi(b)]$ 是连续的单调增函数. 设 $f:[\varphi(a),\varphi(b)]\to\mathbb{R}$ 在 $[\varphi(a),\varphi(b)]$ 上 Riemann 可积. 那么 $f\circ\varphi:[a,b]\to\mathbb{R}$ 是关于 φ 在 $[a,b]$ 上 Riemann-Stieltjes 可积的, 并且

$$\int_{[a,b]} f\circ\varphi \mathrm{d}\varphi = \int_{[\varphi(a),\varphi(b)]} f.$$

证明 使用与从定理 11.10.2 推出推论 11.10.3 类似的方法, 就可从引理 11.10.5 推出此命题. 首先注意到, 由于 f 是 Riemann 可积的, 它是有界的, 所以 $f\circ\varphi$ 必定也是有界的 (为什么?).

设 $\varepsilon>0$. 那么可以找到在 $[\varphi(a),\varphi(b)]$ 上上方控制 f 的逐段常值函数 $\overline{f}$ 以及下方控制 f 的逐段常值函数 $\underline{f}$, 使得

$$\int_{[\varphi(a),\varphi(b)]} f-\varepsilon \leqslant \int_{[\varphi(a),\varphi(b)]} \underline{f} \leqslant \int_{[\varphi(a),\varphi(b)]} \overline{f} \leqslant \int_{[\varphi(a),\varphi(b)]} f+\varepsilon.$$

用引理 11.10.5 得,

$$\int_{[\varphi(a),\varphi(b)]} f-\varepsilon \leqslant \int_{[a,b]} \underline{f}\circ\varphi \mathrm{d}\varphi \leqslant \int_{[a,b]} \overline{f}\circ\varphi \mathrm{d}\varphi \leqslant \int_{[\varphi(a),\varphi(b)]} f+\varepsilon,$$

由于 $\underline{f}\circ\varphi$ 是逐段常值的, 并且下方控制 $f\circ\varphi$, 所以

$$\int_{[a,b]} \underline{f}\circ\varphi \mathrm{d}\varphi \leqslant \underline{\int}_{[a,b]} f\circ\varphi \mathrm{d}\varphi,$$

并且类似地, 有

$$\int_{[a,b]} \overline{f}\circ\varphi \mathrm{d}\varphi \geqslant \overline{\int}_{[a,b]} f\circ\varphi \mathrm{d}\varphi,$$

于是

$$\int_{[\varphi(a),\varphi(b)]} f-\varepsilon \leqslant \underline{\int}_{[a,b]} f\circ\varphi \mathrm{d}\varphi \leqslant \overline{\int}_{[a,b]} f\circ\varphi \mathrm{d}\varphi \leqslant \int_{[\varphi(a),\varphi(b)]} f+\varepsilon.$$

由于 ε 是任意的, 这就推出

$$\int_{[\varphi(a),\varphi(b)]} f \leqslant \underline{\int}_{[a,b]} f\circ\varphi \mathrm{d}\varphi \leqslant \overline{\int}_{[a,b]} f\circ\varphi \mathrm{d}\varphi \leqslant \int_{[\varphi(a),\varphi(b)]} f,$$

从而得到所要的结论. ■

把此公式与推论 11.10.3 联合, 立即得到下述熟知的公式:

命题 11.10.7(变量替换公式 III) 设 $[a,b]$ 是闭区间, 并设

$$\varphi:[a,b]\to[\varphi(a),\varphi(b)]$$

是可微的单调增函数, 而且 φ' 是 Riemann 可积的. 设 $f:[\varphi(a),\varphi(b)]\to\mathbb{R}$ 是在 $[\varphi(a),\varphi(b)]$ 上 Riemann 可积的函数. 那么 $(f\circ\varphi)\varphi':[a,b]\to\mathbb{R}$ 是 $[a,b]$ 上的 Riemann 可积的函数, 而且

$$\int_{[a,b]}(f\circ\varphi)\varphi'=\int_{[\varphi(a),\varphi(b)]}f.$$

习 题 11.10

11.10.1 证明命题 11.10.1. (提示：先用推论 11.5.2 和定理 11.4.5 证明 FG' 和 $F'G$ 是 Riemann 可积的, 然后用乘积法则 (定理 10.1.13(d)).)

11.10.2 补上引理 11.10.5 的证明中用 (为什么?) 标出的细节.

11.10.3 设 $a<b$ 是实数, 并设 $f:[a,b]\to\mathbb{R}$ 是 Riemann 可积函数. 设 $g:[-b,-a]\to\mathbb{R}$ 是函数 $g(x):=f(-x)$. 证明 g 也是 Riemann 可积的, 并且 $\int_{[-b,-a]}g=\int_{[a,b]}f$.

11.10.4 代替单调增, 当 φ 单调减时, 命题 11.10.7 的类似命题是什么?(当 φ 既不单调增, 也不单调减时, 情况变得本质上复杂得多.)

第 二 部 分

第12章　度量空间

§12.1　定义和例

在定义 6.1.5 中, 我们定义了实数序列 $(x_n)_{n=m}^{\infty}$ 收敛到一个实数 x 是什么意思; 实际上, 这指的是对于每个 $\varepsilon > 0$, 都存在 $N \geqslant m$, 使得对于一切 $n \geqslant N$, 都有 $|x - x_n| \leqslant \varepsilon$. 当此事成立时, 记为 $\lim_{n\to\infty} x_n = x$.

直观地说, 当序列 $(x_n)_{n=m}^{\infty}$ 收敛到极限 x 时, 指的是序列的元素 x_n 将终极地以任意要求的程度接近于 x. 一个更精确地表述此事的途径是, 引入两个实数间的**距离函数** $d(x, y)$, 它定义为 $d(x,y) := |x-y|$. (于是, 作为例子, $d(3,5) = 2$, $d(5,3) = 2$, 而 $d(3,3) = 0$.) 那么有:

引理 12.1.1　设 $(x_n)_{n=m}^{\infty}$ 是实数序列, 并设 x 是实数, 那么 $(x_n)_{n=m}^{\infty}$ 收敛到 x 当且仅当 $\lim_{n\to\infty} d(x_n, x) = 0$.

证明　见习题 12.1.1. ■

人们现在可能愿意把这个收敛概念加以推广, 使得不仅可以对于实数序列取极限, 而且也可以对于复数序列, 或向量序列, 或矩阵序列, 或函数序列, 甚至序列的序列来取极限. 一种方式是, 每当处理一类新的对象时, 就重新定义一次收敛的概念. 你会想到, 这样做很快就会变得异常冗烦. 一个更有效的方法是**抽象地**定义非常一般的一类空间, 它包含实数空间、复数空间和向量空间等基本的空间, 并在整个这类空间上一次性地定义收敛的概念. (一个**空间**恰是全体一定类型的一些对象的集合, 如全体实数的空间和全体 3×3 矩阵的空间等. 从数学上来说, 在空间和集合之间并没有多大差别. 只是空间中装备着比随意的集合更多的结构. 例如, 实数空间装备着加法和乘法运算, 而一般的集合就没有.)

有两类很有用的空间, 在这些空间上面可以定义收敛概念. 一类是**度量空间**, 我们这里要研究这类空间. 另一类是更一般的空间, 叫作**拓扑空间**, 拓扑空间也是很重要的, 但我们仅在 §13.5 中简短地处理一下这种空间.

粗略地说, 一个度量空间是一个具有**距离** $d(x, y)$ 的概念的任意的集合 X, 其距离应具有合理的性状. 更准确地说, 有:

定义 12.1.2(度量空间)　**度量空间** (X, d) 是一个集合 X, 其中的元素叫作**点**, 连同一个**距离函数** 或 **度量** $d: X \times X \to [0, \infty)$, 它把 X 中的每一对点 x, y 指派到一个非负的实数 $d(x, y) \geqslant 0$, 而且度量必须满足下述四条公理:

(a) 对于任意的 $x \in X$, 有 $d(x, x) = 0$.

(b) (正性) 对于不同的 $x,y\in X$, 有 $d(x,y)>0$.

(c) (对称性) 对于 $x,y\in X$, 有 $d(x,y)=d(y,x)$.

(d) (三角形不等式) 对于 $x,y,z\in X$, 有 $d(x,z)\leqslant d(x,y)+d(y,z)$.

在很多情况下, 度量 d 是明确的, 从而我们把 (X,d) 简写为 X.

注 12.1.3 条件 (a) 和 (b) 可以重述为: 对于 $x,y\in X$, $d(x,y)\geqslant 0$, 而且 $d(x,y)=0$ 当且仅当 $x=y$. (为什么这等价于 (a) 和 (b)?)

例 12.1.4(实直线) 设 $\mathbb{R}$ 是实数集, 并设 $d:\mathbb{R}\times\mathbb{R}\to[0,\infty)$ 是前面提到的度量 $d(x,y):=|x-y|$. 那么 $(\mathbb{R},d)$ 是度量空间 (习题 12.1.2). 我们把 d 叫作 $\mathbb{R}$ 上的**标准度量**, 而且当提到 $\mathbb{R}$ 作为度量空间时, 若无特殊说明, 指的就是标准度量.

例 12.1.5(导出的度量空间) 设 (X,d) 是度量空间, 并设 Y 是 X 的子集合. 那么可以把度量函数 $d:X\times X\to[0,\infty)$ 限制到 $X\times X$ 的子集合 $Y\times Y$ 上而产生一个限制的 Y 的度量函数 $d|_{Y\times Y}:Y\times Y\to[0,\infty)$, 这叫作 Y 上的由 X 上的度量**导出的**度量. 序偶 $(Y,d|_{Y\times Y})$ 是一个度量空间 (习题 12.1.4), 叫作 (X,d) 的由 Y 导出的**子空间**. 于是, 作为例子, 上一个例子中的实直线上的度量在实直线的任何子集上, 例如在整数集 $\mathbb{Z}$ 或区间 $[a,b]$ 上等都导出一个子空间结构.

例 12.1.6(欧几里得空间) 设 $n\geqslant 1$ 是自然数, 并设 $\mathbb{R}^n$ 是 n 元有序实数组的空间:

$$\mathbb{R}^n=\{(x_1,\cdots,x_n):x_1,\cdots,x_n\in\mathbb{R}\}.$$

定义**欧几里得度量**(也叫作 l^2 度量)$d_{l^2}:\mathbb{R}^n\times\mathbb{R}^n\to\mathbb{R}$ 为

$$\begin{aligned}d_{l^2}((x_1,\cdots,x_n),(y_1,\cdots,y_n)):&=\sqrt{(x_1-y_1)^2+\cdots+(x_n-y_n)^2}\\&=\left(\sum_{i=1}^n(x_i-y_i)^2\right)^{\frac{1}{2}}.\end{aligned}$$

于是, 作为例子, 当 $n=2$ 时,$d_{l^2}((1,6),(4,2))=\sqrt{3^2+4^2}=5$. 这个度量对应于在两点 $(x_1,\cdots,x_n)$, $(y_1,\cdots,y_n)$ 之间由毕达哥拉斯定理给出的几何距离. (注意, 虽然几何给出某些非常重要的度量空间的例子, 但还是存在不具明显几何特性的度量空间. 下面给出一些例子.) 验证 $(\mathbb{R}^2,d)$ 确实是度量空间, 可以从几何上看出 (例如, 现在三角形不等式断言三角形的一边的长总是小于或等于另两边的长度之和), 但也可以代数地进行证明 (见习题 12.1.6). 我们把 $(\mathbb{R}^n,d_{l^2})$ 叫作 **n 维欧几里得空间**.

例 12.1.7(出租车度量) 仍设 $n\geqslant 1$ 以及 $\mathbb{R}^n$ 如上例. 但现在使用另一个度量 d_{l^1}, 即所谓的**出租车度量**(或 l^1 度量), 定义是

$$\begin{aligned}d_{l^1}((x_1,\cdots,x_n),(y_1,\cdots,y_n)):&=|x_1-y_1|+\cdots+|x_n-y_n|\\&=\sum_{i=1}^n|x_i-y_i|.\end{aligned}$$

于是, 作为例子, 当 $n=2$ 时,$d_{l^1}((1,6),(4,2))=3+4=7$. 这个度量叫作出租车度量, 是因为当出租车从一点驶向另一点时, 如果只能沿坐标方向 (北、南、东、西) 行驶而不允许走对角线, 就走过这里的 d_{l^1}. 这样, 它总是至少与欧几里得度量一样大, 而欧几里得度量量度的是 "直线" 距离. 我们断言空间 $(\mathbb{R}^n, d_{l^1})$ 也是度量空间 (习题 12.1.7). 两者的度量不完全一样, 但不等式

$$d_{l^2}(x,y) \leqslant d_{l^1}(x,y) \leqslant \sqrt{n} d_{l^2}(x,y) \tag{12.1}$$

对于一切 x, y 成立 (见习题 12.1.8).

注 12.1.8 出租车度量在有些地方是有用的, 例如在纠错码理论中. 一个由 n 个二进制数组成的数串可以看作是 $\mathbb{R}^n$ 中的一个元素, 例如二进制数串 10010 可看作 $\mathbb{R}^5$ 中的点 (1,0,0,1,0). 两个二进制数串之间的出租车距离就是这两个数串中不同的比特 (bit) 的数目, 例如 $d_{l^1}(10010, 10101)=3$. 纠错码的目的是把每条信息 (例如一个字母) 编成一个二进制数串, 使得依出租车度量, 各数串之间离得尽可能远; 这就使随机的干扰把一个一个编码的二进制数串改变成另一个数串而造成误传的机会降低到最小, 同时也使探察到此种误传并予以纠正的机会增大到最大.

例 12.1.9(上确界范数度量) 还让 $n \geqslant 1$, 并设 $\mathbb{R}^n$ 如前. 但现在使用另一个度量 d_{l^∞}, 即所谓的**上确界范数度量** (或 l^∞ 度量), 定义是

$$d_{l^\infty}((x_1,\cdots,x_n),(y_1,\cdots,y_n)) := \sup\{|x_i-y_i| : 1 \leqslant i \leqslant n\}.$$

那么, 作为例子, 当 $n=2$ 时,$d_{l^\infty}((1,6),(4,2))=\sup(3,4)=4$. 空间 $(\mathbb{R}^n, d_{l^\infty})$ 也是度量空间 (习题 12.1.9), 并且以不等式

$$\frac{1}{\sqrt{n}} d_{l^2}(x,y) \leqslant d_{l^\infty}(x,y) \leqslant d_{l^2}(x,y), \quad \text{对于一切 } x, y \tag{12.2}$$

与 l^2 度量相联系 (见习题 12.1.10).

注 12.1.10 l^1, l^2, l^∞ 度量是更一般的 l^p 度量的特殊情形, 此处 $p \in [0, \infty]$, 但本书不讨论这些更一般的度量.

例 12.1.11(离散度量) 设 X 是任意的集合 (有限的或无限的), 定义**离散度量** (discrete metric) d_{disc} 如下:

$$d_{disc}(x,y) := 0, \quad \text{若 } x = y,$$

$$d_{disc}(x,y) := 1, \quad \text{若 } x \neq y.$$

那么, 按照这个度量, 所有的点之间的距离都是一样的. 空间 (X, d_{disc}) 是度量空间 (习题 12.1.11). 可见, 每个集合 X 上面都至少有一个度量.

例 12.1.12(测地距离)(非正式的)　设 X 是球面 $\{(x,y,z)\in\mathbb{R}^3 : x^2+y^2+z^2=1\}$, 并设 $d((x,y,z),(x',y',z'))$ 是在 X 中从 (x,y,z) 到 (x',y',z') 的最短曲线的长度. (这条曲线实际上是大圆的一段弧, 此处不证明此事, 它要用到多元微积分, 超出此书的范围.) 这使 X 成为一个度量空间, 读者应能验证 (不必使用球面的任何几何) 三角形不等式由定义几乎是自动成立的.

例 12.1.13(最短路径) (非正式的)　在现实生活中, 度量空间的例子比比皆是. 例如, X 可以是此刻连接在互联网上的一切计算机, 而 $d(x,y)$ 是从计算机 x 传输数据到计算机 y 所经过的机器的最小数目. 例如若 x 与 y 不是直接连接而是同时连接到计算机 z 的, 那么 $d(x,y)=2$. 假定网络上的一切机器都可最终连到一起 (于是 $d(x,y)$ 总是有限的), 那么 (X,d) 是度量空间 (为什么?). 像六合彩 ("six degrees of separation") 之类的游戏也发生在类似的度量空间中 (在六合彩的情形, 何为空间? 何为度量?). 或者, X 可以是一个大城市, 而 $d(x,y)$ 可以是从 x 到 y 开车所需最短时间 (虽然在现实生活中, 这个公理可能并不满足公理 (c)).

既然有了度量空间, 就可以在这些空间中定义收敛.

定义 12.1.14(度量空间中序列的收敛)　设 m 是整数, (X,d) 是度量空间, 并设 $(x^{(n)})_{n=m}^{\infty}$ 是 X 中的点的序列 (即对于每个自然数 $n\geqslant m$, 假定 $x^{(n)}$ 是 X 的一个元素). 设 x 是 X 的一个点. 我们说 $(x^{(n)})_{n=m}^{\infty}$ **依度量 d 收敛到 x**, 当且仅当 $\lim\limits_{n\to\infty} d(x^{(n)},x)=0$. 换言之 $(x^{(n)})_{n=m}^{\infty}$ 依度量 d 收敛到 x 当且仅当对于每个 $\varepsilon>0$, 都存在 $N\geqslant m$, 使得对于一切 $n\geqslant N$, $d(x^{(n)},x)\leqslant\varepsilon$. (为什么这两个定义等价?)

注 12.1.15　根据引理 12.1.1, 我们看到, 这个定义推广了已有的关于实数序列收敛的概念. 在很多情况下, 度量 d 是什么是明确的, 所以当不引起混淆时, 我们常常只说 "$(x^{(n)})_{n=m}^{\infty}$ 收敛到 x" 以代替 "$(x^{(n)})_{n=m}^{\infty}$ 依度量 d 收敛到 x". 有时我们也写 "当 $n\to\infty$ 时 $x^{(n)}\to x$" 以表达此意.

注 12.1.16　在上面的定义中, 上标 n 没有任何特别的意思, 它只是一个傀儡变量. 例如, 说 $(x^{(n)})_{n=m}^{\infty}$ 收敛到 x 与说 $(x^{(k)})_{k=m}^{\infty}$ 收敛到 x 完全是同一个命题; 而且有时为了方便要改变上标记号, 比如说, 变量 n 已作它用时, 就宜改用其他字母 (如 k,l,p 等) 为上标. 类似地, 序列也不必用上标 (n) 写成 $x^{(n)}$. 上面的定义对于 x_n 或函数 $f(n)$ 都一样成立, 其实对于任何依赖于 n 取值于 X 中的表达式都成立. 最后, 从习题 6.1.3 和习题 6.1.4 看到, 序列的起始点 m 对于取极限是无关紧要的; 如果 $(x^{(n)})_{n=m}^{\infty}$ 收敛到 x, 那么对于任何 $m'\geqslant m$, $(x^{(n)})_{n=m'}^{\infty}$ 也收敛到 x.

例 12.1.17　考虑具有标准欧几里得度量 d_{l^2} 的欧几里得空间 $\mathbb{R}^2$. 让 $(x^{(n)})_{n=1}^{\infty}$ 代表序列 $x^{(n)}:=(\frac{1}{n},\frac{1}{n})\in\mathbb{R}^2$, 也就是说, 我们考虑序列 $(1,1)$, $(\frac{1}{2},\frac{1}{2})$, $(\frac{1}{3},\frac{1}{3})$, $\cdots$. 那么, 这个序列依欧几里得度量 d_{l^2} 收敛到 (0,0), 这是因为

$$\lim_{n\to\infty} d_{l^2}(x^{(n)},(0,0))=\lim_{n\to\infty}\sqrt{\frac{1}{n^2}+\frac{1}{n^2}}=\lim_{n\to\infty}\frac{\sqrt{2}}{n}=0.$$

此序列依出租车度量 d_{l^1} 也收敛到 $(0,0)$, 这是因为

$$\lim_{n\to\infty} d_{l^1}(x^{(n)},(0,0)) = \lim_{n\to\infty}\left(\frac{1}{n}+\frac{1}{n}\right) = \lim_{n\to\infty}\frac{2}{n} = 0.$$

类似地, 它依上确界范数度量 d_{l^∞} 也收敛到 (0,0)(为什么?). 但依离散度量 d_{disc} 它不收敛到 (0,0), 因为

$$\lim_{n\to\infty} d_{disc}(x^{(n)},(0,0)) = \lim_{n\to\infty} 1 = 1 \neq 0.$$

可见, 序列的收敛性依赖于所使用的度量①.

在上面的四种度量 —— 欧几里得度量、出租车度量、上确界范数度量和离散度量之下, 验证收敛性事实上是相当容易的.

命题 12.1.18(l^1, l^2, l^∞ 的等价性) 设 $\mathbb{R}^n$ 是欧几里得空间, 并设 $(x^{(k)})_{k=m}^\infty$ 是 $\mathbb{R}^n$ 中的点的一个序列. 我们写

$$x^{(k)} = (x_1^{(k)}, \cdots, x_n^{(k)}),$$

即, 对于 $j=1,\cdots,n$, $x_j^{(k)} \in \mathbb{R}$ 是 $x^{(k)} \in \mathbb{R}^n$ 的第 j 个坐标. 设 $x=(x_1,\cdots,x_n)$ 是 $\mathbb{R}^n$ 的点. 那么下列四个命题等价:

(a) $(x^{(n)})_{n=m}^\infty$ 依欧几里得度量 d_{l^2} 收敛到 x.

(b) $(x^{(n)})_{n=m}^\infty$ 依出租车度量 d_{l^1} 收敛到 x.

(c) $(x^{(n)})_{n=m}^\infty$ 依上确界范数度量 d_{l^∞} 收敛到 x.

(d) 对于每个 $1 \leqslant j \leqslant n$, 序列 $(x_j^{(k)})_{k=m}^\infty$ 收敛到 x_j. (注意, 这是实数的序列而不是 $\mathbb{R}^n$ 中的点的序列 (如果 $n>1$ 的话).)

证明 见习题 12.1.12. ■

换句话说, 序列依欧几里得度量、依出租车度量、依上确界范数度量收敛当且仅当它的每个坐标分量所成序列分别收敛. 由于 (a),(b),(c) 的等价性, 我们说 $\mathbb{R}^n$ 上欧几里得度量、出租车度量、上确界范数度量是**等价的**. (欧几里得度量、出租车度量和上确界范数度量, 都有无限维的类比, 但那时它们是不等价的, 作为例子见习题 12.1.15.)

命题 12.1.19(依离散度量收敛) 设 X 是集合, 并设 d_{disc} 是 X 上的离散度量. 设 $(x^{(n)})_{n=m}^\infty$ 是 X 中的点的序列, 并设 x 是 X 中的点. 那么 $(x^{(n)})_{n=m}^\infty$ 依离散度量 d_{disc} 收敛到 x 当且仅当存在 $N \geqslant m$ 使得对于一切 $n \geqslant N$, $x^{(n)} = x$.

① 作为一个有点异想天开的例子, 可以给一个城市赋以 "汽车度量", 其中 $d(x,y)$ 定义为汽车从 x 点行驶到 y 点所用的时间; 也可以定义一个 "步行度量", 其中 $d(x,y)$ 是从 x 点步行到 y 点所用的时间. (为论述方便, 我们假定这些度量是对称的, 虽然现实生活中并不总是如此.) 容易想象出两个依一种度量很接近, 而依另一种度量却离得很远的例子.

证明 见习题 12.1.13. ■

我们现在来证明关于收敛序列的一个基本事实, 即它只能收敛到至多一个点.

命题 12.1.20(极限的唯一性) 设 (X,d) 是度量空间, 并设 $(x^{(n)})_{n=m}^{\infty}$ 是 X 中的序列. 假定存在两点 $x,x'\in X$ 使 $(x^{(n)})_{n=m}^{\infty}$ 依度量 d 同时收敛到 x 和 x', 那么, 必有 $x=x'$.

证明 见习题 12.1.14. ■

根据上述命题, 下述记号是恰当的：若 $(x^{(n)})_{n=m}^{\infty}$ 依度量 d 收敛到 x, 则记 $d\text{-}\lim_{n\to\infty} x^{(n)}=x$, 或简单地写 $\lim_{n\to\infty} x^{(n)}=x$, 如果不会对于度量 d 是什么发生混淆的话. 例如在 $(\frac{1}{n},\frac{1}{n})$ 的例子中, 有

$$d_{l^2}\text{-}\lim_{n\to\infty}\left(\frac{1}{n},\frac{1}{n}\right)=d_{l^1}\text{-}\lim_{n\to\infty}\left(\frac{1}{n},\frac{1}{n}\right)=(0,0),$$

但 $d_{disc}\text{-}\lim_{n\to\infty}(\frac{1}{n},\frac{1}{n})$ 不存在. 所以 $d\text{-}\lim_{n\to\infty} x^{(n)}$ 的意思可以与 d 是什么有关; 但不管怎样, 命题 12.1.20 为我们担保, 一旦 d 固定, 只能最多有一个 $d\text{-}\lim_{n\to\infty} x^{(n)}$ 的值. (当然, 这个极限依然可能不存在, 有些序列是不收敛的.) 注意, 根据引理 12.1.1, 极限的这个定义推广了定义 6.1.8 中的极限的概念.

注 12.1.21 一个序列依一个度量收敛到一个点, 而依另一个度量收敛到另一个不同的点, 这种情况是完全可能的, 当然, 这样的例子通常总是相当人造的. 例如, 设 $X:=[0,1]$ 是从 0 到 1 的闭区间. 用通常的度量 d, 有 $d\text{-}\lim_{n\to\infty}\frac{1}{n}=0$. 现在我们以下列方式 “交换” 点 0 和 1. 令 $f:[0,1]\to[0,1]$ 是函数, 满足使 $f(0):=1$, $f(1):=0$, 而对于一切 $x\in(0,1)$, $f(x):=x$. 然后定义 $d'(x,y):=d(f(x),f(y))$. 那么 (X,d') 仍是度量空间 (为什么?), 但是现在 $d'\text{-}\lim_{n\to\infty}\frac{1}{n}=1$. 可见, 改变空间的度量可大大地影响空间上收敛 (也叫作**拓扑**) 的性状; 关于拓扑的进一步讨论, 见 §13.5.

习 题 12.1

12.1.1 证明引理 12.1.1.

12.1.2 证明实直线以度量 $d(x,y):=|x-y|$ 确实成为度量空间. (提示：你可能愿意复习你对命题 4.3.3 的证明.)

12.1.3 设 X 是集合, 并设 $d:X\times X\to[0,\infty)$ 是函数.

(a) 给出一个服从定义 12.1.2 的公理 (b),(c),(d) 但不服从 (a) 的 (X,d) 的例子. (提示：修改离散度量.)

(b) 给出一个服从定义 12.1.2 的公理 (a),(c),(d) 但不服从 (b) 的 (X,d) 的例子.

(c) 给出一个服从定义 12.1.2 的公理 (a),(b),(d) 但不服从 (c) 的 (X,d) 的例子.

(d) 给出一个服从定义 12.1.2 的公理 (a),(b),(c) 但不服从 (d) 的 (X,d) 的例子. (提示：试使用 X 为有限集的例子.)

12.1.4 证明例 12.1.5 中定义的 $(Y, d|_{Y\times Y})$ 确实是度量空间.

12.1.5 设 $n \geqslant 1$, 并设 $a_1, \cdots, a_n$ 和 $b_1, \cdots, b_n$ 都是实数. 验证等式

$$\left(\sum_{i=1}^{n} a_i b_i\right)^2 + \frac{1}{2}\sum_{i=1}^{n}\sum_{j=1}^{n}(a_i b_j - a_j b_i)^2 = \left(\sum_{i=1}^{n} a_i^2\right)\left(\sum_{j=1}^{n} b_j^2\right),$$

从而得到 **Cauchy-Schwarz 不等式**

$$\left|\sum_{i=1}^{n} a_i b_i\right| \leqslant \left(\sum_{i=1}^{n} a_i^2\right)^{\frac{1}{2}}\left(\sum_{j=1}^{n} b_j^2\right)^{\frac{1}{2}}. \tag{12.3}$$

然后使用 Cauchy-Schwarz 不等式来证明**三角形不等式**

$$\left(\sum_{i=1}^{n}(a_i + b_i)^2\right)^{\frac{1}{2}} \leqslant \left(\sum_{i=1}^{n} a_i^2\right)^{\frac{1}{2}} + \left(\sum_{j=1}^{n} b_j^2\right)^{\frac{1}{2}}$$

12.1.6 证明例 12.1.6 中的 $(\mathbb{R}^n, d_{l^2})$ 的确是度量空间. (提示: 用习题 12.1.5.)

12.1.7 证明例 12.1.7 中的 $(\mathbb{R}^n, d_{l^1})$ 的确是度量空间.

12.1.8 证明 (12.1) 中的两个不等式. (对于第一个不等式, 将两边平方; 对于第二个不等式, 用习题 12.1.5.)

12.1.9 证明例 12.1.9 中的 $(\mathbb{R}^n, d_{l^\infty})$ 的确是度量空间.

12.1.10 证明 (12.2) 中的两个不等式.

12.1.11 证明例 12.1.11 中的 $(\mathbb{R}^n, d_{disc})$ 的确是度量空间.

12.1.12 证明命题 12.1.18.

12.1.13 证明命题 12.1.19.

12.1.14 证明命题 12.1.20. (提示: 修改命题 6.1.7 的证明.)

12.1.15 设

$$X := \left\{(a^{(n)})_{n=0}^{\infty} : \sum_{n=0}^{\infty} |a_n| < \infty\right\}$$

是绝对收敛序列的空间. 在这个空间上定义 l^1 和 l^∞ 度量

$$d_{l^1}\left((a^{(n)})_{n=0}^{\infty}, (b^{(n)})_{n=0}^{\infty}\right) := \sum_{n=0}^{\infty} |a_n - b_n|;$$

$$d_{l^\infty}\left((a^{(n)})_{n=0}^{\infty}, (b^{(n)})_{n=0}^{\infty}\right) := \sup_{n\in\mathbb{N}} |a_n - b_n|.$$

证明两者皆为 X 上的度量, 但是存在 X 的元素的序列 $x^{(1)}, x^{(2)}, \cdots$ (即, 序列的序列), 它依 d_{l^∞} 度量收敛但不依 d_{l^1} 度量收敛. 另一方面, 证明任何依 d_{l^1} 度量收敛的序列自动依 d_{l^∞} 度量收敛.

12.1.16 设 $(x^{(n)})_{n=1}^{\infty}$ 和 $(y^{(n)})_{n=1}^{\infty}$ 是度量空间 (X, d) 中的两个序列. 假设 $(x^{(n)})_{n=1}^{\infty}$ 收敛到点 $x \in X$ 而 $(y^{(n)})_{n=1}^{\infty}$ 收敛到点 $y \in X$. 证明

$$\lim_{n\to\infty} d(x_n, y_n) = d(x, y).$$

(提示: 多次使用三角形不等式.)

§12.2　度量空间的一些点集拓扑知识

在度量空间上定义了收敛运算之后, 我们现在来定义一些其他的相关的概念, 包括开集、闭集、内部、外部、边界和附着点. 这些概念的研究属于**点集拓扑**. 在 §13.5 中我们还会回到点集拓扑.

我们首先需要**度量球**或简称为**球**的概念.

定义 12.2.1(球)　设 (X, d) 是度量空间, x_0 是 X 的点, 并设 $r > 0$. 定义 X 依度量 d 的**以 $\boldsymbol{x_0}$ 为中心、$\boldsymbol{r}$ 为半径的球** $B_{(X,d)}(x_0, r)$ 为集合

$$B_{(X,d)}(x_0, r) := \{x \in X : d(x, x_0) < r\}.$$

当度量空间 (X, d) 是明确的, 把 $B_{(X,d)}(x_0, r)$ 简写为 $B(x_0, r)$.

例 12.2.2　在 $\mathbb{R}^2$ 中, 依欧几里得度量 d_{l^2}, 球 $B_{(\mathbb{R}^2, d_{l^2})}((0,0), 1)$ 是开的圆盘

$$B_{(\mathbb{R}^2, d_{l^2})}((0,0), 1) = \{(x, y) \in \mathbb{R}^2 : x^2 + y^2 < 1\}.$$

但如果使用出租车度量 d_{l^1}, 那么我们得到菱形

$$B_{(\mathbb{R}^2, d_{l^1})}((0,0), 1) = \{(x, y) \in \mathbb{R}^2 : |x| + |y| < 1\}.$$

如果我们使用离散度量, 那么这个球就是一个单点集:

$$B_{(\mathbb{R}^2, d_{disc})}((0,0), 1) = \{(0,0)\},$$

但如果把半径增加到大于 1, 那么球就是整个 $\mathbb{R}^2$. (为什么?)

例 12.2.3　在具有通常度量 d 的 $\mathbb{R}$ 中, 开区间 (3,7) 也是度量球 $B_{(\mathbb{R},d)}(5, 2)$.

注 12.2.4　注意, 半径 r 越小, 球 $B(x_0, r)$ 也越小. 但根据定义 12.1.2(a), 只要 r 是正的无论如何 $B(x_0, r)$ 总至少含有一点, 即中心 x_0. (我们不考虑半径为零或负数的球, 因为它们很无聊地只是空集而已.)

使用度量球, 在度量空间 X 中取一个集合 E, 可以把 X 的点分为三种类型: E 的内点、E 的外点和 E 的边界点.

定义 12.2.5(内点、外点和边界点)　设 (X, d) 是度量空间, 设 E 是 X 的子集, 并设 x_0 是 X 的点. 说 x_0 是 E 的**内点**, 如果存在半径 $r > 0$ 使得 $B(x_0, r) \subseteq E$. 说 x_0 是 E 的**外点**, 如果存在半径 $r > 0$, 使得 $B(x_0, r) \bigcap E = \varnothing$. 说 x_0 是 E 的**边界点**, 如果它既不是 E 的内点, 也不是 E 的外点.

E 的全体内点所成的集合叫作 E 的**内部**, 有时记作 $\mathrm{int}(E)$. E 的外点的集合叫作 E 的**外部**, 有时记作 $\mathrm{ext}(E)$. E 的边界点的集合叫作 E 的**边界**, 有时记作 ∂E.

注 12.2.6 如果 x_0 是 E 的内点, 那么 x_0 必定确实是 E 的一个元素, 因为球 $B(x_0, r)$ 总含其中心 x_0. 相反, 如果 x_0 是 E 的外点, 那么 x_0 不能是 E 的元素. 当然,x_0 不可能同时既是 E 的内点, 又是 E 的外点. 如果 x_0 是 E 的边界点, 那么它既可能是 E 的元素, 也可能不属于 E. 下面给出一些例子.

例 12.2.7 在具有标准度量 d 的实直线 $\mathbb{R}$ 上, 设 E 是半开区间,$E = [1, 2)$. 点 1.5 是 E 的内点, 因为可以找到中心在 1.5 的球 (例如 $B(1.5, 0.1)$) 含在 E 内. 点 3 是 E 的外点, 因为可以找到中心在 3 的球 (例如 $B(3, 0.1)$) 与 E 不相交. 但点 1 和点 2 既不是 E 的内点也不是 E 的外点, 它们是 E 的边界点. 在这种情形,$\text{int}(E) = (1, 2)$, $\text{ext}(E) = (-\infty, 1) \bigcup (2, \infty)$, 而 $\partial E = \{1, 2\}$. 注意此时一个边界点属于 E 而另一个不属于 E.

例 12.2.8 设 X 是集合, 具有离散度量 d_{disc}, 并且 E 是 X 的子集, 那么 E 的每个元素都是 E 的内点, 不在 E 中的每个点都是 E 的外点, 没有边界点. (见习题 12.2.1.)

定义 12.2.9(闭包) 设 (X, d) 是度量空间, E 是 X 的子集合, 并设 x_0 是 X 的点. 说 x_0 是 E 的**附着点**, 如果对于每个半径 $r > 0$, 球 $B(x_0, r)$ 与 E 的交都不空.E 的一切附着点的集合叫作 E 的**闭包**, 记作 $\overline{E}$.

注意, 这些概念与在定义 9.1.8 和定义 9.1.10 中定义的实直线上的对应的概念是一致的 (为什么?).

下述命题把附着点的概念与内点、边界点以及收敛的概念联系了起来.

命题 12.2.10 *设 (X, d) 是度量空间, E 是 X 的子集, 并设 x_0 是 X 的点. 下述命题是逻辑等价的.*

(a) *x_0 是 E 的附着点.*

(b) *x_0 或是 E 的内点或是 E 的边界点.*

(c) *存在一个 E 中的序列 $(x^{(n)})_{n=1}^{\infty}$ 依度量 d 收敛到 x_0.*

证明 见习题 12.2.2. ■

从命题 12.2.10 中 (a) 与 (b) 的等价性, 可得到一个直接的推论:

推论 12.2.11 *设 (X, d) 是度量空间, 并设 E 是 X 的子集. 那么*

$$\overline{E} = \text{int}(E) \bigcup \partial E = X \setminus \text{ext}(E).$$

如前面已注释过的, 集合 E 的边界点既可以属于 E, 也可以不属于 E. 视边界的情形, 我们可以把一个集合叫作开的、闭的或者既不是开的也不是闭的.

定义 12.2.12(开集和闭集) 设 (X, d) 是度量空间, 并设 E 是 X 的子集. 说 E 是**闭的**, 如果它含有它的一切边界点, 即 $\partial E \subseteq E$. 说 E 是开的, 如果它不含边界点, 即 $\partial E \bigcap E = \varnothing$. 如果 E 含有它的一些边界点而又不含另一些边界点, 那么它既不是开的也不是闭的.

例 12.2.13 设实直线 $\mathbb{R}$ 具有标准度量 d. 集合 (1,2) 不含它的边界点 1 和边界点 2, 从而是开集. 集合 [1,2] 含有它的两个边界点 1 和边界点 2, 从而是闭集. 集合 [1,2) 含有它的边界点 1, 但不含另一边界点 2, 所以既不是开的也不是闭的.

注 12.2.14 如果一个集合没有边界点, 那么它就既是开的, 也是闭的, 这是可能的. 例如, 在度量空间 (X, d) 中, 全空间 X 没有边界 (X 的每个点都是内点 —— 为什么?), 所以 X 是既开且闭的. 空集也没有边界 (X 的每个点都是它的外点 —— 为什么?), 从而也是既开且闭的. 在很多情况下, 这是仅有的既开且闭的集合, 但也有例外. 例如, 使用离散度量 d_{disc}, 每个集合都是既开且闭的!(为什么?)

从上面两个注中我们看到, 作为开集和作为闭集, 这两个概念并不是互相否定的; 存在既开且闭的集合, 也存在既不开且不闭的集合. 于是, 如果知道 E 不是开集, 而由此断言 E 是闭集, 那就错了. 同样, 从 E 不是闭集也不可断言 E 就是开集. 开集和闭集之间的正确关系由下面的命题 12.2.15(e) 给出.

现在给出开集和闭集的一些进一步的性质.

命题 12.2.15(开集和闭集的基本性质) 设 (X, d) 是度量空间.

(a) 设 E 是 X 的子集合. 那么 E 是开的当且仅当 $E = \text{int}(E)$. 换句话说,E 是开的当且仅当对于每个 $x \in E$, 都存在 $r > 0$, 使 $B(x, r) \subseteq E$.

(b) 设 E 是 X 的子集合.E 是闭的当且仅当 E 含有它的一切附着点. 换句话说,E 是闭的当且仅当对于 E 中的每个收敛序列 $(x^{(n)})_{n=m}^{\infty}$, 此序列的极限 $\lim\limits_{n\to\infty} x_n$ 也属于 E.

(c) 对于任何 $x_0 \in X$, 以及 $r > 0$, 球 $B(x_0, r)$ 都是开集. 集合

$$\{x \in X : d(x, x_0) \leqslant r\}$$

是闭集. (这个集合有时叫作以 x_0 为中心、r 为半径的**闭球**.)

(d) 任何单点集 $\{x_0\}$, 其中 $x_0 \in X$, 都自动是闭的.

(e) 设 E 是 X 的子集合.E 是开的当且仅当补集 $X \setminus E := \{x \in X : x \notin E\}$ 是闭的.

(f) 如果 $E_1, \cdots, E_n$ 是 X 的有限个开集, 那么 $E_1 \bigcap \cdots \bigcap E_n$ 也是开的. 如果 $F_1, \cdots, F_n$ 是 X 的有限个闭集, 那么 $F_1 \bigcup \cdots \bigcup F_n$ 也是闭的.

(g) 如果 $\{E_\alpha\}_{\alpha \in I}$ 是 X 的一族开集 (其中指标集 I 可以是有限的、可数的或不可数的), 那么并集

$$\bigcup_{\alpha \in I} E_\alpha := \{x \in X : \text{对于某 } \alpha \in I,\ x \in E_\alpha\}$$

也是开的. 如果 $\{F_\alpha\}_{\alpha \in I}$ 是 X 的一族闭集, 那么交集

$$\bigcap_{\alpha \in I} F_\alpha := \{x \in X : \text{对于一切 } \alpha \in I,\ x \in F_\alpha\}$$

也是闭的.

(h) 设 E 是 X 的子集合, 那么 $\text{int}(E)$ 是含在 E 中的最大开集. 换言之, $\text{int}(E)$ 是开的, 而且给定任何其他开集 $V \subseteq E$, 都有 $V \subseteq \text{int}(E)$. 类似地, $\overline{E}$ 是包含 E 的最小闭集. 换言之, $\overline{E}$ 是闭集, 并且给定任何其他闭集 $K \supseteq E$, 都有 $K \supseteq \overline{E}$.

证明 见习题 12.2.3. ■

习 题 12.2

12.2.1 验证例 12.2.8 的结论.

12.2.2 证明命题 12.2.10. (提示: 对于某个蕴含关系, 需要使用选择公理, 如在引理 8.4.5 中那样.)

12.2.3 证明命题 12.2.15. (提示: 可以使用命题前面的部分证明后面的部分.)

12.2.4 设 (X, d) 是度量空间, x_0 是 X 的点, 并且 $r > 0$. 设 B 是开球 $B := B(x_0, r) = \{x \in X : d(x, x_0) < r\}$, 并且 C 是闭球 $C := \{x \in X : d(x, x_0) \leqslant r\}$.

(a) 证明 $\overline{B} \subseteq C$.

(b) 举例说明, 存在度量空间 (X, d) 和点 $x_0 \in X$, $r > 0$, 使得 $\overline{B} \neq C$.

§12.3 相对拓扑

当定义开集和闭集之类的概念时, 我们提到过, 这些概念依赖于所用的度量的选取. 例如, 在实直线 $\mathbb{R}$ 上, 如果使用通常的度量 $d(x, y) = |x - y|$, 那么集合 $\{1\}$ 不是开集, 但若代之而用离散度量 d_{disc}, 则 $\{1\}$ 就是开集. (为什么?)

然而并不只是度量的选取决定何为开集, 何为闭集, **环境空间** X的选取也起作用. 这里有一些例子.

例 12.3.1 考虑平面 $\mathbb{R}^2$, 以及欧几里得度量 d_{l^2}. 在平面内可以取 x 轴 $X := \{(x, 0) : x \in \mathbb{R}\}$. 度量 d_{l^2} 可以限制在 X 上而产生 $(\mathbb{R}^2, d_{l^2})$ 的一个子空间 $(X, d_{l^2}|_{X \times X})$. (这个子空间本质上就是具有通常度量的实直线 $(\mathbb{R}, d)$, 叙述此事的精确方式是 $(X, d_{l^2}|_{X \times X})$ 与 $(\mathbb{R}, d)$**等距同构**. 但本书不再进一步在这方面展开.) 现在考虑集合

$$E := \{(x, 0) : -1 < x < 1\},$$

它既是 X 的子集合, 也是 $\mathbb{R}$ 的子集合. 作为 $\mathbb{R}^2$ 的子集合, 它不是开集, 因为, 例如点 0 在 E 内但不是 E 的内点. (任何球 $B_{(\mathbb{R}^2, d_{l^2})}(0, r)$ 都含有至少一个 x 轴之外的点, 此点当然也在 E 之外.) 另一方面, 如果把它看成 X 的子集合, 它就是开集; E 的每个点都是 E 关于度量空间 $(X, d_{l^2}|_{X \times X})$ 的内点. 例如, 点 0 现在是 E 的内点, 因为球 $B_{(X, d_{l^2}|_{X \times X})}(0, 1)$ 含在 E 中 (事实上它就是 E).

例 12.3.2 考虑实直线 $\mathbb{R}$ 及标准度量 d, 并让 X 是 $\mathbb{R}$ 内的区间 $X := (-1, 1)$, 那么我们可以把度量 d 限制到 X 上而产生 $(\mathbb{R}, d)$ 的子空间 $(X, d|_{X\times X})$. 现在考虑集合 $[0,1)$. 这个集合在 $\mathbb{R}$ 中不是闭的, 因为点 1 是 $[0,1)$ 的附着点但不含在 $[0,1)$ 内. 但是, 当看作 X 的子集合时, 集合 $[0,1)$ 现在成为闭集. 点 1 不是 X 的元素, 于是不再成为 $[0,1)$ 的附着点, 从而 $[0,1)$ 现在含有它的一切附着点.

为了把这个区别弄明白, 我们作出一个定义.

定义 12.3.3(相对拓扑) 设 (X, d) 是度量空间, Y 是 X 的子集合, 并设 E 是 Y 的子集合. 说 E 是关于 Y **相对开的**, 如果它在度量子空间 $(Y, d|_{Y\times Y})$ 中是开的. 类似地, 说 E 是关于 Y **相对闭的**, 如果它在度量空间 $(Y, d|_{Y\times Y})$ 中是闭的.

X 中的开集 (或闭集) 与 Y 中的相对开集 (或相对闭集) 之间的关系如下.

命题 12.3.4 *设 (X, d) 是度量空间, Y 是 X 的子集合, 并设 E 是 Y 的子集合.*

(a) *E 是关于 Y 相对开的当且仅当对于 X 的某开集 V, $E = V \bigcap Y$.*

(b) *E 是关于 Y 相对闭的当且仅当对于 X 的某闭集 K, $E = K \bigcap Y$.*

证明 我们只证 (a) 而把 (b) 留作习题 12.3.1. 先假定 E 是关于 Y 相对开的. 那么, E 在度量空间 $(Y, d|_{Y\times Y})$ 中是开的. 于是, 对于每个 $x \in E$, 存在半径 $r > 0$, 使得球 $B_{(Y,d|_{Y\times Y})}(x, r)$ 包含在 E 内. 此半径 r 与 x 有关, 为了强调此事, 我们写 r_x 以代替 r, 于是对于每个 $x \in E$, 球 $B_{(Y,d|_{Y\times Y})}(x, r_x)$ 包含在 E 中. (注意我们使用了选择公理和命题 8.4.7 来做此事.)

现在考虑集合

$$V := \bigcup_{x\in E} B_{(X,d)}(x, r_x),$$

这是 X 的子集合. 根据命题 12.2.15(c) 和 (g), V 是 X 的开集. 现在证明 $E = V \bigcap Y$. E 的任何点 x 肯定含在 $V \bigcap Y$ 中, 因为它在 Y 中同时也在 $B_{(X,d)}(x, r_x)$ 中, 从而在 V 中. 现假定 y 是 $V \bigcap Y$ 中的点. 那么 $y \in V$, 这蕴含着存在 $x \in E$, 使得 $y \in B_{(X,d)}(x, r_x)$. 但由于 y 也在 Y 中, 这蕴含 $y \in B_{(Y,d|_{Y\times Y})}(x, r_x)$. 但根据 r_x 的定义, 这表明 $y \in E$. 于是找到了一个开集 V, 使得 $E = V \bigcap Y$.

现在来做相反的事. 设 $E = V \bigcap Y$ 对于某开集 V 成立, 我们必须证明 E 是关于 Y 相对开的. 设 x 是 E 的任意一点, 我们必须证明 x 是在空间 $(Y, d|_{Y\times Y})$ 中 E 的内点. 由 $x \in E$ 知, $x \in V$. 由 V 是 X 中的开集知, 存在半径 $r > 0$ 使得 $B_{(X,d)}(x, r)$ 包含在 V 中. 严格说来, r 依赖于 x, 所以我们可以写 r_x 以代替 r, 但此时的论述只用到一个单独的 x(与上一段的论述相反), 所以没有必要在这里费事给 r 添上下标. 由于 $E = V \bigcap Y$, 这表明 $B_{(X,d)}(x, r) \bigcap Y$ 包含在 E 中. 但 $B_{(X,d)}(x, r) \bigcap Y$ 与 $B_{(Y,d|_{Y\times Y})}(x, r)$ 完全一样 (为什么?), 所以 $B_{(Y,d|_{Y\times Y})}(x, r)$ 包含在 E 中. 于是 x 是在度量空间 $(Y, d|_{Y\times Y})$ 中 E 的内点. 这就是要证的. ■

习 题 12.3

12.3.1 证明命题 12.3.4(b).

§12.4 Cauchy 序列及完备度量空间

现在来把第 6 章中的序列的极限理论的绝大部分内容推广到一般的度量空间中. 我们从推广定义 6.6.1 中的**子序列**的概念开始.

定义 12.4.1(子序列) 设 $\left(x^{(n)}\right)_{n=m}^{\infty}$ 是度量空间 (X,d) 中的点的序列. 设 n_1, n_2, $n_3, \cdots$ 是一个不小于 m 的整数的严格增序列, 即

$$m \leqslant n_1 < n_2 < n_3 < \cdots$$

那么称序列 $\left(x^{(n_j)}\right)_{j=1}^{\infty}$ 为原序列 $\left(x^{(n)}\right)_{n=m}^{\infty}$ 的**子序列**.

例 12.4.2 $\mathbb{R}^2$ 中的序列 $\left(\left(\frac{1}{j^2},\frac{1}{j^2}\right)\right)_{j=1}^{\infty}$ 是序列 $\left(\left(\frac{1}{n},\frac{1}{n}\right)\right)_{n=1}^{\infty}$ 的子序列 (此时 $n_j := j^2$). 序列 $1, 1, 1, \cdots$ 是 $1, 0, 1, 0, 1, \cdots$ 的子序列.

如果一个序列收敛, 那么它的一切子序列都收敛:

引理 12.4.3 *设 $\left(x^{(n)}\right)_{n=m}^{\infty}$ 是 (X,d) 中的收敛到某极限 x_0 的序列. 那么此序列的每个子序列 $\left(x^{(n_j)}\right)_{j=1}^{\infty}$ 也都收敛到 x_0.*

证明 见习题 12.4.3. ■

另一方面, 即使一个序列不收敛, 它仍然可能有子序列收敛. 例如序列 1, 0, 1, 0, 1, $\cdots$ 不收敛, 而它的某子序列 (例如 $1, 1, 1, \cdots$) 收敛. 为了定量描述此事, 把定义 6.4.1 推广如下:

定义 12.4.4(极限点) 设 $\left(x^{(n)}\right)_{n=m}^{\infty}$ 是度量空间 (X,d) 中的点的序列, 并设 $L \in X$. 我们说 L 是 $\left(x^{(n)}\right)_{n=m}^{\infty}$ 的**极限点**, 当且仅当对于每个 $N \geqslant m$ 和 $\varepsilon > 0$, 都存在 $n \geqslant N$ 使得 $d(x^{(n)}, L) < \varepsilon$.

命题 12.4.5 *设 $\left(x^{(n)}\right)_{n=m}^{\infty}$ 是度量空间 (X,d) 中的点的序列, 并设 $L \in X$. 那么下述命题是等价的.*

- *L 是 $\left(x^{(n)}\right)_{n=m}^{\infty}$ 的极限点.*
- *原始序列 $\left(x^{(n)}\right)_{n=m}^{\infty}$ 有子序列 $\left(x^{(n_j)}\right)_{j=1}^{\infty}$ 收敛到 L.*

证明 见习题 12.4.2 ■

下面我们复习定义 6.1.3(亦见定义 5.1.8) 中的 Cauchy 序列的概念.

定义 12.4.6(Cauchy 序列) 设 $\left(x^{(n)}\right)_{n=m}^{\infty}$ 是度量空间 (X,d) 中的点的序列. 我们说此序列是**Cauchy 序列**当且仅当对于每个 $\varepsilon > 0$, 都存在 $N \geqslant m$, 使得对于一切 $j, k \geqslant N$, $d(x^{(j)}, x^{(k)}) < \varepsilon$.

引理 12.4.7(收敛序列是 Cauchy 序列)　设 $\left(x^{(n)}\right)_{n=m}^{\infty}$ 是 (X,d) 中的收敛到某极限 x_0 的序列. 那么 $\left(x^{(n)}\right)_{n=m}^{\infty}$ 是 Cauchy 序列.

证明　见习题 12.4.3. ■

容易验证, Cauchy 序列的子序列仍然是 Cauchy 序列 (为什么?). 但并不是每个 Cauchy 序列都收敛:

例 12.4.8(非正式的)　考虑度量空间 $(\mathbb{Q},d)$ 中的序列

$$3, 3.1, 3.14, 3.141, 3.141\,5, \cdots$$

($\mathbb{Q}$ 为比例数集, d 是通常的度量 $d(x,y) := |x-y|$). 虽然这个序列在 $\mathbb{R}$ 中收敛 (它收敛到 π), 它在 $\mathbb{Q}$ 中不收敛 (由于 $\pi \notin \mathbb{Q}$, 而且一个序列不能收敛到两个不同的极限).

可见, 在某些度量空间中, Cauchy 序列不必收敛. 但是只要一个 Cauchy 序列的任何一个子序列收敛, 则整个 Cauchy 序列必定收敛 (到同一个极限):

引理 12.4.9　设 $\left(x^{(n)}\right)_{n=m}^{\infty}$ 是 (X,d) 中的 Cauchy 序列. 假设此序列的某子序列 $\left(x^{(n_j)}\right)_{j=1}^{\infty}$ 在 X 中收敛到极限 x_0, 那么原始序列 $\left(x^{(n)}\right)_{n=m}^{\infty}$ 也收敛到 x_0.

证明　见习题 12.4.4. ■

在例 12.4.8 中我们看到了一个度量空间含有不收敛的 Cauchy 序列的例子. 但是在定理 6.4.18 中我们看到在度量空间 $(\mathbb{R},d)$ 中, 每个 Cauchy 序列都收敛到某个极限. 这启发了下述定义.

定义 12.4.10(完备度量空间)　度量空间 (X,d) 叫作是**完备的** (complete), 当且仅当 (X,d) 中的每个 Cauchy 序列都在 (X,d) 中收敛.

例 12.4.11　根据定理 6.4.18, 实空间 $(\mathbb{R},d)$ 是完备的. 另一方面, 根据例 12.4.8, 比例数空间 $(\mathbb{Q},d)$ 不是完备的.

完备的度量空间有一些好的性质. 例如, 完备的度量空间的一条固有的性质是, 它总是闭的, 不管把它放在什么空间中, 它总是闭集. 确言之有下述命题:

命题 12.4.12　(a) 设 (X,d) 是度量空间, 并设 $(Y,d|_{Y\times Y})$ 是 (X,d) 的子空间. 如果 $(Y,d|_{Y\times Y})$ 是完备的, 那么 Y 必是 X 中的闭集.

(b) 反过来, 设 (X,d) 是完备的度量空间, 并且 Y 是 X 的闭子集合. 那么子空间 $(Y,d|_{Y\times Y})$ 也是完备的.

证明　见习题 12.4.7. ■

与此对照, 一个不完备的度量空间, 例如 $(\mathbb{Q},d)$, 在某些空间中可以是闭的 (例如, $\mathbb{Q}$ 在 $\mathbb{Q}$ 中是闭的), 但在另一些空间中就不是闭的 (例如 $\mathbb{Q}$ 在 $\mathbb{R}$ 中不是闭的). 实际上, 给定任何不完备的度量空间, 都存在一个**完备化** $(\overline{X},\overline{d})$, 它是包含 (X,d) 的更大的度量空间, 它是完备的, 并且 X 在 $\overline{X}$ 中不是闭的 (实际上 X 在 $(\overline{X},\overline{d})$ 中的闭包就是 $\overline{X}$), 见习题 12.4.8. 例如, $\mathbb{Q}$ 的一个可能的完备化就是 $\mathbb{R}$.

习 题 12.4

12.4.1 证明引理 12.4.3. (提示：复习你对命题 6.6.5 的证明.)

12.4.2 证明命题 12.4.5. (提示：复习你对命题 6.6.6 的证明.)

12.4.3 证明引理 12.4.7. (提示：复习你对命题 6.1.12 的证明.)

12.4.4 证明引理 12.4.9.

12.4.5 设 $\left(x^{(n)}\right)_{n=m}^{\infty}$ 是度量空间 (X,d) 中的点的序列, 并设 $L \in X$. 证明：如果 L 是序列 $\left(x^{(n)}\right)_{n=m}^{\infty}$ 的极限点, 那么 L 是集合 $\{x^{(n)} : n \geqslant m\}$ 的附着点. 逆命题成立吗?

12.4.6 证明：每个 Cauchy 序列最多有一个极限点.

12.4.7 证明命题 12.4.12.

12.4.8 下述结构推广了第 5 章中从比例数构造实数的思想, 它使我们可以把任意一个度量空间看作是完备度量空间的一个子空间. 下面设 (X,d) 是度量空间.

(a) 给定 X 中的任意一个 Cauchy 序列 $\left(x^{(n)}\right)_{n=1}^{\infty}$, 引入形式极限 $\mathrm{LIM}_{n\to\infty} x_n$. 如果 $\lim\limits_{n\to\infty} d(x_n, y_n) = 0$, 就说两个形式极限 $\mathrm{LIM}_{n\to\infty} x_n$ 与 $\mathrm{LIM}_{n\to\infty} y_n$ 是相等的. 证明这个相等关系遵从自反性、对称性和传递性公理.

(b) 让 $\overline{X}$ 是 X 中的一切 Cauchy 序列的形式极限的空间, 赋有上述相等关系. 定义度量 $d_{\overline{X}} : \overline{X} \times \overline{X} \to \mathbb{R}^+$ 为

$$d_{\overline{X}}\big(\mathrm{LIM}_{n\to\infty} x_n, \mathrm{LIM}_{n\to\infty} y_n\big) := \lim_{n\to\infty} d(x_n, y_n).$$

证明这个函数是定义成功的 (这就是说, 不仅极限 $\lim\limits_{n\to\infty} d(x_n, y_n)$ 存在, 而且还满足代入公理; 参阅引理 5.3.7), 并给予 $\overline{X}$ 以度量空间的结构.

(c) 证明度量空间 $(\overline{X}, d_{\overline{X}})$ 是完备的.

(d) 我们把 X 的元素 x 与 $\overline{X}$ 中的形式极限 $\mathrm{LIM}_{n\to\infty} x$ 等同起来; 通过验证 $x = y \iff \mathrm{LIM}_{n\to\infty} x = \mathrm{LIM}_{n\to\infty} y$ 来证明这是合理的. 借助此等同关系证明 $d(x,y) = d_{\overline{X}}(x,y)$, 从而 (X,d) 现在可以看作 $(\overline{X}, d_{\overline{X}})$ 的子空间.

(e) 证明 X 在 $\overline{X}$ 中的闭包是 $\overline{X}$(这解释了选择符号 $\overline{X}$ 的理由).

(f) 证明形式极限与实际极限一致, 于是当 $\left(x^{(n)}\right)_{n=1}^{\infty}$ 是 X 中的任意一个 Cauchy 序列时, 在 $\overline{X}$ 中有 $\lim\limits_{n\to\infty} x_n = \mathrm{LIM}_{n\to\infty} x_n$.

§12.5 紧致度量空间

我们现在来考虑点集拓扑学中的一个最有用的概念, 即**紧致性**的概念. 回顾 Heine-Borel 定理 (定理 9.1.24), 它断言实直线 $\mathbb{R}$ 的每个有界闭集 X 中的每个序列都有收敛的子序列, 且其极限仍在 X 中. 反过来说, 只有闭的有界集合才有这个性质. 这种性质是如此地有用, 以至于我们要给它一个名字.

定义 12.5.1(紧致性) 度量空间 (X,d) 叫作是**紧致的**, 当且仅当 (X,d) 中的每个序列都至少有一个收敛的子序列. 度量空间 X 的子集合 Y 叫作是**紧致的**, 如果子空间 $(Y,d|_{Y\times Y})$ 是紧致的.

注 12.5.2 集合 Y 的紧致性是一条内在的属性, 它只取决于限制到 Y 上的度量函数 $d|_{Y\times Y}$, 而与环境空间 X 的选择无关. 在定义 12.4.10 中的完备性概念以及下面定义 12.5.3 中的有界性概念也都是内在的, 但开与闭的概念不是内在的 (见 §12.3 中的讨论).

于是, 定理 9.1.24 证明, 在具有通常度量的实直线 $\mathbb{R}$ 上, 每个闭的有界集合都是紧致的, 反过来, 每个紧致集合也都是闭的且有界的.

现在我们来研究 Heine-Borel 性质如何推广到其他度量空间.

定义 12.5.3(有界集合) 设 (X,d) 是度量空间, 并设 Y 是 X 的子集合. 我们说 Y 是**有界的**, 当且仅当在 X 中有一个球 $B(x,r)$ 包含 Y.

注 12.5.4 此定义与定义 9.1.22 中有界集合的定义是一致的 (习题 12.5.1).

命题 12.5.5 *设 (X,d) 是紧致度量空间. 那么 (X,d) 是完备的也是有界的.*

证明 见习题 12.5.2. ■

从这个命题及命题 12.4.12(a) 我们得到对于一般度量空间的 Heine-Borel 定理的一半.

推论 12.5.6(紧致集合是闭的并且是有界的) *设 (X,d) 是度量空间, 并设 Y 是 X 的紧致子集合. 那么 Y 是闭的并且是有界的.*

在欧几里得空间中 Heine-Borel 定理的另一半成立:

定理 12.5.7(Heine-Borel 定理) *设 $(\mathbb{R}^n,d)$ 是欧几里得空间, 其度量 d 或为欧几里得度量 d_{l^2}, 或为出租车度量 d_{l^1}, 或为上确界范数度量 d_{l^∞}. 设 E 是 $\mathbb{R}^n$ 的子集合. 那么 E 是紧致集合当且仅当它是闭的并且是有界的.*

证明 见习题 12.5.3. ■

但是, 对于更一般的度量, Heine-Borel 定理不成立. 例如, 整数集在离散度量下是闭的 (其实它是完备的) 并且是有界的, 但不是紧致的, 因为序列 1, 2, 3, $\cdots$ 在 $\mathbb{Z}$ 中但无收敛的子序列 (为什么?). 习题 12.5.8 中有另一个例子, 然而, 如果愿意把闭性换为更强的完备性, 把有界性换为更强的**全有界性**, 那么 Heine-Borel 定理的一种变化形式成立, 见习题 12.5.10.

可以用拓扑的语言刻画紧致性, 那要使用下述听起来怪怪的说法: 紧致集合的每个开覆盖都有有限的子覆盖.

定理 12.5.8 *设 (X,d) 是度量空间, 并设 Y 是 X 的紧致的子集合. 设 $(V_\alpha)_{\alpha\in I}$ 是 X 的一族开集, 并设*

$$Y\subseteq\bigcup_{\alpha\in I}V_\alpha$$

(即开集族 $(V_\alpha)_{\alpha\in I}$ 覆盖 Y). 那么存在 I 的有限子集 F 使得

$$Y \subseteq \bigcup_{\alpha\in F} V_\alpha.$$

证明 反证法, 假设 I 中不存在使 $Y\subseteq\bigcup_{\alpha\in F}V_\alpha$ 的有限子集 F.

设 y 是 Y 的任意一个元素. 那么 y 必至少含在一个集合 V_α 中. 由于每个 V_α 都是开的, 所以必有 $r>0$ 使 $B_{(X,d)}(y,r)\subseteq V_\alpha$. 现设 $r(y)$ 代表量

$$r(y):=\sup\{r\in(0,\infty):\text{对于某}\,\alpha\in I,\ B_{(X,d)}(y,r)\subseteq V_\alpha\}.$$

根据上面的讨论知, 对于一切 $y\in Y$, $r(y)>0$. 现在让 r_0 代表量

$$r_0:=\inf\{r(y):y\in Y\}.$$

由于对于一切 $y\in Y$, $r(y)>0$, 有 $r_0\geqslant 0$. 有两种情形: $r_0=0$ 和 $r_0>0$.

第一种情形, $r_0=0$. 那么对于每个整数 $n\geqslant 1$, 至少存在一个点 $y\in Y$, 使得 $r(y)<\frac{1}{n}$(为什么?). 于是可对每个 $n\geqslant 1$ 选一个点 $y^{(n)}\in Y$, 使得 $r(y^{(n)})<\frac{1}{n}$(之所以可以这样做, 是根据选择公理, 见命题 8.4.7). 当然, 根据挤压判别法, 有 $\lim\limits_{n\to\infty} r(y^{(n)})=0$. $(y^{(n)})_{n=1}^\infty$ 是 Y 中的序列, 由于 Y 是紧致的, 所以可以找到一个子序列 $(y^{(n_j)})_{j=1}^\infty$ 它收敛到一点 $y_0\in Y$.

如前面一样, 我们知道有某 $\alpha\in I$ 使 $y_0\in V_\alpha$, 从而 (由于 V_α 是开的) 存在某 $\varepsilon>0$, 使 $B(y_0,\varepsilon)\subset V_\alpha$. 由于 $(y^{(n_j)})_{j=1}^\infty$ 收敛到 y_0, 所以必有某 $N\geqslant 1$ 使对于一切 $j\geqslant N$, $y^{(n_j)}\in B(y_0,\frac{\varepsilon}{2})$. 当然, 根据三角形不等式, 有 $B(y^{(n_j)},\frac{\varepsilon}{2})\subseteq B(y_0,\varepsilon)$, 从而 $B(y^{(n_j)},\frac{\varepsilon}{2})\subset V_\alpha$. 根据 $r(y^{(n_j)})$ 的定义, 这蕴含对于一切 $j\geqslant N$, 有 $r(y^{(n_j)})\geqslant\frac{\varepsilon}{2}$. 但这与 $\lim\limits_{j\to\infty} r(y^{(n_j)})=0$ 矛盾.

第二种情形, $r_0>0$. 在这种情形下, 对于一切 $y\in Y$, 有 $r(y)>\frac{r_0}{2}$, 这蕴含对于每个 $y\in Y$ 存在一个 $\alpha\in I$, 使得 $B(y,\frac{r_0}{2})\subseteq V_\alpha$ (为什么?).

现在我们仍用如下的递归方式构造一个序列 $y^{(1)},y^{(2)},y^{(3)}\cdots$, 让 $y^{(1)}$ 是 Y 中任意一点. 球 $B(y^{(1)},\frac{r_0}{2})$ 含在某个 V_α 中, 所以不可能覆盖 Y, 否则将得到有限覆盖, 而与假定相冲突. 于是存在 $y^{(2)}$ 不含在 $B(y^{(1)},\frac{r_0}{2})$ 中, 当然 $d(y^{(2)},y^{(1)})\geqslant\frac{r_0}{2}$. 这样的 $y^{(2)}$ 选好后, 那么集合 $B(y^{(1)},\frac{r_0}{2})\bigcup B(y^{(2)},\frac{r_0}{2})$ 不能覆盖整个 Y, 否则将得到两个开集 V_{α_1} 和 V_{α_2}, 它们覆盖 Y, 这又与开头的假定相矛盾. 于是又可找到点 $y^{(3)}$ 不含在 $B(y^{(1)},\frac{r_0}{2})\bigcup B(y^{(2)},\frac{r_0}{2})$ 中, 当然 $d(y^{(3)},y^{(1)})\geqslant\frac{r_0}{2}$, $d(y^{(3)},y^{(2)})\geqslant\frac{r_0}{2}$. 继续这个过程, 就得到 Y 中的一个序列 $(y^{(n)})_{n=1}^\infty$, 其具有性质 $d(y^{(k)},y^{(j)})\geqslant\frac{r_0}{2}$ 对于一切 $k\neq j$ 成立. 当然 $(y^{(n)})_{n=1}^\infty$ 不是 Cauchy 序列, 而且事实上它的任何子序列也不是 Cauchy 序列. 但这就与 Y 是紧致集合相矛盾了 (根据引理 12.4.7). ■

定理 12.5.8 的逆命题成立: 如果 Y 具有性质 "每个开覆盖都有有限的子覆盖", 那么 Y 是紧致的 (习题 12.5.11). 事实上, 比起基于序列的描述, 这个性质常常作为紧致的更为基本的概念. (对于度量空间, 两种概念: 覆盖式的紧致性与序列式的紧致性, 是等价的, 但对于更为一般的**拓扑空间**, 两种概念稍有区别; 见习题 13.5.8.)

推论 12.5.9 设 (X,d) 是度量空间, 并设 $K_1, K_2, K_3, \cdots$ 是 X 的非空紧致子集合的一个序列, 满足

$$K_1 \supseteq K_2 \supseteq K_3 \supseteq \cdots,$$

那么交集 $\bigcap_{n=1}^{\infty} K_n$ 不空.

证明 见习题 12.5.6. ■

我们列出紧致集合的一些性质作为本节的结尾.

定理 12.5.10 设 (X,d) 是度量空间.

(a) 如果 Y 是 X 的紧致子集合, 并且 $Z \subseteq Y$, 那么 Z 是紧致的当且仅 Z 是闭的.

(b) 如果 $Y_1, \cdots, Y_n$ 是 X 的 n 个紧致子集合, 那么它们的并集 $Y_1 \bigcup \cdots \bigcup Y_n$ 也是紧致的.

(c) X 的每个有限子集合 (包括空集) 是紧致的.

证明 见习题 12.5.7. ■

习 题 12.5

12.5.1 证明: 当谈论带有标准度量的实直线的子集合时, 定义 9.1.22 和定义 12.5.3 是一样的.

12.5.2 证明命题 12.5.5. (提示: 分别证明完备性和有界性. 对两个结论都用反证法. 要用到选择公理, 如在引理 8.4.5 中那样.)

12.5.3 证明命题 12.5.7. (提示: 用命题 12.1.18 和定理 9.1.24.)

12.5.4 设 $(\mathbb{R},d)$ 是带有标准度量的实直线. 给出一个连续函数 $f:\mathbb{R}\to\mathbb{R}$ 的例子, 使有一个开集 $V\subseteq\mathbb{R}$ 而其象 $f(V):=\{f(x):x\in V\}$ 不是开集.

12.5.5 设 $(\mathbb{R},d)$ 是带有标准度量的实直线. 给出一个连续函数 $f:\mathbb{R}\to\mathbb{R}$ 的例子, 使有一个闭集 $F\subseteq\mathbb{R}$ 而其象 $f(F)$ 不是闭集.

12.5.6 证明推论 12.5.9. (提示: 在紧致度量空间 $(K_1, d|_{K_1\times K_1})$ 中考虑集合 $V_n := K_1\setminus K_n$, 它们都是 K_1 上的开集. 用反证法, 设 $\bigcap_{n=1}^{\infty} K_n=\varnothing$, 然后使用定理 12.5.8.)

12.5.7 证明定理 12.5.10. (提示: 证 (c) 时可能用到 (b), 先证每个单点集是紧致的.)

12.5.8 设 (X,d_{l^1}) 是习题 12.1.15 中的度量空间. 对于每个自然数 n, 设 $e^{(n)}=(e_j^{(n)})_{j=1}^{\infty}$ 是 X 的元素, 满足: 当 $n=j$ 时 $e_j^{(n)}:=1$ 而当 $n\neq j$ 时 $e_j^{(n)}:=0$. 证明集合 $\{e^{(n)}:n\in\mathbb{N}\}$ 是 X 的闭的有界的子集合, 但不是紧致的. (尽管 (X,d_{l^1}) 是完备的度

量空间, 此事依然发生 —— 此处不证明 (X, d_{l^1}) 完备这一事实. 问题不在于 X 的完备性, 而在于它是 "无限维的", 我们不在此讨论此事.)

12.5.9 证明度量空间 (X, d) 是紧的当且仅当 X 的每个序列都至少有一个极限点.

12.5.10 度量空间 (X, d) 叫作是**全有界的**, 如果对于每个 $\varepsilon > 0$, 都存在正整数 n 和 n 个球 $B(x^{(1)}, \varepsilon), \cdots, B(x^{(n)}, \varepsilon)$, 它们覆盖 X(即 $X = \bigcup_{i=1}^{n} B(x^{(i)}, \varepsilon)$).

(a) 证明: 全有界的空间是有界的.

(b) 证明命题 12.5.5 的下述加强形式: 如果 (X, d) 是紧致的, 那么它是完备的并且是全有界的. (提示: 如果 X 不是全有界的, 那么存在某 $\varepsilon > 0$, 使得 X 不能被有限多个半径为 ε 的球覆盖. 于是, 用习题 8.5.20 找一个球的序列 $(B(x^{(n)}, \frac{\varepsilon}{2}))_{n=1}^{\infty}$, 使它们两两不交. 然后据此构造出一个序列, 它没有收敛的子列.)

(c) 反过来, 证明: 如果 X 是完备的并且是全有界的, 那么 X 是紧致的. (提示: 对于 X 中的任一序列 $\left(x^{(n)}\right)_{n=1}^{\infty}$ 用全有界的假定, 递归地对于每个正整数 j 构作它的一个子序列 $\left(x^{(n,j)}\right)_{n=1}^{\infty}$, 使得对于每个 j, 序列 $\left(x^{(n,j)}\right)_{n=1}^{\infty}$ 的元素全都包含在单一的一个半径为 $\frac{1}{j}$ 的球内, 并且每个序列 $\left(x^{(n,j+1)}\right)_{n=1}^{\infty}$ 都是前一个序列 $\left(x^{(n,j)}\right)_{n=1}^{\infty}$ 的子序列, 然后证明 "对角线" 序列 $\left(x^{(n,n)}\right)_{n=1}^{\infty}$ 是 Cauchy 序列, 然后再使用完备性的假定.)

12.5.11 设 (X, d) 具有性质: X 的每个开覆盖都具有有限的子覆盖. 证明: X 是紧致的. (提示: 如果 X 不是紧致的, 那么根据习题 12.5.9, 存在一个序列 $(x^{(n)})_{n=1}^{\infty}$, 它没有极限点. 于是对于每个 $x \in X$, 存在一个球 $B(x, \varepsilon)$, 它最多含有此序列的有限多个元素, 然后使用假定条件.)

12.5.12 设 (X, d_{disc}) 是具有离散度量 d_{disc} 的度量空间.

(a) 证明 X 是完备的.

(b) 何时 X 是紧致的, 何时 X 不是紧致的? 证明你的结论. (提示: Heine-Borel 定理在此无用, 因为它只适用于带有欧几里得度量的欧几里得空间.)

12.5.13 设 E 和 F 是 $\mathbb{R}$(带有标准度量 $d(x, y) = |x - y|$) 的两个紧致的子集合. 证明笛卡儿乘积 $E \times F := \{(x, y) : x \in E, y \in F\}$ 是 $\mathbb{R}^2$(带有欧几里得度量 d_{l^2}) 的紧致子集合.

12.5.14 设 (X, d) 是度量空间, E 是 X 的非空紧致子集合, 并设 x_0 是 X 的点. 证明: 存在点 $x \in E$, 使得

$$d(x_0, x) = \inf\{d(x_0, y) : y \in E\},$$

也就是说, x 是 E 中与 x_0 距离最近的点. (提示: 令 R 为量 $R := \inf\{d(x_0, y) : y \in E\}$, 在 E 中构作一个序列 $(x^{(n)})_{n=1}^{\infty}$ 使得 $d(x_0, x^{(n)}) \leqslant R + \frac{1}{n}$, 然后使用 E 的紧致性).

12.5.15 设 (X, d) 是紧致度量空间. 假设 $(K_\alpha)_{\alpha \in I}$ 是 X 中的一个闭子集族, 它具有这样的性质: 这些集合中的任何有限多个的交都不空, 也就是说, 对于一切有限集 $F \subset I$, $\bigcap_{\alpha \in F} K_\alpha \neq \varnothing$. (这个性质叫作**有限交性质**.) 证明整个这一族具有非空的交, 即 $\bigcap_{\alpha \in I} K_\alpha \neq \varnothing$. 举例说明: 如果 X 不是紧致的, 此命题不成立.

第 13 章 度量空间上的连续函数

§13.1 连续函数

上一章中, 我们研究了度量空间 (X,d) 以及空间中的各种类型的集合. 这已然是一个相当丰富的课题了, 如果不仅考虑单一的度量空间, 而是考虑**一对**度量空间 (X,d_X) 和 (Y,d_Y), 以及在这两个空间之间的连续函数 $f:X\to Y$, 那么度量空间的理论就变得更为丰富, 而且对于分析学也更为重要. 为了定义**连续函数** $f:X\to Y$, 我们把定义 9.4.1 推广如下:

定义 13.1.1(连续函数) 设 (X,d_X) 是度量空间, (Y,d_Y) 是另一个度量空间, 并设 $f:X\to Y$ 是函数. 设 $x_0\in X$, 我们说 f **在 $\boldsymbol{x_0}$ 处连续**, 如果对于每个 $\varepsilon>0$, 都存在 $\delta>0$, 使得只要 $d_X(x,x_0)<\delta$ 就有 $d_Y(f(x),f(x_0))<\varepsilon$. 我们说 f 是**连续的**, 当且仅当它在每点 $x\in X$ 处都连续.

注 13.1.2 连续函数有时也叫作**连续映射**. 从数学上来说, 这两个术语没有区别.

注 13.1.3 如果 $f:X\to Y$ 是连续的, 而 K 是 X 的任意的子集合, 那么 f 在 K 上的限制 $f|_K:K\to Y$ 也是连续的. (为什么?)

我们现在把第 9 章中的大部分内容予以推广. 首先来看连续函数保持收敛性.

定理 13.1.4(连续性保持收敛性) 设 (X,d_X), (Y,d_Y) 是度量空间. 设 $f:X\to Y$ 是函数, 并设 $x_0\in X$ 是 X 中的一个点. 那么下述三命题逻辑等价.

(a) f 在 x_0 处连续.

(b) 只要 $(x^{(n)})_{n=1}^\infty$ 是 X 中的依度量 d_X 收敛到 x_0 的序列, 序列 $\left(f(x^{(n)})\right)_{n=1}^\infty$ 就依度量 d_Y 收敛到 $f(x_0)$.

(c) 对于每个含有点 $f(x_0)$ 的开集 $V\subseteq Y$, 存在一个含有 x_0 的开集 $U\subseteq X$, 使得 $f(U)\subseteq V$.

证明 见习题 13.1.1. ■

连续函数的另一个重要的特征刻画用到开集.

定理 13.1.5 设 (X,d_X) 是度量空间, 并设 (Y,d_Y) 是另一个度量空间. 设 $f:X\to Y$ 是函数. 那么下述四个命题是等价的.

(a) f 是连续的.

(b) 只要 $(x^{(n)})_{n=1}^\infty$ 是 X 中的依度量 d_X 收敛到某点 $x_0\in X$ 的序列, 序列 $\left(f(x^{(n)})\right)_{n=1}^\infty$ 就依度量 d_Y 收敛到 $f(x_0)$.

(c) 只要 V 是 Y 中的开集, 集合 $f^{-1}(V) := \{x \in X : f(x) \in V\}$ 就是 X 中的开集.

(d) 只要 F 是 Y 中的闭集, 集合 $f^{-1}(F) := \{x \in X : f(x) \in F\}$ 就是 X 中的闭集.

证明 见习题 13.1.2. ■

注 13.1.6 好像挺奇怪, 连续性保证开集的逆象 (inverse image) 是开集. 似乎可以猜想反过来的事情成立, 即开集的象 (forward image) 是开集，但这是不对的; 见习题 12.5.4 和习题 12.5.5.

下面是上述两定理的直接推论.

推论 13.1.7(复合保持连续性) 设 (X, d_X), (Y, d_Y), (Z, d_Z) 是度量空间.

(a) 如果 $f : X \to Y$ 在点 x_0 处连续, 而 $g : Y \to Z$ 在点 $f(x_0)$ 处连续, 那么由 $g \circ f(x) := g(f(x))$ 定义的复合函数 $g \circ f : X \to Z$ 在 x_0 处连续.

(b) 如果 $f : X \to Y$ 是连续的, 并且 $g : Y \to Z$ 是连续的, 那么 $g \circ f : X \to Z$ 也是连续的.

证明 见习题 13.1.13. ■

例 13.1.8 如果 $f : X \to \mathbb{R}$ 是连续函数, 那么由 $f^2(x) := \big(f(x)\big)^2$ 定义的函数 $f^2 : X \to \mathbb{R}$ 也是连续的. 这是因为有 $f^2 = g \circ f$, 其中 $g : \mathbb{R} \to \mathbb{R}$ 是平方函数 $g(x) := x^2$, 当然 g 是连续函数.

习 题 13.1

13.1.1 证明定理 13.1.4. (提示: 复习你对于命题 9.4.7 的证明.)

13.1.2 证明定理 13.1.5. (提示: 定理 13.1.4 已表明 (a) 和 (b) 是等价的.)

13.1.3 用定理 13.1.4 和定理 13.1.5 证明推论 13.1.7.

13.1.4 给出函数 $f : \mathbb{R} \to \mathbb{R}$ 和 $g : \mathbb{R} \to \mathbb{R}$ 的例子, 使得:

(a) f 不连续, 但 $g \circ f$ 连续;

(b) g 不连续, 但 $g \circ f$ 连续;

(c) f 和 g 都不连续, 但 $g \circ f$ 连续.

简要地解释一下, 为什么这些例子并不与推论 13.1.7 相矛盾.

13.1.5 设 (X, d) 是度量空间, $(E, d|_{E\times E})$ 是 (X, d) 的子空间. 设 $\tau_{E\to X} : E \to X$ 是由 $\tau_{E\to X}(x) = x$ 定义的**包含映射**, 证明 $\tau_{E\to X}$ 是连续的.

13.1.6 设 $f : X \to Y$ 是从度量空间 (X, d_X) 到度量空间 (Y, d_Y) 的函数. 设 E 是 X 的子集合 (赋予导出度量 $d_X|_{E\times E}$), 并设 $f|_E : E \to Y$ 是 f 在 E 上的限制, 即当 $x \in E$ 时, $f|_E(x) := f(x)$. 设 $x_0 \in E$ 并且 f 在 x_0 处连续, 证明 $f|_E$ 也在 x_0 处连续.(此命题的逆命题成立吗? 请解释.) 结论是, 当 f 连续时, $f|_E$ 也连续, 即函数的定义域的限制不破坏连续性. (提示: 使用习题 13.1.5.)

13.1.7 设 $f: X \to Y$ 是从度量空间 (X, d_X) 到度量空间 (Y, d_Y) 的函数. 假设 X 的象 $f(X)$ 包含在 Y 的某个子集合 $E \subset Y$ 中. 设 $g: X \to E$ 是与 f 一样的函数只不过值域从 Y 限制到 E, 那么对于一切 $x \in X$, $g(x) = f(x)$. 给 E 以从 Y 导出的度量 $d_Y|_{E \times E}$. 证明: 对于任意的 $x_0 \in X$, f 在 x_0 处连续当且仅当 g 在 x_0 处连续. 结论是 f 连续当且仅当 g 连续. (也就是说, 限制函数的值域不影响函数的连续性.)

§13.2 连续性与乘积空间

给定两个函数 $f: X \to Y$ 和 $g: X \to Z$, 可以定义它们的**直和** $f \oplus g: X \to Y \times Z$ 为函数

$$(f \oplus g)(x) := (f(x), g(x)).$$

这是一个取值于笛卡儿乘积 $Y \times Z$ 中, 第一坐标为 $f(x)$, 第二坐标为 $g(x)$ 的函数 (参见习题 3.5.7). 例如, 设 $f: \mathbb{R} \to \mathbb{R}$ 是函数 $f(x) = x^2 + 3$, 而 $g: \mathbb{R} \to \mathbb{R}$ 是函数 $g(x) = 4x$, 那么 $f \oplus g: \mathbb{R} \to \mathbb{R}^2$ 是函数

$$f \oplus g(x) := (x^2 + 3, 4x).$$

直和运算保持连续性:

引理 13.2.1 设 $f: X \to \mathbb{R}$, $g: X \to \mathbb{R}$ 都是函数, 并设 $f \oplus g: X \to \mathbb{R}^2$ 是它们的直和. 我们给 $\mathbb{R}^2$ 装备欧几里得度量.

(a) 设 $x_0 \in X$, 函数 f 和 g 都在 x_0 处连续当且仅当 $f \oplus g$ 在 x_0 处连续.

(b) 函数 f 和 g 都连续当且仅当 $f \oplus g$ 连续.

证明 见习题 13.2.1. ■

为了使用这个引理, 我们首先需要另一个关于连续性的结果.

引理 13.2.2 加法函数 $(x, y) \mapsto x + y$, 减法函数 $(x, y) \mapsto x - y$, 乘法函数 $(x, y) \mapsto xy$, 最大值函数 $(x, y) \mapsto \max(x, y)$, 最小值函数 $(x, y) \mapsto \min(x, y)$ 都是从 $\mathbb{R}^2$ 到 $\mathbb{R}$ 的连续函数. 除法函数 $(x, y) \mapsto \frac{x}{y}$ 是从 $\mathbb{R} \times (\mathbb{R} \setminus \{0\}) = \{(x, y) \in \mathbb{R}^2 : y \neq 0\}$ 到 $\mathbb{R}$ 的连续函数. 对于任意的实数 c, 函数 $x \mapsto cx$ 是从 $\mathbb{R}$ 到 $\mathbb{R}$ 的连续函数.

证明 见习题 13.2.2. ■

把这两个引理合起来, 我们得到

推论 13.2.3 设 (X, d) 是度量空间, $f: X \to \mathbb{R}$, $g: X \to \mathbb{R}$ 都是函数. 设 c 是实数.

(a) 设 $x_0 \in X$, 如果 f 和 g 都在 x_0 处连续, 那么函数

$$f + g: X \to \mathbb{R}, \quad f - g: X \to \mathbb{R}, \quad fg: X \to \mathbb{R},$$

$$\max(f, g): X \to \mathbb{R}, \quad \min(f, g): X \to \mathbb{R}, \quad cf: X \to \mathbb{R}$$

都在 x_0 处连续 (上述函数的定义见定义 9.2.1). 如果对于一切 $x \in X$, $g(x) \neq 0$, 那么 $\frac{f}{g}: X \to \mathbb{R}$ 也在 x_0 处连续.

(b) 如果 f 和 g 是连续的, 那么函数

$$f+g: X \to \mathbb{R}, \quad f-g: X \to \mathbb{R}, \quad fg: X \to \mathbb{R},$$

$$\max(f,g): X \to \mathbb{R}, \quad \min(f,g): X \to \mathbb{R}, \quad cf: X \to \mathbb{R}$$

都是连续的. 如果对于一切 $x \in X$, $g(x) \neq 0$, 那么 $\frac{f}{g}: X \to \mathbb{R}$ 也是连续的.

证明 先证明 (a). 由于 f 和 g 都在 x_0 处连续, 所以根据引理 13.2.1, $f \oplus g: X \to \mathbb{R}^2$ 也在 x_0 处连续. 另一方面, 根据引理 13.2.2, 函数 $(x,y) \mapsto x+y$ 在 $\mathbb{R}^2$ 的每点处都连续, 当然也在点 $f \oplus g(x_0)$ 处连续. 使用推论 13.1.7, 复合这两个函数 (即 $f \oplus g$ 与加法函数) 我们就断定 $f+g: X \to \mathbb{R}$ 是连续的. 类似的论述给出 $f-g$, fg, $\max(f,g)$, $\min(f,g)$, cf 的连续性. 要证关于 $\frac{f}{g}$ 的结论, 我们先用习题 13.1.7 把 g 的值域从 $\mathbb{R}$ 限制到 $\mathbb{R} \setminus \{0\}$, 然后就可论述如前. 结论 (b) 直接从 (a) 推出. ■

这个推论使我们能证一大类函数的连续性, 下面我们给出一些例子.

习 题 13.2

13.2.1 证明引理 13.2.1. (提示: 用命题 12.1.18 及定理 13.1.4.)

13.2.2 证明引理 13.2.2. (提示: 用命题 13.1.5 及极限算律 (定理 6.1.19).)

13.2.3 证明: 如果 $f: X \to \mathbb{R}$ 是连续函数, 那么由 $|f|(x) := |f(x)|$ 定义的函数 $|f|: X \to \mathbb{R}$ 也是连续函数.

13.2.4 设 $\pi_1: \mathbb{R}^2 \to \mathbb{R}$ 及 $\pi_2: \mathbb{R}^2 \to \mathbb{R}$ 分别是函数

$$\pi_1(x,y) := x, \quad \pi_2(x,y) := y$$

(这两个函数有时叫作 $\mathbb{R}^2$ 上的**坐标函数**). 证明 π_1 和 π_2 是连续的. 结论是, 对于任何从 $\mathbb{R}$ 到度量空间 (X,d) 的连续函数 $f: \mathbb{R} \to X$, 由 $g_1(x,y) := f(x)$ 和 $g_2(x,y) := f(y)$ 定义的函数 $g_1: \mathbb{R}^2 \to X$ 和 $g_2: \mathbb{R}^2 \to X$ 都是连续的.

13.2.5 设 $n, m \geqslant 0$ 是整数. 假设对于每个 $0 \leqslant i \leqslant n$ 和 $0 \leqslant j \leqslant m$, 有一个实数 c_{ij}. 由下式构成函数 $P: \mathbb{R}^2 \to \mathbb{R}$

$$P(x,y) := \sum_{i=0}^{n} \sum_{j=0}^{m} c_{ij} x^i y^j.$$

(这样的函数叫作**二元多项式**, 这种多项式的一个典型的例子是

$$P(x,y) = x^3 + 2xy^2 - x^2 + 3y + 6.)$$

证明 P 是连续的. (提示: 用习题 13.2.4 及推论 13.2.3.) 结论是, 当 $f: X \to \mathbb{R}$ 和 $g: X \to \mathbb{R}$ 都是连续函数时, 由 $P(f,g)(x) := P(f(x), g(x))$ 定义的函数 $P(f,g): X \to \mathbb{R}$ 也是连续的.

13.2.6 设 $\mathbb{R}^m$ 和 $\mathbb{R}^n$ 是欧几里得空间. 设 $f: X \to \mathbb{R}^m$ 与 $g: X \to \mathbb{R}^n$ 是连续函数, 证明 $f \oplus g: X \to \mathbb{R}^{m+n}$ 也是连续的, 其中把 $\mathbb{R}^m \times \mathbb{R}^n$ 与 $\mathbb{R}^{m+n}$ 以明显的方式等同看待. 逆命题成立吗?

13.2.7 设 $k \geqslant 1$, I 是 $\mathbb{N}^k$ 的有限子集合, 并设 $c: I \to \mathbb{R}$ 是函数. 由下式定义函数 $P: \mathbb{R}^k \to \mathbb{R}$

$$P(x_1, \cdots, x_k) := \sum_{(i_1, \cdots, i_k) \in I} c(i_1, \cdots, i_k) x_1^{i_1} \cdots x_k^{i_k}.$$

(这样的函数叫作 k **元多项式**, 这种多项式的一个典型的例子是

$$P(x_1, x_2, x_3) = 3x_1^3 x_2 x_3^2 - x_2 x_3^2 + x_1 + 5.)$$

证明 P 是连续的. (提示: 对 k 进行归纳, 用习题 13.2.6, 以及习题 13.2.5 或引理 13.2.2.)

13.2.8 设 (X, d_X) 和 (Y, d_Y) 是度量空间. 由下式定义度量 $d_{X \times Y}: (X \times Y) \times (X \times Y) \to [0, \infty)$

$$d_{(X \times Y)}((x,y),(x',y')) := d_X(x,x') + d_Y(y,y').$$

证明 $(X \times Y, d_{(X \times Y)})$ 是度量空间, 并导出与命题 12.1.18 及引理 13.2.1 类似的结论.

13.2.9 设 $f: \mathbb{R}^2 \to X$ 是从 $\mathbb{R}^2$ 到度量空间 X 的函数, (x_0, y_0) 是 $\mathbb{R}^2$ 上的点, 并设 f 在点 (x_0, y_0) 处连续. 证明:

$$\lim_{x \to x_0} \limsup_{y \to y_0} f(x,y) = \lim_{y \to y_0} \limsup_{x \to x_0} f(x,y) = f(x_0, y_0),$$

以及

$$\lim_{x \to x_0} \liminf_{y \to y_0} f(x,y) = \lim_{y \to y_0} \liminf_{x \to x_0} f(x,y) = f(x_0, y_0),$$

当然, 如果两边的极限都存在的话, 我们有

$$\lim_{x \to x_0} \lim_{y \to y_0} f(x,y) = \lim_{y \to y_0} \lim_{x \to x_0} f(x,y).$$

(注意, 一般而言, 这些极限不必存在. 作为例子, 考虑由当 $xy \neq 0$ 时 $f(x,y) = y \sin \frac{1}{x}$ 及当 $xy = 0$ 时 $f(x,y) = 0$ 定义的函数 $f: \mathbb{R}^2 \to \mathbb{R}$, 点 $(x_0, y_0) = (0,0)$.) 将此结果与例 1.2.7 进行比较.

13.2.10 设 $f: \mathbb{R}^2 \to \mathbb{R}$ 是连续函数. 证明: 对于每个 $x \in \mathbb{R}$, 函数 $y \mapsto f(x,y)$ 在 $\mathbb{R}$ 上连续; 对于每个 $y \in \mathbb{R}$, 函数 $x \mapsto f(x,y)$ 在 $\mathbb{R}$ 上连续. 所以, 关于 (x,y) 联合连续的函数也分别关于每个变元 x, y 连续.

13.2.11 设 $f: \mathbb{R}^2 \to \mathbb{R}$ 是下述函数

$$f(x,y) := \frac{xy}{x^2 + y^2}, \quad 当 (x,y) \neq (0,0); \quad f(0,0) = 0.$$

证明：对于每个固定的 $x \in \mathbb{R}$, 函数 $y \mapsto f(x,y)$ 在 $\mathbb{R}$ 上连续, 且对于每个固定的 $y \in \mathbb{R}$, 函数 $x \mapsto f(x,y)$ 在 $\mathbb{R}$ 上连续, 但是 $f:\mathbb{R}^2 \to \mathbb{R}$ 不在 $\mathbb{R}^2$ 上连续. 这表明习题 13.2.10 的逆命题不成立, 可以关于每个变元分别连续而不关于两变元联合连续.

§13.3 连续性与紧致性

连续函数对于定义 12.5.1 中定义的紧致集合有良好的作用.

定理 13.3.1(连续映射保持紧致性) *设 $f: X \to Y$ 是从度量空间 (X, d_X) 到度量空间 (Y, d_Y) 的连续映射, 设 $K \subseteq X$ 是 X 的紧致子集合. 那么 K 的象 $f(K) := \{f(x) : x \in K\}$ 是 Y 中的紧致子集合.*

证明 见习题 13.3.1. ■

这个定理有一个重要的结果. 从定义 9.6.5 回想一下函数 $f: X \to \mathbb{R}$ 在一点处达到最大值或最小值的概念. 可以把命题 9.6.7 推广如下:

命题 13.3.2(最大值原理) *设 (X,d) 是紧致度量空间, 并设 $f: X \to \mathbb{R}$ 是连续函数, 那么 f 是有界的. 更进一步, f 在某点 $x_{\max} \in X$ 达到它的最大值, 也在某点 $x_{\min} \in X$ 达到它的最小值.*

证明 见习题 13.3.2. ■

注 13.3.3 正像在习题 9.6.1 中注意到的, 当 X 不是紧致空间时, 这个原理可能不成立. 应把此命题与引理 9.6.3 及命题 9.6.7 进行比照.

紧致集合上的连续函数的另一个优点是**一致连续性**. 我们如下推广定义 9.9.2:

定义 13.3.4(一致连续性) 设 $f: X \to Y$ 是从度量空间 (X, d_X) 到度量空间 (Y, d_Y) 的映射. 我们说 f 是**一致连续的**, 如果对于每个 $\varepsilon > 0$, 都存在 $\delta > 0$, 使得只要 $x, x' \in X$ 且 $d_X(x, x') < \delta$ 就成立 $d_Y(f(x), f(x')) < \varepsilon$.

每个一致连续函数都是连续的, 但反之不真 (习题 13.3.3). 然而当定义域 X 是紧致集合时, 连续与一致连续两概念是等价的:

定理 13.3.5 *设 (X, d_X) 和 (Y, d_Y) 都是度量空间, 假定 (X, d_X) 是紧致的. 如果 $f: X \to Y$ 是函数, 那么 f 是连续的当且仅当 f 是一致连续的.*

证明 根据习题 13.3.3, 如果 f 是一致连续的, 那么它也是连续的. 现在假定 f 是连续的. 固定 $\varepsilon > 0$. 对于每个 $x_0 \in X$, 函数 f 在 x_0 处连续. 于是存在依赖于 x_0 的 $\delta(x_0)$, 使得当 $d_X(x, x_0) < \delta(x_0)$ 时, $d_Y(f(x), f(x_0)) < \frac{\varepsilon}{2}$ 成立. 当然, 根据三角形不等式, 这蕴含着:

$$\text{当}\, x \in B_{(X,d_X)}\left(x_0, \frac{\delta(x_0)}{2}\right) \text{且}\, d_X(x', x) < \frac{\delta(x_0)}{2} \text{时},\quad d_Y(f(x), f(x')) < \varepsilon.$$

(为什么?)

现在考虑 (可能是无限的) 球族

$$\left\{B_{(X,d_X)}\left(x_0, \frac{\delta(x_0)}{2}\right) : x_0 \in X\right\}.$$

这个族中的每个球当然都是开的, 并且全体这些球的并集覆盖 X, 因为 X 的每个点 x_0 都含在它自己的球 $B_{(X,d_X)}(x_0, \frac{\delta(x_0)}{2})$ 中. 于是根据定理 12.5.8, 存在有限个点 $x_1, \cdots, x_n$ 使得有限个球 $B_{(X,d_X)}(x_j, \frac{\delta(x_j)}{2})$, $j = 1, \cdots, n$ 覆盖 X:

$$X \subseteq \bigcup_{j=1}^{n} B_{(X,d_X)}\left(x_j, \frac{\delta(x_j)}{2}\right).$$

现设 $\delta := \min_{1 \leqslant j \leqslant n} \frac{\delta(x_j)}{2}$. 由于每个 $\delta(x_j)$ 都是正的, 而且只有有限个 j, 所以 $\delta > 0$. 现在设 x, x' 是 X 中的任意两个满足 $d_X(x, x') < \delta$ 的点. 由于球 $B_{(X,d_X)}(x_j, \frac{\delta(x_j)}{2})$ $(j = 1, \cdots, n)$ 覆盖 X, 必有某 $j \in \{1, \cdots, n\}$ 使得 $x \in B_{(X,d_X)}(x_j, \frac{\delta(x_j)}{2})$. 由于 $d_X(x, x') < \delta$, 有 $d_X(x, x') < \frac{\delta(x_j)}{2}$, 从而根据前面的讨论, 有 $d_Y(f(x), f(x')) < \varepsilon$. 于是找到了这样的 δ, 使得

$$\text{当}\, x, x' \in X,\ d(x, x') < \delta \text{ 时},\quad d_Y(f(x), f(x')) < \varepsilon,$$

这就证明了 f 的一致收敛性. ■

习 题 13.3

13.3.1 证明定理 13.3.1.

13.3.2 证明命题 13.3.2. (提示: 修改命题 9.6.7 的证明.)

13.3.3 证明一致连续的函数是连续的, 举例说明并非每个连续函数都是一致连续的.

13.3.4 设 (X, d_X), (Y, d_Y), (Z, d_Z) 是度量空间, 并设 $f : X \to Y$, $g : Y \to Z$ 是一致连续函数. 证明: $g \circ f : X \to Z$ 也是一致连续的.

13.3.5 设 (X, d_X) 是度量空间, 并设 $f : X \to \mathbb{R}$, $g : X \to \mathbb{R}$ 是一致连续函数. 证明: 由 $f \oplus g(x) := (f(x), g(x))$ 定义的直和 $f \oplus g : X \to \mathbb{R}^2$ 是一致连续的.

13.3.6 证明: 加法函数 $(x, y) \mapsto x + y$ 和减法函数 $(x, y) \mapsto x - y$ 是从 $\mathbb{R}^2$ 到 $\mathbb{R}$ 的一致连续函数, 但乘法函数 $(x, y) \mapsto xy$ 不是一致连续的. 结论, 若 $f : X \to \mathbb{R}$ 与 $g : X \to \mathbb{R}$ 都是度量空间 (X, d) 上的一致连续函数, 则 $f + g : X \to \mathbb{R}$ 与 $f - g : X \to \mathbb{R}$ 也是一致连续的. 举例说明 $fg : X \to \mathbb{R}$ 不必是一致连续的. 对于 $\max(f, g)$, $\min(f, g)$, $\frac{f}{g}$, 以及 cf(其中 c 是实数), 情况如何?

§13.4 连续性与连通性

我们现在来描述度量空间的另一个重要概念, 即连通性.

定义 13.4.1(连通空间) 设 (X, d) 是度量空间. 说 X 是**不连通的**, 如果 X 中存在互不相交的非空开集 V 和 W 使得 $V \bigcup W = X$. (等价地说, X 是不连通的, 当且仅当 X 包含一个不空的真子集合, 它既是闭的也是开的.) 说 X 是**连通的**, 当且仅当它是不空的并且不是不连通的.

我们声明, 空集 $\varnothing$ 是特例 —— 它既不是连通的, 也不是不连通的. 可以把空集想象成是 "无连通性的".

例 13.4.2 考虑集合 $X := [1,2] \bigcup [3,4]$, 其带有通常度量. 这个集合是不连通的, 因为集合 [1, 2] 和 [3, 4] 都是相对于 X 的开集 (为什么?).

直观地说, 一个不连通的集合是一个可以分离为两个不相交的开集的集合, 而连通集合是不能作这样的分解的集合. 我们定义了一个度量空间是连通的是什么意思, 也可以定义一个集合是连通的是什么意思.

定义 13.4.3(连通集合) 设 (X, d) 是度量空间, 并设 Y 是 X 的子集合. 说 Y 是**连通的**, 当且仅当度量空间 $(Y, d|_{Y \times Y})$ 是连通的; 说 Y 是**不连通的**当且仅当度量空间 $(Y, d|_{Y \times Y})$ 是不连通的.

注 13.4.4 这个定义是内在的, 集合 Y 是不是连通的, 只取决于 Y 上的度量, 而与 Y 所在的环境空间 X 无关.

在实直线上, 描述连通集是容易的.

定理 13.4.5 *设 X 是实直线 $\mathbb{R}$ 的子集合. 那么下述命题等价.*

(a) *X 是连通的.*

(b) *只要 $x, y \in X$ 并且 $x < y$, 区间 $[x, y]$ 就包含在 X 中.*

(c) *X 是区间 (在定义 9.1.1 的意义下).*

证明 先证 (a) 蕴含 (b). 设 X 是连通的, 假定 (b) 不成立, 那么存在 X 中的点 $x < y$ 使 $[x, y]$ 不包含在 X 中. 于是存在实数 $z \in [x, y]$ 使得 $z \notin X$. 于是集合 $(-\infty, z) \bigcap X$ 和 $(z, \infty) \bigcap X$ 覆盖 X. 但这两个集合都不空 (因为它们分别含有 x 和 y) 并且是相对于 X 的开集, 于是 X 成为不连通的, 得到矛盾.

现在来证 (b) 蕴含 (a). 设 X 具有性质 (b). 假定 (a) 不成立, 那么 X 是不连通的, 从而存在不相交的不空的相对于 X 的开集 V 和 W, 使得 $V \bigcup W = X$. 由于 V 和 W 不空, 可以取 $x \in V$ 和 $y \in W$. 由于 V 和 W 不相交, 所以 $x \neq y$. 不失一般性, 可认为 $x < y$. 由性质 (b) 知, 整个区间 $[x, y]$ 包含在 X 中.

现在考虑集合 $[x, y] \bigcap V$. 这个集合既是有界的, 也是不空的 (因为它含 x). 于是它有上确界

$$z := \sup([x, y] \bigcap V).$$

显然 $z \in [x, y]$, 从而 $z \in X$. 于是或者 $z \in V$ 或者 $z \in W$. 先设 $z \in V$. 那么 $z \neq y$ (因为 $y \in W$ 且 V 与 W 不相交). 但 V 相对于 X 是开的, 而 X 包含 $[x, y]$, 所以存

在某球 $B_{([x,y],d)}(z,r)$ 包含在 V 中. 但这与 z 是 $[x,y]\bigcap V$ 的上确界一事相矛盾. 现假设 $z\in W$. 那么 $z\neq x$(因为 $x\in V$ 而 V 与 W 不相交). 但 W 是相对于 X 的开集, X 包含 $[x,y]$, 所以存在某球 $B_{([x,y],d)}(z,r)$ 含在 W 中. 但这又与 z 是 $[x,y]\bigcap V$ 的上确界一事相矛盾. 于是在任何情况下都得到矛盾, 这表明 X 不能是不连通的, 也就是说, 必定是连通的.

还剩下证明 (b) 与 (c) 等价, 留作习题 13.4.3. ■

连续函数把连通集映成连通集:

定理 13.4.6(连续性保持连通性)　*设 $f:X\to Y$ 是从度量空间 (X,d_X) 到度量空间 (Y,d_Y) 的连续映射. 设 E 是 X 的连通子集. 那么 $f(E)$ 是 Y 的连通子集合.*

证明　见习题 13.4.4. ■

此结果的一个重要推论是中间值定理, 它推广了定理 9.7.1.

推论 13.4.7(中值定理)　*设 $f:X\to\mathbb{R}$ 是从度量空间 (X,d_X) 到实直线的连续映射. 设 E 是 X 的连通子集合, 并设 a,b 是 E 的两个元素. 设 y 是介于 $f(a)$ 和 $f(b)$ 之间的实数, 即或者 $f(a)\leqslant y\leqslant f(b)$ 或者 $f(a)\geqslant y\geqslant f(b)$. 那么存在 $c\in E$ 使得 $f(c)=y$.*

证明　见习题 13.4.5. ■

习　题　13.4

13.4.1　设 (X,d_{disc}) 是具有离散度量的度量空间. 设 E 是 X 的子集, E 至少含有两个元素. 证明 E 是不连通的.

13.4.2　设 $f:X\to Y$ 是从连通度量空间 (X,d) 到具有离散度量的度量空间 (Y,d_{disc}) 的函数. 证明: f 是连续的当且仅当它是常值的. (提示: 用习题 13.4.1.)

13.4.3　证明定理 13.4.5 中命题 (b) 与 (c) 的等价性.

13.4.4　证明定理 13.4.6. (提示: 定理 13.1.5(c) 中对于连续性的表述是最便于使用的.)

13.4.5　用定理 13.4.6 证明推论 13.4.7.

13.4.6　设 (X,d) 是度量空间, 并设 $(E_\alpha)_{\alpha\in I}$ 是 X 中的一族连通集合. 还设 $\bigcap_{\alpha\in I}E_\alpha$ 不空. 证明 $\bigcup_{\alpha\in I}E_\alpha$ 是连通的.

13.4.7　设 (X,d) 是度量空间, 并设 E 是 X 的子集合. 说 E 是**路连通的** (path-connectde) 当且仅当对于每两个点 $x,y\in E$, 都存在从单位区间 [0, 1] 到 E 的连续函数 $\gamma:[0,1]\to E$, 使得 $\gamma(0)=x$ 且 $\gamma(1)=y$. 证明: 每个路连通的集合是连通的. (逆命题不真, 但证明此事要点技巧, 此处不拟详述.)

13.4.8　设 (X,d) 是度量空间, 并设 E 是 X 的子集合. 证明: 如果 E 是连通的, 那么 E 的闭包 $\overline{E}$ 也是连通的. 逆命题成立吗?

13.4.9 设 (X,d) 是度量空间. 在 X 上定义一个关系 $x \sim y$: 说 $x \sim y$ 当且仅当 X 有一个连通的子集合含有 x, y 两者. 证明这是一个等价关系 (即遵从自反性、对称性和传递性公理). 还有, 证明此关系的等价类 (即形如 $\{y \in X : y \sim x\}$ 的集合, 这里 $x \in X$) 全是闭的且是连通的. (提示: 用习题 13.4.6 和习题 13.4.8.) 这些集合 (等价类) 叫作 X 的**连通分支**.

13.4.10 联合命题 13.3.2 和推论 13.4.7, 推出关于紧致连通区域上的连续函数的定理, 作为推论 9.7.4 的推广.

§13.5 拓扑空间 (选读)

度量空间的概念可推广为**拓扑空间**的概念. 这个推广的思想是不把度量 d 看作基础对象; 的确, 在一般的拓扑空间中根本没有度量. 代替度量的是**开集族**, 这是拓扑空间的基础概念. 在度量空间中, 首先引入的是度量 d, 然后用度量先定义开球, 再定义开集, 而在拓扑空间中, 恰恰是从开集的概念出发的. 从开集出发的结果是, 不必重新构造可用的球或度量 (于是, 并非一切拓扑空间都是度量空间), 然而值得注意的是, 依然可以定义上一节中的许多概念.

本书中完全用不着拓扑空间, 所以只是相当简洁地作一介绍. 对拓扑空间更完全的研究当然可以在任何一本拓扑学教材中或者更深的分析学教材中找到.

定义 13.5.1(拓扑空间) **拓扑空间**是一个序偶 $(X, \mathcal{T})$, 其中 X 是一个集合, 而 $\mathcal{T} \subseteq 2^X$ 是 X 的一个子集族, 它的元素叫作**开集**. 而且集族 $\mathcal{T}$ 必须遵从下述性质.

- 空集 $\varnothing$ 及整个集合 X 是开集. 换言之, $\varnothing \in \mathcal{T}$ 且 $X \in \mathcal{T}$.
- 开集的有限交是开集. 换言之, 若 $V_1, \cdots, V_n$ 是 $\mathcal{T}$ 的元素, 则 $V_1 \bigcap \cdots \bigcap V_n \in \mathcal{T}$.
- 开集的任意并是开集 (包括无限并). 换言之, 若 $(V_\alpha)_{\alpha \in I}$ 是 $\mathcal{T}$ 中的一族元素 (开集), 那么 $\bigcup_{\alpha \in I} V_\alpha \in \mathcal{T}$.

在很多情况下, 开集族可以从上下文看出, 于是把拓扑空间 $(X, \mathcal{T})$ 简写为 X.

从命题 12.2.15 看到, 每个度量空间 (X,d) 自动地是一个拓扑空间 (只要令 $\mathcal{T}$ 是 (X,d) 中的全体开集的族). 但是, 的确存在拓扑空间, 其不由度量空间产生 (见习题 13.5.1 和习题 13.5.6).

现在我们来建立本章及上一章中一些概念在拓扑空间上的类比. 球的概念必须用**邻域**的概念来代替.

定义 13.5.2(邻域) 设 $(X, \mathcal{T})$ 是拓扑空间, 并设 $x \in X$. 含有 x 的开集叫作 x 的**邻域**.

例 13.5.3 若 (X,d) 是度量空间, $x \in X$ 且 $r > 0$, 则 $B(x,r)$ 是 x 的邻域.

定义 13.5.4(拓扑收敛) 设 m 是整数, $(X,\mathcal{T})$ 是拓扑空间, 并设 $(x^{(n)})_{n=m}^{\infty}$ 是 X 中的点的序列. 设 x 是 X 的点. 说 $(x^{(n)})_{n=m}^{\infty}$ **收敛到** x, 当且仅当对于 x 的每个邻域 V, 都存在 $N \geqslant m$ 使得对于一切 $n \geqslant N$, $x^{(n)} \in V$.

这个概念与度量空间中收敛的概念是相容的 (习题 13.5.2). 可能会问极限是否具有唯一性 (命题 12.1.20). 回答通常是肯定的 (只要拓扑空间具有一个叫作 Hausdorff 性质的附加性质) 但对于其他的拓扑, 回答也可能是否定的, 见习题 13.5.4.

定义 13.5.5(内点、外点和边界点) 设 $(X,\mathcal{T})$ 是拓扑空间, E 是 X 的子集合, 并设 x_0 是 X 的点. 说 x_0 是 E 的**内点**, 如果存在 x_0 的邻域 V 使得 $V \subset E$. 说 x_0 是 E 的**外点**, 如果存在 x_0 的邻域 V 使得 $V \bigcap E = \varnothing$. 说 x_0 是 E 的**边界点**, 如果它既不是 E 的内点也不是 E 的外点.

这个定义与度量空间的相应概念是相容的 (习题 13.5.3).

定义 13.5.6(闭包) 设 $(X,\mathcal{T})$ 是拓扑空间, E 是 X 的子集合, 并设 x_0 是 X 的点. 说 x_0 是 E 的**附着点**, 如果 x_0 的每个邻域 V 与 E 的交都不空.E 的一切附着点的集合叫作 E 的**闭包**, 记作 $\overline{E}$.

有一个定理 12.2.10 的部分类比, 见习题 13.5.10.

在拓扑空间 $(X,\mathcal{T})$ 中, 定义集合 K 是**闭的**, 当且仅当它的补集 $X \setminus K$ 是开的; 根据命题 12.2.15(e), 这个定义与度量空间定义相容. 命题 12.2.15 的某些部分类比也成立 (见习题 13.5.11).

为定义相对拓扑的概念, 我们不能使用定义 12.3.3, 因为它要用到度量函数. 但是我们可以代之而以命题 12.3.4 为出发点.

定义 13.5.7(相对拓扑) 设 $(X,\mathcal{T})$ 是拓扑空间, 而 Y 是 X 的子集合. 定义 $\mathcal{T}_Y := \{V \bigcap Y : V \in \mathcal{T}\}$, 并称之为 $(X,\mathcal{T})$ 在 Y 上**导出的拓扑**. 称 $(Y,\mathcal{T}_Y)$ 为 $(X,\mathcal{T})$ 的**拓扑子空间**. 这的确是一个拓扑空间, 见习题 13.5.12.

从命题 12.3.4 知, 相对拓扑的概念与度量空间的概念是相容的.

下面定义连续函数的概念.

定义 13.5.8(连续函数) 设 $(X,\mathcal{T}_X)$ 和 $(Y,\mathcal{T}_Y)$ 是拓扑空间, 并设 $f: X \to Y$ 是函数. 设 $x_0 \in X$, 说 f **在 x_0 处连续**, 当且仅当对于 $f(x_0)$ 的每个邻域 V, 都存在 x_0 的邻域 U, 使得 $f(U) \subseteq V$. 说 f **是连续的**, 当且仅当 f 在 X 的每个点都连续.

这个定义与定义 13.1.1 是一致的 (习题 13.5.15). 定理 13.1.4 和定理 13.1.5 的部分类比成立 (习题 13.5.16). 特别是, 一个函数是连续的, 当且仅当每个开集的逆象 (或原象, pre-image) 是开的.

对于拓扑空间, 不幸的是没有 Cauchy 序列的概念, 也没有完备空间及有界空间的概念. 但是, 肯定有紧致空间的概念, 从定理 12.5.8 出发就导出紧致的概念.

定义 13.5.9(紧致拓扑空间) 设 $(X,\mathcal{T})$ 是拓扑空间. 说此空间是**紧致的**, 如

果 X 的每个开覆盖都有有限的子覆盖. 设 Y 是 X 的子集合, 说 Y 是紧致的, 如果 $(X,\mathcal{T})$ 在 Y 上导出的拓扑是紧致的.

关于紧致度量空间的很多基本事实对于紧致拓扑空间继续成立, 特别是定理 13.3.1 和命题 13.3.2 仍成立 (习题 13.5.17). 但是, 此处没有一致连续的概念, 所以没有定理 13.3.5 的类比.

我们还可以逐字重复定义 13.4.1, 并重复定义 13.4.3(但用定义 13.5.7 代替定义 12.3.3) 来定义连通性的概念.§13.4 中的很多结果和习题对于拓扑空间继续成立, (证明几乎不必作任何变动!).

习 题 13.5

13.5.1 设 X 是集合, 令 $\mathcal{T} := \{\varnothing, X\}$. 证明 $(X,\mathcal{T})$ 是拓扑空间 (称 $\mathcal{T}$ 为 X 上的**平凡拓扑**). 设 X 含有多于一个的元素, 证明平凡拓扑不能由在 X 上定义一个度量来得到. 证明这个拓扑空间既是紧致的也是连通的.

13.5.2 设 (X,d) 是度量空间 (从而是拓扑空间). 证明定义 12.1.14 和定义 13.5.4 中的两个关于序列收敛的概念重合.

13.5.3 设 (X,d) 是度量空间 (从而是拓扑空间). 证明定义 12.2.5 中的内点、外点、边界点的概念与定义 13.5.5 中的相应的概念重合.

13.5.4 拓扑空间 $(X,\mathcal{T})$ 称为 **Hausdorff 空间**, 如果给定任意两个不同的点 $x, y \in X$, 总存在 x 的一个邻域 V 和 y 的一个邻域 W, 使 $V \bigcap W = \varnothing$. 证明任何由度量空间生成的拓扑空间总是 Hausdorff 空间, 并证明平凡拓扑不是 Hausdorff 拓扑. 证明: 对于 Hausdorff 空间, 成立命题 12.1.20 的类比. 举一个非 Hausdoeff 空间的例子使命题 12.1.20 不成立.(实践中, 我们遇到的绝大多数拓扑空间都是 Hausdorff 空间; 非 Hausdorff 拓扑空间很有病态的倾向, 以至研究它们没有太大的用处.)

13.5.5 给定一个带有序关系 $\leqslant$ 的全序集 X, 说集合 $V \subset X$ 是**开的**, 如果对于每个 $x \in V$, 都存在 $a, b \in X$ 使得 "区间"$\{y \in X : a < y < b\}$ 含有 x 并包含在 V 中. 设 $\mathcal{T}$ 是 X 的全体开子集的族. 证明 $(X,\mathcal{T})$ 是拓扑空间 ($\mathcal{T}$ 叫作全序集 $(X,\leqslant)$ 上的**序拓扑**), 它是 Hausdorff 空间 (按习题 13.5.4 的意义). 证明: 在实直线 $\mathbb{R}$ 上 (带有标准的序 $\leqslant$), 序拓扑与标准拓扑 (即由标准度量产生的拓扑) 一致. 如果代替 $\mathbb{R}$ 而使用这个拓扑于广义实直线 $\mathbb{R}^*$, 那么 $\mathbb{R}$ 是具有边界 $\{-\infty, \infty\}$ 的开集. 如果 $(x_n)_{n=1}^{\infty}$ 是 $\mathbb{R}$ 中 (从而也是 $\mathbb{R}^*$ 中) 的序列, 证明 $(x_n)_{n=1}^{\infty}$ 收敛到 ∞ 当且仅当 $\liminf\limits_{n\to\infty} x_n = \infty$, 而 $(x_n)_{n=1}^{\infty}$ 收敛到 $-\infty$ 当且仅当 $\limsup\limits_{n\to\infty} x_n = -\infty$.

13.5.6 设 X 是不可数集, 并设 $\mathcal{T}$ 是 X 中的一切这样的子集合 E 的族, E 或是空集或是余有限的 (co-finite)(即 $X \setminus E$ 是有限的). 证明 $\mathcal{T}$ 是 X 上的拓扑 (叫作 X 上的**余有限拓扑**), 它是习题 13.5.4 意义下的 Hausdorff 拓扑, 并且 $(X,\mathcal{T})$ 是紧致的以及连通的. 还有, 证明: 当 $x \in X$, 且 $(V_n)_{n=1}^{\infty}$ 是任意的含点 x 的开集的族时, $\bigcap_{n=1}^{\infty} V_n \neq \{x\}$.

使用此事证明, 余有限拓扑不能由在 X 上定义度量 d 而得到. (提示: 在度量空间中集合 $\bigcap_{n=1}^{\infty} B(x, \frac{1}{n})$ 等于什么?)

13.5.7 设 X 是不可数集, 并设 $\mathcal{T}$ 是 X 中一切这样的子集合 E 的族, E 或是空集或是余可数的 (co-countable)(即 $X \setminus E$ 是至多可数的). 证明 $(X, \mathcal{T})$ 是 X 上的拓扑 (叫作 X 上的**余可数拓扑**), 它是习题 13.5.4 意义下的 Hausdorff 拓扑. 空间 $(X, \mathcal{T})$ 是连通的, 但不是紧致的, 并且不能从度量空间得出.

13.5.8 设 X 是不可数集, 并设 ∞ 是 X 的一个元素. 令 $\mathcal{T}$ 为 X 中的一切这样的子集合 E 的族: E 或是空集或是含 ∞ 的余可数集. 证明 $(X, \mathcal{T})$ 是紧致拓扑空间, 但是在 X 中并非每个序列都有收敛的子序列.

13.5.9 设 $(X, \mathcal{T})$ 是紧致拓扑空间, 并设 X 具有可数邻域基, 即对于任意的 $x \in X$, 存在 x 的可数邻域序列 $(V_n)_{n=1}^{\infty}$, 使得 x 的每个邻域都至少包含此序列中的某个邻域 V_k. 证明 X 中每个序列都有收敛的子序列 (修改习题 12.5.11). 解释为何此事并不与习题 13.5.8 矛盾.

13.5.10 证明命题 12.2.10 在拓扑空间中的下述部分类比: (c) 蕴含 (a) 和 (b), (a) 和 (b) 等价. 证明在习题 13.5.7 的余可数拓扑之下, (a), (b) 成立不必以 (c) 成立为前提.

13.5.11 设 E 是拓扑空间 $(X, \mathcal{T})$ 的子集合. 证明 E 是开集当且仅当 E 的每个点都是内点, 并证明 E 是闭集当且仅当 E 含有它的一切附着点. 证明命题 12.2.15(e)~(h) 的类比 (其中有些由定义是自动成立的). 如果假定 X 是 Hausdorff 空间, 那么命题 12.2.15(d) 的类比也成立, 但是当 X 不是 Hausdorff 空间时, (d) 不必成立, 请举例说明.

13.5.12 证明在定义 13.5.7 中定义的序偶 $(Y, \mathcal{T}_Y)$ 的确是拓扑空间.

13.5.13 把推论 12.5.9 推广到拓扑空间的紧致集合上.

13.5.14 把推论 12.5.10 推广到拓扑空间的紧致集合上.

13.5.15 设 (X, d_X) 和 (Y, d_Y) 是度量空间 (从而是拓扑空间). 证明在定义 13.1.1 和定义 13.5.8 中关于函数 $f: X \to Y$ 连续 (在一点处及在整个定义域上) 的两个定义重合.

13.5.16 证明当定理 13.1.4 推广到拓扑空间时, (a) 蕴含 (b). (反过来不成立, 但构造反例是困难的.) 证明当定理 13.1.5 推广到拓扑空间时, (a)(c)(d) 彼此等价, 而且都蕴含 (b). (反过来的蕴含也不成立, 但难于证明.)

13.5.17 把定理 13.3.1 和命题 13.3.2 都推广到拓扑空间的紧致集合上.

第14章　一致收敛

在前两章中我们已看到度量空间 (X,d) 中的点的序列 $\left(x^{(n)}\right)_{n=1}^{\infty}$ 收敛到极限 x 是什么意思：它指的是 $\lim\limits_{n\to\infty} d(x^{(n)},x)=0$, 或者等价地说, 对于每个 $\varepsilon>0$, 都存在 $N>0$ 使得对于一切 $n>N$, $d(x^{(n)},x)<\varepsilon$. (还把收敛概念推广到了拓扑空间 $(X,\mathcal{T})$, 但在本章中我们将集中注意力于度量空间.)

在本章中, 我们考虑从一个度量空间 (X,d_X) 到另一个度量空间 (Y,d_Y) 的**函数**的序列 $\left(f^{(n)}\right)_{n=1}^{\infty}$ 收敛指的是什么. 换言之, 有一列函数 $f^{(1)}, f^{(2)},\cdots$, 其中每个 $f^{(n)}:X\to Y$ 都是从 X 到 Y 的函数, 问这个函数序列收敛到某个极限函数 f 是什么意思.

有几个不同的关于函数序列收敛的概念. 这里只描述两个最重要的, 即**逐点收敛**和**一致收敛**. (还有其他类型的收敛, 例如 L^1 收敛、L^2 收敛、依测度收敛和几乎处处收敛等, 但这些都超出了本书的范围.) 这两个概念是彼此相关联的, 但不是同一个概念, 两者之间的联系有点类似于连续与一致连续之间的联系.

一旦弄清了函数序列的收敛是什么意思, 那么就可使命题 $\lim\limits_{n\to\infty} f^{(n)}=f$ 有意义, 然后就要问此极限如何与其他概念交互作用. 例如, 我们已经知道函数的极限值的概念：

$$\lim_{x\to x_0;x\in X} f(x).$$

可以交换极限次序吗？即

$$\lim_{n\to\infty}\lim_{x\to x_0;x\in X} f^{(n)}(x)=\lim_{x\to x_0;x\in X}\lim_{n\to\infty} f^{(n)}(x)?$$

我们将看到, 答案取决于 $f^{(n)}$ 的收敛性态. 我们还要提出关于交换极限与积分的次序, 交换极限与求和的次序, 交换求和与积分的次序的类似的问题.

§14.1　函数的极限值

在谈论函数序列的极限之前, 应该先讨论一个类似的, 但不同的概念, 即函数的极限值的概念. 我们将专注于度量空间的情形, 然而对于拓扑空间也有类似的概念 (习题 14.1.3).

定义 14.1.1(函数的极限值)　设 (X,d_X) 和 (Y,d_Y) 都是度量空间, 设 E 是 X 的子集合, 并设 $f:X\to Y$ 是函数. 设 $x_0\in X$ 是 E 的附着点而 $L\in Y$. 如

果对于每个 $\varepsilon > 0$ 都存在 $\delta > 0$, 使得对于一切满足 $d_X(x_0, x) < \delta$ 的 $x \in E$ 成立 $d_Y(f(x), L) < \varepsilon$, 就说**当 x 沿着 E 收敛到 x_0 时 $f(x)$ 在 Y 中收敛到 L**, 记作 $\lim_{x \to x_0; x \in E} f(x) = L$.

注 14.1.2 有些作者把 $x = x_0$ 的情形从上面的定义中排除出去, 那就要求 $0 < d_X(x, x_0) < \delta$. 依当前的记号, 这对应于把 x_0 从 E 中移除, 于是就得代替 $\lim_{x \to x_0; x \in E} f(x)$ 而考虑 $\lim_{x \to x_0; x \in E \setminus \{x_0\}} f(x)$. 关于两个概念的对比, 见习题 14.1.1.

将此定义与定义 13.1.1 对比, 我们看到 f 在 x_0 处连续的充分必要条件是

$$\lim_{x \to x_0; x \in X} f(x) = f(x_0).$$

于是, f 在 X 上连续等价于

$$\text{对于一切}\, x_0 \in X, \quad \lim_{x \to x_0; x \in X} f(x) = f(x_0).$$

例 14.1.3 设 $f : \mathbb{R} \to \mathbb{R}$ 是函数 $f(x) = x^2 - 4$, 那么由于 f 是连续的, 所以

$$\lim_{x \to 1} f(x) = f(1) = 1 - 4 = -3.$$

注 14.1.4 当清楚 x 在 X 中取值时, 常略去条件 $x \in X$ 而把 $\lim_{x \to x_0; x \in X} f(x)$ 简写作 $\lim_{x \to x_0} f(x)$.

可用序列的语言重述定义 14.1.1.

命题 14.1.5 设 (X, d_X) 和 (Y, d_Y) 是度量空间, E 是 X 的子集合, 并设 $f : X \to Y$ 是函数. 设 $x_0 \in X$ 是 E 的附着点且 $L \in Y$. 那么下述四命题逻辑上等价.

(a) $\lim_{x \to x_0; x \in E} f(x) = L$.

(b) 对于 E 中的每个依度量 d_X 收敛到 x_0 的序列 $\left(x^{(n)}\right)_{n=1}^{\infty}$, 序列 $\left(f(x^{(n)})\right)_{n=1}^{\infty}$ 都依度量 d_Y 收敛到 L.

(c) 对于含有 L 的每个开集 $V \subseteq Y$, 都存在含有 x_0 的开集 $U \subseteq X$, 使得 $f(U \bigcap E) \subseteq V$.

(d) 如果定义函数 $g : E \bigcup \{x_0\} \to Y$, 使 $g(x_0) := L$, 且对于 $x \in E \setminus \{x_0\}$, $g(x) := f(x)$, 那么 g 在 x_0 处连续.

证明 见习题 14.1.2. ■

注 14.1.6 从命题 14.1.5(b) 和命题 12.1.20 观察到, 函数 $f(x)$ 当 x 收敛到 x_0 时最多只能收敛到一个极限 L. 换言之, 如果极限

$$\lim_{x \to x_0; x \in E} f(x)$$

存在, 那么它只能取一个值.

注 14.1.7 x_0 是 E 的附着点的要求是必要的, 当 x_0 不是 E 的附着点时, 极限概念就没用了, 那时 x_0 在 E 的外部, 当 x 沿着 E 收敛到 x_0 时 $f(x)$ 收敛到 L 的概念是空的 (对于足够小的 $\delta > 0$, 没有点 $x \in E$ 使 $d(x, x_0) < \delta$).

注 14.1.8 严格说来, 应该写

$$d_Y\text{-}\lim_{x \to x_0; x \in E} f(x) \text{ 而取代 } \lim_{x \to x_0; x \in E} f(x),$$

因为收敛依赖于度量 d_Y. 但在实践中, 度量 d_Y 是明确的, 所以从记号中略去前缀 d_Y.

习 题 14.1

14.1.1 设 (X, d_X) 和 (Y, d_Y) 是度量空间, E 是 X 的子集合, $f : E \to Y$ 是函数, 并设 $x_0 \in E$. 证明极限

$$\lim_{x \to x_0; x \in E} f(x)$$

存在的充分必要条件是极限

$$\lim_{x \to x_0; x \in E \setminus \{x_0\}} f(x) = f(x_0).$$

还有, 证明当前一个极限存在时, 它必定等于 $f(x_0)$.

14.1.2 证明命题 14.1.5. (提示: 复习定理 13.1.4 的证明.)

14.1.3 使用命题 14.1.5(c) 定义从拓扑空间 $(X, \mathcal{T}_X)$ 到拓扑空间 $(Y, \mathcal{T}_Y)$ 的函数 $f : X \to Y$ 的极限值的概念. 然后证明命题 14.1.5(c) 和 14.1.5(d) 等价. 如果 X 还是 Hausdorff 拓扑空间 (见习题 13.5.4), 证明注 14.1.6 的类比. 如果 Y 不是 Hausdorff 空间, 同样的命题还成立吗?

14.1.4 回顾习题 13.5.5, 广义实直线 $\mathbb{R}^*$ 具有一个标准拓扑 (序拓扑). 把自然数集 $\mathbb{N}$ 看作这个拓扑空间的子空间, 而 ∞ 是 $\mathbb{R}^*$ 中 $\mathbb{N}$ 的附着点. 设 $(a_n)_{n=0}^{\infty}$ 是在拓扑空间 $(Y, \mathcal{T}_Y)$ 中取值的序列, 并设 $L \in Y$. 证明

$$\lim_{n \to \infty, n \in \mathbb{N}} a_n = L \quad \text{(依习题 14.1.3 的意义)}$$

等价于

$$\lim_{n \to \infty} a_n = L \text{ (依定义 13.5.4 的意义)}.$$

这表明, 序列的极限值的概念与函数的极限值的概念是一致的.

14.1.5 设 (X, d_X), (Y, d_Y), (Z, d_Z) 是度量空间, $x_0 \in X$, $y_0 \in Y$, $z_0 \in Z$. 并设 $f : X \to Y$, $g : Y \to Z$ 是函数, E 是 X 的子集合. 如果有

$$\lim_{x \to x_0; x \in E} f(x) = y_0, \quad \lim_{y \to y_0; y \in f(E)} g(x) = z_0,$$

那么结论是

$$\lim_{x\to x_0;x\in E} g\circ f(x)=z_0.$$

14.1.6　对于 X 是度量空间而不必是 $\mathbb{R}$ 的子集合的情形, 叙述并证明命题 9.3.14 中极限算律的类比. (提示: 用推论 13.2.3.)

§14.2　逐点收敛与一致收敛

函数序列收敛的最明显的概念是逐点收敛, 或在定义域的每点处的收敛:

定义 14.2.1(逐点收敛)　设 $\left(f^{(n)}\right)_{n=1}^{\infty}$ 是从一个度量空间 (X,d_X) 到另一个度量空间 (Y,d_Y) 的函数的序列, 并设 $f:X\to Y$ 是函数. 如果对于一切 $x\in X$ 有

$$\lim_{n\to\infty} f^{(n)}(x)=f(x),$$

即

$$\lim_{n\to\infty} d_Y\big(f^{(n)}(x),f(x)\big)=0,$$

那么就说 $\left(f^{(n)}\right)_{n=1}^{\infty}$ **在 X 上逐点收敛到 f**, 称 f 为 $f^{(n)}$ 的**逐点极限**. 这种收敛也可以描述为, 对于每个 x 和每个 $\varepsilon>0$, 存在 $N>0$ 使得对于每个 $n>N$, $d_Y\big(f^{(n)}(x),f(x)\big)<\varepsilon$.

注 14.2.2　注意, $f^{(n)}(x)$ 和 $f(x)$ 是 Y 中的点, 而不是函数, 所以我们是用先前已有的关于度量空间中点列的收敛的概念来确定函数序列的收敛. 还要注意, 我们并未真正使用 (X,d_X) 是度量空间这一事实 (即, 我们不曾使用度量 d_X), 对于这个定义来说, X 只是一个纯粹的集合就够了, 不需要任何度量结构. 但是, 后面我们要把注意力限制于从 X 到 Y 的连续函数, 从而需要 X 上 (及 Y 上) 的度量, 或者至少需要 X 上 (和 Y 上) 的一个拓扑结构. 还有, 当引入一致收敛的概念时, 我们肯定需要 X 上及 Y 上的度量结构; 对于拓扑空间不存在相应的概念.

例 14.2.3　考虑由 $f^{(n)}(x):=\frac{x}{n}$ 定义的函数 $f^{(n)}(x):\mathbb{R}\to\mathbb{R}$, 以及由 $f(x):=0$ 定义的零函数 $f:\mathbb{R}\to\mathbb{R}$. 那么 $f^{(n)}(x)$ 逐点收敛到 $f(x)$, 因为对于每个固定的实数 x, 有

$$\lim_{n\to\infty} f^{(n)}(x)=\lim_{n\to\infty}\frac{x}{n}=0=f(x).$$

从命题 12.1.20 知, 一个从度量空间 (X,d_X) 到 (Y,d_Y) 的函数序列 $\left(f^{(n)}\right)_{n=1}^{\infty}$ 最多只能有一个逐点极限 f (这就是可以使用定冠词 "the" 来表述逐点极限 (the pointwise limit) f 的缘由). 然而, 函数序列当然可以没有逐点极限 (你能想出一个例子吗?), 就像度量空间中点的序列不必有极限一样.

逐点极限是个很自然的概念, 但它有许多缺点: 它不保持连续性, 不保持导数运算, 不保持极限运算, 不保持积分运算. 下面三个例子说明此事.

例 14.2.4 考虑由 $f^{(n)}(x) = x^n$ 定义的函数 $f^{(n)}(x) : [0,1] \to \mathbb{R}$, 并设 $f : [0,1] \to \mathbb{R}$ 是函数

$$f(x) := \begin{cases} 1, & \text{当}\, x = 1 \\ 0, & \text{当}\, 0 \leqslant x < 1. \end{cases}$$

那么函数 $f^{(n)}$ 是连续的, 并且在 [0, 1] 上逐点收敛到 f (为什么? 分别处理 $x = 1$ 和 $0 \leqslant x < 1$ 的情形), 但极限函数 f 不是连续的. 注意, 此例还表明逐点收敛也不保持可微性.

例 14.2.5 设对于每个 n,

$$\lim_{x \to x_0; x \in E} f^{(n)}(x) = L,$$

而 $f^{(n)}$ 逐点收敛到 f, 我们不能断定

$$\lim_{x \to x_0; x \in E} f(x) = L.$$

上个例子就是一个反例: 对于每个 n

$$\lim_{x \to 1; x \in [0,1)} x^n = 1,$$

但 x^n 逐点收敛到上例中所定义的函数 f, 且

$$\lim_{x \to 1; x \in [0,1)} f(x) = 0.$$

这使我们看到

$$\lim_{n \to \infty} \lim_{x \to x_0; x \in X} f^{(n)}(x) \neq \lim_{x \to x_0; x \in X} \lim_{n \to \infty} f^{(n)}(x)$$

(参阅例 1.2.8). 于是逐点收敛不保持极限运算.

例 14.2.6 设对于每个 n, $f^{(n)} : [a,b] \to \mathbb{R}$ 是区间 $[a,b]$ 上的 Riemann 可积函数, 并设对于每个 n, $\int_{[a,b]} f^{(n)} = L$. 设 $f^{(n)}$ 逐点收敛到某函数 f, 这并不意味着 $\int_{[a,b]} f = L$. 这里有一个反例, 设 $[a,b] := [0,1]$, 令

$$f^{(n)}(x) := \begin{cases} 2n, & \text{当}\, x \in [\frac{1}{2n}, \frac{1}{n}], \\ 0, & \text{当}\, x \in [0,1] \setminus [\frac{1}{2n}, \frac{1}{n}], \end{cases} \quad n = 1, 2, 3, \cdots,$$

那么 $f^{(n)}$ 逐点收敛到零函数 $f(x) := 0$ (为什么?). 另一方面,

$$\text{对于每个}\, n, \quad \int_{[0,1]} f^{(n)} = 1, \text{ 而 } \int_{[0,1]} f = 0.$$

于是我们看到一个使

$$\lim_{n\to\infty}\int_{[a,b]} f^{(n)} \neq \int_{[a,b]} \lim_{n\to\infty} f^{(n)}$$

的例子. 可能会认为这个反例中 $f^{(n)}$ 是不连续的会起什么作用, 然而可以容易地在这个反例中把每个 $f^{(n)}$ 修改成连续函数. (你知道怎样修改吗?)

另一个具有同样精神的例子是 “移动颠簸” 的例子. 令

$$f^{(n)}(x) := \begin{cases} 1, & 当\, x \in [n, n+1], \\ 0, & 当\, x \in \mathbb{R} \setminus [n, n+1], \end{cases} \quad n = 0, 1, 2, 3, \cdots,$$

那么对于每个 n,

$$\int_{\mathbb{R}} f^{(n)} := \lim_{N\to\infty}\int_{[-N,N]} f^{(n)} = 1.$$

另一方面 $f^{(n)}$ 逐点收敛到零函数 0 (为什么?), 而 $\int_{\mathbb{R}} 0 = 0$.

在这两个例子中, 面积为 1 的函数不知道怎么就 “消失” 了而产生了面积为 0 的极限函数. 亦见例 1.2.9.

这三个例子表明逐点收敛是弱得没什么大作用的概念. 问题在于, 当 $f^{(n)}(x)$ 在每点 x 处收敛到 $f(x)$ 时, 收敛的**速度**是随着 x 的不同而变化的. 例如, 考虑第一个例子

$$f^{(n)}(x) := x^n,\ 0 \leqslant x \leqslant 1,\ n = 0, 1, 2, 3, \cdots,$$

$$f(x) := \begin{cases} 1, & 当\, x = 1, \\ 0, & 当\, 0 \leqslant x < 1, \end{cases}$$

那么对于每个 x, 当 $n \to \infty$ 时, $f^{(n)}(x)$ 收敛到 $f(x)$, 这就是说

$$\lim_{n\to\infty} x^n = \begin{cases} 1, & 当\, x = 1, \\ 0, & 当\, 0 \leqslant x < 1, \end{cases}$$

但是当 x 接近 1 时的收敛速度比当 x 离开 1 时的收敛速度要慢得多. 例如, 考虑命题

$$对于一切\, 0 \leqslant x < 1,\ \lim_{n\to\infty} x^n = 0.$$

这说的是对于每个 $0 \leqslant x < 1$ 和每个 $\varepsilon > 0$, 存在 $N \geqslant 1$ 使得对于一切 $n \geqslant N$, $|x^n| < \varepsilon$. 或者换个样子说, 序列 $1, x, x^2, x^3, \cdots$ 在经过它的有限数 N 个元素之后终于变得比 ε 小. 但需要走过的元素数目 N 强烈地依赖于 x 的位置. 作为例子, 取 $\varepsilon := 0.1$. 如果 $x = 0.1$, 那么对于一切 $n \geqslant 2$, $|x^n| < \varepsilon$, 序列在第二项之后变得比 ε 小. 但若 $x = 0.5$, 则只当 $n \geqslant 4$ 时 $|x^n| < \varepsilon$, 也就是说, 必须等到第四项之后才能使每项小于 ε. 而若 $x = 0.9$, 则仅当 $n \geqslant 22$ 时才有 $|x^n| < \varepsilon$. 显然, x 越接近于 1, 就

必须等得越久才能使 $f^{(n)}(x)$ 与 $f(x)$ 接近到 ε 之内, 尽管这终究是做得到的. (但是, 怪怪地, 当收敛性随着 x 接近 1 而变得越来越坏时, 一旦 $x=1$, 收敛性突然变得十分完美.)

用另一种形式来表达此事, $f^{(n)}$ 收敛到 f 关于 x 不是**一致的**—— 要使 $f^{(n)}(x)$ 与 $f(x)$ 接近到 ε 之内的 N $(n \geqslant N)$, 既依赖于 ε, 也依赖于 x. 这启示了更强的收敛概念.

定义 14.2.7(一致收敛) 设 $\left(f^{(n)}\right)_{n=1}^{\infty}$ 是从一个度量空间 (X, d_X) 到另一个度量空间 (Y, d_Y) 的函数序列, 并设 $f: X \rightarrow Y$ 是函数. 如果对于每个 $\varepsilon>0$, 都存在 $N>0$, 使得对于每个 $n>N$ 及 $x \in X$ 都成立 $d_Y(f^{(n)}(x), f(x))<\varepsilon$, 那么就说 $\left(f^{(n)}\right)_{n=1}^{\infty}$ **在 X 上一致收敛到 f**, 说函数 f 是函数序列 $\left(f^{(n)}\right)_{n=1}^{\infty}$ 的**一致极限** (或简单地说是 $f^{(n)}$ 的一致极限).

注 14.2.8 注意, 此定义与定义 14.2.1 中的逐点收敛定义有微妙的区别. 在逐点收敛定义中的 N 允许依赖于 x, 此处不允许. 读者应把此区别与连续和一致连续间的区别 (即定义 13.1.1 和定义 13.3.4 间的区别) 相比较. 这个类比的更精确的表述在习题 14.2.1 中给出.

易见, 如果 $f^{(n)}$ 在 X 上一致收敛到 f, 那么它也逐点收敛到同一极限函数 f (见习题 14.2.2), 所以, 当一致极限与逐点极限都存在时, 它们必定相同. 但是, 逆命题不成立. 作为例子, 早先由 $f^{(n)}(x):=x^n$ 定义的函数 $f^{(n)}:[0,1] \rightarrow \mathbb{R}$ 逐点收敛, 但不一致收敛 (见习题 14.2.2).

例 14.2.9 设 $f^{(n)}:[0,1] \rightarrow \mathbb{R}$ 是函数 $f^{(n)}(x):=\frac{1}{n} x$, 并设 $f:[0,1] \rightarrow \mathbb{R}$ 是零函数 $f(x):=0$. 那么 $f^{(n)}$ 显然逐点收敛到 f. 现在我们证明, 事实上 $f^{(n)}$ 一致收敛到 f. 我们必须证明, 对于每个 $\varepsilon>0$, 都存在 N, 使得对于每个 $x \in[0,1]$ 和每个 $n \geqslant N$, $|f^{(n)}(x)-f(x)|<\varepsilon$. 为证此事, 我们固定 $\varepsilon>0$. 那么对于任何 $x \in[0,1]$ 和 $n \geqslant N$, 有

$$|f^{(n)}(x)-f(x)|=\left|\frac{1}{n} x-0\right|=\frac{1}{n} x \leqslant \frac{1}{n} \leqslant \frac{1}{N}.$$

于是, 要是选择 N 使得 $N>1 / \varepsilon$ 的话 (注意此选择与 x 是什么无关), 那么就有

$$|f^{(n)}(x)-f(x)|<\varepsilon, \quad \text{对于一切 } n \geqslant N \text{ 和一切 } x \in[0,1].$$

这里我们做一个平凡的注释: 如果函数序列 $f^{(n)}: X \rightarrow Y$ 逐点收敛 (或一致收敛) 到函数 $f: X \rightarrow Y$, 那么 $f^{(n)}$ 到 X 的某子集 E 的限制函数的序列 $f^{(n)}|_E: E \rightarrow Y$ 也逐点收敛 (或一致收敛) 到 $f|_E$(为什么?).

习 题 14.2

14.2.1 本习题的目的是: 演示一个连续与逐点收敛之间的具体联系, 及一致连续与一致收敛

间的具体联系. 设 $f:\mathbb{R}\to\mathbb{R}$ 是函数. 对于任何 $a\in\mathbb{R}$, 令 $f_a:\mathbb{R}\to\mathbb{R}$ 是平移函数 $f_a(x):=f(x-a)$.

(a) 证明: f 是连续的当且仅当, 只要 $(a_n)_{n=1}^{\infty}$ 是收敛到零的实数序列, 平移函数 f_{a_n} 就逐点收敛到 f.

(b) 证明: f 是一致连续的当且仅当, 只要 $(a_n)_{n=1}^{\infty}$ 是收敛到零的实数序列, 平移函数 f_{a_n} 就一致收敛到 f.

14.2.2 (a) 设 $\left(f^{(n)}\right)_{n=1}^{\infty}$ 是从度量空间 (X,d_X) 到度量空间 (Y,d_Y) 的函数的序列, 并设 $f:X\to Y$ 是从 X 到 Y 的函数. 证明当 $f^{(n)}$ 一致收敛到 f 时, $f^{(n)}$ 也逐点收敛到 f.

(b) 对于每个整数 $n\geqslant 1$, 令 $f^{(n)}:(-1,1)\to\mathbb{R}$ 是函数 $f^{(n)}(x):=x^n$. 证明 $f^{(n)}$ 逐点收敛到零函数 0, 但不一致收敛到任何函数 $f:(-1,1)\to\mathbb{R}$.

(c) 设 $g:(-1,1)\to\mathbb{R}$ 是函数 $g(x):=\frac{x}{1-x}$. 保持 (b) 中的记号, 证明部分和 $\sum\limits_{n=1}^{N}f^{(n)}$ 当 $N\to\infty$ 时在开区间 $(-1,1)$ 上逐点收敛到 g, 但不一致收敛到 g. (提示: 用引理 7.3.3.) 如果用闭区间 $[-1,1]$ 代替开区间 $(-1,1)$, 将会发生什么?

14.2.3 设 (X,d_X) 是度量空间. 对于每个整数 $n\geqslant 1$, 令 $f_n:X\to\mathbb{R}$ 是实值函数. 假设在 X 上 f_n 逐点收敛到函数 $f:X\to\mathbb{R}$ (在此问题中我们给 $\mathbb{R}$ 以标准度量 $d(x,y)=|x-y|$). 设 $h:\mathbb{R}\to\mathbb{R}$ 是连续函数, 证明函数 $h\circ f_n$ 在 X 上逐点收敛到 $h\circ f$, 其中 $h\circ f_n:X\to\mathbb{R}$ 是函数 $h\circ f_n(x):=h(f_n(x))$, $h\circ f$ 是函数 $h\circ f(x):=h(f(x))$.

14.2.4 设 $f_n:X\to Y$ 是从度量空间 (X,d_X) 到度量空间 (Y,d_Y) 的有界函数的序列. 设 f_n 一致收敛到函数 $f:X\to Y$. 假设 f 是有界函数, 即存在 Y 中的球 $B_{(Y,d_Y)}(y_0,R)$, 使得对于一切 $x\in X$, $f(x)\in B_{(Y,d_Y)}(y_0,R)$. 证明序列 f_n 是**一致有界的**, 即 Y 中存在一个球 $B_{(Y,d_Y)}(y,r)$, 使得对于一切 $x\in X$ 及一切正整数 n,

$$f_n(x)\in B_{(Y,d_Y)}(y,r).$$

§14.3 一致收敛性与连续性

现在我们给出一致收敛本质上比逐点收敛要好的第一个证明. 具体地说, 我们证明连续函数序列的一致极限是连续函数.

定理 14.3.1(一致极限保持连续性 I) 设 $\left(f^{(n)}\right)_{n=1}^{\infty}$ 是从度量空间 (X,d_X) 到度量空间 (Y,d_Y) 的函数的序列, 并设此序列一致收敛到函数 $f:X\to Y$. 设 x_0 是 X 的点. 如果对于每个 n, 函数 $f^{(n)}$ 都在点 x_0 处连续, 那么极限函数 f 也在点 x_0 处连续.

证明 见习题 14.3.1. ■

此定理有一个直接的推论:

推论 14.3.2(一致极限保持连续性 II) 设 $\left(f^{(n)}\right)_{n=1}^{\infty}$ 是从度量空间 (X,d_X) 到度量空间 (Y,d_Y) 的函数的序列, 并设此序列一致收敛到函数 $f:X\to Y$. 如果对于每个 n, $f^{(n)}$ 都在 X 上连续, 那么极限函数 f 也在 X 上连续.

此事与例 14.2.4 相反. 定理 14.3.1 有一个小小的变样, 也是很有用的:

命题 14.3.3(极限与一致极限换序) 设 (X,d_X) 和 (Y,d_Y) 是度量空间, 其中 Y 是完备的. 设 E 是 X 的子集合. 设 $\left(f^{(n)}\right)_{n=1}^{\infty}$ 是从 E 到 Y 的函数的序列, 并假设此序列在 E 上一致收敛到某函数 $f:E\to Y$. 设 $x_0\in E$ 是 E 的附着点, 并设对于每个 n, 极限 $\lim\limits_{x\to x_0;x\in E} f^{(n)}(x)$ 都存在. 那么极限 $\lim\limits_{x\to x_0;x\in E} f(x)$ 也存在并且等于序列 $\left(\lim\limits_{x\to x_0;x\in E} f^{(n)}(x)\right)_{n=1}^{\infty}$ 的极限. 换言之, 如下的极限换序成立

$$\lim_{n\to\infty}\lim_{x\to x_0;x\in E} f^{(n)}(x)=\lim_{x\to x_0;x\in E}\lim_{n\to\infty} f^{(n)}(x).$$

证明 见习题 14.3.2. ■

这与例 14.2.5 相反. 最后我们还有这些定理的一个序列形式:

命题 14.3.4 设 $\left(f^{(n)}\right)_{n=1}^{\infty}$ 是从度量空间 (X,d_X) 到度量空间 (Y,d_Y) 的连续函数的序列, 假设这个序列一致收敛到函数 $f:X\to Y$. 设 $x^{(n)}$ 是 X 中的点的序列, 它收敛到某极限 x. 那么 $f^{(n)}(x^{(n)})$ 在 Y 中收敛到 $f(x)$.

证明 见习题 14.3.4. ■

对于有界函数有类似的结果成立:

定义 14.3.5(有界函数) 设 $f:X\to Y$ 是从度量空间 (X,d_X) 到度量空间 (Y,d_Y) 的函数. 如果 $f(X)$ 是有界集合, 即存在 Y 中的球 $B_{(Y,d_Y)}(y_0,R)$ 使得对于一切 $x\in X$ 成立 $f(x)\in B_{(Y,d_Y)}(y_0,R)$, 那么就称 f 为**有界函数**.

命题 14.3.6(一致极限保持有界性) 设 $\left(f^{(n)}\right)_{n=1}^{\infty}$ 是从度量空间 (X,d_X) 到度量空间 (Y,d_Y) 的函数的序列, 并假设此序列一致收敛到函数 $f:X\to Y$. 如果对于每个 n, 函数 $f^{(n)}$ 都是在 X 上有界的, 那么极限函数 f 也是在 X 上有界的.

证明 见习题 14.3.6. ■

注 14.3.7 上述各命题听上去都很合理, 但是应该小心, 这只当假定一致收敛时才成立, 逐点收敛是不够的. (见习题 14.3.3、习题 14.3.5 和习题 14.3.7.)

习 题 14.3

14.3.1 证明定理 14.3.1. 简要地解释为什么你的证明需要一致收敛性, 为什么逐点收敛不够用. (提示: 最容易的是使用定义 13.1.1 中的 “$\varepsilon-\delta$” 定义. 你可能用到三角形不等式

$$\begin{aligned}d_Y(f(x),f(x_0))\leqslant\, & d_Y(f(x),f^{(n)}(x))+d_Y(f^{(n)}(x),f^{(n)}(x_0))\\ & +d_Y(f^{(n)}(x_0),f(x_0)).\end{aligned}$$

而且你可能要把 ε 分成 $\varepsilon = \frac{\varepsilon}{3} + \frac{\varepsilon}{3} + \frac{\varepsilon}{3}$. 最后, 用命题 14.3.3 证明定理 14.3.1 是可能的, 但你可能会发现首先证明定理 14.3.1 会更容易.)

14.3.2 证明命题 14.3.3. (提示：这很像定理 14.3.1. 但是定理 14.3.1 不能用来证明命题 14.3.3, 而用命题 14.3.3 来证定理 14.3.1 是可能的.)

14.3.3 把命题 14.3.3 与例 1.2.8 进行比较. 你现在能不能解释, 为什么例 1.2.8 中极限次序的交换导致错误的结果, 而命题 14.3.3 中的换序是正确的?

14.3.4 证明命题 14.3.4. (提示：尽管叙述稍有不同, 这也与定理 14.3.1 和命题 14.3.3 类似, 而且不能从那两个结果导出此结果.)

14.3.5 举例说明, 如果把 "一致收敛" 换为 "逐点收敛", 命题 14.3.4 不再成立. (提示：某些早先已给出的例子就可说明此事.)

14.3.6 证明命题 14.3.6.

14.3.7 举例说明, 如果把 "一致收敛" 换为 "逐点收敛", 命题 14.3.6 不再成立. (提示：某些早先已给出的例子就可说明此事.)

14.3.8 设 (X, d) 是度量空间, 并且对于每个正整数 n, 设 $f_n : X \to \mathbb{R}$ 和 $g_n : X \to \mathbb{R}$ 都是函数. 假设 $(f_n)_{n=1}^{\infty}$ 一致收敛到函数 $f : X \to \mathbb{R}$, 而 $(g_n)_{n=1}^{\infty}$ 一致收敛到函数 $g : X \to \mathbb{R}$. 还假设 $(f_n)_{n=1}^{\infty}$ 和 $(g_n)_{n=1}^{\infty}$ 都是一致有界的, 即存在 $M > 0$ 使得对于一切 $n \geqslant 1$ 和 $x \in \mathbb{R}$, $|f_n(x)| \leqslant M$ 并且 $|g_n(x)| \leqslant M$. 证明 $f_n g_n : X \to \mathbb{R}$ 一致收敛到 $fg : X \to \mathbb{R}$.

§14.4 一致收敛的度量

本书中我们已经至少建立了四种看起来不一样的极限概念:

(a) 度量空间中点的序列的极限 $\lim\limits_{n\to\infty} x^n$ (定义 12.1.14, 亦见定义 13.5.4);

(b) 函数在一点处的极限值 $\lim\limits_{x\to x_0; x\in E} f(x)$ (定义 14.1.1);

(c) 函数序列 $\left(f^{(n)}\right)_{n=1}^{\infty}$ 的逐点极限 f (定义 14.2.1);

(d) 函数序列 $\left(f^{(n)}\right)_{n=1}^{\infty}$ 的一致极限 f (定义 14.2.7).

这么多极限概念, 看上去是相当复杂了. 然而我们可以这样来稍微降低复杂性: 把 (d) 看作 (a) 的特殊情形. 当然, 这样做要多加小心, 因为现在处理的是函数而不是点, 处理的收敛既不是在 X 中的收敛也不是在 Y 中的收敛, 而是在一个新的从 X 到 Y 的函数空间中的收敛.

注 14.4.1 如果愿意代替度量空间而考虑拓扑空间, 也可以把 (b) 看作 (a) 的特殊情形, 见习题 14.1.4, 而且 (c) 也是 (a) 的特殊情形, 见习题 14.4.4. 于是, 在拓扑空间中收敛的概念可用来统一我们遇到的全部极限概念.

定义 14.4.2(有界函数的度量空间) 设 (X, d_X) 和 (Y, d_Y) 是度量空间, 让 $B(X \to Y)$ 代表从 X 到 Y 的**有界函数的空间**①

① 注意, 根据幂集公理 (公理 3.10) 和分类公理 (公理 3.5), 这是一个集合.

$$B(X \to Y) := \{f | f : X \to Y\text{是有界函数}\}.$$

如下定义度量 $d_\infty : B(X \to Y) \times B(X \to Y) \to \mathbb{R}^+$：对于一切 $f, g \in B(X \to Y)$,

$$d_\infty(f,g) := \sup_{x \in X} d_Y(f(x), g(x)) = \sup\{d_Y(f(x), g(x)) : x \in X\}.$$

这个度量有时叫作**上确界范数度量**, 或 L^∞ 度量. 我们也使用 $d_{B(X \to Y)}$ 作为 d_∞ 的同义表达.

注意, 距离 $d_\infty(f,g)$ 总是有限的, 因为假设 f 和 g 都在 X 上有界.

例 14.4.3 设 $X := [0,1]$, $Y := \mathbb{R}$. 设 $f : [0,1] \to \mathbb{R}$ 和 $g : [0,1] \to \mathbb{R}$ 分别是函数 $f(x) := 2x$ 和 $g(x) := 3x$. 那么 f 和 g 都是有界函数从而属于 $B([0,1] \to \mathbb{R})$. 它们之间的距离是

$$d_\infty(f,g) := \sup_{x \in [0,1]} |2x - 3x| = \sup_{x \in [0,1]} |x| = 1.$$

这个空间事实上是度量空间 (习题 14.4.1). 依此度量的收敛事实上就是一致收敛:

命题 14.4.4 设 (X, d_X) 和 (Y, d_Y) 都是度量空间, $\left(f^{(n)}\right)_{n=1}^\infty$ 是 $B(X \to Y)$ 中的函数的序列, 并设 $f \in B(X \to Y)$. 那么 $\left(f^{(n)}\right)_{n=1}^\infty$ 依度量 $d_{B(X \to Y)}$ 收敛到 f 的充分必要条件是 $\left(f^{(n)}\right)_{n=1}^\infty$ 一致收敛到 f.

证明 见习题 14.4.2. ■

现在设 $C(X \to Y)$ 是从 X 到 Y 的有界连续函数的空间:

$$C(X \to Y) := \{f \in B(X \to Y) : f \text{ 是连续的 }\}.$$

集合 $C(X \to Y)$ 显然是 $B(X \to Y)$ 的子集合. 推论 14.3.2 断定这个空间 $C(X \to Y)$ 在 $B(X \to Y)$ 中是闭的 (为什么?). 实际上我们还可以说得更多:

定理 14.4.5(连续函数空间是完备的) 设 (X, d_X) 是度量空间, 并设 (Y, d_Y) 是完备的度量空间. 那么空间 $\left(C(X \to Y), d_{B(X \to Y)}\big|_{C(X \to Y) \times C(X \to Y)}\right)$ 是 $\left(B(X \to Y), d_{B(X \to Y)}\right)$ 的完备子空间. 换言之, $C(X \to Y)$ 中的函数的每个 Cauchy 序列都收敛到 $C(X \to Y)$ 中的函数.

证明 见习题 14.4.3. ■

习 题 14.4

14.4.1 设 (X, d_X) 和 (Y, d_Y) 是度量空间. 证明定义 14.4.2 中定义的空间 $B(X \to Y)$ 连同度量 $d_{B(X \to Y)}$ 确实是度量空间.

14.4.2 证明命题 14.4.4.

14.4.3 证明定理 14.4.5. (提示: 这与定理 14.3.1 的证明类似, 但不全同.)

14.4.4 设 (X, d_X) 和 (Y, d_Y) 是度量空间, 并设 $Y^X := \{f | f : X \to Y\}$ 是从 X 到 Y 的一切函数的空间 (参阅公理 3.10). 当 $x_0 \in X$, 且 V 是 Y 的开集时, 设 $V^{(x_0)} \subseteq Y^X$ 是集合

$$V^{(x_0)} := \{f \in Y^X : f(x_0) \in V\}.$$

设 E 是 Y^X 的子集合, 我们说 E 是开的, 如果对于每个 $f \in E$, 都存在有限个点 $x_1, \cdots, x_n \in X$ 以及开集 $V_1, \cdots, V_n \subseteq Y$, 使得

$$f \in V_1^{(x_1)} \bigcap \cdots \bigcap V_n^{(x_n)} \subseteq E.$$

- 证明: 如果 $\mathcal{T}$ 是 Y^X 中的开集的族, 那么 $(Y^X, \mathcal{T})$ 是拓扑空间.
- 对于每个自然数 n, 设 $f^{(n)} : X \to Y$ 是从 X 到 Y 的函数, 并设 $f : X \to Y$ 是从 X 到 Y 的函数. 证明 $f^{(n)}$ 依拓扑 $\mathcal{T}$ 收敛到 f (按定义 13.5.4) 当且仅当 $f^{(n)}$ 逐点收敛到 f (按定义 14.2.1).

拓扑 $\mathcal{T}$ 叫作**逐点收敛拓扑**, 理由是明显的. 同时, 它也叫作**乘积拓扑**. 这表明, 逐点收敛的概念可以看作是拓扑空间中的更一般的收敛概念的特殊情形.

§14.5 函数级数和 Weierstrass M 判别法

我们已经讨论了函数的序列, 现在来讨论函数的无限级数 $\sum_{n=1}^{\infty} f_n$. 现在把注意力集中在从度量空间 (X, d) 到实直线 $\mathbb{R}$(装备有标准度量) 的函数 $f : X \to \mathbb{R}$. 这样做是因为知道如何把两个实数加起来, 而不必知道如何把一般的度量空间 Y 中的两个点加起来. 值域在 $\mathbb{R}$ 中的函数有时叫作**实值**函数.

有限和当然是容易的: 给定任意有限个从 X 到 $\mathbb{R}$ 的函数 $f^{(1)}, \cdots, f^{(N)}$, 可以定义有限和 $\sum_{i=1}^{N} f^{(i)} : X \to \mathbb{R}$ 为

$$\left(\sum_{i=1}^{N} f^{(i)}\right)(x) := \sum_{i=1}^{N} f^{(i)}(x).$$

例 14.5.1 如果 $f^{(1)} : \mathbb{R} \to \mathbb{R}$ 是函数 $f^{(1)}(x) := x$; $f^{(2)} : \mathbb{R} \to \mathbb{R}$ 是函数 $f^{(2)}(x) := x^2$; $f^{(3)} : \mathbb{R} \to \mathbb{R}$ 是函数 $f^{(3)}(x) := x^3$, 那么 $f := \sum_{i=1}^{3} f^{(i)}$ 是由 $f(x) := x + x^2 + x^3$ 定义的函数 $f : \mathbb{R} \to \mathbb{R}$.

容易证明, 有界函数的有限和是有界的, 连续函数的有限和是连续的 (见习题 14.5.1).

现在来考虑无限级数.

定义 14.5.2(无限级数) 设 (X,d) 是度量空间. 设 $\left(f^{(n)}\right)_{n=1}^{\infty}$ 是从 X 到 $\mathbb{R}$ 的函数的序列, 并设 f 是从 X 到 $\mathbb{R}$ 的函数. 如果部分和 $\sum_{n=1}^{N} f^{(n)}$ 在 X 上当 $N\to\infty$ 时逐点收敛到 f, 就说无限级数 $\sum_{n=1}^{\infty} f^{(n)}$**逐点收敛**到 f, 记作 $f=\sum_{n=1}^{\infty} f^{(n)}$. 如果部分和 $\sum_{n=1}^{N} f^{(n)}$ 在 X 上当 $N\to\infty$ 时一致收敛到 f, 就说无限级数 $\sum_{n=1}^{\infty} f^{(n)}$**一致收敛**到 f, 仍记 $f=\sum_{n=1}^{\infty} f^{(n)}$. (所以, 见到像 $\sum_{n=1}^{\infty} f^{(n)}=f$ 这样的表达式时, 应从上下文看此级数依何种意义收敛.)

注 14.5.3 级数 $\sum_{n=1}^{\infty} f^{(n)}$ 在 X 上逐点收敛到 f 当且仅当对于**每个** $x\in X$, $\sum_{n=1}^{\infty} f^{(n)}(x)$ 收敛到 $f(x)$. (于是, 如果 $\sum_{n=1}^{\infty} f^{(n)}$ 不逐点收敛到 f, 那并不表示它逐点发散, 它可以在某些点 x 处收敛, 而在另一些点 y 处发散.)

如果级数 $\sum_{n=1}^{\infty} f^{(n)}$ 一致收敛到 f, 那么它也逐点收敛到 f, 但反之不真, 如下例所示:

例 14.5.4 设 $f^{(n)}:(-1,1)\to\mathbb{R}$ 是函数 $f^{(n)}(x):=x^n$, $n\in\mathbb{N}_+$. 那么 $\sum_{n=1}^{\infty} f^{(n)}$ 逐点收敛到函数 $\frac{x}{1-x}$ 但不一致收敛 (习题 14.5.2).

何时级数 $\sum_{n=1}^{\infty} f^{(n)}$ 收敛或不收敛, 并不总是很明显的. 但有一个非常有用的判别法, 至少可用来判别一致收敛.

定义 14.5.5(上确界范数) 设 $f:X\to\mathbb{R}$ 是有界实值函数, 定义 f 的**上确界范数** $\|f\|_\infty$ 为数

$$\|f\|_\infty:=\sup\{|f(x)|:x\in X\}.$$

换言之, $\|f\|_\infty=d_\infty(f,0)$, 其中 $0:X\to\mathbb{R}$ 是零函数 $0(x):=0$, 而 d_∞ 是定义 14.4.2 中定义的度量. (此事为何成立?)

例 14.5.6 如果 $f:(-2,1)\to\mathbb{R}$ 是函数 $f(x):=2x$, 那么

$$\|f\|_\infty=\sup\{|2x|:x\in(-2,1)\}=4 \quad (\text{为什么?})$$

注意, 当 f 有界时, $\|f\|_\infty$ 总是一个非负实数.

定理 14.5.7(Weierstrass M 判别法) *设 (X,d) 是度量空间, 并设 $\left(f^{(n)}\right)_{n=1}^{\infty}$ 是 X 上的有界实值连续函数的序列. 如果级数 $\sum_{n=1}^{\infty}\|f^{(n)}\|_\infty$ 收敛 (注意这纯粹是一个实数的级数), 那么级数 $\sum_{n=1}^{\infty} f^{(n)}$ 在 X 上一致收敛到 X 上的某函数 f, 而且函数 f 也是连续的.*

证明 见习题 14.5.3. ■

Weierstrass M 判别法可简单地叙述为：上确界范数的绝对收敛蕴含函数级数的一致收敛.

例 14.5.8　设 $0 < r < 1$ 是实数, 并设 $f^{(n)}: [-r, r] \to \mathbb{R}$ 是函数 $f^{(n)}(x) := x^n$, $n \in \mathbb{N}_+$. 那么每个 $f^{(n)}$ 都是连续的并且有界的, 而且 $\| f^{(n)} \|_\infty = r^n$(为什么?). 由于级数 $\sum\limits_{n=1}^{\infty} r^n$ 绝对收敛 (例如根据比例判别法 (定理 7.5.1)), 所以 $\sum\limits_{n=1}^{\infty} f^{(n)}$ 在 $[-r, r]$ 上一致收敛到某连续函数, 在习题 14.5.2 中我们见到这个函数必是由 $f(x) := \frac{x}{1-x}$ 定义的函数 $f: [-r, r] \to \mathbb{R}$. 结论是, 级数 $\sum\limits_{n=1}^{\infty} x^n$ 在 $(-1, 1)$ 上是逐点收敛的但不是一致收敛的, 而对于任何 $0 < r < 1$, 它在较小的区间 $[-r, r]$ 上是一致收敛的.

Weierstrass M 判别法在处理**幂级数**时特别有用, 下一章我们将遇到幂级数.

习　题　14.5

14.5.1　设 $f^{(1)}, \cdots, f^{(N)}$ 是从度量空间 (X, d) 到 $\mathbb{R}$ 的有界函数的有限序列. 证明 $\sum\limits_{i=1}^{N} f^{(i)}$ 也是有界的. 当用“连续”代替有界时证明类似的结论, 当用“一致连续”代替“连续”时情况如何?

14.5.2　验证例 14.5.4 的结论.

14.5.3　证明定理 14.5.7. (提示: 先证明序列 $\left(\sum\limits_{i=1}^{N} f^{(i)}\right)_{N=1}^{\infty}$ 是 $C(X \to \mathbb{R})$ 中的 Cauchy 序列, 然后使用定理 14.4.5.)

§14.6　一致收敛与积分

现在把一致收敛与 Riemann 积分联系起来 (Riemann 积分是在第 11 章中讨论过的) 来证明一致极限可以放心地与积分交换次序.

定理 14.6.1　*设 $[a, b]$ 是区间, 并设对于每个整数 $n \geqslant 1$, $f^{(n)}: [a, b] \to \mathbb{R}$ 是 Riemann 可积函数. 假设 $\left(f^{(n)}\right)_{n=1}^{\infty}$ 在 $[a, b]$ 上一致收敛到函数 $f: [a, b] \to \mathbb{R}$, 那么 f 也是 Riemann 可积的, 并且*

$$\lim_{n\to\infty} \int_{[a,b]} f^{(n)} = \int_{[a,b]} f.$$

证明　我们先证 f 在 $[a, b]$ 上是 Riemann 可积的. 这就是要证 f 的上 Riemann 积分与下 Riemann 积分相等: $\underline{\int}_{[a,b]} f = \overline{\int}_{[a,b]} f$.

设 $\varepsilon > 0$. 由于 $\left(f^{(n)}\right)_{n=1}^{\infty}$ 一致收敛到 f, 所以存在 $N > 0$, 使得对于一切 $n > N$ 和 $x \in [a, b]$, 有

$$\left| f^{(n)}(x) - f(x) \right| < \varepsilon.$$

当然

$$f^{(n)}(x)-\varepsilon<f(x)<f^{(n)}(x)+\varepsilon,\quad \text{对于一切 } x\in[a,b].$$

在 $[a,b]$ 上积分此式, 得到

$$\underline{\int}_{[a,b]}(f^{(n)}-\varepsilon)\leqslant\underline{\int}_{[a,b]}f\leqslant\overline{\int}_{[a,b]}f\leqslant\overline{\int}_{[a,b]}(f^{(n)}+\varepsilon).$$

由于假定 $f^{(n)}$ 是 Riemann 可积的, 所以

$$\left(\int_{[a,b]}f^{(n)}\right)-\varepsilon(b-a)\leqslant\underline{\int}_{[a,b]}f\leqslant\overline{\int}_{[a,b]}f\leqslant\left(\int_{[a,b]}f^{(n)}\right)+\varepsilon(b-a).$$

当然, 我们得到

$$0\leqslant\overline{\int}_{[a,b]}f-\underline{\int}_{[a,b]}f\leqslant 2\varepsilon(b-a).$$

由于此式对于每个 $\varepsilon>0$ 都成立, 就得到所要证的 $\overline{\int}_{[a,b]}f=\underline{\int}_{[a,b]}f$.

上述论证也表明, 对于每个 $\varepsilon>0$, 存在 $N>0$, 使得对于一切 $n\geqslant N$,

$$\left|\int_{[a,b]}f^{(n)}-\int_{[a,b]}f\right|\leqslant 2\varepsilon(b-a),$$

这表明 $\int_{[a,b]}f^{(n)}$ 收敛到 $\int_{[a,b]}f$. ■

重述定理 14.6.1: 可交换极限与 (紧致区间 $[a,b]$ 上的) 积分,

$$\lim_{n\to\infty}\int_{[a,b]}f^{(n)}=\int_{[a,b]}\lim_{n\to\infty}f^{(n)},$$

只要收敛是一致的. 这与例 14.2.6 及例 1.2.9 相反.

此定理有级数形式的类比:

推论 14.6.2 *设 $[a,b]$ 是区间, 并设 $(f^{(n)})_{n=1}^{\infty}$ 是在 $[a,b]$ 上 Riemann 可积的函数的序列. 如果级数 $\sum\limits_{n=1}^{\infty}f^{(n)}$ 一致收敛, 那么*

$$\sum_{n=1}^{\infty}\int_{[a,b]}f^{(n)}=\int_{[a,b]}\sum_{n=1}^{\infty}f^{(n)}.$$

证明 见习题 14.6.1. ■

此推论与 Weierstrass M 判别法 (定理 14.5.7) 联合运用, 特别好使:

例 14.6.3(非正式的) 从引理 7.3.3 可得几何级数等式

$$\sum_{n=1}^{\infty}x^n=\frac{x}{1-x},\quad x\in(-1,1),$$

而且 (根据 Weierstrass M 判别法) 对于任何 $0 < r < 1$, 在 $[-r, r]$ 上收敛是一致的. 加 1 于上式两端, 得

$$\sum_{n=0}^{\infty} x^n = \frac{1}{1-x},$$

收敛仍在 $[-r, r]$ 上是一致的. 于是可以在 $[0, r]$ 上积分并使用推论 14.6.2 而得到

$$\sum_{n=0}^{\infty} \int_{[0,r]} x^n \mathrm{d}x = \int_{[0,r]} \frac{1}{1-x} \mathrm{d}x.$$

左端是 $\sum\limits_{n=0}^{\infty} \frac{r^{n+1}}{n+1}$. 如果现在允许使用对数 (将在 §15.5 中给予理论证明), $\frac{1}{1-x}$ 的反导数 (anti-derivative, 即原函数) 是 $-\ln(1-x)$, 于是右端是 $-\ln(1-r)$. 从而得到公式

$$-\ln(1-r) = \sum_{n=0}^{\infty} \frac{r^{n+1}}{n+1}, \quad 0 < r < 1.$$

习　题　14.6

14.6.1　用定理 14.6.1 证明推论 14.6.2.

§14.7　一致收敛和导数

我们已经看到, 一致收敛与连续性、极限以及积分的交互作用是多么融洽. 现在我们来研究它与导数是怎样交互作用的.

首先要问的是: 如果 $\{f_n\}$ 一致收敛到 f, 并且诸函数 f_n 都是可微的, 那么这是否蕴含 f 也是可微的? 如果 f 也是可微的, 那么 $\{f_n'\}$ 是不是也收敛到 f'?

不幸的是, 对于第二个问题的回答是否定的. 为了构作一个反例, 我们不加证明地使用关于三角函数的一些基本事实 (§15.7 将对这些事实进行严格的论述). 考虑由 $f_n(x) := \frac{1}{\sqrt{n}} \sin(nx)$ 定义的函数 $f_n : [0, 2\pi] \to \mathbb{R}$, 并令 $f : [0, 2\pi] \to \mathbb{R}$ 是零函数 $f(x) := 0$. 那么, 由于 sin 的值介于 -1 和 1 之间, 所以 $d_\infty(f_n, f) \leqslant \frac{1}{\sqrt{n}}$, 其中我们使用定义 14.4.2 中引入的一致度量 $d_\infty(f, g) := \sup_{x \in [0, 2\pi]} |f(x) - g(x)|$. 由于 $\frac{1}{\sqrt{n}}$ 收敛到 0, 所以由挤压判别法, 知 $\{f_n\}$ 一致收敛到 f. 另一方面, $f_n'(x) = \sqrt{n} \cos(nx)$ 而且 $|f_n'(0) - f'(0)| = \sqrt{n}$. 所以 f_n' 并不逐点收敛到 f', 当然也不一致收敛到 f'. 其实在许多点 $x \in [0, 2\pi]$ 处

$$\frac{\mathrm{d}}{\mathrm{d}x} \lim_{n \to \infty} f_n(x) \neq \lim_{n \to \infty} \frac{\mathrm{d}}{\mathrm{d}x} f_n(x).$$

对于第一个问题的回答也是否定的. 由 $f_n(x) := \sqrt{\frac{1}{n^2}+x^2}$ 定义的函数 $f_n: [-1,1] \to \mathbb{R}$, $n \in \mathbb{N}_+$, 就是一个例子. 这些函数都是可微的 (为什么?). 还有, 容易验证

$$|x| \leqslant f_n(x) \leqslant |x| + \frac{1}{n}$$

对于一切 $x \in [-1,1]$ 成立 (为什么? 把两边平方), 于是由挤压判别法, $\{f_n\}$ 一致收敛到绝对值函数 $f(x) := |x|$. 但此函数在 0 处不可微 (为什么?). 于是, 可微函数的一致极限不必是可微的 (亦见例 1.2.10).

总而言之, 函数序列 $\{f_n\}$ 的一致收敛对于导函数序列 $\{f_n'\}$ 的收敛不提供任何信息. 但是只要 $\{f_n\}$ 在一点处收敛, 反过来的命题就成立:

定理 14.7.1 设 $[a,b]$ 是区间. 对于每个整数 $n \geqslant 1$, 设 $f_n : [a,b] \to \mathbb{R}$ 是可微函数, 并且其导函数 $f_n' : [a,b] \to \mathbb{R}$ 是连续的. 假设导数序列 $\{f_n'\}$ 一致收敛到函数 $g : [a,b] \to \mathbb{R}$. 还假设存在 $x_0 \in [a,b]$, 使得极限 $\lim\limits_{n\to\infty} f_n(x_0) \in \mathbb{R}$. 那么函数序列 $\{f_n\}$ 一致收敛到一个可微函数 f, 并且 f 的导数等于 g.

非正式地说, 上述定理说的是, 如果 $\{f_n'\}$ 一致收敛, 并且 $\{f_n(x_0)\}$ 对于某 x_0 收敛, 那么 $\{f_n\}$ 也一致收敛, 并且

$$\frac{\mathrm{d}}{\mathrm{d}x} \lim_{n\to\infty} f_n(x) = \lim_{n\to\infty} \frac{\mathrm{d}}{\mathrm{d}x} f_n(x).$$

证明 此处只给出证明的开头, 其余部分留作习题 (习题 14.7.1).

由于 f_n' 是连续的, 根据微积分基本定理 (定理 11.9.4) 得到

$$f_n(x) - f_n(x_0) = \int_{[x_0,x]} f_n', \quad x \in [x_0, b],$$

以及

$$f_n(x) - f_n(x_0) = -\int_{[x,x_0]} f_n', \quad x \in [a, x_0].$$

设 L 是当 $n \to \infty$ 时 $f_n(x_0)$ 的极限:

$$L := \lim_{n\to\infty} f_n(x_0),$$

由假定, L 存在. 现在由于每个 f_n' 都在 $[a,b]$ 上连续而且 f_n' 一致收敛到 g, 所以, 由推论 14.3.2 知, g 也是连续的. 现在由下式定义函数 $f : [a,b] \to \mathbb{R}$,

$$f(x) := L - \int_{[a,x_0]} g + \int_{[a,x]} g, \quad x \in [a,b].$$

为了完成证明, 我们必须证明 f_n 一致收敛到 f, 而且 f 是可微的, 它的导函数是 g, 这将在习题 14.7.1 中完成. ■

注 14.7.2　其实, 当不假定函数 f_n' 连续时, 定理 14.7.1 依然成立, 只是证明要更为困难, 见习题 14.7.2.

把这个定理与 Weierstrass M 判别法结合起来, 就得到

推论 14.7.3　设 $[a,b]$ 是区间, 对于每个整数 $n \geqslant 1$, 设 $f_n : [a,b] \to \mathbb{R}$ 是可微函数, 其导函数 $f_n' : [a,b] \to \mathbb{R}$ 是连续的. 假设级数 $\sum_{n=1}^{\infty} \| f_n' \|_\infty$ 绝对收敛, 其中

$$\| f_n' \|_\infty := \sup_{x \in [a,b]} |f_n'(x)|$$

是 f_n' 的由定义 14.5.5 定义的上确界范数. 还假设对于某 $x_0 \in [a,b]$, 级数 $\sum_{n=1}^{\infty} f_n(x_0)$ 收敛. 那么级数 $\sum_{n=1}^{\infty} f_n$ 在 $[a,b]$ 上一致收敛到一个可微函数, 并且事实上对于一切 $x \in [a,b]$

$$\frac{\mathrm{d}}{\mathrm{d}x} \sum_{n=1}^{\infty} f_n(x) = \sum_{n=1}^{\infty} \frac{\mathrm{d}}{\mathrm{d}x} f_n(x).$$

证明　见习题 14.7.3. ■

我们现在停下来举一个这样的函数的例子, 它处处连续但处处不可微 (这个特殊的例子是 Weierstrass 发现的). 还有, 我们预先假定已具有关于三角函数的知识, 对于这些知识的严格讨论将在 §15.7 中进行.

例 14.7.4　设 $f : \mathbb{R} \to \mathbb{R}$ 是函数

$$f(x) := \sum_{n=1}^{\infty} \frac{1}{4^n} \cos(32^n \pi x).$$

注意, 根据 Weierstrass M 判别法, 这个级数一致收敛, 并且由于每个函数 $4^{-n} \cos(32^n \pi x)$ 都是连续的, 所以函数 f 也是连续的. 但是, 它不是可微的 (见习题 15.7.10). 事实上它是处处不可微的函数, 尽管它是处处连续的!

习　题　14.7

14.7.1　完成定理 14.7.1 的证明. 将例 1.2.10 与此定理进行比较, 解释为什么这个例子与定理并不矛盾.

14.7.2　证明定理 14.7.1, 不假定 f_n' 是连续的. 这就是说, 你不能使用微积分基本定理. 但平均值定理 (推论 10.2.9) 依然可用. 用它来证明, 如果 $d_\infty(f_n', f_m') \leqslant \varepsilon$, 那么 $|(f_n(x) - f_m(x)) - (f_n(x_0) - f_m(x_0))| \leqslant \varepsilon |x - x_0|$ 对于一切 $x \in [a,b]$ 成立, 然后用这个结果来完成定理 14.7.1 的证明.

§14.8 用多项式一致逼近

正如我们刚看到的, 连续函数的性状可以很坏, 例如, 它可以处处不可微 (例 14.7.4). 另一方面, 像多项式这样的函数, 性状总是很好的, 总是可微的. 幸运的是, 即使多数连续函数的性状都不像多项式那么好, 但它们总是可以用多项式来一致逼近的, 这个重要的 (然而也是困难的) 结果正是周知的**Weierstrass 逼近定理**, 这是本节的课题.

定义 14.8.1 设 $[a,b]$ 是区间. $[a,b]$ 上的**多项式**是形如 $f(x) := \sum\limits_{j=0}^{n} c_j x^j$ 的函数 $f:[a,b]\to\mathbb{R}$, 其中 $n\geqslant 0$ 是整数并且 $c_0,\cdots,c_n$ 是实数. 如果 $c_n\neq 0$, 那么 n 叫作 f 的**次数**.

例 14.8.2 由 $f(x) := 3x^4+2x^3-4x+5$ 定义的函数 $f:[1,2]\to\mathbb{R}$ 是 $[1,2]$ 上的 4 次多项式.

定理 14.8.3(Weierstrass 逼近定理) 设 $[a,b]$ 是区间, $f:[a,b]\to\mathbb{R}$ 是连续函数. 任给 $\varepsilon>0$, 都存在 $[a,b]$ 上的多项式 P, 使得 $d_\infty(P,f)\leqslant\varepsilon$ (即对于一切 $x\in[a,b]$, $|f(x)-P(x)|\leqslant\varepsilon$).

叙述此定理的另一方式如下. 我们记得 $C([a,b]\to\mathbb{R})$ 是从 $[a,b]$ 到 $\mathbb{R}$ 的连续函数的空间, 具有一致度量 d_∞. 设 $P([a,b]\to\mathbb{R})$ 是 $[a,b]$ 上的全体多项式组成的空间, 它是 $C([a,b]\to\mathbb{R})$ 的子空间, 这因为每个多项式都是连续的 (习题 9.4.7). 那么 Weierstrass 逼近定理说的是, 每个连续函数都是 $P([a,b]\to\mathbb{R})$ 的附着点; 或者说多项式空间的闭包是连续函数空间:

$$\overline{P([a,b]\to\mathbb{R})}=C([a,b]\to\mathbb{R}).$$

也就是说, $[a,b]$ 上的每个连续函数都是多项式的一致极限. 换言之, 多项式空间在连续函数空间中依一致度量稠密.

Weierstrass 逼近定理的证明有点复杂, 将分成几个步骤. 首先需要一个**对于恒等逼近**的概念.

定义 14.8.4(紧支撑函数) 设 $[a,b]$ 是区间. 函数 $f:\mathbb{R}\to\mathbb{R}$ 叫作是**支撑**在 $[a,b]$ 上的, 如果当 $x\notin[a,b]$ 时 $f(x)=0$. 说 f 是**紧支撑的**当且仅当它支撑在某区间 $[a,b]$ 上. 如果 f 连续并且支撑在 $[a,b]$ 上, 那么, 定义反常积分 $\int_{-\infty}^{\infty}f$ 为 $\int_{[a,b]}f$.

注意, 一个函数可以支撑在多于一个区间上, 例如一个支撑在 [3, 4] 上的函数自动地支撑在 [2, 5] 上 (为什么?). 原则上说, 这可能意味着我们对于 $\int_{-\infty}^{\infty}f$ 的定义不成功, 但事实并非如此:

引理 14.8.5 若 $f:\mathbb{R}\to\mathbb{R}$ 是连续的并且支撑在区间 $[a,b]$ 上, 而且也支撑在

另一区间 $[c,d]$ 上, 那么

$$\int_{[a,b]} f = \int_{[c,d]} f.$$

证明 见习题 14.8.1. ■

定义 14.8.6(对于恒等的逼近) 设 $\varepsilon > 0$, $0 < \delta < 1$. 称函数 $f : \mathbb{R} \to \mathbb{R}$ 为**对于恒等的** (ε, δ) **逼近**, 如果它具有下述三条性质.

(a) f 支撑在 $[-1,1]$ 上且对于一切 $-1 \leqslant x \leqslant 1$, $f(x) \geqslant 0$.

(b) f 是连续的, 且 $\int_{-\infty}^{\infty} f = 1$.

(c) 对于一切 $\delta \leqslant |x| \leqslant 1$, $|f(x)| \leqslant \varepsilon$.

注 14.8.7 对于熟悉 Dirac δ 函数的人来说, 用连续函数 (它较易于分析) 来近似这个 (间断性非常强的) δ 函数是对于恒等的逼近的一种方式. 但本书不讨论 Dirac δ 函数.

对于 Weierstrass 逼近定理的证明依赖于三个关键性的事情. 第一件事是多项式可以作为恒等函数的近似.

引理 14.8.8(多项式可以逼近恒等) 对于任意的 $\varepsilon > 0$ 和 $0 < \delta < 1$, 存在一个 $[-1,1]$ 上的多项式 P, 它是对于恒等的 (ε, δ) 逼近.

证明 见习题 14.8.8. ■

定义 14.8.9(卷积) 设 $f : \mathbb{R} \to \mathbb{R}$, $g : \mathbb{R} \to \mathbb{R}$ 是连续的、紧支撑的函数. 定义 f 与 g 的**卷积** $f * g : \mathbb{R} \to \mathbb{R}$ 为函数

$$(f * g)(x) := \int_{-\infty}^{\infty} f(y)g(x-y)\mathrm{d}y.$$

注意, 如果 f 和 g 都是连续的、紧支撑的, 那么对于每个 x, 作为 y 的函数 $f(y)g(x-y)$ 也是连续的、紧支撑的, 所以上述定义成立.

注 14.8.10 卷积在 Fourier 分析和偏微分方程中起着重要作用, 而且在物理学、工程学、信号处理理论中都是很重要的. 卷积的深入研究超出了本书的范围, 这里只给出一个简要的介绍.

命题 14.8.11(卷积的基本性质) 设 $f : \mathbb{R} \to \mathbb{R}$, $g : \mathbb{R} \to \mathbb{R}$, $h : \mathbb{R} \to \mathbb{R}$ 都是连续的、紧支撑的函数. 那么下述命题成立.

(a) 卷积 $f * g$ 也是连续的、紧支撑的函数.

(b) (卷积是交换的) 我们有 $f * g = g * f$, 换言之

$$f * g(x) = \int_{-\infty}^{\infty} f(y)g(x-y)\mathrm{d}y = \int_{-\infty}^{\infty} g(y)f(x-y)\mathrm{d}y = g * f(x).$$

(c) (卷积是线性的) 我们有 $f * (g + h) = f * g + f * h$. 还有, 对于任何实数 c, 有 $f * (cg) = (cf) * g = c(f * g)$.

证明 见习题 14.8.11. ■

注 14.8.12 卷积还有很多其他的重要性质, 例如结合性 $(f*g)*h = f*(g*h)$, 以及与导数的可交换性,

$$(f*g)' = f'*g = f*g', \text{ 只要 } f \text{ 和 } g \text{ 是可微的.}$$

前面提到的 Dirac δ 对于卷积运算是恒等元: $f*\delta = \delta*f = f$. 这些结果比命题 14.8.11 的性质证明起来稍难一些, 而本书中我们用不着这些性质.

前面提到过, Weierstrass 逼近定理的证明依赖于三件事. 第二个关键的事情是, 与多项式的卷积产生另一个多项式.

引理 14.8.13 设 $f:\mathbb{R}\to\mathbb{R}$ 是连续的支撑在 [0,1] 上的函数, 并设 $g:\mathbb{R}\to\mathbb{R}$ 是连续的支撑在 $[-1,1]$ 上的函数, 它是 $[-1,1]$ 上的多项式. 那么 $f*g$ 是 [0,1] 上的多项式. (但注意, 在 [0,1] 之外它可以不是多项式.)

证明 由 g 是 $[-1,1]$ 上的多项式知, 可以找到整数 $n \geqslant 0$ 和实数 $c_0, \cdots, c_n$ 使得

$$g(x) = \sum_{j=0}^{n} c_j x^j, \text{ 对于一切 } x \in [-1,1].$$

另一方面, 对于一切 $x \in [0,1]$, 由于 f 是支撑在 [0,1] 上的, 我们有

$$f*g(x) = \int_{-\infty}^{\infty} f(y)g(x-y)\mathrm{d}y = \int_{[0,1]} f(y)g(x-y)\mathrm{d}y.$$

因为 $x \in [0,1]$ 而且变元 y 也在 [0,1] 中, 所以 $x-y \in [-1,1]$. 从而可以代入 g 的表达式而得到

$$f*g(x) = \int_{[0,1]} f(y) \sum_{j=0}^{n} c_j (x-y)^j \mathrm{d}y.$$

使用二项公式 (习题 7.1.4) 展开此式得

$$f*g(x) = \int_{[0,1]} f(y) \sum_{j=0}^{n} c_j \sum_{k=0}^{j} \frac{j!}{k!(j-k)!} x^k (-y)^{j-k} \mathrm{d}y.$$

可以交换求和次序 (根据推论 7.1.14) 而得到

$$f*g(x) = \int_{[0,1]} f(y) \sum_{k=0}^{n} \sum_{j=k}^{n} c_j \frac{j!}{k!(j-k)!} x^k (-y)^{j-k} \mathrm{d}y$$

(为什么要改变求和限? 画一个关于 j 和 k 的图可能有助于思考). 现在把关于 k 的求和与积分交换次序, 得

$$f*g(x) = \sum_{k=0}^{n} x^k \int_{[0,1]} f(y) \sum_{j=k}^{n} \frac{c_j j!}{k!(j-k)!} (-y)^{j-k} \mathrm{d}y.$$

如果对于 $k=0,\cdots,n$, 令

$$C_k := \int_{[0,1]} f(y)\sum_{j=k}^{n}\frac{c_j j!}{k!(j-k)!}(-y)^{j-k}\mathrm{d}y,$$

那么 C_k 是一个与 x 无关的数, 于是我们得到

$$f*g(x)=\sum_{k=0}^{n}C_k x^k$$

对于一切 $x\in[0,1]$ 成立. 那么 $f*g$ 在 $[0,1]$ 上是多项式. ■

第三个关键性的事情是, 如果把一个一致连续的函数与一个对于恒等的逼近作卷积, 就得到一个新的函数, 它近似于原来的函数 (这解释了 "对于恒等的逼近" 这一术语):

引理 14.8.14　设 $f:\mathbb{R}\to\mathbb{R}$ 是连续函数, 支撑在 [0,1] 上, 界于某 $M>0$ (即对于一切 $x\in\mathbb{R}$, $|f(x)|\leqslant M$). 设 $\varepsilon>0$, $0<\delta<1$ 使得只要 $x,y\in\mathbb{R}$ 且 $|x-y|<\delta$ 就有 $|f(x)-f(y)|<\varepsilon$. 设 g 是对于恒等的任意的 (ε,δ) 逼近. 那么, 对于一切 $x\in[0,1]$, 有

$$|f*g(x)-f(x)|\leqslant(3M+2\delta)\varepsilon.$$

证明　见习题 14.8.14. ■

把这些合起来, 就得到 Weierstrass 逼近定理的一个预备形式:

推论 14.8.15(Weierstrass 逼近定理 I)　设 $f:\mathbb{R}\to\mathbb{R}$ 是连续函数, 支撑在 [0, 1] 上. 那么对于每个 $\varepsilon>0$, 都存在一个函数 $P:\mathbb{R}\to\mathbb{R}$, 它在 [0, 1] 上是多项式, 并且对于一切 $x\in[0,1]$, $|P(x)-f(x)|\leqslant\varepsilon$.

证明　见习题 14.8.15. ■

现在我们来实施一系列的修正, 把推论 14.8.15 转化成真正的 Weierstrass 逼近定理. 首先我们需要一个简单的引理.

引理 14.8.16　设 $f:[0,1]\to\mathbb{R}$ 是连续函数, 它在 [0, 1] 的边界上等于 0, 即 $f(0)=f(1)=0$. 设 $F:\mathbb{R}\to\mathbb{R}$ 是由

$$F(x):=\begin{cases} f(x), & \text{当 } x\in[0,1]\\ 0, & \text{当 } x\notin[0,1]\end{cases}$$

定义的函数. 那么 F 也是连续的.

证明　见习题 14.8.16. ■

注 14.8.17　引理 14.8.16 中定义的函数 F 有时叫作 f 的**零延拓**.

从推论 14.8.15 和引理 14.8.16 我们直接得到

推论 14.8.18(Weierstrass 逼近定理 II) 设 $f:[0,1]\to\mathbb{R}$ 是连续函数, 且 $f(0)=f(1)=0$. 那么对于每个 $\varepsilon>0$ 都存在多项式 $P:[0,1]\to\mathbb{R}$, 使得对于一切 $x\in[0,1]$, $|P(x)-f(x)|\leqslant\varepsilon$.

现在我们去掉推论 14.8.18 中的假定 $f(0)=f(1)=0$ 而加强之.

推论 14.8.19(Weierstrass 逼近定理 III) 设 $f:[0,1]\to\mathbb{R}$ 是连续函数, 那么对于每个 $\varepsilon>0$ 都存在多项式 $P:[0,1]\to\mathbb{R}$, 使得对于一切 $x\in[0,1]$, $|P(x)-f(x)|\leqslant\varepsilon$.

证明 令 $F:[0,1]\to\mathbb{R}$ 代表函数

$$F(x):=f(x)-f(0)-x(f(1)-f(0)).$$

注意, F 也是连续的 (为什么?), 而且 $F(1)=F(0)=0$. 根据推论 14.8.18, 可以找到一个多项式 $Q:[0,1]\to\mathbb{R}$, 使得对于一切 $x\in[0,1]$, $|Q(x)-F(x)|\leqslant\varepsilon$. 然而

$$Q(x)-F(x)=Q(x)+f(0)+x\big(f(1)-f(0)\big)-f(x),$$

所以只要令

$$P(x):=Q(x)+f(0)+x\big(f(1)-f(0)\big)$$

就得到所要的结果. ■

最后, 我们可以证明完整的 Weierstrass 逼近定理.

定理 14.8.3 的证明 设 $f:[a,b]\to\mathbb{R}$ 是 $[a,b]$ 上的连续函数. 令 $g:[0,1]\to\mathbb{R}$ 代表函数

$$g(x):=f(a+(b-a)x),\quad \text{对于一切}\ x\in[0,1].$$

那么

$$f(y)=g\left(\frac{y-a}{b-a}\right),\quad \text{对于一切}\ y\in[a,b].$$

函数 g 是 [0, 1] 上的连续函数 (为什么?), 于是根据推论 14.8.19, 可以找到多项式 $Q:[0,1]\to\mathbb{R}$ 使得

$$|Q(x)-g(x)|\leqslant\varepsilon,\quad \text{对于一切}\ x\in[0,1].$$

当然, 对于任意的 $y\in[a,b]$, 有

$$\left|Q\left(\frac{y-a}{b-a}\right)-g\left(\frac{y-a}{b-a}\right)\right|\leqslant\varepsilon.$$

如果令 $P(y):=Q\left(\frac{y-a}{b-a}\right)$, 那么我们看到 P 也是多项式 (为什么?), 于是对于一切 $y\in[a,b]$, 有 $|P(y)-f(y)|\leqslant\varepsilon$. ■

注 14.8.20 注意, Weierstrass 逼近定理只在有界区间 $[a,b]$ 上成立, $\mathbb{R}$ 上的连续函数一般不能用多项式一致逼近. 例如, 由 $f(x):=\mathrm{e}^x$ 定义的指数函数 $f:\mathbb{R}\to\mathbb{R}$

(我们将在 §15.5 中严格地研究此函数) 就不能被任何多项式一致逼近, 因为当自变量趋于 ∞ 时指数函数比任何多项式增长得都快 (习题 15.5.9), 所以根本就无法作出 f 与多项式之间的 sup 度量.

注 14.8.21 Weierstrass 逼近定理可以推广到高维情形: 如果 K 是 $\mathbb{R}^n$(具有欧几里得度量 d_{l^2}) 的紧致集合, 而 $f: K \to \mathbb{R}$ 是连续函数, 那么对于每个 $\varepsilon > 0$ 都存在 n 个变元 $x_1, \cdots, x_n$ 的多项式 P, 使得 $d_\infty(f, P) < \varepsilon$. 这个一般的定理可以用这里的论述的更复杂的形式予以证明, 不过我们不再进行了. (事实上, 这个定理的更一般的形式适用于任意的度量空间, 叫作 **Stone-Weierstrass 逼近定理**, 但这超出了本书的范围.)

习 题 14.8

14.8.1 证明引理 14.8.5.

14.8.2 (a) 证明: 对于任意的实数 $0 \leqslant y \leqslant 1$ 和任意的自然数 n,

$$(1-y)^n \geqslant 1 - ny.$$

(提示: 对 n 进行归纳, 或者关于 y 求导数.)

(b) 证明 $\int_{-1}^{1}(1-x^2)^n \mathrm{d}x \geqslant \frac{1}{\sqrt{n}}$. (提示: 对于 $|x| \leqslant \frac{1}{\sqrt{n}}$, 用 (a); 对于 $|x| \geqslant \frac{1}{\sqrt{n}}$, 只需使用 $(1-x^2)$ 非负的事实. 也可以用三角替换, 但是不建议这样做, 除非你知道你在做什么.)

(c) 证明引理 14.8.2. (提示: 选择 f, 使得: 当 $x \in [-1, 1]$ 时 $f(x) = c(1-x^2)^N$, 当 $x \notin [-1, 1]$ 时 $f(x) =$ 零, 其中 N 是大整数, 而 c 的选取使得 f 的积分等于 1, 并使用 (b).)

14.8.3 设 $f: \mathbb{R} \to \mathbb{R}$ 是紧支撑的连续函数. 证明 f 是有界的并且是一致连续的. (提示: 证明的思想是使用命题 13.3.2 和定理 13.3.5, 但必须首先处理 f 的定义域 $\mathbb{R}$ 不是紧致的这件事.)

14.8.4 证明命题 14.8.11. (提示: 为证 $f * g$ 是连续的, 使用练习 14.8.3.)

14.8.5 设 $f: \mathbb{R} \to \mathbb{R}$, $g: \mathbb{R} \to \mathbb{R}$ 是连续的、紧支撑的函数. 假设 f 支撑在区间 [0, 1] 上, 而 g 在区间 [0, 2] 上为常数 (即存在实数 c 使得对于一切 $x \in [0, 2]$, $g(x) = c$). 证明卷积 $f * g$ 在区间 [1, 2] 上是常数.

14.8.6 (a) 设 g 是对恒等的 (ε, δ) 逼近. 证明

$$1 - 2\varepsilon \leqslant \int_{[-\delta,\delta]} g \leqslant 1.$$

(b) 证明引理 14.8.14. (提示: 从下面的恒等式开始

$$f * g(x) = \int f(x-y)g(y)\mathrm{d}y = \int_{[-\delta,\delta]} f(x-y)g(y)\mathrm{d}y$$
$$+ \int_{[\delta,1]} f(x-y)g(y)\mathrm{d}y + \int_{[-1,-\delta]} f(x-y)g(y)\mathrm{d}y.$$

证明的思想是, 证明第一个积分接近 $f(x)$ 而第二个和第三个积分都很小. 为完成前一任务, 使用 (a) 以及 $f(x)$ 与 $f(x-y)$ 彼此接近到 ε 之内这一事实; 为完成后一任务, 使用对于恒等的逼近的性质 (c) 以及 f 有界这一事实.)

14.8.7 证明推论 14.8.15. (提示: 把习题 14.8.3、引理 14.8.8、引理 14.8.13 和引理 14.8.13 结合起来.)

14.8.8 设 $f:[0,1]\to\mathbb{R}$ 是连续函数, 假设对于一切非负整数 $n=0,1,2,\cdots$,

$$\int_{[0,1]} f(x)x^n\mathrm{d}x=0.$$

证明 f 必定是零函数 $f\equiv 0$. (提示: 先证对于一切多项式 P,

$$\int_{[0,1]} f(x)P(x)\mathrm{d}x=0.$$

然后用 Weierstrass 逼近定理证明

$$\int_{[0,1]} f(x)f(x)\mathrm{d}x=0.)$$

第 15 章　幂　级　数

§15.1　形式幂级数

现在来讨论一类重要的函数级数, 即**幂级数**. 与前面几章中一样, 我们从引入形式幂级数的概念开始, 然后在后面几章中, 集中研究级数何时收敛到一个有意义的函数, 以及对于由此得到的函数可以说什么.

定义 15.1.1(形式幂级数)　设 a 是实数. 任何形如

$$\sum_{n=0}^{\infty} c_n(x-a)^n$$

的级数都叫作**以 a 为中心 (或中心在 a) 的形式幂级数**, 其中 $c_0, c_1, \cdots$ 是一列实数 (与 x 无关), 我们把 c_n 叫作此级数的**第 n 个系数**. 注意, 此级数的每一项 $c_n(x-a)^n$ 都是实变量 x 的函数.

例 15.1.2　级数 $\sum\limits_{n=0}^{\infty} n!(x-2)^n$ 是中心在 2 的形式幂级数. 级数 $\sum\limits_{n=0}^{\infty} 2^x(x-3)^n$ 不是形式幂级数, 因为系数 2^x 依赖于 x.

把这些幂级数叫作**形式的**, 是因为我们还不曾假定这些级数对任何 x 收敛. 但是, 这些级数当 $x=a$ 时自动收敛 (为什么?). 一般而言, x 越接近于 a, 此级数就越容易收敛. 为使此事更为精确, 我们作出下述定义.

定义 15.1.3(收敛半径)　设 $\sum\limits_{n=0}^{\infty} c_n(x-a)^n$ 是形式幂级数. 我们称

$$R := \frac{1}{\limsup\limits_{n\to\infty} |c_n|^{\frac{1}{n}}}$$

为此幂级数的**收敛半径**, 其中我们约定 $\frac{1}{0}=\infty$ 以及 $\frac{1}{\infty}=0$.

注 15.1.4　每个数 $|c_n|^{\frac{1}{n}}$ 都不是负的, 所以上极限 $\limsup\limits_{n\to\infty} |c_n|^{\frac{1}{n}}$ 可以取从 0 到 ∞ (包括 0 和 ∞ 在内) 的任何值. 于是 R 也可以取从 0 到 ∞ (包括 0 和 ∞ 在内) 的任何值 (当然它不必是实数). 注意, 即使序列 $(|c_n|^{\frac{1}{n}})$ 不收敛, 收敛半径也总是存在的, 因为任何实数的序列都存在上极限 (当然它可以是 ∞ 或 $-\infty$).

例 15.1.5　级数 $\sum\limits_{n=0}^{\infty} n(-2)^n(x-3)^n$ 的收敛半径是

$$\frac{1}{\limsup\limits_{n\to\infty} |n(-2^n)|^{\frac{1}{n}}} = \frac{1}{\limsup\limits_{n\to\infty} 2n^{\frac{1}{n}}} = \frac{1}{2}.$$

级数 $\sum\limits_{n=0}^{\infty} 2^{n^2}(x+2)^n$ 的收敛半径是

$$\frac{1}{\limsup\limits_{n\to\infty}|2^{n^2}|^{\frac{1}{n}}}=\frac{1}{\limsup\limits_{n\to\infty}2^n}=\frac{1}{\infty}=0.$$

级数 $\sum\limits_{n=0}^{\infty} 2^{-n^2}(x+2)^n$ 的收敛半径是

$$\frac{1}{\limsup\limits_{n\to\infty}|2^{-n^2}|^{\frac{1}{n}}}=\frac{1}{\limsup\limits_{n\to\infty}2^{-n}}=\frac{1}{0}=\infty.$$

收敛半径的意义如下.

定理 15.1.6 设 $\sum\limits_{n=0}^{\infty} c_n(x-a)^n$ 是形式幂级数, 并设 R 是它的收敛半径.

(a) (在收敛半径之外发散) 如果 $x\in\mathbb{R}$ 且 $|x-a|>R$, 那么级数 $\sum\limits_{n=0}^{\infty} c_n(x-a)^n$ 对此 x 值发散.

(b) (在收敛半径之内收敛) 如果 $x\in\mathbb{R}$ 且 $|x-a|<R$, 那么级数 $\sum\limits_{n=0}^{\infty} c_n(x-a)^n$ 对此 x 值绝对收敛.

在下面的 (c)(d)(e) 三条中, 设 $R>0$(即级数至少在 $x=a$ 之外的一点处收敛). 设 $f:(a-R,a+R)\to\mathbb{R}$ 是函数

$$f(x):=\sum_{n=0}^{\infty} c_n(x-a)^n,$$

此函数由 (b) 保证是存在的.

(c) (在紧致集合上一致收敛) 对于任意的 $0<r<R$, 级数 $\sum\limits_{n=0}^{\infty} c_n(x-a)^n$ 在紧致区间 $[a-r,a+r]$ 上一致收敛到 f, 从而 f 在 $(a-R,a+R)$ 上连续.

(d) (幂级数的微分) 函数 f 在 $(a-R,a+R)$ 上可微, 并且对于任意的 $0<r<R$, 级数 $\sum\limits_{n=0}^{\infty} nc_n(x-a)^{n-1}$ 在区间 $[a-r,a+r]$ 上一致收敛到 f'.

(e) (幂级数的积分) 对于包含在 $(a-R,a+R)$ 内的任何闭区间 $[y,z]$, 有

$$\int_{[y,z]} f=\sum_{n=0}^{\infty} c_n\frac{(z-a)^{n+1}-(y-a)^{n+1}}{n+1}.$$

证明 见习题 15.1.1. ■

上面的定理 15.1.6 的 (a) 和 (b) 给出了求收敛半径的另一个办法, 那就是用你喜欢的收敛判别法求出使幂级数收敛的点 x 的范围:

例 15.1.7 考虑幂级数 $\sum\limits_{n=0}^{\infty} n(x-1)^n$. 比例判别法表明, 这个级数当 $|x-1|<1$ 时收敛而当 $|x-1|>1$ 时发散 (为什么?). 于是收敛半径的仅有的可能的值是 $R=1$

(如果 $R<1$, 那么就与定理 15.1.6(a) 矛盾; 如果 $R>1$, 那么就与定理 15.1.6(b) 矛盾).

注 15.1.8　定理 15.1.6 对于 $|x-a|=R$ 的情形, 即在点 $a-R$ 和 $a+R$ 处情形如何没有给出任意信息. 实际上, 在这些点处收敛和发散都可能发生, 见习题 15.1.2.

注 15.1.9　注意, 尽管定理 15.1.6 保证幂级数 $\sum\limits_{n=0}^{\infty} c_n(x-a)^n$ 在区间 $(a-R,a+R)$ 内逐点收敛, 它却不必在此区间内一致收敛 (见习题 15.1.2(e)). 另一方面, 定理 15.1.6(c) 保证幂级数 $\sum\limits_{n=0}^{\infty} c_n(x-a)^n$ 在任何较小的区间 $[a-r,a+r]$ 上一致收敛. 可见, 在 $(a-R,a+R)$ 的每个闭子区间上一致收敛不足以保证在整个 $(a-R,a+R)$ 上一致收敛.

习　题　15.1

15.1.1　证明定理 15.1.6. (提示: 对于 (a) 和 (b), 使用方根判别法 (定理 7.5.1). 对于 (c), 使用 Weierstrass M 判别法 (定理 14.5.7). 对于 (d), 使用定理 14.7.1. 对于 (e), 使用推论 14.8.18.)

15.1.2　举出中心在 0、收敛半径为 1 的形式幂级数的例子, 使得

(a) 在 $x=1$ 和 $x=-1$ 处都发散;

(b) 在 $x=1$ 处发散而在 $x=-1$ 处收敛;

(c) 在 $x=1$ 处收敛而在 $x=-1$ 处发散;

(d) 在 $x=1$ 和 $x=-1$ 处都收敛;

(e) 在 $(-1,1)$ 上逐点收敛, 但在 $(-1,1)$ 上不一致收敛.

§15.2　实解析函数

一个函数, 若是有幸被表示成幂级数, 它就有一个特殊的名字, 叫作**实解析函数**.

定义 15.2.1(实解析函数)　设 E 是 $\mathbb{R}$ 的子集合, 并设 $f: E\to\mathbb{R}$ 是函数. 设 a 是 E 的内点, 如果对于某 $r>0$, $(a-r,a+r)$ 是 E 的开区间, 使得有一个以 a 为中心的收敛半径大于或等于 r 的幂级数 $\sum\limits_{n=0}^{\infty} c_n(x-a)^n$ 在 $(a-r,a+r)$ 上收敛到 f, 那么 f 叫作是**在 a 处实解析的**. 如果 E 是开集, 并且 f 在 E 的每点处都是实解析的, 那么就说 f 是**在 E 上实解析的**.

例 15.2.2　考虑由 $f(x):=\frac{1}{1-x}$ 定义的函数 $f:\mathbb{R}\setminus\{1\}\to\mathbb{R}$. 这个函数在 0 处是实解析的, 因为有中心在 0 的幂级数 $\sum\limits_{n=0}^{\infty} x^n$ 在区间 $(-1,1)$ 上收敛到 $\frac{1}{1-x}=f(x)$.

这个函数在 2 处也是实解析的, 因为有幂级数 $\sum_{n=0}^{\infty}(-1)^{n+1}(x-2)^n$ 在区间 $(1,3)$ 上收敛到 $\frac{-1}{1-(-(x-2))}=\frac{1}{1-x}=f(x)$(为什么? 使用引理 7.3.3). 事实上这个函数在整个 $\mathbb{R}\setminus\{1\}$ 上是实解析的, 见习题 15.2.2.

注 15.2.3 **实解析**的概念与**复解析**的概念密切相关. 但这是复分析中的课题, 在此不做讨论.

现在来讨论哪些函数是实解析的. 从定理 15.1.6 的 (c) 和 (d) 我们看到, 如果 f 在点 a 处是实解析的, 那么对于某 $r>0$, f 在 $(a-r,a+r)$ 上是连续的而且是可微的. 事实上我们可以说得更多:

定义 15.2.4(k 次可微性) 设 E 是 $\mathbb{R}$ 的子集合. 说函数 $f:E\to\mathbb{R}$ 在 E 上**一次可微**当且仅当它是可微的. 更一般地, 对于任何 $k\geqslant 2$, 说 $f:E\to\mathbb{R}$ 是在 E 上 ***k* 次可微**的, 或简单地说是 k 次可微的, 当且仅当它是可微的并且 f' 是 $k-1$ 次可微的. 如果 f 是 k 次可微的, 我们用递归的办法 $f^{(1)}=f'$, $f^{(k)}=(f^{(k-1)})'$ 对于 $k\geqslant 2$ 来定义 ***k* 次导函数**$f^{(k)}:E\to\mathbb{R}$. 我们还定义 $f^{(0)}:=f$(即 f 的 0 次导函数), 并且让每个函数都是 0 次可微的 (因为显然对于每个 f, $f^{(0)}$ 都存在). 一个函数叫作**无限可微的**(或**光滑的**), 当且仅当对于每个 $k\geqslant 0$ 它都是 k 次可微的.

例 15.2.5 函数 $f(x):=|x|^3$ 在 $\mathbb{R}$ 上是两次可微的, 但不是三次可微的 (为什么?). 确实, $f^{(2)}(x)=f''(x)=6|x|$, 它在 0 处不可微.

命题 15.2.6(实解析函数是 k 次可微的) *设 E 是 $\mathbb{R}$ 的子集合, a 是 E 的内点, 并设 f 是在 a 处实解析的函数, 于是存在 $r>0$, 使得对于一切 $x\in(a-r,a+r)$, 有幂级数展开式*

$$f(x)=\sum_{n=0}^{\infty}c_n(x-a)^n.$$

那么对于每个 $k\geqslant 0$, k 次导函数由下式给出

$$\begin{aligned}f^{(k)}(x)&=\sum_{n=0}^{\infty}c_{n+k}(n+1)(n+2)\cdots(n+k)(x-a)^n\\&=\sum_{n=0}^{\infty}c_{n+k}\frac{(n+k)!}{n!}(x-a)^n,\quad x\in(a-r,a+r).\end{aligned}$$

证明 见习题 15.2.3. ■

推论 15.2.7(实解析函数是无限可微的) *设 E 是 $\mathbb{R}$ 的开子集合, 并设 $f:E\to\mathbb{R}$ 是 E 上的实解析函数. 那么它在 E 上是无限可微的. 还有, f 的一切导函数在 E 上都是实解析的.*

证明 对于每点 $a\in E$ 和 $k\geqslant 0$, 从命题 15.2.6 得, f 在 a 处是 k 次可微的 (这次必须 k 次使用习题 10.1.1, 为什么?). 于是 f 在 E 上对于每个 $k\geqslant 0$ 都是 k

次可微的, 从而是无限可微的. 还有, 从命题 15.2.6 知, f 的每个导函数 $f^{(k)}$ 在每点 $x \in E$ 附近都有一个收敛的幂级数展开式, 从而 $f^{(k)}$ 是实解析的. ■

例 15.2.8　考虑由 $f(x) := |x|$ 定义的函数 $f : \mathbb{R} \to \mathbb{R}$. 它在 $x = 0$ 处不可微, 从而在 $x = 0$ 处不是实解析的. 但它在每个其他的点 $x \in \mathbb{R} \setminus \{0\}$ 处都是实解析的. (为什么?)

注 15.2.9　推论 15.2.7 的逆命题不成立, 存在不是实解析的无限可微函数. 见习题 15.5.4.

命题 15.2.6 有一个重要的推论, 它是由 Brook Taylor(1685—1731) 建立的.

推论 15.2.10(Taylor 公式)　设 E 是 $\mathbb{R}$ 的子集合, a 是 E 的内点. 设 $f : E \to \mathbb{R}$ 是一个在 a 点实解析的函数, 对于某 $r > 0$ 和一切 $x \in (a-r, a+r)$,

$$f(x) = \sum_{n=0}^{\infty} c_n (x-a)^n,$$

那么对于任意的整数 $k \geqslant 0$, 有

$$f^{(k)}(a) = k! c_k,$$

其中 $k! := 1 \times 2 \times \cdots \times k$ (并且我们约定 $0! = 1$). 于是有 Taylor 公式

$$f(x) = \sum_{n=0}^{\infty} \frac{1}{n!} f^{(n)}(a)(x-a)^n, \quad x \in (a-r, a+r).$$

证明　见习题 15.2.4. ■

有时称幂级数 $\sum\limits_{n=0}^{\infty} \frac{1}{n!} f^{(n)}(a)(x-a)^n$ 为 f 在 a 附近的**Taylor 级数**. 那么 Taylor 公式断言, 如果函数是实解析的, 那么它等于它的 Taylor 级数.

注 15.2.11　注意, Taylor 公式只对于实解析函数成立. 有这样的例子, 函数是无限可微的, 但 Taylor 公式对于它不成立 (见习题 15.5.4).

Taylor 公式的一个重要的推论是, 一个实解析函数在一个点最多有一个幂级数:

推论 15.2.12(幂级数的唯一性)　设 E 是 $\mathbb{R}$ 的子集合, a 是 E 的内点. 设 $f : E \to \mathbb{R}$ 是在 a 处实解析的函数. 假定 f 有两个中心在 a 处的幂级数

$$f(x) = \sum_{n=0}^{\infty} c_n (x-a)^n$$

和

$$f(x) = \sum_{n=0}^{\infty} d_n (x-a)^n,$$

每个都有正的收敛半径. 那么对于一切 $n \geqslant 0$, $c_n = d_n$.

证明 根据推论 15.2.10, 对于一切 $k \geqslant 0$, 有 $f^{(k)}(a) = k!c_k$. 但根据同样的理由, 也有 $f^{(k)}(a) = k!d_k$. 由于 $k!$ 绝对不是零, 我们可以消去它而得到, 对于一切 $k \geqslant 0, c_k = d_k$. ■

注 15.2.13 尽管一个实解析函数在任何给定的点处有唯一的幂级数, 但它在不同的点处肯定可以有不同的幂级数. 例如, 定义在 $\mathbb{R} \setminus \{1\}$ 上的函数 $f(x) := \frac{1}{1-x}$, 在 0 处在区间 $(-1,1)$ 上有幂级数

$$f(x) := \sum_{n=0}^{\infty} x^n,$$

但在 $\frac{1}{2}$ 处在区间 (0, 1) 上也有幂级数

$$f(x) = \frac{1}{1-x} = \frac{2}{1-2\left(x-\frac{1}{2}\right)} = \sum_{n=0}^{\infty} 2\left(2\left(x-\frac{1}{2}\right)\right)^n = \sum_{n=0}^{\infty} 2^{n+1}\left(x-\frac{1}{2}\right)^n.$$

(注意, 根据方根判别法, 上述幂级数的收敛半径是 $\frac{1}{2}$. 亦见习题 15.2.8.)

习 题 15.2

15.2.1 设 $n \geqslant 0$ 是整数, c, a 是实数, 并设 f 是函数 $f(x) := c(x-a)^n$. 证明 f 是无限可微的, 并且对于一切整数 $0 \leqslant k \leqslant n$,

$$f^{(k)}(x) = c\,\frac{n!}{(n-k)!}(x-a)^{n-k}.$$

当 $k > n$ 时怎么样?

15.2.2 证明例 15.2.2 中定义的函数 f 在整个 $\mathbb{R} \setminus \{1\}$ 上是实解析的.

15.2.3 证明命题 15.2.6. (提示: 对 k 进行归纳并使用定理 15.1.6(d).)

15.2.4 用命题 15.2.6 和习题 15.2.1 证明推论 15.2.10.

15.2.5 设 a, b 是实数, 并设 $n \geqslant 0$ 是整数. 证明恒等式

$$(x-a)^n = \sum_{m=0}^{n} \frac{n!}{m!(n-m)!}(b-a)^{n-m}(x-b)^n$$

对于任何实数 x 都成立. (提示: 使用习题 7.1.4 的二项公式.) 解释为什么这个恒等式与 Taylor 公式以及习题 15.2.1 是一致的. (但注意, 在下面验证 15.2.6 之前, Taylor 公式的使用是不严格的.)

15.2.6 用习题 15.2.5 证明每个一元多项式 $P(x)$ 都在 $\mathbb{R}$ 上实解析.

15.2.7 设 $m \geqslant 0$ 是正整数, 并设 $0 < x < r$ 是实数. 使用引理 7.3.3 建立恒等式

$$\frac{r}{r-x} = \sum_{n=0}^{\infty} x^n r^{-n}, \quad x \in (-r, r).$$

使用命题 15.2.6, 对于一切整数 $m \geqslant 0$ 推出恒等式

$$\frac{r}{(r-x)^{m+1}} = \sum_{n=m}^{\infty} \frac{n!}{m!(n-m)!} x^{n-m} r^{-n}, \quad x \in (-r, r),$$

同时解释为什么右端的级数是绝对收敛的.

15.2.8 设 E 是 $\mathbb{R}$ 的子集合, a 是 E 的内点, 并设 $f: E \to \mathbb{R}$ 是在 a 处实解析的函数, 它在 a 点有幂级数展开式

$$f(x) = \sum_{n=0}^{\infty} c_n (x-a)^n,$$

此幂级数在区间 $(a-r, a+r)$ 上收敛. 设 $(b-s, b+s)$ 是 $(a-r, a+r)$ 的子区间, $s > 0$.

(a) 证明 $|a-b| \leqslant r-s$, 从而 $|a-b| < r$.

(b) 证明: 对于每个 $0 < \varepsilon < r$, 存在 $C > 0$ 使得对于一切整数 $n \geqslant 0$,

$$|c_n| \leqslant C(r-\varepsilon)^{-n}.$$

(提示: 关于级数 $\sum\limits_{n=0}^{\infty} c_n (x-a)^n$ 的收敛半径我们知道些什么?)

(c) 证明由下面公式定义的数 $d_0, d_1, \cdots$

$$d_m := \sum_{n=m}^{\infty} \frac{n!}{m!(n-m)!} (b-a)^{n-m} c_n, \ (m \geqslant 0)$$

是定义成功的, 上面的级数是绝对收敛的. (提示: 使用 (b)、比较判别法 (推论 7.3.2) 及习题 15.2.7.)

(d) 证明: 对于每个 $0 < \varepsilon < s$, 存在 $C > 0$, 使得

$$|d_m| \leqslant C(s-\varepsilon)^m$$

对于一切整数 $m \geqslant 0$ 成立. (提示: 使用比较判别法及习题 15.2.7.)

(e) 证明幂级数 $\sum\limits_{m=0}^{\infty} d_m (x-b)^m$ 对于 $x \in (b-s, b+s)$ 是绝对收敛的并且收敛到 $f(x)$. (你可能用到关于无限级数的 Fubini 定理 (定理 8.2.2) 和习题 15.2.5).

(f) 判定在 $(a-r, a+r)$ 的每点处 f 都是实解析的.

§15.3 Abel 定 理

设 $f(x) = \sum\limits_{n=0}^{\infty} c_n (x-a)^n$ 是中心在 a 处的幂级数, 其收敛半径 R 严格介于 0 和无限之间, 即 $0 < R < \infty$. 从定理 15.1.6 知此幂级数当 $|x-a| < R$ 时绝对收敛,

而当 $|x-a|>R$ 时发散. 然而在边界 $|x-a|=R$ 上, 情形是比较复杂的, 级数既可能收敛, 也可能发散 (见习题 15.1.2). 然而, 如果级数在边界点处收敛, 那么它在此处就合乎情理地具有较好的性状, 特别是它必在此边界点处连续.

定理 15.3.1(Abel 定理) 设 $f(x)=\sum\limits_{n=0}^{\infty}c_n(x-a)^n$ 是中心在 a 处、收敛半径为 $R\in(0,\infty)$ 的幂级数. 如果幂级数在 $a+R$ 处收敛, 那么 f 在 $a+R$ 处连续, 即

$$\lim_{x\to a+R;x\in(a-R,a+R)}\sum_{n=0}^{\infty}c_n(x-a)^n=\sum_{n=0}^{\infty}c_nR^n.$$

同样, 如果幂级数在 $a-R$ 处收敛, 那么 f 在 $a-R$ 处连续, 即

$$\lim_{x\to a-R;x\in(a-R,a+R)}\sum_{n=0}^{\infty}c_n(x-a)^n=\sum_{n=0}^{\infty}c_n(-R)^n.$$

在证明 Abel 定理之前我们先建立下述引理.

引理 15.3.2(分部求和公式) 设 $(a_n)_{n=0}^{\infty}$ 和 $(b_n)_{n=0}^{\infty}$ 是实数的序列, 它们分别收敛到极限 A 和 B, 即 $\lim\limits_{n\to\infty}a_n=A$, $\lim\limits_{n\to\infty}b_n=B$. 假设级数 $\sum\limits_{n=0}^{\infty}(a_{n+1}-a_n)b_n$ 收敛, 那么级数 $\sum\limits_{n=0}^{\infty}a_{n+1}(b_{n+1}-b_n)$ 也收敛, 并且

$$\sum_{n=0}^{\infty}(a_{n+1}-a_n)b_n=AB-a_0b_0-\sum_{n=0}^{\infty}a_{n+1}(b_{n+1}-b_n).$$

证明 见习题 15.3.1. ■

注 15.3.3 应将此公式与更为著名的**分部积分公式**

$$\int_0^{\infty}f'(x)g(x)\mathrm{d}x=f(x)g(x)\Big|_0^{\infty}-\int_0^{\infty}f(x)g'(x)\mathrm{d}x$$

进行对比, 见命题 11.10.1.

Abel 定理的证明 只需证明第一个结论, 即当级数 $\sum\limits_{n=0}^{\infty}c_nR^n$ 收敛时, 有

$$\lim_{x\to a+R;x\in(a-R,a+R)}\sum_{n=0}^{\infty}c_n(x-a)^n=\sum_{n=0}^{\infty}c_nR^n.$$

第二个结论可通过把 c_n 换为 $(-1)^nc_n$ 而由上面的结论推出. 如果作代换 $d_n:=c_nR^n$ 及 $y:=\frac{x-a}{R}$, 那么上述结论可重写为: 当级数 $\sum\limits_{n=0}^{\infty}d_n$ 收敛时, 有

$$\lim_{y\to1;y\in(-1,1)}\sum_{n=0}^{\infty}d_ny^n=\sum_{n=0}^{\infty}d_n.$$

(为什么这与前面的结论等价?)

令 $D:=\sum\limits_{n=0}^{\infty}d_n$, 对于每个 $N\geqslant 0$, 记

$$S_N:=\left(\sum_{n=0}^{N-1}d_n\right)-D$$

于是 $S_0=-D$. 然后注意 $\lim\limits_{N\to\infty}S_N=0$, $d_n=S_{n+1}-S_n$. 于是对于任何 $y\in(-1,1)$, 有

$$\sum_{n=0}^{\infty}d_ny^n=\sum_{n=0}^{\infty}(S_{n+1}-S_n)y^n.$$

用分部求和公式 (引理 15.3.2), 并注意到 $\lim\limits_{n\to\infty}y^n=0$, 得

$$\sum_{n=0}^{\infty}d_ny^n=-S_0y^0-\sum_{n=0}^{\infty}S_{n+1}(y^{n+1}-y^n).$$

注意 $-S_0y^0=D$. 于是, 要结束 Abel 定理的证明, 只需证明

$$\lim_{y\to 1;y\in(-1,1)}\sum_{n=0}^{\infty}S_{n+1}(y^{n+1}-y^n)=0.$$

由于 y 趋于 1, 可以把 y 限制在 $[0,1)$ 中而不是 $(-1,1)$ 中, 当然, 我们可以取 y 为正数.

由级数的三角形不等式 (命题 7.2.9), 有

$$\begin{aligned}\left|\sum_{n=0}^{\infty}S_{n+1}(y^{n+1}-y^n)\right|&\leqslant\sum_{n=0}^{\infty}|S_{n+1}(y^{n+1}-y^n)|\\&=\sum_{n=0}^{\infty}|S_{n+1}|(y^n-y^{n+1}).\end{aligned}$$

于是, 根据挤压判别法 (推论 6.4.14), 只要证明

$$\lim_{y\to 1;y\in[0,1)}\sum_{n=0}^{\infty}|S_{n+1}|(y^n-y^{n+1})=0$$

就够了. 表达式 $\sum\limits_{n=0}^{\infty}|S_{n+1}|(y^n-y^{n+1})$ 显然不是负的, 所以只要证明

$$\limsup_{y\to 1;y\in[0,1)}\sum_{n=0}^{\infty}|S_{n+1}|(y^n-y^{n+1})=0$$

就够了. 设 $\varepsilon > 0$. 由于 S_n 收敛到 0, 所以存在 N, 使得当 $n > N$ 时 $|S_n| \leqslant \varepsilon$. 于是

$$\sum_{n=0}^{\infty} |S_{n+1}|(y^n - y^{n+1}) \leqslant \sum_{n=0}^{N} |S_{n+1}|(y^n - y^{n+1}) + \sum_{n=N+1}^{\infty} \varepsilon(y^n - y^{n+1}).$$

最后一个级数是嵌套级数, 它的和是 εy^{N+1}(见引理 7.2.15, 根据引理 6.5.2, 当 $n \to \infty$ 时 $y^n \to 0$), 那么

$$\sum_{n=0}^{\infty} |S_{n+1}|(y^n - y^{n+1}) \leqslant \sum_{n=0}^{N} |S_{n+1}|(y^n - y^{n+1}) + \varepsilon y^{N+1}.$$

现在令 $y \to 1$ 取极限. 注意, 对于每个 $n = 0, 1, \cdots, N$, 当 $y \to 1$ 时 $y^n - y^{n+1} \to 0$. 由于可以交换极限与有限和的次序 (习题 7.1.5), 所以

$$\limsup_{n\to\infty} \sum_{n=0}^{\infty} |S_{n+1}|(y^n - y^{n+1}) \leqslant \varepsilon.$$

但因为 $\varepsilon > 0$ 是任意的, 而且左边非负, 所以必定有

$$\limsup_{n\to\infty} \sum_{n=0}^{\infty} |S_{n+1}|(y^n - y^{n+1}) = 0.$$

■

习 题 15.3

15.3.1 证明引理 15.3.2. (提示: 先找出部分和 $\sum\limits_{n=0}^{N}(a_{n+1} - a_n)b_n$ 与 $\sum\limits_{n=0}^{N} a_{n+1}(b_{n+1} - b_n)$ 之间的关系.)

§15.4 幂级数的相乘

现在来证明两个实解析函数的乘积仍是实解析的.

定理 15.4.1 设 $f : (a-r, a+r) \to \mathbb{R}$ 及 $g : (a-r, a+r) \to \mathbb{R}$ 都是 $(a-r, a+r)$ 上的解析函数, 分别有幂级数展开式

$$f(x) = \sum_{n=0}^{\infty} c_n(x-a)^n,$$

$$g(x) = \sum_{n=0}^{\infty} d_n(x-a)^n.$$

那么 $fg:(a-r,a+r)\to\mathbb{R}$ 也在 $(a-r,a+r)$ 上解析, 并且有幂级数展开

$$f(x)g(x)=\sum_{n=0}^{\infty}e_n(x-a)^n,$$

其中 $e_n:=\sum_{m=0}^{n}c_md_{n-m}$.

注 15.4.2 序列 $(e_n)_{n=0}^{\infty}$ 有时叫作序列 $(c_n)_{n=0}^{\infty}$ 与 $(d_n)_{n=0}^{\infty}$ 的**卷积**, 它与定义 14.8.9 中定义的卷积概念密切相关 (虽然并不恒同).

证明 我们必须证明, 对于一切 $x\in(a-r,a+r)$, 级数 $\sum_{n=0}^{\infty}e_n(x-a)^n$ 收敛到 $f(x)g(x)$. 现固定 x 为 $(a-r,a+r)$ 中任意一点. 根据定理 15.1.6, 我们看到 f 和 g 的以 a 为中心的幂级数的收敛半径至少是 r. 当然, 级数 $\sum_{n=0}^{\infty}c_n(x-a)^n$ 和 $\sum_{n=0}^{\infty}d_n(x-a)^n$ 都是绝对收敛的. 我们定义

$$C:=\sum_{n=0}^{\infty}|c_n(x-a)^n|,$$

$$D:=\sum_{n=0}^{\infty}|d_n(x-a)^n|,$$

那么 C 和 D 都是有限的.

对于任意的 $N\geqslant 0$, 考虑部分和

$$\sum_{n=0}^{N}\sum_{m=0}^{\infty}|c_m(x-a)^md_n(x-a)^n|,$$

可以把它重写为

$$\sum_{n=0}^{N}|d_n(x-a)^n|\sum_{m=0}^{\infty}|c_m(x-a)^m|,$$

根据 C 的定义, 它等于

$$\sum_{n=0}^{N}|d_n(x-a)^n|C,$$

而根据 D 的定义, 此量小于或等于 DC. 于是上述部分和对于每个 N 都以 DC 为界. 当然, 级数

$$\sum_{n=0}^{\infty}\sum_{m=0}^{\infty}|c_m(x-a)^md_n(x-a)^n|$$

是收敛的, 这就是说级数

$$\sum_{n=0}^{\infty}\sum_{m=0}^{\infty}c_m(x-a)^md_n(x-a)^n$$

是绝对收敛的.

现在用两种方式来计算这个级数的和. 首先, 我们可以把因子 $d_n(x-a)^n$ 放在和 $\sum\limits_{m=0}^{\infty}$ 之外, 而得到

$$\sum_{n=0}^{\infty} d_n(x-a)^n \sum_{m=0}^{\infty} c_m(x-a)^m.$$

根据关于 $f(x)$ 的公式, 这等于

$$\sum_{n=0}^{\infty} d_n(x-a)^n f(x);$$

再根据关于 $g(x)$ 的公式, 这又等于 $f(x)g(x)$. 于是

$$f(x)g(x) = \sum_{n=0}^{\infty}\sum_{m=0}^{\infty} c_m(x-a)^m d_n(x-a)^n.$$

现在我们以另一种方式计算这个和. 把它重写为

$$f(x)g(x) = \sum_{n=0}^{\infty}\sum_{m=0}^{\infty} c_m d_n(x-a)^{m+n}.$$

作代换 $m' := n+m$, 那么

$$f(x)g(x) = \sum_{n=0}^{\infty}\sum_{m'=n}^{\infty} c_{m'-n} d_n(x-a)^{m'}.$$

我们约定当 $j<0$ 时 $c_j=0$, 那么这个和等于

$$f(x)g(x) = \sum_{n=0}^{\infty}\sum_{m'=0}^{\infty} c_{m'-n} d_n(x-a)^{m'}.$$

由于级数是绝对收敛的, 根据关于级数的 Fubini 定理 (定理 8.2.2), 得

$$f(x)g(x) = \sum_{m'=0}^{\infty}\sum_{n=0}^{\infty} c_{m'-n} d_n(x-a)^{m'},$$

可以把此式重写为

$$\begin{aligned} f(x)g(x) &= \sum_{m'=0}^{\infty} (x-a)^{m'} \sum_{n=0}^{\infty} c_{m'-n} d_n \\ &= \sum_{m'=0}^{\infty} (x-a)^{m} \sum_{n=0}^{m'} c_{m'-n} d_n, \end{aligned}$$

根据 e_j 的定义, 这就是

$$f(x)g(x) = \sum_{n=0}^{\infty} e_n(x-a)^n. \qquad \blacksquare$$

§15.5 指数函数和对数函数

现在我们可以使用前几节建立的工具来对于数学中的很多基本的函数奠定一个严格的基础. 我们从指数函数开始.

定义 15.5.1(指数函数) 定义指数函数 $\exp : \mathbb{R} \to \mathbb{R}$ 为

$$\exp(x) := \sum_{n=0}^{\infty} \frac{1}{n!} x^n,\ x \in \mathbb{R}.$$

定理 15.5.2(指数函数的基本性质)

(a) 对于每个实数 x, 级数 $\sum\limits_{n=0}^{\infty} \frac{1}{n!} x^n$ 都是绝对收敛的. 所以对于每个 $x \in \mathbb{R}$, $\exp(x)$ 都存在且为实数, 幂级数 $\sum\limits_{n=0}^{\infty} \frac{1}{n!} x^n$ 的收敛半径是 ∞, 并且 exp 是 $(-\infty, \infty)$ 上的实解析函数.

(b) exp 在 $\mathbb{R}$ 上可微, 并且对于每个 $x \in \mathbb{R}$, $\exp'(x) = \exp(x)$.

(c) exp 在 $\mathbb{R}$ 上连续, 并且对于每个区间 $[a, b]$, 有

$$\int_{[a,b]} \exp(x) \mathrm{d}x = \exp(b) - \exp(a).$$

(d) 对于每个 $x, y \in \mathbb{R}$, 有 $\exp(x + y) = \exp(x) \cdot \exp(y)$.

(e) $\exp(0) = 1$. 还有, 对于每个 $x \in \mathbb{R}$, $\exp(x)$ 是正的, 而且

$$\exp(-x) = \frac{1}{\exp(x)}.$$

(f) exp 是严格单调增的, 换言之, 如果 x, y 是实数, 那么

$$\exp(y) > \exp(x) \quad \text{当且仅当 } y > x$$

证明 见习题 15.5.1. ■

可以把指数函数写成更为简洁的形式, 先引入著名的 Euler 数

$$\mathrm{e} = 2.718\,281\,83 \cdots,$$

它也是周知的**自然对数的底**:

定义 15.5.3(Euler 数) 定义数 e 为

$$\mathrm{e} := \exp(1) = \sum_{n=0}^{\infty} \frac{1}{n!} = \frac{1}{0!} + \frac{1}{1!} + \frac{1}{2!} + \frac{1}{3!} + \cdots$$

命题 15.5.4 对于每个实数 x, 有 $\exp(x) = \mathrm{e}^x$.

证明 见习题 15.5.3. ■

根据这个命题, 我们将交互地使用记号 $\exp(x)$ 和 e^x.

由于 $\mathrm{e} > 1$ (为什么?), 所以当 $x \to \infty$ 时 $\mathrm{e}^x \to \infty$, 而当 $x \to -\infty$ 时 $\mathrm{e}^x \to 0$. 由此以及中值定理 (定理 9.7.1) 便知函数 exp 的值域是 $(0,\infty)$. 由于 exp 是严格增的, 所以它是单射, 于是 exp 是从 $\mathbb{R}$ 到 $(0,\infty)$ 的双射, 从而具有从 $(0,\infty)$ 到 $\mathbb{R}$ 的反函数. 这个反函数有一个名字:

定义 15.5.5(对数) 我们定义**自然对数函数** $\ln : (0,\infty) \to \mathbb{R}$ 为指数函数的反函数. 于是 $\exp(\ln(x)) = x\,(0 < x < \infty)$, 而且 $\ln(\exp(x)) = x \ \ (x \in \mathbb{R})$.

由于 exp 是连续的且严格单调增的, 所以 ln 也是连续的并且严格单调增的 (见命题 9.8.3). 由于 exp 还是可微的, 并且导数从不为零, 故从反函数定理 (定理 10.4.2) 知 ln 也是可微的. 下面我们列出自然对数的某些性质.

定理 15.5.6 (对数函数的性质)

(a) 对于每个 $x \in (0,\infty)$, 有 $\ln' x = \frac{1}{x}$. 那么根据微积分基本定理, 对于 $(0,\infty)$ 中的任何区间 $[a,b]$, 有

$$\int_{[a,b]} \frac{1}{x}\mathrm{d}x = \ln b - \ln a.$$

(b) 对于一切 $x, y \in (0,\infty)$, 有

$$\ln(xy) = \ln(x) + \ln(y).$$

(c) 对于一切 $x \in (0,\infty)$, 有

$$\ln 1 = 0,\ \ln\frac{1}{x} = -\ln x.$$

(d) 对于任意的 $x \in (0,\infty)$ 以及 $y \in \mathbb{R}$, 我们有

$$\ln(x^y) = y\ln(x)$$

(e) 对于任意的 $x \in (-1,1)$, 我们有

$$\ln(1-x) = -\sum_{n=1}^{\infty}\frac{1}{n}x^n.$$

当然, ln 在 1 处解析, 具有收敛半径为 1 的幂级数展开式

$$\ln(x) = \sum_{n=1}^{\infty}\frac{(-1)^{n+1}}{n}(x-1)^n, \quad x \in (0,2).$$

证明 见习题 15.5.5. ■

例 15.5.7 现在给出 Abel 定理 (定理 15.3.1) 的一个朴素的应用：由交错级数判别法我们看到 $\sum\limits_{n=1}^{\infty}\frac{(-1)^{n+1}}{n}$ 是收敛的. 于是根据 Abel 定理得

$$\sum_{n=1}^{\infty}\frac{(-1)^{n+1}}{n}=\lim_{x\to 2}\sum_{n=1}^{\infty}\frac{(-1)^{n+1}}{n}(x-1)^n=\lim_{x\to 2}\ln(x)=\ln(2),$$

于是有公式

$$\ln(2)=1-\frac{1}{2}+\frac{1}{3}-\frac{1}{4}+\frac{1}{5}-\cdots$$

习 题 15.5

15.5.1 证明定理 15.5.2. (提示: 对于 (a), 使用比例判别法. 对于 (b) 和 (c), 使用定理 15.1.6. 对于 (d), 使用定理 15.4.1. 对于 (e), 使用 (d). 对于 (f), 使用 (d) 并证明当 $x>0$ 时 $\exp(x)>1$. 你可能用到习题 7.1.4 中的二项式.)

15.5.2 证明: 对于每个整数 $n\geqslant 3$, 有

$$0<\frac{1}{(n+1)!}+\frac{1}{(n+2)!}+\cdots<\frac{1}{n!}.$$

(提示: 先证对于一切 $k=1,2,3\cdots$, $(n+k)!>2^k n!$.) 断定对于一切 $n\geqslant 3$, $n!\mathrm{e}$ 都不是整数. 由此推出 e 是非比例数. (提示: 用反证法.)

15.5.3 证明命题 15.5.4. (提示: 先证当 x 是自然数时结论成立. 其次证明当 x 是整数时成立. 然后证明当 x 是比例数时成立, 最后使用实数是比例数的极限来证明对于一切实数成立. 你可能用到指数算律 (命题 6.7.3).)

15.5.4 设 $f:\mathbb{R}\to\mathbb{R}$ 是由

$$f(x):=\begin{cases}\exp(-\frac{1}{x}), & \text{当}\, x>0\\ 0, & \text{当}\, x\leqslant 0.\end{cases}$$

定义的函数. 证明 f 是无限可微的, 并且对于每个整数 $k\geqslant 0$, $f^{(k)}(0)=0$, 但是 f 在 0 处不是实解析的.

15.5.5 证明定理 15.5.6. (提示：对于 (a), 使用反函数定理 (定理 10.4.2) 或链法则 (定理 10.1.15). 对于 (b)(c)(d), 使用定理 15.5.2 及指数算律 (命题 6.7.3). 对于 (e), 从几何级数公式 (引理 7.3.3) 开始并使用定理 15.1.6 计算积分.)

15.5.6 证明自然对数函数在 $(0,\infty)$ 上是实解析的.

15.5.7 设 $f:\mathbb{R}\to(0,\infty)$ 是正的实解析函数, 对于一切 $x\in\mathbb{R}$ 满足 $f'(x)=f(x)$. 证明对于某个正的常数 C, $f(x)=C\mathrm{e}^x$, 并说明理由. (提示: 基本上有三个不同的证法. 一个证法是用对数函数, 另一个证法是使用 e^{-x}, 第三个证法是使用幂级数. 当然你只需给出一种证法.)

15.5.8 设 $m>0$ 是整数. 证明

$$\lim_{x\to\infty}\frac{\mathrm{e}^x}{x^m}=\infty.$$

(提示: 当 $x\to\infty$ 时, $\frac{\mathrm{e}^{x+1}}{(x+1)^m}$ 与 $\frac{\mathrm{e}^x}{x^m}$ 的比如何变化?)

15.5.9 设 $P(x)$ 是多项式, $c>0$. 证明: 存在实数 $N>0$, 使得对于一切 $x>N$, $\mathrm{e}^{cx}>|P(x)|$. 因此, 一个指数型增长的函数, 不管增长率 c 多么小, 都将最终超过任何给定的多项式 $P(x)$. (提示: 用习题 15.5.8.)

15.5.10 设 $f:(0,\infty)\times\mathbb{R}\to\mathbb{R}$ 是指数函数 $f(x,y):=x^y$. 证明 f 是连续的. (提示: 注意, 命题 9.4.10 和命题 9.4.11 仅说明 f 关于每个变元是连续的, 而这是不够的, 如习题 13.2.11 所示. 最简单的处理办法是写 $f(x,y)=\exp(y\ln x)$ 然后使用 exp 以及 ln 的连续性. 作为一个额外的挑战, 试一试不使用对数函数来证明这个习题的结论.)

§15.6 谈谈复数

后面我们将用到复数系 $\mathbb{C}$, 它是实数系 $\mathbb{R}$ 的延拓. 对这个重要数系的完整的讨论 (特别成为数学的一个专门分支, 叫作**复分析**) 超出了本书的范围. 这里用到这个数系, 只是由于一个非常有用的数学运算, 即**复指数函数** $z\mapsto\exp(z)$, 它推广了上一节介绍的实指数函数 $x\mapsto\exp(x)$.

不正式地说, 我们可以这样来定义复数.

定义 15.6.1(复数的非正式的定义) 复数系 $\mathbb{C}$ 是一切形如 $a+bi$ 的数的集合, 其中 a,b 是实数而 i 是 -1 的一个平方根, $i^2=-1$.

然而这个定义有点不令人满意, 它没有解释如何相加、相乘或对两个复数进行比较. 为了严格地构造复数, 我们将先引入形式的复数 $a+bi$, 并暂记之为 (a,b); 这就像在第 4 章中当我们构造整数集 $\mathbb{Z}$ 时, 在引入真正的减法概念之前, 需要一个形式减法 a—b 的概念; 也像在构造比例数时, 先引入一个形式的除法 $a//b$, 而后将其吸纳到真正的除法 a/b 的概念之中. 它也像在构造实数时, 我们在定义真实的极限 $\lim\limits_{n\to\infty}a_n$ 之前先定义形式极限 $\mathrm{LIM}_{n\to\infty}a_n$.

定义 15.6.2(复数的形式定义) 形如 (a,b) 的序偶, 其中 a,b 是实数, 叫做复数. 于是作为例子 $(2,4)$ 是复数. 说两个复数 (a,b) 和 (c,d) 相等, 指的是 $a=c$ 并且 $b=d$. 于是作为例子 $(2+1,3+4)=(3,7)$ 但是 $(2,1)\neq(1,2)$, 而且 $(2,4)\neq(2,-4)$. 全体复数的集合记作 $\mathbb{C}$.

眼下, 复数集 $\mathbb{C}$ 还没有同笛卡儿乘积 $\mathbb{R}^2=\mathbb{R}\times\mathbb{R}$(也叫作**笛卡儿平面**) 区别开来. 但是我们将引入复数的一些运算, 特别是**复乘法**, 那是笛卡儿平面 $\mathbb{R}^2$ 上不具有的结构. 于是, 可以把复数系 $\mathbb{C}$ 看作是装备着一些附加的结构的笛卡儿平面 $\mathbb{R}^2$. 我们从加法运算以及负运算的概念开始. 使用复数的非正式定义, 我们希望

$$(a,b)+(c,d)=(a+bi)+(c+di)=(a+c)+(b+d)i=(a+c,b+d).$$

而且类似地

$$-(a,b)=-(a+bi)=(-a)+(-b)i=(-a,-b).$$

由于这些推导使用了复数的非正式定义, 这些恒等式尚没有被严格证明. 然而我们将简单地把这些恒等式编排进我们的复数系, 用上面的法则来定义加法运算和负运算.

定义 15.6.3(复数的加法, 负运算, 以及零) 如果 $z=(a,b)$, $w=(c,d)$ 是两个复数, 定义它们的**和** $z+w$ 为复数 $z+w:=(a+c,b+d)$. 于是, 作为例子, $(2,4)+(3,-1)=(5,3)$. 我们还定义 z 的**负数** $-z$ 为复数 $-z:=(-a,-b)$. 于是作为例子 $-(3,-1)=(-3,1)$. 还定义复数 $0_{\mathbb{C}}$ 为 $0_{\mathbb{C}}:=(0,0)$.

容易看到加法的概念是定义成功的, 当 $z=z'$, $w=w'$ 时, $z+w=z'+w'$. 负运算也一样. 复加法、负运算以及复数零遵从通常的算律:

引理 15.6.4(复数集 $\mathbb{C}$ 是一个加群) 如果 z_1,z_2,z_3 是复数, 那么有以下性质.

(1) 交换性: $z_1+z_2=z_2+z_1$.

(2) 结合性: $(z_1+z_2)+z_3=z_1+(z_2+z_3)$.

(3) 恒等性: $z_1+0_{\mathbb{C}}=0_{\mathbb{C}}+z_1=z_1$.

(4) 逆元性: $z_1+(-z_1)=(-z_1)+z_1=0_{\mathbb{C}}$.

证明 见习题 15.6.1. ■

下面我们定义复乘法的概念以及倒数的概念. 复乘法算律可非正式地验证如下:

$$\begin{aligned}(a,b)\cdot(c,d)&=(a+bi)(c+di)\\&=ac+adi+bic+bidi\\&=(ac-bd)+(ad+bc)i\\&=(ac-bd,ad+bc),\end{aligned}$$

由于 i^2 假定等于 -1. 于是我们定义

定义 15.6.5(复乘法) 设 $z=(a,b)$, $w=(c,d)$ 都是复数, 定义它们的**乘积** zw 为复数 $zw:=(ac-bd,ad+bc)$. 我们还引入**复单位**为 $1_{\mathbb{C}}:=(1,0)$.

容易看到, 这里的运算是定义成功的, 而且遵从通常的算律:

引理 15.6.6 设 z_1,z_2,z_3 是复数, 那么乘法具有

(1) 交换性: $z_1z_2=z_2z_1$;

(2) 结合性: $(z_1z_2)z_3=z_1(z_2z_3)$;

(3) 恒等性: $1_{\mathbb{C}}z_1=z_11_{\mathbb{C}}=z_1$;

(4) 分配性: $z_1(z_2+z_3)=z_1z_2+z_1z_3$.

证明 见习题 15.6.2. ■

上述引理也可用更简短的方式叙述, 即 $\mathbb{C}$ 是一个交换环. 通常把 $z+(-w)$ 简写成 $z-w$.

现在把实数集 $\mathbb{R}$ 与复数集 $\mathbb{C}$ 的一个子集等同起来, 让实数 x 与复数 $(x,0)$ 等同, 于是 $x \equiv (x,0)$. 注意, 此等同关系与

相等关系 ($x=y$ 当且仅当 $(x,0)=(y,0)$)

加法关系 ($x_1+x_2=x_3$ 当且仅当 $(x_1,0)+(x_2,0)=(x_3,0)$)

负运算关系 ($x=-y$ 当且仅当 $(x,0)=-(y,0)$)

乘法关系 ($x_1x_2=x_3$ 当且仅当 $(x_1,0)(x_2,0)=(x_3,0)$)

都是相容的, 所以不必再区分 "实加法" 与 "复加法", "实相等" 与 "复相等", "实的负运算" 与 "复的负运算", "实乘法" 与 "复乘法". 例如, 可以让 $3=(3,0)$ 来计算 $3(2,4)$ 得

$$(3,0)(2,4)=(3\times 2-0\times 4, 3\times 4+0\times 2)=(6,12).$$

注意, 还有 $0=0_{\mathbb{C}}$ 以及 $1=1_{\mathbb{C}}$, 所以现在可以扔掉零的下标 $\mathbb{C}$ 而只写 0, 扔掉单位的下标 $\mathbb{C}$ 而只写 1.

我们现在定义 i 为复数 $i:=(0,1)$. 于是可以把复数的非正式的定义重写成一个引理:

引理 15.6.7 *每个复数 $z\in\mathbb{C}$ 可以写成 $z=a+bi$ 的形式, 其中 a,b 是唯一确定的一对实数. 还有 $i^2=-1$ 以及 $-z=(-1)z$.*

证明 见习题 15.6.3. ■

根据这个引理, 我们从此以后扔掉形式记号而把复数写成常用的形式 $a+bi$.

定义 15.6.8(实部和虚部) 如果 z 是复数, 具有表达式 $z=a+bi$, 其中 a,b 为实数, 那么称 a 为 z 的**实部**, 记作 $\Re(z):=a$, 称 b 为 z 的**虚部**, 记作 $\Im(z):=b$. 于是, 作为例子

$$\Re(3+4i)=3,\ \Im(3+4i)=4.$$

而一般地

$$z=\Re(z)+i\Im(z)$$

注意, z 是实数当且仅当 $\Im(z)=0$. 我们说 z 是**虚数**(imaginary) 当且仅当 $\Re(z)=0$. 那么, 作为例子, $4i$ 是虚数, 而 $3+4i$ 既不是实数也不是虚数, 但是 0 既是实数也是虚数. 定义 z 的**复共轭** $\overline{z}$ 为复数

$$\overline{z}:=\Re(z)-i\Im(z).$$

于是作为例子, $\overline{3+4i}=3-4i, \overline{i}=-i,\ \overline{3}=3$.

复共轭运算具有一些良好的性质:

引理 15.6.9(复共轭是一个对合 (involution))　设 z,w 是复数, 那么 $\overline{z+w}=\overline{z}+\overline{w}$, $\overline{-z}=-\overline{z}$, $\overline{zw}=\overline{z}\,\overline{w}$, 还有 $\overline{\overline{z}}=z$. 最后, $\overline{z}=\overline{w}$ 当且仅当 $z=w$, $\overline{z}=z$ 当且仅当 z 是实数.

证明　见习题 15.6.4. ■

在定义 4.3.1 中定义了比例数 x 的绝对值 $|x|$ 的概念, 而且此概念以明显的方式推广到了实数. 但是我们不能直接将此定义推广到复数, 因为绝大多数复数都既不是正的也不是负的. (例如, 我们既不把 i 当作正数也不把它当作负数. 至于为什么, 习题 15.6.15 提供了一些理由.) 但我们依然可以用推广习题 5.6.3 中的公式 $|x|=\sqrt{x^2}$ 的方式来定义绝对值:

定义 15.6.10(复绝对值)　设 $z=a+bi$ 是复数, 定义 z 的**绝对值** $|z|$ 为实数 $|z|:=\sqrt{a^2+b^2}=(a^2+b^2)^{\frac{1}{2}}$.

从习题 5.6.3 看出, 绝对值的这个概念推广了实绝对值的概念. 绝对值有一些其他好的性质:

引理 15.6.11(复绝对值的性质)　设 z,w 是复数. 那么 $|z|$ 为非负实数, 并且 $|z|=0$ 当且仅当 $z=0$. 还有恒等式 $z\overline{z}=|z|^2$, 从而 $|z|=\sqrt{z\overline{z}}$. 于是, 有 $|zw|=|z|\,|w|$ 以及 $|\overline{z}|=|z|$. 最后, 有不等式

$$-|z|\leqslant\Re(z)\leqslant|z|,\quad -|z|\leqslant\Im(z)\leqslant|z|,\quad |z|\leqslant|\Re(z)|+|\Im(z)|,$$

以及三角形不等式

$$|z+w|\leqslant|z|+|w|.$$

证明　见习题 15.6.6. ■

使用绝对值的概念, 我们可以定义倒数:

定义 15.6.12(复倒数)　设 z 为非零复数. 我们定义 z 的**倒数** z^{-1} 为复数 $z^{-1}:=|z|^{-2}\overline{z}$. (注意, $|z|^{-2}$ 是定义成功的, 根据引理 15.6.11, $|z|$ 是正实数.) 于是, 作为例子

$$(1+2i)^{-1}=|1+2i|^{-2}(1-2i)=(1^2+2^2)^{-1}(1-2i)=\frac{1}{5}-\frac{2}{5}i.$$

如果 $z=0$, 我们认为它没有倒数.

从定义及引理 15.6.11, 我们看到, 如果 $z\neq 0$, 那么

$$zz^{-1}=z^{-1}z=|z|^{-2}\overline{z}z=|z|^{-2}|z|^2=1,$$

从而 z^{-1} 确实是 z 的倒数. 于是可以用通常的方式定义两个复数 z 和 $w\neq 0$ 的商 $\frac{z}{w}$ 的概念, 即 $\frac{z}{w}:=zw^{-1}$.

可以用 $d(z,w)=|z-w|$ 来定义复数 z 与 w 间的距离.

引理 15.6.13 复数集 $\mathbb{C}$ 依距离 d 构成度量空间. 设 $(z_n)_{n=1}^{\infty}$ 是复数的序列, z 是复数. 那么在这个度量空间内 $\lim\limits_{n\to\infty} z_n = z$ 的充分必要条件是

$$\lim_{n\to\infty} \Re(z_n) = \Re(z), \text{ 且 } \lim_{n\to\infty} \Im(z_n) = \Im(z).$$

证明 见习题 15.6.9. ■

这个度量空间实际上是完备的并且连通的, 但不是紧致的: 见习题 15.6.10、习题 15.6.12 和习题 15.6.13. 通常的极限算律也成立:

引理 15.6.14(复极限算律) 设 $(z_n)_{n=1}^{\infty}$ 和 $(w_n)_{n=1}^{\infty}$ 都是复数的收敛的序列, 并设 c 是复数. 那么 $(z_n + w_n)_{n=1}^{\infty}$, $(z_n - w_n)_{n=1}^{\infty}$, $(cz_n)_{n=1}^{\infty}$, $(z_n w_n)_{n=1}^{\infty}$, $(\overline{z_n})_{n=1}^{\infty}$ 都是收敛的, 而且

$$\lim_{n\to\infty}(z_n + w_n) = \lim_{n\to\infty} z_n + \lim_{n\to\infty} w_n,$$

$$\lim_{n\to\infty}(z_n - w_n) = \lim_{n\to\infty} z_n - \lim_{n\to\infty} w_n,$$

$$\lim_{n\to\infty} cz_n = c \lim_{n\to\infty} z_n,$$

$$\lim_{n\to\infty}(z_n w_n) = (\lim_{n\to\infty} z_n)(\lim_{n\to\infty} w_n),$$

$$\lim_{n\to\infty}(\overline{z_n}) = \overline{\lim_{n\to\infty} z_n}.$$

还有, 如果诸 w_n 都不等于零, 而且 $\lim\limits_{n\to\infty} w_n$ 也不是零, 那么 $\left(\frac{z_n}{w_n}\right)_{n=1}^{\infty}$ 也是收敛序列, 并且

$$\lim_{n\to\infty} \frac{z_n}{w_n} = \frac{\lim\limits_{n\to\infty} z_n}{\lim\limits_{n\to\infty} w_n}.$$

证明 见习题 15.6.14. ■

我们看到, 实数系与复数系事实上是相当类似的, 两者都遵从类似的算术法则, 都具有类似的度量空间结构. 实际上, 本书中证明的关于实值函数的许多结果, 对于复值函数同样成立, 只需在证明中简单地把 "实的" 换成 "复的" 而其他细节完全不必改变. 用另一种方式来说, 永远可以把复值函数 f 分成实部 $\Re(f)$ 和虚部 $\Im(f)$, 于是 $f = \Re(f) + i\Im(f)$, 从而由关于实值函数 $\Re(f), \Im(f)$ 的结果归结出关于复值函数的相应的结果. 例如, 第 14 章中逐点收敛和一致收敛的理论, 或本章中的幂级数的理论, 都可毫无困难地推广到复值函数的情形. 特别是, 可以用和实函数一模一样的方式来定义复指数函数:

定义 15.6.15(复指数函数) 对于复数 z, 定义函数 $\exp(z)$ 为

$$\exp(z) := \sum_{n=0}^{\infty} \frac{1}{n!} z^n.$$

可以叙述并证明复级数的比例判别法, 并用来证明对于每个 z, $\exp(z)$ 都收敛. 结果, 定理 15.5.2 中的许多性质依然成立：例如, 仍有 $\exp(z+w)=\exp(z)\exp(w)$, 见习题 15.6.16. (其他性质用到复微分和复积分, 而这些议题超出本课程的范围.) 另外, 注意到 $\overline{\exp(z)}=\exp(\overline{z})$ 是有用的, 这可通过对部分和 $\sum\limits_{n=0}^{N}\frac{1}{n!}z^n$ 取共轭, 然后令 $N\to\infty$ 取极限而得到.

复对数变得有点更为微妙, 主要是因为 exp 不再是可逆的, 同时也因为对数函数的各种幂级数都只具有有限的收敛半径 (不像 exp 那样, 收敛半径为无限). 这一相当微妙的情形超出本书的范围, 此处不拟讨论.

习　题　15.6

15.6.1　证明引理 15.6.4.

15.6.2　证明引理 15.6.6.

15.6.3　证明引理 15.6.7.

15.6.4　证明引理 15.6.9.

15.6.5　设 z 为复数. 证明 $\Re(z)=\frac{1}{2}(z+\overline{z})$, $\Im(z)=\frac{1}{2i}(z-\overline{z})$.

15.6.6　证明引理 15.6.11. (提示：为证三角形不等式, 先证 $\Re(z\overline{w})\leqslant|z|\,|w|$, 从而 (根据习题 15.6.5) $z\overline{w}+\overline{z}w\leqslant 2|z|\,|w|$. 然后把 $|z|^2+|w|^2$ 加到这个不等式的两边.)

15.6.7　证明：如果 z,w 是复数, $w\neq 0$, 那么 $\left|\frac{z}{w}\right|=\frac{|z|}{|w|}$.

15.6.8　设 z,w 为非零复数. 证明 $|z+w|=|z|+|w|$ 当且仅当存在正实数 $c>0$ 使得 $z=cw$.

15.6.9　证明引理 15.6.13.

15.6.10　证明复数集 $\mathbb{C}$ 连同通常的度量 d 构成一个完备的度量空间.

15.6.11　设 $f:\mathbb{R}^2\to\mathbb{C}$ 是映射 $f(a,b):=a+bi$, 证明 f 是双射, 并且 f 和 f^{-1} 都是连续映射.

15.6.12　证明复数集 $\mathbb{C}$ 连同通常的度量 d 构成一个连通的度量空间. (提示：先证 $\mathbb{C}$ 是路连通的, 如习题 13.4.7.)

15.6.13　设 E 是 $\mathbb{C}$ 的子集合. 证明 E 是紧致的当且仅当 E 是闭的并且是有界的.(提示：把习题 15.6.11 与 Heine-Borel 定理 (定理 12.5.7) 联合起来.) 从而证明 $\mathbb{C}$ 不是紧致的.

15.6.14　证明引理 15.6.14. (提示: 把 z_n 和 w_n 分成实部和虚部, 并使用通常的极限算律 (引理 6.1.19) 和引理 15.6.13.)

15.6.15　本题的目的在于解释为什么不把复数划分为正的和负的. 假设有 "正复数" 及 "负复数" 的概念, 遵从下述合理的公理 (参阅命题 4.2.9).

- (三歧性) 对于每个复数 z, 下述命题中恰有一个为真：z 是正的, z 是负的, z 是零.

- (负运算性质) 如果 z 是正复数, 那么 $-z$ 是负数. 如果 z 是负复数, 那么 $-z$ 是正复数.
- (可加性) 如果 z 和 w 是正复数, 那么 $z+w$ 也是正复数.
- (可乘性) 如果 z 和 w 是正复数, 那么 zw 也是正复数.

证明这四条公理是不相容的, 也就是说, 可以用这些公理来导出矛盾.(提示: 先用这些公理推导出 1 是正数, 然后断定 -1 是负数. 然后使用三歧性于 $z=i$, 并在三种情形的任何一种情形都得到矛盾.)

15.6.16 证明复级数的比例判别法, 并用它来证明定义复指数函数的级数是绝对收敛的. 然后证明, 对于一切复数 z, w, $\exp(z+w)=\exp(z)\exp(w)$.

§15.7 三角函数

我们现在来讨论继指数函数和对数函数之后的最重要的一类特殊函数 (special functions), 即三角函数.(数学中还有其他几类有用的特殊函数, 如双曲三角函数和超几何函数, γ 函数与 ζ 函数, 以及椭圆函数, 但它们较少出现, 故此处不拟讨论.)

三角函数常通过几何概念来定义, 主要是圆、三角形和角之类. 然而也可以使用较为分析的概念来定义它们, 特别是可以通过 (复) 指数函数来定义它们.

定义 15.7.1(三角函数) 如果 z 是复数, 那么定义

$$\cos(z) := \frac{1}{2}\left(\mathrm{e}^{iz}+\mathrm{e}^{-iz}\right),$$

$$\sin(z) := \frac{1}{2i}\left(\mathrm{e}^{iz}-\mathrm{e}^{-iz}\right).$$

分别把 cos 和 sin 叫作**余弦**(cosine) 及**正弦**(sine) 函数.

这些公式是 Leonhard Euler(1707—1783) 于 1748 年发现的, 他认识到了复指数函数与三角函数之间的联系. 注意, 由于已经对于复数 z 定义了正弦和余弦, 那么它们对于实数 x 也就自动地有了定义. 在绝大多数应用的场合, 人们只使用实三角函数.

从 exp 的幂级数定义, 得

$$\mathrm{e}^{iz} = 1+iz-\frac{1}{2!}z^2-\frac{i}{3!}z^3+\frac{1}{4!}z^4+\cdots$$

以及

$$\mathrm{e}^{-iz} = 1-iz-\frac{1}{2!}z^2+\frac{i}{3!}z^3+\frac{1}{4!}z^4-\cdots$$

于是从上面的公式得到

$$\cos(z) = 1-\frac{1}{2!}z^2+\frac{1}{4!}z^4-\cdots=\sum_{n=0}^{\infty}\frac{(-1)^n}{(2n)!}z^{2n},$$

$$\sin(z) = z - \frac{1}{3!}z^3 + \frac{1}{5!}z^5 - \cdots = \sum_{n=0}^{\infty} \frac{(-1)^n}{(2n+1)!} z^{2n+1}.$$

当然, 只要 x 是实数, $\cos(x)$ 和 $\sin(x)$ 永远是实数. 由比例判别法可知, 对于每个 x, 幂级数 $\sum_{n=0}^{\infty} \frac{(-1)^n}{(2n)!} x^{2n}$ 和 $\sum_{n=0}^{\infty} \frac{(-1)^n}{(2n+1)!} x^{2n+1}$ 都是绝对收敛的, 所以 $\sin(x)$ 和 $\cos(x)$ 在 0 处都是实解析的, 而且其幂级数的收敛半径是 ∞. 于是从习题 15.2.8 知, 正弦函数和余弦函数在整个 $\mathbb{R}$ 上都是实解析的. (它们也在整个 $\mathbb{C}$ 上是复解析的, 但是我们在本课程中不探究此事.) 当然, 正弦和余弦函数都是连续的和可微的.

下面列出正弦和余弦函数的一些基本性质.

定理 15.7.2(三角恒等式) *设 x, y 是实数. 那么有下列各式.*

(a) $\sin^2(x) + \cos^2(x) = 1$. *当然, 对于一切* $x \in \mathbb{R}$,

$$\sin(x) \in [-1, 1], \quad \cos(x) \in [-1, 1].$$

(b) $\sin'(x) = \cos(x)$, $\cos'(x) = -\sin(x)$.

(c) $\sin(-x) = -\sin(x)$, $\cos(-x) = \cos(x)$.

(d) $\cos(x+y) = \cos(x)\cos(y) - \sin(x)\sin(y)$,
$\sin(x+y) = \sin(x)\cos(y) + \cos(x)\sin(y)$.

(e) $\sin(0) = 0$, $\cos(0) = 1$.

(f) $e^{ix} = \cos(x) + i\sin(x)$, $e^{-ix} = \cos(x) - i\sin(x)$.

当然, $\cos(x) = \Re(e^{ix})$, $\sin(x) = \Im(e^{ix})$.

证明 见习题 15.7.1. ■

现在我们描述 sin 和 cos 的一些其他的性质.

引理 15.7.3 *存在正数 x 使得 $\sin(x) = 0$.*

证明 假设对于一切 $x \in (0, \infty)$, $\sin(x) \neq 0$. 注意, 这将蕴含对于一切 $x \in (0, \infty)$, $\cos(x) \neq 0$, 因为不然的话, 根据定理 15.7.2(d), 由 $\cos(x) = 0$ 将得到 $\sin(2x) = 0$ (为什么?). 由于 $\cos(0) = 1$, 那么根据中值定理 (定理 9.7.1), 对于一切 $x > 0$, 必有 $\cos(x) > 0$ (为什么?). 同样, 由于 $\sin(0) = 0$ 以及 $\sin'(0) = 1 > 0$, 我们看到在接近 0 处 sin 是增加的, 所以在 0 的左边它是正的. 还是根据中值定理, 我们断定对于一切 $x > 0$, $\sin(x) > 0$ (否则的话 sin 就会在 $(0, \infty)$ 上有零点).

于是, 如果定义 $\cot(x) := \frac{\cos(x)}{\sin(x)}$, 就知道 $\cot(x)$ 在 $(0, \infty)$ 是正的并且是可微的. 根据商法则 (定理 10.1.13(h)) 以及定理 15.7.2 得, $\cot(x)$ 的导数是 $\frac{1}{\sin^2(x)}$(为什么?). 于是对于一切 $x > 0$, 有 $\cot'(x) \leqslant -1$. 根据微积分基本定理 (定理 11.9.1), 这蕴含 $\cot(x+s) \leqslant \cot(x) - s$ 对于一切 $x > 0$ 和 $s > 0$ 成立. 但让 $s \to \infty$ 我们就看到这与 cot 在 $(0, \infty)$ 上是正的断言相矛盾.(为什么?) ■

设 E 是集合 $E := \{x \in (0,\infty) : \sin(x) = 0\}$, 即 E 是 sin 在 $(0,\infty)$ 上的根的集合. 根据引理 15.7.3, E 不是空集. 由于 $\sin'(0) > 0$, 存在 $c > 0$ 使得 $E \subseteq [c,\infty)$ (见习题 15.7.2), 还由于 sin 在 $[c,\infty)$ 上连续, E 是 $[c,\infty)$ 中的闭集 (为什么? 用定理 13.1.5(d)). 由于 $[c,\infty)$ 是 $\mathbb{R}$ 中的闭集, 我们断定 E 是 $\mathbb{R}$ 中的闭集. 于是 E 含有它的一切附着点, 从而含有 $\inf(E)$. 那么我们可以做出下述定义:

定义 15.7.4 定义 π 为

$$\pi := \inf\{x \in (0,\infty) : \sin(x) = 0\}.$$

于是 $\pi \in E \subseteq [c,\infty)$, 那么 $\pi > 0$, 而且 $\sin(\pi) = 0$. 根据 π 的定义, sin 在 $(0,\pi)$ 中无零点, 因此在 $(0,\pi)$ 上必是正的 (参阅引理 15.7.3 中使用中值定理的论述). 由于 $\cos'(x) = -\sin(x)$, 所以我们断定 $\cos(x)$ 在 $(0,\pi)$ 上是严格减的. 由于 $\cos(0) = 1$, 这表明 $\cos(\pi) < 1$; 由于 $\sin^2(\pi)+\cos^2(\pi) = 1$ 而 $\sin(\pi) = 0$, 所以我们断定 $\cos(\pi) = -1$.

于是得到著名的 Euler 公式:

$$e^{\pi i} = \cos(\pi) + i\sin(\pi) = -1.$$

现在我们给出正弦函数和余弦函数的一些其他的性质.

定理 15.7.5(三角函数的周期性) *设 x 是实数.*

(a) $\cos(x+\pi) = -\cos(x)$, $\sin(x+\pi) = -\sin(x)$. *那么* $\cos(x+2\pi) = \cos(x)$, $\sin(x+2\pi) = \sin(x)$, *也就是说* sin *和* cos *都是以* 2π *为周期的周期函数.*

(b) $\sin(x) = 0$ *当且仅当* $\frac{x}{\pi}$ *是整数.*

(c) $\cos(x) = 0$ *当且仅当* $\frac{x}{\pi}$ *是整数加* $\frac{1}{2}$.

证明 见习题 15.7.3 ■

当然我们还可以定义一切其他的三角函数: 正切、余切、正割、余割, 并且建立一切熟知的三角学的恒等式, 习题中给出一些例子.

习 题 15.7

15.7.1 证明定理 15.7.2. (提示: 尽可能用指数函数的语言写出每个细节.)

15.7.2 设 $f : \mathbb{R} \to \mathbb{R}$ 是在 x_0 处可微的函数, 并且 $f(x_0) = 0$ 而 $f'(x_0) \neq 0$. 证明: 存在 $c > 0$ 使得只要 $0 < |x-y| < c$, $f(y)$ 就不是零. 由此断定存在 $c > 0$, 使得对于一切 $0 < x < c$, $\sin(x) \neq 0$.

15.7.3 证明定理 15.7.5. (提示: 对于 (c), 你可能会先计算 $\sin(\frac{\pi}{2})$ 和 $\cos(\frac{\pi}{2})$, 而后把 $\cos(x)$ 与 $\sin(x+\frac{\pi}{2})$ 联系起来.)

15.7.4 设 x, y 是实数并且 $x^2+y^2 = 1$. 证明恰有一个实数 $\theta \in (-\pi,\pi]$ 使得 $x = \sin(\theta)$, $y = \cos(\theta)$. (提示: 可能要分别对于 x, y 是正的、负的或零的情形进行讨论.)

15.7.5　证明: 如果 $r, s > 0$ 是正的实数, 而 θ, α 是实数, 使得 $re^{i\theta} = se^{i\alpha}$, 那么 $r = s$, 并且对于某整数 k, $\theta = \alpha + 2k\pi$.

15.7.6　设 z 为非零复数. 用习题 15.7.4 证明恰存在一对实数 r, θ, 满足 $r > 0$, $\theta \in (-\pi, \pi]$ 以及 $z = re^{i\theta}$. (有时把此式叫作 z 的**标准极坐标表示**.)

15.7.7　对于任意的实数 θ 和整数 n, 证明 de Moivre 等式

$$\cos(n\theta) = \Re((\cos\theta + i\sin\theta)^n); \quad \sin(n\theta) = \Im((\cos\theta + i\sin\theta)^n).$$

15.7.8　设 $\tan : (-\frac{\pi}{2}, \frac{\pi}{2}) \to \mathbb{R}$ 是正切函数

$$\tan(x) := \frac{\sin(x)}{\cos(x)}.$$

证明 tan 是可微的、单调增的, 并且

$$\frac{\mathrm{d}}{\mathrm{d}x}\tan(x) = 1 + \tan^2(x), \quad \lim_{x\to\frac{\pi}{2}}\tan(x) = \infty, \quad \lim_{x\to-\frac{\pi}{2}}\tan(x) = -\infty.$$

由此断定, tan 事实上是从 $(-\frac{\pi}{2}, \frac{\pi}{2})$ 到 $\mathbb{R}$ 的双射, 于是它有反函数 $\tan^{-1} : \mathbb{R} \to (-\frac{\pi}{2}, \frac{\pi}{2})$(这个函数叫作**反正切函数**(arctangent function)[①]. 证明 $\tan^{-1}$ 是可微的并且

$$\frac{\mathrm{d}}{\mathrm{d}x}\tan^{-1}(x) = \frac{1}{1+x^2}.$$

15.7.9　回到习题 15.7.8 中的反正切函数 $\tan^{-1}$. 修改定理 15.5.6(e) 的证明而建立恒等式

$$\tan^{-1}(x) = \sum_{n=0}^{\infty}\frac{(-1)^n x^{2n+1}}{2n+1}, \ x \in (-1, 1).$$

使用 Abel 定理 (定理 15.3.1) 把此等式延拓到 $x = 1$ 的情形, 从而得到等式

$$\pi = 4 - \frac{4}{3} + \frac{4}{5} - \frac{4}{7} + \cdots = 4\sum_{n=0}^{\infty}\frac{(-1)^n}{2n+1}.$$

(注意, 根据交错级数判别法 (命题 7.2.12) 此级数收敛.) 由此推出 $4 - \frac{4}{3} < \pi < 4$. (当然, 也可以算出 $\pi = 3.141\,592\,6\cdots$ 达到更高的精确度, 但如果愿意这样做, 建议使用另外的公式, 上面的级数收敛得太慢了.)

15.7.10　设 $f : \mathbb{R} \to \mathbb{R}$ 是函数

$$f(x) := \sum_{n=1}^{\infty} 4^{-n}\cos(32^n \pi x).$$

(a) 证明此级数一致收敛, 从而 f 是连续的.

① arctangent 一词, 词典上无译名, 或许可以译为弧正切的. —— 译者注

(b) 证明对于每个整数 j 和每个整数 $m \geqslant 1$, 有

$$\left|f(\frac{j+1}{32^m}) - f(\frac{j}{32^m})\right| \geqslant 4^{-m}.$$

[提示: 使用恒等式

$$\sum_{n=1}^{\infty} a_n = \sum_{n=1}^{m-1} a_n + a_m + \sum_{n=m+1}^{\infty} a_n$$

于特定的序列 (a_n). 同时, 也使用余弦函数是以 2π 为周期的这一事实, 以及对于任何 $|r| < 1$, 几何级数 $\sum\limits_{n=0}^{\infty} r^n = \frac{1}{1-r}$ 这一公式. 最后, 要用到对于任何实数 x 和 y,

$$|\cos(x) - \cos(y)| \leqslant |x - y|,$$

这个不等式可用中值定理 (推论 10.2.9) 来证明, 也可用微积分基本定理 (定理 11.9.4) 来证明.]

(c) 使用 (b), 证明函数 f 对于每个实数 x_0 都在 x_0 处不可微.(提示: 根据习题 5.4.3, 对于每个 x_0 和每个 $m \geqslant 1$, 存在整数 j, 使得 $j \leqslant 32^m x_0 < j+1$.)

(d) 简要地解释, 为什么 (c) 中的结果并不与推论 14.7.3 相矛盾.

第 16 章　Fourier 级数

在前两章中, 我们讨论了怎样用多项式来逼近特定的函数 (例如紧支撑的连续函数). 然后, 我们证明了怎样能够把另一类函数 (实解析函数) 精确地 (而不是近似地) 写成无限多项式, 或更精确地说, 是写成幂级数.

幂级数已然具有巨大无比的功用, 特别是当处理前面讨论过的指数函数和三角函数这些特殊函数时确实如此. 然而, 还是有一些场合, 幂级数不是那么有用, 因为我们还必须处理不是实解析的函数 (例如 $\sqrt{x}$), 而这样的函数当然不能表示为幂级数.

幸运的是, 另有一类级数展开, 叫作 **Fourier 级数**, 在分析中也是非常有效的工具 (尽管用于稍许不同的目的). 它不是用来处理紧支撑的函数, 而是用来分析**周期函数**, 它不把函数分解为代数多项式而是分解为**三角多项式**. 粗略地说, Fourier 级数的理论所研究的是关于每个周期函数能不能分解成正弦与余弦的 (无限) 和的问题.

注 16.0.0　Jean-Baptiste Fourier(1768—1830) 在拿破仑时代曾当过埃及总督. 在拿破仑战争之后他离开政界, 重新回来研究数学. 他在 1807 年的一篇重要论文中引入了 Fourier 级数, 并用来解现在所谓的热传导方程. 在那个时代, 每个周期函数都可以表示成正弦与余弦的和这个命题极其具有争议, 甚至像 Euler 这样的顶尖的数学家也宣称那是不可能的. 但是, Fourier 还是努力证明了这的确是对的, 尽管他的证明并不完全严格而且在其后几乎一百年中都没有被完全接受.

在 Fourier 级数理论与幂级数理论之间会有某些相似之处, 但也有重要的区别. 例如, Fourier 级数的收敛通常不是一致的 (即不是依 L^∞ 度量收敛的), 但代之而有在另一个度量下的收敛, 即在 L^2 度量下的收敛. 另外在我们的理论中, 会大量地使用复数, 而在幂级数的理论中, 复数只是一个稍微触及的角色.

Fourier 级数的理论 (以及相关的课题, 例如 Fourier 积分以及 Laplace 变换) 是十分宽泛的, 自身成为一个完整的课程. 它具有很多应用, 主要用于微分方程、信号处理、电气工程、物理以及分析学, 而且也用于代数学及数论. 这里我们只给出这个理论的最基础的知识, 而且几乎不给出它的应用.

§16.1　周期函数

Fourier 级数的理论是研究**周期函数**的, 我们现在来定义周期函数. 用复值函数来讨论比用实值函数要方便.

定义 16.1.1 设 $L>0$ 是实数. 函数 $f:\mathbb{R}\to\mathbb{C}$ 是**以 L 为周期**的, 或 **L 周期**的, 如果对于每个实数 x, $f(x+L)=f(x)$.

例 16.1.2 实值函数 $f(x)=\sin(x)$ 以及 $f(x)=\cos(x)$ 都是 2π 周期的, 正如复值函数 $f(x)=\mathrm{e}^{ix}$ 是 2π 周期的. 这些函数也是 4π 周期的, 6π 周期的, 等等 (为什么?). 但函数 $f(x)=x$ 不是周期的. 常值函数 $f(x)=1$ 对于每个 $L>0$ 都是 L 周期的.

注 16.1.3 如果函数 f 是 L 周期的, 那么对于每个整数 k, 都有 $f(x+kL)=f(x)$ (为什么? 对于正的 k 进行归纳, 然后用一个代换把正 k 结果转化成负 k 结果. $k=0$ 的情形当然是平庸的). 于是如果函数 f 是 1 周期的, 那么对于每个 $k\in\mathbb{Z}$ 都有 $f(x+k)=f(x)$. 由于这个缘故, 有时也把 1 周期函数叫作是 $\mathbb{Z}$ 周期的 (而把 L 周期函数叫作 $L\mathbb{Z}$ 周期的).

例 16.1.4 对于任何整数 n, 函数 $\cos(2\pi nx)$, $\sin(2\pi nx)$, $\mathrm{e}^{2\pi inx}$ 都是 $\mathbb{Z}$ 周期的. (如果 n 不是整数, 情形如何?) 设 $f:\mathbb{R}\to\mathbb{C}$ 的定义是: 对于每个整数 n, 当 $x\in[n,n+\frac{1}{2})$ 时 $f(x):=1$, 而对于每个 n, 当 $x\in[n+\frac{1}{2},n+1)$ 时 $f(x):=0$. 这是 $\mathbb{Z}$ 周期函数的另一个例子, 它也是**方形波**(square wave) 的一个例子.

为简单起见, 往下我们只处理 $\mathbb{Z}$ 周期函数 (对于 L 周期函数的 Fourier 理论, 见习题 16.5.6). 注意, 要想完全了解一个 $\mathbb{Z}$ 周期函数 $f:\mathbb{R}\to\mathbb{C}$, 只需了解它在区间 $[0,1)$ 上的值, 就确定了它在一切别的点处的值. 这因为每个实数 x 都可以写成 $x=k+y$ 的形式, 其中 k 是整数 (叫作 x 的**整部**, 有时记作 $[x]$), 而 $y\in[0,1)$(它叫作 x 的**小数部分**, 有时记作 $\{x\}$), 见习题 16.1.1. 由于这个缘故, 有时当我们要想描述一个 $\mathbb{Z}$ 周期函数时, 我们只描述它在区间 $[0,1)$ 上的性状, 然后说它被周期延拓到整个 $\mathbb{R}$ 上. 这意味着, 对于任意的实数 x 定义 $f(x):=f(y)$, 其中我们已把 x 作如上的分解 $x=k+y$. (事实上可以取任何长度为 1 的半开区间来代替 $[0,1)$, 但这里我们不讨论了.)

复值连续 $\mathbb{Z}$ 周期函数的空间记作 $C(\mathbb{R}/\mathbb{Z};\mathbb{C})$. (记号 $\mathbb{R}/\mathbb{Z}$ 来源于代数学, 它代表加群 $\mathbb{R}$ 关于加群 $\mathbb{Z}$ 的商群. 关于商群的更多的知识可在任何一本代数教材中找到.) 说 "连续", 我们指的是在 $\mathbb{R}$ 的每点处都连续; 仅在一个 $[0,1)$ 这样的区间上连续是不够的, 因为可能在 1 处 (或在任何其他整数处) 的左极限和右极限不同而发生间断. 于是作为例子, 函数 $\sin(2\pi nx)$, $\cos(2\pi nx)$, $\mathrm{e}^{2\pi inx}$ 都是 $C(\mathbb{R}/\mathbb{Z};\mathbb{C})$ 的元素, 常值函数当然也是, 但前面描述的方形波函数不属于 $C(\mathbb{R}/\mathbb{Z};\mathbb{C})$, 因为它不是连续函数. 还有, 函数 $\sin(x)$ 也不属于 $C(\mathbb{R}/\mathbb{Z};\mathbb{C})$, 因为它不是 $\mathbb{Z}$ 周期的.

引理 16.1.5($C(\mathbb{R}/\mathbb{Z};\mathbb{C})$ 的基本性质).

(a) (*有界性*) *如果 $f\in C(\mathbb{R}/\mathbb{Z};\mathbb{C})$, 那么 f 是有界的 (即存在实数 $M>0$, 使得对于一切 $x\in\mathbb{R}$ 有 $|f(x)|\leqslant M$).*

(b) (向量空间的性质以及代数性质) 如果 $f, g \in C(\mathbb{R}/\mathbb{Z};\mathbb{C})$, 那么函数 $f+g$, $f-g$, fg 都属于 $C(\mathbb{R}/\mathbb{Z};\mathbb{C})$. 还有, 如果 c 是复数, 那么 cf 也属于 $C(\mathbb{R}/\mathbb{Z};\mathbb{C})$.

(c) (在一致极限之下封闭) 如果 $(f_n)_{n=1}^{\infty}$ 是 $C(\mathbb{R}/\mathbb{Z};\mathbb{C})$ 中函数的序列, 它一致收敛到函数 $f:\mathbb{R}\to\mathbb{C}$, 那么 f 也属于 $C(\mathbb{R}/\mathbb{Z};\mathbb{C})$.

证明　见习题 16.1.2. ■

可在 $C(\mathbb{R}/\mathbb{Z};\mathbb{C})$ 中重新引入现在熟知的上确界范数度量

$$d_\infty(f,g) = \sup_{x\in\mathbb{R}} |f(x)-g(x)| = \sup_{x\in[0,1)} |f(x)-g(x)|$$

而使它成为度量空间, 我们知道 $d_\infty(f,g)$ 是一致收敛度量. (为什么上式中第一个上确界与第二个上确界一样?) 见习题 16.1.3.

习　题　16.1

16.1.1　证明每个实数 x 恰可以用一种方式写成 $x=k+y$ 的形式, 其中 k 是整数, 而 $y\in[0,1)$. (提示: 为证此种表示的存在性, 令 $k := \sup\{l\in\mathbb{Z} : l \leqslant x\}$.)

16.1.2　证明引理 16.1.5. (提示: 对于 (a), 先证 f 在 $[0,1]$ 上有界.)

16.1.3　证明 $C(\mathbb{R}/\mathbb{Z};\mathbb{C})$ 依上确界范数度量 d_∞ 成为度量空间. 进而证明这个度量空间是完备的.

§16.2　周期函数的内积

从引理 16.1.5 知, 连续周期函数之间可进行加法、减法、乘法及取极限的运算. 然而我们还需要空间 $C(\mathbb{R}/\mathbb{Z};\mathbb{C})$ 上的另一些运算. 其中第一个就是内积运算.

定义 16.2.1(内积)　对于 $f, g\in C(\mathbb{R}/\mathbb{Z};\mathbb{C})$, 定义**内积** $\langle f,g\rangle$ 为

$$\langle f,g\rangle = \int_{[0,1]} f(x)\overline{g(x)}\mathrm{d}x.$$

注 16.2.2　对于复值函数 $f(x)=g(x)+ih(x)$, 定义它的积分为

$$\int_{[a,b]} f := \int_{[a,b]} g + i\int_{[a,b]} h,$$

其中 g, h 分别为 f 的实部和虚部. 于是作为例子,

$$\int_{[1,2]}(1+ix)\mathrm{d}x = \int_{[1,2]} 1\mathrm{d}x + i\int_{[1,2]} x\mathrm{d}x = 1+\frac{3}{2}i.$$

容易验证, 当把实值函数换为复值函数时, 微积分的一切基本法则 (分部积分法、微积分基本定理、变量替换法等) 依然成立.

例 16.2.3 设 f 是常值函数 $f(x) := 1$, 并设 g 是函数 $g(x) := \mathrm{e}^{2\pi ix}$, 那么

$$\begin{aligned}\langle f,g\rangle &= \int_{[0,1]} 1\,\overline{\mathrm{e}^{2\pi ix}}\mathrm{d}x \\ &= \int_{[0,1]} \mathrm{e}^{-2\pi ix}\mathrm{d}x \\ &= \frac{1}{-2\pi i}\mathrm{e}^{-2\pi ix}\Big|_{x=0}^{x=1} \\ &= \frac{1}{-2\pi i}(1-1) \\ &= 0.\end{aligned}$$

注 16.2.4 一般而言, 内积 $\langle f,g\rangle$ 是复数. (注意, $f\overline{g}$ 一定是 Riemann 可积的, 因为 f 和 g 都是有界的而且都是连续的.)

粗略地说, 空间 $C(\mathbb{R}/\mathbb{Z};\mathbb{C})$ 上的内积 $\langle f,g\rangle$, 就像欧几里得空间 $\mathbb{R}^n$ 上的点积 $x\cdot y$ 一样. 下面列出内积的一些基本性质, 对于向量空间上的内积的更深入的研究可在任何一本线性代数书籍中找到, 但不属于本书的讨论范围.

引理 16.2.5 设 $f,g,h\in C(\mathbb{R}/\mathbb{Z};\mathbb{C})$.

(a) (Hermite 性质) 我们有 $\langle f,g\rangle=\overline{\langle g,f\rangle}$.

(b) (正性) 我们有 $\langle f,f\rangle\geqslant 0$. 进而有 $\langle f,f\rangle=0$ 当且仅当 $f=0$ (即对于一切 $x\in\mathbb{R}$, $f(x)=0$).

(c) (关于第一变元的线性性质) 我们有 $\langle f+g,h\rangle=\langle f,h\rangle+\langle g,h\rangle$. 对于任何复数 c, 有 $\langle cf,g\rangle=c\langle f,g\rangle$.

(d) (关于第二变元的反线性性质 (antilinearity)) 我们有 $\langle f,g+h\rangle=\langle f,g\rangle+\langle f,h\rangle$. 对于任何复数 c, 有 $\langle f,cg\rangle=\overline{c}\langle f,g\rangle$.

证明 见习题 16.2.1. ■

根据正性, 可用下式定义函数 $f\in C(\mathbb{R}/\mathbb{Z};\mathbb{C})$ 的 $\boldsymbol{L^2}$ **范数** $\|\ \|_2$:

$$\|f\|_2 := \sqrt{\langle f,f\rangle} = \left(\int_{[0,1]} f(x)\overline{f(x)}\mathrm{d}x\right)^{\frac{1}{2}} = \left(\int_{[0,1]} |f(x)|^2\mathrm{d}x\right)^{\frac{1}{2}}.$$

于是对于一切 f, $\|f\|_2\geqslant 0$. 范数 $\|f\|_2$ 有时叫作 f 的**根均方**(root mean square).

例 16.2.6 如果 $f(x)$ 是函数 $\mathrm{e}^{2\pi ix}$, 那么

$$\|f\|_2 = \left(\int_{[0,1]} \mathrm{e}^{2\pi ix}\mathrm{e}^{-2\pi ix}\mathrm{d}x\right)^{\frac{1}{2}} = \left(\int_{[0,1]} 1\mathrm{d}x\right)^{\frac{1}{2}} = 1^{\frac{1}{2}} = 1.$$

此 L^2 范数与 L^∞ 范数 $\|f\|_\infty := \sup_{x\in\mathbb{R}} |f(x)|$ 有关系, 然而是不相同的. 例如, 如果 $f(x)=\sin(x)$, 那么 $\|f\|_\infty = 1$ 但 $\|f\|_2 = \frac{1}{\sqrt{2}}$. 一般而言, 对于二者关系所能说的最多就是 $0 \leqslant \|f\|_2 \leqslant \|f\|_\infty$, 见习题 16.2.3.

下面给出 L^2 范数的一些基本性质.

引理 16.2.7 设 $f,g\in C(\mathbb{R}/\mathbb{Z};\mathbb{C})$.

(a) (非退化) $\|f\|_2 = 0$ 当且仅当 $f=0$.

(b) (Cauchy-Schwarz 不等式) $|\langle f,g\rangle| \leqslant \|f\|_2\|g\|_2$.

(c) (三角形不等式) $\|f+g\|_2 \leqslant \|f\|_2 + \|g\|_2$.

(d) (毕达哥拉斯定理) 若 $\langle f,g\rangle = 0$, 则 $\|f+g\|_2^2 = \|f\|_2^2 + \|g\|_2^2$.

(e) (绝对齐性) 对于一切 $c\in\mathbb{C}$, 有 $\|cf\|_2 = |c|\|f\|_2$.

证明 见习题 16.2.4. ■

根据毕达哥拉斯定理, 我们有时也把 $\langle f,g\rangle = 0$ 的情形说成是 f 与 g **垂直**.

现在我们可以在 $C(\mathbb{R}/\mathbb{Z};\mathbb{C})$ 上定义 L^2 度量 d_{L^2}:

$$d_{L^2}(f,g) := \|f-g\|_2 = \left(\int_{[0,1]} |f(x)-g(x)|^2 \mathrm{d}x\right)^{\frac{1}{2}}.$$

注 16.2.8 可验证 d_{L^2} 确实是度量 (习题 16.2.2). 其实, L^2 度量很像欧几里得空间 $\mathbb{R}^n$ 上的 l^2 度量, 这也就是两者的记号也很类似的缘由. 你自己应该对两者的类似之处进行比较.

注意, $C(\mathbb{R}/\mathbb{Z};\mathbb{C})$ 中函数的序列 (f_n) 依 L^2 度量收敛到 $f\in C(\mathbb{R}/\mathbb{Z};\mathbb{C})$ 指的是: 当 $n\to\infty$ 时 $d_{L^2}(f_n,f)\to 0$, 即

$$\lim_{n\to\infty}\int_{[0,1]} |f_n(x)-f(x)|^2 \mathrm{d}x = 0.$$

注 16.2.9 依 L^2 度量收敛与一致收敛及逐点收敛都不同, 见习题 16.2.6.

注 16.2.10 L^2 度量的性状不如 L^∞ 度量好. 例如, 空间 $C(\mathbb{R}/\mathbb{Z};\mathbb{C})$ 依 L^2 度量是不完备的, 尽管它依 L^∞ 度量是完备的, 见习题 16.2.5.

习 题 16.2

16.2.1 证明引理 16.2.5. (提示: (b) 的后一部分有点微妙. 你可能要用反证法, 假定 f 不是零函数, 然后证明 $\int_{[0,1]}|f(x)|^2$ 是严格正的. 为做此事, 你可能要用到 f 连续从而 $|f|$ 是连续函数这一事实.)

16.2.2 证明 $C(\mathbb{R}/\mathbb{Z};\mathbb{C})$ 上的 L^2 度量 d_{L^2} 确实使 $C(\mathbb{R}/\mathbb{Z};\mathbb{C})$ 成为度量空间 (见习题 12.1.6).

16.2.3 设 $f \in C(\mathbb{R}/\mathbb{Z};\mathbb{C})$ 不是零函数, 证明 $0 < \|f\|_2 \leqslant \|f\|_\infty$. 反过来, 设 $0 < A \leqslant B$ 是实数, 证明存在非零函数 $f \in C(\mathbb{R}/\mathbb{Z};\mathbb{C})$, 使得 $\|f\|_2 = A$ 且 $\|f\|_\infty = B$. (提示: 设 g 是 $C(\mathbb{R}/\mathbb{Z};\mathbb{C})$ 中的一个非常值的非负实值函数, 考虑形如 $f = (c+dg)^{\frac{1}{2}}$ 的函数 f, 其中 $c, d > 0$.)

16.2.4 证明引理 16.2.7. (提示: 多次使用引理 16.2.5. 对于 Cauchy-Schwarz 不等式, 从正性 $\langle f, f\rangle \geqslant 0$ 开始, 但以函数 $f\|g\|_2^2 - \langle f, g\rangle g$ 代替其中的 f, 然后简单地使用引理 16.2.5, 可能要单独处理 $\|g\|_2 = 0$ 的情形. 用 Cauchy-Schwarz 不等式证明三角形不等式.)

16.2.5 找一个在 L^2 中收敛到间断的周期函数的连续周期函数的序列. (提示: 试收敛到方形波函数.)

16.2.6 设 $f \in C(\mathbb{R}/\mathbb{Z};\mathbb{C})$, 并设 $(f_n)_{n=1}^\infty$ 是 $C(\mathbb{R}/\mathbb{Z};\mathbb{C})$ 中的函数的序列.

(a) 证明: 如果 $(f_n)_{n=1}^\infty$ 一致收敛到 f, 那么 $(f_n)_{n=1}^\infty$ 也依 L^2 度量收敛到 f.

(b) 举一个 $(f_n)_{n=1}^\infty$ 依 L^2 度量收敛到 f 但不一致收敛到 f 的例子. (提示: 取 $f = 0$. 试让函数 f_n 有大的 sup 范数.)

(c) 举一个 $(f_n)_{n=1}^\infty$ 依 L^2 度量收敛到 f 但不逐点收敛到 f 的例子. (提示: 取 $f = 0$. 试让函数 f_n 在一个点处很大.)

(d) 举一个 $(f_n)_{n=1}^\infty$ 逐点收敛到 f 但不依 L^2 度量收敛到 f 的例子. (提示: 取 $f = 0$. 试让函数 f_n 依 L^2 范数很大.)

§16.3 三角多项式

现在我们定义**三角多项式**. 恰如多项式是函数 x^n(也叫作**单项式**) 的线性组合, 三角多项式乃是函数 $\mathrm{e}^{2\pi inx}$(也叫作特征 (charaters)) 的线性组合.

定义 16.3.1(特征 (character)) 对于每个整数 n, 令 $e_n \in C(\mathbb{R}/\mathbb{Z};\mathbb{C})$ 代表函数

$$e_n(x) := \mathrm{e}^{2\pi inx}.$$

这个函数叫作**频率为 n 的特征**(character).

定义 16.3.2(三角多项式) 如果函数 $f \in C(\mathbb{R}/\mathbb{Z};\mathbb{C})$ 可以写成

$$f = \sum_{n=-N}^{N} c_n e_n,$$

其中 $N \geqslant 0$ 是整数, c_n 是复数 $(n = -N, \cdots, N)$, 那么 f 叫作**三角多项式**.

例 16.3.3 函数 $f = 4e_{-2} + ie_{-1} - 2e_0 + 0e_1 - 3e_2$ 是三角多项式, 它可以更明确地写成

$$f(x) = 4\mathrm{e}^{-4\pi ix} + i\mathrm{e}^{-2\pi ix} - 2 - 3\mathrm{e}^{4\pi ix}.$$

例 16.3.4 对于任意的整数 n, 函数 $\cos(2\pi nx)$ 是三角多项式, 因为

$$\cos(2\pi nx) = \frac{1}{2}(\mathrm{e}^{2\pi inx} + \mathrm{e}^{-2\pi inx}) = \frac{1}{2}e_{-n} + \frac{1}{2}e_n.$$

与此类似, 函数 $\sin(2\pi nx) = -\frac{1}{2i}e_{-n} + \frac{1}{2i}e_n$ 也是三角多项式. 事实上, 任何正弦和余弦的线性组合都是三角多项式, 例如 $3 + i\cos(2\pi x) + 4i\sin(4\pi x)$ 也是三角多项式.

Fourier 定理将使我们可以把 $C(\mathbb{R}/\mathbb{Z};\mathbb{C})$ 中的任何函数都写成 Fourier 级数. Fourier 级数是对应于三角多项式的, 就像幂级数是对应于多项式的. 为了把函数写成 Fourier 级数, 我们将使用上一节介绍的内积结构. 关键之处在于

引理 16.3.5(全体特征构成一个正交规范系) 对于任意的整数 m 和 n, 当 $m = n$ 时 $\langle e_n, e_m\rangle = 1$, 而当 $m \neq n$ 时 $\langle e_n, e_m\rangle = 0$. 我们还有 $\|e_n\| = 1$.

证明 见习题 16.3.2. ■

从而我们得到一个关于三角多项式的系数的公式.

推论 16.3.6 设 $f = \sum_{n=-N}^{N} c_n e_n$ 是三角多项式. 那么对于一切整数 $-N \leqslant n \leqslant N$ 有

$$c_n = \langle f, e_n\rangle.$$

而当 $n > N$ 和 $n < -N$ 时, $\langle f, e_n\rangle = 0$. 还有恒等式

$$\|f\|_2^2 = \sum_{n=-N}^{N} |c_n|^2.$$

证明 见习题 16.3.3. ■

定义 16.3.7(Fourier 变换) 对于任意的函数 $f \in C(\mathbb{R}/\mathbb{Z};\mathbb{C})$, 以及任意的整数 $n \in \mathbb{Z}$, 我们定义 f 的**第 n 个 Fourier 系数**$\widehat{f}(n)$ 为

$$\widehat{f}(n) := \langle f, e_n\rangle = \int_{[0,1]} f(x)\mathrm{e}^{-2\pi inx}\mathrm{d}x.$$

函数 $\widehat{f}: \mathbb{Z} \to \mathbb{C}$ 叫作 f 的 **Fourier 变换**.

从推论 16.3.6 我们看到, 只要 $f = \sum_{n=-N}^{N} c_n e_n$ 是三角多项式, 就有

$$f = \sum_{n=-N}^{N} \langle f, e_n\rangle e_n = \sum_{n=-\infty}^{\infty} \langle f, e_n\rangle e_n,$$

于是得到 **Fourier 反演公式**

$$f = \sum_{n=-\infty}^{\infty} \widehat{f}(n) e_n,$$

也就是说

$$f=\sum_{n=-\infty}^{\infty}\widehat{f}(n)\mathrm{e}^{2\pi inx},$$

等式右边就是 f 的 **Fourier 级数**. 还有, 从推论 16.3.6 中的第二个恒等式, 我们得到 Plancherel 公式

$$\|f\|_2^2=\sum_{n=-\infty}^{\infty}|\widehat{f}(n)|^2.$$

注 16.3.8 我们强调一下, 目前我们只对于三角多项式 f 证明了 Fourier 反演公式及 Plancherel 公式. 注意, 在这种情况下, 绝大多数 Fourier 系数 $\widehat{f}(n)$ 都是零 (实际上只有当 $-N\leqslant n\leqslant N$ 时它们才可能不是零), 所以无限和其实是假的, 它只是个有限和. 当然, 也就不存在关于级数的收敛之说. 由于它们是有限和, 当然既是逐点收敛的, 也是一致收敛的, 也是依 L^2 度量收敛的.

在下面几节中, 我们将把 Fourier 反演公式和 Plancherel 公式推广到 $C(\mathbb{R}/\mathbb{Z};\mathbb{C})$ 的一般函数上去, 而不是只考虑三角多项式的情形. (把公式推广到不连续的函数, 例如方形波函数, 也是可能的, 但此处我们不讨论这样的推广.) 为了完成这项工作, 需要改变 Weierstrass 逼近定理的形式. 现在我们要用三角多项式来一致逼近连续周期函数. 正如在多项式的 Weierstrass 逼近定理的证明中用到了卷积一样, 我们也需要为周期函数配置卷积运算.

习 题 16.3

16.3.1 证明任何两个三角多项式的和以及乘积仍是三角多项式.

16.3.2 证明引理 16.3.5.

16.3.3 证明推论 16.3.6. (提示: 使用引理 16.3.5. 对于第二个恒等式, 可以使用毕达哥拉斯定理及归纳法, 也可以代入 $f=\sum_{n=-N}^{N}c_ne_n$ 并展开所有的表达式.)

§16.4 周 期 卷 积

这一节的目的是证明三角多项式的 Weierstrass 逼近定理.

定理 16.4.1 *设 $f\in C(\mathbb{R}/\mathbb{Z};\mathbb{C})$, 并设 $\varepsilon>0$. 那么存在三角多项式 P, 使得 $\|f-P\|_\infty\leqslant\varepsilon$.*

这个定理说的是, 任何连续的周期函数都可以用三角多项式一致逼近. 换一种方式来表达: 若用 $P(\mathbb{R}/\mathbb{Z};\mathbb{C})$ 代表全体三角多项式所成的空间, 那么 $P(\mathbb{R}/\mathbb{Z};\mathbb{C})$ 在 L^∞ 度量下的闭包是 $C(\mathbb{R}/\mathbb{Z};\mathbb{C})$.

可以直接用多项式的 Weierstrass 逼近定理 (定理 14.8.3) 来证明这个定理, 而两个定理都是更一般的 Stone-Weierstrass 定理的特殊情形, 此处不讨论 Stone-Weierstrass 定理. 但我们也不使用多项式的定理去证三角多项式的定理, 而是从头开始, 这样我们可以借此机会引入一些有趣的概念, 特别是周期卷积的概念. 然而此处给出的证明, 应该强烈地唤起你对证明定理 14.8.3 的论述的回忆.

定义 16.4.2(周期卷积)　设 $f,g\in C(\mathbb{R}/\mathbb{Z};\mathbb{C})$. 我们用公式

$$f*g(x):=\int_{[0,1]}f(y)g(x-y)\mathrm{d}y$$

来定义 f 和 g 的**周期卷积** $f*g:\mathbb{R}\to\mathbb{C}$.

注 16.4.3　注意, 此公式与定义 14.8.9 中定义紧支撑函数的卷积的公式稍有不同, 此处我们只在 $[0,1]$ 上积分而不是在整个 $\mathbb{R}$ 上积分. 所以从原则上来说, 我们对于符号 $f*g$ 给出了两个不同的意思. 但实际上不会发生混淆, 因为一个非零函数不可能既是周期的也是紧支撑的 (习题 16.4.1).

引理 16.4.4(周期卷积的基本性质)　设 $f,g,h\in C(\mathbb{R}/\mathbb{Z};\mathbb{C})$.

(a) (封闭性) 卷积 $f*g$ 是连续的并且是 $\mathbb{Z}$ 周期的. 即 $f*g\in C(\mathbb{R}/\mathbb{Z};\mathbb{C})$.

(b) (交换性) 我们有 $f*g=g*f$.

(c) (双线性性) 我们有 $f*(g+h)=f*g+f*h$ 以及 $(f+g)*h=f*h+g*h$. 对于任意的复数 c, 有 $c(f*g)=(cf)*g=f*(cg)$.

证明　见习题 16.4.2. ■

现在我们来考察一个有趣的恒等式：对于任意的 $f\in C(\mathbb{R}/\mathbb{Z};\mathbb{C})$ 以及任意的整数 n, 有

$$f*e_n=\widehat{f}(n)e_n.$$

为证此式, 做如下演算即可:

$$\begin{aligned}f*e_n(x)&=\int_{[0,1]}f(y)\mathrm{e}^{2\pi in(x-y)}\mathrm{d}y\\&=\mathrm{e}^{2\pi inx}\int_{[0,1]}f(y)\mathrm{e}^{-2\pi iny}\mathrm{d}y\\&=\widehat{f}(n)\mathrm{e}^{2\pi inx}=\widehat{f}(n)e_n.\end{aligned}$$

更一般地, 从引理 16.4.4(iii) 知, 对于任何三角多项式 $P=\sum\limits_{n=-N}^{N}c_ne_n$, 有

$$f*P=\sum_{n=-N}^{N}c_n(f*e_n)=\sum_{n=-N}^{N}\widehat{f}(n)c_ne_n.$$

于是, $C(\mathbb{R}/\mathbb{Z};\mathbb{C})$ 中任何函数与三角多项式的卷积仍是三角多项式. (与引理 14.8.13 进行比较.)

下面我们引入对于恒等逼近的周期类比.

定义 16.4.5(对于恒等的周期逼近) 设 $\varepsilon > 0$, $0 < \delta < \frac{1}{2}$. 如果下述条件成立, 函数 $f \in C(\mathbb{R}/\mathbb{Z};\mathbb{C})$ 叫作是**对恒等的周期** (ε, δ) **逼近**:

(a) 对于一切 $x \in \mathbb{R}$, $f(x) \geqslant 0$, 并且 $\int_{[0,1]} f = 1$;

(b) 对于一切 $\delta \leqslant |x| \leqslant 1-\delta$, 有 $f(x) < \varepsilon$.

现在我们有与引理 14.8.8 的周期类比.

引理 16.4.6 *对于每个 $\varepsilon > 0$ 和 $0 < \delta < \frac{1}{2}$, 都存在三角多项式 P, 它是对于恒等的 (ε, δ) 逼近.*

证明 此处我们描述证明的框架, 而把细节留作习题 16.4.3. 设 $N \geqslant 1$ 是整数, 定义**Fejér 核** F_N 为函数

$$F_N := \sum_{n=-N}^{N} \left(1 - \frac{|n|}{N}\right) e_n.$$

显然, F_N 是三角多项式. 我们看到有恒等式

$$F_N = \frac{1}{N} \left| \sum_{n=0}^{N-1} e_n \right|^2$$

(为什么?). 但根据几何级数公式 (引理 7.3.3), 有

$$\sum_{n=0}^{N-1} e_n(x) = \frac{e_N(x) - e_0(x)}{e_1(x) - e_0(x)} = \frac{\mathrm{e}^{\pi i (N-1)x} \sin(\pi N x)}{\sin(\pi x)},$$

其中 x 不取整数 (为什么?), 从而有公式

$$F_N(x) = \frac{\sin^2(\pi N x)}{N \sin^2(\pi x)}.$$

当 x 是整数时, 几何级数公式不适用, 但那时根据直接的计算, 有 $f_N(x) = N$. 我们看到, 对于一切 x 有 $f_N(x) \geqslant 0$. 另外,

$$\int_{[0,1]} F_N(x) \mathrm{d}x = \sum_{n=-N}^{N} \left(1 - \frac{|n|}{N}\right) \int_{[0,1]} e_n = \left(1 - \frac{|0|}{N}\right) 1 = 1$$

(为什么?). 最后, 由于 $\sin(\pi N x) \leqslant 1$, 我们有

$$F_N(x) \leqslant \frac{1}{N \sin^2(\pi x)} \leqslant \frac{1}{N \sin^2(\pi \delta)},$$

只要 $\delta < |x| < 1-\delta$(这是由于 sin 在 $[0,\frac{\pi}{2}]$ 上增而在 $[\frac{\pi}{2},\pi]$ 上减). 于是, 选取 N 足够大, 可以使得对于一切 $\delta < |x| < 1-\delta$, $F_N(x) \leqslant \varepsilon$. ■

定理 16.4.1 的证明 设 $f \in C(\mathbb{R}/\mathbb{Z};\mathbb{C})$. 我们知道 f 是有界的, 所以存在某 $M>0$, 使得对于一切 $x \in \mathbb{R}$, $|f(x)| \leqslant M$.

设 $\varepsilon > 0$ 是任意的. 由于 f 是一致连续的, 所以存在 $\delta > 0$, 使得只要 $|x-y| \leqslant \delta$ 就有 $|f(x)-f(y)| \leqslant \varepsilon$. 现在使用引理 16.4.6 找一个三角多项式 P, 使它是对于恒等的 (ε,δ) 逼近, 那么 $f*P$ 也是三角多项式. 现在来估计 $\|f-f*P\|_\infty$.

设 x 是任意的实数. 我们有

$$\begin{aligned}|f(x)-f*P(x)| &= |f(x)-P*f(x)|\\ &= |f(x)-\int_{[0,1]} f(x-y)P(y)\mathrm{d}y|\\ &= |\int_{[0,1]} f(x)P(y)\mathrm{d}y - \int_{[0,1]} f(x-y)P(y)\mathrm{d}y|\\ &= |\int_{[0,1]} (f(x)-f(x-y))P(y)\mathrm{d}y|\\ &\leqslant \int_{[0,1]} |f(x)-f(x-y)|P(y)\mathrm{d}y.\end{aligned}$$

可把右端分成

$$\begin{aligned}&\int_{[0,\delta]} |f(x)-f(x-y)|P(y)\mathrm{d}y + \int_{[\delta,1-\delta]} |f(x)-f(x-y)|P(y)\mathrm{d}y\\ &\qquad + \int_{[1-\delta,1]} |f(x)-f(x-y)|P(y)\mathrm{d}y,\end{aligned}$$

这个和有上界

$$\begin{aligned}&\leqslant \int_{[0,\delta]} \varepsilon P(y)\mathrm{d}y + \int_{[\delta,1-\delta]} 2M\varepsilon\mathrm{d}y + \int_{[1-\delta,1]} |f(x-1)-f(x-y)|P(y)\mathrm{d}y\\ &\leqslant \varepsilon \int_{[0,\delta]} P(y)\mathrm{d}y + \int_{[\delta,1-\delta]} 2M\varepsilon\mathrm{d}y + \int_{[1-\delta,1]} \varepsilon P(y)\mathrm{d}y\\ &\leqslant \varepsilon + 2M\varepsilon + \varepsilon\\ &= (2M+2)\varepsilon.\end{aligned}$$

于是有

$$\|f-f*P\|_\infty \leqslant (2M+2)\varepsilon.$$

由于 M 是固定的, 而 ε 是任意的, 所以可以使 $f*P$ 依 sup 范数任意接近 f. 这就证明了周期 Weierstrass 逼近定理. ■

习 题 16.4

16.4.1 证明: 如果 $f:\mathbb{R}\to\mathbb{C}$ 既是紧支撑的又是 $\mathbb{Z}$ 周期的, 那么 f 恒等于零.

16.4.2 证明引理 16.4.4. (提示: 为证 $f*g$ 是连续的, 必须用到 f 有界, g 一致连续, 或反过来 g 有界, f 一致连续之类的事实. 为证 $f*g=g*f$, 你要用到周期性来 "割掉和复制" 区间 $[0,1]$.)

16.4.3 补上引理 16.4.6 的证明中标有 (为什么?) 的细节. (提示: 对于第一个恒等式, 使用恒等式 $|z|^2=z\overline{z}$, $\overline{e_n}=e_{-n}$ 以及 $e_ne_m=e_{n+m}$.)

§16.5 Fourier 定理和 Plancherel 定理

使用 Weierstrass 逼近定理 (定理 16.4.1), 现在可以把 Fourier 恒等式以及 Plancherel 恒等式推广到任意的连续周期函数.

定理 16.5.1(Fourier 定理) *对于任意的 $f\in C(\mathbb{R}/\mathbb{Z};\mathbb{C})$, 级数 $\sum\limits_{n=-\infty}^{\infty}\widehat{f}(n)e_n$ 依 L^2 度量收敛到 f. 也就是说*

$$\lim_{N\to\infty}\|f-\sum_{n=-N}^{N}\widehat{f}(n)e_n\|_2=0.$$

证明 设 $\varepsilon>0$. 我们必须证明存在 N_0 使得

$$\|f-\sum_{n=-N}^{N}\widehat{f}(n)e_n\|_2\leqslant\varepsilon$$

对于一切 $N>N_0$ 成立.

根据 Weierstrass 逼近定理 (定理 16.4.1), 对于某个 $N_0>0$, 可以找到三角多项式

$$P=\sum_{n=-N_0}^{N_0}c_ne_n$$

使得 $\|f-P\|_\infty\leqslant\varepsilon$. 当然, 我们有 $\|f-P\|_2\leqslant\varepsilon$.

现在设 $N>N_0$, $F_N:=\sum\limits_{n=-N}^{N}\widehat{f}(n)e_n$. 我们来证 $\|f-F_N\|_2\leqslant\varepsilon$. 首先注意到, 对于任何 $|m|\leqslant N$, 都有

$$\langle f-F_N,e_m\rangle=\langle f,e_m\rangle-\sum_{n=-N}^{N}\widehat{f}(n)\langle e_n,e_m\rangle=\widehat{f}(m)-\widehat{f}(m)=0,$$

其中我们使用了引理 16.3.5. 当然我们有

$$\langle f-F_N, F_N-P\rangle=0,$$

因为我们可以把 F_N-P 写成诸 $e_m\,(|m|\leqslant N)$ 的线性组合. 根据毕达哥拉斯定理 (引理 16.2.7(d)), 得

$$\|f-P\|_2^2=\|f-F_N\|_2^2+\|F_N-P\|_2^2,$$

从而

$$\|f-F_N\|_2\leqslant\|f-P\|_2\leqslant\varepsilon.$$

■

注 16.5.2 注意, 我们只得到了 Fourier 级数 $\sum\limits_{n=-\infty}^{\infty}\widehat{f}(n)e_n$ 依 L^2 度量收敛到 f. 可能会问, 对一致收敛或逐点收敛结论是不是也成立? 然而 (或许有些出乎意料), 对于这两种方式的收敛, 回答都是否定的. 但如果假定函数 f 不仅是连续的而且还是连续可微的, 那么逐点收敛成立; 如果进一步假定二次连续可微, 那么就可以得到一致收敛. 这些结果都超出了本书的范围, 此处不予证明. 但是我们要证明一个关于何时可把 L^2 收敛加强为一致收敛的定理:

定理 16.5.3 *设 $f\in C(\mathbb{R}/\mathbb{Z};\mathbb{C})$, 并设级数 $\sum\limits_{n=-\infty}^{\infty}|\widehat{f}(n)|$ 绝对收敛. 那么级数 $\sum\limits_{n=-\infty}^{\infty}\widehat{f}(n)e_n$ 一致收敛到 f. 也就是说*

$$\lim_{N\to\infty}\|f-\sum_{n=-N}^{N}\widehat{f}(n)e_n\|_\infty=0.$$

证明 根据 Weierstrass M 判别法 (定理 14.5.7), $\sum\limits_{n=-\infty}^{\infty}\widehat{f}(n)e_n$ 一致收敛到某函数 F, 而且根据引理 16.1.5(iii), F 也是连续的并且是 $\mathbb{Z}$ 周期的. (严格地说, Weierstrass M 判别法说的是从 $n=1$ 到 $n=\infty$ 的级数, 但它对于从 $n=-\infty$ 到 $n=\infty$ 的级数也成立, 只要把双向无限的级数分成两段就可看出此事.) 于是

$$\lim_{N\to\infty}\|F-\sum_{n=-N}^{N}\widehat{f}(n)e_n\|_\infty=0,$$

这蕴含

$$\lim_{N\to\infty}\|F-\sum_{n=-N}^{N}\widehat{f}(n)e_n\|_2=0,$$

因为 L^2 范数总是小于或等于 L^∞ 范数的. 但根据 Fourier 定理, 序列 $\sum\limits_{n=-N}^{N}\widehat{f}(n)e_n$ 已然依 L^2 度量收敛到 f, 所以只有在 $F=f$ 的情况下它才能依 L^2 度量收敛到 F

(见命题 12.1.20). 于是 $F=f$, 从而

$$\lim_{N\to\infty}\|f-\sum_{n=-N}^{N}\widehat{f}(n)e_n\|_\infty=0.$$ ■

作为 Fourier 定理的一个推论, 我们得到

定理 16.5.4(Plancherel 定理) 对于任意的 $f\in C(\mathbb{R}/\mathbb{Z};\mathbb{C})$, 级数 $\sum\limits_{n=-\infty}^{\infty}|\widehat{f}(n)|^2$ 是绝对收敛的, 并且

$$\|f\|_2^2=\sum_{n=-\infty}^{\infty}|\widehat{f}(n)|^2.$$

这个定理也叫作 **Parseval 定理**.

证明 设 $\varepsilon>0$. 根据 Fourier 定理, 当 N 充分大 (依赖于 ε) 时,

$$\|f-\sum_{n=-N}^{N}\widehat{f}(n)e_n\|_2\leqslant\varepsilon.$$

由三角形不等式, 这蕴含着

$$\|f\|_2-\varepsilon\leqslant\|\sum_{n=-N}^{N}\widehat{f}(n)e_n\|_2\leqslant\|f\|_2+\varepsilon.$$

另一方面, 根据推论 16.3.6, 我们有

$$\left\|\sum_{n=-N}^{N}\widehat{f}(n)e_n\right\|_2=\left(\sum_{n=-N}^{N}|\widehat{f}(n)|^2\right)^{\frac{1}{2}},$$

从而

$$(\|f\|_2-\varepsilon)^2\leqslant\sum_{n=-N}^{N}|\widehat{f}(n)|^2\leqslant(\|f\|_2+\varepsilon)^2.$$

取上极限得

$$(\|f\|_2-\varepsilon)^2\leqslant\limsup_{N\to\infty}\sum_{n=-N}^{N}|\widehat{f}(n)|^2\leqslant(\|f\|_2+\varepsilon)^2.$$

由于 ε 是任意的, 所以根据挤压判别法得

$$\limsup_{N\to\infty}\sum_{n=-N}^{N}|\widehat{f}(n)|^2=\|f\|_2^2,$$

从而证得所要的结论. ■

Fourier 变换还有很多其他的性质, 但此处我们不再继续讨论了. 在习题中你将看到 Fourier 定理和 Plancherel 定理的一点应用.

习 题 16.5

16.5.1 设 f 是 $C(\mathbb{R}/\mathbb{Z};\mathbb{C})$ 中的函数, 定义 f 的**三角 Fourier 系数** a_n 和 $b_n(n=1,2,3,\cdots)$ 为

$$a_n := 2\int_{[0,1]} f(x)\cos(2\pi nx)\mathrm{d}x, \quad b_n := 2\int_{[0,1]} f(x)\sin(2\pi nx)\mathrm{d}x.$$

(a) 证明级数

$$\frac{1}{2}a_0 + \sum_{n=1}^{\infty}\left(a_n\cos(2\pi nx) + b_n\sin(2\pi nx)\right)$$

依 L^2 度量收敛到 f. (提示: 使用 Fourier 定理, 并把指数函数分成正弦和余弦两部分, 把正 n 的项与负 n 的项合起来.)

(b) 证明: 如果 $\sum\limits_{n=1}^{\infty} a_n$ 和 $\sum\limits_{n=1}^{\infty} b_n$ 是绝对收敛的, 那么上面的级数不仅依 L^2 度量收敛, 而且实际上是一致收敛到 f 的. (提示: 使用定理 16.5.3.)

16.5.2 设当 $x\in[0,1)$ 时 f 是函数 $f(x)=(1-2x)^2$, 并以 $\mathbb{Z}$ 周期延拓至全实轴.

(a) 使用习题 16.5.1, 证明: 级数

$$\frac{1}{3} + \sum_{n=1}^{\infty}\frac{4}{\pi^2 n^2}\cos(2\pi nx)$$

一致收敛到 f.

(b) 证明: $\sum\limits_{n=1}^{\infty}\frac{1}{n^2} = \frac{\pi^2}{6}$. (提示: 计算上面的级数在 $x=0$ 处的值.)

(c) 证明: $\sum\limits_{n=1}^{\infty}\frac{1}{n^4} = \frac{\pi^4}{90}$. (提示: 把余弦写成指数形式, 然后使用 Plancherel 定理.)

16.5.3 设 $f\in C(\mathbb{R}/\mathbb{Z};\mathbb{C})$, P 是三角多项式. 证明: 对一切整数 n

$$\widehat{f*P}(n) = \widehat{f}(n)c_n = \widehat{f}(n)\widehat{P}(n).$$

更一般地, 如果 $f,g\in C(\mathbb{R}/\mathbb{Z};\mathbb{C})$, 那么对一切整数 n,

$$\widehat{f*g}(n) = \widehat{f}(n)\widehat{g}(n).$$

(表述此事的奇特说法是, Fourier 变换把卷积与乘积缠结在一起.)

16.5.4 设 $f\in C(\mathbb{R}/\mathbb{Z};\mathbb{C})$ 是可微的, 而且它的导数 f' 还是连续的. 证明: f' 也属于 $C(\mathbb{R}/\mathbb{Z};\mathbb{C})$, 并且对于一切整数 n, $\widehat{f'}(n) = in\widehat{f}(n)$.

16.5.5 设 $f,g\in C(\mathbb{R}/\mathbb{Z};\mathbb{C})$. 证明 Parseval 等式

$$\Re\int_0^1 f(x)\overline{g(x)}\mathrm{d}x = \Re\sum_{n\in\mathbb{Z}}\widehat{f}(n)\overline{\widehat{g}(n)}.$$

(提示: 对于 $f+g$ 和 $f-g$ 使用 Plancherel 定理, 然后把两者相减.) 从而断定, 式中的实部可以去掉, 也就是说

$$\int_0^1 f(x)\overline{g(x)}\mathrm{d}x = \sum_{n\in\mathbb{Z}}\widehat{f}(n)\overline{\widehat{g}(n)}.$$

(提示: 把 f 换为 if 后使用第一个恒等式.)

16.5.6 此习题中, 我们对于以任意的固定的 L 为周期的函数建立 Fourier 级数的理论.

设 $L>0$, 并设 $f:\mathbb{R}\to\mathbb{C}$ 是连续的、L 周期的复值函数. 对于每个整数 n, 定义数

$$c_n := \frac{1}{L}\int_{[0,L]} f(x)\mathrm{e}^{-2\pi inx\frac{1}{L}}\,\mathrm{d}x.$$

(a) 证明: 级数

$$\sum_{n=-\infty}^{\infty} c_n\mathrm{e}^{2\pi inx\frac{1}{L}}$$

依 L^2 度量收敛到 f. 更准确地说, 证明:

$$\lim_{N\to\infty}\int_{[0,L]}\left|f(x)-\sum_{n=-N}^{N} c_n\mathrm{e}^{2\pi inx\frac{1}{L}}\right|^2\mathrm{d}x = 0.$$

(提示: 对函数 $f(Lx)$ 使用 Fourier 定理.)

(b) 证明: 如果级数 $\sum\limits_{n=-\infty}^{\infty}|c_n|$ 绝对收敛, 那么

$$\sum_{n=-\infty}^{\infty} c_n\mathrm{e}^{2\pi inx\frac{1}{L}}$$

一致收敛到 f.

(c) 证明

$$\frac{1}{L}\int_{[0,L]}|f(x)|^2\mathrm{d}x = \sum_{n=-\infty}^{\infty}|c_n|^2.$$

(提示: 对函数 $f(Lx)$ 使用 Plancherel 定理.)

第 17 章 多元微分学

§17.1 线性变换

我们现在转换到另一个主题, 即多元微积分中的微分学. 更准确地说, 我们要处理从一个欧几里得空间到另一个欧几里得空间的映射 $f:\mathbb{R}^n\to\mathbb{R}^m$, 并试图理解, 这种映射的导数 (derivative) 是什么.

但在开始之前, 我们需要线性代数中的一些概念, 其中最重要的是线性变换以及矩阵的概念. 此处我们做相当简要的叙述, 详细的处理可在任何一本线性代数的教材中找到.

定义 17.1.1(行向量) 设 $n\geqslant 1$ 是整数. 我们把 $\mathbb{R}^n$ 的元素叫作 $\boldsymbol{n}$ **维行向量**. 一个典型的 n 维行向量的写法是

$$\boldsymbol{x}=(x_1,\cdots,x_n),$$

并可简写作 $(x_i)_{1\leqslant i\leqslant n}$. 量 $x_1,\cdots,x_n$ 当然都是实数. 如果 $(x_i)_{1\leqslant i\leqslant n}$ 和 $(y_i)_{1\leqslant i\leqslant n}$ 都是 n 维行向量, 定义它们的**向量和**为

$$(x_i)_{1\leqslant i\leqslant n}+(y_i)_{1\leqslant i\leqslant n}:=(x_i+y_i)_{1\leqslant i\leqslant n};$$

而如果 $c\in\mathbb{R}$ 是标量, 定义**标量积**(scalar product) $c(x_i)_{1\leqslant i\leqslant n}$ 为

$$c(x_i)_{1\leqslant i\leqslant n}:=(cx_i)_{1\leqslant i\leqslant n}.$$

当然, 在 $\mathbb{R}^m$ 中也有类似的运算. 但是当 $n\neq m$ 时, 我们不定义 $\mathbb{R}^n$ 中的向量与 $\mathbb{R}^m$ 中的向量的加法运算 (例如, $(2,3,4)+(5,5)$ 是无定义的). 我们还把 $\mathbb{R}^n$ 中的向量 $(0,\cdots,0)$ 叫作**零向量**, 并且仍用 $\mathbf{0}$ 来表示. (严格地说, 我们应该把 $\mathbb{R}^n$ 的零向量记作 $\mathbf{0}_{\mathbb{R}^n}$, 因为对于不同的 n, 它们当然是彼此不同的, 而且它们也与数零不同, 但我们不在意这种区别). 我们把 $(-1)x$ 简写作 $-x$.

向量加法和标量乘法的运算遵从一系列算律:

引理 17.1.2($\mathbb{R}^n$ 是向量空间) *设$\boldsymbol{x},\boldsymbol{y},\boldsymbol{z}$是$\mathbb{R}^n$中的向量, 并设 c,d 是实数. 那么有*

加法交换律: $\boldsymbol{x}+\boldsymbol{y}=\boldsymbol{y}+\boldsymbol{x}$,

加法结合律: $(\boldsymbol{x}+\boldsymbol{y})+\boldsymbol{z}=\boldsymbol{x}+(\boldsymbol{y}+\boldsymbol{z})$,

加法恒等性：$\boldsymbol{x}+\boldsymbol{0}=\boldsymbol{0}+\boldsymbol{x}=\boldsymbol{x}$,

加法逆元性：$\boldsymbol{x}+(-\boldsymbol{x})=(-\boldsymbol{x})+\boldsymbol{x}=\boldsymbol{0}$,

数乘结合律：$(cd)\,x=c\,(dx)$,

分配律：$c\,(x+y)=cx+cy, \quad (c+d)\,x=cx+dx$,

数乘恒等式：$1x=x$.

证明 见习题 17.1.1. ■

定义 17.1.3(转置 (transpose)) 设 $(x_i)_{1\leqslant i\leqslant n}=(x_1,\cdots,x_n)$ 为 n 维行向量. 定义它的**转置**$(x_i)^{\mathrm{T}}_{1\leqslant i\leqslant n}$ 为

$$(x_i)^{\mathrm{T}}_{1\leqslant i\leqslant n}=(x_1,\cdots,x_n)^{\mathrm{T}}:=\begin{pmatrix} x_1\\ \vdots\\ x_n\end{pmatrix}.$$

我们把形如 $(x_i)^{\mathrm{T}}_{1\leqslant i\leqslant n}$ 的对象叫作 $\boldsymbol{n}$ **维列向量**.

注 17.1.4 行向量和列向量之间完全没有功能上的差别 (例如, 加法和标量乘法等, 对于列向量完全可类似行向量那样定义), 但是 (相当让人烦恼), 为了与矩阵乘法的规定相协调, 我们需要把行向量进行转置, 关于矩阵的乘法我们下面会看到. 注意, 我们把行向量和列向量看作是属于不同的空间的元素, 所以, 譬如说, 我们不定义行向量与列向量的和, 即使它们有同样的维数.

定义 17.1.5(标准基行向量) 我们把 $\mathbb{R}^n$ 中的 n 个特别的向量 $\boldsymbol{e}_1,\cdots,\boldsymbol{e}_n$ 叫作**标准基行向量**, 其中对于每个 $1\leqslant j\leqslant n$, $\boldsymbol{e}_j$ 是第 j 个分量为 1, 其他分量为 0 的向量.

例如, 在 $\mathbb{R}^3$ 中, $\boldsymbol{e}_1=(1,0,0)$, $\boldsymbol{e}_2=(0,1,0)$, $\boldsymbol{e}_3=(0,0,1)$. 注意, 如果 $\boldsymbol{x}=(x_j)_{1\leqslant j\leqslant n}$ 是 $\mathbb{R}^n$ 的一个向量, 那么

$$\boldsymbol{x}=x_1\boldsymbol{e}_1+\cdots+x_n\boldsymbol{e}_n=\sum_{j=1}^{n}x_j\boldsymbol{e}_j.$$

所以 $\mathbb{R}^n$ 中的每个向量都是标准基向量 $\boldsymbol{e}_1,\cdots,\boldsymbol{e}_n$ 的线性组合. (记号 $\sum\limits_{j=1}^{n}x_j\boldsymbol{e}_j$ 的意思是明确的, 因为向量加法运算既是交换的也是结合的). 当然, 恰如每个行向量都是标准基行向量的线性组合一样, 每个列向量也都是标准基列向量的线性组合:

$$\boldsymbol{x}^{\mathrm{T}}=x_1\boldsymbol{e}_1^{\mathrm{T}}+\cdots+x_n\boldsymbol{e}_n^{\mathrm{T}}=\sum_{j=1}^{n}x_j\boldsymbol{e}_j^{\mathrm{T}}.$$

有 (许多) 不同构作 $\mathbb{R}^n$ 的基的方法, 但这是线性代数课程的论题, 此处不予讨论.

定义 17.1.6(线性变换)　从欧几里得空间 $\mathbb{R}^n$ 到欧几里得空间 $\mathbb{R}^m$ 的函数 T, 如果满足下述两公理, 就叫作**线性变换**.

(a) (加性) 对于每两个 $\boldsymbol{x}, \boldsymbol{x}' \in \mathbb{R}^n$, 有 $T(\boldsymbol{x}+\boldsymbol{x}') = T\boldsymbol{x} + T\boldsymbol{x}'$.

(b) (齐性) 对于每个 $x \in \mathbb{R}^n$ 和每个 $c \in \mathbb{R}$, 有 $T(cx) = cTx$.

例 17.1.7　由 $T_1\boldsymbol{x} := 5\boldsymbol{x}$ 定义的**膨胀算子** $T_1 : \mathbb{R}^3 \to \mathbb{R}^3$ (即它把每个向量 $\boldsymbol{x}$ 膨胀 5 倍) 是线性变换, 因为

对于一切 $\boldsymbol{x}, \boldsymbol{x}' \in \mathbb{R}^3$, $5(\boldsymbol{x}+\boldsymbol{x}') = 5\boldsymbol{x} + 5\boldsymbol{x}'$;

对于一切 $\boldsymbol{x} \in \mathbb{R}^3$ 和一切 $c \in \mathbb{R}$, $5(c\boldsymbol{x}) = c(5\boldsymbol{x})$.

例 17.1.8　$\mathbb{R}^2$ 绕原点顺时针旋转 $\frac{\pi}{2}$ 弧度的**旋转变换** $T_2 : \mathbb{R}^2 \to \mathbb{R}^2$ (那么 $T_2(1,0) = (0,1)$, $T_2(0,1) = (-1,0)$, 等等) 是线性变换. 最好从几何而不从分析上来考察此变换.

例 17.1.9　由 $T_3(x,y,z) = (x,y)$ 定义的**投影算子** $T_3 : \mathbb{R}^3 \to \mathbb{R}^2$ 是线性变换 (为什么？). 由 $T_4(x,y) := (x,y,0)$ 定义的**嵌入算子** $T_4 : \mathbb{R}^2 \to \mathbb{R}^3$ 也是线性变换 (为什么？). 最后, 对于任意 n, 由 $I_n x := x$ 定义的**恒等算子** $I_n : \mathbb{R}^n \to \mathbb{R}^n$ 也是线性变换 (为什么？).

我们就要看到线性变换与矩阵之间的联系.

定义 17.1.10 (矩阵)　形如

$$\boldsymbol{A} = \begin{pmatrix} a_{11} & a_{12} & \cdots & a_{1n} \\ a_{21} & a_{22} & \cdots & a_{2n} \\ \vdots & \vdots & \ddots & \vdots \\ a_{m1} & a_{m2} & \cdots & a_{mn} \end{pmatrix}$$

的对象 $\boldsymbol{A}$ 叫作 $m \times n$ **矩阵**, 简写为

$$\boldsymbol{A} = \left(a_{ij}\right)_{1 \leqslant i \leqslant m; 1 \leqslant j \leqslant n}.$$

当然, n 维行向量是 $1 \times n$ 矩阵, 而 n 维列向量是 $n \times 1$ 矩阵.

定义 17.1.11 (矩阵乘积)　给定 $m \times n$ 矩阵 $\boldsymbol{A}$ 和 $n \times p$ 矩阵 $\boldsymbol{B}$, 定义**矩阵乘积** $\boldsymbol{AB}$ 为如下的 $m \times p$ 矩阵

$$\left(a_{ij}\right)_{1 \leqslant i \leqslant m; 1 \leqslant j \leqslant n} \left(b_{jk}\right)_{1 \leqslant j \leqslant n; 1 \leqslant k \leqslant p} := \left(\sum_{j=1}^{n} a_{ij} b_{jk}\right)_{1 \leqslant i \leqslant m; 1 \leqslant k \leqslant p}.$$

当然, 如果 $\boldsymbol{x}^{\mathrm{T}} = (x_i)^{\mathrm{T}}_{1 \leqslant j \leqslant n}$ 是 n 维列向量, 而 $\boldsymbol{A} = \left(a_{ij}\right)_{1 \leqslant i \leqslant m; 1 \leqslant j \leqslant n}$ 是 $m \times n$ 矩

阵, 那么 $\boldsymbol{A}\boldsymbol{x}^{\mathrm{T}}$ 是 m 维列向量:

$$\boldsymbol{A}\boldsymbol{x}^{\mathrm{T}} = \left(\sum_{j=1}^{n} a_{ij}x_j\right)^{\mathrm{T}}_{1\leqslant i\leqslant m}.$$

现在来把矩阵与线性变换联系起来. 设 $\boldsymbol{A}$ 是 $m\times n$ 矩阵, 我们用公式

$$(L_{\boldsymbol{A}}\boldsymbol{x})^{\mathrm{T}} := \boldsymbol{A}\boldsymbol{x}^{\mathrm{T}}.$$

来定义变换 $L_{\boldsymbol{A}}:\mathbb{R}^n\to\mathbb{R}^m$.

例 17.1.12 设 $\boldsymbol{A}$ 是矩阵

$$\boldsymbol{A} = \begin{pmatrix} 1 & 2 & 3 \\ 4 & 5 & 6 \end{pmatrix},$$

而 $\boldsymbol{x}=(x_1,x_2,x_3)$ 是三维行向量. 那么 $L_{\boldsymbol{A}}\boldsymbol{x}$ 是由下式定义的二维行向量

$$(L_{\boldsymbol{A}}\boldsymbol{x})^{\mathrm{T}} = \begin{pmatrix} 1 & 2 & 3 \\ 4 & 5 & 6 \end{pmatrix}\begin{pmatrix} x_1 \\ x_2 \\ x_3 \end{pmatrix} = \begin{pmatrix} x_1+2x_2+3x_3 \\ 4x_1+5x_2+6x_3 \end{pmatrix},$$

即

$$L_{\boldsymbol{A}}(x_1,x_2,x_3) = (x_1+2x_2+3x_3, 4x_1+5x_2+6x_3).$$

更一般地, 如果

$$\boldsymbol{A} = \begin{pmatrix} a_{11} & a_{12} & \cdots & a_{1n} \\ a_{21} & a_{22} & \cdots & a_{2n} \\ \vdots & \vdots & \ddots & \vdots \\ a_{m1} & a_{m2} & \cdots & a_{mn} \end{pmatrix},$$

那么有

$$L_{\boldsymbol{A}}(x_j)_{1\leqslant j\leqslant n} = \left(\sum_{j=1}^{n} a_{ij}x_j\right)_{1\leqslant i\leqslant m}.$$

对于任意的 $m\times n$ 矩阵 $\boldsymbol{A}$, 变换 $L_{\boldsymbol{A}}$ 自动地是线性的. 可以容易地验证, 对于任意的 n 维行向量 $\boldsymbol{x},\boldsymbol{y}$ 和任意的标量 c,

$$L_{\boldsymbol{A}}(\boldsymbol{x}+\boldsymbol{y}) = L_{\boldsymbol{A}}\boldsymbol{x}+L_{\boldsymbol{A}}\boldsymbol{y},\quad L_{\boldsymbol{A}}(c\boldsymbol{x}) = c(L_{\boldsymbol{A}}\boldsymbol{x}),$$

(为什么?)

或许令人惊奇的是, 反过来也是对的. 也就是说, 从 $\mathbb{R}^n$ 到 $\mathbb{R}^m$ 的每个线性变换都是由一个 $m\times n$ 矩阵给出的:

引理 17.1.13 设 $T:\mathbb{R}^n\to\mathbb{R}^m$ 是线性变换, 那么恰存在一个 $m\times n$ 矩阵 $\boldsymbol{A}$, 使得 $T=L_{\boldsymbol{A}}$.

证明 设 $T:\mathbb{R}^n\to\mathbb{R}^m$ 是线性变换. 设 $\boldsymbol{e}_1,\cdots,\boldsymbol{e}_n$ 是 $\mathbb{R}^n$ 的标准基行向量. 那么 $T\boldsymbol{e}_1,\cdots,T\boldsymbol{e}_n$ 是 $\mathbb{R}^m$ 中的向量. 对于每个 $1\leqslant j\leqslant n$, 我们把 $T\boldsymbol{e}_j$ 写成坐标形式

$$T\boldsymbol{e}_j=(a_{1j},\cdots,a_{mj})=(a_{ij})_{1\leqslant i\leqslant m},$$

即, 定义 a_{ij} 为 $T\boldsymbol{e}_j$ 的第 i 分量. 那么对于任意的 n 维行向量 $\boldsymbol{x}=(x_1,\cdots,x_n)$, 有

$$T\boldsymbol{x}=T\left(\sum_{j=1}^{n}x_j\boldsymbol{e}_j\right).$$

由于 T 是线性的, 那么

$$\begin{aligned}T\boldsymbol{x}&=\sum_{j=1}^{n}T(x_j\boldsymbol{e}_j)=\sum_{j=1}^{n}x_jT(\boldsymbol{e}_j)\\&=\sum_{j=1}^{n}x_j(a_{ij})_{1\leqslant i\leqslant m}=\sum_{j=1}^{n}(a_{ij}x_j)_{1\leqslant i\leqslant m}=\left(\sum_{j=1}^{n}a_{ij}x_j\right)_{1\leqslant i\leqslant m}.\end{aligned}$$

如果我们让 $\boldsymbol{A}$ 是矩阵

$$\boldsymbol{A}=(a_{ij})_{1\leqslant i\leqslant m;1\leqslant j\leqslant n},$$

那么上述向量就是 $L_{\boldsymbol{A}}\boldsymbol{x}$. 于是对于一切 n 维向量 $\boldsymbol{x}$, $T\boldsymbol{x}=L_{\boldsymbol{A}}\boldsymbol{x}$, 从而 $T=L_{\boldsymbol{A}}$.

现在我们证明 $\boldsymbol{A}$ 是唯一的, 即不存在任何与 $\boldsymbol{A}$ 不同的矩阵

$$\boldsymbol{B}=\begin{pmatrix}b_{11}&b_{12}&\cdots&b_{1n}\\b_{21}&b_{22}&\cdots&b_{2n}\\\vdots&\vdots&\ddots&\vdots\\b_{m1}&b_{m2}&\cdots&b_{mn}\end{pmatrix}$$

使得 $T=L_{\boldsymbol{B}}$. 假设不然, 那么 $L_{\boldsymbol{A}}=L_{\boldsymbol{B}}$. 当然, 对于每个 $1\leqslant j\leqslant n$, $L_{\boldsymbol{A}}\boldsymbol{e}_j=L_{\boldsymbol{B}}\boldsymbol{e}_j$. 但从 $L_{\boldsymbol{A}}$ 和 $L_{\boldsymbol{B}}$ 的定义我们看到

$$L_{\boldsymbol{A}}\boldsymbol{e}_j=(a_{ij})_{1\leqslant i\leqslant m},$$

$$L_{\boldsymbol{B}}\boldsymbol{e}_j=(b_{ij})_{1\leqslant i\leqslant m},$$

于是对于每个 $1\leqslant i\leqslant m$ 和 $1\leqslant j\leqslant n$, $a_{ij}=b_{ij}$, 于是 $\boldsymbol{A}$ 和 $\boldsymbol{B}$ 相等. ■

注 17.1.14 引理 17.1.13 建立了线性变换与矩阵之间的一一对应, 这也是矩阵在线性代数中是如此重要的一个基本原因. 那么可能会问, 为什么我们不只是处理矩阵就行了, 干吗不嫌麻烦地还要处理线性变换呢? 理由是这样的, 有时人们并不想在标准基 $e_1, \cdots, e_n$ 上工作, 代之而使用其他的基. 这时, 矩阵与线性变换之间的对应关系就要改变. 所以保持线性变换的概念与矩阵的概念相区别还是重要的. 关于此种有点微妙的事项的更详细的讨论可在任何一本线性代数课本中找到.

注 17.1.15 当 $T = L_{\boldsymbol{A}}$ 时, 也把 $\boldsymbol{A}$ 叫作 T 的**矩阵表示**, 有时记 $\boldsymbol{A} = [T]$. 但我们避免使用这个记号.

两个线性变换的复合仍是线性变换 (习题 17.1.2). 下面的引理表明线性变换的复合运算对应于矩阵的乘法.

引理 17.1.16 设 $\boldsymbol{A}$ 是 $m \times n$ 矩阵, 并设 $\boldsymbol{B}$ 是 $n \times p$ 矩阵. 那么

$$L_{\boldsymbol{A}} L_{\boldsymbol{B}} = L_{\boldsymbol{AB}}.$$

证明 见习题 17.1.3. ■

习 题 17.1

17.1.1 证明引理 17.1.2.

17.1.2 设 $T : \mathbb{R}^n \to \mathbb{R}^m$ 是线性变换, 而且 $S : \mathbb{R}^p \to \mathbb{R}^n$ 是线性变换. 证明: 由 $TS(x) := T(S(x))$ 定义的复合 $TS : \mathbb{R}^p \to \mathbb{R}^m$ 也是线性变换. (提示: 细心地把 $TS(x + y)$ 和 $TS(cx)$ 展开, 适当地使用括号.)

17.1.3 证明引理 17.1.16.

17.1.4 设 $T : \mathbb{R}^n \to \mathbb{R}^m$ 是线性变换. 证明: 存在数 $M > 0$, 使得对于一切 $\boldsymbol{x} \in \mathbb{R}^n$, $\|T\boldsymbol{x}\| \leqslant M\|\boldsymbol{x}\|$. (提示: 用引理 17.1.13 把 T 写成矩阵形式, 然后令 M 是此矩阵的一切元素的绝对值之和. 多用三角形不等式, 它比估计平方根之类的数要容易.) 由此断定, 从 $\mathbb{R}^n$ 到 $\mathbb{R}^m$ 的每个线性变换都是连续的.

§17.2 多元微分学中的导数

复习了线性代数的一些知识之后, 我们现在转向本章的主题, 即理解从欧几里得空间 $\mathbb{R}^n$ 到欧几里得空间 $\mathbb{R}^m$ 的函数 $f : \mathbb{R}^n \to \mathbb{R}^m$ 的微分.

例如, 如何对于由

$$f(x, y, z) = (xy, yz, xz, xyz)$$

定义的函数 $f : \mathbb{R}^3 \to \mathbb{R}^4$ 进行微分.

在单变量微积分理论中, 设有函数 $f: E \to \mathbb{R}$, 其中 E 是 $\mathbb{R}$ 的一个子集, 而点 $x_0 \in E$, 要对 f 在 x_0 处微分, 意思是求导数

$$f'(x_0) := \lim_{x \to x_0; x \in E \backslash \{x_0\}} \frac{f(x) - f(x_0)}{x - x_0}.$$

可能会想在多变元情形模仿这个定义, 此时 $f: E \to \mathbb{R}^m$, 其中 E 是 $\mathbb{R}^n$ 的子集合. 但这时我们遭遇到一个困难: 量 $f(x) - f(x_0)$ 属于 $\mathbb{R}^m$, 而 $x - x_0$ 属于 $\mathbb{R}^n$, 而我们不知道如何用一个 n 维向量去除一个 m 维向量.

为解决这个问题, 我们先重写 (一维情形的) 导数的概念, 使得不含向量除法. 办法是把在一点 x_0 处可微看作是断言函数 f 在 x_0 附近是 "近似线性" 的.

引理 17.2.1　*设 E 是 $\mathbb{R}$ 的子集, $f: E \to \mathbb{R}$ 是函数, $x_0 \in E$ 并且 $L \in \mathbb{R}$. 那么下述两命题是等价的.*

(a) *f 在 x_0 处可微且 $f'(x_0) = L$.*

(b) $\displaystyle\lim_{x \to x_0; x \in E \backslash \{x_0\}} \frac{|f(x) - (f(x_0) + L(x - x_0))|}{|x - x_0|} = 0.$

证明　见习题 17.2.1. ■

从上述引理我们看到, 导数 $f'(x_0)$ 可以被理解为数 L, 它使得当 x 趋于 x_0 时, 即使我们用很小的数 $|x - x_0| > 0$ 去除量 $|f(x) - \big(f(x_0) + L(x - x_0)\big)|$, 所得结果依然很小. 更不正式地说, 导数是量 L, 它使得有近似式

$$f(x) - f(x_0) \approx L(x - x_0).$$

这好像与通常的微分概念并没有多大差别, 但要点是, 我们不再明确地用 $x - x_0$ 去除. (我们依然用 $|x - x_0|$ 去除, 但这是可行的.) 当我们转向多变元情形 $f: E \to \mathbb{R}^m$, 其中 $E \subseteq \mathbb{R}^n$ 时, 应该仍然使导数是某个量 L, 它使得 $f(\boldsymbol{x}) - f(\boldsymbol{x}_0) \approx L(\boldsymbol{x} - \boldsymbol{x}_0)$. 但由于 $f(\boldsymbol{x}) - f(\boldsymbol{x}_0)$ 现在是 m 维向量而 $\boldsymbol{x} - \boldsymbol{x}_0$ 是 n 维向量, 再也不能指望 L 是一个标量 (scarlar), 我们要求 L 是一个线性变换. 精确地说:

定义 17.2.2(可微性)　设 E 是 $\mathbb{R}^n$ 的子集合, $f: E \to \mathbb{R}^m$ 是函数, $\boldsymbol{x}_0 \in E$, 并设 $L: \mathbb{R}^n \to \mathbb{R}^m$ 是线性变换. 如果

$$\lim_{\boldsymbol{x} \to \boldsymbol{x}_0; \boldsymbol{x} \in E \backslash \{\boldsymbol{x}_0\}} \frac{\|f(\boldsymbol{x}) - f(\boldsymbol{x}_0) - L(\boldsymbol{x} - \boldsymbol{x}_0)\|}{\|\boldsymbol{x} - \boldsymbol{x}_0\|} = 0,$$

那么就说 f **在 $\boldsymbol{x}_0$ 处可微**(differentiable), 具有**导数**(derivative) L. 这里 $\|\boldsymbol{x}\|$ 是 $\boldsymbol{x}$ (以 l^2 度量测量) 的长度:

$$\|(x_1, \cdots, x_n)\| = (x_1^2 + \cdots + x_n^2)^{\frac{1}{2}}.$$

例 17.2.3　设 $f: \mathbb{R}^2 \to \mathbb{R}^2$ 是映射 $f(x, y) := (x^2, y^2)$, 设 $\boldsymbol{x}_0$ 是点 $\boldsymbol{x}_0 := (1, 2)$, 并设 $L: \mathbb{R}^2 \to \mathbb{R}^2$ 是映射 $L(x, y) := (2x, 4y)$. 我们断言 f 在点 $\boldsymbol{x}_0$ 处可微, 具有导

数 L. 要证明此事, 我们计算

$$\lim_{(x,y)\to(1,2);(x,y)\neq(1,2)} \frac{\|f(x,y)-\big(f(1,2)+L((x,y)-(1,2))\big)\|}{\|(x,y)-(1,2)\|}.$$

作变量替换 $(x,y)=(1,2)+(a,b)$, 此式成为

$$\lim_{(a,b)\to(0,0);(a,b)\neq(0,0)} \frac{\|f(1+a,2+b)-(f(1,2)+L(a,b))\|}{\|(a,b)\|}.$$

把 f 和 L 的表达式代进去, 这就成为

$$\lim_{(a,b)\to(0,0);(a,b)\neq(0,0)} \frac{\|\big((1+a)^2,(2+b)^2\big)-(1,4)-(2a,4b)\|}{\|(a,b)\|},$$

它化简为

$$\lim_{(a,b)\to(0,0);(a,b)\neq(0,0)} \frac{\|(a^2,b^2)\|}{\|(a,b)\|}.$$

我们使用挤压判别法. 表达式 $\frac{\|(a^2,b^2)\|}{\|(a,b)\|}$ 显然不是负的. 另一方面, 根据三角形不等式, 有

$$\|(a^2,b^2)\| \leqslant \|(a^2,0)\|+\|(0,b^2)\| = a^2+b^2,$$

从而

$$\frac{\|(a^2,b^2)\|}{\|(a,b)\|} \leqslant \sqrt{a^2+b^2}.$$

由于当 $(a,b)\to\mathbf{0}$ 时 $\sqrt{a^2+b^2}\to 0$, 所以根据挤压判别法, 上述极限存在并等于 0. 于是 f 在 $\boldsymbol{x}_0$ 处可微, 导数为 L.

你已看到, 由定义验证函数的可微性可能是相当冗烦的事. 后面我们将找出验证可微性和计算导数的更好的方法.

在继续进行之前, 我们必须证明一个基本的事实, 那就是一个函数在它的定义域的任何**内点**处, 最多可以有一个导数:

引理 17.2.4(导数的唯一性) *设 E 是 $\mathbb{R}^n$ 的子集合, $f: E\to\mathbb{R}^m$ 是函数, $\boldsymbol{x}_0\in E$ 是 E 的内点, 并设 $L_1:\mathbb{R}^n\to\mathbb{R}^m$ 和 $L_2:\mathbb{R}^n\to\mathbb{R}^m$ 都是线性变换. 假设 f 在 $\boldsymbol{x}_0$ 处可微, 有导数 L_1, 并且也有导数 L_2, 那么 $L_1=L_2$.*

证明 见习题 17.2.2. ■

根据引理 17.2.4, 我们现在可以谈论 f 在内点 $\boldsymbol{x}_0$ 处的导数 (**the** derivative), 并记之为 $f'(\boldsymbol{x}_0)$. 于是 $f'(\boldsymbol{x}_0)$ 是从 $\mathbb{R}^n$ 到 $\mathbb{R}^m$ 的满足下式的唯一的线性变换

$$\lim_{\boldsymbol{x}\to\boldsymbol{x}_0;\boldsymbol{x}\neq\boldsymbol{x}_0} \frac{\|f(\boldsymbol{x})-\big(f(\boldsymbol{x}_0)+f'(\boldsymbol{x}_0)(\boldsymbol{x}-\boldsymbol{x}_0)\big)\|}{\|\boldsymbol{x}-\boldsymbol{x}_0\|}=0.$$

非正式地说, 这表示导数 $f'(\boldsymbol{x}_0)$ 是满足下式的线性变换

$$f(\boldsymbol{x})-f(\boldsymbol{x}_0)\approx f'(\boldsymbol{x}_0)(\boldsymbol{x}-\boldsymbol{x}_0),$$

也就是

$$f(\boldsymbol{x})\approx f(\boldsymbol{x}_0)+f'(\boldsymbol{x}_0)(\boldsymbol{x}-\boldsymbol{x}_0)$$

(这就是著名的 Newton 近似, 与命题 10.1.7 比照).

引理 17.2.4 的另一个结果是, 如果你知道对于一切 $\boldsymbol{x}\in E$, $f(\boldsymbol{x})=g(\boldsymbol{x})$, 并且 f,g 都在 $\boldsymbol{x}_0$ 处可微, 那么你也就知道当 $\boldsymbol{x}_0$ 是内点时 $f'(\boldsymbol{x}_0)=g'(\boldsymbol{x}_0)$. 但当 $\boldsymbol{x}_0$ 不是内点时此事未必成立. 例如, 当 E 是单点集 $\{\boldsymbol{x}_0\}$ 时, 只知道 $f(\boldsymbol{x}_0)=g(\boldsymbol{x}_0)$ 并不蕴含 $f'(\boldsymbol{x}_0)=g'(\boldsymbol{x}_0)$. 我们不考虑这种边界情形, 而只计算在定义域的内点处的导数.

有时我们也把 f' 叫作 f 的**全导数**, 以区别于下面介绍的偏导数和方向导数. 全导数 f' 也与下一节介绍的**导数矩阵 $\boldsymbol{D}f$** 有紧密的联系.

习 题 17.2

17.2.1 证明引理 17.2.1.

17.2.2 证明引理 17.2.4. (提示: 用反证法证. 如果 $L_1\neq L_2$, 那么存在向量 $\boldsymbol{v}$ 使 $L_1\boldsymbol{v}\neq L_2\boldsymbol{v}$, 这个向量必定不是零向量 (为什么?). 再使用导数的定义, 并专门用于 $\boldsymbol{x}=\boldsymbol{x}_0+t\boldsymbol{v}$ 的情形, 其中 t 是某个数, 来得出矛盾.)

§17.3 偏导数和方向导数

我们现在来介绍偏导数和方向导数的概念, 并将它们与可微性的概念联系起来.

定义 17.3.1(方向导数) 设 E 是 $\mathbb{R}^n$ 的子集合, $f:E\to\mathbb{R}^m$ 是函数, 设 $\boldsymbol{x}_0$ 是 E 的内点. 并设 $\boldsymbol{v}$ 是 $\mathbb{R}^n$ 中的非零向量. 如果极限

$$\lim_{t\to 0;t>0,\boldsymbol{x}_0+t\boldsymbol{v}\in E}\frac{f(\boldsymbol{x}_0+t\boldsymbol{v})-f(\boldsymbol{x}_0)}{t}$$

存在, 则说 f **在 $\boldsymbol{x}_0$ 处沿方向 $\boldsymbol{v}$ 可微**, 并把上面的极限记作 $\boldsymbol{D}_{\boldsymbol{v}}f(\boldsymbol{x}_0)$:

$$\boldsymbol{D}_{\boldsymbol{v}}f(\boldsymbol{x}_0):=\lim_{t\to 0;t>0}\frac{f(\boldsymbol{x}_0+t\boldsymbol{v})-f(\boldsymbol{x}_0)}{t}.$$

注 17.3.2 应把此定义与定义 17.2.2 进行比较. 注意, 我们是用一个标量 t 来除而不是用向量来除, 所以这个定义是有意义的, 而 $\boldsymbol{D}_{\boldsymbol{v}}f(x_0)$ 是 $\mathbb{R}^m$ 中的向量. 有

时也可能在 E 的边界点处定义方向导数, 当然向量要指向 "向内" 的方向 (这推广了单变元微分学中的左导数和右导数的概念), 但此处我们不探讨这些事情.

例 17.3.3 若 $f:\mathbb{R}\to\mathbb{R}$ 是函数, 则 $\boldsymbol{D}_{+1}f(x)$ 与 f 在 x 处的右导数 (如果存在的话) 是一样的, 而 $\boldsymbol{D}_{-1}f(x)$ 与 f 在 x 处的左导数 (如果存在的话) 是一样的.

例 17.3.4 设 $f:\mathbb{R}^2\to\mathbb{R}^2$ 是前面定义过的函数 $f(x,y):=(x^2,y^2)$. 设 $\boldsymbol{x}_0:=(1,2)$, $\boldsymbol{v}:=(3,4)$. 那么

$$\begin{aligned}\boldsymbol{D}_{\boldsymbol{v}}f(x_0) &= \lim_{t\to 0;t>0}\frac{f(1+3t,2+4t)-f(1,2)}{t}\\ &= \lim_{t\to 0;t>0}\frac{(1+6t+9t^2,4+16t+16t^2)-(1,4)}{t}\\ &= \lim_{t\to 0;t>0}(6+9t,16+16t)=(6,16).\end{aligned}$$

方向导数与全导数的联系如下:

引理 17.3.5 *设 E 是 $\mathbb{R}^n$ 的子集合, $f:E\to\mathbb{R}^m$ 是函数, $\boldsymbol{x}_0$ 是 E 的内点, 并设 $\boldsymbol{v}$ 是 $\mathbb{R}^n$ 中的非零向量. 如果 f 在 $\boldsymbol{x}_0$ 处可微, 则 f 在 $\boldsymbol{x}_0$ 处沿方向 $\boldsymbol{v}$ 也可微, 并且*

$$(\boldsymbol{D}_{\boldsymbol{v}}f(\boldsymbol{x}_0))^{\mathrm{T}}=f'(\boldsymbol{x}_0)\boldsymbol{v}^{\mathrm{T}}.$$

证明 见习题 17.3.1. ■

注 17.3.6 此引理的一个结果是全可微性蕴含方向可微性, 但反过来是不对的, 见习题 17.3.3.

偏导数的概念是与方向导数的概念紧密相关的.

定义 17.3.7(偏导数) 设 E 是 $\mathbb{R}^n$ 的子集合, $f:E\to\mathbb{R}^m$ 是函数, 设 $\boldsymbol{x}_0$ 是 E 的内点, 并设 $1\leqslant j\leqslant m$. 那么 f **在 $\boldsymbol{x}_0$ 处关于变元 $\boldsymbol{x}_j$ 的偏导数**记作 $\frac{\partial f}{\partial x_j}(\boldsymbol{x}_0)$, 它的定义是

$$\frac{\partial f}{\partial x_j}(\boldsymbol{x}_0):=\lim_{t\to 0;t\neq 0,\boldsymbol{x}_0+t\boldsymbol{e}_j\in E}\frac{f(\boldsymbol{x}_0+t\boldsymbol{e}_j)-f(\boldsymbol{x}_0)}{t}=\frac{\mathrm{d}}{\mathrm{d}t}f(\boldsymbol{x}_0+t\boldsymbol{e}_j)|_{t=0},$$

当然, 前提是此极限存在. (如果此极限不存在, 就说 $\frac{\partial f}{\partial x_j}(\boldsymbol{x}_0)$ 不存在.)

非正式地说, 关于变元 x_j 的偏导数可以用这样的办法得到: 保持除 x_j 以外的各变元固定, 然后把函数看成是关于 x_j 的单变元函数, 而求其导数. 注意, 如果 f 在 $\mathbb{R}^m$ 中取值, 则 $\frac{\partial f}{\partial x_j}$ 也在 $\mathbb{R}^m$ 中取值. 确实, 如果我们用分量的形式写出 $f=(f_1,\cdots,f_m)$, 那么容易看到 (为什么?)

$$\frac{\partial f}{\partial x_j}(\boldsymbol{x}_0)=\left(\frac{\partial f_1}{\partial x_j}(\boldsymbol{x}_0),\cdots,\frac{\partial f_m}{\partial x_j}(\boldsymbol{x}_0)\right),$$

也就是说, 对于一个向量值函数求导数, 恰恰就是分别对于每个分量求导数.

有时我们用其他的符号代替 $\frac{\partial f}{\partial x_j}$ 中的变元 x_j. 例如, 当我们处理函数 $f(x,y)=(x^2,y^2)$ 时, 可以用 $\frac{\partial f}{\partial x}$ 代替 $\frac{\partial f}{\partial x_1}$, 用 $\frac{\partial f}{\partial y}$ 代替 $\frac{\partial f}{\partial x_2}$. (在这种情况下, $\frac{\partial f}{\partial x}(x,y)=(2x,0)$, $\frac{\partial f}{\partial y}(x,y)=(0,2y)$). 但是必须注意, 只有在绝对清楚哪个符号代表第一个变元, 哪个符号代表第二个变元 …… 时, 才可以重新标写各变元, 否则很可能引起意外的混淆. 例如, 在上面的例中, 表达式 $\frac{\partial f}{\partial x}(x,x)$ 恰恰是 $(2x,0)$, 但是很可能误算为

$$\frac{\partial f}{\partial x}(x,x)=\frac{\partial}{\partial x}(x^2,x^2)=(2x,2x);$$

这里, 问题在于符号 x 不仅仅表示 f 的第一个变元. (另一方面, $\frac{\mathrm{d}}{\mathrm{d}x}f(x,x)$ 等于 $(2x,2x)$ 确实成立, 所以全微分运算 $\frac{\mathrm{d}}{\mathrm{d}x}$ 与偏微分运算 $\frac{\partial}{\partial x}$ 不是一回事.)

从引理 17.3.5 我们知道, 如果函数 f 在一点 $\boldsymbol{x}_0$ 处可微, 那么在 $\boldsymbol{x}_0$ 处一切偏导数 $\frac{\partial f}{\partial x_j}$ 都存在, 并且

$$\frac{\partial f}{\partial x_j}(\boldsymbol{x}_0)=f'(\boldsymbol{x}_0)\boldsymbol{e}_j.$$

还有, 如果 $\boldsymbol{v}=(v_1,\cdots,v_n)=\sum_{j=1}^{n}v_j\boldsymbol{e}_j$, 那么 (由于 $f'(\boldsymbol{x}_0)$ 是线性的)

$$\boldsymbol{D_v}f(\boldsymbol{x}_0)=f'(\boldsymbol{x}_0)\sum_{j=1}^{n}v_j\boldsymbol{e}_j=\sum_{j=1}^{n}v_jf'(\boldsymbol{x}_0)\boldsymbol{e}_j,$$

从而

$$\boldsymbol{D_v}f(\boldsymbol{x}_0)=\sum_{j=1}^{n}v_j\frac{\partial f}{\partial x_j}(\boldsymbol{x}_0).$$

于是, 只要函数在 $\boldsymbol{x}_0$ 点处确实可微, 就可以把方向导数通过偏导数表达出来.

只知道在点 $\boldsymbol{x}_0$ 处偏导数存在, 还不能断定函数在此点可微 (习题 17.3.3). 但是, 如果知道偏导数不仅存在而且连续, 那么我们确实就可以断定可微性, 这是根据下面的很灵的定理.

定理 17.3.8　设 E 是 $\mathbb{R}^n$ 的子集合, $f:E\to\mathbb{R}^m$ 是函数, F 是 E 的子集合, 并且 $\boldsymbol{x}_0$ 是 F 的内点. 如果在 F 上一切偏导数 $\frac{\partial f}{\partial x_j}$ 都存在并且在 $\boldsymbol{x}_0$ 处连续, 那么 f 在 x_0 处可微, 而且线性变换 $f'(\boldsymbol{x}_0):\mathbb{R}^n\to\mathbb{R}^m$ 由下式确定:

$$f'(\boldsymbol{x}_0)(v_j)_{1\leqslant j\leqslant n}=\sum_{j=1}^{n}v_j\frac{\partial f}{\partial x_j}(\boldsymbol{x}_0).$$

证明　设 $L:\mathbb{R}^n\to\mathbb{R}^m+$ 是线性变换

$$L(v_j)_{1\leqslant j\leqslant n}=\sum_{j=1}^{n}v_j\frac{\partial f}{\partial x_j}(\boldsymbol{x}_0).$$

我们必须证明

$$\lim_{\boldsymbol{x}\to\boldsymbol{x}_0;\boldsymbol{x}\in E\setminus\{\boldsymbol{x}_0\}}\frac{\|f(\boldsymbol{x})-(f(\boldsymbol{x}_0)+L(\boldsymbol{x}-\boldsymbol{x}_0))\|}{\|\boldsymbol{x}-\boldsymbol{x}_0\|}=0.$$

设 $\varepsilon>0$. 只要能找到半径 $\delta>0$, 使得对于一切 $\boldsymbol{x}\in B(\boldsymbol{x}_0,\delta)\setminus\{\boldsymbol{x}_0\}$ 有

$$\frac{\|f(\boldsymbol{x})-(f(\boldsymbol{x}_0)+L(\boldsymbol{x}-\boldsymbol{x}_0))\|}{\|\boldsymbol{x}-\boldsymbol{x}_0\|}\leqslant\varepsilon$$

就可以了. 等价地, 我们希望证明, 对于一切 $\boldsymbol{x}\in B(\boldsymbol{x}_0,\delta)\setminus\{\boldsymbol{x}_0\}$

$$\|f(\boldsymbol{x})-f(\boldsymbol{x}_0)-L(\boldsymbol{x}-\boldsymbol{x}_0)\|\leqslant\varepsilon\|\boldsymbol{x}-\boldsymbol{x}_0\|.$$

由于 $\boldsymbol{x}_0$ 是 F 的内点, 所以存在球 $B(\boldsymbol{x}_0,r)$ 完全包含在 F 内. 由于每个偏导数 $\frac{\partial f}{\partial x_j}$ 都在 F 上存在并且在 $\boldsymbol{x}_0$ 处连续, 所以存在 $0<\delta_j<r$ 使得对于一切 $\boldsymbol{x}\in B(\boldsymbol{x}_0,\delta_j)$ 有

$$\left\|\frac{\partial f}{\partial x_j}(\boldsymbol{x})-\frac{\partial f}{\partial x_j}(\boldsymbol{x}_0)\right\|\leqslant\frac{\varepsilon}{nm}.$$

如果我们取 $\delta=\min(\delta_1,\cdots,\delta_n)$, 那么对任何 $x\in B(x_0,\delta)$ 和任何 $1\leqslant j\leqslant n$, 有

$$\left\|\frac{\partial f}{\partial x_j}(\boldsymbol{x})-\frac{\partial f}{\partial x_j}(\boldsymbol{x}_0)\right\|\leqslant\frac{\varepsilon}{nm}$$

设 $\boldsymbol{x}\in B(\boldsymbol{x}_0,\delta)$. 写 $\boldsymbol{x}=\boldsymbol{x}_0+v_1\boldsymbol{e}_1+\cdots+v_n\boldsymbol{e}_n$, 其中 $v_1,\cdots,v_n$ 是实数. 注意

$$\|\boldsymbol{x}-\boldsymbol{x}_0\|=\sqrt{v_1^2+\cdots+v_n^2},$$

从而对于一切 $1\leqslant j\leqslant n$, $|v_j|\leqslant\|\boldsymbol{x}-\boldsymbol{x}_0\|$, 我们的任务是证明

$$\|f(\boldsymbol{x}_0+v_1\boldsymbol{e}_1+\cdots+v_n\boldsymbol{e}_n)-f(\boldsymbol{x}_0)-\sum_{j=1}^n v_j\frac{\partial f}{\partial x_j}(\boldsymbol{x}_0)\|\leqslant\varepsilon\|\boldsymbol{x}-\boldsymbol{x}_0\|.$$

把 f 写成分量形式 $f=(f_1,\cdots,f_m)$ (于是每个 f_i 是从 E 到 $\mathbb{R}$ 的函数). 根据关于 x_1 的中值定理, 我们看到

$$f_i(\boldsymbol{x}_0+v_1\boldsymbol{e}_1)-f_i(\boldsymbol{x}_0)=\frac{\partial f_i}{\partial x_1}(\boldsymbol{x}_0+t_i\boldsymbol{e}_1)v_1,$$

其中 t_i 是介于 0 和 v_1 之间的实数. 但是

$$\left\|\frac{\partial f_i}{\partial x_j}(\boldsymbol{x}_0+t_i\boldsymbol{e}_1)-\frac{\partial f_i}{\partial x_j}(\boldsymbol{x}_0)\right\|\leqslant\left\|\frac{\partial f}{\partial x_j}(\boldsymbol{x}_0+t_i\boldsymbol{e}_1)-\frac{\partial f}{\partial x_j}(\boldsymbol{x}_0)\right\|\leqslant\frac{\varepsilon}{nm},$$

从而

$$\left\|f_i(\boldsymbol{x}_0+v_1\boldsymbol{e}_1)-f_i(\boldsymbol{x}_0)-\frac{\partial f_i}{\partial x_1}(\boldsymbol{x}_0)v_1\right\|\leqslant\frac{\varepsilon|v_1|}{nm},$$

将此式对于一切 $1 \leqslant i \leqslant m$ 相加 (并注意, 根据三角形不等式, 有 $\|(y_1, \cdots, y_m)\| \leqslant |y_1| + \cdots + |y_m|$) 得

$$\|f(\boldsymbol{x}_0 + v_1\boldsymbol{e}_1) - f(\boldsymbol{x}_0) - \frac{\partial f}{\partial x_1}(\boldsymbol{x}_0)v_1\| \leqslant \varepsilon\frac{|v_1|}{n}.$$

又因为 $|v_1| \leqslant \|\boldsymbol{x} - \boldsymbol{x}_0\|$, 所以

$$\|f(\boldsymbol{x}_0 + v_1\boldsymbol{e}_1) - f(\boldsymbol{x}_0) - \frac{\partial f}{\partial x_1}(\boldsymbol{x}_0)v_1\| \leqslant \frac{1}{n}\,\varepsilon\,\|\boldsymbol{x} - \boldsymbol{x}_0\|.$$

类似的论证给出

$$\|f(\boldsymbol{x}_0 + v_1\boldsymbol{e}_1 + v_2\boldsymbol{e}_2) - f(\boldsymbol{x}_0 + v_1\boldsymbol{e}_1) - \frac{\partial f}{\partial x_2}(\boldsymbol{x}_0)v_2\| \leqslant \frac{1}{n}\,\varepsilon\,\|\boldsymbol{x} - \boldsymbol{x}_0\|,$$

继续下去, 直到

$$\|f(\boldsymbol{x}_0+v_1\boldsymbol{e}_1+\cdots+v_n\boldsymbol{e}_n)-f(\boldsymbol{x}_0+v_1\boldsymbol{e}_1+\cdots+v_{n-1}\boldsymbol{e}_{n-1})-\frac{\partial f}{\partial x_n}(\boldsymbol{x}_0)v_n\| \leqslant \frac{1}{n}\,\varepsilon\,\|\boldsymbol{x}-\boldsymbol{x}_0\|,$$

把这 n 个不等式加起来并使用三角形不等式 $\|x + y\| \leqslant \|x\| + \|y\|$, 就得到一个嵌套级数, 可化简成

$$\|f(\boldsymbol{x}_0 + v_1\boldsymbol{e}_1 + \cdots + v_n\boldsymbol{e}_n) - f(\boldsymbol{x}_0) - \sum_{j=1}^{n}\frac{\partial f}{\partial x_j}(\boldsymbol{x}_0)v_j\| \leqslant \varepsilon\,\|\boldsymbol{x} - \boldsymbol{x}_0\|.$$ ■

从定理 17.3.8 和引理 17.3.5 我们看到, 如果函数 $f : E \to \mathbb{R}^m$ 在 E 的某子集合 F 上有连续的偏导数, 那么在 F 的每个内点 $\boldsymbol{x}_0$ 处, 一切方向导数都存在, 并且有公式

$$D_{(v_1,\cdots,v_n)}f(\boldsymbol{x}_0) = \sum_{j=1}^{n} v_j\,\frac{\partial f}{\partial x_j}(\boldsymbol{x}_0).$$

在 $m = 1$ 的特殊情形, 若 $f : E \to \mathbb{R}$ 是实值函数, 我们定义 f 在 $\boldsymbol{x}_0$ 处的**梯度**$\nabla f(\boldsymbol{x}_0) = \left(\frac{\partial f}{\partial x_1}(\boldsymbol{x}_0), \cdots, \frac{\partial f}{\partial x_n}(\boldsymbol{x}_0)\right)$, 它是 n 维行向量. 那么只要 $\boldsymbol{x}_0$ 是定义域的内点, 而且在 $\boldsymbol{x}_0$ 附近偏导数都存在并且在 $\boldsymbol{x}_0$ 处连续①, 我们就有熟知的公式

$$\boldsymbol{D}_{\boldsymbol{v}}f(\boldsymbol{x}_0) = \boldsymbol{v} \cdot \nabla f(\boldsymbol{x}_0).$$

更一般地, 如果 $f : E \to \mathbb{R}^m$ 是在 $\mathbb{R}^m$ 中取值的函数, 具有分量形式 $f = (f_1, \cdots, f_m)$, 而 $\boldsymbol{x}_0$ 是 E 的内点, 在 $\boldsymbol{x}_0$ 的一个邻域中 f 的偏导数都存在并且连续, 那么根据定理 17.3.8, 有②

$$f'(\boldsymbol{x}_0)(v_j)_{1\leqslant j\leqslant n} = \sum_{j=1}^{n} v_j\,\frac{\partial f}{\partial x_j}(\boldsymbol{x}_0) = \left(\sum_{j=1}^{n} v_j\,\frac{\partial f_i}{\partial x_j}(\boldsymbol{x}_0)\right)_{1\leqslant i\leqslant m}.$$

① 这时 $\nabla f(\boldsymbol{x}_0)$ 就是 $f'(\boldsymbol{x}_0)$. —— 译者注

② 按定理 17.3.8, $f'(\boldsymbol{x}_0)$ 看作线性变换, 下面的式子不理解为矩阵乘法. —— 译者注

我们可以把此式重写为

$$L_{\boldsymbol{D}f(\boldsymbol{x}_0)}(v_j)_{1\leqslant j\leqslant n},$$

其中 $\boldsymbol{D}f(\boldsymbol{x}_0)$(就是 $f'(\boldsymbol{x}_0)$) 是 $m\times n$ 矩阵

$$\begin{aligned}\boldsymbol{D}f(\boldsymbol{x}_0):\ &= \left(\frac{\partial f_i}{\partial x_j}(\boldsymbol{x}_0)\right)_{1\leqslant i\leqslant m;1\leqslant j\leqslant n}\\ &= \begin{pmatrix} \frac{\partial f_1}{\partial x_1}(\boldsymbol{x}_0) & \cdots & \frac{\partial f_1}{\partial x_n}(\boldsymbol{x}_0)\\ \vdots & \ddots & \vdots \\ \frac{\partial f_m}{\partial x_1}(\boldsymbol{x}_0) & \cdots & \frac{\partial f_m}{\partial x_n}(\boldsymbol{x}_0)\end{pmatrix}.\end{aligned}$$

于是我们有[①]

$$(\boldsymbol{D}_{\boldsymbol{v}}f(\boldsymbol{x}_0))^{\mathrm{T}} = (f'(\boldsymbol{x}_0)\boldsymbol{v})^{\mathrm{T}} = \boldsymbol{D}f(\boldsymbol{x}_0)\boldsymbol{v}^{\mathrm{T}}.$$

矩阵 $\boldsymbol{D}f(\boldsymbol{x}_0)$ 也叫作 f 在 $\boldsymbol{x}_0$ 处的**导数矩阵**或**微分矩阵**, 它紧密联系于全导数 $f'(\boldsymbol{x}_0)$. 也可以把 $\boldsymbol{D}f$ 写成

$$\boldsymbol{D}f(\boldsymbol{x}_0) = \left(\left(\frac{\partial f}{\partial x_1}(\boldsymbol{x}_0)\right)^{\mathrm{T}},\cdots,\left(\frac{\partial f}{\partial x_n}(\boldsymbol{x}_0)\right)^{\mathrm{T}}\right),$$

即, $\boldsymbol{D}f(\boldsymbol{x}_0)$ 的每一列是 f 的一个表示成列向量的偏导数, 或者也可以写

$$\boldsymbol{D}f(\boldsymbol{x}_0) = \begin{pmatrix}\nabla f_1(\boldsymbol{x}_0)\\ \vdots \\ \nabla f_m(\boldsymbol{x}_0)\end{pmatrix},$$

即, $\boldsymbol{D}f(\boldsymbol{x}_0)$ 的行是 f 的各分量的梯度. 当然, 如果 f 是标量值函数 (即 $m=1$), 则 $\boldsymbol{D}f$ 与 ∇f 为同物.

例 17.3.9 设 $f:\mathbb{R}^2\to\mathbb{R}^2$ 是函数 $f(x,y)=(x^2+xy,\,y^2)$. 那么

$$\frac{\partial f}{\partial x} = (2x+y,\,0),\quad \frac{\partial f}{\partial y} = (x,\,2y).$$

由于这些偏导数都在 $\mathbb{R}^2$ 上连续, 我们看到 f 在整个 $\mathbb{R}^2$ 上可微, 而且

$$\boldsymbol{D}f(x,y) = \begin{pmatrix}2x+y & x\\ 0 & 2y\end{pmatrix}.$$

于是, 作为例子, 沿 (v,w) 方向的方向导数是

$$\boldsymbol{D}_{(v,w)}f(x,y) = ((2x+y)v+xw,\,2yw).$$

① $f'(\boldsymbol{x}_0)\boldsymbol{v}$ 中的 $f'(\boldsymbol{x}_0)$ 看作线性变换, 而不看作矩阵. —— 译者注

习 题 17.3

17.3.1 证明引理 17.3.5. (这与习题 17.1.3 类似).

17.3.2 设 E 是 $\mathbb{R}^n$ 的子集合, $f: E \to \mathbb{R}^m$ 是函数, $\boldsymbol{x}_0$ 是 E 的内点, $1 \leqslant j \leqslant n$. 证明 $\frac{\partial f}{\partial x_j}(\boldsymbol{x}_0)$ 存在的充分必要条件是 $\boldsymbol{D}_{e_j} f(\boldsymbol{x}_0)$ 和 $\boldsymbol{D}_{-e_j} f(x_0)$ 存在并且相反 (即 $\boldsymbol{D}_{e_j} f(\boldsymbol{x}_0) = -\boldsymbol{D}_{-e_j} f(\boldsymbol{x}_0)$), 而此时 $\frac{\partial f}{\partial x_j}(\boldsymbol{x}_0) = \boldsymbol{D}_{e_j} f(\boldsymbol{x}_0)$.

17.3.3 设 $f: \mathbb{R}^2 \to \mathbb{R}$ 是函数, 如下定义

$$f(x,y) := \begin{cases} \frac{x^3}{x^2+y^2}, & \text{当}(x,y) \neq (0,0), \\ 0, & \text{当}(x,y) = (0,0). \end{cases}$$

证明: 尽管 f 在 $(0,0)$ 处沿每个方向 $\boldsymbol{v} \in \mathbb{R}^2$ $(\boldsymbol{v} \neq 0)$ 都是可微的, 它在 $(0,0)$ 处却不是可微的. 解释为何此事与定理 17.3.8 并不矛盾.

17.3.4 设 $f: \mathbb{R}^n \to \mathbb{R}^m$ 是可微函数, 而且对于一切 $\boldsymbol{x} \in \mathbb{R}^n$, $f'(\boldsymbol{x}) = 0$. 证明 f 是常数.(提示: 可以使用单变元函数的中值定理或微积分基本定理, 但要记住, 不存在这些定理对于多元函数的直接类比. 我不建议从定义开始.) 作为一个更酷的挑战, 把定义域 $\mathbb{R}^n$ 换为 $\mathbb{R}^n$ 的开的连通子集合 Ω.

§17.4 多元微分链法则

现在我们来叙述多元微分链法则. 回忆一下, 如果 $f: X \to Y$, $g: Y \to Z$ 是两个函数, 那么复合 $g \circ f: X \to Z$ 的定义是

$$g \circ f(x) := g(f(x)),\ x \in X.$$

定理 17.4.1(多元微分链法则) 设 E 是 $\mathbb{R}^n$ 的子集合, F 是 $\mathbb{R}^m$ 的子集合. 设 $f: E \to F$ 是函数, $g: F \to \mathbb{R}^p$ 是另一个函数. 设 $\boldsymbol{x}_0$ 是 E 的内点. 假设 f 在点 $\boldsymbol{x}_0$ 处可微, 并且 $f(\boldsymbol{x}_0)$ 是 F 的内点. 还假设 g 在点 $f(\boldsymbol{x}_0)$ 处可微. 那么 $g \circ f: E \to \mathbb{R}^p$ 也在 $\boldsymbol{x}_0$ 处可微, 并且有公式

$$(g \circ f)'(\boldsymbol{x}_0) = g'(f(\boldsymbol{x}_0)) f'(\boldsymbol{x}_0).$$

证明 见习题 17.4.3. ■

应该把这个定理与单变元的链法则 (定理 10.1.15) 进行比较, 确实可以容易地把单变元法则归结为多变元法则的一个结果.

直观上, 可以如下来想象多元链法则. 让 $\boldsymbol{x}$ 接近 $\boldsymbol{x}_0$, 那么 Newton 近似断言

$$f(\boldsymbol{x}) - f(\boldsymbol{x}_0) \approx f'(\boldsymbol{x}_0)(\boldsymbol{x} - \boldsymbol{x}_0),$$

从而 $f(\boldsymbol{x})$ 接近 $f(\boldsymbol{x}_0)$. 由于 g 在 $f(\boldsymbol{x}_0)$ 处可微, 再次根据 Newton 近似, 得

$$g(f(\boldsymbol{x})) - g(f(\boldsymbol{x}_0)) \approx g'(f(\boldsymbol{x}_0))(f(\boldsymbol{x}) - f(\boldsymbol{x}_0)).$$

把两式合起来就得到

$$g \circ f(\boldsymbol{x}) - g \circ f(\boldsymbol{x}_0) \approx g'(f(\boldsymbol{x}_0))f'(\boldsymbol{x}_0)(\boldsymbol{x} - \boldsymbol{x}_0),$$

这就给出 $(g \circ f)'(\boldsymbol{x}_0) = g'(f(\boldsymbol{x}_0))f'(\boldsymbol{x}_0)$. 但是, 这个论述是非常不精确的. 要使这个论证成为精确的证明, 必须严格地进行极限操作, 见习题 17.4.3.

作为链法则和引理 17.1.16(及引理 17.1.13) 的推论, 我们看到

$$\boldsymbol{D}(g \circ f)(\boldsymbol{x}_0) = \boldsymbol{D}g(f(\boldsymbol{x}_0)) \cdot \boldsymbol{D}f(\boldsymbol{x}_0),$$

即, 可以把链法则用矩阵和矩阵乘法的语言写出来, 取代线性变换和复合变换的语言.

例 17.4.2 设 $f : \mathbb{R}^n \to \mathbb{R}$, $g : \mathbb{R}^n \to \mathbb{R}$ 都是可微函数. 我们定义

$$h(\boldsymbol{x}) := (f(\boldsymbol{x}), g(\boldsymbol{x}))$$

来构成一个联合的函数 $h : \mathbb{R}^n \to \mathbb{R}^2$. 现在设 $k : \mathbb{R}^2 \to \mathbb{R}$ 是乘法函数 $k(a, b) := ab$. 注意到

$$\boldsymbol{D}h(\boldsymbol{x}_0) = \begin{pmatrix} \nabla f(\boldsymbol{x}_0) \\ \nabla g(\boldsymbol{x}_0) \end{pmatrix}$$

而且

$$\boldsymbol{D}k(a, b) = (b, a)$$

(为什么?). 根据链法则, 有

$$\begin{aligned} \boldsymbol{D}(k \circ h)(\boldsymbol{x}_0) &= (g(\boldsymbol{x}_0), f(\boldsymbol{x}_0)) \begin{pmatrix} \nabla f(\boldsymbol{x}_0) \\ \nabla g(\boldsymbol{x}_0) \end{pmatrix} \\ &= g(\boldsymbol{x}_0)\nabla f(\boldsymbol{x}_0) + f(\boldsymbol{x}_0)\nabla g(\boldsymbol{x}_0). \end{aligned}$$

然而 $k \circ h = fg$(为什么?), 而且 $\boldsymbol{D}(fg) = \nabla(fg)$. 于是我们证明了乘积法则

$$\nabla(fg) = g\nabla f + f\nabla g.$$

类似的论述给出和法则

$$\nabla(f + g) = \nabla f + \nabla g,$$

差法则

$$\nabla(f-g)=\nabla f-\nabla g,$$

还有商法则 (习题 17.4.4). 你可以看到, 多元链法则是相当强有力的, 可以用来归结出微分学的许多其他的法则.

我们再写一个链法则的有用的结果. 设 $T:\mathbb{R}^n\to\mathbb{R}^m$ 是线性变换. 从习题 17.4.1 我们看到 T 在每点都是连续可微的, 实际上对于每个 $\boldsymbol{x}$, $T'(\boldsymbol{x})=T$. (这个等式可能看上去有点奇怪, 但如果把它写成 $\frac{\mathrm{d}}{\mathrm{d}\boldsymbol{x}}(T\boldsymbol{x})=T$ 的形式, 也许就比较容易消化了.) 于是, 对于任意的可微函数 $f:E\to\mathbb{R}^n$, $Tf:E\to\mathbb{R}^m$ 还是可微的, 从而根据链法则

$$(Tf)'(\boldsymbol{x}_0)=T(f'(\boldsymbol{x}_0)).$$

这是对于常数 c 的单变元法则 $(cf)'=c(f')$ 的推广.

链法则的另一个非常有用的特殊情形如下.

设 $f:\mathbb{R}^n\to\mathbb{R}^m$ 是可微函数, 而 $x_j:\mathbb{R}\to\mathbb{R}$ 对于每个 $j=1,\cdots,n$ 都是可微函数, 那么

$$\frac{\mathrm{d}}{\mathrm{d}t}f\big(x_1(t),\cdots,x_n(t)\big)=\sum_{j=1}^{n}x_j'(t)\frac{\partial f}{\partial x_j}\big(x_1(t),\cdots,x_n(t)\big).$$

(为什么这是链法则的一个特殊情形？)

习 题 17.4

17.4.1 设 $T:\mathbb{R}^n\to\mathbb{R}^m$ 是线性变换. 证明 T 在每点都是连续可微的, 而且事实上对于每个 $\boldsymbol{x}$, $T'(\boldsymbol{x})=T$. $\boldsymbol{D}T$ 是什么?

17.4.2 设 E 是 $\mathbb{R}^n$ 的子集合. 证明: 如果 $f:E\to\mathbb{R}^m$ 在 E 的内点 $\boldsymbol{x}_0$ 处可微, 那么 f 在 $\boldsymbol{x}_0$ 处连续. (提示: 使用习题 17.1.4.)

17.4.3 证明定理 17.4.1. (提示: 也许你要复习一下原始的单变元链法则 (定理 10.1.5) 的证明. 最简单易行的办法是使用极限的序列式的定义. (见命题 14.1.5(b), 并使用习题 17.1.4.)

17.4.4 叙述并证明多元函数的某种形式的商法则 (这里的多元函数指形如 $f:E\to\mathbb{R}$ 的函数, 其中 E 是 $\mathbb{R}^n$ 的子集合). 也就是说, 叙述一个法则, 它对于商 $\frac{f}{g}$ 给出一个公式, 把你的答案与定理 10.1.3(h) 进行比较. 把你的全部假定条件说清楚.

17.4.5 设 $\vec{x}:\mathbb{R}\to\mathbb{R}^3$ 是可微函数, 并设 $r:\mathbb{R}\to\mathbb{R}$ 是函数 $r(t):=\|\vec{x}(t)\|$, 其中 $\|\vec{x}\|$ 表示 $\vec{x}$ 依通常的 l^2 度量测量的长度. 设 t_0 是实数. 证明: 如果 $r(t_0)\neq 0$, 那么 r 在 t_0 处可微, 并且

$$r'(t_0)=\frac{1}{r(t_0)}\vec{x}'(t_0)\cdot\vec{x}(t_0).$$

(提示: 使用定理 17.4.1.)

§17.5 二重导数与 Clairaut 定理

现在我们来研究当微分函数两次时会发生什么.

定义 17.5.1(二次连续可微) 设 E 是 $\mathbb{R}^n$ 的开子集, 并设 $f: E \to \mathbb{R}^m$ 是函数. 如果偏导数 $\frac{\partial f}{\partial x_1}, \cdots, \frac{\partial f}{\partial x_n}$ 都在 E 上存在并且连续, 就说 f 是**连续可微**的. 如果 f 是连续可微的而且偏导数 $\frac{\partial f}{\partial x_1}, \cdots, \frac{\partial f}{\partial x_n}$ 本身也都是连续可微的, 就说 f 是**二次连续可微**的.

注 17.5.2 连续可微函数也叫作 C^1 函数, 二次连续可微函数也叫作 C^2 函数. 也可以定义 C^3, C^4 等. 但此处我们不做此事.

例 17.5.3 设 $f: \mathbb{R}^2 \to \mathbb{R}^2$ 是函数 $f(x,y) = (x^2+xy, y^2)$, 那么, 由于 $\frac{\partial f}{\partial x}(x,y) = (2x+y, 0)$, $\frac{\partial f}{\partial y}(x,y) = (x, 2y)$ 都在 $\mathbb{R}^2$ 上连续, 所以 f 是连续可微的. 由于二重偏导数 $\frac{\partial}{\partial x}\frac{\partial f}{\partial x}(x,y) = (2,0)$, $\frac{\partial}{\partial y}\frac{\partial f}{\partial x}(x,y) = (1,0)$, $\frac{\partial}{\partial y}\frac{\partial f}{\partial y}(x,y) = (0,2)$, $\frac{\partial}{\partial x}\frac{\partial f}{\partial y}(x,y) = (1,0)$ 都在 $\mathbb{R}^2$ 上连续, 所以 f 还是二次连续可微的.

在上例中 $\frac{\partial}{\partial y}\frac{\partial f}{\partial x}$ 与 $\frac{\partial}{\partial x}\frac{\partial f}{\partial y}$ 是一样的. 这事实上是一个普遍现象:

定理 17.5.4(Clairaut 定理) *设 E 是 $\mathbb{R}^n$ 的开子集合, 并设 $f: E \to \mathbb{R}$ 是 E 上的二次连续可微函数. 那么对于一切 $\boldsymbol{x}_0 \in E$ 和 $1 \leqslant i, j \leqslant n$*

$$\frac{\partial}{\partial x_j}\frac{\partial f}{\partial x_i}(\boldsymbol{x}_0) = \frac{\partial}{\partial x_i}\frac{\partial f}{\partial x_j}(\boldsymbol{x}_0).$$

证明 当 $i = j$ 时, 结论是平庸的, 所以我们假定 $i \neq j$. 我们将对 $\boldsymbol{x}_0 = \mathbf{0}$ 证明定理, 一般情况是类似的. (实际上, 一旦对于 $\boldsymbol{x}_0 = \mathbf{0}$ 证明了 Clairaut 定理, 对于一般的 $\boldsymbol{x}_0$ 可将已证结果用于 $f(\boldsymbol{x}+\boldsymbol{x}_0)$ 而立即得到结论.)

设 a 是数 $a := \frac{\partial}{\partial x_j}\frac{\partial f}{\partial x_i}(\mathbf{0})$, 而 a' 代表 $a' := \frac{\partial}{\partial x_i}\frac{\partial f}{\partial x_j}(\mathbf{0})$. 我们的任务是证明 $a = a'$.

设 $\varepsilon > 0$. 由于 f 的二重导数连续, 可以找到 $\delta > 0$ 使得当 $|\boldsymbol{x}| \leqslant 2\delta$ 时,

$$\left|\frac{\partial}{\partial x_j}\frac{\partial f}{\partial x_i}(\boldsymbol{x}) - a\right| \leqslant \varepsilon,$$

$$\left|\frac{\partial}{\partial x_i}\frac{\partial f}{\partial x_j}(\boldsymbol{x}) - a'\right| \leqslant \varepsilon.$$

现在考虑量

$$X := f(\delta e_i + \delta e_j) - f(\delta e_i) - f(\delta e_j) - f(0).$$

由关于变元 x_i 的微积分基本定理, 有

$$f(\delta e_i + \delta e_j) - f(\delta e_j) = \int_0^\delta \frac{\partial f}{\partial x_i}(x_i e_i + \delta e_j)\mathrm{d}x_i,$$

$$f(\delta e_i) - f(0) = \int_0^\delta \frac{\partial f}{\partial x_i}(x_i e_i)\mathrm{d}x_i,$$

从而

$$X = \int_0^\delta \left(\frac{\partial f}{\partial x_i}(x_i e_i + \delta e_i) - \frac{\partial f}{\partial x_i}(x_i e_i)\right)\mathrm{d}x_i.$$

而根据中值定理, 对于每个 $x_i \in [0,\delta]$, 都存在某 $0 \leqslant x_j \leqslant \delta$ 使得

$$\frac{\partial f}{\partial x_i}(x_i e_i + \delta e_j) - \frac{\partial f}{\partial x_i}(x_i e_i) = \delta \frac{\partial}{\partial x_j}\frac{\partial f}{\partial x_i}(x_i e_i + x_j e_j),$$

于是

$$\left|\frac{\partial f}{\partial x_i}(x_i e_i + \delta e_j) - \frac{\partial f}{\partial x_i}(x_i e_i) - \delta a\right| \leqslant \varepsilon\delta.$$

根据此估计式, 从 0 到 δ 求积分就得到

$$|X - \delta^2 a| \leqslant \varepsilon\delta^2.$$

调换 i 与 j 的位置作同样的论证 (注意 X 关于 i 和 j 是对称的), 就得到

$$|X - \delta^2 a'| \leqslant \varepsilon\delta^2.$$

于是由三角形不等式, 得

$$|\delta^2 a - \delta^2 a'| \leqslant 2\varepsilon\delta^2,$$

从而

$$|a - a'| \leqslant 2\varepsilon.$$

由于此式对于一切 $\varepsilon > 0$ 成立, 而 a 和 a' 是与 ε 无关的, 所以必有 $a = a'$. ■

应该注意, 如果我们不假定二重导数是连续的, 则 Clairaut 定理不成立; 见习题 17.5.1.

习 题 17.5

17.5.1 设 $f : \mathbb{R}^2 \to \mathbb{R}$ 是函数

$$f(x,y) := \begin{cases} \frac{xy^3}{x^2+y^2}, & \text{当}(x,y) \neq (0,0) \\ 0, & \text{当}(x,y) = (0,0). \end{cases}$$

证明: f 是连续可微的, 而且 $\frac{\partial}{\partial y}\frac{\partial f}{\partial x}$ 和 $\frac{\partial}{\partial x}\frac{\partial f}{\partial y}$ 存在, 但是

$$\frac{\partial}{\partial y}\frac{\partial f}{\partial x}(0,0) \neq \frac{\partial}{\partial x}\frac{\partial f}{\partial y}(0,0).$$

解释为什么这并不与 Clairaut 定理相矛盾.

§17.6 压缩映射定理

在转向下一个议题 —— 即反函数定理之前, 我们需要建立完备度量空间理论中的一个有用的事实, 即压缩映射定理.

定义 17.6.1(压缩) 设 (X,d) 是度量空间, 并设 $f:X\to X$ 是映射. 如果对于一切 $x,y\in X$ 有 $d(f(x),f(y))\leqslant d(x,y)$, 就称 f 是**压缩**(contraction). 如果存在常数 c, $0<c<1$, 使得对于一切 $x,y\in X$

$$d(f(x),f(y))\leqslant cd(x,y),$$

就称 f 是**严格压缩**, 称 c 为 f 的**压缩常数**(contraction constant).

例 17.6.2 由 $f(x):=x+1$ 定义的映射 $f:\mathbb{R}\to\mathbb{R}$ 是压缩, 但不是严格压缩. 由 $f(x):=\frac{x}{2}$ 定义的映射 $f:\mathbb{R}\to\mathbb{R}$ 是严格压缩. 由 $f(x):=x-x^2$ 定义的映射 $f:\mathbb{R}\to\mathbb{R}$ 也是压缩, 但也不是严格压缩. (为证实这些命题, 见习题 17.6.5.)

定义 17.6.3 (不动点) 设 $f:X\to X$ 是映射, 并且 $x\in X$. 如果 $f(x)=x$, 就说 x 是 f 的**不动点**.

压缩不必有不动点. 例如由 $f(x)=x+1$ 定义的映射 $f:\mathbb{R}\to\mathbb{R}$ 就没有不动点. 但是, 严格压缩总有不动点, 至少当 X 完备时如此.

定理 17.6.4(压缩映射定理) *设 (X,d) 是度量空间, 并设 $f:X\to X$ 是严格压缩. 那么 f 最多只能有一个不动点. 还有, 如果还假定 X 不是空的并且是完备的, 那么 f 恰有一个不动点.*

证明 见习题 17.6.7. ■

注 17.6.5 压缩映射定理是不动点定理的一个例子. 所谓不动点定理, 就是在一定条件下, 保证一个映射有不动点的定理. 有一系列有用的不动点定理. 有一个叫作毛球定理①的有趣的不动点定理说, 任何从球面 $S^2:=\{(x,y,z)\in\mathbb{R}^3: x^2+y^2+z^2=1\}$ 到自身的连续映射 $f:S^2\to S^2$ 必有一个不动点或一个反不动点(anti-fixed point)(就是使 $f(x)=-x$ 的点 $x\in S^2$). 此定理的证明可在任何拓扑课本中找到, 但超出本书的范围.

我们将给出压缩映射定理的一个结果, 它在证明反函数定理时起重要作用. 这个结果基本上是说, 如果球上的一个映射只是对于恒等映射的 "小小的" 扰动, 那么它依然是一对一的, 并且在球的内部不会留下任何洞.

引理 17.6.6 *设 $B(\mathbf{0},r)$ 是 $\mathbb{R}^n$ 中的球, 中心是原点, 半径是 r. 设 $g:B(\mathbf{0},r)\to$*

① 毛球定理 (Hairy Ball Theorem): 设球面 S^2 上长满头发, 用梳子连续地梳理, 总有一根头发依然直立, 定理由此得名. —— 译者注

$\mathbb{R}^n$ 是映射, 使得 $g(\mathbf{0})=\mathbf{0}$ 并且对于一切 $\boldsymbol{x},\boldsymbol{y}\in B(\mathbf{0},r)$

$$\|g(\boldsymbol{x})-g(\boldsymbol{y})\|\leqslant\frac{1}{2}\|\boldsymbol{x}-\boldsymbol{y}\|,$$

(这里 $\|\boldsymbol{x}\|$ 代表 $\mathbb{R}^n$ 中的 $\boldsymbol{x}$ 的长度), 那么由

$$f(\boldsymbol{x}):=\boldsymbol{x}+g(\boldsymbol{x})$$

定义的函数 $f:B(\mathbf{0},r)\to\mathbb{R}^n$ 是一对一的, 并且此映射的象 $f(B(\mathbf{0},r))$ 包含球 $B(\mathbf{0},\frac{r}{2})$.

证明 先证 f 是一对一的. 假设有两个不同的点 $\boldsymbol{x},\boldsymbol{y}\in B(\mathbf{0},r)$ 使得 $f(\boldsymbol{x})=f(\boldsymbol{y})$, 那么将有 $\boldsymbol{x}+g(\boldsymbol{x})=\boldsymbol{y}+g(\boldsymbol{y})$, 从而

$$\|g(\boldsymbol{x})-g(\boldsymbol{y})\|=\|\boldsymbol{x}-\boldsymbol{y}\|.$$

此事与我们的假设 $\|g(\boldsymbol{x})-g(\boldsymbol{y})\|\leqslant\frac{1}{2}\|\boldsymbol{x}-\boldsymbol{y}\|$ 相容的唯一可能是 $\|\boldsymbol{x}-\boldsymbol{y}\|=0$, 即 $\boldsymbol{x}=\boldsymbol{y}$. 这是一个矛盾. 所以 f 是一对一的.

现在证明 $f(B(\mathbf{0},r))$ 包含 $B(\mathbf{0},\frac{r}{2})$. 设 $\boldsymbol{y}$ 是 $B(\mathbf{0},\frac{r}{2})$ 的任意一点. 我们的目标是找一个点 $\boldsymbol{x}\in B(\mathbf{0},r)$, 使得 $f(\boldsymbol{x})=\boldsymbol{y}$, 也就是 $\boldsymbol{x}=\boldsymbol{y}-g(\boldsymbol{x})$. 于是问题转化为找映射 $\boldsymbol{x}\mapsto\boldsymbol{y}-g(\boldsymbol{x})$ 的不动点.

令 $F:B(\mathbf{0},r)\to B(\mathbf{0},r)$ 是函数 $F(\boldsymbol{x}):=\boldsymbol{y}-g(\boldsymbol{x})$. 注意, 当 $\boldsymbol{x}\in B(\mathbf{0},r)$ 时,

$$\|F(\boldsymbol{x})\|\leqslant\|\boldsymbol{y}\|+\|g(\boldsymbol{x})\|<\frac{1}{2}r+\|g(\boldsymbol{x})-g(\mathbf{0})\|\leqslant\frac{1}{2}r+\frac{1}{2}\|\boldsymbol{x}\|<r.$$

所以 F 确实把 $B(\mathbf{0},r)$ 映入 $B(\mathbf{0},r)$. 还有, 对于任意的 $\boldsymbol{x},\boldsymbol{x}'\in B(\mathbf{0},r)$, 有

$$\|F(\boldsymbol{x})-F(\boldsymbol{x}')\|=\|g(\boldsymbol{x})-g(\boldsymbol{x}')\|\leqslant\frac{1}{2}\|\boldsymbol{x}'-\boldsymbol{x}\|,$$

所以 F 是严格压缩. 根据压缩映射定理[①], F 有不动点, 即存在 $\boldsymbol{x}$ 使得 $\boldsymbol{x}=\boldsymbol{y}-g(\boldsymbol{x})$. 这意味着 $f(\boldsymbol{x})=\boldsymbol{y}$. ■

习 题 17.6

17.6.1 设 $f:[a,b]\to\mathbb{R}$ 是单变元可微函数, 对于一切 $x\in[a,b]$ 满足 $|f'(x)|\leqslant 1$. 证明 f 是压缩[②]. (提示: 使用中值定理 (推论 10.2.9).) 证明: 如果附加条件, 对于一切 $x\in[a,b]$, $|f'(x)|<1$, 那么 f 是严格压缩.

17.6.2 证明: 如果 $f:[a,b]\to\mathbb{R}$ 是可微的并且是压缩, 那么对于一切 $x\in[a,b]$, $|f'(x)|\leqslant 1$.

① 使用这个定理的一个条件是: 空间是完备的, 所以应在闭球上讨论. —— 译者注

② 这里说的压缩不要求定义域和值域一致. —— 译者注

17.6.3 举一个函数的例子 $f:[a,b]\to\mathbb{R}$, 使 f 连续可微并且是严格压缩, 但至少有一个 $x\in[a,b]$ 使得 $|f'(x)|=1$.

17.6.4 举一个函数的例子 $f:[a,b]\to\mathbb{R}$, 使 f 是严格压缩, 但至少在 $[a,b]$ 中的一个点 x 处不可微.

17.6.5 验证例 17.6.2 中的结论.

17.6.6 证明度量空间 X 上的每个压缩都必定是连续的.

17.6.7 证明定理 17.6.4. [提示：用反证法证明最多有一个不动点. 为证至少有一个不动点, 任取 $x_0\in X$ 并递归地定义 $x_1=f(x_0)$, $x_2=f(x_1)$, $x_3=f(x_2)$, 等等. 归纳地证明 $d(x_{n+1},x_n)\leqslant c^n d(x_1,x_0)$, 然后 (使用几何级数公式 (引理 7.3.3)) 断定序列 $(x_n)_{n=0}^{\infty}$ 是 Cauchy 序列. 最后证明此序列的极限是 f 的不动点.]

17.6.8 设 (X,d) 是完备的度量空间, 并设 $f:X\to X$, $g:X\to X$ 都是 X 上的严格压缩, 压缩常数分别为 c 和 c'. 从定理 17.6.4 知, f 有某不动点 x_0, g 有某不动点 y_0. 假设有一个 $\varepsilon>0$ 使得对于一切 $x\in X$, $d(f(x),g(x))\leqslant\varepsilon$ (也就是说 f 和 g 依一致度量相距不超过 ε). 证明 $d(x_0,y_0)\leqslant\frac{\varepsilon}{1-\max(c,c')}$. 于是, 相近的压缩有相近的不动点.

§17.7 多元反函数定理

我们回想一下单变元反函数定理 (定理 10.4.2), 它断言：如果 $f:\mathbb{R}\to\mathbb{R}$ 是可逆的, 可微的, 并且 $f'(\boldsymbol{x}_0)\neq 0$, 那么 f^{-1} 在 $f(\boldsymbol{x}_0)$ 处可微, 并且

$$(f^{-1})'(f(\boldsymbol{x}_0))=\frac{1}{f'(\boldsymbol{x}_0)}.$$

事实上, 即使 f 不是可逆的, 只要我们知道 f 是**连续可微**的, 也还是可以说点什么. 如果 $f'(\boldsymbol{x}_0)\neq 0$, 那么 $f'(\boldsymbol{x}_0)$ 必定要么是正的要么是负的, 由于我们知道 f' 是连续的, 那么对于 $\boldsymbol{x}_0$ 附近的 $\boldsymbol{x}$, $f'(\boldsymbol{x})$ 必与 $f'(\boldsymbol{x}_0)$ 有同样的符号. 那么, f 必在 $\boldsymbol{x}_0$ 附近是严格单调的. 于是, 只要我们把 f 的定义域限制在 $\boldsymbol{x}_0$ 附近, 相应的值域限制在 $f(\boldsymbol{x}_0)$ 附近, f 就成为可逆的. (描述此事的技术术语是 **f 在 $\boldsymbol{x}_0$ 附近局部可逆**.)

对于 f 连续可微的要求是重要的, 见习题 17.7.1.

类似的定理对于从欧几里得空间 $\mathbb{R}^n$ 到自身的函数 $f:\mathbb{R}^n\to\mathbb{R}^n$ 也成立. 但是 $f'(\boldsymbol{x}_0)\neq 0$ 的条件必须换成稍许不同的形式, 即 $f'(\boldsymbol{x}_0)$ 可逆. 我们首先证明, 线性变换的逆变换仍是线性变换：

引理 17.7.1 *设 $T:\mathbb{R}^n\to\mathbb{R}^n$ 是可逆线性变换. 那么逆变换 $T^{-1}:\mathbb{R}^n\to\mathbb{R}^n$ 也是线性的.*

证明 见习题 17.7.2. ■

现在我们可以证明一个重要的有用的定理, 完全有理由说, 它是多元微分学中最重要的定理之一.

定理 17.7.2(反函数定理)　设 E 是 $\mathbb{R}^n$ 的开集合, 并设 $T: E \to \mathbb{R}^n$ 是在 E 上连续可微的函数. 假设 $\boldsymbol{x}_0 \in E$ 使得线性变换 $f'(\boldsymbol{x}_0): \mathbb{R}^n \to \mathbb{R}^n$ 是可逆的, 那么存在含有 $\boldsymbol{x}_0$ 的开集 $U \in E$ 以及含有 $f(\boldsymbol{x}_0)$ 的开集 $V \in \mathbb{R}^n$, 使得 f 是从 U 到 V 的双射. 而且逆映射 $f^{-1}: V \to U$ 在点 $f(\boldsymbol{x}_0)$ 处可微, 而且

$$(f^{-1})'(f(\boldsymbol{x}_0)) = (f'(\boldsymbol{x}_0))^{-1}.$$

证明　首先注意到, 一旦知道逆映射 f^{-1} 是可微的, 那么公式

$$(f^{-1})'(f(\boldsymbol{x}_0)) = (f'(\boldsymbol{x}_0))^{-1}$$

就是自动成立的. 这可以从 U 上的恒等映射

$$I = f^{-1} \circ f$$

出发而得到, 其中 $I: \mathbb{R}^n \to \mathbb{R}^n$ 是恒等映射 $I\boldsymbol{x} := \boldsymbol{x}$, 由此式微分两边, 在 $\boldsymbol{x}_0$ 处使用链法则, 就得到

$$I'(\boldsymbol{x}_0) = (f^{-1})'(f(\boldsymbol{x}_0))f'(\boldsymbol{x}_0).$$

由于 $I'(\boldsymbol{x}_0) = I$, 我们就得到 $(f^{-1})'(f(\boldsymbol{x}_0)) = (f'(\boldsymbol{x}_0))^{-1}$.

注意, 这个论述表明, 如果 $f'(\boldsymbol{x}_0)$ 不是可逆的, 那么就没法存在在 $f(\boldsymbol{x}_0)$ 处可微的逆映射 f^{-1}.

接下来, 我们注意到只要对于 $f(\boldsymbol{x}_0) = \mathbf{0}$ 的情形证明定理就够了, 一般情形可从代替 f 而考虑 $\widetilde{f}(\boldsymbol{x}) := f(\boldsymbol{x}) - f(\boldsymbol{x}_0)$ 得出 (注意 V 将必须平移 $f(\boldsymbol{x}_0)$). 注意 $f^{-1}(\boldsymbol{y}) = \widetilde{f}^{-1}(\boldsymbol{y} + f(\boldsymbol{x}_0))$(为什么?). 因此我们将永远假设 $f(\boldsymbol{x}_0) = \mathbf{0}$.

类似地, 我们还可以假定 $\boldsymbol{x}_0 = \mathbf{0}$. 一般情形可从代替 f 而考虑函数 $\widetilde{f}(\boldsymbol{x}) := f(\boldsymbol{x} + \boldsymbol{x}_0)$ 而得出 (注意 E 和 U 将必须平移 $\boldsymbol{x}_0$). 注意 $f^{-1}(\boldsymbol{y}) = \widetilde{f}^{-1}(\boldsymbol{y}) + \boldsymbol{x}_0$(为什么?). 因此我们将永远假定 $\boldsymbol{x}_0 = \mathbf{0}$.

于是我们现在有 $f(\mathbf{0}) = \mathbf{0}$ 以及 $f'(\mathbf{0})$ 是可逆的.

最后, 我们可以假定 $f'(\mathbf{0}) = I$, 其中 $I: \mathbb{R}^n \to \mathbb{R}^n$ 是恒等变换 $I\boldsymbol{x} = \boldsymbol{x}$. 一般情形可代替 f 以 $\widetilde{f}(\boldsymbol{x}) := (f'(\mathbf{0}))^{-1}f(\boldsymbol{x})$ 而用已得结果推出. 注意, 根据引理 17.7.1, $(f'(\mathbf{0}))^{-1}$ 是线性变换. 当然, 我们注意到 $\widetilde{f}(\mathbf{0}) = \mathbf{0}$ 以及

$$\widetilde{f}'(\mathbf{0}) = f'(\mathbf{0})^{-1}f'(\mathbf{0}) = I,$$

所以, 根据特殊情形的反函数定理知, 存在一个含原点的开集 U', 以及含原点的开集 V', 使得 $\widetilde{f}$ 是从 U' 到 V' 的双射, 而且 $\widetilde{f}^{-1}: V' \to U'$ 在 $\mathbf{0}$ 处可微, 导数为 I. 但我们有 $f(\boldsymbol{x}) = f'(\mathbf{0})\widetilde{f}(\boldsymbol{x})$, 于是 f 是从 U' 到 $f'(\mathbf{0})(V')$ 的双射 (注意 $f'(\mathbf{0})$ 也是

双射). 由于 $f'(\mathbf{0})$ 和它的逆都是连续的, 所以 $f'(\mathbf{0})(V')$ 是开集, 并且它肯定含有$\mathbf{0}$. 现在考虑反函数 $f^{-1}: f'(\mathbf{0})(V') \to U'$, 由于 $f(\boldsymbol{x}) = f'(\mathbf{0})\widetilde{f}(\boldsymbol{x})$, 我们看到

$$f^{-1}(\boldsymbol{y}) = \widetilde{f}^{-1}(f'(\mathbf{0})^{-1}\boldsymbol{y}), \ \ \boldsymbol{y} \in f'(\mathbf{0})(V')$$

(为什么? 使用 $\widetilde{f}$ 是从 U' 到 V' 的双射这一事实). 当然, 我们看到 f^{-1} 在$\mathbf{0}$处可微.

于是, 现在我们所要做的一切就是对特殊情形 $\boldsymbol{x}_0 = \mathbf{0}, \ f(\boldsymbol{x}_0) = \mathbf{0}$ 以及 $f'(\mathbf{0}) = I$ 来证明反函数定理.

设 $g: E \to \mathbb{R}^n$ 是函数 $g(\boldsymbol{x}) = f(\boldsymbol{x}) - \boldsymbol{x}$. 那么 $g(\mathbf{0}) = \mathbf{0}, \ g'(\mathbf{0}) = \mathbf{0}$. 当然, 对于 $j = 1, \cdots, n$,

$$\frac{\partial g}{\partial x_j}(\mathbf{0}) = \mathbf{0}.$$

由于 g 是连续可微的, 所以存在 E 中的球 $B(\mathbf{0}, r)$ 使得

$$\left\|\frac{\partial g}{\partial x_j}(x)\right\| \leqslant \frac{1}{2n^2}, \ \ x \in B(\mathbf{0}, r).$$

(关于 $\frac{1}{2n^2}$ 并没有什么特别的意思, 此处我们只是需要一个小的数而已.) 那么, 对于任何 $\boldsymbol{x} \in B(\mathbf{0}, r)$ 以及 $\boldsymbol{v} = (v_1, \cdots, v_n)$, 有

$$\begin{aligned} \|\boldsymbol{D_v} g(\boldsymbol{x})\| &= \left\|\sum_{j=1}^{n} v_j \frac{\partial g}{\partial x_j}(\boldsymbol{x})\right\| \\ &\leqslant \sum_{j=1}^{n} |v_j| \left\|\frac{\partial g}{\partial x_j}(\boldsymbol{x})\right\| \\ &\leqslant \sum_{j=1}^{n} \|v_j\| \frac{1}{2n^2} \leqslant \frac{1}{2n}\|\boldsymbol{v}\|. \end{aligned}$$

对于任何 $\boldsymbol{x}, \boldsymbol{y} \in B(0, r)$, 根据微积分基本定理, 有

$$\begin{aligned} g(\boldsymbol{y}) - g(\boldsymbol{x}) &= \int_0^1 \frac{\mathrm{d}}{\mathrm{d}t} g(\boldsymbol{x} + t(\boldsymbol{y} - \boldsymbol{x}))\mathrm{d}t \\ &= \int_0^1 D_{\boldsymbol{y}-\boldsymbol{x}} g(\boldsymbol{x} + t(\boldsymbol{y} - \boldsymbol{x}))\mathrm{d}t. \end{aligned}$$

根据前面对于 $\boldsymbol{D_v} g$ 的估计, 向量 $\boldsymbol{D_{y-x}} g(\boldsymbol{x} + t(\boldsymbol{y} - \boldsymbol{x}))$ 的大小至多为 $\frac{1}{2n}\|\boldsymbol{y} - \boldsymbol{x}\|$. 于是这些向量的每个分量的大小也不超过 $\frac{1}{2n}\|\boldsymbol{y} - \boldsymbol{x}\|$, 从而 $g(\boldsymbol{y}) - g(\boldsymbol{x})$ 本身的大小不超过 $\frac{1}{2}\|\boldsymbol{y} - \boldsymbol{x}\|$(实际上, 它真正小于此量, 但这个界对于我们的目的已经足够了). 于是, g 是压缩. 根据引理 17.6.6, 映射 $f = g + I$ 是 $B(\mathbf{0}, r)$ 上的一对一映射, 而且象 $f(B(\mathbf{0}, r))$ 包含 $B(\mathbf{0}, \frac{r}{2})$. 当然, 我们有定义在 $B(\mathbf{0}, \frac{r}{2})$ 上的逆映射 $f^{-1}: B(\mathbf{0}, \frac{r}{2}) \to B(\mathbf{0}, r)$.

对于 $\boldsymbol{y}=\mathbf{0}$ 应用压缩界得

$$\|g(\boldsymbol{x})\|=\|g(\boldsymbol{y})-g(\boldsymbol{x})\|\leqslant\frac{1}{2}\|\boldsymbol{y}-\boldsymbol{x}\|=\frac{1}{2}\|\boldsymbol{x}\|,\quad \boldsymbol{x}\in B(\mathbf{0},r).$$

于是, 根据三角形不等式

$$\frac{1}{2}\|\boldsymbol{x}\|\leqslant\|f(\boldsymbol{x})\|\leqslant\frac{3}{2}\|\boldsymbol{x}\|,\quad \boldsymbol{x}\in B(\mathbf{0},r).$$

现在设 $V:=B(\mathbf{0},\frac{r}{2})$, $U:=f^{-1}(V)$. 那么 f 是从 U 到 V 的双射. V 显然是开集, 而由于 f 是连续的, $U=f^{-1}(V)$ 也是开集. (注意, 如果一个集合是相对于 $B(\mathbf{0},r)$ 的开集, 它也必是 $\mathbb{R}^n$ 的开集.) 现在我们要证明 $f^{-1}:V\to U$ 在 $\mathbf{0}$ 处可微, 且导数为 $I^{-1}=I$. 也就是说, 我们要证明

$$\lim_{\boldsymbol{x}\to\mathbf{0};\boldsymbol{x}\in V\setminus\{\mathbf{0}\}}\frac{\|f^{-1}(\boldsymbol{x})-f^{-1}(\mathbf{0})-I(\boldsymbol{x}-\mathbf{0})\|}{\|\boldsymbol{x}\|}=0.$$

由于 $f(\mathbf{0})=\mathbf{0}$, 所以 $f^{-1}(\mathbf{0})=\mathbf{0}$, 从而上式简化为

$$\lim_{\boldsymbol{x}\to\mathbf{0};\boldsymbol{x}\in V\setminus\{\mathbf{0}\}}\frac{\|f^{-1}(\boldsymbol{x})-\boldsymbol{x}\|}{\|\boldsymbol{x}\|}=0.$$

设 $(\boldsymbol{x}_n)_{n=1}^{\infty}$ 是 $V\setminus\{\mathbf{0}\}$ 中的任意的一个收敛到 $\mathbf{0}$ 的序列. 根据命题 14.1.5(b), 只要证

$$\lim_{n\to\infty}\frac{\|f^{-1}(\boldsymbol{x}_n)-\boldsymbol{x}_n\|}{\|\boldsymbol{x}_n\|}=0$$

就可以了. 记 $\boldsymbol{y}_n:=f^{-1}(\boldsymbol{x}_n)$. 那么 $\boldsymbol{y}_n\in B(\mathbf{0},r)$ 并且 $\boldsymbol{x}_n=f(\boldsymbol{y}_n)$. 当然我们有

$$\frac{1}{2}\|\boldsymbol{y}_n\|\leqslant\|\boldsymbol{x}_n\|\leqslant\frac{3}{2}\|\boldsymbol{y}_n\|,$$

由于 $\|\boldsymbol{x}_n\|$ 收敛到 0, 所以 $\|\boldsymbol{y}_n\|$ 也收敛到 0, 而它们的比保持有界. 所以只要证明

$$\lim_{n\to\infty}\frac{\|\boldsymbol{y}_n-f(\boldsymbol{y}_n)\|}{\|\boldsymbol{y}_n\|}=0$$

就可以了. 但由于 $\boldsymbol{y}_n$ 收敛到 $\mathbf{0}$, 而 f 在 $\mathbf{0}$ 处可微, 我们有

$$\lim_{n\to\infty}\frac{\|f(\boldsymbol{y}_n)-f(\mathbf{0})-f'(\mathbf{0})(\boldsymbol{y}_n-\mathbf{0})\|}{\|\boldsymbol{y}_n\|}=0,$$

由于 $f(\mathbf{0})=\mathbf{0}$, $f'(\mathbf{0})=I$, 上式就是所要的. ■

反函数定理对于何时函数在一点 $\boldsymbol{x}_0$ 处局部可逆给出了一个有用的准则 —— 我们所需要的就是它的导数 $f'(\boldsymbol{x}_0)$ 可逆 (那时我们甚至得到进一步的信息, 例如我们可以计算 f^{-1} 在 $f(\boldsymbol{x}_0)$ 处的导数). 当然, 这就要问, 怎样判断线性变换 $f'(\boldsymbol{x}_0)$ 是

可逆的还是不可逆的. 回忆一下, 我们有 $f'(\boldsymbol{x}_0)=L_{\boldsymbol{D}f(\boldsymbol{x}_0)}$, 所以根据引理 17.1.13 和引理 17.1.16 知, 线性变换 $f'(\boldsymbol{x}_0)$ 是可逆的当且仅当矩阵 $\boldsymbol{D}f(\boldsymbol{x}_0)$ 是可逆的. 有很多办法验证像 $\boldsymbol{D}f(\boldsymbol{x}_0)$ 这样的矩阵是不是可逆的. 例如可以用行列式, 或用 Gauss 消元法. 此处我们不讨论这件事, 只是建议读者去读线性代数教材.

如果 $f'(\boldsymbol{x}_0)$ 存在但不可逆, 那么反函数定理不适用. 在这种情况下, 不可能使 f^{-1} 存在并且在 $\boldsymbol{x}_0$ 处可微, 此事已在上面的证明中说明. 然而, f 仍然可以是可逆的. 例如由 $f(\boldsymbol{x})=\boldsymbol{x}^3$ 定义的单变元函数 $f:\mathbb{R}\to\mathbb{R}$ 是可逆的, 尽管 $f'(\mathbf{0})$ 不是可逆的.

习 题 17.7

17.7.1 设 $f:\mathbb{R}\to\mathbb{R}$ 是函数

$$f(x):=\begin{cases} x+x^2\sin(\frac{1}{x^4}), & 当x\neq 0,\\ 0, & 当x=0.\end{cases}$$

证明 f 是可微的并且 $f'(0)=1$, 但是在任何含有 0 的开集中 f 都不是单调增的. (提示: 证明不管 x 多么接近于 0, $f'(x)$ 都可能取负值. 画出 f 的图像可能有助于你的直观.)

17.7.2 证明引理 17.7.1.

17.7.3 设 $f:\mathbb{R}^n\to\mathbb{R}^n$ 是连续可微函数, 而且对于每个 $\boldsymbol{x}\in\mathbb{R}^n$, $f'(\boldsymbol{x})$ 都是可逆线性变换. 证明只要 V 是 $\mathbb{R}^n$ 的开子集合, $f(V)$ 就也是开集. (提示: 使用反函数定理.)

§17.8 隐函数定理

回忆一下 (见习题 3.5.10), 一个函数 $f:\mathbb{R}\to\mathbb{R}$ 给出一个**图像**

$$\{(x,f(x)):x\in\mathbb{R}\},$$

它是 $\mathbb{R}^2$ 的一个子集合, 通常看上去像一条曲线. 但并不是一切曲线都是函数的图像, 图像必须遵从**垂线判别法**, 即对于每个 x, 恰有一个 y 使 (x,y) 在曲线上. 例如, 圆周 $\{(x,y)\in\mathbb{R}^2:x^2+y^2=1\}$ 就不是图像, 但是当限制于半圆周 $\{(x,y)\in\mathbb{R}^2:x^2+y^2=1,y>0\}$ 时, 它仍是图像. 于是, 整条曲线不是图像时, 它的一定的局部片断可能是图像 (圆周在 (1, 0) 附近的部分及在 $(-1,0)$ 附近的部分都不是关于变元 x 的图像, 但却是关于变元 y 的图像).

类似地, 任何函数 $f:\mathbb{R}^n\to\mathbb{R}$ 都在 $\mathbb{R}^{n+1}$ 中给出一个图像 $\{(\boldsymbol{x},f(\boldsymbol{x})):\boldsymbol{x}\in\mathbb{R}^n\}$ 它看上去一般像是 $\mathbb{R}^{n+1}$ 中某种 n 维曲面 (技术术语是超曲面). 反过来, 可以问,

什么样的超曲面实际上是某函数的图像, 以及这个函数是不是连续的或者是不是可微的.

如果几何地给出超曲面, 那么仍然可以援引垂线判别法来鉴别它是不是图像. 但若超曲面是由代数的方式给出的, 例如曲面 $\{(x,y,z)\in\mathbb{R}^3 : xy+yz+zx=-1\}$, 情况又将如何呢? 或者更一般地, 一个形如 $\{\boldsymbol{x}\in\mathbb{R}^n : f(\boldsymbol{x})=0\}$ 的曲面, 其中 $f:\mathbb{R}^n\to\mathbb{R}$ 是某个函数, 能不能是一个函数的图像呢? 在这种情况下, 根据隐函数定理, 仍然可以判断曲面, 至少局部地是不是一个图像.

定理 17.8.1(隐函数定理) 设 E 是 $\mathbb{R}^n$ 的开子集合 $(n>1)$, 而 $f:E\to\mathbb{R}$ 是连续可微函数, 并且设 $\boldsymbol{y}=(y_1,\cdots,y_n)$ 是 E 的点, 使 $f(\boldsymbol{y})=0$, $\frac{\partial f}{\partial x_n}(\boldsymbol{y})\neq 0$. 那么存在 $\mathbb{R}^{n-1}$ 的开子集合 U, 它含有点 $(y_1,\cdots,y_{n-1})$, 而且存在 E 的一个含有 $\boldsymbol{y}$ 的开子集 V, 及函数 $g:U\to\mathbb{R}$, 使得 $g(y_1,\cdots,y_{n-1})=y_n$, 并且

$$\begin{aligned}&\{(x_1,\cdots,x_n)\in V : f(x_1,\cdots,x_n)=0\}\\ =\ &\{(x_1,\cdots,x_{n-1},g(x_1,\cdots,x_{n-1})) : (x_1,\cdots,x_{n-1})\in U\}.\end{aligned}$$

也就是说, 集合 $\{\boldsymbol{x}\in V : f(\boldsymbol{x})=0\}$ 是 U 上的函数 g 的图像. 还有, g 在 $(y_1,\cdots,y_{n-1})$ 处可微, 并且

$$\frac{\partial g}{\partial x_j}(y_1,\cdots,y_{n-1})=-\frac{\partial f}{\partial x_j}(y)\Big/\frac{\partial f}{\partial x_n}(y),\quad 1\leqslant j\leqslant n-1. \tag{17.1}$$

注 17.8.2 等式 (17.1) 可用隐式微分法导出. 基本点在于, 如果你知道

$$f(x_1,\cdots,x_n)=0,$$

那么 (只要 $\frac{\partial f}{\partial x_n}\neq 0$) 变元 x_n 就 "隐含地" 被其他 $n-1$ 个变元所确定, 于是就可沿 x_j 方向对上述恒等式使用链法则求微分而得

$$\frac{\partial f}{\partial x_j}+\frac{\partial f}{\partial x_n}\frac{\partial x_n}{\partial x_j}=0,$$

这就是 (17.1) 的隐式形式 (我们用 g 来代表由 $x_1,\cdots,x_{n-1}$ 确定 x_n 的隐函数). 于是, 隐函数定理使我们隐含地用一种约束的方式而不是用形如 $x_n=g(x_1,\cdots,x_{n-1})$ 的直接的公式来确定一个依赖关系.

证明 这个定理看起来有点吓人, 但实际上它是反函数定理的一个相当快捷的结果. 设 $F:E\to\mathbb{R}^n$ 是函数

$$F(x_1,\cdots,x_n):=(x_1,\cdots,x_{n-1},f(x_1,\cdots,x_{n-1})).$$

这个函数是连续可微的, 而且还有

$$F(\boldsymbol{y})=(y_1,\cdots,y_{n-1},0),$$

$$\begin{aligned}\boldsymbol{D}F(\boldsymbol{y}) &= \left(\left(\frac{\partial F}{\partial x_1}(\boldsymbol{y})\right)^{\mathrm{T}}, \left(\frac{\partial F}{\partial x_2}(\boldsymbol{y})\right)^{\mathrm{T}}, \cdots, \left(\frac{\partial F}{\partial x_n}(\boldsymbol{y})\right)^{\mathrm{T}},\right) \\ &= \begin{pmatrix} 1 & 0 & \cdots & 0 & 0 \\ 0 & 1 & \cdots & 0 & 0 \\ \vdots & \vdots & \ddots & \vdots & \vdots \\ 0 & 0 & \cdots & 1 & 0 \\ \frac{\partial f}{\partial x_1}(\boldsymbol{y}) & \frac{\partial f}{\partial x_2}(\boldsymbol{y}) & \cdots & \frac{\partial f}{\partial x_{n-1}}(\boldsymbol{y}) & \frac{\partial f}{\partial x_n}(\boldsymbol{y}) \end{pmatrix}.\end{aligned}$$

由于假定 $\frac{\partial f}{\partial x_n}(\boldsymbol{y})$ 不为零, 这个矩阵可逆, 其可逆性可由计算行列式看出, 也可用行的约化看出, 也可明确算出逆矩阵 $\boldsymbol{D}F(\boldsymbol{y})^{-1}$:

$$\boldsymbol{D}F(\boldsymbol{y})^{-1} = \begin{pmatrix} 1 & 0 & \cdots & 0 & 0 \\ 0 & 1 & \cdots & 0 & 0 \\ \vdots & \vdots & \ddots & \vdots & \vdots \\ 0 & 0 & \cdots & 1 & 0 \\ -\frac{1}{a}\frac{\partial f}{\partial x_1}(\boldsymbol{y}) & -\frac{1}{a}\frac{\partial f}{\partial x_2}(\boldsymbol{y}) & \cdots & -\frac{1}{a}\frac{\partial f}{\partial x_{n-1}}(\boldsymbol{y}) & \frac{1}{a} \end{pmatrix}.$$

其中简记 $a = \frac{\partial f}{\partial x_n}(\boldsymbol{y})$. 于是可用反函数定理, 从而我们可在 E 中找到含 $\boldsymbol{y}$ 的开集 V 和 $\mathbb{R}^n$ 中含 $F(\boldsymbol{y}) = (y_1, \cdots, y_n, 0)$ 的开集 W, 使得 F 是从 V 到 W 的双射, 而且 F^{-1} 在点 $(y_1, \cdots, y_n, 0)$ 处可微.

把 F^{-1} 写成分量形式

$$F^{-1}(x) = (h_1(x), h_2(x), \cdots, h_n(x)),$$

其中 $x \in W$. 由于 $F(F^{-1}(x)) = x$, 我们有

$$h_j(x_1, \cdots, x_n) = x_j, \quad 1 \leqslant j \leqslant n-1,\ x \in W,$$

以及

$$f(x_1, \cdots, x_{n-1}, h_n(x_1, \cdots, x_n)) = x_n.$$

还有, 由于 F^{-1} 在 $(y_1, \cdots, y_{n-1}, 0)$ 处可微, 所以 h_n 也是如此.

现在令 $U := \{(x_1, \cdots, x_{n-1}) \in \mathbb{R}^{n-1} : (x_1, \cdots, x_{n-1}, 0) \in W\}$. 注意 U 是 $\mathbb{R}^{n-1}$ 中的开集并且含有点 $(y_1, \cdots, y_{n-1})$. 现在定义 $g : U \to \mathbb{R}$ 为

$$g(x_1, \cdots, x_{n-1}) := h_n(x_1, \cdots, x_{n-1}, 0).$$

那么 g 在 $(y_1, \cdots, y_{n-1})$ 处可微. 现在我们来证明

$$\begin{aligned} &\{(x_1, \cdots, x_n) \in V : f(x_1, \cdots, x_n) = 0\} \\ =\ &\{(x_1, \cdots, x_{n-1}, g(x_1, \cdots, x_{n-1})) : (x_1, \cdots, x_{n-1}) \in U\}. \end{aligned} \tag{17.2}$$

首先设 $(x_1,\cdots,x_n)\in V$ 并且 $f(x_1,\cdots,x_n)=0$. 那么

$$F(x_1,\cdots,x_n)=(x_1,\cdots,x_{n-1},0)\in W.$$

于是 $(x_1,\cdots,x_{n-1})\in U$. 使用 F^{-1}, 我们看到

$$(x_1,\cdots,x_n)=F^{-1}(x_1,\cdots,x_{n-1},0).$$

那么

$$x_n=h_n(x_1,\cdots,x_{n-1},0)=g(x_1,\cdots,x_{n-1}).$$

我们证得 (17.2) 左端集合中的元都属于右端的集合. 反过来的包含关系只要把上面的步骤反过来就能得到, 留给读者去完成.

最后, 我们证明 g 的偏导数的公式. 从上面的讨论得到

$$f(x_1,\cdots,x_{n-1},g(x_1,\cdots,x_{n-1}))=0$$

对于一切 $(x_1,\cdots,x_{n-1})\in U$ 成立. 由于 g 在 $(y_1,\cdots,y_{n-1})$ 处可微, 而且 f 在 $(y_1,\cdots,y_{n-1},g(y_1,\cdots,y_{n-1}))=y$ 处可微, 所以根据链法则, 对 x_j 微分就得到

$$\frac{\partial f}{\partial x_j}(y)+\frac{\partial f}{\partial x_n}(y)\frac{\partial g}{\partial x_j}(y_1,\cdots,y_{n-1})=0,\quad j=1,\cdots,n-1,$$

由此推出 (17.1). ■

例 17.8.3 考虑曲面 $S:=\{(x,y,z)\in\mathbb{R}^3:xy+yz+zx=-1\}$, 把它重写为 $S:=\{(x,y,z)\in\mathbb{R}^3:f(x,y,z)=0\}$, 其中

$$f(x,y,z):=xy+yz+zx+1,\quad (x,y,z)\in\mathbb{R}^3.$$

显然, f 可微并且

$$\frac{\partial f}{\partial z}=x+y.$$

于是对于使 $x_0+y_0\neq 0$ 的 $(x_0,y_0,z_0)\in S$, 在 (x_0,y_0,z_0) 附近我们可以把曲面 S 写成形如

$$\{(x,y,g(x,y)):(x,y)\in U\}$$

的图像形式, 其中 U 是含 (x_0,y_0) 的开集, 而 g 是在 (x_0,y_0) 处可微 (且 $g(x_0,y_0)=z_0$) 的一个函数. 确实, 我们可经隐式微分求得

$$\frac{\partial g}{\partial x}(x_0,y_0)=-\frac{y_0+z_0}{x_0+y_0},\quad \frac{\partial g}{\partial x}(x_0,y_0)=-\frac{x_0+z_0}{x_0+y_0}$$

在隐函数定理中, 如果导数 $\frac{\partial f}{\partial x_n}$ 在某点处为零, 那么集合 $\{x\in\mathbb{R}^n:f(x)=0\}$ 好像不能在此点附近写成变量 x_n 作为其他 $n-1$ 个变量的函数的图像. 但是如

果某个其他的导数 $\frac{\partial f}{\partial x_j}$ 不是零, 那么根据隐函数定理就可以把变量 x_j 表成其他 $n-1$ 个变量的函数. 于是, 只要梯度 ∇f 不整个是零, 那就总可以把集合 $\{x \in \mathbb{R}^n : f(x) = 0\}$ 局部地写成某变量 x_j 作为其他 $n-1$ 个变量的函数的图像. (圆周 $\{(x,y) \in \mathbb{R}^2 : x^2+y^2-1=0\}$ 就是这样的一个很好的例子, 它既不是 y 作为 x 的函数的图像, 也不是 x 作为 y 的函数的图像, 但在每一点附近, 局部地它必是两者之一. 这正是因为 x^2+y^2-1 的梯度在圆周上永不为零.) 但是, 如果 ∇f 在某点 x_0 处消失, 那么我们说 x_0 是 f 的一个**临界点**(critical point), 在这种点处的性状要复杂得多. 例如, 集合 $\{(x,y) \in \mathbb{R}^2 : x^2-y^2=0\}$ 有临界点 $(0,0)$ (函数 x^2-y^2 的临界点), 在 $(0,0)$ 附近此集合不能看作任何一种函数的图像 (它是两条直线的并集).

注 17.8.4 在每点附近都可看作连续函数的图像的集合有一个名字, 叫作**流形**(manifold). 如果集合 $\{x \in \mathbb{R}^n : f(x) = 0\}$ 不含 f 的临界点, 它就是一个流形. 流形的理论在近代几何理论中 (特别是微分几何和代数几何中) 是非常重要的, 但此处我们不拟讨论, 因为这是研究生水平的课题.

第18章　Lebesgue 测度

上一章我们讨论了多元微分, 现在自然要考虑多元积分的问题. 我们希望回答的一般问题是: 给定 $\mathbb{R}^n$ 的某个子集合 Ω, 以及某个实值函数 $f:\Omega\to\mathbb{R}$, 可不可以在 Ω 上积分 f 而得到某个数 $\int_\Omega f$? (也可以考虑其他类型的函数, 如复值的或向量值的函数, 但是一旦掌握了实值函数的积分就容易积分这类函数, 因为可以通过分别积分这类函数的每个实值分量来完成复值函数或向量值函数的积分.)

一维时我们已经 (在第 11 章) 建立了 **Riemann 积分** $\int_{[a,b]} f$ 的概念, 它对于 Ω 是区间 $\Omega=[a,b]$, 并且 f 是 **Riemann 可积**的情形回答了这个问题. 这里, Riemann 积分到底是什么意思并不重要, 我们仅仅指出, 每个逐段连续的函数是 Riemann 可积的, 当然每个逐段常值的函数是 Riemann 可积的. 但是, 并不是一切函数都是 Riemann 可积的.Riemann 积分的概念也可以推广到高维情形, 但要花点力气, 而且依然只能积分 "Riemann 可积的" 函数, 这些函数构成很小的函数类, 相当不让人满意. (例如 Riemann 可积函数序列的极限不必是 Riemann 可积的, 而且尽管我们已经看到 Riemann 可积函数序列的一致极限保持 Riemann 可积, 但 L^2 极限就不一定了.)

由于这个缘故, 我们必须在 Riemann 积分之外去寻求真正令人满意的积分概念, 一个可以处理即便是很不连续的函数的概念. 这就导致 **Lebesgue 积分**的概念, 我们将用本章和下一章来建立这个概念. Lebesgue 积分可以处理很大的一类函数. 事实上, 可以说本质上它能积分任何在数学中我们实际需要的函数, 至少当我们与欧几里得空间打交道时, 它能积分我们实际需要的任何绝对可积的函数. (如果使用选择公理, 那么会有很多可以构作出来的病态函数不能用 Lebesgue 积分来处理, 但这些函数决不会在实际生活的应用中出现.)

在转入细节之前, 先作一个非正式的讨论. 为了明白如何计算一个积分 $\int_\Omega f$, 必须首先明白一个更基础的和更根本的问题: 如何计算 Ω 的**长度**, 或**面积**, 或**体积**? 要想看到为什么这个问题联系着积分法, 只要注意在集合 Ω 上积分常值函数 1, 就得到 Ω 的长度 (如果 Ω 是一维的), 或 Ω 的面积 (如果 Ω 是二维的), 或 Ω 的体积 (如果 Ω 是三维的). 为了避免划分依赖于维数的多种情形, 我们把 Ω 的长度、面积、体积 (或超体积等) 这些依赖于我们所研究的欧几里得空间 $\mathbb{R}^n$ 的维数的名称统一称作 Ω 的**测度**.

理想的情况是, 对于 $\mathbb{R}^n$ 的每个子集合 Ω, 我们都能指派一个非负的数 $m(\Omega)$, 它能作为 Ω 的测度 (即长度、面积、体积等), 允许 $m(\Omega)$ 取值零 (例如 Ω 恰是一个单点的集合或者是空集), 也允许 $m(\Omega)$ 取值无限 (∞) (例如当 Ω 是整个 $\mathbb{R}^n$ 时). 测度应该具备一定的合理的性质. 例如, 单位立方体 $(0,1)^n := \{(x_1,\cdots,x_n) : 0 < x_i < 1, i = 1,\cdots,n\}$ 的测度应该等于 1, 当 A 和 B 不相交时应该有 $m(A\bigcup B) = m(A)+m(B)$, 当 $A \subseteq B$ 时应该有 $m(A) \leqslant m(B)$, 并且对于任意的 $\boldsymbol{x} \in \mathbb{R}^n$, 应该有 $m(\boldsymbol{x}+A) = m(A)$(即, 如果 A 平移向量 $\boldsymbol{x}$, 测度应该不变).

值得注意的是, 这样的测度是**不存在的**, 无法对于 $\mathbb{R}^n$ 的每个子集合都指派一个非负的数 (包括 ∞), 使得上述性质成立. 这是一个相当令人惊奇的事实, 因为它与人们关于体积概念的直觉不符, 我们后面将证明此事. (这种直觉发生错误的一个更为戏剧性的例子是 **Banach-Tarski 悖论**, 它说的是 $\mathbb{R}^3$ 中的一个单位球被分成 5 块, 然后这 5 块经平移和旋转重新聚合成两个完全不相交的单位球, 这违背了体积守恒的概念. 此处我们不讨论这个悖论.)

上述事实表明, 不可能用一个合理的方式对于 $\mathbb{R}^n$ 的每个子集合都指派一个测度. 但是我们可以补救的是, 只测量 $\mathbb{R}^n$ 中的一类特定的集合 ——**可测集合**. 我们只在这些集合 Ω 上定义测度 $m(\Omega)$, 一旦我们把注意力限制在可测集上时, 我们就重新获得上述的一切性质. 更进一步, 几乎我们在实际生活中能遇到的一切集合都是可测的 (例如一切开集和闭集都是可测的), 所以这对于分析学已经足够好了.

§18.1 目标: Lebesgue 测度

设 $\mathbb{R}^n$ 是欧几里得空间. 本章的目标是定义**可测集**. 可测集是 $\mathbb{R}^n$ 的一类特殊的集合, 对于每个可测集 $\Omega \in \mathbb{R}^n$, 我们将定义 Lebesgue 测度 $m(\Omega)$ 为 $[0,\infty]$ 中的一个特定的数. 可测集的概念遵从下述性质.

(i) (Borel 性质) $\mathbb{R}^n$ 中的每个开集都是可测集, 每个闭集也都是可测集.

(ii) (补性质) 如果 Ω 是可测的, 那么 $\mathbb{R}^n \setminus \Omega$ 也是可测的.

(iii) (Boole 代数性质) 如果 $(\Omega_j)_{j\in J}$ 是可测集的有限族 (即 J 是有限的), 那么并集 $\bigcup_{j\in J}\Omega_j$ 和交集 $\bigcap_{j\in J}\Omega_j$ 都是可测集.

(iv) (σ 代数性质) 如果 $(\Omega_j)_{j\in J}$ 是可测集的可数族 (即 J 是可数的), 那么并集 $\bigcup_{j\in J}\Omega_j$ 和交集 $\bigcap_{j\in J}\Omega_j$ 都是可测集.

注意, 这些性质中的某些是多余的. 例如, (iv) 蕴含 (iii), 而且一旦知道开集是可测的, (ii) 就蕴含一切闭集都是可测的. 性质 (i)~(iv) 保证本质上我们遇到的每个集合都是可测的, 虽然在引言中已指出, 的确存在不可测的集合.

对于每个可测集 Ω, 我们指派给它 Lebesgue 测度 $m(\Omega)$, m 必须遵循下述性质.

(v) (空集零性) 空集 $\varnothing$ 的测度是 $m(\varnothing) = 0$.

(vi) (正性) 对于每个可测集 Ω, $0 \leqslant m(\Omega) \leqslant \infty$.

(vii) (单调性) 如果 A, B 都是可测集并且 $A \subseteq B$, 那么 $m(A) \leqslant m(B)$.

(viii) (有限次加性) 若 $(A_j)_{j \in J}$ 是可测集的有限族, 则 $m(\bigcup_{j \in J} A_j) \leqslant \sum\limits_{j \in J} m(A_j)$.

(ix) (有限加性) 若 $(A_j)_{j \in J}$ **是互不相交的**可测集的有限族, 则

$$m(\bigcup_{j \in J} A_j) = \sum_{j \in J} m(A_j).$$

(x) (可数次加性) 若 $(A_j)_{j \in J}$ 是可测集的可数族, 则 $m(\bigcup_{j \in J} A_j) \leqslant \sum\limits_{j \in J} m(A_j)$.

(xi) (可数加性) 若 $(A_j)_{j \in J}$ **是互不相交的**可测集的可数族, 则

$$m(\bigcup_{j \in J} A_j) = \sum_{j \in J} m(A_j).$$

(xii) (正规化性质) 单位立方体 $[0,1]^n = \{(x_1, \cdots, x_n) \in \mathbb{R}^n : 0 \leqslant x_j \leqslant 1,\ j = 1, \cdots, n\}$ 的测度 $m([0,1]^n) = 1$.

(xiii) (平移不变性) 如果 Ω 是可测集而 $x \in \mathbb{R}^n$, 那么 $x + \Omega := \{x + y : y \in \Omega\}$ 也是可测的，并且 $m(x + \Omega) = m(\Omega)$.

同样, 这些性质中有些是多余的, 例如可数加性可用来导出有限加性, 有限加性又可用来导出单调性 (与正性联合使用). 还可以从加性导出次加性. 注意 $m(\Omega)$ 可以是 ∞, 所以上述诸性质中的某些和可以等于 ∞. (由于一切都是正的, 我们绝对不会遇到 $-\infty + \infty$ 这样的不确定的形式.)

本章的目的可叙述如下:

定理 18.1.1(Lebesgue 测度的存在性) *存在可测集的概念, 以及对每个可测集 $\Omega \subseteq \mathbb{R}^n$ 指派一个数 $m(\Omega)$ 的方法, 使得全部性质 (i)~(xiii) 都成立.*

研究的结果是 Lebesgue 测度在很大程度上是唯一的, 任何其他可测的概念及测度的概念只要遵从公理 (i)~(xiii), 将极大地与我们给出的结构重合. 但是也有其他的测度, 只服从上述公理中的一部分. 另外, 我们也可能对于欧几里得空间 $\mathbb{R}^n$ 之外的其他区域上的测度产生兴趣. 这导致**测度论**, 其本身是一个完整的课题, 此处不拟讨论. 但我们要说明, 测度的概念在现代概率中以及在分析的更深入的研究中 (例如在广义函数论中) 是很重要的.

§18.2 第一步: 外测度

在构建 Lebesgue 测度之前, 我们先来讨论寻找一个集合的测度的一种相当朴素的办法 —— 那就是我们试图用一些盒子来覆盖集合, 然后把每个盒子的体积都加起来. 这个办法几乎总能奏效, 它给我们提供一个叫作**外测度**的概念, 外测度适用于每个集合并且具有性质 (v)~(xiii), 但除了加性 (ix) 和 (xi) 之外. 后面我们将必须稍稍修正外测度, 使其获得加性.

我们从开盒子的概念开始.

定义 18.2.1(开盒子) 把 $\mathbb{R}^n$ 中如下形状的集合

$$B = \prod_{i=1}^{n}(a_i, b_i) := \{(x_1, \cdots, x_n) \in \mathbb{R}^n : x_i \in (a_i, b_i), 1 \leqslant i \leqslant n\}$$

叫作**开盒子**(简称为**盒子**), 其中 $a_i \leqslant b_i$ 都是实数. 定义这个盒子的**体积** $\mathrm{vol}(B)$ 为

$$\mathrm{vol}(B) := \prod_{i=1}^{n}(b_i - a_i) = (b_1 - a_1)\cdots(b_n - a_n).$$

例如, 单位立方体 $(0,1)^n$ 是盒子, 其体积为 1. 在一维情形, 即 $n=1$ 时, 盒子就是开区间 (当然是有界的). 容易验证, 在一般的维数下, 开盒子确实是开集. 注意, 如果对于某 i 有 $a_i = b_i$, 那么盒子变成空集, 体积为 0, 然而我们依然认为它是盒子 (即使是个相当无聊的盒子). 有时, 用 $\mathrm{vol}_n(B)$ 来代替 $\mathrm{vol}(B)$ 以强调我们是在处理 n 维体积. 于是, 作为例子, $\mathrm{vol}_1(B)$ 是一维盒子 B 的长度, $\mathrm{vol}_2(B)$ 是二维盒子的面积, 等等.

注 18.2.2 我们当然希望盒子的测度 $m(B)$ 与它的体积 $\mathrm{vol}(B)$ 一样. 事实上这是公理 (i)~(xiii) 的必然结果 (见习题 18.2.5).

定义 18.2.3(开盒覆盖) 设 Ω 是 $\mathbb{R}^n$ 的子集合. 如果一个开盒族 $(B_j)_{j\in J}$ 满足 $\Omega \subseteq \bigcup_{j\in J} B_j$, 就说它**覆盖** Ω.

设 $\Omega \subseteq \mathbb{R}^n$ 可被开盒的有限族或可数族 $(B_j)_{j\in J}$ 所覆盖. 如果我们希望 Ω 是可测的, 并且希望测度 m 遵从单调性和次加性 ((vii), (viii), (x)), 如果我们还希望 $m(B_j) = \mathrm{vol}(B_j)$ 对于每个 j 都成立, 那么必须有

$$m(\Omega) \leqslant m(\bigcup_{j\in J} B_j) \leqslant \sum_{j\in J} m(B_j) = \sum_{j\in J} \mathrm{vol}(B_j).$$

于是我们断定

$$m(\Omega) \leqslant \inf\{\sum_{j\in J} \mathrm{vol}(B_j) : (B_j)_{j\in J} \text{ 是}\,\Omega\,\text{的开盒覆盖}, J\text{至多可数}\}.$$

受此启发, 我们定义

定义 18.2.4(外测度) 如果 Ω 是集合, 我们定义它的**外测度** $m^*(\Omega)$ 为量

$$m^*(\Omega) := \inf\{\sum_{j=1}^{\infty} \mathrm{vol}(B_j) : (B_j)_{j=1}^{\infty}\ \text{覆盖}\ \Omega\}.$$

由于 $\sum\limits_{j=1}^{\infty} \mathrm{vol}(B_j)$ 不取负值, 我们知道对于一切 Ω, $m^*(\Omega) \geqslant 0$. 然而 $m^*(\Omega)$ 完全可能等于 ∞. 注意由于我们许可使用可数开盒覆盖, 那么 $\mathbb{R}^n$ 的每个子集应该至

少有一个可数开盒覆盖. 事实上, $\mathbb{R}^n$ 本身就可以被单位立方体 $(0,1)^n$ 的可数个平移所覆盖 (怎样覆盖?). 有时也把 $m^*(\Omega)$ 写成 $m_n^*(\Omega)$ 以强调我们使用的是 n 维外测度.

注意, 外测度对于每个集合 (不只是可测集) 都有定义, 因为我们可以对任何非空集合取 infimum. 外测度遵从测度所需的一些性质:

引理 18.2.5(外测度的性质)　外测度具有下述 6 条性质.

(v) (空集零性) 空集 $\varnothing$ 的外测度是 $m^*(\varnothing)=0$.

(vi) (正性) 对于每个集合 Ω, 有 $0\leqslant m^*(\Omega)\leqslant\infty$.

(vii) (单调性) 如果 $A\subseteq B\subseteq\mathbb{R}^n$, 那么 $m^*(A)\leqslant m^*(B)$.

(viii) (有限次加性) 如果 $(A_j)_{j\in J}$ 是 $\mathbb{R}^n$ 的子集合的有限族, 那么

$$m^*(\bigcup_{j\in J}A_j)\leqslant\sum_{j\in J}m^*(A_j).$$

(x) (可数次加性) 如果 $(A_j)_{j\in J}$ 是 $\mathbb{R}^n$ 的子集合的可数族, 那么

$$m^*(\bigcup_{j\in J}A_j)\leqslant\sum_{j\in J}m^*(A_j).$$

(xiii) (平移不变性) 如果 Ω 是 $\mathbb{R}^n$ 的子集合, 并且 $x\in\mathbb{R}^n$, 那么

$$m^*(x+\Omega)=m^*(\Omega).$$

证明　见习题 18.2.1. ■

闭盒子的外测度也是我们所期待的那样.

命题 18.2.6(闭盒子的外测度)　对于每个闭盒子

$$B=\prod_{i=1}^n[a_i,b_i]:=\{(x_1,\cdots,x_n)\in\mathbb{R}^n:x_i\in[a_i,b_i],1\leqslant i\leqslant n\},$$

我们有

$$m^*(B)=\prod_{i=1}^n(b_i-a_i).$$

证明　显然, 对于每个 $\varepsilon>0$, 都可以用开盒子 $\prod_{i=1}^n(a_i-\varepsilon,b_i+\varepsilon)$ 覆盖 B. 于是,

$$m^*(B)\leqslant\mathrm{vol}\left(\prod_{i=1}^n(a_i-\varepsilon,b_i+\varepsilon)\right)=\prod_{i=1}^n(b_i-a_i+2\varepsilon),\ \varepsilon>0.$$

令 $\varepsilon\to 0$ 取极限, 得

$$m^*(B)\leqslant\prod_{i=1}^n(b_i-a_i).$$

为了完成证明, 我们需要证明

$$m^*(B) \geqslant \prod_{i=1}^{n}(b_i - a_i).$$

根据 $m^*(B)$ 的定义, 只要证明当 $(B_j)_{j\in J}$ 是 B 的有限或可数覆盖时必有

$$\sum_{j\in J}\mathrm{vol}(B_j) \geqslant \prod_{i=1}^{n}(b_i - a_i)$$

就可以了.

由于 B 是有界闭集, 它是紧致的 (根据 Heine-Borel 定理 (定理 12.5.7)), 从而每个开覆盖都含有有限的子覆盖 (定理 12.5.8). 于是, 要对于可数覆盖证明上面的不等式, 只需对于有限覆盖证明这个不等式就可以了 (这是因为, 如果 $(B_j)_{j\in J'}$ 是 $(B_j)_{j\in J}$ 的有限子覆盖, 那么 $\sum_{j\in J'}\mathrm{vol}(B_j)$ 必将小于或等于 $\sum_{j\in J}\mathrm{vol}(B_j)$).

总而言之, 现在的目标是证明: 只要 $(B^{(j)})_{j\in J}$ 是 $\prod_{i=1}^{n}[a_i, b_i]$ 的有限子覆盖, 就有

$$\sum_{j\in J}\mathrm{vol}(B^{(j)}) \geqslant \prod_{i=1}^{n}(b_i - a_i), \tag{18.1}$$

把下标 B_j 换成上标 $B^{(j)}$ 是因为我们将用下标表示分量.

我们使用对维数 n 进行归纳的方法来证明 (18.1). 首先考虑 $n = 1$ 的基础情形. 这时 B 恰是一个闭区间 $B = [a, b]$, 而且每个盒子 $B^{(j)}$ 恰是一个开区间 $B^{(j)} = (a_j, b_j)$. 我们要证的是

$$\sum_{j\in J}(b_j - a_j) \geqslant (b - a).$$

为做此事, 我们使用 Riemann 积分. 对于每个 $j \in J$, 设 $f^{(j)} : \mathbb{R} \to \mathbb{R}$ 是 (a_j, b_j) 的特征函数, 即

$$f^{(j)}(x) := \begin{cases} 1, & 当 x \in (a_j, b_j), \\ 0, & 当 x \notin (a_j, b_j). \end{cases}$$

那么 $f^{(j)}$ 是 Riemann 可积的 (因为它是逐段常值的, 并且是紧支撑的), 而且

$$\int_{-\infty}^{\infty} f^{(j)} = b_j - a_j.$$

把此式对于一切 $j \in J$ 加起来, 并交换积分与有限和的次序, 我们得到

$$\int_{-\infty}^{\infty}\sum_{j\in J} f^{(j)} = \sum_{j\in J} b_j - a_j.$$

然而由于区间族 $\{(a_j, b_j) : j \in J\}$ 覆盖 $[a, b]$, 我们有

$$\sum_{j\in J} f^{(j)}(x) \geqslant 1, \quad x \in [a,b]$$

(为什么?). 对于 $[a,b]$ 外的其他 x, 有 $\sum_{j\in J} f^{(j)}(x) \geqslant 0$. 于是

$$\int_{-\infty}^{\infty} \sum_{j\in J} f^{(j)} \geqslant \int_{[a,b]} 1 = b-a,$$

从而所要的结果由此不等式联合前面的等式而得出. 这证明了 (18.1) 当 $n=1$ 时成立.

现假设 $n>1$, 并且已经对于维数 $n-1$ 证明了不等式 (18.1). 使用与前面类似的论述. 每个盒子 $B^{(j)}$ 具有形状

$$B^{(j)} = \prod_{i=1}^{n} (a_i^{(j)}, b_i^{(j)}).$$

我们可以把它重新写成

$$B^{(j)} = A^{(j)} \times (a_n^{(j)}, b_n^{(j)}),$$

其中 $A^{(j)} := \prod_{i=1}^{n-1} (A_i^{(j)}, b_i^{(j)})$ 是 $n-1$ 维盒子. 注意

$$\mathrm{vol}(B^{(j)}) = \mathrm{vol}_{n-1}(A^{(j)})(b_n^{(j)} - a_n^{(j)}),$$

其中我们用带下标的 vol_{n-1} 来强调这是 $n-1$ 维体积. 我们类似地写

$$B = A \times [a_n, b_n],$$

其中 $A := \prod_{i=1}^{n-1} [a_i, b_i]$, 而且还有

$$\mathrm{vol}(B) = \mathrm{vol}_{n-1}(A)(b_n - a_n).$$

对于每个 $j \in J$, 设 $f^{(j)}$ 是函数

$$f^{(j)}(x_n) := \begin{cases} \mathrm{vol}_{n-1}(A^{(j)}), & \text{当} x_n \in (a_n^{(j)}, b_n^{(j)}), \\ 0, & \text{当} x_n \notin (a_n^{(j)}, b_n^{(j)}). \end{cases}$$

那么 $f^{(j)}$ 是 Riemann 可积的, 并且

$$\int_{-\infty}^{\infty} f^{(j)} = \mathrm{vol}_{n-1}(A^{(j)})(b_n^{(j)} - a_n^{(j)}) = \mathrm{vol}(B^{(j)}),$$

从而

$$\sum_{j\in J} \mathrm{vol}(B^{(j)}) = \int_{-\infty}^{\infty} \sum_{j\in J} f^{(j)}.$$

现在让 $x_n \in [a_n, b_n]$ 而且 $(x_1, \cdots, x_{n-1}) \in A$. 那么 $(x_1, \cdots, x_n) \in B$, 从而属于某个 $B^{(j)}$. 很清楚, 我们有 $x_n \in (a_n^{(j)}, b_n^{(j)})$, 并且 $(x_1, \cdots, x_{n-1}) \in A^{(j)}$. 那么, 我们看到, 对于每个 $x_n \in [a_n, b_n]$, $n-1$ 维盒子的集合

$$\{A^{(j)} : j \in J;\ x_n \in (a_n^{(j)}, b_n^{(j)})\}$$

都覆盖 A. 使用归纳假设, 即 $n-1$ 维时的 (18.1), 我们看到

$$\sum_{j \in J; x_n \in (a_n^{(j)}, b_n^{(j)})} \mathrm{vol}_{n-1}(A^{(j)}) \geqslant \mathrm{vol}_{n-1}(A),$$

也就是

$$\sum_{j \in J} f^{(j)}(x_n) \geqslant \mathrm{vol}_{n-1}(A), \quad x_n \in [a_n, b_n].$$

在 $[a_n, b_n]$ 上积分此不等式两边, 就得到

$$\int_{[a_n, b_n]} \sum_{j \in J} f^{(j)} \geqslant \mathrm{vol}_{n-1}(A)(b_n - a_n) = \mathrm{vol}(B),$$

当然, 因为 $\sum\limits_{j \in J} f^{(j)}$ 永不取负值,

$$\int_{-\infty}^{\infty} \sum_{j \in J} f^{(j)} \geqslant \mathrm{vol}(B).$$

把此式与前面关于 $\int_{-\infty}^{\infty} \sum\limits_{j \in J} f^{(j)}$ 的等式联合起来, 我们就得到 (18.1), 从而完成了归纳. ■

一旦我们得到了闭盒子的测度, 对于开盒子的相应结果就容易了.

推论 18.2.7 对于任意的开盒子

$$B = \prod_{i=1}^{n} (a_i, b_i) := \{(x_1, \cdots, x_n) \in \mathbb{R}^n : x_i \in (a_i, b_i), 1 \leqslant i \leqslant n\},$$

我们有

$$m^*(B) = \prod_{i=1}^{n} (b_i - a_i).$$

从而外测度具有规范化性质 (xii).

证明 假设对于一切 i, $b_i > a_i$, 因为如果 $b_i = a_i$, 结论从引理 18.2.5(v) 得出. 现在注意, 对于一切使 $b_i - \varepsilon > a_i + \varepsilon (i = 1, \cdots, n)$ 的 $\varepsilon > 0$ 成立

$$\prod_{i=1}^{n} [a_i + \varepsilon, b_i - \varepsilon] \subseteq \prod_{i=1}^{n} (a_i, b_i) \subseteq \prod_{i=1}^{n} [a_i, b_i].$$

使用命题 18.2.6 以及引理 18.2.5(vii), 得

$$\prod_{i=1}^{n}(b_i - a_i - 2\varepsilon) \leqslant m^*(B) \leqslant \mathrm{vol}(B).$$

令 $\varepsilon \to 0$ 并用挤压判别法 (推论 6.4.14), 就得到所要的结果. ■

我们现在举一些实直线 $\mathbb{R}$ 上的集合的外测度的例子.

例 18.2.8 我们来计算 $\mathbb{R}$ 的一维外测度. 由于对于一切 $R > 0$, $(R, R) \subseteq \mathbb{R}$, 根据推论 18.2.7, 有

$$m^*(\mathbb{R}) \geqslant m^*((-R, R)) = 2R$$

令 $R \to \infty$, 就得到 $m^*(\mathbb{R}) = \infty$.

例 18.2.9 现在我们来算 $\mathbb{Q}$ 的一维外测度. 从命题 18.2.6 我们看到, 对于每个比例数 q, 单点集 $\{q\}$ 有外测度 $m^*(\{q\}) = 0$. 由于 $\mathbb{Q}$ 显然是并集 $\mathbb{Q} = \bigcup_{q\in\mathbb{Q}}\{q\}$, 而且 $\mathbb{Q}$ 是可数集, 所以

$$m^*(\mathbb{Q}) \leqslant \sum_{q\in\mathbb{Q}} m^*(\{q\}) = \sum_{q\in\mathbb{Q}} 0 = 0,$$

从而 $m^*(\mathbb{Q})$ 必等于零. 事实上, 同样的论述表明每个可数集的外测度都是零. (这附带给出了实数集不可数结论 (推论 8.3.4) 的一个另外的证明.)

注 18.2.10 $m^*(\mathbb{Q}) = 0$ 这一事实的一个结果是, 给定任意的 $\varepsilon > 0$, 可以用总长度小于 ε 的可数个开区间覆盖比例数集 $\mathbb{Q}$. 此事有点不那么直观, 你能以更直观的方式构造 $\mathbb{Q}$ 的这样的短区间的可数覆盖吗?

例 18.2.11 现在来计算非比例数集 $\mathbb{R}\setminus\mathbb{Q}$ 的一维外测度. 从有限次加性我们得到

$$m^*(\mathbb{R}) \leqslant m^*(\mathbb{R}\setminus\mathbb{Q}) + m^*(\mathbb{Q}).$$

由于 $\mathbb{Q}$ 的外测度是 0, $m^*(\mathbb{R}) = \infty$, 所以非比例数集合 $\mathbb{R}\setminus\mathbb{Q}$ 的外测度是 ∞. 一个类似的论述表明 $[0,1]$ 中的非比例数的集合 $[0,1]\setminus\mathbb{Q}$ 的外测度是 1(为什么?).

例 18.2.12 根据命题 18.2.6, $\mathbb{R}$ 中的单位区间 $[0,1]$ 的一维外测度是 1, 但 $\mathbb{R}^2$ 中的单位区间 $\{(x,0) : 0 \leqslant x \leqslant 1\}$ 的二维外测度是 0. 可见, 一维外测度和二维外测度是相当不同的. 注意, 上面的说明及可数次加性蕴含 $\mathbb{R}^2$ 的整个 x 轴虽然有无限的一维外测度, 但其二维外测度却是 0.

习 题 18.2

18.2.1 证明引理 18.2.5. (提示: 必须使用 inf 的定义, 大概要引入一个参数 ε. 可能要把某些外测度等于 ∞ 的情形分开来处理.(viii) 可从 (x) 和 (v) 导出. 对于 (x), 把指标集记成

$J = \{j_1, j_2, j_3, \cdots\}$ 并对每个 A_j 取其开盒覆盖使盒子的总体积不比 $m^*(A_j) + 2^{-j}\varepsilon$ 大.)

18.2.2 设 A 是 $\mathbb{R}^n$ 的子集, B 是 $\mathbb{R}^m$ 的子集. 注意笛卡儿乘积 $A \times B := \{(a,b) : a \in A, b \in B\}$ 是 $\mathbb{R}^{n+m}$ 的子集. 证明

$$m^*_{n+m}(A \times B) \leqslant m^*_n(A) m^*_m(B).$$

(事实上 $m^*_{n+m}(A \times B) = m^*_n(A) m^*_m(B)$, 但证明此等式本质上更为困难.)

在习题 18.2.3~18.2.5 中, 我们假定 $\mathbb{R}^n$ 是欧几里得空间, 而且假定在 $\mathbb{R}^n$ 中还具有可测集的概念 (可与 Lebesgue 可测集的概念重合, 也可以不重合), 还假定具有测度的概念 (可与 Lebesgue 测度的概念重合, 也可以不重合) 服从公理 (i)~(xiii).

18.2.3 (a) 证明: 如果 $A_1 \subseteq A_2 \subseteq A_3 \subseteq \cdots$ 是可测集的增序列 (即对于每个正整数 j, $A_j \subseteq A_{j+1}$), 那么我们有

$$m\left(\bigcup_{j=1}^{\infty} A_j\right) = \lim_{j \to \infty} m(A_j).$$

(b) 证明: 如果 $A_1 \supseteq A_2 \supseteq A_3 \supseteq \cdots$ 是可测集的减序列 (即对于每个正整数 j, $A_j \supseteq A_{j+1}$), 并且 $m(A_1) < \infty$, 那么我们有

$$m\left(\bigcap_{j=1}^{\infty} A_j\right) = \lim_{j \to \infty} m(A_j).$$

18.2.4 证明: 对于任意的正整数 $q > 1$, 开盒子

$$(0, 1/q)^n := \{(x_1, \cdots, x_n) \in \mathbb{R}^n : 0 < x_j < 1/q, \quad j = 1, \cdots, n\}$$

与闭盒子

$$[0, 1/q]^n := \{(x_1, \cdots, x_n) \in \mathbb{R}^n : 0 \leqslant x_j \leqslant 1/q, \quad j = 1, \cdots, n\}$$

的测度都是 q^{-n}. (提示: 先证明对于每个 $q \geqslant 1$, $m((0,1/q)^n) \leqslant q^{-n}$, 方法是用 $(0,1/q)^n$ 的某些平移来覆盖 $(0,1)^n$. 用类似的方法证明 $m([0,1/q]^n) \geqslant q^{-n}$. 然后证明, 对于每个 $\varepsilon > 0$, $m([0,1/q]^n \setminus (0, \frac{1}{q})^n) \leqslant \varepsilon$, 方法是用某些很小的盒子覆盖 $[0,1/q]^n$ 的边界.)

18.2.5 证明: 对于任意的盒子 B, $m(B) = \mathrm{vol}(B)$. (提示: 先对于坐标 a_j, b_j 都是比例数的情形证明这个结论, 使用习题 18.2.4. 然后想办法 (或许使用习题 18.2.3(a)) 取极限, 对于坐标都是实数的一般情形得到结果.)

18.2.6 使用引理 18.2.5 和命题 18.2.6 给实数集不是可数集一个另样的证明 (即重证推论 8.3.4).

§18.3　外测度不是加性的

从引理 18.2.5 来看, 好像现在只要验证了加性 (ix), (xi), 我们就为拥有一个可用的测度做完了所需做的一切事项. 不幸的是, 外测度不具有加性, 即使在一维时也是如此.

命题 18.3.1(可数加性不成立)　*存在 $\mathbb{R}$ 的可数的互不相交的子集族 $(A_j)_{j\in J}$, 使得*

$$m^*\big(\bigcup_{j\in J} A_j\big) \neq \sum_{j\in J} m^*(A_j).$$

证明　我们需要一些记号. 设 $\mathbb{Q}$ 是比例数集, $\mathbb{R}$ 是实数集. 如果对于某实数 x, $A = x+\mathbb{Q}$, 就称 A 为 $\mathbb{Q}$ 的**陪集**(coset), 这里 $A \subseteq \mathbb{R}$. 例如, $\sqrt{2}+\mathbb{Q}$ 是 $\mathbb{Q}$ 的陪集, $\mathbb{Q}$ 自身也是, 因为 $\mathbb{Q} = 0+\mathbb{Q}$. 注意, 一个陪集 A 可能对应于几个 x 的值, 例如 $2+\mathbb{Q}$ 与 $0+\mathbb{Q}$ 完全是同一个陪集. 还有, 两个陪集不可能彼此重迭. 如果 $x+\mathbb{Q}$ 与 $y+\mathbb{Q}$ 相交, z 是它们的公共点, 那么 $x-y$ 必是比例数 (为什么? 使用恒等式 $x-y=(x-z)-(y-z)$), 从而 $x+\mathbb{Q}$ 和 $y+\mathbb{Q}$ 必相同 (为什么?). 所以任何两个陪集要么相同, 要么不相交.

注意到, $\mathbb{Q}$ 的每个陪集 A 都与 $[0,1]$ 有非空的交. 实际上, 如果 A 是陪集, 那么对于某实数 x, $A = x+\mathbb{Q}$. 如果从 $[-x,1-x]$ 中取一个比例数 q, 就有 $x+q\in[0,1]$, 于是 $A\bigcap[0,1]$ 包含 $x+q$.

设 $\mathbb{R}/\mathbb{Q}$ 代表 $\mathbb{Q}$ 的全体陪集所成的集合, 注意这是一个元素为 (实数的) 集合的族. 对于每个陪集 $A\in\mathbb{R}/\mathbb{Q}$, 我们取一个 $x_A\in A\bigcap[0,1]$. (这要用到选择公理, 见 §8.4.) 设 E 是这样的 x_A 的集合, 即 $E:=\{x_A : A\in\mathbb{R}/\mathbb{Q}\}$. 注意, 根据这个作法, $E\subseteq[0,1]$.

现在考虑集合

$$X = \bigcup_{q\in\mathbb{Q}\bigcap[-1,1]} (q+E).$$

很清楚, 这个集合含在 $[-1,2]$ 之中 (因为, 只要 $q\in[-1,1]$, $x\in E\subseteq[0,1]$, 就有 $q+x\in[-1,2]$). 我们说这个集合包含区间 $[0,1]$. 实际上, 对于任意的 $y\in[0,1]$, y 必定属于某个陪集 A(例如, 它属于陪集 $y+\mathbb{Q}$). 但 x_A 属于同一陪集, 于是 $y-x_A$ 等于某比例数 q. 由于 y 和 x_A 都在 $[0,1]$ 中, 所以 $q\in[-1,1]$. 由于 $y=q+x_A$, 所以 $y\in q+E$, 从而 $y\in X$.

我们断言

$$m^*(X) \neq \sum_{q\in\mathbb{Q}\bigcap[-1,1]} m^*(q+E),$$

从而得到命题的结论. 为了证实此不等式, 注意到

$$[0,1] \subseteq X \subseteq [-1,2],$$

从而根据单调性及命题 18.2.6,

$$1 \leqslant m^*(X) \leqslant 3.$$

对于不等式的右边, 从平移不变性得

$$\sum_{q \in \mathbb{Q} \bigcap [-1,1]} m^*(q+E) = \sum_{q \in \mathbb{Q} \bigcap [-1,1]} m^*(E).$$

集合 $\mathbb{Q} \bigcap [-1,1]$ 是可数无限集 (为什么?), 所以右边或为 0(若 $m^*(E)=0$), 或为 ∞(若 $m^*(E)>0$). 不管哪种情形, 它都不能介于 1 和 3 之间, 这就完成了证明. ■

注 18.3.2 上面的证明用到了选择公理, 这是绝对必要的. 可以使用数理逻辑中的某些技巧证明, 如果不假定选择公理, 那么就可能有一个数学模型, 其中外测度是可数加性的.

可以把上述论证加以精炼而证明: 事实上 m^* 也不是有限加性的.

命题 18.3.3(有限加性不成立) *存在 $\mathbb{R}$ 的有限的互不相交的子集族 $(A_j)_{j \in J}$ (J 是有限集), 使得*

$$m^*\left(\bigcup_{j \in J} A_j\right) \neq \sum_{j \in J} m^*(A_j).$$

证明 这是用非直接的论述来证明的. 设 m^* 是有限加性的. 设 E 和 X 是命题 18.3.1 中引入的集合. 从可数次加性及平移不变性得

$$m^*(X) \leqslant \sum_{q \in \mathbb{Q} \bigcap [-1,1]} m^*(q+E) = \sum_{q \in \mathbb{Q} \bigcap [-1,1]} m^*(E).$$

由于我们知道 $1 \leqslant m^*(X) \leqslant 3$, 所以有 $m^*(E) \neq 0$, 否则的话将有 $m^*(X) \leqslant 0$, 这是一个矛盾.

由于 $m^*(E) \neq 0$, 所以存在整数 $n>0$, 使得 $m^*(E) > \frac{1}{n}$. 现在设 J 是 $\mathbb{Q} \bigcap [-1,1]$ 的一个基数为 $3n$ 的有限子集. 如果 m^* 是有限加性的, 那么我们将会得到

$$m^*\left(\bigcup_{q \in J}(q+E)\right) = \sum_{q \in J} m^*(q+E) = \sum_{q \in J} m^*(E) > 3n\frac{1}{n} = 3.$$

但我们知道 $\bigcup_{q \in J}(q+E)$ 是 X 的子集合, 它的外测度最多为 3. 这就与单调性相矛盾. 所以 m^* 不能是有限加性的. ■

注 18.3.4 这里的例子与 Banach-Tarski 悖论有联系, 这个悖论表明, (使用选择公理) 可以把 $\mathbb{R}^3$ 的单位球划分成五份, 这五份经旋转和平移可以重新构成**两个**完整的单位球! 当然, 这个分法必定含有不可测集合. 这里我们不提供这个悖论, 因为它要求群论的一些知识, 超出本书的范围.

§18.4 可 测 集

上一节中我们看到, 有一类集合的外测度的性状很糟糕, 以至于可以用来作成违背有限加性和可数加性的例子. 但这些集合是相当病态的, 它们是借助于选择公理构成, 看上去完全是人造的. 人们会希望把这些集合排除出去, 而仍保持有限加性和可数加性. 很幸运, 这是可以实现的, 这要感谢 Constantin Carathéodory(1873—1950) 的一个聪明的定义:

定义 18.4.1(Lebesgue 可测) 设 E 是 $\mathbb{R}^n$ 的子集合. 如果对于 $\mathbb{R}^n$ 的每个子集合 A 都成立

$$m^*(A) = m^*(A\bigcap E) + m^*(A \setminus E),$$

就称 E 是 **Lebesgue 可测的**或简称为**可测的**. 如果 E 是可测的, 我们就定义 E 的 **Lebesgue 测度**为 $m(E) = m^*(E)$; 如果 E 不是可测的, 我们说 $m(E)$ 无定义.

换句话说, E 是可测的指的是, 当我们用 E 把任意的集合 A 划分成两部分时, 加性保持. 当然, 如果 m^* 是有限加性的话, 那么每个集合 E 都将是可测的; 但从命题 18.3.3 知道, 外测度并不是有限加性的. 可以把可测集看作是使有限加性成立的集合. 有时我们把 $m(E)$ 标以下标记作 $m_n(E)$ 以强调我们使用的是 n 维 Lebesgue 测度.

上述定义有点难于使用, 在实践中没法直接从这个定义来验证一个集合是可测的. 所以我们先用这个定义来证明可测集的一系列有用的性质 (引理 18.4.2 至引理 18.4.11), 然后我们将或多或少地仅只依靠引理中的性质去判断一个集合的可测性, 而不再使用上面的定义.

我们从证明一大类集合确实是可测的开始. 空集 $E = \varnothing$ 和全空间 $E = \mathbb{R}^n$ 显然是可测的 (为什么?). 还有另一个可测集的例子:

引理 18.4.2(半空间是可测的) 半空间

$$\{(x_1, \cdots, x_n) \in \mathbb{R}^n : x_n > 0\}$$

是可测的.

证明 见习题 18.4.3. ■

注 18.4.3 类似的论述还表明, 任何形如

$$\{(x_1, \cdots, x_n) \in \mathbb{R}^n : x_j > 0\}$$

或者

$$\{(x_1, \cdots, x_n) \in \mathbb{R}^n : x_j < 0\}$$

的半空间也是可测的, 其中 $1 \leqslant j \leqslant n$.

现在给出可测集的更多的性质.

引理 18.4.4(可测集的性质)

(a) 如果 E 可测, 那么 $\mathbb{R}^n \setminus E$ 也可测.

(b) (平移不变性) 如果 E 是可测的, 而且 $x \in \mathbb{R}^n$, 那么 $x + E$ 也是可测的, 并且 $m(x + E) = m(E)$.

(c) 如果 E_1 和 E_2 都是可测的, 那么 $E_1 \bigcap E_2$ 和 $E_1 \bigcup E_2$ 也是可测的.

(d) (Boole 代数性质) 如果 $E_1, \cdots, E_N$ 是可测的, 那么 $\bigcup_{j=1}^N E_j$ 和 $\bigcap_{j=1}^N E_j$ 是可测的.

(e) 每个开盒子和每个闭盒子都是可测的.

(f) 任何外测度为零的集合 E (即 $m^*(E) = 0$) 都是可测的.

证明 见习题 18.4.4. ■

由引理 18.4.4, 我们已经证明了, 在我们所希望的可测集的性质的清单上的 (ii), (iii), (xiii), 而且还正在向 (i) 前进. 我们还有有限加性 (在我们的希望清单上的 (ix)).

引理 18.4.5(有限加性) 设 $(E_j)_{j \in J}$ 是互不相交的可测集的有限族, 而 A 是任意的一个集合 (不必是可测的), 那么

$$m^*\big(A \bigcap (\bigcup_{j \in J} E_j)\big) = \sum_{j \in J} m^*(A \bigcap E_j).$$

还有

$$m(\bigcup_{j \in J} E_j) = \sum_{j \in J} m(E_j).$$

证明 见习题 18.4.6. ■

注 18.4.6 若把引理 18.4.5 和命题 18.3.3 合起来, 就推出存在不可测集, 见习题 18.4.5.

推论 18.4.7 若 $A \subseteq B$ 是两个可测集, 则 $B \setminus A$ 也是可测集, 并且

$$m(B \setminus A) = m(B) - m(A), \quad (\text{当}\, m(A) < \infty \,\text{时}).$$

证明 见习题 18.4.7. ■

现在证明可数加性.

引理 18.4.8(可数加性) 设 $(E_j)_{j \in J}$ 是互不相交的可测集的可数族, 那么集合 $\bigcup_{j \in J} E_j$ 是可测的, 而且 $m(\bigcup_{j \in J} E_j) = \sum\limits_{j \in J} m(E_j)$.

证明 令 $E := \bigcup_{j\in J} E_j$. 我们先证明 E 是可测的. 设 A 是任意的集合, 我们要证明

$$m^*(A) = m^*(A\bigcap E) + m^*(A \setminus E).$$

由于 J 是可数集, 我们可以写 $J = \{j_1, j_2, j_3, \cdots\}$. 注意

$$A\bigcap E = \bigcup_{k=1}^{\infty} (A\bigcap E_{j_k})$$

(为什么?), 从而根据可数次加性,

$$m^*(A\bigcap E) \leqslant \sum_{k=1}^{\infty} m^*(A\bigcap E_{j_k}),$$

把此式重写为

$$m^*(A\bigcap E) \leqslant \sup_{N\geqslant 1} \sum_{k=1}^{N} m^*(A\bigcap E_{j_k}).$$

设 F_N 是集合 $F_N := \bigcup_{k=1}^{N} E_{j_k}$. 由于各 $A\bigcap E_{j_k}$ 都是互不相交的, 并且它们的并集是 $A\bigcap F_N$, 我们从引理 18.4.5 看到

$$\sum_{k=1}^{N} m^*(A\bigcap E_{j_k}) = m^*(A\bigcap F_N),$$

从而

$$m^*(A\bigcap E) \leqslant \sup_{N\geqslant 1} m^*(A\bigcap F_N).$$

现在来看集合 $A \setminus E$. 由于 $F_N \subseteq E$(为什么?), 所以 $A \setminus E \subseteq A \setminus F_N$(为什么?). 根据单调性得, 对于一切 N,

$$m^*(A \setminus E) \leqslant m^*(A \setminus F_N).$$

那么

$$\begin{aligned} m^*(A\bigcap E) + m^*(A \setminus E) &\leqslant \sup_{N\geqslant 1} m^*(A\bigcap F_N) + m^*(A \setminus E) \\ &\leqslant \sup_{N\geqslant 1} \left(m^*(A\bigcap F_N) + m^*(A \setminus F_N)\right). \end{aligned}$$

但由引理 18.4.5 得知 F_N 是可测的, 从而

$$m^*(A\bigcap F_N) + m^*(A \setminus F_N) = m^*(A).$$

把这些式子合起来, 得

$$m^*(A\bigcap E) + m^*(A \setminus E) \leqslant m^*(A).$$

但由有限次加性, 我们有

$$m^*(A\bigcap E)+m^*(A\setminus E)\geqslant m^*(A),$$

于是推出所要的等式. 这证明了 E 是可测的.

为完成引理的证明, 还需要证 $m(E)$ 等于 $\sum\limits_{j\in J} m(E_j)$. 先从可数次加性看到

$$m(E)\leqslant\sum_{j\in J}m(E_j)=\sum_{k=1}^{\infty}m(E_{j_k}).$$

另一方面, 根据有限加性和单调性, 我们有

$$m(E)\geqslant m(F_N)=\sum_{k=1}^{N}m(E_{j_k}).$$

令 $N\to\infty$ 取极限, 就得到

$$m(E)\geqslant\sum_{k=1}^{\infty}m(E_{j_k}),$$

从而得到

$$m(E)=\sum_{k=1}^{\infty}m(E_{j_k})=\sum_{j\in J}m(E_j).$$

■

这证明了我们的希望清单上的性质 (xi). 接下来我们处理可数并和可数交.

引理 18.4.9(σ 代数性质) 若 $(\Omega_j)_{j\in J}$ 是可测集的可数族 (那么 J 是可数集), 那么并 $\bigcup_{j\in J}\Omega_j$ 与交 $\bigcap_{j\in J}\Omega_j$ 都是可测集.

证明 见习题 18.4.8. ■

我们的希望清单上最后需要验证的就是 (i). 我们需要一个预备引理.

引理 18.4.10 每个开集可以写成可数个或有限个开盒子的并.

证明 我们需要一个记号. 设 $B=\prod_{i=1}^{n}(a_i,b_i)$ 是开盒子, 如果所有的分量 a_i,b_i 都是比例数, 就称 B 为**比例盒子**(rational box). 注意, 总共只有可数个比例盒子 (这是因为比例盒子由 $2n$ 个比例数确定, 从而与 $\mathbb{Q}^{2n}$ 有同样的基数. 但 $\mathbb{Q}$ 是可数集, 而有限个可数集的笛卡儿乘积是可数集, 见推论 8.1.14 和推论 8.1.15).

我们作出下述断言: 给定任何开球 $B(x,r)$, 都存在一个比例盒子 B 含在 $B(x,r)$ 中并且含有点 x. 为证明此断言, 记 $x=(x_1,\cdots,x_n)$. 对于每个 $1\leqslant i\leqslant n$, 让 a_i 和 b_i 是满足如下条件的比例数

$$x_i-\frac{r}{n}<a_i<x_i<b_i<x_i+\frac{r}{n}.$$

显然 $\prod_{i=1}^n (a_i, b_i)$ 是含有点 x 的比例盒子. 用毕达哥拉斯定理 (或三角形不等式) 经简单计算得知, 此盒子包含在 $B(x,r)$ 中, 我们把证明此事的细节留给读者.

现在设 E 是开集, 并设 Σ 是全体含在 B 中的比例盒子的集合, 考虑 Σ 中的全体盒子的并集 $\bigcup_{B\in\Sigma} B$. 显然, 因为 Σ 中的每个盒子都含在 E 中, 所以 $\bigcup_{B\in\Sigma} B$ 含在 E 中. 另一方面, 由于 E 是开集, 我们看到, 对于每个 $x \in E$, 都存在一个球 $B(x,r)$ 含在 E 中. 而根据前面的断言, 这个球包含一个含 x 点的比例盒子, 从而 x 含在 $\bigcup_{B\in\Sigma} B$ 中. 于是有

$$E = \bigcup_{B\in\Sigma} B.$$

注意, Σ 是可数的或者有限的, 因为它是全体比例盒子的集合的一个子集合, 而全体比例盒子的集合是可数集. ■

引理 18.4.11(Borel 性质) *每个开集及每个闭集都是 Lebesgue 可测集.*

证明 只需对于开集进行证明, 因为对于闭集的结果可从对于开集的结果借助于引理 18.4.4(a)(即性质 (ii)) 推出. 设 E 是开集. 根据引理 18.4.10, E 是盒子的可数并. 由于我们已经知道盒子是可测的, 而可测集的可数并是可测的, 所以我们就知道 E 是可测的. ■

Lebesgue 测度的构造及其基本性质, 现在已经研究完了. 现在我们要进入构建 Lebesgue 积分的下一步骤 —— 刻画我们可以进行积分的函数.

习 题 18.4

18.4.1 设 A 是 $\mathbb{R}$ 中的开区间. 证明 $m^*(A) = m^*(A\bigcap(0,\infty)) + m^*(A\setminus(0,\infty))$.

18.4.2 设 A 是 $\mathbb{R}^n$ 中的开盒子, E 是半空间 $E := \{(x_1,\cdots,x_n) \in \mathbb{R}^n : x_n > 0\}$. 证明 $m^*(A) = m^*(A\bigcap E) + m^*(A\setminus E)$. (提示: 用习题 18.4.1.)

18.4.3 证明引理 18.4.2. (提示: 用习题 18.4.2.)

18.4.4 证明引理 18.4.4. (提示: 对于 (c), 先证明

$$\begin{aligned} m^*(A) = {} & m^*(A\textstyle\bigcap E_1\bigcap E_2) + m^*(A\bigcap E_1\setminus E_2) \\ & + m^*(A\textstyle\bigcap E_2\setminus E_1) + m^*(A\setminus(E_1\bigcup E_2)). \end{aligned}$$

Venn 图 (Venn diagram[①]) 或许有用. 还有, 可能需要有限次加性. 用 (c) 证 (d), 并用 (b) 和 (d) 以及引理 18.4.2 的各种不同形式去证 (e)).

18.4.5 证明: 在命题 18.3.1 和命题 18.3.3 的证明中使用的集合 E 是不可测集.

18.4.6 证明引理 18.4.5.

18.4.7 用引理 18.4.5 证明推论 18.4.7.

① 表示集合之间的逻辑关系的图示. —— 译者注

18.4.8 证明引理 18.4.9. (提示: 对于可数并问题, 写 $J = \{j_1, j_2, \cdots\}$, 以及 $F_N := \bigcup_{k=1}^{N} \Omega_{j_k}$, $E_N := F_N \setminus F_{N-1}$, 其中 F_0 理解为空集. 然后用引理 18.4.8. 对于可数交问题, 使用刚做的一切及引理 18.4.4(a).)

18.4.9 设 $A \subseteq \mathbb{R}^2$ 是集合 $A := [0,1]^2 \setminus \mathbb{Q}^2$, 即 A 是 $[0,1]^2$ 中的坐标 x, y 不全为比例数的点 (x, y) 的全体所成的集合. 证明: A 是可测的, 并且 $m(A) = 1$, 但 A 没有内点.(提示: 比较容易的作法是使用外测度和测度的性质, 包括上面的习题中的结果, 要是想从定义出发直接证明, 就困难得多.)

18.4.10 设 $A \subseteq B \subseteq \mathbb{R}^n$. 证明, 如果 B 是 Lebesgue 可测集并且测度为零, 那么 A 也是 Lebesgue 可测集, 且测度为零.

§18.5 可 测 函 数

在 Riemann 积分理论中, 我们只能对一类特定的函数 ——Riemann 可积函数进行积分. 现在我们可以对大得多的一类函数 ——**可测函数**进行积分. 更准确地说, 我们只能积分那些绝对可积的可测函数. 详情见后.

定义 18.5.1(可测函数) 设 Ω 是 $\mathbb{R}^n$ 的可测子集, 并设 $f : \Omega \to \mathbb{R}^m$ 是函数. 如果每个开集 $V \subseteq \mathbb{R}^m$ 的逆象 $f^{-1}(V)$ 都是可测的, 则说 f **是可测的**.

正如早先讨论过的, 我们在现实生活中遇到的集合绝大多数都是可测的, 所以很自然的是, 我们在现实生活中处理的绝大多数函数也都是可测的. 例如, 连续函数自动是可测的.

引理 18.5.2(连续函数是可测的) *设 Ω 是 $\mathbb{R}^n$ 的可测子集, 并设 $f : \Omega \to \mathbb{R}^m$ 是连续的. 那么 f 也是可测的.*

证明 设 V 是 $\mathbb{R}^m$ 的任意的开子集合. 由于 f 是连续的, $f^{-1}(V)$ 相对于 Ω 是开集 (见定理 13.1.5(c)), 也就是说 $f^{-1}(V) = W \bigcap \Omega$, 其中 W 是 $\mathbb{R}^n$ 中的某个开集 (见命题 12.3.4(a)). 由于 W 是开集, 所以它是可测集; 由于 Ω 是可测集, 所以 $W \bigcap \Omega$ 也是可测集. ■

根据引理 18.4.10, 我们得到一个容易判断函数是否可测的准则.

引理 18.5.3 *设 Ω 是 $\mathbb{R}^n$ 的可测子集, 并设 $f : \Omega \to \mathbb{R}^m$ 是函数. f 可测的充分必要条件是对于每个开盒子 $B \subseteq \mathbb{R}^m$, $f^{-1}(B)$ 都是可测集.*

证明 见习题 18.5.1. ■

推论 18.5.4 *设 Ω 是 $\mathbb{R}^n$ 的可测子集, 并设 $f : \Omega \to \mathbb{R}^m$ 是函数. 假设 $f = (f_1, \cdots, f_m)$, 其中 $f_j : \Omega \to \mathbb{R}$ 是 f 的第 j 个坐标. 那么 f 是可测的当且仅当每个 f_j 单独都是可测的.*

证明 见习题 18.5.2. ■

不幸的是, 并非两个可测函数的复合自动是可测的, 然而我们有下述最佳结果: 一个连续函数作用在一个可测函数上的结果仍是可测的.

引理 18.5.5　设 Ω 是 $\mathbb{R}^n$ 的可测子集, 并设 W 是 $\mathbb{R}^m$ 的开子集. 如果 $f:\Omega\to W$ 是可测的而 $g:W\to\mathbb{R}^p$ 是连续的, 那么 $g\circ f:\Omega\to\mathbb{R}^p$ 是可测的.

证明　见习题 18.5.3. ■

此引理的一个直接推论是:

推论 18.5.6　设 Ω 是 $\mathbb{R}^n$ 的可测子集. 如果 $f:\Omega\to\mathbb{R}$ 是可测函数, 那么 $|f|$, $\max(f,0)$, $\min(f,0)$ 都是可测函数.

证明　把引理 18.5.5 应用于函数 $g(x):=|x|$, $g(x):=\max(x,0)$, $g(x):=\min(x,0)$ 即可. ■

一个稍微不太直接的推论是:

推论 18.5.7　设 Ω 是 $\mathbb{R}^n$ 的可测子集. 如果 $f:\Omega\to\mathbb{R}$ 以及 $g:\Omega\to\mathbb{R}$ 都是可测函数, 那么 $f+g$, fg, $\max(f,g)$, $\min(f,g)$ 都是可测函数. 如果对于一切 $x\in\Omega$, $g(x)\neq 0$, 那么 $\frac{f}{g}$ 也是可测函数.

证明　考虑 $f+g$. 我们可以把它写成 $k\circ h$, 其中 $h:\Omega\to\mathbb{R}^2$ 是函数 $h(x)=(f(x),g(x))$, 而 $k:\mathbb{R}^2\to\mathbb{R}$ 是函数 $k(a,b):=a+b$. 由于 f,g 是可测的, 所以根据推论 18.5.4, h 也是可测的. 由于 k 是连续的, 于是, 从引理 18.5.5 我们看到 $k\circ h$ 是可测的. 可用类似的论述处理其他情形; 只有一件事, 当处理 $\frac{f}{g}$ 的情形时, 应该用空间 $\{(a,b)\in\mathbb{R}^2: b\neq 0\}$ 来代替 $\mathbb{R}^2$ 以保持映射 $(a,b)\mapsto\frac{a}{b}$ 是定义成功的并且是连续的. ■

可测函数的另一个刻画方式由下述引理给出.

引理 18.5.8　设 Ω 是 $\mathbb{R}^n$ 的可测子集, 并设 $f:\Omega\to\mathbb{R}$ 是函数. 那么 f 可测当且仅当对于每个实数 a, $f^{-1}((a,\infty))$ 可测.

证明　见习题 18.5.4. ■

受此引理启发, 下面我们把可测函数的概念推广到广义实数系

$$\mathbb{R}^*:=\mathbb{R}\bigcup\{\infty\}\bigcup\{-\infty\}.$$

定义 18.5.9(广义实数系中的可测函数)　设 Ω 是 $\mathbb{R}^n$ 的可测子集. 函数 $f:\Omega\to\mathbb{R}^*$ 叫作**可测的**, 当且仅当对于每个实数 a, $f^{-1}((a,\infty])$ 是可测的.

注意, 引理 18.5.8 保证可测性的概念对于取值于广义实数集 $\mathbb{R}^*$ 的函数与对于仅在实数集 $\mathbb{R}$ 中取值的函数是一致的.

可测性关于极限具有良好的性状:

引理 18.5.10(可测函数序列的极限是可测函数)　设 Ω 是 $\mathbb{R}^n$ 的可测子集. 对于每个正整数 k, 设 $f_k:\Omega\to\mathbb{R}^*$ 是可测函数. 那么函数

$$\sup_{k\geqslant 1} f_k,\quad \inf_{k\geqslant 1} f_k,\quad \limsup_{k\to\infty} f_k,\quad \liminf_{k\to\infty} f_k.$$

都是可测函数. 当然, 如果 $(f_k)_{k=1}^{\infty}$ 逐点收敛到 $f:\Omega\to\mathbb{R}$, 则 f 也是可测的.

证明 我们先证明关于 $\sup_{k\geqslant 1} f_k$ 的结论. 把此函数叫作 g. 我们要证对于每个 a, $g^{-1}((a,\infty))$ 是可测的. 但根据上确界的定义, 我们有

$$g^{-1}((a,\infty))=\bigcup_{k\geqslant 1} f_k^{-1}((a,\infty))$$

(为什么?). 由于可测集的可数并仍为可测集, 所以上面的集合可测, 得到所要的结论.

类似的论证适用于 $\inf_{k\geqslant 1} f_k$. 对于上极限和下极限的结论则从恒等式

$$\limsup_{k\to\infty} f_k=\inf_{m\geqslant 1}\sup_{k\geqslant m} f_k$$

以及

$$\liminf_{k\to\infty} f_k=\sup_{m\geqslant 1}\inf_{k\geqslant m} f_k$$

(见定义 6.4.6) 推出. ■

你可以看出, 对于一个可测函数所做的差不多任何事情都将制造出另一个可测函数来. 这基本上就是为什么我们在数学中所处理的几乎每个函数都是可测函数的缘由. (确实, 构造不可测函数的唯一途径是使用人造的手段, 像引用选择公理的办法.)

习 题

18.5.1 证明引理 18.5.3. (提示: 使用引理 18.4.10 和 σ 代数性质.)

18.5.2 使用引理 18.5.3 导出推论 18.5.4.

18.5.3 证明引理 18.5.5.

18.5.4 证明引理 18.5.8. (提示: 使用引理 18.5.3. 作为准备性的步骤, 你可能需要证明: 如果对于一切 a, $f^{-1}((a,\infty))$ 是可测的, 那么对于一切 a, $f^{-1}([a,\infty))$ 也是可测的.)

18.5.5 设 $f:\mathbb{R}^n\to\mathbb{R}$ 是 Lebesgue 可测的, 并设 $g:\mathbb{R}^n\to\mathbb{R}$ 在一个测度为零的集合之外与 f 相同, 即, 存在一个集合 $A\subseteq\mathbb{R}^n$, $m(A)=0$, 而且对于一切 $x\in\mathbb{R}^n\setminus A$, $f(x)=g(x)$. 证明: g 也是 Lebesgue 可测的. (提示: 使用习题 18.4.10.)

第19章　Lebesgue 积分

在第 11 章中，我们建立 Riemann 积分的第一步是积分一类特别简单的函数，即**逐段常值函数**．逐段常值函数的一个特点是，它只取有限个值（这与实际生活中的绝大多数函数相反，绝大多数函数都取无限多个值）．一旦知道如何积分逐段常值函数，就可以使用类似的手段来积分其他 Riemann 可积函数了．

我们将使用类似的体系 (philosophy) 来构建 Lebesgue 积分．从考虑一类特殊的可测函数 ——**简单函数**开始，然后叙述如何积分简单函数，由此建立对于一切可测函数（或至少是绝对可积的函数）的积分．

§19.1　简 单 函 数

定义 19.1.1(简单函数)　设 Ω 是 $\mathbb{R}^n$ 的可测子集合，并设 $f:\Omega\to\mathbb{R}$ 是可测函数．如果象 $f(\Omega)$ 是有限集，就说 f 是**简单函数**．也就是说，如果存在有限个实数 $c_1,\cdots,c_N$ 使得对于每个 $x\in\Omega$，必有某 $1\leqslant j\leqslant N$ 使 $f(x)=c_j$，那么 f 叫作**简单函数**．

例 19.1.2　设 Ω 是 $\mathbb{R}^n$ 的可测子集合，并设 E 是 Ω 的可测子集合．我们定义**特征函数** $\chi_E(x):\Omega\to\mathbb{R}$ 为

$$\chi_E(x):=\begin{cases}1, & \text{如果}x\in E\\ 0, & \text{如果}x\in\Omega\setminus E.\end{cases}$$

（在某些教材中，χ_E 也写成 1_E，并叫作**指示函数**(indicator function)．那么 χ_E 是可测函数（为什么?），并且是简单函数，因为象 $\chi_E(\Omega)$ 是 $\{0,1\}$（或者，当 $E=\varnothing$ 时 $\chi_E(\Omega)$ 是 $\{0\}$，当 $E=\Omega$ 时 $\chi_E(\Omega)$ 是 $\{1\}$)．

我们对于简单函数的三条基本性质作一注记：它们构成线性空间，它们是特征函数的线性组合，它们逼近可测函数．更准确地说，我们有以下三条引理．

引理 19.1.3　*设 Ω 是 $\mathbb{R}^n$ 的可测子集，并设 $f:\Omega\to\mathbb{R}$ 以及 $g:\Omega\to\mathbb{R}$ 是简单函数．那么 $f+g$ 也是简单函数．还有，对于任意的数 $c\in\mathbb{R}$，函数 cf 也是简单函数．*

证明　见习题 19.1.1.　■

引理 19.1.4　*设 Ω 是 $\mathbb{R}^n$ 的可测子集合，并设 $f:\Omega\to\mathbb{R}$ 是简单函数．那么存在有限个实数 $c_1,\cdots,c_N$，和 Ω 中的有限个互不相交的可测集 $E_1,E_2,\cdots,E_N$，使*

得 $f=\sum_{i=1}^{N}c_i\chi_{E_i}$.

证明 见习题 19.1.2. ■

引理 19.1.5 设 Ω 是 $\mathbb{R}^n$ 的可测子集合, 并设 $f:\Omega\to\mathbb{R}$ 是可测函数. 假设 f 总不取负值, 即对于一切 $x\in\Omega$, $f(x)\geqslant 0$. 那么存在一列简单函数 $f_1,f_2,f_3,\cdots$, $f_k:\Omega\to\mathbb{R}$, 使得 f_k 不取负值并且 $(f_k)_{k=1}^{\infty}$ 是增序列, 即对于一切 $x\in\Omega$

$$0\leqslant f_1(x)\leqslant f_2(x)\leqslant f_3(x)\leqslant\cdots,$$

而且 $(f_k)_{k=1}^{\infty}$ 逐点收敛到 f, 即对于一切 $x\in\Omega$

$$\lim_{k\to\infty}f_k(x)=f(x).$$

证明 见习题 19.1.3. ■

我们现在说明如何计算简单函数的积分.

定义 19.1.6(简单函数的 Lebesgue 积分) 设 Ω 是 $\mathbb{R}^n$ 的可测子集, 并设 $f:\Omega\to\mathbb{R}$ 是**简单函数**, 它不取负值, 于是 f 是可测的, 并且象 $f(\Omega)$ 是 $[0,\infty)$ 中的有限集. 我们定义f **在 Ω 上的 Lebesgue 积分**为

$$\int_{\Omega}f:=\sum_{\lambda\in f(\Omega);\lambda>0}\lambda m(\{x\in\Omega:f(x)=\lambda\}).$$

有时我们也把 $\int_{\Omega}f$ 写成 $\int_{\Omega}f\mathrm{d}m$(以强调 Lebesgue 测度 m 的作用) 或使用傀儡变元, 例如 x, 记作 $\int_{\Omega}f(x)\mathrm{d}x$.

例 19.1.7 设 $f:\mathbb{R}\to\mathbb{R}$ 是函数, 它在 $[1,2]$ 上等于 3, 在 $(2,4)$ 上等于 4, 而在其他地方都等于零. 那么

$$\int_{\Omega}f:=3\times m([1,2])+4\times m((2,4))=3\times 1+4\times 2=11.$$

又设 $g:\mathbb{R}\to\mathbb{R}$ 是函数, 它在 $[0,\infty)$ 上等于 1, 而在其他地方都等于零, 那么

$$\int_{\Omega}g=1\times m([0,\infty))=1\times\infty=\infty.$$

可见, 简单函数的积分可以等于 ∞. (我们限于考虑非负函数的积分为的是避免出现形如 $\infty+(-\infty)$ 的无意义的式子.)

注 19.1.8 注意, 积分的这个定义对应于把积分 (至少非负函数的积分) 看作函数的图像下方的面积 (或高维情形下的体积) 的直观概念.

非负简单函数的积分的另一种表述如下.

引理 19.1.9 设 Ω 是 $\mathbb{R}^n$ 的可测子集, 并设 $E_1, \cdots, E_N$ 是 Ω 中的有限个两两不交的可测子集. 设 $c_1, \cdots, c_N$ 为非负实数 (不必两两不同). 那么我们有

$$\int_\Omega \sum_{j=1}^N c_j \chi_{E_j} = \sum_{j=1}^N c_j m(E_j).$$

证明 可以假定没有一个 c_j 是零, 因为可以把这些零从等式两边移掉. 设 $f := \sum\limits_{j=1}^N c_j \chi_{E_j}$. 那么 $f(x)$ 或等于某 c_j (当 $x \in E_j$) 或等于 0 (当 $x \notin \bigcup_{j=1}^N E_j$). 于是 f 是简单函数, 并且 $f(\Omega) \subseteq \{0\} \bigcup \{c_j : 1 \leqslant j \leqslant N\}$. 那么根据定义,

$$\begin{aligned}\int_\Omega f &= \sum_{\lambda \in \{c_j : 1 \leqslant j \leqslant N\}} \lambda m(\{x \in \Omega : f(x) = \lambda\}) \\ &= \sum_{\lambda \in \{c_j : 1 \leqslant j \leqslant N\}} \lambda m(\textstyle\bigcup_{1 \leqslant j \leqslant N : c_j = \lambda} E_j).\end{aligned}$$

但根据 Lebesgue 测度的有限加性, 这等于

$$\sum_{\lambda \in \{c_j : 1 \leqslant j \leqslant N\}} \lambda \sum_{1 \leqslant j \leqslant N; c_j = \lambda} m(E_j) = \sum_{\lambda \in \{c_j : 1 \leqslant j \leqslant N\}} \sum_{1 \leqslant j \leqslant N; c_j = \lambda} c_j m(E_j).$$

由于每个 c_j 只恰等于一个 λ 值, 所以每个 j 在这个和式中恰出现一次. 从而上面的表达式等于 $\sum\limits_{j=1}^N c_j m(E_j)$. ■

非负简单函数的 Lebesgue 积分的一些简单性质:

命题 19.1.10 设 Ω 是可测集, 并设 $f : \Omega \to \mathbb{R}$ 以及 $g : \Omega \to \mathbb{R}$ 皆为非负简单函数.

(a) 我们有 $0 \leqslant \int_\Omega f \leqslant \infty$. 还有 $\int_\Omega f = 0$ 当且仅当

$$m(\{x \in \Omega : f(x) \neq 0\}) = 0.$$

(b) 我们有

$$\int_\Omega (f + g) = \int_\Omega f + \int_\Omega g.$$

(c) 对于任意的正数 c, 有

$$\int_\Omega cf = c \int_\Omega f.$$

(d) 如果对于一切 $x \in \Omega$, $f(x) \leqslant g(x)$, 那么

$$\int_\Omega f \leqslant \int_\Omega g.$$

我们作一个非常方便的符号约定：如果一个性质 $P(x)$ 对于 Ω 的除去一个零测度集外的一切点都成立, 就说 P 对于 Ω 的几乎每点 (almost every point) 成立, 或者 P 在 Ω 上几乎处处 (almost everywhere) 成立.

证明 根据引理 19.1.4 或由公式

$$f = \sum_{\lambda \in f(\Omega) \setminus \{0\}} \lambda \chi_{\{x \in \Omega : f(x) = \lambda\}},$$

我们可把 f 写成特征函数的线性组合, 即

$$f = \sum_{j=1}^{N} c_j \chi_{E_j},$$

其中 $E_1, \cdots, E_N$ 是 Ω 的互不相交的子集合, 而 c_j 是正数. 类似地我们可写

$$g = \sum_{k=1}^{M} d_k \chi_{F_k},$$

其中 $F_1, \cdots, F_M$ 是 Ω 的互不相交的子集合, 而 d_k 是正数.

(a) 由于

$$\int_\Omega f = \sum_{j=1}^{N} c_j m(E_j),$$

所以这个积分值显然介于 0 和 ∞ 之间. 如果 f 几乎处处等于零, 则 E_j 的测度必为零 (为什么?), 从而 $\int_\Omega f = 0$. 反过来, 如果 $\int_\Omega f = 0$, 那么

$$\sum_{j=1}^{N} c_j m(E_j) = 0,$$

此式仅当全部 $m(E_j)$ 都是零时才能成立 (因为全部 c_j 都是正数). 那样的话, $\bigcup_{j=1}^N E_j$ 的测度是零, 从而 f 在 Ω 上几乎处处为零.

(b) 写 $E_0 := \Omega \setminus \bigcup_{j=1}^N E_j$ 以及 $c_0 := 0$, 那么有

$$\Omega = E_0 \bigcup E_1 \bigcup \cdots \bigcup E_N,$$

$$f = \sum_{j=0}^{N} c_j \chi_{E_j}.$$

类似地, 写 $F_0 := \Omega \setminus \bigcup_{k=1}^M F_k$ 以及 $d_0 := 0$, 那么

$$g = \sum_{k=0}^{M} d_k \chi_{F_k}.$$

由于

$$\Omega = E_0 \bigcup E_1 \bigcup \cdots \bigcup E_N = F_0 \bigcup F_1 \bigcup \cdots \bigcup F_M,$$

所以

$$f = \sum_{j=0}^{N} \sum_{k=0}^{M} c_j \chi_{E_j \bigcap F_k},$$

$$g = \sum_{k=0}^{M} \sum_{j=0}^{N} d_k \chi_{E_j \bigcap F_k},$$

从而

$$f + g = \sum_{0 \leqslant j \leqslant N; 0 \leqslant k \leqslant M} (c_j + d_k) \chi_{E_j \bigcap F_k}.$$

于是根据引理 19.1.9, 我们有

$$\int_\Omega (f+g) = \sum_{0 \leqslant j \leqslant N; 0 \leqslant k \leqslant M} (c_j + d_k) m(E_j \bigcap F_k).$$

另一方面, 我们有

$$\int_\Omega f = \sum_{0 \leqslant j \leqslant N} c_j m(E_j) = \sum_{0 \leqslant j \leqslant N; 0 \leqslant k \leqslant M} c_j m(E_j \bigcap F_k),$$

以及类似地

$$\int_\Omega g = \sum_{0 \leqslant k \leqslant M} d_k m(F_k) = \sum_{0 \leqslant j \leqslant N; 0 \leqslant k \leqslant M} d_k m(E_j \bigcap F_k),$$

由此推出结论 (b).

(c) 由于 $cf = \sum\limits_{j=1}^{N} cc_j \chi_{E_j}$, 我们有

$$\int_\Omega cf = \sum_{j=1}^{N} cc_j m(E_j) = c \sum_{j=1}^{N} c_j m(E_j) = c \int_\Omega f.$$

(d) 写 $h := g - f$. 那么 h 是简单的、非负的, 并且 $g = f + h$. 于是由 (b) 得

$$\int_\Omega g = \int_\Omega f + \int_\Omega h.$$

但根据 (a), $\int_\Omega h \geqslant 0$, 所以 $\int_\Omega g \leqslant \int_\Omega f$. ■

习 题 19.1

19.1.1 证明引理 19.1.3.

19.1.2 证明引理 19.1.4.

19.1.3 证明引理 19.1.5. (提示：令

$$f_n(x) := \sup\left\{\frac{j}{2^n} : j \in \mathbb{Z},\ \frac{j}{2^n} \leqslant \min\left(2^n, f(x)\right)\right\},$$

即 $f_n(x)$ 是既不超过 $f(x)$ 也不超过 2^n 的 2^{-n} 的最大整数倍. 你可能希望画个图看看 $f_1, f_2, f_3, \cdots$ 都是什么. 然后证明 f_n 具有所需要的性质.)

§19.2 非负可测函数的积分

我们现在从非负简单函数的积分过渡到非负可测函数的积分. 我们允许可测函数有时取值 ∞.

定义 19.2.1(优控 Majorization) 设 $f : \Omega \to \mathbb{R}$ 和 $g : \Omega \to \mathbb{R}$ 都是函数. 如果对于一切 $x \in \Omega$ 有 $f(x) \geqslant g(x)$, 就说f **高于**(即上方控制)g, 或g **低于**即下方控制 f.

我们有时也用短语 "f 控制 (dominates) g" 代替 "f 高于 g".

定义 19.2.2(非负函数的 Lebesgue 积分) 设 Ω 是 $\mathbb{R}^n$ 的可测子集, 并设 $f : \Omega \to [0, \infty]$ 是**非负可测**的. 我们定义f **在 Ω 上的 Lebesgue 积分** $\int_\Omega f$ 为

$$\int_\Omega f := \sup\left\{\int_\Omega s : s\text{是简单的, 非负的, 并且低于 } f\right\}.$$

注 19.2.3 读者应将此概念与定义 11.3.2 中的 Riemann 下积分概念进行比较. 有趣的是, 这里我们不需要用上积分来匹配这个下积分.

注 19.2.4 注意, 如果 Ω' 是 Ω 的可测子集合, 则我们可以把 f 限制到 Ω' 上面来定义 $\int_{\Omega'} f$, 于是

$$\int_{\Omega'} f := \int_{\Omega'} f|_{\Omega'}.$$

我们必须验证这个定义与前面关于非负简单函数的 Lebesgue 积分的定义是相容的, 也就是说, 如果 $f : \Omega \to \mathbb{R}$ 是不取负值的简单函数, 那么 $\int_\Omega f$ 由此定义给出的值必须与按前面的定义给出的值一样. 但这是明显的, 因为 f 肯定低于它自己, 而根据命题 19.1.10(d), 任何低于 f 的非负简单函数 s 的积分 (按前面的定义) 必定小于或等于 $\int_\Omega f$(按前面的定义).

注 19.2.5 注意, $\int_\Omega f$ 永远不小于 0, 因为 0 是简单的、非负的、低于 f 的. 当然 $\int_\Omega f$ 可以等于 ∞.

非负可测函数的 Lebesgue 积分的一些简单性质 (包含命题 19.1.10):

命题 19.2.6　设 Ω 是可测集, 并设 $f:\Omega\to[0,\infty]$ 和 $g:\Omega\to[0,\infty]$ 为非负可测函数.

(a) 我们有 $0\leqslant\int_\Omega f\leqslant\infty$. 还有, $\int_\Omega f=0$ 的充分必要条件是对于几乎每个 $x\in\Omega$ 都有 $f(x)=0$.

(b) 对于任意的正数 c, 有 $\int_\Omega cf=c\int_\Omega f$.

(c) 如果对于一切 $x\in\Omega$, $f(x)\leqslant g(x)$, 那么我们有 $\int_\Omega f\leqslant\int_\Omega g$.

(d) 如果对于几乎每个 $x\in\Omega$, $f(x)=g(x)$, 那么 $\int_\Omega f=\int_\Omega g$.

(e) 如果 $\Omega'\subseteq\Omega$ 是可测的, 那么 $\int_{\Omega'}f=\int_\Omega f\chi_{\Omega'}\leqslant\int_\Omega f$.

证明　见习题 19.2.1. ■

注 19.2.7　命题 19.2.6(d) 是相当有趣的, 它说的是可以改变函数在任何测度为零的集合上的值 (例如, 可以改变函数在每个比例数上的值) 而完全不影响它的积分. 也就是说, 任何单个点, 甚至点的零测度集合, 对于函数的积分值是什么都毫无 "贡献", 只有点的正测度集合才对积分发生影响.

注 19.2.8　注意, 我们尚不曾尝试交换求和与积分的次序. 从定义可相当容易地证明 $\int_\Omega(f+g)\geqslant\int_\Omega f+\int_\Omega g$(习题 19.2.2), 但证明相等却要费些力气, 留待后面完成.

在上一章中我们还看到, 交换积分与极限 (或类似于极限的运算, 例如上确界) 的次序并不总是可行的. 但是对于 Lebesgue 积分, 如果函数序列是增的, 那么交换次序就是可能的.

定理 19.2.9(Lebesgue 单调收敛定理)　设 Ω 是 $\mathbb{R}^n$ 的可测子集, 并设 $(f_n)_{n=1}^\infty$ 是从 Ω 到 $\mathbb{R}$ 的非负可测函数的单调增序列, 即对于一切 $x\in\Omega$,

$$0\leqslant f_1(x)\leqslant f_2(x)\leqslant f_3(x)\leqslant\cdots$$

(注意我们所假定的是 $f_k(x)$ 关于 k 是增的, 这与 $f_k(x)$ 关于 x 是增的是两个不同的概念), 那么我们有

$$0\leqslant\int_\Omega f_1\leqslant\int_\Omega f_2\leqslant\int_\Omega f_3\leqslant\cdots$$

以及

$$\int_\Omega\sup_k f_k=\sup_k\int_\Omega f_k.$$

证明　根据命题 19.2.6(c), 第一个结论是明显的. 现在我们证第二个结论. 还是根据命题 19.2.6(c), 我们有, 对于每个 m

$$\int_\Omega\sup_k f_k\geqslant\int_\Omega f_m.$$

关于 m 取上确界, 我们得到

$$\int_\Omega \sup_k f_k \geqslant \sup_m \int_\Omega f_m,$$

这是所要的结论的一半. 为完成证明, 我们必须证

$$\int_\Omega \sup_m f_m \leqslant \sup_m \int_\Omega f_m.$$

由 $\int_\Omega \sup_m f_m$ 的定义可知, 只要证明

$$\int_\Omega s \leqslant \sup_m \int_\Omega f_m$$

对于一切低于 $\sup_k f_k$ 的简单非负函数 s 成立.

固定 s. 我们来证明对于每个 $0 < \varepsilon < 1$,

$$(1-\varepsilon)\int_\Omega s \leqslant \sup_m \int_\Omega f_m,$$

然后令 $\varepsilon \to 0$ 取极限就得到所要的结论.

固定 ε. 根据 s 的结构, 对于每个 $x \in \Omega$

$$s(x) \leqslant \sup_k f_k(x).$$

于是, 对于每个 $x \in \Omega$ 存在 N(依赖于 x) 使得

$$f_N(x) \geqslant (1-\varepsilon)s(x).$$

由于 f_k 是增的, 这表明对于一切 $k \geqslant N$,

$$f_k(x) \geqslant (1-\varepsilon)s(x).$$

定义集合 E_k 为

$$E_k := \{x \in \Omega : f_k(x) \geqslant (1-\varepsilon)s(x)\},$$

那么我们有

$$E_1 \subset E_2 \subset E_3 \subset \cdots \text{ 以及 } \bigcup_{k=1}^\infty E_k = \Omega.$$

从命题 19.2.6 的 (c)(d)(f) 我们得到

$$(1-\varepsilon)\int_{E_k} s = \int_{E_k} (1-\varepsilon)s \leqslant \int_{E_k} f_k \leqslant \int_\Omega f_k,$$

于是为完成论证, 只要证明

$$\sup_k \int_{E_k} s = \int_\Omega s$$

就可以了. 由于 s 是简单函数, 我们可以写 $s=\sum_{j=1}^{N} c_j\chi_{F_j}$, 其中 f_j 是可测集 $(F_j\subseteq \Omega)$, c_j 是正数. 由于

$$\int_\Omega s=\sum_{j=1}^{N} c_j m(F_j)$$

以及

$$\int_{E_k} s=\int_{E_k}\sum_{j=1}^{N} c_j\chi_{F_j\bigcap E_k}=\sum_{j=1}^{N} c_j m(F_j\bigcap E_k).$$

所以只要证明对于每个 j 都有

$$\sup_k m(F_j\bigcap E_k)=m(F_j)$$

就可以了. 但这从习题 18.2.3(a) 推出. ■

这个定理是特别有用的. 例如, 使用这个定理, 现在我们可以交换加法与积分的次序.

引理 19.2.10(加法与积分换序) *设 Ω 是 $\mathbb{R}^n$ 的可测子集, 并设 $f:\Omega\to[0,\infty]$ 以及 $g:\Omega\to[0,\infty]$ 是可测函数. 那么*

$$\int_\Omega (f+g)=\int_\Omega f+\int_\Omega g.$$

证明 根据引理 19.1.5, 存在简单函数序列 $(s_k)_{k=1}^\infty$, 使得

$$0\leqslant s_1\leqslant s_2\leqslant\cdots\leqslant f \text{ 以及 } \sup_k s_k=f,$$

也存在简单函数序列 $(t_k)_{k=1}^\infty$, 使得

$$0\leqslant t_1\leqslant t_2\leqslant\cdots\leqslant g \text{ 以及 } \sup_k t_k=g.$$

由于 $(s_k)_{k=1}^\infty$ 是增的, $(t_k)_{k=1}^\infty$ 也是增的, 所以容易验证 $(s_k+t_k)_{k=1}^\infty$ 也是增的, 并且

$$\sup_k(s_k+t_k)=f+g.$$

根据单调收敛定理 (定理 19.2.9), 我们得到

$$\int_\Omega f=\sup_k\int_\Omega s_k,\quad \int_\Omega g=\sup_k\int_\Omega t_k,$$

$$\int_\Omega (f+g)=\sup_k\int_\Omega (s_k+t_k).$$

但根据命题 19.1.9(b), 有

$$\int_{\Omega}(s_k+t_k)=\int_{\Omega}s_k+\int_{\Omega}t_k.$$

根据命题 19.1.9(d), $\int_{\Omega}s_k$ 和 $\int_{\Omega}t_k$ 都是关于 k 单调增的, 所以

$$\sup_k\left(\int_{\Omega}s_k+\int_{\Omega}t_k\right)=\left(\sup_k\int_{\Omega}s_k\right)+\left(\sup_k\int_{\Omega}t_k\right),$$

从而推出所需的结论. ■

当然, 一旦可以交换积分与两个函数的和的次序, 根据归纳法就可以交换积分与有限个函数的和的次序. 更令人惊异的是, 可以同样处理**非负函数**的无限和:

推论 19.2.11 设 Ω 是 $\mathbb{R}^n$ 的可测子集, 而 $g_1,g_2,\cdots$ 是从 Ω 到 $[0,\infty]$ 的一列非负可测函数, 那么

$$\int_{\Omega}\sum_{n=1}^{\infty}g_n=\sum_{n=1}^{\infty}\int_{\Omega}g_n.$$

证明 见习题 19.2.3. ■

注 19.2.12 注意, 我们不必对于上面的和式的收敛性作任何假设, 两边可以同时等于 ∞. 但是我们确实必须假定非负性, 见习题 19.2.4.

可能发生类似的问题, 问是不是可以交换一般的极限与积分的次序, 也就是说, 是否一般地成立下述等式

$$\int_{\Omega}\lim_{n\to\infty}f_n=\lim_{n\to\infty}\int_{\Omega}f_n.$$

不幸的是, 这并不成立, 下述 "移动颠簸" 就是一个例子. 对于 $n=1,2,3,\cdots$, 设 $f_n:\mathbb{R}\to\mathbb{R}$ 是函数 $f_n=\chi_{[n,n+1)}$. 那么对于每个 x, $\lim\limits_{n\to\infty}f_n(x)=0$, 但对于每个 n, $\int_{\mathbb{R}}f_n=1$, 所以

$$\lim_{n\to\infty}\int_{\mathbb{R}}f_n=1\neq\int_{\mathbb{R}}\lim_{n\to\infty}f_n=0.$$

也就是说, 极限函数 $\lim\limits_{n\to\infty}f_n$ 可以最终具有比初始的任何积分明显更小的积分. 但下面的 Fatou 引理表明, 反过来的事情不会发生 —— 不可能使极限函数的积分比原始的积分 (的极限) 更大.

引理 19.2.13(Fatou 引理) 设 Ω 是 $\mathbb{R}^n$ 的可测子集, 并设 $f_1,f_2,\cdots$ 是一列从 Ω 到 $[0,\infty]$ 的非负可测函数. 那么

$$\int_{\Omega}\liminf_{n\to\infty}f_n\leqslant\liminf_{n\to\infty}\int_{\Omega}f_n.$$

证明 回顾定义

$$\liminf_{n\to\infty}f_n=\sup_n(\inf_{m\geqslant n}f_m),$$

从而根据单调收敛定理

$$\int_\Omega \liminf_{n\to\infty} f_n = \sup_n \int_\Omega (\inf_{m\geqslant n} f_m).$$

根据命题 19.2.6(c) 我们有

$$\int_\Omega (\inf_{m\geqslant n} f_m) \leqslant \int_\Omega f_j,\ \ \text{任何} j \geqslant n,$$

对于 j 取下确界, 就得到

$$\int_\Omega (\inf_{m\geqslant n} f_m) \leqslant \inf_{j\geqslant n} \int_\Omega f_j.$$

于是

$$\int_\Omega \liminf_{n\to\infty} f_n \leqslant \sup_n \inf_{j\geqslant n} \int_\Omega f_j = \liminf_{n\to\infty} \int_\Omega f_n.$$

■

注意, 我们允许函数在某些点取值 ∞. 一个取到 ∞ 值的函数仍然可以具有有限的积分. 例如, 设 E 是测度为零的集合, 并且 $f:\Omega\to\mathbb{R}$ 在 E 上等于 ∞ 而在其他地方都等于 0, 那么根据命题 19.2.6(a), $\int_\Omega f = 0$. 然而, 如果积分是有限的, 函数必定几乎处处是有限的.

引理 19.2.14 设 Ω 是 $\mathbb{R}^n$ 的可测子集合, 并设 $f:\Omega\to[0,\infty]$ 是不取负值的可测函数. 如果 $\int_\Omega f$ 是有限的, 那么 f 几乎处处是有限的 (也就是说集合 $\{x\in\Omega : f(x)=\infty\}$ 的测度是零).

证明 见习题 19.2.5. ■

从推论 19.2.11 和引理 19.2.14 可得到一个有用的引理.

引理 19.2.15(Borel-Cantelli 引理) 设 $\Omega_1, \Omega_2, \cdots$ 是 $\mathbb{R}^n$ 的可测子集, 而且 $\sum\limits_{k=1}^{\infty} m(\Omega_k)$ 是有限的. 那么集合

$$\{x\in\mathbb{R}^n : \text{对于无限多个} k,\ x\in\Omega_k\}$$

的测度是零. 换句话说, 几乎每个点都只属于有限多个 Ω_k.

证明 见习题 19.2.6. ■

习 题 19.2

19.2.1 证明命题 19.2.6. (提示: 不要企图模仿命题 19.1.10 的证明, 倒可以尝试使用命题 19.1.10 和定义 19.2.2. 对于 (a) 的一个方向, 从 $\int_\Omega f = 0$ 开始推断对于每个 $n = 1,2,3,\cdots$, $m(\{x\in\Omega : f(x) > \frac{1}{n}\}) = 0$, 然后使用可数次加性. 为证明 (e) 先证明它对于简单函数成立.)

19.2.2 设 Ω 是 $\mathbb{R}^n$ 的可测子集. 并设 $f:\Omega\to[0,\infty]$, $g:\Omega\to[0,\infty]$ 都是可测函数. 不使用定理 19.2.9 和引理 19.2.10, 证明

$$\int_\Omega (f+g)\geqslant\int_\Omega f+\int_\Omega g.$$

19.2.3 证明推论 19.2.11. (提示: 对 $f_N:=\sum\limits_{n=1}^{N} g_n$ 使用单调收敛定理.)

19.2.4 对于每个 $n=1,2,3,\cdots$, 设 $f_n:\mathbb{R}\to\mathbb{R}$ 是函数

$$f_n=\chi_{[n,n+1)}-\chi_{[n+1,n+2)},$$

也就是说

$$f_n(x):=\begin{cases}1, & 当x\in[n,n+1),\\ -1, & 当x\in[n+1,n+2),\\ 0, & 当x\notin[n,n+2).\end{cases}$$

证明:

$$\int_\mathbb{R}\sum_{n=1}^\infty f_n\neq\sum_{n=1}^\infty\int_\mathbb{R} f_n.$$

解释为什么这并不与推论 19.2.11 相矛盾.

19.2.5 证明引理 19.2.14.

19.2.6 用推论 19.2.11 和引理 19.2.14 证明引理 19.2.15. (提示: 使用指示函数 χ_{Ω_k}.)

19.2.7 设 $p>2$, $c>0$. 用 Borel-Cantelli 引理证明集合

$$\{x\in[0,1]:\left|x-\frac{a}{q}\right|\leqslant\frac{c}{q^p}\ 对于无限多个正整数 a,q 成立\}$$

的测度是零.(提示: 只需考虑满足 $0\leqslant a\leqslant q$ 的整数 a(为什么?). 使用推论 11.6.5 证明和 $\sum\limits_{q=1}^\infty\frac{c(q+1)}{q^p}$ 是有限的.)

19.2.8 设 $x\in\mathbb{R}$. 如果存在实数 $p>0$, $C>0$, 使得对于一切非零整数 q 以及一切整数 a 都成立 $\left|x-\frac{a}{q}\right|>\frac{C}{|q|^p}$, 那么就称 x 为丢番图 (Diophantine) 数. 使用习题 19.2.7, 证明: 几乎每个实数都是丢番图数. (提示: 先在 $[0,1]$ 中考虑. 证明可以取 p 和 C 为比例数, 也可以取 $p>2$. 然后使用测度为零的集合的可数并仍然是测度为零的集合.)

19.2.9 对于每个正整数 n, 设 $f_n:\mathbb{R}\to[0,\infty)$ 是不取负值的可测函数, 并且

$$\int_\mathbb{R} f_n\leqslant\frac{1}{4^n}.$$

证明: 对于每个 $\varepsilon>0$, 都存在 Lebesgue 测度小于等于 ε 的集合 E, 使得对于一切 $x\in\mathbb{R}\setminus E$, $f_n(x)$ 都收敛到零.(提示: 先证明对于一切 $n=1,2,3,\cdots$

$$m(\{x\in\mathbb{R}:f_n(x)>\frac{1}{\varepsilon 2^n}\})\leqslant\frac{\varepsilon}{2^n}.$$

然后考虑一切集合 $\{x\in\mathbb{R}:f_n(x)>\frac{1}{\varepsilon 2^n}\}$ 的并集.)

19.2.10 对于每个正整数 n, 设 $f_n:\mathbb{R}\to[0,\infty)$ 为非负可测函数, 而且 f_n 逐点收敛到零. 证明: 对于每个 $\varepsilon>0$, 存在一个可测集 E, 使得 $m(E)\leqslant\varepsilon$ 而且在 $\mathbb{R}\setminus E$ 上 f_n 一致收敛到零. [这是 Egoroff(1869—1931, 前苏联人) 定理的一个特殊情形. 为证此定理, 首先证明, 对于任意的正整数 m, 可以找到 $N>0$, 使得对于一切 $n\geqslant N$, $m(\{x\in\mathbb{R}:f_n(x)>\frac{1}{m}\})\leqslant\frac{\varepsilon}{2^m}$.][①]

① 把定义域 $\mathbb{R}$ 换为 $[0,1]$. —— 译者注

19.2.11 举一个非负有界函数 $f:\mathbb{N}\times\mathbb{N}\to\mathbb{R}^+$ 的例子, 使得对于每个 n, $\sum\limits_{m=1}^{\infty}f(n,m)$ 都收敛, 并且对于每个 m, $\lim\limits_{n\to\infty}f(n,m)$ 都存在, 但是

$$\lim_{n\to\infty}\sum_{m=1}^{\infty}f(n,m)\neq\sum_{m=1}^{\infty}\lim_{n\to\infty}f(n,m).$$

(提示: 修改移动颠簸例子. 甚至可以使用只取 0 和 1 两个值的函数 f.) 这表明交换极限与无限和的顺序是危险的.

§19.3 绝对可积函数的积分

我们现在已经完成了关于非负函数的 Lebesgue 积分理论. 现在来考虑如何积分一个可以同时取到正值和负值的函数. 无论如何, 我们都希望避免没有意义的表达式 $\infty+(-\infty)$, 所以我们将把注意力限制于一个可测函数的子类, 即绝对可积函数类.

定义 19.3.1(绝对可积函数) 设 Ω 是 $\mathbb{R}^n$ 的可测子集. 可测函数 $f:\Omega\to\mathbb{R}^*$ 叫作是**绝对可积**的, 如果积分 $\int_\Omega|f|$ 是有限的.

当然 $|f|$ 永远不取负值, 所以这个定义是有意义的, 即使 f 是变号的. 绝对可积函数也叫作$L^1(\Omega)$ **函数**.

设 $f:\Omega\to\mathbb{R}^*$ 是函数. 我们定义它的**正部**$f^+:\Omega\to[0,\infty]$ 和**负部**$f^-:\Omega\to[0,\infty]$ 为

$$f^+:=\max(f,0),\quad f^-:=-\min(f,0).$$

根据推论 18.5.6, 如果 f 是可测函数, f^+ 和 f^- 就都是可测函数. 我们还注意到, f^+ 和 f^- 皆为非负函数, 而且 $f=f^+-f^-$, $|f|=f^++f^-$ (为什么?).

定义 19.3.2(Lebesgue 积分) 设 $f:\Omega\to\mathbb{R}^*$ 是绝对可积的函数. 我们定义 f 的 **Lebesgue 积分**为

$$\int_\Omega f:=\int_\Omega f^+-\int_\Omega f^-.$$

注意, 由于 f 是绝对可积的, $\int_\Omega f^+$ 和 $\int_\Omega f^-$ 都小于或等于 $\int_\Omega|f|$, 从而都是有限的. 于是 $\int_\Omega f$ 总是有限的, 我们决不会遇到不确定的形式 $\infty-\infty$.

还注意, 这个定义与我们前面关于非负函数的 Lebesgue 积分的定义是相容的, 因为当 f 不取负值时 $f^+=f$ 并且 $f^-=0$. 我们还有有用的三角形不等式

$$\left|\int_\Omega f\right|\leqslant\int_\Omega f^++\int_\Omega f^-=\int_\Omega|f| \tag{19.1}$$

(习题 19.3.1).

Lebesgue 积分的其他一些性质如下.

命题 19.3.3 设 Ω 是可测集, 并设 $f:\Omega\to\mathbb{R}$, $g:\Omega\to\mathbb{R}$ 是绝对可积函数.

(a) 对于任意的实数 c (正的、零或负的), cf 也是绝对可积的, 并且

$$\int_\Omega cf = c\int_\Omega f.$$

(b) 函数 $f+g$ 是绝对可积的, 并且

$$\int_\Omega (f+g) = \int_\Omega f + \int_\Omega g.$$

(c) 如果对于一切 $x\in\Omega$, $f(x)\leqslant g(x)$, 那么

$$\int_\Omega f \leqslant \int_\Omega g.$$

(d) 如果对于几乎每个 $x\in\Omega$, $f(x)=g(x)$, 那么

$$\int_\Omega f = \int_\Omega g.$$

证明 见习题 19.3.2. ■

上节提到, 不能随意交换极限与积分的次序而得到

$$\lim_{n\to\infty}\int_\Omega f_n = \int_\Omega \lim_{n\to\infty} f_n,$$

正如"移动颠簸例子"所表明的那样. 但是如果我们知道诸函数 f_n 都被同一个绝对可积函数优控 (majorized) 的话, 就可以把移动颠簸例子排除在外而成功地交换极限和积分了.

定理 19.3.4(Lebesgue 控制收敛定理) 设 Ω 是 $\mathbb{R}^n$ 的可测子集, 并设 $f_1, f_2, \cdots$ 是一列从 Ω 到 $\mathbb{R}^*$ 的可测函数, 它们逐点收敛. 假设还有绝对可积函数 $F:\Omega\to[0,\infty]$ 使得

$$\text{对于一切 } x\in\Omega \text{ 和一切 } k=1,2,\cdots,\quad |f_k(x)|\leqslant F(x),$$

那么

$$\int_\Omega \lim_{k\to\infty} f_k = \lim_{k\to\infty}\int_\Omega f_k.$$

证明 设 $f:\Omega\to\mathbb{R}^*$ 是极限函数

$$f(x) := \lim_{k\to\infty} f_k(x),$$

根据假定, 这个函数是存在的. 根据引理 18.5.10, f 是可测的. 还有, 由于 $|f_k(x)| \leqslant F(x)$ 对于一切 k 和一切 $x \in \Omega$ 成立, 所以每个 f_k 都是绝对可积的, 取极限就得到, 对于一切 $x \in \Omega$, $|f(x)| \leqslant F(x)$, 所以 f 也是绝对可积的. 我们的任务是证明

$$\lim_{k\to\infty}\int_\Omega f_k = \int_\Omega f.$$

函数 $F + f_k$ 不取负值, 并且逐点收敛到 $F + f$. 所以根据 Fatou 引理 (引理 19.2.13)

$$\int_\Omega (F+f) \leqslant \liminf_{k\to\infty}\int_\Omega (F+f_k).$$

从而

$$\int_\Omega f \leqslant \liminf_{k\to\infty}\int_\Omega f_k.$$

然而函数 $F - f_k$[①] 也不取负值并且逐点收敛到 $F - f$. 所以再次根据 Fatou 引理,

$$\int_\Omega (F-f) \leqslant \liminf_{k\to\infty}\int_\Omega (F-f_k).$$

由于右端是 $\int_\Omega F - \limsup\limits_{k\to\infty}\int_\Omega f_k$(为什么下极限变成了上极限?), 我们就得到

$$\int_\Omega f \geqslant \limsup_{k\to\infty}\int_\Omega f_k.$$

于是 $\int_\Omega f_k$ 的上极限和下极限都等于 $\int_\Omega f$. ■

最后我们再写一个引理, 它本身并不特别有趣, 只是后面有一些有用的结果.

定义 19.3.5(Lebesgue 上积分与 Lebesgue 下积分)　设 Ω 是 $\mathbb{R}^n$ 的可测子集, 并设 $f : \Omega \to \mathbb{R}$ 是函数 (不必可测). 我们定义 **Lebesgue 上积分** $\overline{\int}_\Omega f$ 为

$$\overline{\int}_\Omega f := \inf\left\{\int_\Omega g : g \text{是}\,\Omega\,\text{到}\,\mathbb{R}\,\text{的绝对可积函数},\ f \leqslant g\right\},$$

并定义 **Lebesgue 下积分** $\underline{\int}_\Omega f$ 为

$$\underline{\int}_\Omega f := \sup\left\{\int_\Omega g : g \text{是}\,\Omega\,\text{到}\,\mathbb{R}\,\text{的绝对可积函数},\ f \geqslant g\right\}.$$

易见, $\underline{\int}_\Omega f \leqslant \overline{\int}_\Omega f$(为什么? 使用命题 19.3.3(c)). 当 f 绝对可积时, 等号成立 (为什么?). 逆命题也成立.

① 由于 F, f_k 都允许取 ∞(在零测度集上), $F - f_k$ 在这样的点就没有定义了, (对于 $F + f_k$ 也有类似的问题.) 当然这不影响最后的结果. —— 译者注

引理 19.3.6 设 Ω 是 $\mathbb{R}^n$ 的可测子集, 并设 $f:\Omega\to\mathbb{R}$ 是函数 (不必可测). 如果 A 是实数并且 $\underline{\int}_\Omega f=\overline{\int}_\Omega f=A$, 那么 f 绝对可积并且

$$\int_\Omega f=\underline{\int}_\Omega f=\overline{\int}_\Omega f=A.$$

证明 根据 Lebesgue 上积分的定义, 对于每个整数 $k\geqslant 1$, 可以找到一个绝对可积函数 $f_k^+:\Omega\to\mathbb{R}$, 使得 $f\leqslant f_k^+$ 并且

$$\int_\Omega f_k^+\leqslant A+\frac{1}{k}.$$

类似地, 可以找到一个绝对可积函数 $f_k^-:\Omega\to\mathbb{R}$, 使得 $f_k^-\leqslant f$ 并且

$$\int_\Omega f_k^-\geqslant A-\frac{1}{k}.$$

令 $F^+:=\inf_k f_k^+$, $F^-:=\sup_k f_k^-$. 那么 F^+ 和 F^- 都是可测的 (根据引理 18.5.10) 并且是绝对可积的 (因为它们都夹在绝对可积函数 f_1^+ 和 f_1^- 之间). 还有 $F^-\leqslant f\leqslant F^+$. 最后, 对于每个 k,

$$\int_\Omega F^+\leqslant\int_\Omega f_k^+\leqslant A+\frac{1}{k},$$

从而

$$\int_\Omega F^+\leqslant A.$$

类似地

$$\int_\Omega F^-\geqslant A.$$

但是 $F^+\geqslant F^-$, 从而 $\int_\Omega F^+\geqslant\int_\Omega F^-$. 于是必有

$$\int_\Omega F^+=\int_\Omega F^-=A.$$

当然

$$\int_\Omega(F^+-F^-)=0.$$

根据命题 19.2.6(a), 我们断定对于几乎每个 x, $F^+(x)=F^-(x)$. 然而, 由于 f 夹在 F^- 和 F^+ 之间, 所以对于几乎每个 x,

$$f(x)=F^+(x)=F^-(x).$$

那么, f 与绝对可积函数 F^+ 只在一个测度为零的集合上不同, 所以它是可测的 (见习题 18.5.5), 并且是绝对可积的, 并且

$$\int_\Omega f=\int_\Omega F^+=\int_\Omega F^-=A.$$

■

习 题 19.3

19.3.1 证明: 当 Ω 是 $\mathbb{R}^n$ 的可测子集, $f:\Omega\to\mathbb{R}^*$ 是绝对可积函数时, 公式 (19.1) 成立.

19.3.2 证明命题 19.3.3. (提示: 对于 (b), 把 $f,g,\ f+g$ 都分成正部和负部, 试使用引理 19.2.10 把一切都用非负函数的积分表示出来.)

19.3.3 设 $f:\mathbb{R}\to\mathbb{R}$ 与 $g:\mathbb{R}\to\mathbb{R}$ 都是绝对可积的可测函数. 证明: 如果对于一切 $x\in\mathbb{R}$, $f(x)\leqslant g(x)$, 而且 $\int_{\mathbb{R}}f=\int_{\mathbb{R}}g$, 那么对于几乎每个 $x\in\mathbb{R}$, $f(x)=g(x)$, (即对于 $\mathbb{R}$ 中除去一个测度为零的集合外的每点 x 都有 $f(x)=g(x)$.)

§19.4 与 Riemann 积分比较

我们花了很大力气来构建 Lebesgue 积分, 但还没有讨论如何实际计算 Lebesgue 积分的问题, 也没讨论 Lebesgue 积分与 Riemann 积分 (比如在一维情形) 有什么不同. 现在我们来证明 Lebesgue 积分是 Riemann 积分的推广. 为了使下面的讨论更清晰, 我们暂且把 Riemann 积分从 Lebesgue 积分中区别出来而把 Riemann 积分 $\int_I f$ 写成 $R.\int_I f$.

我们的目标是证明:

命题 19.4.1 设 $I\subseteq\mathbb{R}$ 是区间, 设 $f:I\to\mathbb{R}$ 是 Riemann 可积函数, 那么 f 也是绝对可积的, 并且$\int_I f=R.\int_I f$.

证明 记 $A:=R.\int_I f$. 由于 f 是 Riemann 可积的, 我们知道 f 的 Riemann 上积分与 Riemann 下积分都等于 A. 于是, 对于每个 $\varepsilon>0$, 存在 I 的一个分法 $\mathbb{P}$, 把 I 划分成一些小区间 J, 使得

$$A-\varepsilon\leqslant\sum_{J\in\mathbb{P}}|J|\inf_{x\in J}f(x)\leqslant A\leqslant\sum_{J\in\mathbb{P}}|J|\sup_{x\in J}f(x)\leqslant A+\varepsilon,$$

其中 $|J|$ 代表 J 的长度. 注意, 由于 J 是盒子, $|J|$ 与 $m(J)$ 是一样的.

设 $f_\varepsilon^-:I\to\mathbb{R}$ 以及 $f_\varepsilon^+:I\to\mathbb{R}$ 是函数

$$f_\varepsilon^-(x)=\sum_{J\in\mathbb{P}}\inf_{x\in J}f(x)\chi_J(x)$$

以及

$$f_\varepsilon^+(x)=\sum_{J\in\mathbb{P}}\sup_{x\in J}f(x)\chi_J(x).$$

它们都是简单函数, 从而是可测的, 并且是绝对可积的. 根据引理 19.1.9, 有

$$\int_I f_\varepsilon^-=\sum_{J\in\mathbb{P}}|J|\inf_{x\in J}f(x)$$

以及

$$\int_I f_\varepsilon^+ = \sum_{J\in\mathbb{P}} |J| \sup_{x\in J} f(x),$$

从而

$$A-\varepsilon \leqslant \int_I f_\varepsilon^- \leqslant A \leqslant \int_I f_\varepsilon^+ \leqslant A+\varepsilon.$$

由于 $f_\varepsilon^+ \geqslant f \geqslant f_\varepsilon^-$, 所以对于每个 $\varepsilon>0$ 都有

$$A-\varepsilon \leqslant \underline{\int}_I f \leqslant \overline{\int}_I f \leqslant A+\varepsilon,$$

从而

$$\underline{\int}_I f = \overline{\int}_I f = A.$$

那么, 根据引理 19.3.6, f 是绝对可积的, 并且 $\int_I f = A$. ■

于是, 每个 Riemann 可积的函数也是 Lebesgue 可积的 (至少在有界区间上), 那么我们不再需要记号 $R.\int_I f$. 但是反过来是不对的. 例如取函数 $f:[0,1]\to\mathbb{R}$ 如下定义

$$f(x) := \begin{cases} 1, & \text{当}x\text{是比例数} \\ 0, & \text{当}x\text{不是比例数}. \end{cases}$$

那么从命题 11.7.1 得知 f 不是 Riemann 可积的. 另一方面, f 是集合 $\mathbb{Q}\bigcap[0,1]$ 的特征函数, 集合 $\mathbb{Q}\bigcap[0,1]$ 是可数的, 从而测度为零. 于是 f 是 Lebesgue 可积的, 并且 $\int_{[0,1]} f = 0$. 可见, Lebesgue 积分比 Riemann 积分可以处理更多的函数, 这是在分析学中使用 Lebesgue 积分的朴素的理由之一. (其他的理由是, Lebesgue 积分与极限的交互作用很好, Lebesgue 单调收敛定理、Fatou 引理、Lebesgue 控制收敛定理都说明了这一点. 对于 Riemann 积分不存在可以类比的定理.)

§19.5 Fubini 定理

在一维情形, 我们已经表明了 Lebesgue 积分是联系于 Riemann 积分的. 现在我们来努力理解在多维情形中的联系. 为了简化讨论, 我们只研究二维积分, 当然我们这里进行的讨论可以很容易地推广到多维情形.

我们将研究形如 $\int_{\mathbb{R}^2} f$ 的积分. 注意, 一旦我们知道如何在 $\mathbb{R}^2$ 上积分, 我们也就可以在 $\mathbb{R}^2$ 的可测子集 Ω 上积分, 因为 $\int_\Omega f$ 可以写成 $\int_{\mathbb{R}^2} f\chi_\Omega$.

设 $f(x,y)$ 是两个变元的函数. 原则上说, 我们可以有三种方式在 $\mathbb{R}^2$ 上求 f 的积分. 首先, 可以用二维 Lebesgue 积分得到 $\int_{\mathbb{R}^2} f$. 其次, 我们可以固定 x, 计算关

于 y 的一维积分, 然后把所得的量关于 x 积分, 那么得到 $\int_{\mathbb{R}}\left(\int_{\mathbb{R}} f(x,y)\mathrm{d}y\right)\mathrm{d}x$. 最后, 固定 y, 先关于 x 积分然后再关于 y 积分, 那么得到 $\int_{\mathbb{R}}\left(\int_{\mathbb{R}} f(x,y)\mathrm{d}x\right)\mathrm{d}y$.

幸运的是, 如果函数 f 是在 $\mathbb{R}^2$ 上绝对可积的, 那么三个积分相等.

定理 19.5.1(Fubini 定理)　设 $f:\mathbb{R}^2\to\mathbb{R}$ 是绝对可积函数. 那么对于几乎每个 $y\in\mathbb{R}$, $f(x,y)$ 是关于 x 在 $\mathbb{R}$ 上绝对可积的, 而且对于几乎每个 $x\in\mathbb{R}$, $f(x,y)$ 是关于 y 在 $\mathbb{R}$ 上绝对可积的. 并且存在绝对可积函数 $F:\mathbb{R}\to\mathbb{R}$ 以及绝对可积函数 $G:\mathbb{R}\to\mathbb{R}$ 使得

$$F(x)=\int_{\mathbb{R}} f(x,y)\mathrm{d}y$$

对于几乎每个 $x\in\mathbb{R}$ 成立, 并且

$$G(y)=\int_{\mathbb{R}} f(x,y)\mathrm{d}x$$

对于几乎每个 $y\in\mathbb{R}$ 成立. 最后

$$\int_{\mathbb{R}} F(x)\mathrm{d}x=\int_{\mathbb{R}^2} f=\int_{\mathbb{R}} G(y)\mathrm{d}y.$$

注 19.5.2　非常粗略地说, Fubini 定理说的是

$$\int_{\mathbb{R}}\left(\int_{\mathbb{R}} f(x,y)\mathrm{d}y\right)\mathrm{d}x=\int_{\mathbb{R}^2} f=\int_{\mathbb{R}}\left(\int_{\mathbb{R}} f(x,y)\mathrm{d}x\right)\mathrm{d}y.$$

这使我们在计算二维积分时, 可以把它化解成两个一维积分. 但是, 我们不把 Fubini 定理写成这种形式, 其原因是积分 $\int_{\mathbb{R}} f(x,y)\mathrm{d}y$ 可能并不对于每个 x 都确实存在, 同样, $\int_{\mathbb{R}} f(x,y)\mathrm{d}x$ 也可能并不对于每个 y 都确实存在, Fubini 定理只断言这些积分只是对于 $\mathbb{R}$ 上的几乎每个 x 或几乎每个 y 存在. 例如, 设

$$f(x,y):=\begin{cases} 1, & \text{当}\, x>0,\, y=0,\\ -1, & \text{当}\, x<0,\, y=0,\\ 0, & \text{当}\, y\neq 0\, \text{或}\, x=0,\end{cases}$$

那么 f 在 $\mathbb{R}^2$ 上绝对可积并且 $\int_{\mathbb{R}^2} f=0$ (因为 f 在 $\mathbb{R}^2$ 上几乎处处等于零), 但当 $y=0$ 时 $f(x,0)$ 关于 x 不绝对可积, 从而 $\int_{\mathbb{R}} f(x,y)\mathrm{d}x$ 不存在 (当然 $f(x,y)$ 对于每个 $y\neq 0$, 都关于 x 绝对可积).

证明　Fubini 定理的证明是相当复杂的, 此处只给出一个框架. 我们开始进行一系列化简.

粗略地说 (忽略与测度为零的集合相关的事项), 我们要证

$$\int_{\mathbb{R}}\left(\int_{\mathbb{R}} f(x,y)\mathrm{d}y\right)\mathrm{d}x=\int_{\mathbb{R}^2} f$$

以及调换 x,y 的位置的等式. 我们只证上式, 另一等式的证明是完全类似的.

首先, 由于一般的函数 f 可写成两个非负函数的差 $f=f^+-f^-$, 所以我们只要对于非负函数证明定理就可以了. 一般情形下可对 f^+ 与 f^- 分别使用 Fubini 定理 (再使用命题 19.3.3 的 (a) 和 (b)) 而得到. 于是, 下面假定 f 不取负值.

接下来, 只要对于支撑在有界集 $[-N,N]\times[-N,N]$ 上的非负函数 f 证明定理就可以了, 这里 N 代表正整数. 的确, 一旦对于这样的函数证得 Fubini 定理, 就可以把一般的函数 f 写成这种紧支撑函数的上确界

$$f=\sup_{N>0} f\chi_{[-N,N]\times[-N,N]},$$

对于每个 $f\chi_{[-N,N]\times[-N,N]}$ 分别使用 Fubini 定理, 再使用单调收敛定理取上确界. 所以, 下面假定 f 支撑在 $[-N,N]\times[-N,N]$ 上.

根据类似的论述, 只要对于支撑在 $[-N,N]\times[-N,N]$ 上的非负简单函数证明定理就可以了, 这是因为, 可以根据引理 19.1.4 把 f 写成非负简单函数序列的上确界 (这些简单函数当然也支撑在 $[-N,N]\times[-N,N]$ 上). 对每个简单函数使用 Fubini 定理, 再使用单调收敛定理取上确界就可以了. 于是我们下面假定 f 是支撑在 $[-N,N]\times[-N,N]$ 上的非负简单函数.

接下来, 我们看到只要对于支撑在 $[-N,N]\times[-N,N]$ 上的特征函数证明定理就可以了. 这是因为每个简单函数都是特征函数的线性组合, 所以我们可以从对于特征函数的 Fubini 定理导出对于简单函数的 Fubini 定理. 于是设 $E\subseteq[-N,N]\times[-N,N]$ 是可测集而 $f=\chi_E$. 我们的任务是 (忽略测度为零的集合) 证明

$$\int_{[-N,N]}\left(\int_{[-N,N]}\chi_E(x,y)\mathrm{d}y\right)\mathrm{d}x=m(E).$$

只要证明对于 Lebesgue 上积分的估计式

$$\overline{\int}_{[-N,N]}\left(\overline{\int}_{[-N,N]}\chi_E(x,y)\mathrm{d}y\right)\mathrm{d}x\leqslant m(E) \tag{19.2}$$

就可以了. 我们稍后将证明此估计式. 一旦对于每个集合 E 证明了此估计式, 我们就可以把 E 换为 $[-N,N]\times[-N,N]\setminus E$ 而得到

$$\overline{\int}_{[-N,N]}\left(\overline{\int}_{[-N,N]}(1-\chi_E(x,y))\mathrm{d}y\right)\mathrm{d}x\leqslant 4N^2-m(E).$$

但左边等于

$$\begin{aligned}&\overline{\int}_{[-N,N]}\left(2N-\underline{\int}_{[-N,N]}\chi_E(x,y)\mathrm{d}y\right)\mathrm{d}x\\ =\ &4N^2-\underline{\int}_{[-N,N]}\left(\underline{\int}_{[-N,N]}\chi_E(x,y)\mathrm{d}y\right)\mathrm{d}x.\end{aligned}$$

于是我们得到

$$\underline{\int}_{[-N,N]}\left(\underline{\int}_{[-N,N]}\chi_E(x,y)\mathrm{d}y\right)\mathrm{d}x \geqslant m(E).$$

当然我们也有

$$\underline{\int}_{[-N,N]}\left(\overline{\int}_{[-N,N]}\chi_E(x,y)\mathrm{d}y\right)\mathrm{d}x \geqslant m(E),$$

从而根据引理 19.3.6 得知 $\overline{\int}_{[-N,N]}\chi_E(x,y)\mathrm{d}y$ 是绝对可积的, 而且

$$\int_{[-N,N]}\left(\overline{\int}_{[-N,N]}\chi_E(x,y)\mathrm{d}y\right)\mathrm{d}x = m(E).$$

类似的论述表明

$$\int_{[-N,N]}\left(\underline{\int}_{[-N,N]}\chi_E(x,y)\mathrm{d}y\right)\mathrm{d}x = m(E),$$

于是

$$\int_{[-N,N]}\left(\overline{\int}_{[-N,N]}\chi_E(x,y)\mathrm{d}y - \underline{\int}_{[-N,N]}\chi_E(x,y)\mathrm{d}y\right)\mathrm{d}x = 0.$$

那么根据命题 19.2.6(a), 对于几乎每个 $x \in [-N,N]$ 有

$$\underline{\int}_{[-N,N]}\chi_E(x,y)\mathrm{d}y = \overline{\int}_{[-N,N]}\chi_E(x,y)\mathrm{d}y.$$

从而, 对于几乎每个 $x \in [-N,N]$, $\chi_E(x,y)$ 关于 y 是绝对可积的, 而且在这样的点 x 处, $\int_{[-N,N]}\chi_E(x,y)\mathrm{d}y$ 等于 (几乎处处) 一个函数 $F(x)$, 它的积分是

$$\int_{[-N,N]}F(x)\mathrm{d}x = m(E).$$

剩下的是证明估计式 (19.2). 设 $\varepsilon > 0$ 是任意的. 由于 $m(E)$ 就是外测度 $m^*(E)$, 我们知道存在至多可数个盒子 $(B_j)_{j\in J}$, 使得

$$E \subseteq \bigcup_{j\in J}B_j,\quad \text{而且} \sum_{j\in J}m(B_j) \leqslant m(E)+\varepsilon.$$

每个盒子 B_j 可写成 $B_j = I_j \times I'_j$, 其中 I_j 和 I'_j 都是区间. 我们看到

$$\begin{aligned}
m(B_j) = |I_j|\,|I'_j| &= \int_{I_j}|I'_j|\,\mathrm{d}x = \int_{I_j}\left(\int_{I'_j}\mathrm{d}y\right)\mathrm{d}x \\
&= \int_{[-N,N]}\left(\int_{[-N,N]}\chi_{I_j\times I'_j}(x,y)\mathrm{d}y\right)\mathrm{d}x \\
&= \int_{[-N,N]}\left(\int_{[-N,N]}\chi_{B_j}(x,y)\mathrm{d}y\right)\mathrm{d}x.
\end{aligned}$$

对于一切 $j \in J$ 使用此式 (用推论 19.2.11) 我们得到

$$\sum_{j\in J} m(B_j) = \int_{[-N,N]} \left(\int_{[-N,N]} \sum_{j\in J} \chi_{B_j}(x,y)\mathrm{d}y \right) \mathrm{d}x.$$

当然

$$\overline{\int}_{[-N,N]} \left(\overline{\int}_{[-N,N]} \sum_{j\in J} \chi_{B_j}(x,y)\mathrm{d}y \right) \mathrm{d}x \leqslant m(E) + \varepsilon.$$

但是 $\chi_E \leqslant \sum\limits_{j\in J} \chi_{B_j}$(为什么?), 从而

$$\overline{\int}_{[-N,N]} \left(\overline{\int}_{[-N,N]} \chi_E(x,y)\mathrm{d}y \right) \mathrm{d}x \leqslant m(E) + \varepsilon.$$

由于 ε 是任意的, 所以我们证得 (19.2). 这就完成了 Fubini 定理的证明. ■

附录A　数理逻辑基础

此附录的目的是对于**数理逻辑**作一个快速的介绍, 数理逻辑是人们用以进行严格的数学证明的语言. 了解数理逻辑对于理解数学的思考方法也是非常有帮助的, 一旦掌握了数学的思考方法, 就使你能以清晰的、有把握的方式来研究数学概念和数学问题, 包括本书中的许多证明型的问题.

合乎逻辑地书写是一项非常有用的技能. 它有点像清楚地书写, 令人信服地书写, 或者富含信息地书写, 但也不完全一样. 同时做到这一切是最理想了, 但是有时不得不做出让步, 尽管随着实践, 你将能使你的书写越来越多地同时做到上述各方面. 那么, 一个合乎逻辑的论述有时可能看上去很笨, 过份复杂, 或者显得不可信. 但是, 逻辑地书写的巨大优点是, 可以绝对保证你的结论是正确的, 只要你的全部假定是正确的并且你的步骤是合乎逻辑的; 使用其他形式的书写, 人们可以有理由相信某种事物是真的, 但是在可信 (being convinced) 与肯定 (being sure) 之间是有区别的.

合乎逻辑不仅是书写时所要求的品质, 事实上有时它是挺碍事的; 例如数学家们常常采用简短的非正规的, 逻辑上不严格的论述企图使别的数学家相信一个未经详细证明的命题, 当然, 非数学家也常这样做. 所以, 说一个命题或论述是 "不合逻辑的" 不一定是一件坏事; 常常在很多情况下, 人们有很好的借口去忽视逻辑性. 不管怎么说, 必须知道合乎逻辑的推理与不正规的论述之间的区别, 并且绝不要用不合逻辑的论述冒充逻辑的严格性. 当然, 如果一道习题要求给出一个证明, 那么它是希望你的解答是合乎逻辑的.

逻辑是一项需要经过学习才能掌握的技能, 就像其他任何技能一样. 但是这项技能对于你来说也是天赋的 —— 确实, 你大概是无意识地使用逻辑定律于你日常的言谈以及自己的内心的 (非数学的) 推理之中的. 但是, 还是要有点训练及实践来认识这项天赋的技能并把它应用到在数学证明中遇到的那些抽象的情形中. 因为逻辑是天赋的, 你所学的逻辑定律就应该讲得通 (make sense)—— 如果你自己不得不死记一条逻辑的原理或定律而毫不感到有心灵上的 "碰撞" 或者毫不领悟为何此定理该当成立, 那么你大概将**不可能**在实践中正确有效地使用这条逻辑定律. 所以, **请**不要在期终考试之前用填鸭式的方法学习这个附录 —— 那将是没有什么用处的. 取而代之的是, **抛开你的勾画重点的笔 (highlighter pen)**, **读懂**这个附录, 而不只是**背诵**它.

§A.1 数 学 命 题

任何数学论述都是由一系列**数学命题**(statement) 组成的. 这些命题是涉及各种数学对象 (数、向量和函数等) 以及它们之间的关系 (加法、相等和微分等) 的准确的陈述. 这些对象可以是不变的, 也可以是变化的; 后面还要再谈此事. 命题①可以是真的也可以是假的.

例 A.1.1 $2+2=4$ 是一个真命题, $2+2=5$ 是一个假命题.

并非数学符号的每个组合都是一个命题. 例如

$$=2++4=-=2$$

不是命题, 我们有时称之为**病态构成的**(ill-formed) 或者是**病态定义的**. 例 A.1.1 中的命题是**良好构成的**(well-formed) 或**定义成功的**. 于是, 良好构成的命题要么是真的, 要么是假的, 而病态构成的命题既不认为是真的也不认为是假的 (事实上它们通常是根本不被考虑的命题). 病态构成的命题的一个更微妙的例子是

$$\frac{0}{0}=1,$$

以零相除没有定义, 从而上述命题是病态构成的. 一个合乎逻辑的论证应该不包含任何病态构成的命题, 于是, 作为例子, 如果一个论证用到了形如 $\frac{x}{y}=z$ 的命题, 那就首先要保证 y 不等于零. 对于诸如 "0=1" 之类假命题的名义上的证明靠的就是忽略 "命题必须是良好构成的" 这条准则.

很多人大概都在数学作业中写出过病态构成的或其他形式的不准确的命题, 并企图用它们代表其他良好构成的准确的命题. 在一定程度上这是可以容忍的 —— 就像是在一句话中拼写错了某些单词, 或者在一个正确的位置错用了不够准确或不合语法的词汇 (代替 "She ran well " 而写成 "She ran good"). 在很多情况下, 读者 (或资历长者) 可以查出这些失误并予以纠正. 但是, 这看上去不是专业上的事情, 而且使人怀疑你可能并不知道你在谈论什么. 假如你确实不知道你在谈论什么, 而是盲目地使用数学或逻辑的法则, 那么写出一个病态构成的命题可以很快误导你写出越来越多的无稽之谈 —— 通常是那种在考试时没法得到分数的东西. 所以, 小心保持命题是良好构成的并且是准确的, 是重要的事, 特别是正在学习一个科目时更为重要. 当然, 一旦你获得了更多的技能和信心, 你就可以再次有能力轻松地说话, 因为你会知道你在做什么, 而不会有太大的陷入胡说八道的危险.

数理逻辑的一条基本公理是, 每个良好构成的命题都或是真的, 或是假的, 而不可两者都是. (但如果有自由变量, 命题的真确性就依赖于这些变量. 后面还要再

① 更准确地说, 不含自由变量的命题或者是真的, 或者是假的. 在此附录中我们将在后面讨论自由变量.

谈此事.）更进一步, 一个命题的真假, 是该命题的内在属性而不以观察此命题的人的意见为转移 (当然需要一切定义和记号都协调一致). 所以, 要证明一个命题是真的, 只需证明它不是假的; 同时要证一个命题是假的, 只需证明它不是真的. 这正是**反证法**这一有力工具的基础原理. 关于反证法, 本书已经讨论. 只要概念精确, 使得真假可以用真实的相容的方式来确定 (至少原则上可以确定), 那么这条公理就可以实现. 但是, 如果在特别非数学的环境下工作, 那么这条公理就变得模糊得多, 所以在非数学环境下使用数理逻辑可能是一个错误. (例如, 像 "这块岩石重 52 磅" 这样的命题是相当准确的也是真实的, 从而用数学的推理来处置相当安全. 而大量的, 像 "这块石头挺重"、"这段音乐很优美" 或 "上帝存在" 这样的命题就要成问题得多了. 所以, 尽管数理逻辑是非常有用的也非常有效的工具, 它的应用还是受到某些限制.）在这些情况下, 人们仍然可以指望使用逻辑 (或类似于逻辑的原理)(例如, 用构建现实生活现象的**数学模型**的办法), 但这是自然科学或哲学, 而不是数学, 这里我们不再对此作进一步的讨论.

注 A.1.2 还有其他的逻辑模型力图处理那些不肯定是真的也不肯定是假的命题, 例如模态逻辑 (modal logic)、直觉逻辑 (intuitionist logic) 和模糊逻辑 (fuzzy logic), 但这些都超出了本书的范围.

是**真的**与是**有用的**或**有效的**是不同的. 例如, 命题

$$2=2$$

是真的, 但不像是很有用的. 命题

$$4 \leqslant 4$$

也是真的, 但不是很有效的 (命题 $4=4$ 更准确). 还可能有这样的情况, 一个命题是假的, 却依然是有用的, 例如

$$\pi=\frac{22}{7}$$

是假的, 但它作为一种近似还是有用的. 在数学推理中, 我们只关心真确性, 而不管是否有用或是否有效; 理由是, 真确性是客观的 (每个人都会同意这个说法), 我们可以从准确的法则导出真实的命题, 至于有无用处或是否有效之类的事在很大程度上属于个人见解, 不能从准确的法则推出. 还有, 即使在一个论述过程中的某些个别步骤可能不像是很有用或很有效, 而最后的结论依然可能相当不平庸 (即不是显然成立的), 并且是有用的. 这种情形的确相当普遍.

命题与表达式不同. 命题是真的或假的, **表达式**是产生某种数学对象 (数、矩阵、函数、集合等) 为其值的一系列数学符号. 例如,

$$2+3\times 5$$

是一个表达式而不是命题, 它产生一个数作为它的值. 同时

$$2+3\times 5=17$$

是一个命题而不是表达式. 那么, 要问 $2+3\times 5$ 是真还是假, 那是毫无意义的. 如同命题一样, 表达式可以是成功定义的或病态定义的. 作为例子, $2+\frac{3}{0}$ 是病态定义的. 如果要把一个向量加到一个矩阵上, 或计算一个函数在它的定义域之外的值, 例如 $\sin^{-1}(2)$, 就会发生更微妙的病态定义的表达式.

可以把表达式经使用**关系**, 如$=, <, \geqslant, \in, \subset$, 等等, 或使用**性质**(如 "是素数"、"是连续的"、"是可逆的", 等等) 而作成命题. 例如, "30+5 是素数" 是一个命题, "30+5⩽42−7" 也是一个命题. 注意数学命题允许包含英语词汇①.

也可以从比较原始的命题经使用**逻辑关系**, 如与, 或, 不是, 如果 ⋯ 那么, 当且仅当, 等等, 而作成**复合命题**. 下面我们按照与直觉性的关联的递减顺序给出一些例子.

合联 如果 X 是命题, 并且 Y 是命题, 那么命题 "X 与 Y" 当 X 与 Y 都真时为真, 当 X 与 Y 不都真时为假. 例如, "$2+2=4$ 与 $3+3=6$" 是真的, 而 "$2+2=4$ 与 $3+3=5$" 是假的. 另一个例子: "$2+2=4$ 与 $2+2=4$" 是真的, 虽然它是有点累赘. 逻辑关注的是真确性而不是有效性.

根据英语的表达方式, 可以用很多方式重述命题 "X 与 Y", 例如 "X 而且 Y", 或 "X 与 Y 二者皆真", 等等. 有趣的是 "X, 但 Y" 与命题 "X 与 Y" 在逻辑上是相同的, 但它们有不同的内涵 (两个命题都断言 X 与 Y 都是真的, 但前一种形式启示 X 与 Y 互相对照, 而后一种形式启示 X 与 Y 互相支持). 再说一次, 逻辑是关注真确性的而不管什么内涵或启示什么.

析取 如果 X 是命题, Y 也是命题, 那么只要 X 与 Y 中有一个是真的, "X 或 Y" 就是真的. 例如, "$2+2=4$ 或 $3+3=5$" 是真的, 但 "$2+2=5$ 或 $3+3=5$" 是假的. 同样, "$2+2=4$ 或 $3+3=6$" 是真的 (尽管它不太有效, 要是说 "$2+2=4$ 与 $3+3=6$", 就是一个比较强的命题). 那么在不言而喻的情况下, "或" 一词在数理逻辑中指的是**包含的或**. 我们这样做的理由是, 用包含的或去检验 "X 或 Y", 只要验证 X 或 Y 中的一个是真的就够了, 不必去证明另一个是假的. 作为例子, 只看第一个命题 $2+2=4$, 我们就知道 "$2+2=4$ 或 $2353+5931=7284$" 是真的, 而不必管第二个命题 "$2353+5931=7284$" 的真假. 像前面讨论过的那样, 命题 "$2+2=4$ 或 $2+2=4$" 是真的, 尽管它是大大地没有功效的.

如果确实想要使用**排斥的或**, 那就使用 "或者 X 或者 Y 是真的, 但并非两个都是真的" 或 "X 或 Y 中恰有一个是真的" 这样的命题. 排斥的或确实也出现在数学中, 但绝不像包含的或那样经常出现.

① 当然也允许包含中文词汇. —— 译者注

否定　命题 "X 不真" 或 "X 是假的", 或 "X 不成立" 叫作 X 的**否定**, 当且仅当 X 是假的时它才是真的, 并且当且仅当 X 是真的时它才是假的. 例如命题 "$2+2=5$ 不成立" 是真命题. 当然我们可以把这个命题简写为 "$2+2 \neq 5$".

否定把 "和" 转化成 "或". 例如 "Jane Doe 是黑头发的并且 Jane Doe 是蓝眼睛的" 的否定是 "Jane Doe 不是黑头发的或不是蓝眼睛的", 而不是 "Jane Doe 不是黑头发的也不是蓝眼睛的"(你能看出为什么吗?). 类似地, 如果 x 是整数, 那么命题 "x 是偶的和非负的" 的否定是 "x 是奇的或是负的". (注意, 这里 "或" 是 "包含的或" 而不是 "排斥的或" 是多么重要.) 另一个例子是, 命题 "$x \geqslant 2$ 和 $x \leqslant 6$"(即 "$2 \leqslant x \leqslant 6$") 的否定是 "$x < 2$ 或 $x > 6$" 而不是 "$x < 2$ 和 $x > 6$"(即 "$2 < x > 6$").

类似地, 否定把 "或" 转化成 "和". 命题 "John Doe 是棕头发的或黑头发的" 的否定是 "John Doe 不是棕头发的和不是黑头发的", 或等价地说, "John Doe 既不是棕头发的也不是黑头发的". 如果 x 是实数, 那么命题 "$x \geqslant 1$ 或 $x \leqslant -1$" 的否定是 "$x < 1$ 和 $x > -1$" (即 $-1 < x < 1$).

一个命题的否定完全可能产生一个不可能成立的命题. 例如, 如果 x 是整数, 那么命题 "x 或是偶的或是奇的" 的否定是 "x 既不是偶的也不是奇的", 这是不可能成立的. 但要记住, 即使一个命题是假的, 它依然是一个命题, 并且使用有时包含假命题的论证完全可能得到一个真命题. (反证法不属于此类. 另一个例子是分情况进行证明. 如果分成三个彼此排斥的情形: 情形一、情形二和情形三, 那么总有两种情形是假的而仅有一种情形是真的, 但这不必表示整个证明是不正确的, 或者结论是假的.)

否定的作用有时并不直观, 特别是有多重的否定时更是如此; 一个这样的命题 "命题 '或者 x 不是奇数, 或者 x 不大于等于 3, 但两者不同时发生' 不成立" 用起来让人特别不愉快. 幸运的是, 人们很少必须同时使用多于一个或多于两个的否定, 因为两个否定常常彼此相抵消. 例如, "X 不真" 的否定恰恰是 "X 真", 或者更简短地就是 "X". 当然, 在否定较复杂的表达式时, 对于 "和" 与 "或" 的转换以及类似的事情都必须加以小心.

当且仅当(iff)　设 X 是命题, Y 也是命题, 如果只要 X 是真的, Y 就必是真的, 而且只要 Y 是真的, X 也必是真的 (就是说, X 与 Y "具有同样的真确性"), 那么我们就说 "X 真当且仅当 Y 真". 另一种表达此事的说法是 "X 和 Y 是逻辑等价的命题", 或者 "X 真 iff Y 真", 或 "$X \longleftrightarrow Y$"[①]. 作为例子, 设 x 是实数, 命题 "$x=3$ 当且仅当 $2x=6$" 是真的: 这指的是, 只要 $x=3$ 真, $2x=6$ 就真, 并且只要 $2x=6$ 真, 那么 $x=3$ 就真. 另一方面, 命题 "$x=3$ 当且仅当 $x^2=9$ 是假的, 尽管当 $x=3$ 真时 $x^2=9$ 也真, 但 $x^2=9$ 真时 $x=3$ 不自动是真的 (想一想当 $x=-3$

① 许多文献中也使用 "$X \iff Y$". —— 译者注

时会发生什么).

具有同样真确性的命题也具有同样的虚假性: 如果 X 和 Y 是逻辑等价的, 并且 X 是假的, 那么 Y 必定也是假的 (如果 Y 是真的, 那么 X 应该也是真的). 同样, 任何两个具有同样的虚假性的命题也是逻辑等价的. 作为例子, $2+2=5$ 当且仅当 $4+4=10$.

有时证明多于两个的命题是逻辑等价的是有趣的. 例如, 我们可能想要断定三个命题 X, Y 和 Z 都是逻辑等价的. 这意味着, 只要一个命题是真的, 那么全部命题都是真的; 而且这也意味着, 只要一个命题是假的, 那么全部命题都是假的. 这看上去好像要证明一大堆逻辑蕴含关系, 但实际上, 一旦证明了在 X, Y 和 Z 之间的足够多的逻辑蕴含关系, 就常常可以断言一切其他的蕴含关系, 并从而断定它们都是逻辑等价的. 作为例子, 见习题 A.1.5 和 A.1.6.

习　题　A.1

A.1.1 命题 "要么 X 真, 要么 Y 真, 但不得二者同真" 的否定是什么?

A.1.2 命题 "X 真当且仅当 Y 真" 的否定是什么?(可能有多种方式表述这个否定.)

A.1.3 假定你已经证明了只要 X 是真的, Y 就是真的, 并且只要 X 是假的, Y 就是假的. 你是否已经证明了 X 和 Y 是逻辑等价的? 解释一下.

A.1.4 假定你已经证明了只要 X 是真的, Y 就是真的, 并且只要 Y 是假的, X 就是假的. 你是否已经证明了 X 真当且仅当 Y 真? 解释一下.

A.1.5 假定你知道 X 真当且仅当 Y 真, 并且你还知道 Y 真当且仅当 Z 真. 这是否足以表明 X, Y, Z 都是逻辑等价的? 解释一下.

A.1.6 假定你知道只要 X 真那么 Y 也真, 只要 Y 真那么 Z 也真, 只要 Z 真那么 X 也真. 这是否足以表明 X, Y, Z 都是逻辑等价的? 解释一下.

§A.2　蕴　含

现在我们来考察常用的逻辑关系中最缺乏直观的一个 —— 蕴含. 如果 X 是命题, Y 是命题, 那么 "若 X 则 Y" 是从 X 到 Y 的蕴含, 有时也把它写成 "当 X 成立时, Y 也成立" 或 "X 蕴含 Y" 或 "Y 真只要 X 真" 或 "X 真仅当 Y 真"(最后一个说法要花点精力去理解). 命题 "若 X 则 Y" 所说的事情依赖于 X 是真的或者假的. 如果 X 是真的, 那么当 Y 真时 "若 X 则 Y" 是真的, 而当 Y 假时 "若 X 则 Y" 是假的. 但是如果 X 是假的, 那么 "若 X 则 Y"**总是**真的, 不管 Y 是真的还是假的! 用另一种方式来说, 当 X 真时, 命题 "若 X 则 Y" 蕴含 Y 是真的. 但当 X 假时, 命题 "若 X 则 Y" 关于 Y 的真假不提供任何信息; 此命题是真的, 但却是**空的**(也就是说, 除了前提是假的这一事实外, 它不能传递任何新的信息).

例 A.2.1 设 x 是整数. 命题 "若 $x = 2$ 则 $x^2 = 4$" 是真的, 不管 x 确实等于 2 或是不等于 2(尽管这个命题仅当 x 是 2 时才像是有用的). 这个命题并不断言 $x = 2$, 也不断言 $x^2 = 4$, 只是断言当 $x = 2$ 时 $x^2 = 4$. 如果 x 不等于 2, 那么命题依然是真的, 但不提供关于 x 和 x^2 的任何说法.

上述蕴含关系的一些特例是: 蕴含关系 "若 $2 = 2$ 则 $2^2 = 4$" 是真的 (真命题蕴含真命题). 蕴含关系 "若 $3 = 2$ 则 $3^2 = 4$" 是真的 (假命题蕴含假命题), 蕴含关系 "若 $-2 = 2$ 则 $(-2)^2 = 4$" 是真的 (假命题蕴含真命题). 后两个蕴含关系被认为是空的 —— 由于它们的前提是假的, 它们不提供任何新信息. (不管怎么说, 在一个证明中使用空的蕴含关系而获得好的结果还是可能的 —— 一个**空的真命题**毕竟是真的. 我们很快就会看到一个这样的例子.)

如我们所见到的, 前提的虚假并不破坏蕴含关系的真确性, 事实上, 情况恰恰相反!(如果前提是假的, 那么蕴含关系自动地成立.) 推翻一个蕴含关系的唯一途径是证明前提是真的而结论是假的. 那么命题 "若 $2+2=4$ 则 $4+4=2$" 是假的 (真不蕴含假).

也可以把命题 "若 X 则 Y" 说成 "Y 至少是同 X 一样真的"—— 如果 X 是真的, 那么 Y 必定也是真的, 如果 X 是假的, 那么 Y 可以同 X 一样是假的但也可以仍是真的. 这可与 "X 当且仅当 Y" 相比照, 后者断言 X 与 Y 是**同等真确**的.

空的真蕴含常用于一般的谈话中, 而有时并不知蕴含是空的. 一个通俗的例子是 "倘若心愿是翅膀, 那么猪就要飞起来". (另一个流行的假前提是 "整个地狱都结了冰".) 较严肃的一个例子是 "如果 John 下午 5 点钟下了班, 现在他就已经到这里了". 这类命题常常用于前提和结论都假的情形, 然而蕴含关系不管怎样还是真的. 顺便提及, 这个命题可以用来演示反证法的技巧: 如果你相信 "如果 John 下午 5 点钟下了班, 现在他就已经到这里了", 而且你还知道 "John 现在还没到这里", 那么你就可以断定 "John 下午 5 点钟没下班", 因为 John 下午 5 点钟下班将导致矛盾. 注意, 一个空蕴含关系可以怎样用来导出一个有用的真实结果.

总起来说, 蕴含关系有时是空的, 但这在逻辑上其实不是一个问题, 因为这时蕴含关系依然是真的, 而且空蕴含关系在逻辑论证中还是有用的. 当然, 可以放心地使用 "若 X 则 Y" 这样的命题而不必担心前提 X 实际是真的还是假的 (即蕴含关系是不是空的).

即使前提与结论之间毫无因果关系, 蕴含关系也可以是真的. 命题 "如果 $1+1=2$, 那么 Washington D. C. (华盛顿特区) 是美国的首都" 是真的 (真蕴含真), 虽然相当怪僻; 命题 "如果 $2+2=3$, 那么 New York(纽约) 是美国的首都" 也同样是真的 (假蕴含假). 当然, 这样的命题可能是不稳定的 (美国的首都可能在某一天改变, 而 $1+1$ 却永远等于 2), 但却是真的, 至少此刻是真的. 在逻辑论述中使用非因果性的蕴含关系是可能的, 但我们不推荐这样做, 因为可能引起不必要的混淆. (比如说，一个假命题确实可以用来蕴含任何其他的真的或假的命题，但太随意地做这样的事情大概不会对读者有什么帮助.)

要证明一个蕴含关系 "若 X 则 Y"，通常的做法是，先假定 X 是真的，然后用它 (同其他你所知的事实或假设一起) 来推导出 Y. 即使以后 X 变成假命题，这种方法依然是可行的. 蕴含关系关于 X 的真假无任何担保，而只是担保 Y 的成立是以 X 先行成立为先决条件的. 例如，下面是一个真命题的正确的证明，尽管这个命题的前提和结论都是假的：

命题 A.2.2 *若 $2+2=5$，则 $4=10-4$.*

证明 设 $2+2=5$. 用 2 同时乘两边得 $4+4=10$. 从两边同时减去 4，就得到所要的 $4=10-4$. ■

另一方面，一个常见的错误是，在证明一个蕴含关系时**先假定结论成立**，然后去推导前提. 例如，下述命题是正确的，而证明是错的：

命题 A.2.3 *设 $2x+3=7$，证明 $x=2$.*

证明(错的) 因为 $x=2$，所以 $2x=4$，从而 $2x+3=7$. ■

当进行证明时，重要的是你要能把前提与结论区分开，如果不能明白地区分前提与结论，就会有产生不希望发生的混淆的危险.

这里有一个简短的证明，它使用了或许是空的蕴含关系.

定理 A.2.4 *设 n 是整数，那么 $n(n+1)$ 是偶数.*

证明 由于 n 是整数，那么 n 或是偶的或是奇的. 如果 n 是偶的，那么 $n(n+1)$ 也是偶的，因为偶数的倍数仍是偶数. 如果 n 是奇的，那么 $(n+1)$ 是偶的，这仍蕴含 $n(n+1)$ 是偶的. 那么不管在什么情形，$n(n+1)$ 都是偶的. ■

注意，这个证明依靠两个蕴含关系："若 n 是偶的，则 $n(n+1)$ 是偶的" 以及 "若 n 是奇的，则 $n(n+1)$ 是偶的". 由于 n 不能既是奇的又是偶的，这两个蕴含关系中至少有一个的前提是假的，从而是空蕴含. 不管怎样，这两个蕴含都是真的，而我们需要两者来证明定理，因为我们不能预先知道 n 是偶的还是奇的. 即使我们知道此事，大概也不值得找这个麻烦去验证它. 例如，作为这个定理的一个特殊情况，我们立刻知道：

推论 A.2.5 *设 $n=(253+142)\times123-(423+198)^{342}+538-213$，那么 $n(n+1)$ 是偶数.*

在这个特别的情形，我们可以确切地找出 n 的奇偶性，然后仅使用上述定理中的两个蕴含关系中的一个而抛弃那个空蕴含来得到结论. 这看上去好像更有效，但却是不经济的，因为那就必须确定 n 的奇偶性，而此事需要花点功夫，比我们把两个蕴含关系，包括空的那个都考虑在内所花的功夫要多. 所以，有点像奇谈怪论，把空的、假的，甚或 "没用的" 命题包含在一个论述当中，真的可以**节省**你在漫长的论证中的功夫! (当然，并不是要建议你把大量浪费时间的不相干的命题收进你的证明当中，这里所说的一切在于，只要你的论证不管前提是真的还是假的，总是能够给出正确的结论，就别太在意在你的论证中，某些假定可能并不正确.）

命题“若 X 则 Y”与“若 Y 则 X”不一样. 例如“若 $x=2$ 则 $x^2=4$”是真的，“若 $x^2=4$ 则 $x=2$”当 $x=-2$ 时就是假的. 这两个命题叫作是**互逆**的. 那么一个真的蕴含的逆不必是真的蕴含. 我们使用命题“X 当且仅当 Y”也代表命题“若 X 则 Y，且若 Y 则 X”. 作为例子，我们可以说“$x=2$ 当且仅当 $2x=4$”，因为“若 $x=2$ 则 $2x=4$，且若 $2x=4$ 则 $x=2$”. 思考一个当且仅当命题的一种方式是把“X 当且仅当 Y”看作是说“X 恰与 Y 同样成立”，“若一个是真的则另一个也是真的”，“若一个是假的则另一个也是假的”. 例如，命题“若 $3=2$ 则 $6=4$”是真的，因为前提与结论两者都是假的.（在这种观点之下，“若 X 则 Y”可看作是命题“Y 至少同 X 一样真”.）于是可以用“X 与 Y 同样真”来代替“X 当且仅当 Y”.

类似地，命题“若 X 真则 Y 真”与“若 X 假则 Y 假”**不是**一回事. 说“若 $x=2$ 则 $x^2=4$”不蕴含“若 $x\neq 2$ 则 $x^2\neq 4$”，的确，$x=-2$ 就是一个反例. “若－则”命题与“当且仅当”命题不是一回事.（如果我们知道“X 真，当且仅当 Y 真”，那么我们就也知道“X 假，当且仅当 Y 假”.）命题“若 X 假，则 Y 假”有时叫作命题“若 X 真则 Y 真”的否命题①，于是真蕴含的否命题不必是真蕴含.

如果知道“若 X 真，则 Y 真”，那么“若 Y 假，则 X 假”也是真的（因为如果 Y 是假的，那么 X 不能是真的，否则的话，将推出 Y 是真的，这是一个矛盾）. 例如，如果知道“若 $x=2$，则 $x^2=4$，那么，也就知道“若 $x^2\neq 4$，则 $x\neq 2$”. 或者，要是我们知道“如果 John 下午 5 点下班，他现在就到这里了”，那么我们就也知道了“如果 John 现在没到这里，那么他在下午 5 点时没有下班”. 命题“若 Y 假，则 X 假”叫作“若 X 真，则 Y 真”的逆否命题（contrapositive of ...），两命题是同等真确的.

当然，如果你知道 X 蕴含一个已知不真的事物，那么 X 自己必是假的. 这就是隐藏在反证法（或 reductio ad absurdum）后面的思想：要证明某事是假的，先假定它是真的，然后证明它蕴含一个你知道不真的事物（例如，一个既真且假的命题）. 例如：

命题 A.2.6 设 x 是正数使得 $\sin x=1$. 那么 $x\geqslant\frac{\pi}{2}$.

证明 反证. 假设 $x<\frac{\pi}{2}$. 由于 x 是正的，那么 $0<x<\frac{\pi}{2}$. 由于 $\sin x$ 对于 $0<x<\frac{\pi}{2}$ 是严格增的，并且 $\sin 0=0$，$\sin\frac{\pi}{2}=1$，所以当 $0<x<\frac{\pi}{2}$ 时有 $0<\sin x<1$. 但这与 $\sin x=1$ 的假定相矛盾. 所以 $x\geqslant\frac{\pi}{2}$. ■

注意，反证法的一个特性是在证明的某处你提出一个假设（我们的情形是 $x<\frac{\pi}{2}$），然后证明此假设是假的. 但注意，这并不改变论证成立且结论真确这一事实，这

① 原文为 the inverse of “If X is true, then Y is true”. —— 译者注

是因为终极的结论不是靠假定的真确 (恰相反, 它靠的是假定的虚假!).

反证法对于证明 "否定的" 命题 —— 如 "X 是假的", "a 不等于 b" 之类的命题, 是特别有用的. 但是肯定的命题与否定的命题之间的界限是模糊的 (命题 $x \geqslant 2$ 是肯定的还是否定的? 它的否命题是什么? 是不是 $x < 2$?), 所以这并不是一个坚实牢固的法则.

逻辑学家常常使用特殊的符号来代表逻辑关系. 例如 "X 蕴含 Y" 可写成 "$X \Longrightarrow Y$"; "X 不真" 可写成 "$\sim X$", "$!X$", 或 "$\neg X$"; "X 与 Y" 可写成 "$X \wedge Y$" 或 "$X \& Y$", 等等. 但对于一般目的的数学, 这些符号不常使用; 英语[①]词汇常是更可读的, 并且不占太多的位置. 还有, 使用这些符号会把表达式与命题之间的界限搞模糊, 理解

$$\text{“}((x=3) \wedge (y=5)) \Longrightarrow (x+y=8)\text{”}$$

不如理解

"如果 $x=3$ 并且 $y=5$, 那么 $x+y=8$"

那么容易. 所以一般说来, 我并不推荐使用这些符号 (或许除了 $\Longrightarrow$ 这个非常直观的符号之外).

§A.3 证明的结构

要证明一个命题, 人们常常从提出假定开始并沿着一个朝向结论的方式去进行, 这是证明一个命题的直接方式. 这种证明看上去有点像下述证明:

命题 A.3.1 *A 蕴含 B.*

证明 设 A 真. 由于 A 真所以 C 真. 由于 C 真所以 D 真. 由于 D 真所以 B 真, 即得所需的结论. ■

这种直接证法的一个例子是:

命题 A.3.2 *若 $x=\pi$, 则 $\sin\frac{x}{2}+1=2$.*

证明 设 $x=\pi$. 由于 $x=\pi$, 所以 $\frac{x}{2}=\frac{\pi}{2}$. 由于 $\frac{x}{2}=\frac{\pi}{2}$, 所以 $\sin\frac{x}{2}=1$. 由于 $\sin\frac{x}{2}=1$, 所以 $\sin\frac{x}{2}+1=2$. ■

在上面的证明中, 我们从假设开始, 稳步地朝向结论行进. 倒过来从结论开始, 看它被什么蕴含, 也是可行的. 例如, 命题 A.3.1 的典型的这种证法可能像下面这样:

证明 要证 B, 只要证 D. 由于 C 蕴含 D, 我们只需证 C. 但 C 从 A 推出. ■

作为这种证法的一个例子, 我们给出命题 A.3.2 的另一个证明:

证明 为证 $\sin\frac{x}{2}+1=2$, 只需证 $\sin\frac{x}{2}=1$. 由于 $\frac{x}{2}=\frac{\pi}{2}$ 蕴含 $\sin\frac{\pi}{2}=1$, 我们只需证 $\frac{x}{2}=\frac{\pi}{2}$. 但这从 $x=\pi$ 推出. ■

---

① 当然也包括汉语. —— 译者注

逻辑上说, 命题 A.3.2 的上述两个证明是一样的, 只是顺序安排不同而已. 注意, 倒推这种证明方式, 不同于从结论出发来看 "该结论蕴含什么"(如在命题 A.2.3 中那样) 的不正确的证明, 而是从结论出发寻求 "什么能够蕴含此结论";

另一个倒推方式的证明的例子如下:

命题 A.3.3 设 $0 < r < 1$ 是实数. 那么级数 $\sum_{n=1}^{\infty} nr^n$ 是收敛的.

证明 要证这个级数收敛, 根据比例判别法, 只需证当 $n \to \infty$ 时比例

$$\left|\frac{r^{n+1}(n+1)}{r^n n}\right| = r\frac{n+1}{n}$$

收敛到某小于 1 的数. 由于 r 已经小于 1, 所以只要证 $\frac{n+1}{n}$ 收敛到 1. 但由于 $\frac{n+1}{n} = 1 + \frac{1}{n}$, 所以只要证 $\frac{1}{n} \to 0$. 但由于 $n \to \infty$, 这是明显的. ■

也可以把从假定出发的前推与从结论出发的后推结合起来. 例如下面所述是命题 A.3.1 的一个恰当的证明:

证明 要证 B, 只要证 D. 那么现在我们来证 D. 根据假定有 A, 于是有 C. 由于 C 蕴含 D, 即得所求的 D. ■

再说一次, 从逻辑学的观点来看, 这与前面的证明是一样的. 于是有很多方式来书写同一个证明, 究竟怎样做, 取决于你自己, 但是书写证明的某些方式比其他的方式更为可读也更自然, 而不同的安排意在强调论述的不同的部分. (当然, 如果你是进行数学证明的新手, 你一般会为得到一个结果的**某一种证明**而高兴, 倒是不太在乎得到一个 "最佳" 安排的证明法, 然而此处的要点在于一个证明可以有很多不同的形式.)

上面的证明都是足够简单的, 因为只有一个假定和一个结论. 当有多个假定及多个结论时, 证明就要分情形进行, 从而变得比较复杂. 例如一个证明可能看上去龟裂成这个样子:

命题 A.3.4 设 A 和 B 都是真的, 那么 C 和 D 都是真的.

证明 由于 A 真所以 E 真. 从 E 和 B 知 F 真. 同时, 根据 A, 要证 D 只需证 G. 有两种情况: H 和 I. 如果 H 真, 那么从 F 和 H 得到 C, 而从 A 和 H 得到 G. 如果 I 真, 那么从 I 得 G, 并且从 I 和 G 得 C. 于是在两种情况下都得到 C 和 G, 从而得到 C 和 D. ■

顺便多说几句, 上面的证明可以安排成整齐得多的形状, 然而你至少对于一个证明能变得多么复杂有了一个概念. 要证明一个蕴含关系, 有多种方式来进行: 你可以从假定出发向前正推, 也可以从结论出发向后倒推, 还可以分成几种情况把问题分解成几个更容易的子问题. 另一个方式就是反证法, 例如你可以进行下述形式的论证.

命题 A.3.5 设 A 是真的, 那么 B 是假的.

证明 反证. 假设 B 是真的. 这蕴含 C 是真的. 但是由于 A 真, 这就蕴含 D 真, 这与 C 相矛盾, 所以 B 必是假的. ■

你会看到, 当力图进行一项证明时, 有若干事情可以选择. 随着经验的增长, 会越来越清楚, 哪种方法似乎更容易些, 哪种方法大概可行但需要花大力气, 哪些方法大概行不通. 在很多情况下, 确实只有一种明显的方式可行. 但是肯定会有多种途径来解决一个问题, 所以当你看到有多于一种方式可解决一个问题时, 你恰可以尝试选择一种看来是最容易的, 但要准备好, 一旦这种方法开始变得没有希望时, 就转换到另一条路上去.

还有, 在进行证明时, 记清楚哪些命题是**已知的**(作为假设, 或从假设推出, 或来自其他的定理或结果), 而哪些命题是要证的 (作为结论, 或是作为蕴含结论的命题, 或是某些用以帮助最终获取结论的中间的结果或引理) 是有帮助的. 把两者混淆起来几乎永远是不可取的, 那样可能让人在证明中死定.

§A.4 变量与量词

只从一个初始命题 (如 "2+2=4" 或 "John 是黑头发的") 出发, 使用逻辑连结词构成复合命题, 然后使用各种逻辑定律从一个命题的假设过渡到一个命题的结论, 可以按逻辑走得相当远; 这就是周知的**命题逻辑**或者 **Boole 逻辑**. (可以列出 Boole 逻辑的一大堆定律, 这些定律足够用于人们要做的每件事, 但是我审慎地决定不这样做, 因为那样的话, 你可能会竭力记忆那些定律, 但那不是想要学会做逻辑的人应该学的, 除非你变成了一台计算机或者其他没有思想的设备. 但是如果你确实对那些逻辑的形式定律感到好奇, 那就去看 "命题逻辑的定律" 或在图书馆或互联网上去查看类似的东西吧.)

但要做数学, 这个逻辑水平是不够的, 因为它没有纳入**变量**的基本概念, 即那些熟知的符号如 x, n 等, 它们表示各种未知量, 或者等于某个值, 或者假定是服从某些性质的. 其实, 我们已经偷偷地引入了某些这样的变量来演示命题逻辑中的某些概念 (主要是因为要是无休止地谈论没有变量的命题, 例如 "$2+2=4$" 或 "John 是黑头发的" 之类, 过不了多久就会变得十分无聊). 那么**数理逻辑**就与命题逻辑一样, 只不过是加入了变量这一附加成分.

一个**变量**是一个符号, 像 n 或 x, 它代表一定类型的数学对象 —— 整数、向量、矩阵之类的东西. 在几乎一切情况下, 变量所代表的对象类型应该明确, 否则就难于用这个变量来成功地构成命题. (只有极少数的真命题可以不必知道关于构成它的变量的类型. 例如给定一个任意类型的变量 x, 命题 $x = x$ 都是真的, 而且如果知道 $x = y$, 那么可以断定 $y = x$. 但是, 作为例子, 我们不能说 $x + y = y + x$, 除非知道对象 x 和 y 的类型以及它们是否适用于加法运算; 例如, 当 x 是矩阵而 y

是向量时, 上面的命题就是病态构成的. 可见, 如果想做一些有用的数学事项的话, 每个变量都应该有明显的类型.)

人们可以构建包含变量的表达式和命题, 例如, 若 x 是实数 (即, 代表实数的变量) 那么 $x+3$ 是表达式, 而 $x+3=5$ 是命题. 而命题的真假可能取决于所含变量的值, 例如命题 $x+3=5$, 当 x 等于 2 时是真的, 而当 x 不等于 2 时是假的. 于是一个含有变量的命题的真假可能依赖于命题的**语境**(context)—— 在当前的情况下, 它依赖于 x 被假定的值. (这是对命题逻辑法则的修正, 在命题逻辑中一切命题都有确定的真假值.)

有时我们不让一个变量是任何具体事物 (除了规定它的类型). 于是可以考虑命题 $x+3=5$, 其中 x 是一个不指定的实数. 在这种情形下, 把这个变量叫做**自由变量**, 那么我们正在考虑的是一个带有自由变量 x 的命题 $x+3=5$. 带自由变量的命题可能没有确定的真假值, 因为它们依赖于不指定值的变量. 例如, 我们已经说明, 如果 x 是自由变量的话, $x+3=5$ 就没有确定的真假值, 尽管对于 x 的每个给定的值, 命题当然或是真的或是假的, 必有一个确定的真假值. 另一方面, 对于每个实数 x, 命题 $(x+1)^2=x^2+2x+1$ 都是真的, 从而, 即使 x 是自由变量, 我们也可以把这个命题看作是真命题.

有时我们也**令**(set) 一个变量等于一个固定的值, 用 "设 $x=2$" 或 "令 $x=2$" 之类的命题表达此事. 在这种情况下, 变量叫作**约束变量**(bound variable), 只含有约束变量而不含自由变量的命题一定有确定的真假值. 例如, 当令 $x=342$ 时, 命题 "$x+135=477$" 现在是确定为真的, 而当 x 是自由变量时, 既可以是真的, 也可以是假的, 视 x 为何值而定. 那么, 如前所述, 像 "$x+135=477$" 这样的命题的真假, 依赖于语境 ——x 是自由的还是约束的, 而若 x 是约束的, 它约束为什么值.

也可以用量词 "对于一切" 或 "对于某个" 来把自由变量转化为约束变量. 例如命题

$$(x+1)^2=x^2+2x+1$$

是含一个自由变量 x 的命题, 不必有确定的真假值. 但命题

$$\text{对于一切实数 } x,\ (x+1)^2=x^2+2x+1$$

是一个带约束变量 x 的命题, 现在有了确定的真假性 (在当前的情形, 命题是真的). 类似地, 命题

$$x+3=5$$

有一个自由变量, 没有确定的真假值. 但是命题

$$\text{对于某个实数 } x,\ x+3=5$$

是真的, 因为对于 $x=2$ 它是真的. 另一方面, 命题

$$\text{对于一切实数}\, x,\ x+3=5$$

是假的, 因为有某个 (其实有许多) 实数 x, 使 $x+3$ 不等于 5.

全称量词 设 $P(x)$ 是一个依赖于自由变量 x 的命题. 命题 "对于一切 T 型的 x, $P(x)$ 是真的" 指的是, 给定任何 T 型的 x, 不管 x 的精确值是什么, $P(x)$ 都是真的. 换言之, 这个命题与说 "若 x 是 T 型的, 则 $P(x)$ 是真的" 一样. 于是, 证明这样的命题通常的方式是, 让 x 是一个 T 型的自由变量 (用 "令 x 为任意的 T 型对象" 之类的语句表达此意), 然后对这个对象来证明 $P(x)$. 如果能造出哪怕只是一个反例, 即一个元素 x, 它属于 T, 却使 $P(x)$ 是假的, 那么命题就是假的. 例如命题 "对于一切正数 x, x^2 大于 x" 是假的, 只要造一个例子 $x=1$, 或者 $x=\frac{1}{2}$, 使 x^2 不大于 x 就证明了此事.

另一方面, 造一个例子使 $P(x)$ 真并不能证明对于**一切**x, $P(x)$ 真. 例如, 由于 $x+3=5$ 恰有一个解 $x=2$, 所以这不蕴含 $x+3=5$ 对于一切实数 x 成立.(这就是时常引用的, 尽管是有点不准确的口号 "不能只用一个例子来证明一个命题" 的缘由. 更准确的说法是, 不能只用一个例子来证明 "对于一切 (for all)" 命题, 当然, 可以用这种方式来证明 "对于某个 (for some)" 命题, 而且也可以用一个反例来**推翻**"对于一切" 命题.)

偶而会出现这样的情况, 事实上并不存在 T 型变量 x. 这时, 命题 "对于一切 T 型变量 x, $P(x)$ 真" 就是一个**空真**(vacuously true) 命题 —— 它是真的, 但没有内容, 就像一个空蕴含一样. 例如命题

$$\text{“对于一切}\, 3<x<2,\quad 6<2x<4\text{”}$$

是真的, 但容易证明它是空的. (在论述中这样的空命题仍可能是有用的, 虽然这种情形不常发生.)

可以用短语 "对于每个 (for every)" 或 "对于任一个 (for each)" 来代替 "对于一切", 例如, 可以说 "对于一切实数 x, $(x+1)^2=x^2+2x+1$", 也同样可以说 "对于任一实数 x, $(x+1)^2$ 等于 x^2+2x+1". 在逻辑上这些说法都是等价的. 符号 $\forall$ 可用来代替 "对于一切", 于是作为例子, "$\forall x\in X: P(x)$ 真" 或 "$P(x)$ 真 $\forall x\in X$" 与 "对于一切 $x\in X$, $P(x)$ 真" 是同义的.

存在量词 命题 "对于某个 T 型 x, $P(x)$ 真" 指的是至少存在一个 T 型 x, 使得 $P(x)$ 真. 虽然可能存在多于一个这样的 x. (如果要使这样的 x 既存在又唯一, 那就应该使用像 "恰对于一个 x" 这样的量词.) 要证明这样的一个命题, 只需提出一个这样的 x 的例子. 例如, 要证明

$$\text{对于某实数}\, x,\quad x^2+2x-8=0$$

所需做的只是找一个实数 x, 使得 $x^2+2x-8=0$, $x=2$ 就是这样的实数 (也可以使用 $x=-4$, 但不必同时使用两者). 注意, 在证明一个 "对于某个" 命题时, 有选择 x 的自由; 这与证明 "对于一切" 命题相反, 那时必须让 x 是任意的. (为了比较这两种命题, 你可以想象和自己的对手进行了两个游戏. 在第一个游戏中, 对手出示 x, 而你必须证明 $P(x)$; 如果你永远能赢, 那么你就证明了对于**一切** x, $P(x)$ 真. 在第二个游戏中, 你可以选择 x, 而后给予证明; 如果你能赢, 那你就证明了对于**某个** x, $P(x)$ 真.)

通常说某事对于**一切** x 真, 比只说它对于**某** x 真是强得多的. 但有一个例外, 如果加于 x 的条件是不可能满足的, 那么 "对于一切" 命题是空真的, 而 "对于某个" 命题是假的. 例如

$$\text{对于一切}\, 3<x<2,\ 6<2x<4$$

是真的, 但

$$\text{对于某个}\, 3<x<2,\ 6<2x<4$$

是假的.

可以使用短语 "对于至少一个" 或 "存在 …… 使得" 来取代 "对于某个". 例如, 可以把 "对于某实数 x, $x^2+2x-8=0$" 说成 "存在一个实数 x 使得 $x^2+2x-8=0$". 符号 $\exists$ 可用来代替 "存在 …… 使得", 于是, 作为例子, "$\exists x\in X: P(x)$ 真" 与 "对于某 $x\in X, P(x)$ 真" 是同义的.

§A.5 嵌套量词 (Nested quantifiers)

可以把两个或多个量词嵌套在一起. 例如, 考虑命题

$$\text{“对于每个正数}\, x,\ \text{存在一个正数}\, y,\ \text{使得}\, y^2=x.\text{”}$$

这个命题指的是什么? 它指的是, 对于每个正数 x, 命题

$$\text{“存在一个正数}\, y,\ \text{使得}\, y^2=x\text{”}$$

是真的. 换句话说, 对于任一正数 x, 都可以找到 x 的一个正的平方根. 所以命题说的是每个正数都有正平方根.

我们继续用游戏来比喻. 设你和对手玩这样的游戏, 你的对手先拿一个正数 x, 然后你拿一个正数 y. 若是 $y^2=x$, 你就赢. 若是不管对手怎样做你都赢, 那么你就证明了对于每个正数 x, 存在一个正数 y, 使得 $y^2=x$.

否定一个全称命题就产生一个存在命题. "一切天鹅都是白的" 的否定并不是 "一切天鹅都不是白的", 而是 "某个天鹅不是白的". 类似地, "对于每个 $0 < x < \frac{\pi}{2}$ 有 $\cos x \geqslant 0$" 的否定是 "对于某个 $0 < x < \frac{\pi}{2}$, 有 $\cos x < 0$" 而不是 "对于每个 $0 < x < \frac{\pi}{2}$, 有 $\cos x < 0$".

否定一个存在命题就产生一个全称命题."存在黑天鹅" 的否定不是 "存在非黑的天鹅" 而是 "一切天鹅都不是黑的". 类似地, "存在实数 x 使得 $x^2+x+1=0$" 的否定是 "对于一切实数 x, $x^2+x+1 \neq 0$", 而**不是**"存在实数 x 使 $x^2+x+1 \neq 0$".(这里的情况很像 "和" 与 "或" 关于否定的性状.)

如果你知道一个命题 $P(x)$ 对于一切 x 成立, 那么你可以让 x 是任何你想要的值, 而 $P(x)$ 必对于 x 的那个值成立, 这就是 "对于一切" 的含义. 于是, 作为例子, 如果你知道

$$\text{对于一切实数}\,x,\ (x+1)^2 = x^2+2x+1,$$

那么你可以断定

$$(\pi+1)^2 = \pi^2+2\pi+1,$$

也可以断定

$$\text{对于一切实数}\,y,\ (\cos y+1)^2 = \cos^2 y+2\cos y+1$$

(因为, 当 y 是实数时, $\cos y$ 也是实数), 等等. 那么, 全称命题在其适用性方面是很富有功能的 —— 你能让 $P(x)$ 对于你希望的任何 x 成立. 而存在命题则相反, 适用性是比较有限的. 如果你知道

$$\text{对于某实数}\,x,\ x^2+2x-8=0,$$

那么你不可以简单地用你想要的实数, 例如 π, 代进去而断言 $\pi^2+2\pi-8=0$. 不管怎样, 你当然依旧可以断言对于某个实数 x, $x^2+2x-8=0$, 只是你根本不管哪个 x 使它成立.(继续用游戏来比喻, 你可以使 $P(x)$ 成立, 但你的对手为你拿 x, 你自己不用选取.)

注 A.5.1 在逻辑学的发展史上, 量词的正式研究比 Boole 逻辑早一千多年. 的确, 由亚里士多德 (Aristotle)(希腊人, 公元前 384— 公元前 322) 及其学术群体建立的亚里士多德逻辑研究了对象、对象的性质以及像 "对于一切"、"对于某个" 的量词.

在亚里士多德逻辑体系中, 一个典型的推理 (或演绎) 方式是: "人总是要死的, 所以, 苏格拉底总是会死的". 亚里士多德逻辑是数理逻辑的一个分支, 但不太有表现力, 因为它缺少逻辑关系的概念, 它没有 "与"、"或"、"若 $\cdots$ 则"(尽管有 "非") 等逻辑关系, 而且它也没有像 "$\leqslant$" 那样的二元关系.

交换两个量词的次序, 对于一个命题的真假可能有影响也可能没有影响. 交换两个 “对于一切” 量词没有什么影响: 命题

$$\text{对于一切实数 } a, \text{ 以及对于一切实数 } b, \text{ 有}$$

$$(a+b)^2 = a^2 + 2ab + b^2$$

逻辑上等价于

$$\text{对于一切实数 } b, \text{ 以及对于一切实数 } a, \text{ 有}$$

$$(a+b)^2 = a^2 + 2ab + b^2$$

(为什么? 理由是, 对于命题 $(a+b)^2 = a^2+2ab+b^2$ 实际是真是假, 什么也没有做). 类似地, 交换两个 “存在” 量词也没有影响:

存在一个实数 a, 并且存在一个实数 b, 使得 $a^2 + b^2 = 0$

逻辑上等价于

存在一个实数 b, 并且存在一个实数 a, 使得 $a^2 + b^2 = 0$.

然而, 交换 “对于一切” 与 “存在一个” 就完全不同了. 考虑下述两命题:

(a) 对于每个整数 n, 都存在一个整数 m 比 n 大.

(b) 存在一个整数 m 比每个整数 n 都大.

命题 (a) 显然是真的: 如果你的对手拿出一个整数 n, 你总可以找到一个整数 m 比 n 大. 但命题 (b) 是假的: 如果你先选一个整数 m, 那么你不能担保 m 比每个整数 n 都大, 你的对手可以轻易地取一个比 m 大的整数 n 来打败你. 两个命题的关键不同之处是, 在命题 (a) 中整数 n 是**先**取的, 而整数 m 然后以依赖于 n 的方式来选取; 但在命题 (b) 中, m 被迫先行取定, 不能预先知道 n 将取何值. 简而言之, 量词的顺序之所以重要, 是由于里面的变量可能依赖于外面的变量, 而反之不然.

习 题 A.5

A.5.1 下述每个命题是什么意思, 它们当中哪个是真的? 你能为每个命题作一个游戏比喻吗?

(a) 对于每个正数 x, 以及每个正数 y, 有 $y^2 = x$.

(b) 存在一个正数 x, 使得对于每个正数 y, 有 $y^2 = x$.

(c) 存在一个正数 x, 并存在一个正数 y, 使得 $y^2 = x$.

(d) 对于每个正数 y, 存在一个正数 x, 使得 $y^2 = x$.

(e) 存在一个正数 y, 使得对于每个正数 x, 有 $y^2 = x$.

§A.6 关于证明及量词的一些例子

这里我们举一些关于含有“对于一切”量词及“存在一个”量词的证明的一些例子. 结果本身是简单的, 但你应该注意量词是怎样安置的, 以及证明的结构如何.

命题 A.6.1 *对于每个 $\varepsilon > 0$, 存在一个 $\delta > 0$, 使得$2\delta < \varepsilon$.*

证明 设 $\varepsilon > 0$ 是任意给定的. 我们必须证明存在一个 $\delta > 0$, 使得 $2\delta < \varepsilon$. 只需取一个这样的 δ, 取 $\delta := \frac{1}{3}\varepsilon$ 就可以了, 因为那时 $2\delta = \frac{2}{3}\varepsilon < \varepsilon$. ■

注意, ε 必须是任意的, 因为要证明一件对于**每个** ε 都成立的事情; 另一方面, δ 可按你的意愿来选取, 因为只需证明**存在**一个 δ 满足需求. 还要注意, δ 可以依赖于 ε, 因为 δ 量词是嵌套在 ε 量词内的. 如果量词顺序颠倒过来, 也就是说, 如果要证明“存在一个 $\delta > 0$, 使得对于每个 $\varepsilon > 0$, $2\delta < \varepsilon$”, 那么就必须在给定 ε 之前**先**取 δ. 在这种情况下, 命题是不可能被证明的, 因为它是假的 (为什么?).

规范地说, 当必须证明一个“存在 ……”命题时, 例如要证明“存在一个 $\varepsilon > 0$ 使得 X 真”, 你得谨慎地选择 ε, 然后证明对于这个 ε, X 是真的. 但是这有时要求有很强的预见性, 而且直到后面在讨论中 ε 应该满足怎样的性质变得更清楚时, 才能知道 ε 的选取是合乎逻辑的. 唯一必须留神的是, 要肯定 ε 不依赖于嵌套在 X 中的任何约束变量. 例如:

命题 A.6.2 *存在 $\varepsilon > 0$ 使得对于一切$0 < x < \varepsilon$, $\sin x > \frac{x}{2}$.*

证明 设 $\varepsilon > 0$ 将稍后选定, 设 $0 < x < \varepsilon$. 由于 $\sin x$ 的导数是 $\cos x$, 由中值定理得

$$\frac{\sin x}{x} = \frac{\sin x - \sin 0}{x - 0} = \cos y$$

对于某 $0 \leqslant y \leqslant x$ 成立. 那么为了保证 $\sin x > \frac{x}{2}$, 只要保证 $\cos y > \frac{1}{2}$ 就够了. 为此, 只要使 $0 \leqslant y < \frac{\pi}{3}$ 就可以了 (因为余弦函数在 0 处取值 1, 在 $\frac{\pi}{3}$ 处取值 $\frac{1}{2}$, 并在 0 和 $\frac{\pi}{3}$ 之间单调减). 由于 $0 \leqslant y \leqslant x$ 并且 $0 < x < \varepsilon$, 所以 $0 \leqslant y < \varepsilon$. 如果取 $\varepsilon := \frac{\pi}{3}$, 那么就有 $0 \leqslant y < \frac{\pi}{3}$, 满足要求, 从而可以保证对于一切 $0 < x < \varepsilon$, $\sin x > \frac{x}{2}$. ■

注意 我们最终选取的 ε 的值不依赖于嵌套变量 x 和 y. 这使上述论证合乎逻辑. 确实, 我们可以把证明安排得不延迟任何行为:

证明 取 $\varepsilon := \frac{\pi}{3}$, 显然 $\varepsilon > 0$. 现在要证对于一切 $0 < x < \frac{\pi}{3}$, 有 $\sin x > \frac{x}{2}$. 那么让 $0 < x < \frac{\pi}{3}$ 是任意的. 根据中值定理有

$$\frac{\sin x}{x} = \frac{\sin x - \sin 0}{x - 0} = \cos y$$

对于某 $0 \leqslant y \leqslant x$ 成立. 由于 $0 \leqslant y \leqslant x$ 且 $0 < x < \frac{\pi}{3}$, 有 $0 \leqslant y < \frac{\pi}{3}$. 于是

$\cos y > \cos\frac{\pi}{3} = \frac{1}{2}$, 这是因为 cos 在区间 $[0, \frac{\pi}{3}]$ 上是单调减的. 于是

$$\frac{\sin x}{x} > \frac{1}{2},$$

从而得到所要的不等式 $\sin x > \frac{1}{2}x$. ■

如果把 ε 选得依赖于 x 和 y, 那么论证就不成立, 因为 ε 是外部变量而 x, y 是嵌套在它里面的.

§A.7　相　　等

如前所述, 可以从表达式 (如 $2\times 3+5$ 之类) 出发, 问是否一个表达式遵从一定的性质, 或者是否两个表达式通过某种关系 ($=, \leqslant, \in$ 等) 相联系, 从而造出命题. 关系有很多, 但最重要的一个是**相等**. 花一点时间来复习这个概念是值得的.

相等是联系同一类型的两个对象 (例如两个整数、两个矩阵、两个向量等) 的关系. 给定两个这样的对象 x 和 y, 命题 $x = y$ 可以成立, 也可以不成立, 这取决于 x 的值和 y 的值, 也取决于对于所考虑的那类对象, 相等是如何定义的. 例如, 作为实数, $0.999\,99\cdots$ 与 1 是相等的. 在模 10 的算术中 (其中把一个数看作与它除以 10 的余数相等), 数 12 与数 2 是相等的, 12=2, 尽管在通常的算术中并非如此.

如何定义相等, 依赖于所考虑的对象的类 T, 并且在一定程度上, 只是定义而已. 不过, 为了逻辑的目的, 我们要求相等遵从下列四条**相等公理**:

- (自反公理)　给定任何对象 x, 有 $x = x$.
- (对称公理)　给定同一类的两个对象 x 和 y, 如果 $x = y$, 那么 $y = x$.
- (传递公理)　给定 3 个同类的对象 x, y, z, 如果 $x = y$ 并且 $y = z$, 那么 $x = z$.
- (代入公理)　给定同类的两个对象 x, y, 如果 $x = y$, 那么对于一切函数或运算 f, $f(x) = f(y)$. 类似地, 对于任何依赖于 x 的性质 $P(x)$, 如果 $x = y$, 那么 $P(x)$ 与 $P(y)$ 是等价的命题.

前三条公理很清楚, 它们合起来断定相等是一个**等价关系**. 下面举一些例子来描述代入性质.

例 A.7.1　设 x 和 y 是实数. 若 $x = y$ 则 $2x = 2y$ 且 $\sin x = \sin y$. 而且对于任何实数 z 都有 $x + z = y + z$.

例 A.7.2　设 n 和 m 是整数. 若 n 是奇数且 $n = m$, 则 m 必定也是奇数. 如果有第三个整数 k, 并且知道 $n > k$ 以及 $n = m$, 那么就也知道 $m > k$.

例 A.7.3　设 x, y, z 是实数. 如果知道 $x = \sin y$ 以及 $y = z^2$, 那么 (根据代入公理)$\sin y = \sin z^2$, 从而 (根据传递公理) 有 $x = \sin z^2$.

于是, 从逻辑的观点来看, 只要我们愿意, 我们就可以在一类对象上定义相等, 只要它遵从自反、对称、传递三条公理, 并且与这类对象上的一切其他运算是相容

的，也就是说对于这一切运算，代入公理成立. 例如有一天我们决定修改整数，使得现在 12 等于 2，那就只能也让 2 等于 12，并且对于这些修改了整数的任何运算 f，都必须成立 $f(2)=f(12)$. 例如，现在必须让 $2+5$ 等于 $12+5$. (在这种情况下，沿着这条线走下去，终将达到模 10 算术，即任何整数都与它除以 10 的余数相等.)

习　题　A.7

A.7.1 设有 4 个实数 a,b,c,d，并且知道 $a=b$，$c=d$. 使用上述 4 条公理来导出 $a+d=b+c$.

附录B 十 进 制

在第 2 章、第 4 章和第 5 章中, 我们辛苦地构造了数学的基本数系: 自然数系、整数系、比例数系和实数系. 自然数系是简单地假设存在的, 服从五条公理; 整数系通过自然数 (的形式差) 而构成; 比例数系则通过整数的 (形式) 商构成, 而实数则通过比例数的 (形式) 极限构成.

这一切都很圆满很成功, 但是这与人们对于这些数的先验的了解好像有些不同. 特别是**十进制**很少用到. 在十进制中, 所有的数都由 0, 1, 2, 3, 4, 5, 6, 7, 8, 9 这十个数字组合表出. 的确, 除了一些对于主要结构并非本质的例子以外, 我们真正用到的十进制数只有数 0, 1 和 2, 而且后两个可以写成 $0++$ 和 $(0++)++$.

这样做的基本理由在于, **十进制系统本身在数学中不是本质的**. 十进制系统对于计算很方便, 而且由于一千多年的使用, 我们从小就习惯于这个系统了, 但在数学史上, 它的确是相对较为近代的发明. 数的出现已有一万多年了 (从在洞穴的墙上刻划记号算起), 而现代的表示数的印度–阿拉伯十进制系统只起源于大约 11 世纪. 某些早期文明社会中还使用了其他的计数制. 例如, 巴比伦人使用过 60 进位制 (此种进位制在我们的时、分、秒计时系统中仍在使用); 古希腊人已能进行相当高深的数学演算, 尽管对于他们来说, 可用的最先进的数字表示系统是罗马数系 I, II, III, IV, ⋯, 用这个系统进行计算, 即使是进行两位数计算, 也是相当恐怖的. 当然, 现代的计算, 代替十进制, 靠的是二进制、16 进制或比特进制 (byte-based) (即 256 进制). 而且像计算尺之类的模拟计算器, 其实根本不依靠表示数的系统. 事实上, 既然计算机可以奴仆般地进行咬啮数字的工作, 在现代数学中就很少用得着十进制. 其实, 除了一位的整数和分数 (以及 e, π, i 之类) 以外, 在现代数学活动中, 很少用到任何数字; 任何比较复杂的数字通常都用更一般的名字例如 n 来称呼.

不管怎样, 十进制这个题目, 还是值得作为一个附录来说一说的, 理由是, 它对于我们把数学应用于日常生活是太不可少了, 而且相对于笨重得多的 "$\mathrm{LIM}_{n\to\infty}a_n$, 其中 $a_1 := 3.1, a_2 := 3.14, a_3 := 3.141, \cdots$" 而言, 我们也希望使用像 3.141 59⋯ 之类的符号来表示实数.

我们先复习一下十进制是如何用于正整数的, 然后再谈实数. 注意, 在这个讨论中, 我们将随意地使用前面各章的结果.

§B.1 自然数的十进制表示

本节不使用 $a \times b$ 的通常的简写方式 ab, 因为这种简写可能把十进制 34 误解为 3×4.

定义 B.1.1(digit) 一个**digit**是 $0, 1, 2, \cdots, 9$ 这十个符号之一. 我们把这些 digit 与自然数依下述公式等同起来:

$$0 \equiv 0,\ 1 \equiv 0++,\ 2 \equiv 1++, \cdots, 9 \equiv 8++.$$

我们还定义数字拾为: 拾 $:= 9++$. (我们还不能使用十进制符号 10 来表示拾 (十), 因为那要预先知道十进制, 从而导致逻辑循环.)

定义 B.1.2(十进制正整数) 一个**十进制正整数**是一个 digit 串 $a_n a_{n-1} \cdots a_0$, 其中 $n \geqslant 0$ 是自然数, 并且第一个 digit a_n 不是零. 于是, 作为例子, 3049 是十进制正整数, 而 0493 不是, 0 也不是. 我们用公式

$$a_n a_{n-1} \cdots a_0 = \sum_{i=0}^{n} a_i \times \text{拾}^i$$

使每个十进制正整数与正整数相等.

注 B.1.3 注意这个定义当然蕴含

$$10 = 0 \times \text{拾}^0 + 1 \times \text{拾}^1 = \text{拾},$$

所以我们可以把拾写成更熟悉的形式 10. 另外, 一个单位的十进制整数恰好等于那个 digit 自身. 例如, 根据上面的定义, 十进数 3 恰好等于

$$3 = 3 \times \text{拾}^0 = 3,$$

所以在单个 digit 与一个单位的十进制数之间不可能发生混淆.(这是一个微妙的定义, 而且是一个不值得深思的定义.)

现在我们证明, 这个十进制系统确实表示了正整数. 根据定义, 很明显, 每个正的十进制表示给出一个正整数, 因为和式完全由自然数组成, 而且根据定义最后一项 $a_n \times \text{拾}^n$ 不是零.

定理 B.1.4(十进制表示的存在性与唯一性) *每个正整数 m 都恰等于一个十进制正整数.*

证明 我们要使用强归纳原理 (命题 2.2.14, 其中 $m_0 := 1$). 对于任何正整数 m, 设 $P(m)$ 代表命题 "m 恰等于一个十进制正整数". 设已经知道对于一切正整数 $m' < m$, $P(m')$ 真, 现在来证明 $P(m)$.

首先注意到, 对于每个正整数 m, 或者 $m \geqslant$ 拾, 或者 $m \in \{1,2,3,4,5,6,7,8,9\}$. (此事容易由通常的归纳法证实.) 先设 $m \in \{1,2,3,4,5,6,7,8,9\}$, 那么 m 显然等于一个由单个 digit 构成的十进制正整数, 而且仅有一个一位的十进制数等于 m. 另外, 由于 $n>0$ 时, $a_n \cdots a_0$ 是十进制数

$$a_n \cdots a_0 = \sum_{i=0}^{n} a_i \times \text{拾}^i \geqslant a_n \times \text{拾}^n \geqslant \text{拾} > m,$$

所以不存在由两个或多于两个的 digit 组成的十进制数等于 m.

现假定 $m \geqslant$ 拾. 那么由欧几里得除法 (命题 2.3.9), 可以写

$$m = s \times \text{拾} + r,$$

其中 s 是正整数, 而 $r \in \{1,2,3,4,5,6,7,8,9\}$. 由于

$$s < s \times \text{拾} \leqslant s \times \text{拾} + r = m,$$

所以可以使用强归纳假定而断言 $P(s)$ 是真的. 当然 s 有一个十进制表示

$$s = b_p \cdots b_0 = \sum_{i=0}^{p} b_i \times \text{拾}^i.$$

用拾通乘, 我们看到

$$s \times \text{拾} = \sum_{i=0}^{p} b_i \times \text{拾}^{i+1} = b_p \cdots b_0 0,$$

然后加上 r 就得到

$$m = s \times \text{拾} + r = \sum_{i=0}^{p} b_i \times \text{拾}^{i+1} + r = b_p \cdots b_0 r.$$

于是 m 至少有一个十进制表示. 现在要证明 m 至多有一个十进制表示. 假设有两个不同的表示

$$m = a_n \cdots a_0 = a'_{n'} \cdots a'_0.$$

首先, 根据前面的计算, 我们看到

$$a_n \cdots a_0 = (a_n \cdots a_1) \times \text{拾} + a_0,$$

以及

$$a'_{n'} \cdots a'_0 = (a'_{n'} \cdots a'_1) \times \text{拾} + a'_0,$$

于是, 经过运算, 得

$$a_0' - a_0 = (a_n \cdots a_1 - a_{n'}' \cdots a_1') \times \text{拾}.$$

右端是拾的倍数, 而左端严格介于 − 拾和 + 拾之间. 这表明 $a_0 = a_0'$ 而且 $a_n \cdots a_1 = a_{n'}' \cdots a_1'$. 但由前面的讨论可知 $a_n \cdots a_1$ 是小于 $a_n \cdots a_0$ 的整数. 于是, 根据强归纳假定, 数 $a_n \cdots a_1$ 有唯一的十进制表示, 这表明 n' 必等于 n, 而且对于一切 $i = 1, \cdots n$, a_i' 必等于 a_i. 那么十进制数 $a_n \cdots a_0$ 与 $a_{n'}' \cdots a_0'$ 事实上是完全一样的, 这与它们不同的假定相矛盾. ■

我们把由上述定理给出的十进制数叫做 m 的**十进制表示**. 一旦有了十进制表示, 就可以推导出通常的把 $x + y$ 或 $x \times y$ 的十进制表示与 x 及 y 的十进制表示联系起来的竖式加法算律及竖式乘法算律 (习题 B.1.1).

一旦有了正整数的十进制表示, 当然就可以用一个负号 (−) 来作成负整数的十进制表示. 最后, 我们让 0 也是十进制数. 那么这就给出了一切整数的十进制表示. 那么, 每个比例数 (rational) 就是两个十进制整数的比 (ratio)(当然分母不能为零), 例如 $\frac{335}{113}$ 或 $-\frac{1}{2}$, 虽然可能有不只一种方式来表示比例数, 例如 $\frac{6}{4} = \frac{3}{2}$.

由于拾 =10, 我们以后将如通常一样, 用 10 代替拾.

习 题 B.1

B.1.1 此习题的目的是证明你在小学学到的竖式加法确实成立. 设 $A = a_n \cdots a_0$, $B = b_n \cdots b_0$ 是十进制正整数. 约定当 $i > n$ 时 $a_i = 0$, 当 $i > m$ 时 $b_i = 0$. 例如, 若 $A = 372$, 那么 $a_0 = 2$, $a_1 = 7$, $a_3 = 0$, $a_4 = 0$, 依次类推. 根据下述**竖式加法算法**递归地定义 $c_0, c_1, \cdots$ 以及 $\varepsilon_0, \varepsilon_1, \cdots$

- 令 $\varepsilon_0 := 0$.
- 假定对于某 $i \geqslant 0$, ε_i 已定义. 如果 $a_i + b_i + \varepsilon_i < 10$, 就令 $c_i := a_i + b_i + \varepsilon_i$ 并且 $\varepsilon_{i+1} := 0$; 否则的话, 如果 $a_i + b_i + \varepsilon_i \geqslant 10$, 就令 $c_i := a_i + b_i + \varepsilon_i - 10$, 以及 $\varepsilon_{i+1} := 1$. (数 ε_{i+1} 是从第 i 个十进制位到第 $i+1$ 个十进制位的 "进位数".)

证明数 $c_0, c_1, \cdots$ 都是 digit, 并且存在 l 使得 $c_l \neq 0$ 而对于一切 $i > l$, $c_i = 0$. 然后证明 $c_l c_{l-1} \cdots c_1 c_0$ 是 $A + B$ 的十进制表示.

注意, 也可以用这个算法来**定义**加法, 但那看上去是极其复杂的, 而且即使证明 $(a + b) + c = a + (b + c)$ 这样简单的事情, 也是相当困难的. 这也是在我们的自然数的构造中避免使用十进制的一个缘故. 要想严格地把竖式乘法 (或竖式减法, 或竖式除法) 的步骤写出来, 那就更糟糕了, 我们不在这里做这些事情.

§B.2 实数的十进制表示

我们需要一个新符号: **小数点** "."

定义 B.2.1(十进制实数) 一个**十进制实数**是一个 digit 的序列连同一个小数点, 书写成

$$\pm a_n \cdots a_0.a_{-1}a_{-2}\cdots,$$

其中, 小数点左边是有限的 (即 n 是自然数), 但小数点右边是无限的, 其中 $\pm$ 或取 $+$, 或取 $-$, 而 $a_n \cdots a_0$ 是一个十进制自然数 (即或为十进制正整数, 或为 0). 这个十进制数等于实数

$$\pm a_n \cdots a_0.a_{-1}a_{-2}\cdots \equiv (\pm 1) \times \sum_{i=-\infty}^{n} a_i \times 10^i.$$

这个级数总是收敛的 (习题 B.2.1). 下面我们证明每个实数都至少有一个十进制表示:

定理 B.2.2(十进制表示的存在性) *每个实数 x 都至少有一个十进制表示*

$$x = \pm a_n \cdots a_0.a_{-1}a_{-2}\cdots$$

证明 先注意数 $x=0$ 有十进制表示 $0.000\cdots$. 还有, 一旦找到了 x 的十进制表示, 那就自动找到了 $-x$ 的十进制表示, 只要改变符号 $\pm$ 就行了. 所以只需对于正的实数 x 证明定理 (根据命题 5.4.4).

设 $n \geqslant 0$ 是任意的自然数. 根据阿基米德性质 (推论 5.4.13) 知, 存在自然数 M 使 $M \times 10^{-n} > x$. 由于 $0 \times 10^{-n} \leqslant x$, 所以必定存在自然数 S_n, 使得

$$S_n \times 10^{-n} \leqslant x, \quad (S_n++) \times 10^{-n} > x.$$

(若这样的自然数不存在, 那么使用归纳法就可断定, 对于一切自然数 s, 有 $s \times 10^{-n} \leqslant x$, 而这与阿基米德性质相矛盾.)

现在考虑序列 $S_0, S_1, S_2, \cdots$. 由于

$$S_n \times 10^{-n} \leqslant x < (S_n + 1) \times 10^{-n},$$

所以

$$(10 \times S_n) \times 10^{-(n++)} \leqslant x < (10 \times S_n + 10) \times 10^{-(n++)}.$$

另一方面, 我们有

$$S_{n+1} \times 10^{-(n+1)} \leqslant x < (S_{n+1} + 1) \times 10^{-(n+1)},$$

从而得到

$$10 \times S_n < S_{n+1} + 1, \quad 以及 \quad S_{n+1} < 10 \times S_n + 10.$$

由这两个不等式我们看到

$$10 \times S_n \leqslant S_{n+1} \leqslant 10 \times S_n + 9,$$

从而可以找到一个 digit a_{n+1} 使得

$$S_{n+1} = 10 \times S_n + a_{n+1},$$

于是

$$S_{n+1} \times 10^{-(n+1)} = S_n \times 10^{-n} + a_{n+1} \times 10^{-(n+1)}.$$

用这个等式及归纳法, 我们得到公式

$$S_n \times 10^{-n} = S_0 + \sum_{i=1}^{n} a_i \times 10^{-i}.$$

现在对两边取极限 (用习题 B.2.1) 就得到

$$\lim_{n\to\infty} S_n \times 10^{-n} = S_0 + \sum_{i=1}^{\infty} a_i \times 10^{-i}.$$

另一方面, 我们有

$$x - 10^{-n} \leqslant S_n \times 10^{-n} \leqslant x$$

对于一切 n 成立, 所以根据挤压判别法 (推论 6.4.14) 得

$$\lim_{n\to\infty} S_n \times 10^{-n} = x.$$

于是得到

$$x = S_0 + \sum_{i=1}^{\infty} a_i \times 10^{-i}.$$

根据定理 B.1.4, S_0 还有一个十进制正整数表示, 于是就得到 x 的一个所需的十进制表示. ■

但十进制有一个小小的毛疵：一个实数可能有两个十进制表示.

命题 B.2.3(十进制表示的唯一性不成立) 数 1 有两个不同的十进制表示: $1.000\cdots$ 和 $0.999\cdots$.

证明 表示 $1 = 1.000\cdots$ 是明显的. 现在计算 $0.999\cdots$. 根据定义, 这是 Cauchy 序列

$$0.9, 0.99, 0.999, \cdots$$

的极限. 但根据命题 5.2.8, 此序列以 1 为形式极限. ■

其实, 数 1 只有这两个十进制表示 (习题 B.2.2). 事实上, 所有的实数, 当它是有限小数 (即从小数点后某位开始往后全是零的数) 时, 它有两个十进制表示, 当它不能表示成有限小数时, 它只有一种十进制表示 (习题 B.2.3).

习 题 B.2

B.2.1 如果 $a_n \cdots a_0.a_{-1}a_{-2}\cdots$ 是十进制实数, 那么级数 $\sum\limits_{i=-\infty}^{n} a_i \times 10^i$ 是绝对收敛的.

B.2.2 证明数 1 的仅有的十进制表示

$$1 = \pm a_n \cdots a_0.a_{-1}a_{-2}\cdots$$

是 $1 = 1.000\cdots$ 和 $1 = 0.999\cdots$.

B.2.3 一个实数 x 叫作是**十进制有限小数**(terminating decimal), 如果对于某两个整数 m, n, $x = \frac{n}{10^m}$. 证明: 当 x 是十进制有限小数时, 它恰有两个十进制表示, 而当 x 不是十进制有限小数时, 它恰有一个十进制表示.

B.2.4 用十进制重写推论 8.3.4 的证明.

索　引

C

D

E

F

G

H

I

J

K

L

M

N

T

W

X

Y

Z